破産法比較条文の研究

竹下守夫　監修

破産法比較条文の研究

加藤哲夫
長谷部由起子
上原敏夫
西澤宗英

❀ ❀ ❀

学術選書プラス
10
破　産　法

信 山 社

監修のことば

　本書は，我が国の破産法の各条文を基準として，米，英，独，仏，4カ国の破産手続法（清算型倒産手続法）それぞれの対応規定を列記し，必要に応じて解説を付して，我が国破産法の個々の規定（あるいは一群の規定で構成される制度）の比較法的意義を解明しようとする研究書である。本書の本体的内容は，個々の条文ごとの比較になるので，それらの条文が，それぞれの国の破産手続法全体の中で占める位置を理解することを容易にするため，冒頭に「各国倒産手続の概要」を収めてある。

　倒産法制は，経済的破綻に陥った企業の再建あるいは清算，個人の更生あるいは破産免責による再スタートのための法的枠組みであり，市場経済のグローバル化・情報化の進展した今日，各国の経済発展のための必須のインフラストラクチャーとなっている。しかし，言うまでもなく，各国の倒産法制は，その国の法文化を背景とし，またその国の実体法その他の法令と分かち難く結びついている。また国によって，立法技術的に何をどこまで法令に規定するか，法律と規則などの下位法規との使い分けにも，大きな違いがある。

　そこで，我が国の破産法の条文に対応する規定といっても，当然のことながら，単純な1対1の対応関係に整理することは不可能である。我が国の1カ条が，他の国の法令では数カ条に及ぶこともあれば，1つの条文の1部（1つの項あるいは数個の項）にとどまることもある。そのため本書を手に取られた読者は，はじめ何がどう対応しているのか，一見戸惑われるかも知れない。しかし，各国の条文に付された解説をじっくり読んで頂ければ，その戸惑いは解消される筈である。

　個々の条文の比較研究の意義は，何よりも，我が国の破産法の個々の規定あるいはそれによって規律されている個別制度（別除権制度，否認制度，免責制度など）を，先進4カ国の破産手続法の対応規定・制度と比較することによって，その特色を明かにし，適切な評価を通じて，そのより良い解釈に導くことにある。これが，本書の第1の狙いである。しかし，いうまでもなく同時に，本書は，取り上げた先進4カ国の破産手続法全体の理解に役立つことをも目的としている。近年我が国では新興国との取引が増加しているとはいえ，経済的のみならず学術的にも先進国であるアメリカ合衆国，イギリス，ドイツ，フランスの破産手続法を理解することの意義は，今日でもなお失われていない。

　本書の成り立ちは，平成8年，法制審議会倒産法部会が，我が国の倒産法制の全面的見直しを開始した時に遡る。当時，経済・社会の国際化・情報化とともに，市場経済が飛躍的に発展し，倒産法制が各国経済社会の法的基盤としての役割を担

うことが誰の目にも明らかになったことを受けて，政府が倒産法制の全面的見直しの方針を打ち出した。法制審議会は，法務大臣の諮問を受けて，平成8年10月，新たに倒産法部会を設置し，改正作業を開始した。その直後から，法務省側と倒産法部会長を引き受けたわたくしとの間で，比較法的立法資料を整備するため，法制審議会での作業とは別に「比較倒産法研究会」を立ち上げ，中堅及び若手の研究者の皆さんに参加していただいて共同研究を行うこととした。研究会の構成員及びその各作業分担は別記のとおりである。研究会は，平成8年11月から同10年5月まで，ほぼ毎月1回開催され，その成果は，その後相次いで制定された民事再生法（平成11年法律第225号），新会社更生法（平成14年法律第154号），新破産法（平成16年法律第75号）に反映されている。

　研究会終了直後から，この成果を取りまとめて，一冊の単行本として公刊しようという企画が持ち上がり，研究会のメンバーのうち，加藤哲夫，長谷部由起子，上原敏夫，西澤宗英の4教授が，それぞれアメリカ合衆国法，イギリス法（イングランド及びウェールズ法），ドイツ法，フランス法の執筆を担当することとなった。

　しかし，折から司法制度改革の一環として法科大学院制度が発足し，執筆者4名が，その所属大学において新設された法科大学院の業務に忙殺されるなど，さまざまな事情により，本書の刊行は，当初の予定より大幅に遅れることとなった。ただ，その間，各執筆者は，それぞれの担当する国の法令の改正をフォローし，新たな文献による調査を進められたので，本書の内容は，研究会での成果を基礎とするものの，それにその後の各自の研究成果を積み重ねたものとなっている。

　なお，研究会終了後，本書の刊行が遅れている間に，上述の民事再生法，新会社更生法が制定・施行され，また特別清算手続が，会社法（平成17年法律第86号）によって改正され，同法第2編第9章第2節及び第7編第3章第3節に定められることとなったので，読者の便宜のため，本書では，破産法の各条文に，これらの日本法の対応規定の条数・見出しを付記することとした。また研究会では，破産手続法だけではなく，我が国の旧会社更生法の各条文を基準とする再建型倒産手続法の比較研究をも行ったが，再建型倒産手続は，それぞれの国の制度の違いが著しく，条文単位での比較はほとんど不可能であった。そこで，本書の企画の初めから，再建型倒産手続の比較研究は，本書の対象外とすることとした。

　本書が，当初の企画から10数年を経て，漸く日の目を見ることができたについては，多くの方々のご好意，お力に負うところが大きい。とりわけ，研究成果の取りまとめ作業が遅れ，その間に新破産法が施行になったため，旧破産法の条文を基準として進めていた出版準備を，新法基準に組み替える必要が生じ，それ以上の企画の遂行が危ぶまれる事態となった折，当初予定していた出版社から，この企画を引き継いで下さった株式会社信山社袖山貴社長には，いくら感謝しても感謝し足りない思いがする。また信山社に引き継いで頂いた後，この困難な組み替えを始め，

監修のことば

編集作業を迅速に進めて下さった同社編集部の稲葉文子さんにも，執筆者一同をも代表して厚く御礼を申し上げる。さらに，各条文に民事再生法，会社更生法，会社法の対応規定の条数を付記する作業では，一橋大学の水元宏典教授のお世話になった。その最終的責任は，わたくし（竹下）にあるが，記して感謝の意を表する。なお，監修者として，長年月，ともに辛苦に耐えて，本書刊行にまで漕ぎ着けた4人の執筆者と喜びを分かちたい。

　2014年7月28日

竹　下　守　夫

監修のことば

比較倒産法研究会研究員・幹事名簿

（研究員）
座長　竹　下　守　夫（一橋大学名誉教授，当時・駿河台大学教授）
　　　上　原　敏　夫（明治大学教授，同・一橋大学教授）（総括及びドイツ法）
　　　加　藤　哲　夫（早稲田大学教授，同・左に同じ）（アメリカ法）
　　　西　澤　宗　英（青山学院大学教授，同・左に同じ）（フランス法）
　　　長谷部　由起子（学習院大学教授，同・左に同じ）（イギリス法）
　　　山　本　　　弘（神戸大学教授，同・法政大学教授）（ドイツ法）
　　　原　　　竹　裕（平成 11 年 12 月死去　同・一橋大学専任講師）

（幹事）
　　　柳　田　幸　三（元東京高等裁判所判事，当時・法務省官房審議官）
　　　深　山　卓　也（法務省民事局長，同・法務省民事局参事官）
　　　古　閑　裕　二（横浜地方裁判所判事，同・法務省民事局付検事）
　　　萩　本　　　修（法務省司法法制部長，同・法務省民事局付検事）
　　　花　村　良　一（司法研修所教官，同・法務省民事局付き検事）
　　　坂　本　三　郎（法務省大臣官房参事官，同・法務省民事局付検事）
　　　德　岡　　　治（東京高等裁判所判事，同・最高裁判所事務総局民事局付）
　　　水　元　宏　典（一橋大学教授，同・大阪大学助手）
　　　垣　内　秀　介（東京大学教授，同・東京大学助手）
　　　菱　田　雄　郷（東京大学教授，同・東京大学助手）

　　　＊所属・地位は現在のものを先に，研究会当時のものをその後に記した。

凡　例

I　日本法

1. 破産法（平成 16 年法律第 75 号）・破産規則（平成 16 年最高裁規則第 14 号）

(1) 破産法

原則：第 1 条から順を追って，1 条ごとに枠の中に，その全文を記載した。

例外①：第 2 条（定義）は，比較する外国法の条文との対応の便宜上各項ごと又は内容の関連する複数の項ごとに枠の中に記載した。

例外②：共通見出しの付されたような内容の関連する複数の条文は，まとめて 1 つの枠内に記載した場合もある。例，第 4 条・第 5 条（破産事件の管轄），第 25 条（包括的禁止命令）・第 26 条（包括的禁止命令に関する公告及び送達等）・第 27 条（包括的禁止命令の解除）など。

例外③：1 つの制度として外国法と比較する方が適切と思われる場合には，枠内に関連条文を一括して記載した。例，第 248 条～第 254 条（免責手続），第 255 条・第 256 条（復権）など。

(2) 破産規則

破産法の各条文の後に，関連する規則の条文を，別枠の中に記載した。

2. 民事再生法（平成 11 年法律第 225 号）・会社更生法（平成 14 年法律第 154 号）・会社法（平成 17 年法律第 86 号）

参照条文の趣旨で，破産法・破産規則の条文の枠外に，それに対応するこれらの法律の条文の条数及び見出しのみを記載した。

II　外国法令

1. 比較の対象とした外国法令

次に掲げる，アメリカ，イギリス，ドイツ，フランスの各法令中，破産手続（清算型倒産手続）にかかる部分である。

(1) アメリカ合衆国
　① Title 11, U.S.Code:Bankruptcy Reform Act of 1978
　② Federal Rules of Bankruptcy Procedure（1983）

(2) イギリス（イングランド及びウェールズ）
　① Insolvency Act 1986
　② Insolvency Rules 1986

(3) ドイツ
　Insolvenzordnung vom 5. Oktober 1994（BGBl. I S. 2866）

(4) フランス
　① Code de Commerce, Première partie : Législative（Ord. n° 2000-912 du 18 sept. 2000）
　② Code de Commerce, Deuxième partie : Réglementaire（Décr. N° 2007-431 du 25 mars 2007）

凡　例

2．法令内容の基準日：2011年1月1日

3．各外国法令を示す記号

アメリカ法，イギリス法，ドイツ法，フランス法を示すのに，それぞれ◆，■，●，▲の記号を使用した。各国の法令の条数のうち，とくに頭文字を付してないものは，法律の条を，R記号を付したものは，裁判所規則などの下位法令の条を指す。

　　◆アメリカ法　　　◆第〇〇条　　　◆R第〇〇条
　　■イギリス法　　　■第〇〇条　　　■R第〇〇条
　　●ドイツ法　　　　●第〇〇条　　　●R第〇〇条
　　▲フランス法　　　▲第〇〇条　　　▲R第〇〇条

4．各国法令の条文・解説の記述方法

(1)　条文の記載　　枠内に記載された我が国の破産法の条文に対応する，アメリカ法，イギリス法，ドイツ法，フランス法の規定を，この順に記載した。破産法の当該規定に，外国法令のどの規定が対応するかは，その外国法の担当者の判断によった。外国法令の同じ条文が，破産法の複数の条文の箇所に対応条文として挙げられている場合もある。これは，いちいち他の条文の箇所に記載されている外国法の条文を参照しなくても済むように，読者の便宜を図ったものである。

(2)　対応規定がない場合　　外国法に対応する規定がない場合には，必ず（該当規定なし）と記載した。

(3)　各国の法令の条文の日本語訳　　各国法の担当者が訳出した。訳出に当たっては，他の研究者による既存の訳文をも参照した。

(4)　各国法の条文の解説　　外国法の条文のみでは，その意味を理解するのが困難と思われる場合，又は理解するのが困難ではないが，より一層良く理解するために必要があると思われる場合には，各担当者の判断により「前注」または「コメント」として，解説を記載した。

5．解説中の文献・判例などの引用方法

(1)　文献　　著者名・タイトル名は，その都度表記した。ただし，同一条文の解説内で重ねて引用するときは，「著者名・前掲」とした場合もある。発行年度は，最初に引用する箇所にのみ記載した。出版社名は，省略した。

(2)　判例など　　判例の引用方法は，それぞれ各外国の慣例上の表記によった。議会資料も，同様である。

Ⅲ．各国破産手続（清算型倒産手続）の概要

本書の冒頭に，アメリカ法，イギリス法，ドイツ法，フランス法の各担当者による各国破産手続（清算型倒産手続）の概要の解説を付した。本書の基本的内容は，日本の破産法の条文を基準とした各国法の条文ごとの比較研究であるため，その条文あるいはその規律する制度の手続全体に占める地位を明らかにすることが，読者の理解を得るために必須だと思われるからである。国によって清算型倒産手続と再建型倒産手続とが密接に関連するため，倒産処理制度全体の解説となっている場合もある。

目　次

監修のことば（*v*）
凡　例（*ix*）

◀　各国倒産手続の概要　▶

アメリカ連邦倒産法・清算手続（第7章）の概要 ………〔加藤哲夫〕… *3*
イングランド及びウェールズの倒産処理手続………〔長谷部由起子〕… *13*
ドイツの倒産処理制度の概要 …………………………〔上原敏夫〕… *21*
フランス倒産処理制度の概観 ……………………………〔西澤宗英〕… *25*

◀　各国破産法の条文　▶

第1章　総　　則［§1〜§14］……………………………………… *43*
第2章　破産手続の開始 ……………………………………………… *93*
　　第1節　破産手続の開始の申立て［§15〜§29］（*93*）
　　第2節　破産手続開始の決定［§30〜§33］（*137*）
　　第3節　破産手続の開始の効果（*157*）
　　　　第1款　通　　則［§34〜§46］（*157*）
　　　　第2款　破産手続開始の効果［§47〜§61］（*195*）
　　　　第3款　取戻権［§62〜§64］（*223*）
　　　　第4款　別除権［§65〜§66］（*231*）
　　　　第5款　相殺権［§67〜§73］（*242*）
第3章　破産手続の機関 ……………………………………………… *255*
　　第1節　破産管財人（*255*）
　　　　第1款　破産管財人の選任および監督［§74〜§77］（*255*）
　　　　第2款　破産管財人の権限等［§78〜§90］（*278*）
　　第2節　保全管理人［§91〜§96］（*313*）

目　　次

第 4 章　破産債権 ……………………………………………………… *321*

 第 1 節　破産債権者の権利［§97〜§110］（*321*）
 第 2 節　破産債権の届出［§111〜§114］（*360*）
 第 3 節　破産債権の調査及び確定（*374*）
  第 1 款　通　　則［§115・§116］（*374*）
  第 2 款　書面による破産債権の調査［§117〜§120］（*377*）
  第 3 款　期日における破産債権の調査［§121〜§123］（*382*）
  第 4 款　破産債権の確定［§124〜§133］（*387*）
  第 5 款　租税等の請求権等についての特例［§134］（*405*）
 第 4 節　債権者集会及び債権者委員会（*406*）
  第 1 款　債権者集会［§135〜§143］（*406*）
  第 2 款　債権者委員会［§144〜§147］（*423*）

第 5 章　財団債権［§148〜§152］ …………………………………… *431*

第 6 章　破産財団の管理 ………………………………………………… *447*

 第 1 節　破産者の財産状況の調査［§153〜§159］（*447*）
 第 2 節　否認権［§160〜§176］（*458*）
 第 3 節　法人の役員の責任の追及等［§177〜§183］（*500*）

第 7 章　破産財産の換価 ………………………………………………… *507*

 第 1 節　通　　則［§184・§185］（*507*）
 第 2 節　担保権の消滅［§186〜§191］（*518*）
 第 3 節　商事留置権の消滅［§192］（*528*）

第 8 章　配　　当 ………………………………………………………… *529*

 第 1 節　通　　説［§193・§194］（*529*）
 第 2 節　最後配当［§195〜§203］（*538*）
 第 3 節　簡易配当［§204〜§207］（*549*）
 第 4 節　同意配当［§208］（*549*）
 第 5 節　中間配当［§209〜§214］（*551*）
 第 6 節　追加配当［§215］（*561*）

第 9 章　破産手続の終了［§216〜§221］ …………………………… *563*

第 10 章　相続財産の破産等に関する特則 ……………………………… *577*

第1節　相続財産の破産［§222〜§237］（577）
　　第2節　相続人の破産［§238〜§242］（587）
　　第3節　受遺者の破産［§243・§244］（591）

第10章の2　信託財産の破産に関する特則［§243の2〜§244の13］…… 592

第11章　外国倒産処理手続がある場合の特則［§245〜§247］………… 595

第12章　免責手続及び復権 …………………………………………………… 607
　　第1節　免　責　手　続［§248〜§254］（607）
　　第2節　復　　　権［§255・§256］（640）

第13章　雑　　則［§257〜§264］ ………………………………………… 647

第14章　罰　　則［§265〜§277］ ………………………………………… 657

各国倒産手続の概要

アメリカ連邦倒産法・清算手続（第7章）の概要

I　沿　　革

　アメリカの倒産法の歴史は1800年法（〜1803年）に始まり，その後時限立法として1841年法（〜1843年），1867年法（〜1878年）を経て，恒久法として制定された1898年法が現在の1978年の連邦倒産法の母体になっている。この間，1935年に会社更生手続が1898年法に77条B手続として設けられ，その後1938年に77条Bを改編したChapterXが設けられた。その後の1978年法では会社更生手続と債務整理手続（ChapterXI）を統合した更生手続（Chapter 11；Reorganizaition）が設けられた。破産手続は大きな変革を受けることなく清算手続（Chapter 7；Liquidaition）として今日に至っているが，2005年に消費者破産における手続を中心にした改正があった[1]。清算手続の概要[2]は，以下のとおりである。

II　清算手続の概要

1　清算手続の債務者

　清算手続において債務者としての適格を有する者は，合衆国内に居住しあるいは住所，営業所，又は財産を有する者であって（連邦倒産法§109(a)。以下，連邦倒産法の規定については条数のみを表記する），これには個人，パートナーシップ，及び法人が含まれる（§101(41)）。なお，信託財産は「手続上の主体」の定義には含まれているが（§101(15)），債務者としての適格を有しない（§109(a)及び§101(41)参照）。個人が清算手続を申し立てるには，いわゆるカウンセリング要件を満たさなければならない（§109(h)）。すなわち，清算手続開始の申立ての日の前180日の間に認証された非営利カウンセリング機関[3]によるプログラム課程を修了していなければ，清算事件における債務者の適格を認められない。

2　倒産裁判所

　合衆国連邦地方裁判所が，連邦倒産法の下で生じる又はこれに関係するすべての

---

[1]　2005年にはBankruptcy Abuse Prevention and Consumer Protection Act of 2005により，返済能力のある債務者の清算手続の利用を排除することを目的とした改正が行われている。
[2]　以下の手続構造の概要につき，William D.Warren & Daniel J.Bussel,Bannkruptcy 19-26（7th Ed.2006）を参照した。
[3]　このカウンセリング機関について，§111参照。

民事手続の管轄権を有している（28 U.S.C. § 1334(b)）。しかし，28 U.S.C. § 157(a)により地方裁判所の付託を受けて，連邦倒産裁判所がこの管轄権を行使する形になっている。

連邦倒産裁判所判事は，連邦憲法第Ⅲ条の裁判官ではなく，連邦地方裁判所の構成員である（28 U.S.C. § 151）。

倒産手続が執り行われている場所を指して倒産裁判所ということになるが，いずれの裁判区に所在する倒産裁判所が手続開始の申立てのあった事件を担当するかを決定する基準が裁判地（Venue）である。裁判地を規律している 28 U.S.C. § 1408(1)によれば，連邦倒産法の下での事件は，その事件の主体である者又はもの（the person or entity）の合衆国における住所，居所，主たる営業所，又は合衆国における主要な資産が事件の開始前 180 日の間所在した裁判区，又は，それらが他の裁判区に所在していた期間よりも 180 日の内長い期間所在していた裁判区の地方裁判所において開始される[4]。

3 清算手続開始の申立て

(1) 自己申立て　　清算手続開始の申立てには，債務者による場合（自己申立て；voluntary petition）と債権者による場合（Involuntary petition）がある。清算事件の 99％が前者であるので[5]，ここでは前者についてその概略を示す。

手続開始の申立ては，債務者が公定様式（Official Forms 1）による申立書を当該裁判区の倒産裁判所書記官に提出して行う（R 第 1002 条）。申立書の提出は 24 時間可能である（R 第 5001 条(a)）。債務者は，申立書に署名するとともに，偽誓罪に服することを承認した上で申立書に記載した情報が真実で正確であることを明示しなければならない（28 U.S.C. § 1746；R 第 1008 条）[6]。債務者が法人又はパートナーシップであるときは，権限がある者が債務者の名において申立てをする。その権限の授権は州会社法又は州パートナーシップ法によるが，パートナーシップの場合，パートナーシップのために申立てをするには，ゼネラルパートナー全員の同意が必要とされている（R 第 1004 条）。

(2) 手数料及び提出すべき書類　　申立書の提出とともに債務者は所定の手数料を書記官に納付しなければならない。清算手続開始の申立ての手数料は，245 ドルである（28 U.S.C. § 1930(a)(1)(A)）。また，債務者は，手続開始の申立てと同時に

---

[4] 以上のほか，当該債務者の関係者，ゼネラル・パートナー又はパートナーシップについての連邦倒産法の下での事件が係属している裁判区の地方裁判所も裁判地となることがある。28 U.S.C. § 1408(2)．

[5] Charles J. Tabb & Ralph Brubaker, BANKRUPTCY LAW PRINCIPLES, POLICIES, AND PRACTICE, 103（2d ed. 2006）．なお，債権者による手続開始の申立ては，私的整理による解決へ誘引する手段として用いられていると指摘される。Ibid.

[6] 故意で詐欺的な虚偽の宣言は，倒産犯罪として処罰される（18 U.S.C. § 152(3)）．

又は申立てから15日以内に債権者一覧表を提出しなければならない（§521(a)(1)；R第1007条(a)）。この他，資産及び負債一覧（§521(a)(1)；R第1007条(b)(1)），倒産財団除外財産一覧表（§522(l)；R第4003条(a)），現在収入支出一覧表（§521(a)(1)；R第1007条(b)(1)），未履行双務契約一覧表（R第1007条(b)(1)），財務状況説明書（§521(a)(1)；R第1007条(b)(1)），消費者債務を担保する財産についての意思表明書（§521(a)(2)；R第1007条(b)(2)）などの書面の提出が債務者には求められる。

(3) 手続開始の申立ての効果　倒産裁判所書記官が手続開始申立書を受理し手数料を受領し申立書に「受理」印を押印すると，その時点で，手続が開始され，清算手続開始の効果が生じる。なお，申立てが債務者以外の者による申立てである場合には，裁判所が清算原因などの審査を行った上で，日本法の手続開始決定に相当する救済命令を発する仕組みになっている。これに対して，債務者による申立て（自己申立て）の場合には，その申立て自体が手続開始決定としての救済命令を意味する（11 U.S.C. §301及び11 U.S.C. §303(c),(g)）。前者の場合において連邦倒産法が事件の開始を裁判所の救済命令（an order of relief）によるとしているのは，連邦倒産法の定める手続を通じて債務者の経済的再生を実現することを表明するものであるからである。

事件開始の効果とは，次のようなものである。

① この事件の開始によって倒産財団が創設される（§541(a)）。倒産財団を構成するのは，手続開始の申立ての時点において債務者が有するコモンロー及び衡平法の財産上の権利である。債務者のすべての財産は，この倒産財団に有効に移転される。倒産財団の法的性格については，アメリカ法上議論がある[7]。

② 自動停止（§362(a)）の効果が生じる。自動停止は連邦法に基づく差止の効果であり，倒産財団に対するあらゆる権利行使を停止させることで，倒産財団を維持できることになる。自動停止により，債権者のいかなる権利行使も無効となる。

③ 手続開始の申立てにより事件が開始されると出訴期限の期間は中断し，その期限は事件が開始された時以後の進行する期間の中断を含む非破産法，非破産手続における決定又は合意が定める期間の終期，又は救済命令から2年間のいずれか遅い時期まで，管財人は債務者が提起したであろう訴訟を倒産財団のために提起することができる（§108(a)）。同様に，訴訟の提起以外の行為についても時効は中断する（§108(b)）。

(4) 手続開始の申立ての棄却又は移行　個人債務者が手続開始の申立てから45日以内に所定の情報（§521(a)）を提供しないときは，その自己申立ては原則とし

---

[7] 連邦倒産法におけるDIPの法的地位に関連してではあるが，アメリカにおける倒産財団の法的地位をめぐる議論につき，加藤哲夫「民事再生法における再生債務者の地位」『企業倒産処理法制の基本的諸相』226頁以下（2007年〔初出2001年〕）。

て46日目に当然に棄却される（§521(i)）。また，個人債務者がもっとも直近の確定申告書を提出しないときは，裁判所は原則として事件を棄却しなければならない（§521(e)(2)）。法人，個人を問わず債務者が確定申告書を提出しないときは，徴税機関は事件の棄却又は手続の移行を申し立てることができる。にもかかわらず債務者が確定申告書を提出せず又は提出期間の伸長を求めないときは，裁判所は事件を棄却するか他の手続に移行しなければならない（§521(j)）。

以上に加えて，債権者に対して不利益を与えるような手続を遅延させる行為，申立手数料の不納付，必要な情報の不提出等が債務者に認められると判断したときは，裁判所は，第7章の事件を棄却することができる（§707(a)）。

なお，消費者債務事件[8]では，裁判所は，職権で又は関係人の申立てにより，手続開始の申立てが濫用[9]にあたると判断したときは第7章の事件を棄却するか，債務者の同意を得て第11章又は第13章の手続に移行することができる（§707(b)(1)）。

事件の棄却又は移行のほかに，事件が開始された場合でも，裁判所は，債務者又は債権者の利益になると判断するときは事件を棄却し，又は管轄権の行使を差し控えて事件における手続を停止することができる（§305(a)）。債権者と債務者との間で私的整理などが進行しそれによらせたほうが望ましいと考えられることによる。

4　破産管財人

(1) 選出又は選任　救済命令の後相当な期間内に連邦管財官は，債権者集会を招集し，統括しなければならない（§341(a)）。この債権者集会において，債権者は管財人を選任することができる（§702）。なお，連邦管財官は，管財人が選任されるまでの間における倒産財団の管理のために仮管財人を選任しなければならない（§701(a)）。債権者集会で管財人が選任されないときは，仮管財人が管財人に就任する（§702(d)）。

(2) 管財人の職責　管財人が遂行する主要な職務は，倒産財団の蒐集及び換価（§704(a)(1)），未履行双務契約の引受け又は解除（§365(a)），事件開始前又は開始後の倒産財団帰属財産の譲渡の否認（§547(b)；§548），適正ではない債権者の債権に対する異議の申立て（§704(a)(5)），債務者の免責に対する異議の申立て（§704(a)(6)），配当の実施（§726）等である。

---

[8]　消費者債務とは，個人が主として自身，家族又は家計のために負担した債務をいう（§101(8)）。このような債務が大部分を占める事件について，本文にある取扱いを設けている。

[9]　濫用の判断にあたっては，いわゆるミーンズ・テストが用いられている（§707(b)(2)(A)）。

5　倒産財団の財産

(1) 含まれる財産　倒産財団は，事件が開始された時点において債務者が有するコモンロー上又は衡平法上の財産上の権利等で構成される（§541(a)(1)～(7)）。倒産財団を構成する「財産」の概念は，連邦倒産法においてではなく州法（のみならず非破産法）において定義されること[10]，連邦倒産法の趣旨をもふまえてその「財産」の属性が定義されるべきであること[11]と考えられている。

(2) 倒産財団除外財産　手続開始の申立てによって倒産財団にいったんは組み込まれるものの，さまざまな政策的理由から倒産財団を構成しない財産が法定されている（§541(b)(1)～(9)）。

個人債務者は，住所を有する州の法規及び連邦法に基づく差押禁止を主張して倒産財団からの一定の財産の除外を求めるか（§522(b)(3)(A)），これに代えて連邦倒産法に基づく倒産財団からの一定の財産の除外を求めることを選択することができる（§522(d)）。個人債務者はいずれかを選択しなければならない。

一定の倒産財団除外財産に設定されている担保権について，債務者はこれを無効とすることができる（§522(f)）。この対象になっていない財産については，債務者は担保の目的財産の取得価額を担保権者に支払うことによって，担保権の目的物を受け戻すか担保権を消滅させることができる（§722)[12]。

(3) 倒産財団からの放棄　管財人は，倒産財団にとってわずかな価値しか有しないあるいは利益とはならない財産を放棄することができる（§554(a)）。また，事件終結の時点でそれまで管理されていなかった財産は，債務者に対して放棄されることになる（§554(c)）[13]。

6　倒産財団の増殖

(1) 否　認　権　管財人は債務者による財産譲渡行為，債務負担，特定債権者に弁済する行為を否認することができる（§544(b)；§553；§547；§548）。否認とは，裁判所の決定により財産譲渡行為や債務負担，特定の債権者への弁済行為が取り消

---

[10]　Butner v.United States, 440 U.S. 48（1979）.
[11]　Board of Trade of City of Chicago v.Johnson, 264 U.S. 1（1924）.
[12]　§522では担保される債権の額を支払うことなしに担保権を無効にすることができる。そのため，債務者は§722を援用しないであろうといわれる。David G. Epstein, Bankruptcy and Related Law in a Nutshell, 184（7th ed.2005）.
[13]　放棄に関連して，州又は連邦の環境法の下で財産所有者が除去しておくべき汚染された財産を管財人が放棄することはできるかという問題がある。Midlantic National Bank v.New Jersey Department of Environmental Protection, 474 U.S. 494（1986）では，州法又は州規則に反する財産の放棄を妨げようとする規制当局は認識された危険から公衆の健康又は安全を保護すべきであるとし，他方，§554の放棄に対する制限は，差し迫ったかつ確認された危害から公衆の健康又は安全を保護すべき必要がある場合にのみ適用があるとの原則が明らかにされている。

され，又は無効になることを意味する[14]。しかし，否認は，債務者による財産譲渡行為や義務の履行が無効であるとの司法の判断によらなければならないから，その判断を受けただけでは逸出した金銭や財産の価値は倒産財団に復帰することにはならない。否認が認められた後に管財人は，逸出した財産又はその価額のいずれかを回復するための訴訟を提起しなければならない（§550）。

(2) 偏頗行為と詐欺的財産譲渡行為　　連邦倒産法は，大別すると偏頗行為と詐欺的財産譲渡行為の否認を規律している。

偏頗行為については，ある債権者に対する又はある債権者の利益のための債務者の財産上の権利の譲渡（§547(b)(1)），従前の債務を理由とする債務者の財産上の権利の譲渡（§547(b)(2)），債務者が債務超過である間になされた債務者の財産上の権利の譲渡（§547(b)(3)），手続開始の申立ての日の前90日以内に又は債権者が当該財産譲渡がなされた当時に内部者であったときは手続開始の申立ての日の前90日から1年の間になされた債務者の財産上の権利の譲渡（§547(b)(4)），清算手続の事件であって，当該譲渡行為がなかったら清算手続での配当の範囲で満足を得たであろう場合において当該債権者に対してその範囲を超える満足を得させる債務者の財産上の権利の譲渡（§547(b)(5)）が否認の対象になっている。

詐欺的財産譲渡行為の否認には，2つの方式がある。第1には，州法が規定する債権者の取消権の対象となっている詐欺的財産譲渡行為又は債務負担行為を管財人は否認することができる（§544(b)(1)）。第2は，管財人は手続開始の申立ての日の前2年内に行われた債務者の財産上の権利の譲渡行為又は債務負担行為（それらと交換に合理的な価値を債務者が受け取っていない行為）を否認することができる類型である（§548(a)(1)）。

以上のほか，事件開始後に行われた倒産財団の財産の譲渡であって，第303条(f)又は第542条(c)によってのみ許されるもの，又は連邦倒産法又は裁判所により許可されていないものについて，管財人は否認することができる（§549(a)）。

7　債　権　者

(1) 請求権；債権者　　連邦倒産法上，請求権（債権；claim）は幅広く定義されている（§101(5)(A)(B)）。届出の対象としての請求権は，担保されている債権であると無担保の債権であると問わない。また，債権者は，債務者についての救済命令の時点で又はそれ以前に生じた債務者に対する請求権を有する者（§101(10)(A)），一定に事由に基づき事件開始後に生じた請求権を有する者（§101(10)(B)）等である。

(2) 担　保　権　者　　担保権者[15]の被担保債権は，清算手続においてその債権の証

---

14)　Charles J. Tabb & Ralph Brubaker, supra note 5, at 461.
15)　その定義につき，§101(37).

拠を所定期間に届け出て認容されなければならない（§501(a)；§502）。認容された債権は，その目的財産における債権者の権利の価値の限度で担保権付債権とされる（§506(a)(1)）。担保目的物の評価は，手続開始の申立ての日における取得価格による（§506(a)(2)）。なお，その取得価格により担保されなくなった部分の債権は無担保債権となる。

(3) 請求権の証拠の届出　以上の債権者は，手続開始の申立てがあったことの通知を受けて（R第2002条(a),(f)），請求権の証拠を届け出なければならない（§501；R第3002条）。請求権の証拠は請求権を明示した書面により（R第3001条(a)；公定様式10），裁判所書記官に提出される（R第3002条(b)；R第5005条(a)）。請求権の届出期間は，債権者集会（§341）の最初の期日から90日を超えない期間に設定される（R第3002条(c)）。

(4) 届出請求権の認容　届出のあった請求権の証拠につき異議がない限り，それは認容されたものとみなされる（§502(a)）。清算手続では管財人が届出のあった証拠が適正であるかについて審査する職責を担っているが（§704(a)(5)），管財人のみならず利害関係人も異議を述べることができる（§502(a)）。異議が述べられると，裁判所は，当該請求権の有効性を決定するとともに，手続開始の申立ての時点での請求権の額を定める（§502(b)）。この請求権の認容又は不認容を決定する手続は，核心手続（core proceeding）[16]とされている（28 U.S.C.157(b)(2)(B)）。しかし，この確定手続の方式は連邦倒産法及び同手続規則には規定されておらず，多くの裁判所では略式手続が執り行われている[17]。

(5) 相　　殺　事件開始前にすでに債権者，債務者双方が請求権を有している場合に，自動債権が(1)認容されたものであり，(2)事件開始後に，又は，手続開始の申立てがあった日の90日内に若しくは債務者が債務超過であった間に債権者が譲り受けたものでない限り，また，受働債権が(1)手続開始の申立ての日の前90日内に負担したものでなく，(2)債務者が債務超過である間に負担したものではなく，かつ，(3)相殺権を行使する目的で負担したものではない場合に，債権者による相殺が認められている（§553(a)）。

8　債権者に対する配当

(1) 配当の方式　清算手続では，無担保債権者に対する配当に優先して，まず担保権者が担保権の目的物又はその価額から優先的に満足を受ける（§725）。その

---

16) 「核心手続」とは，破産財団の管理と一体になっている訴訟手続で，破産裁判所の管轄に属する手続と解されている。小山貞夫編著『英米法律用語辞典』244頁（研究社，2011年）。この核心手続の概念の詳細につき，福岡真之介『アメリカ連邦倒産法概説』358頁以下（商事法務，2008年）参照。

17) Charles J. Tabb & Ralph Brubaker, supra note 5, at 247.

上で，管財人が無担保債権者に対する配当を実施する。

(2) 配当の順位　第1順位は優先債権である（§507；§726(a)(1)）。この優先権には第10順位までがあり（§507(a)），日本法の財団債権にあたる管財費用債権（§503(b)）及び倒産財団に対して課せられる裁判所手続費用・手数料の債権（§507(a)(2)）は第2順位に（§507(a)(1)），従業員の給料債権は一定の範囲で第4順位（§507(a)(4)），手続開始の申立て前に生じている租税債権は第8順位（§507(a)(8)）に位置付けられている。なお，以上の優先権に優先する超優先権が連邦倒産法の規定により認められている。担保権者に対する適切な保護のための請求権，手続開始の申立て後における新規融資を行った債権者のその債権等がこれにあたる（§507(b)；§362；§363；§364）。

配当の第2順位は，優先権のない認容された無担保の請求権，第3順位は，遅れて届出のあった請求権（§726(a)(3)），第4順位は，懲罰を原因とする請求権である（§726(a)(4)）。第5順位は，認容された債権についての手続開始後における法定利率による利息債権（§726(a)(5)），第6順位は，債務者に対する請求権である（§726(a)(6)）。

なお，倒産裁判所は衡平法裁判所であるところから，その権限に基づいて，認容された請求権のすべて又は一部を他の認容された請求権より劣後的な取扱いをすることが可能である（§510(c)(1)）。

9　清算手続における免責

(1) 免責の対象　裁判所による免責の許可決定は，債務者に対して，清算事件の救済命令があった日の前に生じたすべての債務，及び，第502条により確定された請求権に基づく責任を免除する（§727(b)）。

(2) 免責不許可事由　債権者等を欺罔する等の意図をもった財産譲渡，除却，隠匿等の行為（§727(a)(2)），帳簿等の記録された情報を隠匿，廃棄する行為等（§727(a)(3)），清算事件において又は清算事件に関連して故意に詐欺的に虚偽の宣誓，虚偽の債権の提示，利益の収受・供与等（§727(a)(4)）の行為等が債務者に認められる場合には，裁判所は債務者に免責を許可しない（§727(a)）。

(3) 非免責債権　非免責債権は概ね4つの種類に分けられる[18]。第1には，連邦議会が免責の対象にはふさわしくないと判断した種類のものであり，租税債権等である（§523(a)）。第2には，担保されている債務である。すなわち，免責はその負っている債務の人的責任を消滅させるにすぎず（§524(a)），財産に対する物的責任（担保の目的物から満足を受ける権利）は免責によって影響を受けない[19]。もとより担保付債権者の満足は担保目的物の価値を限度とするから，その不足額部分に

---

[18] 以下のカテゴリーは，Charles J. Tabb & Ralph Brubaker, supra note 5, at 569 による。
[19] Long v.Bullard, 117 U.S. 617 (1886).

ついては免責の対象になる。

　第3には，債務者が債務を承認した場合における債務である（§524(c)）。債務を債務者が承認する例としては，債務者が担保の目的物を継続して維持したいと考える場合に担保されている債務の人的責任を承認するといった場合である[20]。

(4) **免責の効果**　免責許可決定が発せられると，免責債務についての債務者の人的責任を確定する範囲でいかなる判決も無効になる（§524(a)）。債権者は，債務者の人的責任として免責債務を取り立てる公式又は非公式の行為をとることを禁止される（§524(b)）。

　なお，免責の効果は，免責債務につき債務者以外の者が負担する責任には影響しない（§524(e)）。

(5) **免責に対する異議**　管財人，債権者，連邦管財官から免責に対する異議の申立てがなく，あるいは債務者が免責を放棄しない限り，裁判所は，当然に免責を許可することになる（§727(c)(1)；R第4004条(c)）。異議の申立てがあるときは，その異議に基づく手続は，対審手続（手続規則第7編）によることとされている（R第4004条(d)）。

〔加藤　哲夫〕

---

20)　Charles J. Tabb & Ralph Brubaker, supra note 5, at 569-570.

イングランド及びウェールズの倒産処理手続

I 法　源

　イングランド及びウェールズの主要な倒産処理手続を規律する法律は，1986年倒産法（Insolvency Act 1986. 以下「1986年法」という）である。同法に基づく規則として，1986年倒産規則（Insolvency Rules 1986. 以下「1986年規則」という）が制定されている。1986年法に規定されている倒産処理手続は，会社に関する「会社任意整理」（company voluntary arrangement），「会社管理」（administration），「管理レシーバーシップ」（administrative receivership）及び「強制清算」（winding up by the court），並びに自然人に関する「個人任意整理」（individual voluntary arrangement），「破産」（bankruptcy）及び「債務救済命令」（debt relief order）である。

II 1986年法の特徴

　1986年法には，1982年に公表されたコーク委員会の最終報告書[1]（本報告書は，「コーク・リポート」と呼ばれている）の提案の多くが反映されている。以下に掲げる1986年法の特徴は，いずれもコーク・リポートの提案に基づくものである。

　① 清算型手続は，自然人については「破産」であり，会社については「強制清算」である。1986年法制定前は，破産は1914年破産法（Bankruptcy Act 1914）により，強制清算は1985年会社法（Companies Act 1985）によるという二元的な法制がとられていた。これに対して1986年法は，債務者が自然人，会社のいずれであるかを問わず，すべての倒産処理手続を規律する法律として，制定された。ただし，1986年法も1986年規則も，第1部で会社に関する倒産処理手続を，第2部で自然人に関する倒産処理手続をそれぞれ規定し，第3部に会社と自然人にともに適用される規定を置くという構成をとっているために，破産と強制清算の手続には別々の規定が適用されることが多い[2]。

　② 破産においても強制清算においても，行政機関の職員である管財官（official receiver）[3]が手続に関与する。その職務は，債務者が破産や強制清算にいたった事

---

[1] Insolvency Law and Practice--Report of the Review Committee, Cmnd.8558, 1982.
[2] 破産については，1986年法264条から385条まで及び1986年規則6.1条から6.263条までが，強制清算については，1986年法73条から83条まで及び117条から251条まで並びに1986年規則4.1条から4.231条までが，それぞれ適用される。
[3] 2013年4月現在，管財官は企業・革新・職業技能省（Department of Business, Innovation and Skills）のエグゼクティブ・エイジェンシー（executive agency）である倒産サービス（Insolvency Service）に所属している。

情の調査，債務者個人や債務者会社の役員の公開審問（public examination）の申立てと審問への参加，破産においては管理人（receiver or manager）の資格で，強制清算においては仮清算人（provisional liquidator）又は清算人（liquidator）の資格で，債務者の資産を保全することなどである[4]。

管財官の制度は，1869年破産法（Bankruptcy Act 1869）の下で破産制度が濫用されていると批判されたことを背景として，1883年破産法（Bankruptcy Act 1883）によって創設され，1890年会社（清算）法（Companies（Winding Up）Act 1890）によって強制清算に拡張された。これは，管財業務については債権者の自治に委ねるべきではなく，国（行政機関）が監督すべきであるとの考え方に基づくものである。もっとも，管財官の人件費は国庫負担となるため，1986年法制定に際しては，政府から，管財官の人件費を削減するために破産については管財官の関与を廃止する提案もされていた[5]。しかし，これはコーク・リポートによって採用されず，破産についても管財官の手続関与は維持されている[6]。

③　1986年法の下では，再建型手続が整備された。

同法制定前には，債権者の同意の下に債務者の事業の維持を図る手続として，自然人についての「債務整理証書」（deed of arrangement）及び会社についての「債務整理計画」（scheme of arrangement）があった。しかし，債務整理証書については，同意した債権者しか拘束できないため異議のある債権者によって破産手続が開始される事態を阻止できないという問題があった。また，債務整理計画についても，手続が複雑で利用しにくいといわれていた。会社の再建型手続としては，浮動担保（floating charge）を有する社債権者によって選任されたレシーバー（receiver）が会社を経営する「レシーバーシップ」（receivership）と呼ばれる制度が利用されていた。しかし，これについても，浮動担保が設定されていない場合には利用できないことにくわえて，浮動担保権者の利益が優先され，一般債権者の利益の保護が十分ではないという問題が指摘されていた。

1986年法は，債務整理証書や債務整理計画よりも利用しやすい手続として「任意整理」を創設した。また，レシーバーシップに代わる手続として，裁判所によって選任された管理人（administrator）が会社を経営し，事業の再建を図る「管理命令」（administration order）を創設した。同時に，レシーバーシップも「管理レシーバーシップ」として，同法による規律の対象に取り込んだ。

④　破産管財人や清算人などの倒産処理手続を執行する者について資格制度が導入され，「倒産実務家」（insolvency practitioner）の資格を有していなければならない

4）　1986年法132条・133条・135条2項・136条・287条・289条・290条。
5）　Bankruptcy: A Consultative Document, Cmnd. 7967, 1980.
6）　この問題については，高田賢治『破産管財人制度論』（有斐閣，2012年）137頁以下の記述が詳細である。

ものとされた[7]。これは，1986年法制定前から，倒産処理手続は裁判所外で選任された破産管財人，清算人，レシーバーなどによって運用されており，彼らの資質や権限行使の適切性が倒産処理制度に対する国民の信頼を確保するうえで重要であると考えられたためである。

III　1986年法の改正

1986年法は，2000年倒産法（Insolvency Act 2000），2002年企業法（Enterprise Act 2002），2007年行政審判所・裁判所及び執行法（Tribunals, Courts and Enforcement Act 2007）などによって，改正されている。

2000年倒産法は，小規模会社が任意整理を利用しやすくするための規定等を追加した（IV 3参照）。

2002年企業法は，会社の管理命令を「会社管理」に変更し，その利用を促進する改正を行った（IV 4参照）。租税債権の優先権を廃止したこと，破産免責の要件を緩和して，破産手続の開始後1年を経た破産者のほぼ全員が自動的に免責を得られるようにしたことも，同法による重要な改正点である（IV 1参照）。

2007年行政審判所・裁判所及び執行法は，破産に代わる手続として債務救済命令を創設した。債務救済命令は，破産申立費用を支払う資力もない個人債務者を対象とした，簡素化された手続であり，2009年4月6日から施行されている（IV 2参照）。

IV　倒産処理手続の概要

1　強制清算及び破産

①　会社の強制清算及び自然人の破産は，申立てに基づいて開始される。申立権者は，強制清算については，債権者，債務者（会社）のほか，取締役会及び社員である[8]。破産については，債権者及び債務者のほか，任意整理の監督委員（後述3参照）も申立てをすることができる[9]。

強制清算，破産のいずれについても，債務者が支払不能（be unable to pay debts）であれば手続が開始される[10]。支払不能については推定規定があり，破産においては，申立てをした債権者が債務者に対して法定請求（statutory demend）と呼ばれる債務の支払の請求をする書式を送付したのち3週間を経過しても債務者が当該請求

---

[7]　1986年法388条から398条。倒産実務家の資格制度については，高田・前掲168頁以下を参照。
[8]　1986年法124条1項。
[9]　1986年法264条1項。
[10]　1986年法122条1項(f)号・267条2項(c)号・272条1項。なお，強制清算については，支払不能以外の開始原因も定められている。同法122条1項(a)号から(d)号，(fa)号，(g)号。

に応じない場合，又は申立てをした債権者が執行手続によって債権を回収できなかった場合に，支払不能が推定される[11]。強制清算においては，破産と同様の場合のほか，債務者会社が債務超過である場合にも支払不能が推定される[12]。

② 強制清算又は破産の手続が開始されると，債権者の権利行使は禁じられ，債務者の資産の回収・換価，債権の調査・確定，配当の実施などの職務は，清算人又は破産管財人が遂行する。清算人及び破産管財人は，わが国の否認権に相当する権限を行使することもできる。すなわち，手続開始前の債務者の行為で財団の資産価値を減少させるもの（transaction at an undervalue），及び特定の債権者を優遇するもの（preference）を否認することができる[13]。清算人はさらに，会社を倒産に至らしめた取締役の責任を追及する権限を有している[14]。

③ 配当に関しては，2002年企業法によって重要な改正が加えられた。まず，租税債権の優先権が廃止され，一般破産債権として扱われるようになった[15]。また，会社の倒産処理手続において浮動担保権者のみが配当を得ることのないように，会社の純資産の一定割合を無担保債権者に配当することが義務づけられた[16]。いずれも，コーク・リポートにおいて提案されながら，1986年法制定時には実現しなかった内容である。

④ 強制清算は，会社の解散によって終了する[17]。

破産は，債務者の免責によって終了する[18]。免責には，自動免責（automatic discharge）と裁判所の命令による免責（discharge by order of the court）の2種類がある[19]。

自動免責の下では，破産手続が開始されてから一定の期間が経過すれば，債務者は当然に免責される。この期間は当初は原則として3年であったが，2002年企業法による改正の結果，1年に短縮された。また，改正前は，破産手続が開始されるまでの15年間に破産手続に服していたことのある債務者には自動免責は与えられず，裁判所の命令によって免責を受けるべきものとされていたが，改正後は，そうした債務者も自動免責を受けられることとなった[20]。

裁判所の命令によらなければ免責を受けられない債務者は，現在では，刑事破産命令（criminal bankruptcy order. 1989年に廃止）を受けたことのある債務者のみであ

---

11) 1986年法268条1項。
12) 1986年法123条1項2項。
13) 1986年法238条から241条・339条から342条。
14) 1986年法213条から215条。
15) 1986年法386条，附則第6。
16) 1986年法176A条。
17) 1986年法202条・205条。
18) 1986年法278条。
19) 1986年法279条・280条。
20) 1986年法279条1項。

る[21]。このような債務者は，破産手続が開始した日から 5 年が経過したのちに裁判所に申立てをすることによって，免責を付与する裁判所の命令を得ることができる[22]。

免責によって，債務者は若干の非免責債権を除くすべての破産債権について責任を免れる[23]。

2　債務救済命令[24]

金額の確定している無担保の債務の総額，可処分所得の月額及び資産が規則で定められた金額を超えない債務者は，債務救済命令を利用することができる[25]。債務救済命令は，管財官によって発令され，一定の期間（原則として命令の登録から 1 年間），債務についての個別執行や破産申立てを停止する効力を有する[26]。この期間が終了すると，債務者は，命令に記載されたすべての債務について免責される[27]。

3　任意整理（会社任意整理[28] 及び個人任意整理[29]）

① 任意整理は，わが国の和議と同様に，債務者（自然人又は会社）と債権者の間で弁済の猶予，債務の一部免除などを合意する手続である。破産又は強制清算を回避する目的で用いられるが，破産又は強制清算の手続開始後にも利用することができる。

破産又は強制清算の開始前に任意整理が行われる場合には，債権者による破産又は強制清算の申立てや権利行使を一定期間，停止する法的措置が必要になることもある。こうした措置を支払猶予（moratorium）といい，自然人については，仮命令（interim order）[30] により，会社については，管理命令を併用することにより，支払猶予を得ることができる。ただし，小規模会社については管理命令の併用が負担になるため，所定の書類を裁判所に提出して支払猶予を得る制度が 2000 年倒産法

---

21) 1986 年法 279 条 6 項。
22) 1986 年法 280 条 1 項。
23) 1986 年法 281 条。
24) 債務救済命令については，高田・前掲注 6)53-55 頁参照。
25) 1986 年法附則 4ZA 6 条から 8 条。
26) 1986 年法 251E 条・251G 条・251H 条。
27) 1986 年法 251I 条。なお，担保付債務及び罰金その他の規則で定められた債務は，債務救済命令の対象となる債務から除かれているので免責の対象とはならない。同法 251A 条，1986 年規則 5A.2 条。
28) 2000 年倒産法による改正後の会社任意整理については，中島弘雅「近時のイギリスにおける事業再生の枠組みについて」青山善充先生古稀祝賀『民事手続法学の新たな地平』（有斐閣，2009 年）822-828 頁，高田・前掲注 6)65-67 頁参照。
29) 2002 年企業法による改正後の個人任意整理については，高田・前掲注(6)55-56 頁参照。
30) 1986 年法 252 条から 256 条。

によって導入されている[31]。

② 任意整理の提案においては，債務者のために債権者と交渉する整理委員（nominee）を指名しなければならない[32]。提案をすることができるのは，会社管理又は強制清算が開始されていない会社については，取締役会であり[33]，自然人については，債務者本人である[34]。会社について会社管理又は強制清算が開始されている場合には，管理人又は清算人も提案をすることができる[35]。また，自然人債務者についてすでに破産手続が開始されていて，管財官が整理委員となり，仮命令の申立てをしない場合には，より迅速な手続を利用することができる[36]。

③ 整理案の内容を実行するためには，自然人については債権者集会で，会社については債権者集会及び社員集会で，承認を受けなければならない。承認された整理案は，集会で議決権を行使することのできたすべての債権者を拘束する[37]。整理案の実行については，監督委員（supervisor）が責任を負う[38]。

4 管理レシーバーシップ及び会社管理

① 管理レシーバーシップ及び会社管理は，経済的危機に陥った会社の事業を維持しつつ，その再建を図る手続である。1986年法制定時には，管理レシーバーシップが会社管理（当時の管理命令）よりも優先する関係にあったが，2002年企業法により，両者の関係は，以下に述べるように変更されるにいたっている[39]。

② 1986年法制定時の管理命令は，(1)会社が支払不能であるか，又は支払不能に陥ることが予測され，(2)いまだ清算手続が開始されていない場合に，(3)(a)会社の事業の継続，(b)会社任意整理の承認，(c)1985年会社法425条による債務整理計画の認可，(d)清算によるよりも有利な資産の換価，の少なくとも1つを目的として開始

---

[31] 1986年法1A条。ここでいう「小規模会社」は，2006年会社法382条3項所定の小規模会社の要件のうち2以上を満たした会社である。1986年法附則A1第3条2項(a)号。支払猶予期間は，原則として，書類が裁判所に提出されたときから整理案を承認するために招集された集会の日までである。同法附則A1第8条1項2項。

[32] 1986年法1条2項・253条2項。整理委員は，倒産実務家の資格を有するものでなければならない。

[33] 1986年法1条1項。

[34] 1986年法253条1項・256A条・263A条。

[35] 1986年法1条3項。

[36] 1986年法263A条から263G条。この手続（fast-track voluntary arrangement）は，2002年企業法によって導入されたものである。

[37] 1986年法5条2項・260条2項。

[38] 1986年法7条・263条。監督委員についても，倒産実務家の資格が要求される。通常は整理委員が監督委員となる。

[39] 2002年改正後の会社管理については，中島・前掲注(27)809-821頁，高田・前掲注(6)62-64頁参照。

されることとされていた[40]。管理命令の申立てによって支払猶予の効果が生じ，債権者が権利行使をすることは禁じられたが，管理命令の申立てがされてから管理命令が発令されるまでの間に浮動担保権者が管理レシーバーを選任して職務を遂行させることは，例外として認められていた[41]。管理命令の申立てがされたことは浮動担保権者に通知すべきこととされていたため[42]，浮動担保権者が管理命令の発令までに管理レシーバーを選任することは可能であった。浮動担保権者が管理レシーバーを選任した後は，管理命令に対する浮動担保権者の同意がないかぎり，裁判所は管理命令の申立てを棄却しなければならないものとされていた[43]。

　③ 2002年改正は，会社管理として，従来と同様に裁判所の管理命令によって開始される場合（administration by court order）にくわえて，浮動担保権者又は会社若しくは取締役が裁判所外で管理人を選任することによって開始される場合（out-of-court administration）を新たに規定した[44]。会社管理の目的も，(a)会社を継続企業として救済すること，(b)会社を清算するよりもよい結果を債権者全体のために達成すること，(c)担保権者又は優先債権者に対する配当を行うために財産を換価すること，の3つとした[45]。これらの目的には優先順位が付されており，管理人は原則として(a)に関する職務を遂行しなければならず，(a)の達成が合理的に実行可能ではないか，又は(b)が債権者全体のためによりよい結果をもたらすと考えたときには，(b)に関する職務を遂行することができ，(c)に関する職務を遂行することができるのは，(a)又は(b)の達成が合理的に実行可能ではないと考えた場合であって，かつ，債権者全体の利益を不必要に損なわない場合に限定された[46]。

　こうして，限定付きではあるが，浮動担保権者に対する配当を行うために会社管理を開始することができるようになった反面で，浮動担保権者による管理レシーバーシップの開始は制限されることになった。すなわち，2003年9月15日以降に設定された浮動担保権に基づいて管理レシーバーを選任することは，原則として禁止された[47]。その結果，この時期以降に浮動担保権の設定を受けた社債権者は，管理レシーバーを選任しうる例外的な場合[48]に該当しないかぎり，再建型手続とし

---

[40]　2002年改正前の1986年法8条。
[41]　2002年改正前の1986年法10条2項(b)号(c)号。
[42]　2002年改正前の1986年法9条2項(a)号。当時の1986年規則によれば，管理命令の申立書は，審問期日の5日前までに浮動担保権者に送達しなければならないものとされていた。同規則2.6条2項(a)号，2.7条1項。
[43]　2002年改正前の1986年法9条3項。
[44]　2002年改正後の1986年法附則B1第14条以下，第22条以下。
[45]　2002年改正後の1986年法附則B1第3条1項。
[46]　同条3項4項。
[47]　2002年改正後の1986年法72A条。
[48]　資本市場に関する取決めを実行するために管理レシーバーを選任する場合など，8つの例外が認められている。同法72B条から72GA条。

19

て管理レシーバーシップではなく，会社管理を開始しなければならないことになった。

〔長谷部　由起子〕

ドイツの倒産処理制度の概要

I　現行法

　ドイツの倒産処理制度は，もともと，1898年制定の破産法（Konkursordnung）による破産手続と1935年制定の和議法（Vergleichsordnung）による和議手続とからなっていたが，これらが機能不全に陥り，破産法と和議法を全面的に改正する作業が，1970年代の終りごろから始められた。中途での政権交代，ドイツの再統一，世界経済の大きな変動などの影響から，改正作業は難航したが，1994年に新しい倒産法（Insolvenzordnung）が制定され，1999年1月1日から施行されている。

II　手続の単一化

　倒産処理手続は，破産，和議という区別はなく，一本化されている（1条）。一本化された倒産手続は，清算，再建のどちらをめざす場合にも対応できるように構成されている。個々の事件において，手続の目的は，手続開始時にもその後の特定の時点でも，明示的・一義的に決定されるわけではない。倒産処理の方向は，財団の換価，債権者の権利変更その他の重要事項を定める倒産処理計画（Insolvenzplan）の議決を通じて，債権者の多数決によって決定されることになるが，その内容は個々の事件毎に様々である。現行法の立法作業が始まった頃は，フランス倒産法の影響もあり，倒産処理手続の最初の段階で裁判所が手続の目的を決める構想であったが，その後は，倒産した事業の運命は，債権者ひいては市場の判断に任せるべきであって，法律制度によってそれを人為的に変更すべきではない，との考え方が有力となり，規制緩和，市場経済重視の大きな流れの中で，主に債権者その他の関係人の意思によって，倒産処理の方向を定める構造が採用されている。

III　手続の開始原因

　手続の開始原因は，原則として，支払不能又は債務超過（法人の場合に限る）であるが，債務者の自己申立ての場合は，差し迫った支払不能（支払不能のおそれ）も開始原因とされ，早期の申立てが可能とされている（18条）。なお，法人が支払不能又は債務超過である場合は，法人（法人の代表者が欠けている場合は，有限会社の社員，株式会社の監査役）は遅滞なく手続の開始を申し立てる義務を負い，これを怠ったときは刑事罰が科せられる（15a条）。

IV　倒産管財人の選任及び自己管財手続

　ドイツ法は旧法以来，管財人の選任につき倒産債権者の意見を重視しており，債

権者集会には，倒産裁判所が選任した者とは別の者を選任する権限が与えられている（57条）。さらに，2007年の改正で追加された56a条は，選任手続の最初の段階から債権者の意見を反映させる仕組みを採用している。

他方で，小型の倒産事件処理の簡易化・低廉化の目的で，債権者の同意の下で，管財人を選任せずに，債務者が監督員の下で財産の管理処分権を保持する手続が設けられている（270条以下）。さらに，消費者のための倒産処理手続では，監督員も置かれない（311条以下。後述9参照）。

V　倒産財団の範囲及び財団不足に対する対応

破産財団は，倒産処理手続の開始時に債務者が有する財産だけでなく，その後に債務者が取得する財産をも含むものとされている（35条。膨張主義）。このことはとくに，給料など債務者の将来の収入を破産財団に取り込むものであり，消費者破産への対応として重要である。

倒産処理手続は，手続の最初の段階のための裁判所費用と管財人の報酬等とを支払うに足りる財産があれば開始できるものとされ，財団不足による申立て棄却（前述1②参照）をできる限り避けて，倒産処理手続の機能の回復がはかられている（26条，54条）。さらに，残債務免除（免責）を申し立てた自然人の債務者が上述の費用を支払うことができない場合には，残債務免除の決定まで費用の支払いを猶予する手続（訴訟救助類似の手続）が，2001年の改正により，導入された。同様の趣旨で，手続は，裁判所費用と管財人の報酬等とを支払うに足りる財産がある限りは，その他の財団債務につき全額の弁済ができない場合でも，続行されるものとされている（207条以下）。

VI　倒産処理計画

倒産処理の目標を清算と再建のどちらに置くかは，単一の倒産処理手続の中で，債権者の多数決（頭数及び債権額の過半数）により，倒産処理計画を通じて決定される（217条以下）。計画の内容が別除権者の権利の変更を含む場合には，別除権者は一般の倒産債権者とは別の組を構成して，計画につき議決する（可決の要件は一般債権者の場合と同様）。破産財団の換価の方法，個別的な換価か，企業又は事業所の包括的譲渡の方法をとるか，など倒産処理に関する重要事項についても，同様に倒産処理計画で決定される（債権者自治の拡大）。計画の可決及び裁判所による認可によって倒産処理手続は終結し（258条），債務者は財産の管理処分権を回復する（259条）。ただし，計画において管財人によって債務者の履行（計画に従った債務の弁済）を監視する旨を定めることができる（260条以下）。

VII　債権者平等の徹底

優先的破産債権という枠組は廃止され，破産債権者の平等が徹底された（なお，

手続開始後の利息など若干の債権は劣後的倒産債権とされている。39条)。このことは,とくに租税債権の優先的地位を廃止した点で重要な意味をもつ。労働者の給料・企業年金等については,既に公的機関による立替払いの制度があるので,優先権が廃止されたことによる実際上の影響は,小さい。

　譲渡担保,所有権留保,差押質権等の占有なき動産担保権は,従来と同様に別除権として処遇されるが,目的動産を占有している管財人の換価権能は拡大され,任意売却もできるものとされている (167条。ただし,担保権者にはより有利な換価方法を提案する機会が与えられる。168条)。この管財人の換価権を前提として,倒産手続開始の申立てがされた段階で,保全処分によって担保権の実行——ドイツでは担保権の実行も強制執行の手続による——の停止・禁止を命ずることができるとされている (21条2項3号)。また,換価による売得金から一定割合 (原則として9%) が担保権の確定及び換価の費用として控除され,一般債権者への配当にあてられる (170条,171条)。

Ⅷ　残債務免除 (免責)

　個人の債務者につき残債務免除 (免責) の制度が設けられている (286条以下)。しかし,債務者が,給料等の定期収入で差押えが禁止されていない部分を,6年間 (当初は7年間であったが,2001年の改正で短縮された) にわたって裁判所の定めた受託者 (Treuhänder) に譲渡して,債権者への弁済に充てることが前提とされている。さらに,上記の期間,債務者には,相応の生業に従事すること,職がない場合には就職に努力すること,相続などで取得した財産の半分を受託者に差し出すこと,住所や仕事場を変更したときは裁判所及び受託者に届け出ること,債務者が自営業の場合は相応の雇用関係で勤務していたならば得られたであろう金額を受託者に支払うこと,などの義務が課せられる。債務者がこれらの条件ないし義務を遵守しないときは,残債務は免除されない。

　なお,以上の手続を実効のあるものとするため,倒産処理手続開始前に債務者がした将来の給料等の譲渡・質入れの効力は,手続開始後3年間に限り有効とされ,また,手続開始前になされた給料等の差押えは,手続が開始された月の分に限って有効とされている (114条)。

Ⅸ　消費者の倒産処理

　消費者 (独立の経済活動をしていないか,そのような活動がごく小規模である個人の債務者) のために特別の倒産処理手続が用意されている (304条以下)。手続は,債務者が債務弁済計画案 (Schuldenbereinigungsplan) を提出し債権者の同意を求める和議ないし和解型の手続 (305条以下) と,債務弁済計画が成立しなかった場合に行われる倒産処理手続 (311条以下) との二段階からなっている。債務弁済計画案は,頭数及び債権額の双方につき過半数の債権者の賛成があれば,計画案に反対する債

権者の利益が不当に害されない限り，裁判所の決定によって成立する。

　第二段階として行われる倒産処理手続では，管財人は置かれず，給料等の譲渡を受けて債権者に配当することを主な任務とする受託者が置かれるにすぎない。否認権の行使は，受託者ではなく，個々の倒産債権者にまかされている。債権者集会や財団財産の換価，配当の点でも手続は簡略化されている。

X　国際倒産

　倒産法の施行後まもなく（2000年5月）に欧州理事会により欧州倒産規則が制定された。ドイツとＥＵ加盟国間での国際倒産については，この欧州規則が直接に規律するが，ドイツと非加盟国間での国際倒産については，2003年3月の改正で倒産法に追加された規定が規律する。

　倒産法は，外国の倒産手続のドイツにある財産に対する効力を認め（普及主義。335条），外国の倒産手続の効力を原則として特別な手続を要せずに承認する（自動承認。343条）。外国の倒産手続の効力は，原則として手続開始国法によるが（335条），不動産・船舶・航空機についての物権又は利用権を内容とする契約（336条），労働関係（337条），相殺（338条），否認（339条）などの法律関係については，準拠法の特則が置かれている。また，外国の倒産手続開始時にドイツに存在する財産については，ドイツ法で認められている取戻権及び別除権は，外国の倒産手続の影響を受けないものとされている（351条）。

　さらに，債務者の普通裁判籍がドイツにないため，普及主義の下での対外的効力をもつドイツの倒産手続を開始することができない場合に，債務者の営業所又は財産がドイツにあるときは，債権者は，ドイツにある財産のみを対象とした属地的な倒産手続を開始することができ（354条），そのことは，外国で対外的効力をもつ倒産手続が開始されドイツで承認される場合でも，排除されない（356条）。

〔上原　敏夫〕

フランス倒産処理制度の概観

I フランス倒産処理法の沿革

1 事業者（商人等）を対象とする倒産処理手続

(1) 古法時代（フランス革命以前）[1]

　フランス倒産法の歴史は，フランス革命以前の「古法（Ancien Droit）時代」に遡ることができる。古法時代のフランス法は，北部の「慣習法地域（pays de droit coutumier）」と南部の「成文法地域（pays de droit écrit）」とに分かれていた。北部は，ゲルマンの慣習法の影響が強かった地域であり，南部は，ローマ法の影響が強かった地域であった。この時代の倒産法の特徴は，①手続の対象となる債務者が商人に限定されていなかったこと，②懲戒的性格が強く，債務者を処罰する[2]ことと債権者の利益をよりよく保護することであった。他方で，すでに，今日の倒産法の特徴のいくつかも見られる：手続の構造，優先権，債権者の団体，平等配当，刑事制裁など。

　この時代の倒産法制でもっとも重要なものは，1673年にルイ14世の下で，コルベールの主導で制定された「陸上商事王令（Ordonnance du commerce terrestre）」の中にある。これは，北部・南部を通じて，初めて商法（倒産法）を統一するものである。全体で12編からなるこの「王令」の第9編から第11編が，今日「破産法」といわれる内容に充てられており，その中心が第11編「破産および破産犯罪」（18か条）である。ここでは，債務者の引退または財産の封印による手続開始，債権者に対する財産の開示，「疑わしき期間」内にした債権者を害する財産処分の無効，負債の回収のための債権者集会における多数決による決議，担保権の保護，破産者に対する極刑などが規定されていた。反面，債務者は，債権者による追求を予測して，裁判上の財産譲渡を請求することや財産放棄による支払猶予の手続，さらには，債権者が和議に合意することなども規定されていた。

(2) 近・現代法（ナポレオン以後）[3]

(i) 1807年商法典　現代法に直接つながる近代法としての倒産処理法制は，フランス革命を経て，1807年に皇帝ナポレオンによって制定された「商法典（Code

---

[1] 以下の叙述は，C. Dupouy, *Le droit des faillites en France avant le Code de Commerce,* 1960 ; R. Szramkiewicz, *Histoire du droit des affaires,* 1989. および，C. Saint-Alary-Houin, *Droit des entreprises en difficulte,* 7e éd., 2011 による。

[2] よく知られているのが，1560年のシャルル9世の王令にある，有責な破産者は「extraordinairement et capitalment」に処罰されるという規定（第153条）である。この規定の解釈は分かれているが，一般には，「死刑」を意味すると解されている。

[3] 以下の叙述は，C. Saint-Alary-Houin, *op. cit.* による。

de commerce)」（第 3 巻「破産および破産犯罪」）に始まる。この手続は，商人に対して批判的であった皇帝自身の意思を反映しているといわれ，懲戒主義的性格が明瞭である。また，ここで初めて，倒産処理手続が商人に固有の制度（商人破産主義，商事裁判所の管轄）となった。この他の特徴は，①手続開始原因としての支払停止，②支払停止後 3 日以内の商事裁判所に対する申立（財産目録寄託）義務，③支払停止後のすべての弁済等の行為の無効，④支払停止前 10 日間に行われた行為の詐害性推定，⑤破産者の逮捕・拘禁，⑥破産者の「民事死亡（mort civile）」，⑦夫の破産による妻の全財産処分，⑧破産犯罪の重罰（浪費による破産の場合 20 年の強制労働，単純破産罪［1 か月から 2 か月の拘禁］，詐欺破産罪［30 年までの強制労働］），⑨債務の完済を条件とする復権などである。

　商法典の定める手続は，集団的手続で債務者の財産を売却する「破産」だけであった。商人は，破産すれば，商人社会から抹殺された。こうした厳格な性格から，実際には，この手続はほとんど適用されず，企業の不履行は，財産目録を寄託する商事裁判所外で，和議によってその資産を清算していた。これによれば，商人は，再びその取引を開始することができた。

　(ii)　1838 年法　　1807 年商法典の厳格な手続を緩和する法律が，早くも 1838 年に実現した。「1838 年 5 月 28 日の法律」がそれである。この法律は，商法典第 3 巻の改正法として，①商人に適用される制裁の軽減，②手続の迅速化のために資産の不足を理由とする手続終結の可能性，③手続費用の減額などを定めた。しかし，依然として，従来の機能（破産犯罪を理由とする商人の抹殺，財産の売却と債権者への弁済）を維持するものであった。

　(iii)　1889 年法　　19 世紀の自由主義を具体的に反映する改革は，「1889 年 3 月 4 日の法律」によってもたらされた。この法律は，初めて，「破産」とは別の「柔軟な」手続を創設した。それが「裁判上の清算（liquidation judiciaire）」と呼ばれる手続である。これは，「不運で誠実な商人（commerçant malheureux et de bonne foi）」を「破産」から免れさせるものである。債務者は，管財人（syndic）の補佐を受け，取引を救済する「単純な和議」または資産を放棄して債務の免除を得る「資産放棄による和議」を得ることができた。この手続では，人的制裁を受けることもなくなった。

　この手続は，債権者にとっても，破産によるよりも大きな満足を得ることができる利点を持っていたと評価されているが，反面，債務者による濫用とモラルの低下を招いたともいわれる。しかし，これ以後，フランス倒産処理手続は，厳格な清算型の手続と緩和された再建型の手続の二本立構造が，形を変えつつも基本となってゆく。

　(iv)　1955 年デクレ　　20 世紀に入ると，「1935 年 8 月 8 日のデクレ」，「株式会社に関する 1940 年 11 月 14 日の法律」などによって，①手続の簡易・迅速化を図るための，管財人の任命，和議集会および判決に対する不服申立てに関する規定の

改正，②被傭者のスーパー先取特権の創設（1935年デクレ），③会社経営者に対する制裁（1935年デクレ，1940年法）などの改正が行われた。

　さらに，1955年に二つのデクレが制定された。それが，「破産および裁判上の整理ならびに復権に関する1955年5月20日のデクレ」，「管財人および裁判上の管理人に関する1955年5月20日のデクレ」がそれである。前者は，商法典第3巻の規定を廃止し，新たに「倒産法典」と呼ぶべきものを創設するものである。このデクレの特徴は，19世紀末以来の二本立ての手続を，「破産」および（「裁判上の清算」に代わる）「裁判上の整理」に再構成するものである。「破産」は，「支払を停止し，[財産の]管理処分権喪失を免れさせるに値しない」商人に適用され，「裁判上の整理」は，「支払を停止したが，その事業を和議によって継続することが可能なすべての商人」，すなわち「破産という厳格な措置を適用する必要のないもの」に適用された。「裁判上の整理」においては，債務者は，単に管財人に補佐されるのみで，管理処分権を喪失することもなく，手続は，場合によって破産に転換する余地はあるものの，通常は，和議によって終結した。

　この二本立ての制度は，債務者個人の運命を事業の運命に結びつけるという点で，不都合があった。裁判所は，債務者が有責である場合には破産を宣告し，そうでない場合には裁判上の整理を開始した。いいかえれば，事業自体が再建に値するものであるか，清算すべきものであるかという経済的観点からの振分けではなく，裁判所は，債務者を制裁するために事業を清算し，債務者に過失がなければ事業に裁判上の整理の利益を与えるという結果になったといわれる。そのため，自然人には適合するが，法人には適合しないという批判もあった。

　(v)　1967年法　　1955年改正に対する批判を受けて1967年に3つの手続が設けられた。「企業の裁判上の整理および財産の清算に関する1967年7月13日の法律67-563号」および「訴求の暫定的停止および負債の集団的履行に関する1967年9月23日のオルドナンス67-820号」による手続である。前者（1967年法）は，それまでの制度と同様に，清算型の「財産の清算」と再建型の「裁判上の整理」という二本立ての手続としているが，制度の組み立て方が大きく変わった。すなわち，1955年デクレで結びつけられていた債務者自身の責任と事業を切り離すべく「人と企業の分離」という理念を立てた。すなわち，「非難に値しない経営者に不名誉の刻印を捺すことなく，経済的に非難されるべき企業を排除する」という経済的観点から，2つの手続の振分けを行い，しかも，財産的な処分は「企業」のみを対象とし，「人（経営者）」に対しては，非難されるべき状況（有責性，過失）がある場合に限り，非財産的な制裁（「人的破産[faillite personnelle]」）を加えるものとした。その上で，法文の名称が示しているとおり，「再建型」の手続を原則とし，「清算型」の手続を例外とした。

　これに対して，後者（1967年オルドナンス）は，「財務的に困難な状況にあるが，回復しがたいほどの危殆に瀕しているわけではない状況にあって，その消滅が，性

質上，国家・地域経済に重大な困難を引き起こし，債権者の利益と両立しうる条件でその消滅を回避できる企業」を対象とする。手続の目的は，債権者による訴求を停止させて，窮境にある企業に更生計画を準備させることを可能にし，債務の免除または弁済の猶予を与えること，すなわち支払停止に陥る前に企業を救済することにある。

　しかし，実際には，①再建型の手続でも，支払停止を開始要件としたために，裁判所に提訴される段階で，すでに回復しがたい危殆に瀕した状況になっており，手遅れになることが多い，②1967年オルドナンスによる手続でも，多くの場合，企業はもはや弁済できない状況になっていたという事情が指摘されていた。文字通り救済された企業は，せいぜい2〜3%であったといわれるし，再建型が原則であるにもかかわらず，85%の事件が清算型で処理され，しかも，その場合でも，95%の事件では，無担保債権者の配当はなく，担保権者であっても，30〜40%しか回収できなかったといわれる。再建型でも，債権者は，5年から12年という長期の猶予を余儀なくされ，あるいは負債の免除か，単純な放棄を求められた。さらに，企業の維持に不可欠な被用者に対する配慮がない，管財人の地位が混合的である（債権者代表であると同時に債務者の代理人ないし補佐人）という批判もあった。

　(vi)　1984年法および1985年法　　こうした状況を改善するために，「企業の窮境の予防と任意整理に関する1984年3月1日の法律84-148号」と「企業の裁判上の更生および清算に関する1985年1月25日の法律85-88号」が制定された[4]。前者は，1967年オルドナンスの手続に代わるもので，企業の状況が回復しがたいほどの危殆に瀕する前，支払停止前の段階で介入しようとするものである。後者は，1967年法の手続に代わるもので，法律によって企業の更生を遂げるという政策目的を追及するものである。同法第1条は，「企業の救済，活動および雇傭の維持ならびに負債の履行を可能にするために，企業の裁判上の更生手続を設ける」という。ここでは，企業の救済が第一の目的で，債権者に対する弁済は，活動や雇傭の維持に後れるものとしていることが注目される。その上で，手続は，すべての事件について，まず再建型の「更生」を試みる「単線型」の構成とされ，企業の継続や譲渡を予定する更生計画が不可能と判断される場合に清算手続が行われる。

　この改革も，しかし，不十分であるとの批判を免れなかった。そのため，1987年以降，政府からも議員からもいくつかの法律案が提出され，それらの中で，「企業の窮境の予防と処理に関する1994年6月10日の法律94-475号」が成立し，手続面での部分的な改正が行われた。具体的には，明らかに再建に値しない企業については，再建の試みをすることなく，直ちに清算型の手続を開始することができるようになったこと，清算型手続において，債権者の権利（優先権）を回復したこと，

---

4)　これに加えて，「裁判上の管理人，受託清算人および企業診断人に関する1985年1月25日の法律85-89号」がある。これは，批判のあった管財人の地位に関するものである。

再建方法としての事業譲渡について，買受資格を限定したことなどが挙げられる。この改正法は，2000年9月18日のオルドナンス2000-912号によって，「企業の窮境」と題されて，新商法典第6巻に組み入れられた（第1編「企業の窮境の予防および任意整理」，第2編「企業の裁判上の更生および清算」）。

(vii) 2005年法　1994年法による，1984年法および1985年法の改正にもかかわらず，倒産件数（毎年48,000件あまり），清算による終了も多かった（90％）。そこで，倒産予防のために，債務者が支払停止以前に更生手続開始を申し立てることができるようにすること，資産の乏しい企業について，清算手続を促進することなどを含む法律案が提案されたが，採択に至らなかった。

その後，2004年になって，アメリカの「第11章手続」に示唆を受けた，商法典第6巻を改正する新たな法律案が提出され，これが，「企業の救済に関する2005年7月26日の法律2005-845号」として成立した。これによって，商法典第6巻（「企業の窮境」）の構成が，従来の2編から4編に改められた（第1編「企業の窮境の予防」，第2編「救済」，第3編「裁判上の更生」，第4編「裁判上の清算」）。この法律による商法典の改正は，さらに，「窮境にある企業の法を改正する2008年12月18日のオルドナンス2008-1345号」によって一部が改正された。これが現行法である。

なお，その後も，2010年に，「加速された財務上の救済手続」および「有限責任個人企業主（entrepreneur individuel à responsabilité limitée : EIRL）」に関する部分的な改正が行われている。

2　非事業者（消費者）を対象とする倒産処理手続[5]

フランスでは，すでに述べたように，ナポレオンの商法典以後，いわゆる「商人破産主義」が維持されてきたので，倒産処理手続の対象となる自然人は，「商人」に限られてきた（「法人」については，1967年法以降，商人でない「私法上の法人」も上に述べた倒産予防・処理手続の対象となる）。商人でない自然人に対しては，仮に倒産状態（支払停止）に陥ったとしても，民法その他の法令が定める個別的な債権債務処理の手続（déconfiture civile）を行うほかなく，すべての債権者との関係で債権債務を集団的に処理する手続は存在していなかった。しかし，自然人でも，小切手による取引をしていた社会から，クレジットカードによる与信取引や住宅ローンのような不動産信用取引が発展するようになると，「商人」でない，それゆえに事業によらない債務を負担する債務者が増大し，財務的にも破綻する事例が現われるようになった。

こうした状況を受けて，1989年に「個人および世帯の過剰債務による窮境の予防および整理に関する1989年12月31日の法律89-1030号」が成立した。これは，

---

[5]　以下の叙述は，西澤宗英「フランスの消費者倒産立法について」杏林社会科学研究9巻1号（1992年）1頁以下による。

29

商人でない自然人に対して，集団的債権債務処理の方法を拓く画期的な立法である。もっとも，この法律は，いわゆる「倒産処理法制」の中での立法ではなく，「消費法（droit de la consommation）」の領域に属する立法として行われた。

これは，「誠実な（de bonne foi）債務者が，営業によらない債務で，期限が到来したものおよび到来すべきものを一般的に履行することができないことが明白であるような過剰債務（surendettement）の状況」を処理するものである。具体的には，当初，第一段階として，各県に設置される行政委員会の関与の下に，債務者と主要な債権者の合意によって，任意整理（債務履行計画の策定）を行い，第二段階として，裁判官の関与の下に，強制力のある更生計画を作成するものであった。いずれも再建型の手続であり，清算型の手続は予定されていない。

この手続は，その後，1993 年 7 月 26 日の法律 93-949 号による「消費法典（Code de la consommation）」の制定に伴い，同法典法律部第 3 巻「債務（endettement）」第 3 編「過剰債務状況の処理」（第 L.331-1 条以下）に編入され，さらに，1995 年 2 月 8 日の法律 95-125 号によって，一部が改正された（命令部については，1995 年 5 月 9 日のデクレ 95-660 号第 1 条以下［その後，第 R.331-1 条以下として法典に編入］）。しかし，これでも不十分とされ，「阻害対策（lutte contre exclusion）に関する 1998 年 7 月 29 日の法律（阻害対策基本法）98-657 号」の制定に際して，再度改正され，さらに，2003 年 8 月 1 日の法律 2003-710 号（2004 年 2 月 24 日のデクレ 2004-180 号），2010 年 7 月 1 日の法律 2010-737 号（2010 年 10 月 29 日のデクレ 2010-1304 号），2010 年 12 月 22 日の法律 2010-1609 号と数次の改正を経ている。このうち，2003 年の改正は，ドイツと同様，アルザス＝モーゼルで行われていた「民事破産（faillite civile）」の制度に示唆を得たものである。

II 事業者等（商人，農業者，手工業者，専門職自由業者，私法人）を対象とする現行倒産処理手続の概要

すでに述べたように，事業者等を対象とする現行の倒産処理手続の法源は，2000 年のオルドナンスによる新商法典（Code de commerce）[6] の中（第 6 巻）に規定

---

6) 現在のフランスには，「Code」と名付けられた法典が多数存在する。その代表は，「Code civil（民法典）」，「Code de procédure civile（民事訴訟法典）」およびこの新商法典などであるが，民法典や民事訴訟法典と，商法典とではその構成および条文番号の振り方が異なっている。民法典および民事訴訟法典は，わが国の民法，民事訴訟法と同様，法文は単一の体系で，条文番号は，「第 1 条（Article 1er）」から順次振られている。しかし，商法典は，まず，全体が，「第 1 部　法律部（Partie législative）」および「第 2 部　命令部（Partie réglementaire）」に分けられている。第 1 部に規定されているのは，国会の議決した「法律（loi：L.）」の条文であるが，第 2 部に規定されているのは，行政府に属する国務院（Conseil d'État）の定めた「デクレ（décret：R. または D.）」（わが国の「政令」に相当する）の条文である。また，条文番号は，「第 1 条」からではなく，法律部，命令部とも，当該条文が，法典全体の体系の中でどこに位置するかが一目で分かるように振られている。たとえば，本書

されている。

2008年オルドナンスによって改正された2005年法による現行倒産処理法制の条文構成は，以下のとおりである：

第6巻　企業の窮境（Des difficultés des entreprises）
　第1編　企業の窮境の予防（De la prévention des difficultés des entreprises）
　　　　第L.611-1条から第L.612-12条まで，第D.641-1条から第R.612-7条まで
　第2編　救済（De la sauvegarde）
　　　　第L.620-1条から第L.628-7条まで，第R.621-1条から第R.628-14条まで
　第3編　裁判上の更生（Du redressement judiciaire）
　　　　第L.631-1条から第L.632-4条まで，第R.631-1条から第R.631-43条まで
　第4編　裁判上の清算（De la liquidation judiciaire）
　　　　第L.640-1条から第L.644-6条まで，第R.640-1条から第R.644-4条まで
　第5編　責任および制裁（Des responsabilités et des sanctions）
　　　　第L.650-1条から第L.654-20条まで，第R.651-1条から第R.654-1条まで
　第6編　手続の共通規定（Des dispositions générales de procédure）
　　　　第L.661-1条から第L.663-4条まで，第R.661-1条から第R.663-49条
　第7編　モーゼル県，バ・ラン県およびオ・ラン県に特有の諸規定（Dispositions dérogatoires particulières aux départements de la Moselle, du Bas-Rhin et du Haut-Rhin）

の対象とする「清算」手続に関する条文は，後に掲げるように，法律部が第L.640-1条，命令部が第R.640-1条から始まっている。これらは，いずれも「第640条の1」という意味ではなく，「第6巻第4編序章の最初の条文」という意味である（序章は，以下，法律部では第L.640-6条まで，命令部では第R.640-2条まで）。これに続く次の第1章は，それぞれ，第L.641-1条，第R.641-1条から始まり，第L.641-15条，第R.641-40条まで続く。このように，同一の章でも中に含まれる条文数は異なっているが，条文番号の冒頭の3桁の部分（巻・編・章を示す）は相互に対応しているので，法律部の特定の条文に関連（対応）する命令部の条文を容易に検索・参照することができる。本書では，法律部の条文は，「L.」を省略して単に「第641-1条」のように表示し，命令部の条文は，「R第641-1条」のように表示する。

　また，各条文は，通常，複数の段落（"alinéa"と呼ばれる）から構成されているが，わが国のように，各段落に「項番号」を付することがない（近時，一部の段落にⅠ，Ⅱという番号が付されることがあるが，その場合には，その段落がさらに複数の段落に分かれていることがある）。筆者は，これまで「alinéa」を「項」と訳してきたが，わが国の「項」とは意味を異にすることから，本書以後，原語の本来の意味に従って，これを「段」と訳すことにする。

　　　　　　　第L.670-1条から第L.670-8条まで，第R.670-1条から第R.670-6条まで
　　第8編　有限責任個人企業主に特有の諸規定（Dispositions particulières à l'entrepreneur individuel à responsabilité limitée）
　　　　　　　第L.680-1条から第L.680-7条まで
　これらのうち，対象が限定されている第7編および第8編を除く，倒産処理手続本体に関する第1編から第6編までの規定は，大きく4種に分類することができる。第1は，倒産の「予防」に関する手続（第1編），第2は，倒産の「裁判上の処理」に関する手続（第2編から第4編），第3は，倒産した企業の経営者の責任に関する手続（第5編），第4は，不服申立て等の共通手続（第6編）である。
　このほかに，「清算」手続を運営する機関である「清算人」としての任務を行う「裁判上の受任者」の資格要件，監督・懲戒などに関する規定が，第8巻第1編にある：
　　第8巻　いくつかの規律された専門職（De quelques profession réglementées）
　　第1編　裁判上の管理人，裁判上の受任者および企業診断鑑定人（Des administrateurs judiciaire, mandataires judiciaires et experts en diagnostic d'entreprise）
　　　　　　　第L.811-1条から第L.814-13条まで，第R.811-1条から第R.814-57条まで
　これらの中から，本書の対象として取り上げるのは：
　　・「清算」手続に関する第6巻第4編
　　・事業経営者の「責任」および「制裁」に関する第5編
　　・「不服申立て等」に関する第6編の一部
　　・「清算人」に関する，第8巻第1編第2章の一部
の諸規定である。

1　予防の手続

　第6巻第1編に定める「予防」の手続には，企業の窮境を「予防・探知」する手続と企業の窮境を「合意によって処理」する手続とがある。
　前者は，さらに，経済的情報の提供による予防と，企業経営者の警告による予防とがある。経済的情報は，会計上の情報と，第三者，たとえば裁判所書記課，商業・会社登録簿から得られるものとがある。企業経営者の警告は，会計監査人，企業委員会，共同経営者などによるものと，裁判所所長の呼出しによるものなどがある。
　後者には，国，地方自治体等の介入による行政的な処理と，特別受任［者］（mandat ad hoc）や裁判所所長（商事裁判所，大審裁判所）が任命する「和解人（conciliateur）」による私的処理としての和解（conciliation）とがある。

2 裁判上の処理手続

　第6巻第2編，第3編および第4編に定める「処理」は，いずれも裁判上の手続である，「救済」，「更生」および「清算」の3種の手続である。

　このうち，「救済（sauvegarde）」手続は，後に述べるように，<u>「支払停止の状態にはないが，克服しがたい窮境」</u>にある債務者に対して，経済活動の遂行，雇傭の維持および負債の履行を可能にするために企業の再組織を容易にすることを目的とするものである（第620-1条第1段）。具体的には，「観察期間（période d'observation）」の終了時に，判決で命じられる「救済計画」を作成するものである。わが国の民事再生および会社更生に相当する制度である。

　「更生（redressement judiciaire）」手続は，<u>「支払停止の状態（処分可能な資産で，履行期の到来した負債を履行することが不可能である）」</u>にある債務者に対して，企業活動の遂行，雇傭の維持および負債の履行を可能にすることを目的とするものである（第631-1条）。手続の目的（内容）は，わが国の民事再生や会社更生に相当するが，手続開始原因が破産原因に相当する点が相違する。また，「救済」の手続が開始された後に，債務者が「救済」手続開始判決の時点ですでに支払停止の状態にあったことが明らかになった場合（第621-12条第1段），「観察期間」中に支払停止であることが明らかになった場合（第622-10条第2段），「救済」計画の採択が明白に不可能であるか手続の終結が短期間で支払停止を招く場合（第622-10条第3段）などには，「救済」手続は，「更生」手続に転換される。

　「清算（liquidation judiciaire）」手続は，<u>「支払停止の状態」</u>にあり，その更生が明白に不可能である債務者に対して，企業の活動を終結させ，またはその権利および個々の財産の全部または一部の譲渡によって債務者の財産を処分することを目的とするものである（第640-1条）。わが国の破産に相当する制度である。「清算」手続は，このほか，「救済」手続の開始に伴う「観察期間」中に，更生の可能性がないか事業活動が停止された場合（第622-10条第2段），「更生」計画の命令が得られなかった場合（第631-22条第3段），「和解」手続が行き詰まった場合（第640-4条第2段）などにも言い渡される。

　また，第6巻第5編に定める手続は，事業を倒産させた経営者の責任と制裁に関する手続で，「資産の不十分に対する責任（responsabilité pour insuffisance d'actif）」（第1章：第651-1条から第651-4条），「人的破産（faillite personnelle）」（第3章：第653-1条から第653-11条まで）および「破産犯罪等（banqueroute et des autres infractions）」（第4章：第654-1条から第654-20条まで）である[7]。このうち「人的破産」は，倒産企業の経営者に対して，直接間接を問わず，一定期間事業の経営，管理等を禁ずる人的制裁である（第653-2条）。

---

7) 第2章「会社の負債に対する義務」（第652-1条から第652-1条まで）は，2008年12月18日のオルドナンスで削除された。

(1) 救済手続
(i) 手続の開始
　(a) 手続開始の要件　　対象となる債務者は，商業，手工業を営むものだけでなく，農業従事者，自由業を含む，独立した専門職を営む自然人および法人（会社，私法人）である。

手続開始原因は，「支払停止［の状態］にはないが，克服しがたい窮境」にあることである。

　(b) 手続の開始　　手続は，債務者の申立てによって開始される。債権者に申立権はない。

職分管轄裁判所は，債務者が商人または手工業者である場合には商事裁判所，その他の場合には大審裁判所である。土地管轄は，債務者が法人である場合にはその所在地，自然人である場合には，住所地または営業地を管轄する裁判所にある。

裁判所は，評議部（非公開）で審理し，開始原因がみとめられる場合には，救済手続開始判決をする。債務者に支払停止がみとめられる場合には，職権で，裁判上の更生または清算手続を開始することができる。開始判決は，確定を待たずに，仮の執行力を有する。手続開始判決は，「観察期間」を開始する。期間は，最長6カ月であるが，1回更新することができる。

裁判所は，手続を開始する判決において，手続の機関として，1名（場合によって複数）の「主任裁判官（juge-commissaire）」ならびに2名の「裁判所が選任する受任者（mandataire de justice）」として，「裁判上の受任者（mandataire judiciaire）」および「裁判上の管理人（administrateur judiciaire）」を任命する。「主任裁判官」は，手続を促進し，裁判上の管理人の経営および裁判上の受任者の活動を監督し，債権の調査・確定について裁定し，取戻しの請求を裁定し，保全処分を命じ，観察期間中の重要な行為を許可するなど，広範な権限を有する。「裁判上の受任者」は，債権者の代表として，債権の調査を行い，債権者の名と利益において，活動する資格を有する。「裁判上の管理人」は，他人の財産を管理し，または財産の管理における補佐および監督の権限を行使するものであるが，ここでは，観察期間中の企業を経営し，救済計画を立案する。裁判上の受任者および裁判上の管理人については，その職に就くために厳格な資格が定められている。この他の機関としては，企業委員会によって選任される「被傭者代表」と企業委員会がない場合に選任される「従業員代表」がある。その役割は，給与債権の調査において，裁判上の受任者を補佐することにある。また，主任裁判官が選任するものとして，「監査委員」がある。

(ii) 手続の進行——観察期間
　(a) 事業の継続　　救済手続が開始された企業は，観察期間中，その事業を継続することができる。事業の継続は，債務者自身が，裁判上の管理人の補佐を得て行う。継続中の契約は維持され，事業の継続に必要な融資を受けられる（優先権が与えられる）。債権者は，個別的権利行使および執行を禁じられ，債務者は，弁済

を禁じられる。
　(b)　負債および資産の確定　　負債の確定にあたって，利息は停止され，期限の利益を喪失しない。負債は，債権の届出・調査・確定の手続を経て確定される。資産については，保全の措置がとられ，債務者によって財産目録が作成される。訴訟をする権限は，裁判上の受任者に専属する。資産は，取戻権の行使によって，減少する。動産売主には，特別の地位が与えられる。
　(iii)　救済計画
　(a)　救済計画の作成　　救済計画においては，債権者の意見を聴いて，債務の猶予および免除が定められる。法人の場合には，組織が再構成される。
　(b)　救済計画の決定と履行　　救済計画は，裁判所の判決で命じられる。これには，「計画履行監査人」が付される。
　計画には，法的強制力がある。計画の履行が完了した場合には，手続が終結する。計画の不履行の場合には，計画を解除するか，支払停止があれば，更生または清算の手続が言い渡される。
　(2)　更　生　手　続
　(i)　手続の開始
　(a)　手続開始の要件　　対象となる債務者は，救済手続と同様である。
　手続開始原因は，「支払停止（処分可能な資産をもって，履行期の到来した負債を履行することが不可能である［状態]）」である。専門職を営む債務者の場合には，その負債の全部または一部がその活動から生じたものである場合には，その活動を停止した場合にも，手続を開始することができる。
　(b)　手続の開始　　手続は，債務者の申立て，債権者による呼出しだけでなく，検察官の申請によっても開始される。これらの申立てがない場合には，裁判所が職権で開始することもできる。
　管轄裁判所は，救済手続と同様である。開始原因がみとめられる場合には，更生手続開始判決をするが，更生が明白に不可能と認められる場合には，直ちに清算手続を開始することもできる。更生手続開始判決は，「観察期間」を開始する。期間は，救済手続と同様である。
　手続の機関として，主任裁判官，裁判上の受任者，裁判上の管理人を任命すること，企業委員会または従業員代表が選任されることも救済手続と同様である。
　手続開始判決は，また，「支払停止の日」を確定する。裁判所は，手続中継続中に，この日付を開始判決から遡って18カ月を超えない範囲で修正（遡及）させることができる。
　(ii)　手続の進行──観察期間
　ここでも，救済手続の規定が準用されるが，例外もある。
　企業は，観察期間中，その事業を継続することができるが，債務者の権限は制約される。裁判上の管理人は，債務者を補佐し，債務者と共に企業を管理する。重要

な行為や訴訟の追行は，管理人が代理する。負債の確定にあたって，保証人は，期限の利益は喪失しないが，利息は停止しない。
　また，企業の存続のためには，経済的理由による解雇を容易にし，反面，労働債権には保護が与えられる。資産の確保のために，開始判決前に債務者が行った不正な行為は無効とされる。
　(iii) 更 生 計 画
　観察期間中に，更生計画が準備され，これにも，救済手続の規定が準用される。共同債務者や保証人には，計画の効力が及ばない。
　(3) 清 算 手 続
　(i) 手続の開始
　　(a) 手続開始の要件　　対象となる債務者は，救済手続および更生手続と同様である。
　手続開始原因は，「支払停止（処分可能な資産をもって，履行期の到来した負債を履行することが不可能である［状態］）」にあり，その更生が明白に不可能であることである。専門職を営む債務者の場合には，その負債の全部または一部がその活動から生じたものである場合には，その活動を停止した場合にも，手続を開始することができる。
　　(b) 手続の開始　　手続は，債務者の申立て，債権者による呼出しだけでなく，検察官の申請によっても開始される。これらの申立てがない場合には，裁判所が職権で開始することもできる。
　管轄裁判所は，救済手続および更生手続と同様である。観察期間中だけでなく，観察期間を経ずに，直ちに清算手続を開始することもできる。
　清算手続を開始する判決は，「支払停止の日（date de la cessation des paiements)」を確定し，手続の機関として，「主任裁判官（juge-commissaire)」および「清算人（liquidateur)」という名称でその任務を行う「裁判上の受任者（mandataire judiciaire)」を任命する。「清算人」の任務は広範であり，まず，「主任裁判官」から職務遂行に有益であるすべての情報および資料を受領する。さらに，①債権者の集団的利益を保護するために，債権者の代表となり，②債務者を代理し，③手続の機関として，負債を履行するために資産の処分を行う。開始判決は，また，「被傭者代表」を指名する。主任裁判官によって「監査人」が指名されることもある。
　開始判決は，債務者の管理処分権を喪失させるほか，救済手続（更生手続）開始判決と同様の効力を生じる。
　(ii) 手続の進行
　　(a) 「清算人」の役割　　債権者の利益のために，「清算人」は，債権調査（負債の確定）を行い，債権者間の順位を確定する。また，清算判決前から係属中の訴訟で，債権者の利益に関するものを追行するとともに，新たな訴訟を提起することもできる。

債務者の代理人としては，債務者の財産について保全措置をとるとともに，債務者から奪われたその管理処分権を取得する。また，観察期間中の裁判上の管理人の権限と同様，開始判決で予定された解雇を行い，継続中の契約の継続（または解除）を決定する。

手続の機関としては，資産を換価し，負債を履行する。

(b) 資産の換価　裁判所は，清算手続の係属中，企業の全部または一部の譲渡が検討されるか，公の利益または債権者の利益が必要とされる場合には，企業活動の維持を命ずることができる。

「清算人」は，負債の履行のために，資産の換価を行う。これには，企業の全部または一部の譲渡による方法がある。この場合には，企業活動および雇傭の全部または一部が維持され，負債も履行される。しかし，通常の資産の換価は，不動産，動産を問わず，個別財産の売却による換価も行われる。

(c) 負債の履行　救済手続および更生手続と異なり，清算手続開始判決は，期限の利益を喪失させる。債権者も個別的権利行使を禁じられ，負債の履行は集団的に行われる。担保権には優先権が与えられ，労働債権および開始判決後に生じた債権で，手続の運営および手続中の企業活動の維持に必要なものにも優先権が与えられる。

(iii) 手続の終結

「清算人」が，債権者に対する弁済または資産の不十分によって，すべての清算手続を終えた場合には，計算書を作成し，裁判所は，手続終結判決をする。

3　経営者の責任

倒産した債務者またはその経営者に一定の過失がある場合には，企業の財産自体に対する倒産処理手続とは別個に，経営者に対して，制裁のための手続が行われる（「人と企業の分離」）。

(i) 財産上の制裁　資産が不十分であった場合には，経営者に対して，これを補填させることがある。

(ii) 非財産上の制裁　これには，民事上のものとして「人的破産」，刑事上のものとして「破産犯罪」がある。前者は，一定の期間，直接または間接に事業の経営にかかわることを禁ずるものであり，後者は，刑事罰を課してその刑事責任を問うものである。

III　非事業者（消費者）を対象とする現行倒産処理手続の概要

すでに述べたように，非事業者（消費者）は，商法典に定める倒産処理手続の対象とはならず，これに関する倒産処理手続は，商法典ではなく，「消費法典（Code de la consommation）」の中に規定されている。その構成は，以下のとおりである：

第3巻　債務（Endettement）

第3編　過剰債務の状況の処理（Traitement des situations de surendettement）
第 L.331-1 条から第 L.333-8 条まで，第 R.331-1 条から第 R.333-4 条まで

1　手続の開始

自然人が，過剰債務の状況，すなわち「善意（de bonne foi）の債務者が，期限が到来し請求される可能性のある事業によらない負債を全体として履行することが明白に不可能である」状況になった場合に，手続の開始を申し立てることができる。

管轄する機関は，各県に少なくとも1つ置かれる「個人の過剰債務に関する委員会」である。これは，各県における国の代理人を委員長，統轄出納官を副委員長とし，フランス銀行の地方代表，金融機関および消費者団体の代表者等で構成される行政委員会である。

2　手続の進行──第一段階

手続は，2つの段階からなり，第一段階は，委員会が当事者の合意に基づく更生計画を作成することを目的とする。

委員会は，まず，債務者が過剰債務の状況にあるか否かを調査する。債務者は，資産と負債の状況を委員会に申告し，委員会はこれに基づいて債権債務表を作成し，債権者に通知する。通知を受けた債権者は，異議がある場合には，30日以内に債権を証明する資料を提出することができる。債権債務表は，債務者にも通知され，債務者は，これに異議がある場合には，20日以内に小審裁判所裁判官に提訴するよう委員会に求めることができる。

手続の進行中は，債務者の財産に対する個別執行手続は中断または禁止され，債務者も，その財産状態を悪化させ行為はもとより，弁済その他も禁じられる。この中止は，当然には，債務者の住居からの退去には及ばないが，委員会は，退去措置を中断させるために，小審裁判所裁判官に提訴することができる。

委員会は，最終的に，債務者と主要な債権者との間で，合意による更生計画を作成するために，当事者を調停する。計画の内容は，弁済期限の延期もしくは再設定，負債の減額，利息の減免，または担保の設定もしくは差替え等である。

3　手続の進行──第二段階

調停が成立しなかった場合には，委員会は，債務者の申立ておよび当事者の意見を提出させた後に，次のような措置を命ずることができる。すなわち，すべての債務の8年（または当初の弁済期間の半分）を超えない範囲での弁済繰延べ，弁済をまず元本に充当すること，利息の法定利率への減額，2年を超えない範囲での扶助料債務以外の債務の履行請求の中断などである。委員会は，また，債務者が，住宅取得のための金融機関からの借入れについて，主たる住居を売却した場合には，債務

の残額の減額を勧告することができる。

　合意による計画,命令または勧告の履行中に,債務者が回復不能な危機状態に陥った場合には,債務者は,裁判上の清算を伴う(または伴わない)「人的再建(rétablissement personnel)」の手続のために委員会に提訴することができる。委員会は,債務者が誠実であると認めた場合には,裁判上の清算を伴わない再建を勧告し(小審裁判所裁判官は,これに執行力を与えることができる),そうでない場合には,裁判上の清算を伴う再建手続(事実上の「民事破産」)開始のために,小審裁判所裁判官に提訴する。

〔西澤　宗英〕

各国破産法の条文

日・◆米・■英・●独・▲仏　　　　　　　　　　　　　　　　　　　　破産法第1条（目的）

破　産　法

第1章　総　則

> <u>第1条（目的）</u>　この法律は，支払不能又は債務超過にある債務者の財産等の清算に関する手続を定めること等により，債権者その他の利害関係人の利害及び債務者と債権者との間の権利関係を適切に調整し，もって債務者の財産等の適正かつ公平な清算を図るとともに，債務者について経済生活の再生の機会の確保を図ることを目的とする。

▌民事再生法第1条（目的）
▌会社更生法第1条（目的）

◆アメリカ法（該当規定なし）
【前注】
　アメリカ法の部分の連邦倒産法の規定について，1996年までの規定の精緻な邦訳として，高木新二郎『アメリカ連邦倒産法』479頁～700頁（商事法務研究会，1996年）がある。本稿における連邦倒産法の各規定の邦訳は，同書の邦訳を基調にしつつ，その後の2011年までの改正を含めて，2011　Collier Pamphlet Edition Bankruptcy Code〔Part 1〕（LexisNexis社刊）に掲載されている各規定を試訳したものである。また，連邦倒産手続規則の各規定の邦訳は，2011 Collier Pamphlet Edition Bankruptcy Rules〔Part 2〕（LexisNexis社刊）に掲載されている規定を試訳したものである。なお，試訳にあたっては併せて，2011 Collier Portable Pamphlet Full Text of the Bankruptcy Code and Rules（LexisNexis社刊）を参照した。
【コメント】旧法を含めてアメリカ連邦倒産法では，日本法の「目的」に関する部分に対応する規定は存在しない。

■イギリス法（該当規定なし）

●ドイツ法
●第1条（倒産手続の目的）　倒産手続は，債務者の財産を換価してその換価金を分配することにより，または倒産処理計画においてとくに事業の維持のために異なる規律をすることによって，債権者に集団的に満足を与えることを目的とする。誠実な債務者には，残債務から解放される機会が与えられる。

▲フランス法
▲第640-1条　第640-2条に定める［あらゆる］債務者で，支払停止［の状態］にあり，その更生が明白に不可能なものに開始される裁判上の清算手続を設ける。
　裁判上の清算手続は，企業の活動を終了させ，またはその権利および［個々の］財産を一括して，もしくは個別に譲渡することにより債務者の全財産を換価するこ

43

第1章　総　則　　　　　　　　　　　　　　　　　　　　　各国破産法の条文

とを目的とする。
▲**第640-2条**　裁判上の清算の手続は，商業的もしくは手工業的活動を行っているあらゆる者，農業者，その他法律上もしくは命令上の身分に服し，またはその資格が保護される自由な専門職を含む独立した職業活動を行う自然人，および私法上の法人に適用される。

<u>第2条（定義）</u>　この法律において「破産手続」とは，次章以下（第12章を除く。）に定めるところにより，債務者の財産又は相続財産若しくは信託財産を清算する手続をいう。
　2　この法律において「破産事件」とは，破産手続に係る事件をいう。

▌民事再生法第2条（定義）
▌会社更生法第2条（定義）

◆**アメリカ法**（該当規定なし）
　【コメント】　アメリカ連邦倒産法では定義に関する第101条及び清算事件の規定である第701条以下には，破産手続及び破産事件の定義に関する規定は存在しない。

■**イギリス法**（該当規定なし）

●**ドイツ法**（該当規定なし）

▲**フランス法**（該当規定なし）
　【コメント】　第1条に掲げた第640-1条はこれに相当する規定である。

<u>第2条</u>　3　この法律において「破産裁判所」とは，破産事件が係属している地方裁判所をいう。

◆**アメリカ法**
法第28号第1334条（破産事件及び手続）
(a)　本条(b)に定めるところを除き，地方裁判所は法第11号の下でのすべての事件について最初の管轄権及び専属管轄権を有する。
(b)　(e)(2)に定めるところを除き，かつ，地方裁判所以外の裁判所に専属管轄権を付与する連邦議会の法律にもかかわらず，地方裁判所は，法第11号の下で生じるすべての民事訴訟手続若しくは法第11号の下での事件において又はこれに関連して生じるすべての民事訴訟手続について，専属管轄権ではないが最初の管轄権を有する。
(c)　(1)　法第11号第15章の下での事件に関するものを除き，本条における何ものも，地方裁判所が，司法の利益若しくは州裁判所との礼譲又は州法の尊重から，法第11号の下で生じ若しくは法第11号の下での事件においても又はこれに関連

44

して生じる個々の手続を審理することを差し控えることを妨げない。
(2) 法第11号の下で生じたものではなく，又は，法第11号の下での事件において生じたものではないが，法第11号の下での事件に関連して，州法上の請求権又は州法上の訴訟原因に基づく手続において利害関係人が適時の申立てをなしたときで，その申立てが訴訟は本条による管轄権を欠く合衆国裁判所では開始することができなかったことに関するときは，地方裁判所は，適正な管轄権を有する州裁判所の法廷で訴訟が開始され，適時に判断がなされうるときは，当該手続の審理を差し控えなければならない。

(d) ((c)(2)において定める手続において審理を差し控えないとの判決を除いて）(c)によりなされた差し控えるとの判決又は差し控えないとの判決は，上訴により，又はその他本法第158条(d)，第1291条若しくは第1292条による上訴裁判所又は本法第1254条による最高裁判所による再審理の対象とはされない。

(e) 法第11号の下での事件が開始され又は係属している地方裁判所は，(1)その所在する場所にかかわらず当該事件の開始時における債務者のすべての財産及び倒産財団の財産につき，(2)すべての請求権又は合衆国法典法第11号第327条若しくは第327条の下での開示要件に関する手続規則の解釈に関係する訴訟原因について，専属管轄権を有する。

◆第105条（裁判所の権限）
(a) 裁判所は，本法の諸規定を実現する上で必要な又は適正な，命令，令状又は判決を発することができる。利害関係人による争点の提示を定める本法のいかなる規定も，裁判所の命令若しくは規則を実現し又は補充しあるいは令状の濫用を防止するのに裁判所が何らかの訴訟手続をとり，又は何らかの決定をすることを妨げるように解釈してはならない。

(b) 本条(a)にもかかわらず，裁判所は，本法の下での事件においては収益管理人（receiver）を選任することはできない。

(c)～(d) ……

■イギリス法（該当規定なし）

●ドイツ法
●第2条（区裁判所の職分管轄）
1 倒産手続は，その管轄区域内に地方裁判所が所在する区裁判所が，倒産裁判所として，その地方裁判所の区域につき専属的に管轄する。

▲フランス法（該当規定なし）

第2条 4 この法律において「破産者」とは，債務者であって，第30条第1項の規定により破産手続開始の決定がされているものをいう。

第1章　総　　則　　　　　　　　　　　　　　　　各国破産法の条文

◆アメリカ法
◆第101条（諸定義）
⒀　「債務者」とは，本法の下での事件が開始されたもの又は地方公共団体をいう。
◆第109条（債務者となりうる者）
(a)　本条のその他のいかなる規定にもかかわらず，合衆国内に居住し又は居所，営業所若しくは財産を有する者又は地方公共団体は，本法の下での債務者となることができる。
(b)　次の者を除いて，本法第7章の下での債務者となることができる。
　⑴　鉄道会社
　⑵　内国の保険会社，銀行，貯蓄銀行，協同銀行（cooperative bank），貯蓄貸付社団（savings and loan association），建築貸付社団（building and loan association），農地社団，1958年小規模企業投資法第351条に定義される新市場ベンチャーキャピタル会社，1958年小規模企業投資法第301条により小規模企業庁により認可された小規模企業投資会社，信用組合若しくは産業銀行，又は連邦預金保険法第3条(h)に定義される預金保険機構加盟金融機関である同様のその他の金融機関。ただし，……
　⑶　(A)　合衆国内で事業に従事する外国の保険会社，又は
　　　(B)　（1978年国際銀行取引法第1条(b)に定義される）支店若しくは代理機関を合衆国内に有する外国の銀行，貯蓄銀行，協同銀行，貯蓄貸付社団，建築貸付社団又は信用組合
(c)〜(h)　……
【コメント】　1938年連邦倒産法では，破産原因につき列挙主義が採用されていた関係で，一定の破産行為を行った者が破産者となる旨の規定（1938年法第3条(a)）が存在した。しかし，1978年連邦倒産法では，法上の用語としての「破産者」は廃止され，「債務者」（debtor）の語が用いられている（1978年法第101条⒀）。第7章での債務者としての適格は，鉄道会社，金融機関などを除いて，個人，法人を問わず認められている（1978年法第109条(b)）。

■イギリス法
▓第381条（「破産者」及び関連する用語）　1　「破産者」とは，破産者と宣告された個人をいう。破産命令との関係では，当該命令によって破産者と宣告された個人をいう。

●ドイツ法（該当規定なし）

▲フランス法（該当規定なし）

第2条　5　この法律において「破産債権」とは，破産者に対し破産手続開始前の原因に基づいて生じた財産上の請求権（第97条各号に掲げる債権を含む。）であって，財団債

日・◆米・■英・●独・▲仏　　　　　　　　　　　　　　　　　　　　破産法第2条（定義）

権に該当しないものをいう。
6　この法律において「破産債権者」とは，破産債権を有する債権者をいう。

◆アメリカ法
◆第101条（諸定義）
本法においては，次の定義が適用される。
(1)～(4)　……
(5)　「請求権」（claim）とは，次のものをいう。
　(A)　判決に付されていると否とを問わず，責任が確定していると否とを問わず，額が確定していると否とを問わず，条件付であると否とを問わず，弁済期が到来していると否とを問わず，争われていると否とを問わず，コモン・ロー上のものであると衡平法上のものであるとを問わず，又は，担保権付きであると無担保であるとを問わず，弁済を受ける権利（right to payment），又は，
　(B)　債務不履行が弁済を受ける権利について生じたときは，衡平法上の救済を求める権利が判決に付されていると否とを問わず，額が確定していると否とを問わず，条件付であると否とを問わず，弁済期が到来していると否とを問わず，争われていると否とを問わず，又は，担保権付きであると無担保であるとを問わず，その債務不履行を原因として衡平法上の救済を求める権利をいう。
(6)～(9)　……
(10)　債権者とは，次の者をいう。
　(A)　債務者に対し，債務者についての救済命令の時又はそれ以前に生じた請求権を有する者
　(B)　本法第348条(d)，第502条(f)，第502条(g)，第502条(h)又は第502条(i)に定める種類の，倒産財団に対して請求権を有する者，又は
　(C)　共有財産に対して請求権（a community claim）を有する者
(10A)～(11)　……
(12)　「債務」とは，請求権に基づく責任（liability）をいう。
(12A)～(55)　……

【コメント】　アメリカ連邦倒産法においても，原則として手続開始の時点までに生じた請求権が，配当の対象たる倒産債権になる。倒産財団の財産が手続の開始によって組成される（第541条(a)）ことに対応する。
　第101条(10)(A)は同(5)に対応するものである。同条(10)(B)は原則として手続開始後に生じた請求権を有する者に関する規定であり，同条(10)(C)は事件開始の時において倒産財団に属する共有財産（community property）に対して請求権を有する者に関する規定である。

■イギリス法
（会　社）
■R第13.12条（「債務」「責任」（清算））

1　「債務」とは，会社の清算に関しては，（次項に定めるところに従い）次に掲げるものをいう。
  (a)　会社が次のいずれかの日において負担している債務又は責任
    (i)　清算手続の直前に会社管理が行われていなかった場合には，会社が清算にはいった日
    (ii)　清算手続の直前に会社管理が行われていた場合には，会社が管理にはいった日
  (b)　会社が前号の日よりも前に負担した義務を理由としてその日の後に負担する債務又は責任
  (c)　規則第4.93条第1項所定の届出の可能な利息
2　倒産法又は倒産規則の清算についての規定においては，不法行為責任は，次の各号のいずれかに該当する場合には，清算において届出の可能な債務である。
  (a)　次のいずれかの日において訴訟原因が生じていたとき
    (i)　清算手続の直前に会社管理が行われていなかった場合には，会社が清算にはいった日
    (ii)　清算手続の直前に会社管理が行われていた場合には，会社が管理にはいった日
  (b)　前号に掲げる日において訴訟原因を確定するために必要なすべての要素が，訴求可能な損害賠償に関するものを除き，存在しているとき。
3　倒産法又は倒産規則の清算についての規定において債務又は責任というときは，当該債務又は責任が現在のものか将来のものか，確定的か不確定か，額が固定若しくは確定されているか，確立された準則によって額を確定することができるか，そうした準則がないかを問わない。かかる規定において債務を負担しているというときも，同様とする。
4　倒産法又は倒産規則の清算についての規定において，「責任」とは，前後関係から異なる内容が要求される場合を除き，（前項に定めるところに従い）金銭又は金銭的価値のあるものを支払う責任をいい，法律の規定に基づく責任，信託違反の責任，契約，不法行為又は寄託に基づく責任，及び原状回復の義務から生じた責任を含む。

（自然人）
■第382条（「破産債務」等）
1　「破産債務」とは，破産者に関しては，（次項に定めるところに従い）次に掲げるものをいう。
  (a)　破産者が破産手続開始時において負担している債務又は責任
  (b)　破産者が破産手続開始前に負担した義務を理由として破産手続開始後（破産免責後を含む）に負担する債務又は責任
  (c)　［廃止］

48

(d) 第Ⅸ編第Ⅳ章第322条第2項所定の届出の可能な利息

2　本群〔注：自然人の倒産に関する第7A編から第Ⅺ編までを指す。以下，同じ〕の規定に関して不法行為責任が破産債務であるかを決するにあたっては，破産者は，訴訟原因の生じたときに負担した義務を理由として当該不法行為責任を負担しているものとみなす。

3　本群において債務又は責任というときは，当該債務又は責任が現在のものか将来のものか，確定的か不確定か，額が固定若しくは確定されているか，確立された準則によって額を確定することができるか，そうした準則がないかを問わない。本群において債務を負担しているというときも，同様とする。

4　本群において，「責任」とは，前後関係から異なる内容が要求される場合を除き，（前項に定めるところに従い）金銭又は金銭的価値のあるものを支払う責任をいい，法律の規定に基づく責任，信託違反の責任，契約，不法行為又は寄託に基づく責任，及び原状回復の義務から生じた責任を含む。

（会社・自然人に共通）
■ R 第12.3条（届出の可能な債務）

1　次項以下に定めるところに従い，会社管理，会社の清算及び破産のいずれにおいても，債権者の権利はすべて，会社又は破産者の債務として届け出ることができる。現在のものか将来のものか，確定的か不確定か，確定されているか，損害賠償の性格をもつにとどまるかを問わない。

2　次に掲げる債務は，これを届け出ることができない。
(a) 破産においては，犯罪に対して科せられた罰金，及び家事手続において発せられた命令の下で生じた（一定額の金銭又は訴訟費用を支払う義務以外の）義務又は1991年児童扶養法の規定に基づいて行われた扶養料の査定の下で生じた義務
(b) 会社管理，会社の清算又は破産においては，1986年麻薬取引犯罪に関する法律第1条，1987年刑事裁判（スコットランド）法第1条，1988年刑事裁判法第71条，又は2002年犯罪収益法第2編から第4編までの規定に基づいて発せられた押収命令の下で生じた義務

「罰金」および「家事手続」は，（1980年治安判事裁判所法及び1984年婚姻・家事手続法を適用する）倒産法第281条第8項によって与えられた意味をもつ。

【コメント】　1　会社の清算における「届出の可能な利息」（倒産規則第13.12条第1項(c)号），自然人の破産における「届出の可能な利息」（倒産法382条第1項(d)号）は，会社の債務又は破産債務の利息であって，手続開始前に生じていたものを指す。

2　不法行為に基づく金額の不確定な損害賠償請求権は，かつては，破産においても会社の清算においても，届け出ることのできる債務から除外されていた。ただし，清算においては，手続開始後に判決等により金額が確定した場合には，届け出ることができたが，破産においては，手続開始前に金額が確定していないかぎり，届け出ることはできなかった。1985年会社法第612条及び1914年破産法第30条。

以上の原則は，1985年倒産法及び1986年倒産法の下では廃止され，金額が不確定な債務は不法行為に基づくものか契約に基づくものかを問わず，届け出ることができるようになった。規則第13.12第3項第4項，法第382条第3項第4項，規則第12.3第1項。

（自然人）
■第383条（「債権者」「担保」等）
1　(a) 破産者との関係での「債権者」とは，［破産者が］破産債務を負担している相手方をいう。
　(b) 破産申立がされた個人との関係での「債権者」とは，当該申立に基づいて破産命令が発せられたとすれば破産手続において債権者となったであろう者をいう。

●ドイツ法
●第38条（倒産債権者の意義）
　倒産財団は，倒産手続の開始の時に成立している債務者に対する財産上の請求権を有する人的債権者（倒産債権者）への弁済に充てられる。

▲フランス法（該当規定なし）
　【コメント】　手続開始判決前の原因に基づく債権が，倒産処理手続に服する（倒産債権となる）という趣旨の以下のような規定がある。
▲第641-3条第4段
　債権者は，第622-24条から第622-27条および第622-31条から第622-33条に定める条件に従って，清算人に対してその債権を届け出る。
▲第622-24条第1段第1文
　［手続開始］判決の公告以後，その債権が開始判決以前に生じたすべての債権者は，被傭者を除いて，コンセイユ・デタのデクレで定める期間内に，裁判上の受任者に対してその債権の申告［書］を郵送する。

> 第2条　7　この法律において「財団債権」とは，破産手続によらないで破産財団から随時弁済を受けることができる債権をいう。
> 　8　この法律において「財団債権者」とは，財団債権を有する債権者をいう。

◆アメリカ法
◆第503条（管財費用債権の認容）
(a)　いかなる主体も，管財費用の支払を求める申立を時機に即してすることができ，又は，裁判所が理由があると認めて許可するときは，遅れてもその申立をすることができる。
(b)　通知をなし審問を経た上で，本法第502条(f)により認容された請求権を除いて，次のものを含んで，管財費用債権として認容される。……（⇒日本法第148条の項参

日・◆米・■英・●独・▲仏　　　　　　　　　　　　　　　　　　破産法第2条（定義）

照）

【コメント】　日本法の財団債権は，アメリカ法では管財費用債権（administrative expenses）に対応する。第503条(b)(1)以下に定める費用（日本法第148条の項参照）を支出した者が裁判所に対して申立てを行い，審問を経て，その支払いを受けることとされている。

■イギリス法（該当規定なし）

●ドイツ法
●第53条（財団債権）
倒産手続の費用その他の財団債務は，倒産財団から優先して弁済を受けることができる。
●第61条（財団債務の不履行）
倒産管財人の法的行為を原因として発生した財団債務を財団から完全に弁済することができないときは，管財人は財団債権者に対し損害賠償の責めを負う。ただし，債務の発生の時において管財人が，財団がその履行に不足する見込みがあることを認識しえなかったときは，この限りでない。
●第90条（財団債務についての執行の禁止）
倒産管財人の法的行為を原因として発生したものでない財団債務に基づく強制執行は，倒産手続の開始から6カ月の間はすることができない。
　2　以下に掲げる債務は前項に規定する財団債務とはみなされない。
　　一　管財人が履行を選択した双務契約に基づく債務。
　　二　第1回期日の時点で管財人が解除することができた筈の継続的債務関係に基づく債務。
　　三　管財人が倒産財団のために反対給付を請求する限りにおいて，継続的債務関係から発生する債務。

【コメント】　ドイツ倒産法61条は，旧破産法で争われていた，財団債権の支払を怠った場合の管財人の責任をめぐる問題を立法的に解決するものである。同90条は，倒産管財人の行為とは無関係に発生した（押し付けられた）財団債権（oktroyierte Masserverbindlichkeiten）に基づく強制執行によって，倒産財団がばらばらに分割されてしまうことを避け，倒産管財人に倒産手続の初期の段階で管財業務上の猶予を与える趣旨の新設規定である。

▲フランス法（該当規定なし）

第2条　9　この法律において「別除権」とは，破産手続開始の時において破産財団に属する財産につき特別の先取特権，質権又は抵当権を有する者がこれらの権利の目的である財産について第65条第1項の規定により行使することができる権利をいう。
　10　この法律において「別除権者」とは，別除権を有する者をいう。

第1章　総　則　　　　　　　　　　　　　　　　　　　　　各国破産法の条文

◆アメリカ法
◆第101条（諸定義）
(1)～(35)　……
(36)　「裁判上のリエン（judicial lien）」とは，判決，差押え，強制管理又はその他コモン・ロー上若しくは衡平法上の手続（process or proceeding）によって取得されたリエンをいう。
(37)　「リエン（lien）」とは，債務の弁済若しくは義務の履行を担保するための財産に対する負担（charge）又は財産における権利に対する負担をいう。
(38)～(49)　……
(50)　「担保権設定契約（security interest agreement）」とは，担保権を設定し又は担保権を定める約定をいう。
(51)　「担保権（security interest）」とは，合意によって設定されたリエンをいう。
(52)～(53D)　……
【コメント】　Black's Law Dictionary 832（5 th ed.1979）によれば，リエンは「財産上の責任（charge），担保（security）又は負担（encumbrance）」と定義されている。また，同書911頁のモーゲッジ（mortgage）の項では，アメリカの多くの州ではそれは単なるリエンとみなされるとしている。その意味は，当該財産の権原を抵当権者に帰属させるものではないところにある。モーゲッジは，日本では「不動産担保権」「譲渡抵当権」と訳されている。
　アメリカでは，「不動産」の用語として'real property'が用いられているが，建物は原則として土地に付着したものとして扱われ，土地とは別個のものとしては扱われないとされている（国生一彦『アメリカの不動産取引法』5頁（商事法務研究会，1987年））。また，建物はfixtureの1種として，たとえば土地に担保権を設定すると，その後に付加された建物にも担保権の効力が及ぶ（同書7頁）。

■イギリス法
（会　社）
▰第248条（「担保権者」等）
この群の各編において，前後関係から異なる内容が要求される場合を除き，
(a)　「担保権者（secured creditor）」とは，会社に関しては，会社の債権者であってその債権について当該会社の財産に対する担保を保有している者をいい，「無担保債権者（unsecured creditor）」とは，これに従って解釈されるものとする。
(b)　「担保（security）」とは，以下のものをいう。
　(i)　イングランド及びウェールズに関しては，譲渡抵当（mortgage），担保（charge），リエン（lien）又はその他の担保
　(ii)　スコットランドに関しては，担保（相続不動産に関するものであるか動産に関するものであるかを問わない），浮動担保（floating charge），リエンの権利又は優先的権利（right of preference），及び保有権（right of retention）（補償を求める権利又は相殺権を除く）
（自然人）

日・◆米・■英・●独・▲仏　　　　　　　　　　　　　　　　　　　　　　　　　破産法第2条(定義)

■第383条（「債権者」「担保」等）

　2　第3項及び第4項並びに債権届出のために債権者に担保を放棄することを要求する規則の規定の定めるところに従い，この群の各編に関しては，債務は，債務が負担されている相手方［注：債権者を指す］が，当該債務について，債務を負担している者の財産に対する担保（譲渡抵当，担保，リエン又はその他の担保のいずれであるかを問わない）を保有している範囲において，担保されているものとする。

　4　第2項の規定の適用については，担保は，帳簿，書類その他の記録に対するリエンを含まないものとする。ただし，帳簿等が財産に対して権原を付与する文書を構成し，かかるものとして保管されている場合は，この限りでない。

（会社・自然人に共通）
■第385条（定義）

　1　「担保された（secured）」及びそれと関連する表現は，第383条に従って解釈されるものとする。

　【コメント】　有効な担保権を保有する債権者は，破産又は清算の手続が開始されたのちも，これらの手続によらずに担保権を実行する権利を有する（日本法第2条9項，第65条1項に対応）。
　　担保権を実行して弁済を受けたのちは，残額について一般債権者として破産又は清算の手続に参加することができる（日本法第108条1項に対応）。
　　ここでいう「担保権」とは，譲渡抵当（mortgage），担保（charge），リエン（lien）を含む（1986年倒産法第248条，第383条第2項，第4項）。リエンには，banker's lien, solicitor's lien, maritime lien, vendor's lien などの種類がある。
　　以上の倒産手続における担保権者の地位については，Fletcher, The Law of Insolvency, 4th ed., 2009, pp.774, 821-822 を参照。

●ドイツ法
●第49条（不動産からの別除的弁済）
　不動産執行に服する目的物（不動産）から弁済を受ける権利を有する債権者は，強制競売・強制管理法の定めに従い，別除的に弁済を受ける権利を有する。
●第50条（質権者の別除的弁済）
　1　倒産財団に属する目的物について，約定による質権，差押質権または法定質権を有する債権者は，元本債権，利息および費用につき，第166条から第173条までに規定するところに従い，質物から別除的に弁済を受ける権利を有する。

▲フランス法（該当規定なし）
　【コメント】　フランスには，「清算手続の制約を受けない優先権」という考え方はない。特別の優先権（担保権）を有する債権者であっても（さらに取戻権者であっても），債務者倒産の場合にその権利を行使するためには，「届出」が必要である。以下は，それを前提とする規定である。
▲第643-2条第1段
　特別の先取特権，動産質権，債権質権または抵当権を有する債権者および優先権を有する国庫は，その債権を届け出た後は，それがまだ確定する前であっても，裁

53

判上の清算を開始しまたは宣告する判決から3カ月の期間内に，清算人が担保権の目的となっている財産の清算に着手しなかったときは，その個別追及権を行使することができる。

> 第2条　11　この法律において「支払不能」とは，債務者が，支払能力を欠くために，その債務のうち弁済期にあるものにつき，一般的かつ継続的に弁済することができない状態（信託財産の破産にあっては，受託者が，信託財産による支払能力を欠くために，信託財産責任負担債務（信託法（平成18年法律第108号）第2条第9項に規定する信託財産責任負担債務をいう。以下同じ。）のうち弁済期にあるものにつき，一般的かつ継続的に弁済することができない状態）をいう。

◆アメリカ法
◆第303条　債務者以外の者による手続開始の申立て
(a)～(g)　……
(h)　手続開始の申立てが所定の期間内に変更されないときは，裁判所は，その手続開始の申立てがあった章による債務者以外の者による事件として債務者に対して救済を命じなければならない。その他の場合には，裁判所は，審理を経た上で，次の事由があるときにおいてのみ，その手続開始の申立てがあった章による事件として債務者に対して救済を命じなければならない。
　(1)　債務の責任又は額について善意をめぐる争いの主題となっていない限り，債務者が，履行期の到来した債務である債務者の負っている債務を一般的に履行していないとき，又は，
　(2)　手続開始の申立書が提出された期日より前の120日内に，財産に対するリエンを実行することとの関係で債務者の財産をほぼすべてより少ない範囲で管理するために任命され又はそれを授権された受託者，収益管理人若しくは機関を除く，財産管理人が選任され，又は，占有を開始したとき。
(i)～(l)　……

◆第101条（諸定義）　本法において，次の定義が適用される。
　(1)～(31)　……
　(32)　「債務超過（insolvent）」とは，(A)パートナーシップ及び地方公共団体を除くものについては，(i)隠匿，権利実行の遅延又は債権者を欺罔する意図をもって譲渡され，隠匿され，又は除外された財産，及び(ii)本法第522条により倒産財団の財産から除外することができる財産を除いて，公正な評価額でのすべての財産の総額を，負っている債務の総額が超える財産状況をいい，(B)パートナーシップについては，負っている債務の総額が，(i)本項(A)(i)に定める種類の財産を除いて，当該パートナーシップのすべての財産，及び(ii)本項(A)に定める種類の財産を除いて，各ゼネラルパートナーの有する財産でパートナーシップに属しない財産

の価額から、そのパートナーの負っている債務でパートナーシップが負っているものでない債務の額を控除した額の合計額を、公正な評価により超える財産状況をいい、(C) 地方公共団体については、(i) 債務が善意に関する争いの対象となっていない限りにおいて、弁済期の到来した債務を一般的に支払っていない、又は (ii) 弁済期の到来した債務を支払うことができない財産状況をいう。

【コメント】 アメリカ法では、コモンロー上の破産原因として、日本法でいう債務超過 (insolvency) が用いられており、衡平法上のものとして支払不能が用いられている。支払不能については手続開始の申立てが債務者以外の者による場合に認定されなければ、手続は開始されないものとされている。すなわち、債務者以外の者による手続開始の申立てがあったときは、支払不能が唯一の手続開始原因となる。

■イギリス法
（会　社）
■第123条（支払不能の定義）
1　以下の場合には、会社は債務を支払うことができないものと推定する。
(a)　（債権譲渡その他の方法により）会社に対して750ポンドを超える金額の弁済期の到来した債権を有している債権者が、会社に（定められた書式の）書面による請求を会社の登記簿上の事務所に差し置く方法で送付して弁済期の到来している金額の支払を要求し、その後3週間が経過しても会社は当該金額を支払わず、担保の提供又は債権者に合理的な満足を与える程度の一部弁済を行っていないとき
(b)　イングランド及びウェールズにおいて、会社の債権者のためにコモン・ロー上若しくはエクイティ上の判決又は裁判所の命令に基づいて発せられた執行令状その他の令状が、全部又は一部について奏功しなかったとき
  (c)　［スコットランドに関する規定］
  (d)　［北アイルランドに関する規定］
(e)　弁済期が到来したときに会社は債務を支払うことができないことが証明されたとき
2　会社の条件付債務及び将来の債務を斟酌したうえで、会社の資産の価値が債務の額を下回っていることが証明されたときにも、会社は債務を支払うことができないものと推定する。
3　第1項(a)号において当分の間、指定された金額は、第XV編第416条の規定に基づく命令によって増減されるものとする。

（自然人）
■第268条（「支払不能」等の定義：法定請求）
1　第267条第2項(c)号に関しては、直ちに支払われるべき債務について以下に定める要件のいずれかが満たされている場合に限り、債務者は、当該債務を支払うことができないと思われるものとする。
(a)　申立てをした債権者に対して債務が負担されており、当該債権者が債務者に

（「法定請求」といわれる）定められた書式による請求を送付して債務の支払，担保の提供又は一部弁済を要求したのち少なくとも3週間が経過しても，当該請求が遵守されておらず，規則に従って取り消されてもいないとき

(b) 申立てをした債権者又は申立てをした債権者が複数のときにはその1人以上に対して負担されている債務に関して，当該債権者または債権者の1人以上のために判決又は裁判所の命令に基づいて発せられた執行令状その他の令状が，全部又は一部について奏功しなかったとき

2 第267条第2項(c)号に関しては，直ちに支払われるべきではない債務について以下に定める要件が満たされている場合に限り，債務者は，当該債務を支払うことのできる合理的な見込みがないと思われるものとする

(a) 債務の債権者である申立てをした債権者が，債務者に（同じく「法定請求」といわれる）定められた書式による請求を送付し，弁済期が到来したときには当該債務を支払うことのできる合理的な見込みのあることを債権者に確信させるように要求したこと

(b) 当該請求が送付されたのち少なくとも3週間が経過したこと

(c) 当該請求が遵守されておらず，規則に従って取り消されてもいないこと

● **ドイツ法**
● **第17条（支払不能）**
1 支払不能は一般の倒産手続開始原因とする。
2 支払不能とは，債務者が弁済期の到来した債務を履行できない状態にあることをいうものとする。債務者が支払を停止したときは，原則として支払不能であると推定する。

▲ **フランス法**（該当規定なし）
【コメント】 フランス法では，手続開始原因は，伝統的に「支払停止（cessation des paiements）」であって，「支払不能（impossibilité de payer）」ではない。「支払停止」の定義は，第631-1条第1段第1文にある。

> 第2条 12 この法律において「破産管財人」とは，破産手続において破産財団に属する財産の管理及び処分をする権利を有する者をいう。

▲ **第640-1条第1段**
支払停止［の状態］にあり，その更生が明白に不可能である第640-2条に定めるあらゆる債務者に対して開始される裁判上の清算手続を設ける。

▲ **第631-1条第1段第1文**
第631-2条または第631-3条に定めるあらゆる債務者で，処分可能な資産をもって履行期の到来した負債を履行することが不可能で，支払停止［の状態］にあるも

のに対して開始される裁判上の更生手続を設ける。

◆アメリカ法
◆第323条（管財人の役割及び資格）
(a) 本法の下での事件における管財人は，倒産財団の代表者である。
(b) 本法の下での事件における管財人は，その名において訴え又は訴えられる適格を有する。

■イギリス法
■第385条（定義）
1 「管財人」とは，破産手続及び破産者との関係では，破産財団の管財人をいう。

●ドイツ法（該当規定なし）

▲フランス法（該当規定なし）
【コメント】 かつて存在した「管財人（syndic）」は，1967年法以後は存在しない。現在の「清算人」は，わが国の破産管財人よりも広い権限を有する。なお，後述，第74条の【コメント】参照。
▲第641-4条第3段
清算人は，第622-6条（財産目録の調製，債権者表の受領，行政機関等からの情報取得等），第622-20条（債権者の団体的利益のための訴訟），第622-22条（中断していた倒産債権に関する訴訟の受継），第622-23条（債務者に対する訴訟および執行手続の受継），第624-17条（取戻権行使の相手方），第625-3条（労働審判の受継），第625-4条（労働法典L.第143-11-4条に定める機関）および第625-8条（労働法典による優先権のある債権の弁済）によって管理人（administrateur）および裁判上の受任者（mandataire judiciaire）に与えられる任務を行う。

第2条 13 この法律において「保全管理人」とは，第91条第1項の規定により債務者の財産に関し管理を命じられた者をいう。

◆アメリカ法
◆第701条（仮管財人）
(a) (1) 本章の下での救済が命じられた後速やかに，連邦管財官は，法第28号第586条(a)(1)に基づき作成された民間管財人名簿に登録された者であって利害関係なき者1名，又は本章の下での救済が命じられる前の直近の事件において管財人として職務を遂行している利害関係なき者1名を，当該事件において仮管財人として職務を行うために，選任しなければならない。
(2) その登録された者のいずれもが当該事件において仮管財人として職務を遂行する意思を有しないときは，連邦管財官は，当該事件において仮管財人として職

務を遂行することができる。
(b)　本条の下での仮管財人の職務は，本法第702条に基づいて当該事件における管財人として職務を遂行するべく選出され又は指名された管財人が本法第322条に基づき就任したときは，終了する。
(c)　本条に基づき職務を遂行する仮管財人は，本法の下での事件における管財人である。

◆ R 第2001条（第7章清算事件における救済命令が発せられる前の仮管財人の選任）
(a)　選　任　債務者以外の者による申立てによる清算事件の開始に引き続いてであって，救済命令が発せられる前においていつでも，裁判所は，利害関係人の書面による申立てにより，本法第303条(g)に基づいて仮管財人の選任を命じることができる。当該申立ての書面には，仮管財人を選任する必要を記載しなければならず，当該申立ては，債務者，手続開始の申立てをなした債権者，連邦管財官及び裁判所が指定する他の利害関係人に対する通知に基づく審問を経た後においてのみ，認容される。
(b)　申立人の担保の提供　裁判所が承認した額で，本法第303条(i)に基づき認容される費用，代理人手数料，支出及び損害につき債務者を填補することを条件付けられた担保を申立人が提供しない限り，仮管財人は選任されない。
(c)　選任の決定　仮管財人の選任を命じる決定には，選任が必要である理由を明示しなければならず，仮管財人の義務を特定してしなければならない。
(d)　財産の引渡し及び報告　本法第702条に基づき選出された管財人が就任したときは，仮管財人は，別段命じられない限り，(1)占有している倒産財団のすべての記録及び財産を管財人に速やかに引き渡さなければならず，(2)その後30日内に最終報告書及び最終計算書を提出しなければならない。

　【コメント】　アメリカ法では，仮管財人（interim trustee）は，手続開始の申立てが債務者自らによるときは，管財人が選出されるまでの間における財産の管理を行う主体である。また，手続開始の申立てが債務者以外の者によるときは，手続開始の申立ては仮の開始決定の意味を有するにすぎず，その後に救済命令（開始決定）が発せられる。そこで，仮管財人は，手続開始の申立てがあったときから管財人が選出されるまでの間における財産の管理を行う主体である。上記倒産手続規則は，債務者以外の者による申立てにかかる清算事件における仮管財人の選任などの手続を規定している。

■ イギリス法
　【コメント】　保全管理人の定義規定はないが，わが国の保全管理人に相当する機関としては，仮清算人（provisional liquidator）および仮管財人（interim receiver）がある。日本法28条の箇所を参照。

日・◆米・■英・●独・▲仏　　　　　　　　　　　　　　　　　破産法第 2 条（定義）

●ドイツ法（該当規定なし）

▲フランス法（該当規定なし）

> **第 2 条**　14　この法律において「破産財団」とは、破産者の財産又は相続財産若しくは信託財産であって、破産手続において破産管財人にその管理及び処分をする権利が専属するものをいう。

◆アメリカ法
◆第 541 条（倒産財団の財産）

(a)　本法第 301 条，第 302 条，又は第 303 条の下での事件の開始は，倒産財団（estate）を設定する。当該倒産財団は，その所在地を問わず，また何れの者が保有するを問わず，すべての次の財産をもって構成される。

(1)　本条(b)及び(c)(2)に定めるところを除き，事件開始の時における債務者が有するコモン・ロー上又は衡平法上の財産上の権利

(2)　事件開始の時において，債務者及びその配偶者が有する共有財産上のすべての権利であって，(A)債務者の単独の，平等な又は共同の管理及び支配の下にあるもの，又は，(B)債務者に対して認容されうる請求権，又は債務者に対して認容されうる請求権であってかつ債務者の配偶者に対しても認容されうる請求権のための責任財産となっている権利で，それが責任財産となっている限度におけるもの

(3)　管財人が本法第 329 条(b)，第 363 条(n)，第 543 条，第 550 条，第 553 条，又は第 723 条に基づき回復する財産上の権利

(4)　本法第 510 条(c)又は第 551 条に基づき倒産財団のために維持され，又は倒産財団に移転することが命じられた財産上の権利

(5)　財産上の権利が手続開始の申立書を提出した日に債務者の権利であったとすれば倒産財団の財産であったであろう財産上の権利であって，債務者が手続開始の申立書を提出した日の後 180 日内に，次の事由によって取得し又は取得する地位を有することになった財産上の権利

　(A)　人的財産の遺贈（bequest），物的財産の遺贈（devise）又は家督相続（inheritance），及び，

　(B)　債務者の配偶者との間における財産分与契約又は中間若しくは終局の離婚判決の結果，

　(C)　生命保険契約又は遺族年金計画（a death benefit plan）の受取人

(6)　事件開始後に個人である債務者が供した役務により生じた収入を除いて，倒産財団の財産の又はその財産から生じる売得金（proceeds），産物（product, offspring），賃料（rents）又は収益（profits）

(7)　倒産財団が事件開始後に取得した財産上の権利

(b) 倒産財団の財産には，次のものを含まない。
　(1) 債務者が債務者以外の者の利益のためにのみ行使することができる権限
　(2) 本法の下での事件が開始される前に賃貸借契約の所定の期間が満了して終了した非居住不動産の賃貸借契約における賃借人としての債務者の権利であって，かつ，事件が係属している間に当該賃貸借契約の所定の期間が満了した時点で，終了した非居住不動産の賃貸借契約における賃借人としての債務者の権利を含まなくなる非居住不動産の賃貸借契約における賃借人としての債務者の権利
　(3) 1965年高等教育法（20 U.S.C.1001……; 42 U.S.C.2751……），又は教育機関である債務者の認定機関としての資格若しくは州免許により認められている計画に参加する債務者の資格
　(4) 次の範囲における，液体水素又は気体水素についての債務者の権利
　　(A) (i) 債務者が下請契約（farmout agreement）又はその下請契約に直接に関連する書面による合意に従い当該権利を譲渡した又は譲渡することに合意した範囲で，かつ，(ii) 本項が適用されるところを除き，本法第365条又は第544条(a)(3)に基づいてのみ倒産財団が(i)にいう権利を含むであろう範囲，又は
　　(B) (i) 液体水素又は気体水素の生産に係る支払債権（production payment）が譲渡される財産の運用に参加しない者に対して債務者が支払債権についての書面による譲渡に従い当該権利を譲渡した範囲で，かつ，(ii) 本項が適用されるところを除き，本法第365条又は第542条に基づいてのみ倒産財団が(i)にいう権利を含むであろう範囲。
　(5) （1986年内国歳入法第530条(b)(1)に定義される）個人退職教育口座（education individual retirement account）に置かれている資金で，本法の下での事件における手続開始の申立書が提出された日より365日以前のもの。ただし，次の場合に限る。
　　(A) 当該口座に資金が置かれている課税年度につき当該口座において指定されている受取人（beneficiary）が債務者の子，継子，又は孫であった場合に限る。
　　(B) 当該資金が，(i) 信用の供与に関連して担保とされておらず，又は第三者に対して譲渡することが約束されておらず，かつ，(ii)（1986年内国歳入法第4973条において示される）出資金の額を超えていない範囲において，及び
　　(C) 本法の下での事件の手続開始の申立書が提出された日の前720日から365日の間に，同一の受取人が指定されているすべての当該口座に置かれている資金の場合に，5000ドルを超えない範囲に限る。
　(6) （内国歳入法第529条(b)(1)Aに定義される）適格のある州の授業プログラムに基づく1986年内国歳入法第529条(b)(1)(A)による授業履修単位を購入するために利用され，又はある口座に出資された資金であって，本法の下での事件の手続開始の申立書が提出された日より365日以前のもの。ただし，次の場合に限る。
　　(A) 当該授業プログラムに支払われ又は寄付された資金額の指定された受取人

が，資金が支払われ又は出資された課税年度につき債務者の子，継子又は孫であった場合に限る。

(B) 同一の受取人が指定されている当該プログラムに支払われ又は出資された総額に関して，その受取人につき本法典第529条(b)(7)に基づき許される出資額の総額を超えない額を限度とする。それは，本法の下での事件における手続開始の申立てがあった日に始まって，労働省により作成される消費者価格科目の教育支出項目における毎年の増減（おおむね1パーセントの10分の1程度）による調整を行うものとする。

(C) 同一の受取人が指定されている当該プログラムに，本法の下での手続開始の申立てがなされた日の前720日から365日までの間に支払われ又は出資された基金である場合には，5850ドルを超えない額を限度とする。

(7) (A) (i)本項におけるその額が第1325条(b)(2)において定義される可処分所得にならない額を除いて，（Ⅰ）1974年従業員退職所得安定化法第1編による又は1986年内国歳入法第414条(d)に基づく政府の計画である年金計画の下での従業員退職年金計画，（Ⅱ）1986年内国歳入法第457条に基づく猶予された収入補償計画，若しくは（Ⅲ）1986年内国歳入法第403条(b)に基づく課税が猶予された年金への拠出金の納付として，使用者によって従業員の給与から天引きされている額，又は(ii)1974年従業員退職所得安定化法第1編の対象になると否とを問わず州法により規律されている健康保険計画への拠出として，使用者によって従業員の給与から天引きされている額，又は，(B) (i)本項におけるその額が第1325条(b)(2)において定義される可処分所得にならない額を除いて，（Ⅰ）1974年従業員退職所得安定化法第1編による又は1986年内国歳入法第414条(d)に基づく政府の計画である年金計画の下での従業員退職年金計画，（Ⅱ）1986年内国歳入法第457条に基づく猶予された収入補償計画，若しくは（Ⅲ）1986年内国歳入法第403条(b)に基づく課税が猶予された年金への拠出として，使用者によって従業員の給与から天引きされている額，又は(ii)1974年従業員退職所得安定化法第1編の対象になると否とを問わず州法により規律されている健康保険計画への拠出金の納付として，使用者が従業員から受領している額，

(8) (A)動産が質権設定者又は買主の占有にある場合，(B)債務者がその対価を支払う債務を負わず，担保目的物を受け戻す義務を負わず，あるいはあらかじめ指定された額で買い戻す義務を負っていない場合，及び(C)債務者又は管財人のいずれもが，州法及び第108条(b)において規定する適切な時期での方法で，その契約又は州法に定める受戻権を行使しなかった場合には，第5章第3節に従い，法により金銭の貸付又は割賦販売を行う免許を交付されている者によってなされた貸付又は割賦販売の担保として，債務者が質権を設定し又は動産を売却したときは，債務者の財産上の権利，

(9) (A)手続開始申立てがされた日の前14日以内に，かつ，(B)債務者の財産と売

得金とを分別するとの為替振出人との合意（この合意に反して，売得金が債務者の財産と分別されなかったとしても）に従い，作成された為替を債務者が売却したことによる売得金である金銭又はこれに相当するものについての権利。ただし，為替振出人が手続開始申立て前に分別するよう求める訴えを提起しなかったときは，この限りではない。

(4)は，債務者が下請契約に基づいて液体水素又は気体水素についての権利を保有し若しくは取得し，又はその権利を譲渡したことにより取得することができる対価を倒産財団から除外するものと解釈してはならない。

(c) (1) 本項(2)に規定するところを除き，債務者の財産上の権利は，(A)債務者による当該権利の譲渡を制限し又はこれに条件を付す約定，譲渡証書又は適用される非破産法コモン・ロー上の権利のみを有し，かつ，衡平法上の権利の規定にもかかわらず，又は(B)本法の下での事件が開始されるときに債務者の支払不能又は財産状況を条件としている約定，譲渡証書又は非破産法の規定にもかかわらず，本条(a)(1)，(a)(2)，又は(a)(5)に基づく倒産財団の財産となる。

(2) 適用される非破産法の下で執行が可能とされる信託における債務者の受益権譲渡に対する制限は，本法の下での事件においても執行が可能である。

(d) 不動産によって担保されるモーゲージ，又はそのモーゲージ上の権利のように債務者が売却したが債務者が役務を提供し又はそのモーゲージ若しくは権利につき役務の提供を監視するコモン・ロー上の権利を保持しているような衡平法上のものではなく，コモン・ロー上のみの権利を事件が開始されたときに債務者が有する財産は，本条(a)(1)又は(2)により倒産財団の財産となる。ただし，それは債務者が有しない当該財産上の衡平法上の権利の範囲でない限りにおいてとする。

(e) (b)(5)(A)又は(6)(A)に定められる諸関係のいずれが存在するかを決定するに際して，個人の養子縁組による子（及びその者による養子縁組のために認可された保護機関によりその者とともに保護されているときは，その者の世帯の構成員である子），又は個人の里子（その子がその主たる居所として債務者の家を有し，債務者の世帯の構成員であるとき）は，その個人の血縁にある子とされなければならない。

(f) 本法の下でのその他の規定にもかかわらず，1986年内国歳入法第501条(c)(3)において定められている法人である債務者が保有する財産で，同法第501条(a)に基づいて課税の対象から除かれているものは，当該法人ではないものに譲渡することができる。ただし，債務者が本法の下での事件を申し立てなかったときは適用されるであろう同一の条件による場合に限られるものとする。

■イギリス法
■第385条（定義）
1 「破産財団」は，破産者との関係では第283条に従って解釈されるものとする。
【コメント】 第283条は，自然人の破産に関する条文であり，破産財団の範囲を規定している。

その内容については，日本法第34条の箇所を参照。

●ドイツ法
●第35条（倒産財団の意義）
1　倒産手続の効力は，債務者が手続開始の時において有しまたは手続の係属中に取得する一切の財産に及ぶ（倒産財団）。

▲フランス法（該当規定なし）

> 第3条（外国人の地位）　外国人又は外国法人は，破産手続，第12章第1節の規定による免責手続（以下「免責手続」という。）及び同章第2節の規定による復権の手続（以下この章において「破産手続等」と総称する。）に関し，日本人又は日本法人と同一の地位を有する。

　民事再生法第3条（外国人の地位）
　会社更生法第3条（外国人の地位）

◆アメリカ法
◆第109条（債務者となることができる者）
(a)　本条のその他のいかなる規定にもかかわらず，合衆国内に居住し又は居所，営業所若しくは財産を有する者，又は地方公共団体は，本法の下での債務者となることができる。
(b)　……

■イギリス法
（会　社）
■第225条（外国会社は，解散していても清算することができる）
1　連合王国の外で設立され連合王国で営業していた会社が連合王国における営業を停止したときは，当該会社がその設立準拠法によれば解散したか又はその他の事由により会社としての存在を失った場合であっても，この法律の規定により，未登記会社として清算することができる。

2　本条は，EC規則に従うものとする。

■第221条（未登記会社の清算）
1　本編の規定の定めるところに従い，未登記会社は，この法律の規定により，清算することができる。清算に関するこの法律のすべての規定は，次項以下に定める例外及び追加を付して，未登記会社にこれを適用する。

2　未登記会社が北アイルランドに主たる営業場所を有するときは，イングランド及びウェールズ若しくはスコットランドに主たる営業場所があるか，又はイングランド及びウェールズとスコットランドのいずれにも主たる営業場所がある場合を

除き，本編の規定によって清算することはできない。

3　［注：未登記会社の清算の管轄の決定に関する規定］

4　未登記会社は，この法律の規定によってこれを任意に清算することはできない。ただし，EC 規則に従う場合はこの限りでない。

5　未登記会社を清算することのできる条件は，以下に掲げるものとする。

(a)　当該会社が解散したか，営業を停止したか，又は清算を目的としてのみ営業しているとき

(b)　当該会社が債務を支払うことができないとき

(c)　当該会社を清算することが正当かつ衡平であると裁判所が考えたとき

【コメント】　1　外国法人は，清算に関しては未登記会社として扱われる（倒産法第225条第1項）。その結果，EC 規則によれば任意清算が可能である場合を除き，外国法人は任意清算の対象とはならない（同法第221条第4項）。

2　倒産法第221条第5項に列挙された未登記会社に対する清算の条件は，外国法人に対してイングランド及びウェールズの裁判所が管轄権を行使するための条件でもある。これについては，日本法第4条の箇所を参照。

3　自然人については，外国人であっても次の規定（第4条の箇所でも再度掲載する）による要件を満たす限り，破産手続において英国籍を有する者と同様に扱われる。

■第265条（債務者について満たされるべき要件）

1　債務者が以下に掲げる要件のいずれかを満たす場合を除き，前条第1項(a)号［注：債権者による破産申立て］又は(b)号［注：債務者自らの破産申立て］の規定によって裁判所に破産申立書を提出することはできない。

(a)　イングランド及びウェールズにドミサイルを有すること

(b)　申立書が提出された日にイングランド及びウェールズに現実にいること

(c)　申立書が提出された日以前の3年間に，

(i)　イングランド及びウェールズに通常居住していたか，若しくは居住の場所を有していたこと，又は

(ii)　イングランド及びウェールズにおいて営業していたこと

2　前項(c)号にいう「営業していた」とは，以下に掲げる場合を含む。

(a)　当該個人を構成員とする商事組合又はパートナーシップが営業していた場合

(b)　当該個人又は前号の商事組合若しくはパートナーシップのために，代理人又は支配人が営業していた場合

3　本条は，EC 規則第3条の定めるところに従う。

●ドイツ法

●第11条（倒産手続の適法要件）

1　倒産手続は，あらゆる自然人または法人の財産について開始することができる。権利能力なき社団は，倒産手続に関する限り法人と同じ地位を有する。……

日・◆米・■英・●独・▲仏　　　　　　　　　　破産法第4条（破産事件の管轄）／第5条

▲**フランス法**（該当規定なし）
　【コメント】　なお，民法典第11条に，外国人は，その本国法がフランス人に対して現に与えまたは将来与えるのと同一の私権（des même droits civils que ...）を，フランスにおいても享有するという規定がある。

　<u>第4条（破産事件の管轄）</u>　この法律の規定による破産手続開始の申立ては，債務者が個人である場合には日本国内に営業所，住所，居所又は財産を有するときに限り，法人その他の社団又は財団である場合には日本国内に営業所，事務所又は財産を有するときに限り，することができる。
　2　民事訴訟法（平成8年法律第109号）の規定により裁判上の請求をすることができる債権は，日本国内にあるものとみなす。
　<u>第5条</u>　破産事件は，債務者が，営業者であるときはその主たる営業所の所在地，営業者で外国に主たる営業所を有するものであるときは日本におけるその主たる営業所の所在地，営業者でないとき又は営業者であっても営業所を有しないときはその普通裁判籍の所在地を管轄する地方裁判所が管轄する。
　2　前項の規定による管轄裁判所がないときは，破産事件は，債務者の財産の所在地（債権については，裁判上の請求をすることができる地）を管轄する地方裁判所が管轄する。
　3　前2項の規定にかかわらず，法人が株式会社の総株主の議決権（株主総会において決議をすることができる事項の全部につき議決権を行使することができない株式についての議決権を除き，会社法（平成17年法律第86号）第879条第3項の規定により議決権を有するものとみなされる株式についての議決権を含む。次項，第83条第2項第2号及び第3項並びに第161条第2項第2号イ及びロにおいて同じ。）の過半数を有する場合には，当該法人（以下この条及び第161条第2項第2号ロにおいて「親法人」という。）について破産事件，再生事件又は更生事件（以下この条において「破産事件等」という。）が係属しているときにおける当該株式会社（以下この条及び第161条第2項第2号ロにおいて「子株式会社」という。）についての破産手続開始の申立ては，親法人の破産事件等が係属している地方裁判所にもすることができ，子株式会社について破産事件等が係属しているときにおける親法人についての破産手続開始の申立ては，子株式会社の破産事件等が係属している地方裁判所にもすることができる。
　4　子株式会社又は親法人及び子株式会社が他の株式会社の総株主の議決権の過半数を有する場合には，当該他の株式会社を当該親法人の子株式会社とみなして，前項の規定を適用する。
　5　第1項及び第2項の規定にかかわらず，株式会社が最終事業年度について会社法第444条の規定により当該株式会社及び他の法人に係る連結計算書類（同条第1項に規定する連結計算書類をいう。）を作成し，かつ，当該株式会社の定時株主総会においてその内容が報告された場合には，当該株式会社について破産事件等が係属しているときにおける当該他の法人についての破産手続開始の申立ては，当該株式会社の破産事件等が係属している地方裁判所にもすることができ，当該他の法人について破産事件等が係属しているときにおける当該株式会社についての破産手続開始の申立ては，当該他の法人の破産事件等が係属している地方裁判所にもすることができる。
　6　第1項及び第2項の規定にかかわらず，法人について破産事件等が係属している場合における当該法人の代表者についての破産手続開始の申立ては，当該法人の破産事件等が係

属している地方裁判所にもすることができ，法人の代表者について破産事件又は再生事件が係属している場合における当該法人についての破産手続開始の申立ては，当該法人の代表者の破産事件又は再生事件が係属している地方裁判所にもすることができる。
7 第1項及び第2項の規定にかかわらず，次の各号に掲げる者のうちいずれか一人について破産事件が係属しているときは，それぞれ当該各号に掲げる他の者についての破産手続開始の申立ては，当該破産事件が係属している地方裁判所にもすることができる。
　一　相互に連帯債務者の関係にある個人
　二　相互に主たる債務者と保証人の関係にある個人
　三　夫婦
8 第1項及び第2項の規定にかかわらず，破産手続開始の決定がされたとすれば破産債権となるべき債権を有する債権者の数が500人以上であるときは，これらの規定による管轄裁判所の所在地を管轄する高等裁判所の所在地を管轄する地方裁判所にも，破産手続開始の申立てをすることができる。
9 第1項及び第2項の規定にかかわらず，前項に規定する債権者の数が千人以上であるときは，東京地方裁判所又は大阪地方裁判所にも，破産手続開始の申立てをすることができる。
10 前各項の規定により2以上の地方裁判所が管轄権を有するときは，破産事件は，先に破産手続開始の申立てがあった地方裁判所が管轄する。

▌民事再生法第4条（再生事件の管轄），第5条
▌会社更生法第4条（更生事件の管轄），第5条
▌会社法第879条（特別清算事件の管轄）

◆アメリカ法

〔破産事件の管轄〕

◆ 28 USC§1408（法第11号の下での事件の裁判地）

本法第1410条に定めるところを除き，法第11号の下での事件は，次の裁判区に相応する連邦地方裁判所において開始される。

（1）　合衆国における住所，居所，主たる事業地，若しくは事件の主体である者の合衆国における主たる財産が事件開始直前の180日間に存在していた裁判区，又は，その180日間の内，合衆国における住所，居所，主たる事業地，若しくは合衆国における主たる財産が他の裁判区において存在していたよりも長い期間存在している裁判区，又は

（2）　以上の者の関係人，ゼネラル・パートナー又はパートナーシップについて法第11号の下での事件が係属している裁判区。

《関連規定》

◆ 28 USC§1334（破産事件及び手続）⇒日本法第2条3項の項目参照
◆ 28 USC§1409（法第11号の下で生ずる手続，又は法第11号の下での事件において生じ若しくはかかる事件に関係する手続の裁判地）

(a)　(b)及び(d)に定めるところを除き，法第11号の下で生ずる手続若しくは法第11号の下での事件において生じ又はその事件に関係する手続は，その事件が係属している地方裁判所において開始される。

(b) 本条(d)に定めるところを除き，法第 11 号の下での事件における管財人は，当該事件において若しくはこれに関連する，1,000 ドル未満の金銭の支払を求める判決又は財産の回復を求める手続，又は，5,000 ドル未満の消費者債務の支払いを求める手続を，被告が居住する裁判区を管轄する連邦地方裁判所において，開始することができる。

(c) 本条(b)に定めるところを除き，法第 11 号の下での事件における管財人は，法第 11 号第 541 条若しくは第 544 条(b)の下で債務者又は債権者の制定法上の承継人として，その事件において生じた又はこれに関連する手続を，適用ある非破産法の裁判地に関する規定により通常そうであるように，債務者又は債権者がもし法第 11 号の下での事件が開始されていなかったら訴訟を提起したであろう州裁判所又は連邦裁判所の所在する裁判区の連邦地方裁判所において，開始する（commence）ことができる。

(d) 管財人は，債務者の事業に起因して事件開始後に生じた請求権に関する手続で，法第 11 号の下で生ずる手続若しくは法第 11 号の下での事件において生じ又はこれに関連する手続を，適用ある非破産法の裁判地に関する規定によりその請求権に関する訴訟が提起されたであろう州裁判所又は連邦裁判所の所在する裁判区の連邦地方裁判所においてのみ，開始することができる。

(e) 法第 11 号の下で生ずる手続若しくは法第 11 号の下での事件において生じ又はこれに関連する手続で，債務者の事業を原因として事件の開始後に生じた請求権に関する手続は，その事件における倒産財団の代表者を相手方として，その手続を開始する当事者が適用ある非破産法の裁判地に関する規定によりその請求権に関して訴訟を提起したであろう州裁判所若しくは連邦裁判所が所在する裁判区の連邦地方裁判所又は法第 11 号の下での事件が係属する連邦地方裁判所において，開始される。

【コメント】 28 USC§1408（法第 11 号の下での事件の裁判地）は，破産裁判管轄に関する一般規定であり，日本破産法旧第 105 条に対応する規定である。規定中，「連邦地方裁判所（the district court）において開始される」とされているのは，1984 年 7 月 10 日に成立した 28 USC JUDICIARY AND JUDICIAL PROCEDURE によって，連邦地方裁判所の破産に関する裁判権を破産裁判所に付託した（高木新二郎『アメリカ連邦倒産法』13 頁（商事法務研究会，1996 年））にすぎないことを意味している（28 USC§157(a)参照）。

なお，関連規定によれば，倒産手続において生じたあるいは倒産手続に関連する手続及び訴訟については，原則として倒産事件が開始された又は事件が係属する連邦地方裁判所の専属管轄とされている。例外的に，個別の手続を本来の連邦地方裁判所あるいは州裁判所に委ねる方式がとられている。なお，上記の規定では「事件」（case）と「手続」（proceedings）が使い分けられている。「事件」とは倒産手続全体を意味するのに対して，「手続」とは各倒産事件との関係で生じた個々の紛争を解決するための手続を指す（高木・前掲書 274 頁）。

■イギリス法
（会 社）
■第 225 条（外国会社は，解散していても清算することができる）

1 連合王国の外で設立され連合王国で営業していた会社が連合王国における営業を停止したときは，当該会社がその設立準拠法によれば解散したか又はその他の事由により会社としての存在を失った場合であっても，この法律の規定により，未登記会社として清算することができる。

第1章　総　　則

■第221条（未登記会社の清算）
5　未登記会社を清算することのできる条件は，以下に掲げるものとする。
(a)　当該会社が解散したか，営業を停止したか，又は清算を目的としてのみ営業しているとき
(b)　当該会社が債務を支払うことができないとき
(c)　当該会社を清算することが正当かつ衡平であると裁判所が考えたとき

■第117条（ハイ・コート及びカウンティ・コートの管轄権）
1　ハイ・コートは，イングランド及びウェールズにおいて登記された会社を清算する管轄権を有する。
2　払込済の，又は帳簿上払込済になっている会社の株式資本の額が120,000ポンドを超えない場合には，（本条に定めるところに従い）会社の登記簿上の事務所が存在する裁判区のカウンティ・コートが，ハイ・コートとならんで当該会社を清算する管轄権を有する。
3　前項で当分の間，指定された金額は，第XV編第416条の規定に基づく命令によって増減されるものとする。
4　大法官は，首席裁判官の同意を得て，命令により，あるカウンティ・コートは清算の管轄権を有しないものとすることができる。その管轄権に関しては，当該カウンティ・コートの裁判区又はその一部を他のカウンティ・コートの裁判区に所属させることができる。当該命令は，命令によって取消し又は変更することができる。
　本項の権限を行使するにあたり，大法官は，あるカウンティ・コートが本法第Ⅷ編から第XI編（個人破産）に関して当分の間，管轄権を有していない場合には，当該カウンティ・コートは清算の管轄権を有しないものと定めることができる。
5　清算の管轄権を有するイングランド及びウェールズの裁判所は，当該管轄権に関してはハイ・コートのすべての権限を有する。当該裁判所の定められた職員は，ハイ・コートの職員が清算に関するハイ・コートの裁判官の命令により又はその他の方法で履行することのできる職務を遂行しなければならない。
6　本条に関して，会社の「登記簿上の事務所」とは，清算申立書の提出時直前の6カ月間に，最も長い期間，事務所として登記されていた場所をいう。
7　本条は，EC規則第3条（EC規則の下での管轄権）に服する。
8　……

【コメント】　1　倒産法第221条第5項の文言にはあらわれていないが，外国会社に対してイングランド及びウェールズ（以下，「イングランド」という）の裁判所が強制清算の管轄権を行使する要件として，1986年倒産法制定前の判例は，外国会社がイングランドに営業場所または財産を有することが必要だとしてきた。この基準によれば，イングランド国内に営業場所を有しない外国会社について強制清算の手続を開始するためには，当該会社が国内に財産を有していることが必要になる。しかし，以下に述べるように，国内の財産の存在という要件は，1980年代のハイ・コートの判例により不可欠なものではないとされるにいたっている。
　International Westminster Bank v Okeanos（Re A Company（No. 00359 of 1987））［1988］

Ch.210 において，ハイ・コートは，イングランド国内に営業場所を有していない外国会社に対して強制清算の手続を開始するうえで，その会社が国内に財産を有していることは，その会社がイングランドと「十分な関連性（sufficient connection）」を有していれば不可欠ではないとした。当該事件においては，外国会社は，イングランド国内に財産を有してはいなかったが，イングランド法によって規律され，かつイングランドにおいて支払われるべき相当な債務を負担していた。そのことと，他に強制清算がより適切に行われるべき国がないことが相まって，国内に財産を有しない外国会社に対しても，強制清算の管轄権を行使することができるものとされた。その後の判例においても，同様の判断がされている（Re A Company（No.003102 of 1991）［1991］B.C.L.C.539）。

さらに，2000 年以降には，2 件の控訴院の判例（Banco Nacional de Cuba v Cosmos Trading Corp［2000］B.C.C.910（CA）; Re Latreefers Inc［2001］B.C.C.174（CA））において，外国会社に対してイングランドの裁判所が強制清算の管轄権を行使するためには，次の3つの要件が満たされていることが必要であるとの判断が示されている。

(1) 外国会社とイングランドの間に十分な関連性があること。イングランド国内に財産があることは，十分な関連性を根拠づけるが，不可欠ではない。
(2) 強制清算の命令がされた場合には，当該命令を申し立てた者が利益を受ける合理的な可能性（a reasonable possibility）があること。
(3) 外国会社の資産の分配に利害関係を有する1人または数人の者に対して，イングランドの裁判所が管轄権を行使しうること。

以上については，Fletcher, The Law of Insolvency, 4th ed., 2009, pp.948-952 を参照。

2 倒産法第117条第7項は，EC 規則第3条により他のEU 加盟国の裁判所が会社の清算について管轄権を有するときは，その管轄権が優先することを定めている。

EC 規則第3条は，(1)国内に債務者の主たる利益の中心地（centre of its main interests）がある加盟国の裁判所が，倒産手続の管轄権を有すること，(2)会社または法人の登記された事務所の所在地は，反対の証明がなければ，当該会社または法人の主たる利益の中心地であること（以上，同条第1項），(3)債務者の主たる利益の中心地が国内にはない加盟国の裁判所は，その国内に債務者が取引地（establishment）を有する場合でなければ当該債務者に対して倒産手続を開始することができず，しかも，その倒産手続の効力の及ぶ範囲は，債務者の国内の財産に限定されること（同条第2項）を規定している。すなわち，債務者の主たる利益の中心地が存する加盟国において開始された倒産手続が，主たる手続となり，取引地が存する他の加盟国において開始された倒産手続は，その効力が対外的には及ばない二次的手続となる。ここでいう「取引地」については，EC 規則第2条(h)により「債務者が一時的ではない（non-transitory）経済活動を行っている場所」と定義され，銀行口座や不動産などの財産が存在するだけでは「取引地」にはあたらないとされている

以上については，Fletcher, The Law of Insolvency, 4th ed., 2009, pp.1005-1007 を参照。

（自然人）
第 265 条（債務者について満たされるべき要件）

1 債務者が次に掲げる要件のいずれかを満たす場合を除き，前条第1項(a)号［注：債権者による破産申立て］又は(b)号［注：債務者自らの破産申立て］の規定によって裁判所に破産申立書を提出することはできない。

(a) イングランド及びウェールズにドミサイルを有すること
(b) 申立書が提出された日にイングランド及びウェールズに現実にいること

(c)　申立書が提出された日以前の 3 年間に，
　　(i)　イングランド及びウェールズに通常居住していたか，若しくは居住の場所を有していたこと，又は
　　(ii)　イングランド及びウェールズにおいて営業していたこと
　2　前項(c)号にいう「営業していた」とは，以下に掲げる場合を含む。
　(a)　当該個人を構成員とする商事組合又はパートナーシップが営業していた場合
　(b)　当該個人又は前号の商事組合若しくはパートナーシップのために，代理人又は支配人が営業していた場合
　3　本条は，EC 規則第 3 条の定めるところに従う。

■第 373 条（支払不能の個人に関する管轄権）
　1　ハイ・コート及びカウンティ・コートは，この群の各編に関しては，イングランド及びウェールズ全土の管轄権を有する。
　2　この群の各編に関しては，カウンティ・コートは，その本来の管轄権のほかハイ・コートのすべての権限及び管轄権を有する。当該カウンティ・コートの命令は，定められた方法に従って執行することができる。
　3　この群の各編に関する管轄権は，次の各号に定めるところに従って行使される。
　(a)　規則に従ってロンドン倒産裁判区に配分された手続に関しては，ハイ・コート又は中央ロンドンカウンティ・コートが行使する。
　(b)　各カウンティ・コートの倒産裁判区に配分された手続に関しては，そのカウンティ・コートが行使する。
　4　［移送に関する規定：日本法第 7 条の箇所を参照］

　【コメント】　倒産法第 265 条第 3 項は，同条第 1 項第 2 項の規定によりイングランドの裁判所が破産の管轄権を有する場合であっても，EC 規則第 3 条の適用により，イングランドの裁判所の破産の管轄権が制限されることを定めている。会社の場合と同様に，債務者の主たる利益の中心地が国内に存する加盟国で開始された倒産手続が主たる手続となり，他の加盟国の裁判所は，その国内に債務者が取引地を有する場合でなければ当該債務者に対して倒産手続を開始することができず，しかも，その倒産手続の効力の及ぶ範囲は，債務者の国内の財産に限定される。

● ドイツ法
● 第 2 条（区裁判所の職分管轄）
　倒産手続は，その管轄区域内に地方裁判所が所在する区裁判所が，倒産裁判所として，その地方裁判所の区域につき専属的に管轄する。
　2　州政府は，手続を適切に促進しまたはより迅速に終結させるため，前項と異なる区裁判所を専属的なまたは付加的な倒産裁判所とし，または倒産裁判所の管轄につき前項と異なる区域を定める法規命令を制定する権限を有する。州政府はこの権限を州司法行政庁に委任することができる。

●第3条（土地管轄）

倒産手続は，債務者の普通裁判籍所在地を管轄する倒産裁判所の管轄に専属する。債務者がそれ以外の地を拠点として独立した営業活動を営んでいるときは，倒産手続は，その地を管轄する倒産裁判所の管轄に専属する。

2　管轄裁判所が複数存在するときは，最初に倒産手続の開始の申立てがあった裁判所が他の裁判所の管轄を排除する。

●第354条（属地的倒産手続の要件）

……

3　属地的倒産手続は，その管轄区域内に営業所，またはそれがないときは債務者の財産が所在する倒産裁判所の管轄に専属する。第3条第二項の規定を準用する。

【コメント】　ドイツ倒産法2条は，原則として地方裁判所のそれぞれの管轄区域ごとに一つの区裁判所，すなわち地方裁判所の所在地の区裁判所が倒産事件を専属的に管轄するものとして，管轄の集中を図る趣旨である。

▲フランス法

▲第641-1条第Ⅰ項

第621-1条および第621-2条の規定は，裁判上の清算手続に適用される。

▲第621-2条

管轄裁判所は，債務者が商業的または手工業的活動を行っている場合は商事裁判所である。その他の場合には，大審裁判所が管轄権を有する。

開始された手続は，管理人，裁判上の受任者［もしくは］検察官の請求により，または職権で，他の一人または数人の者の財産と債務者または擬制された法人の財産とが混同した場合には，それらの者に拡張される。この場合には，最初に手続を開始した裁判所が，なお管轄を維持する。

……

▲R第600-1条

R第662-7条の規定に関わらず，商法典法律部第6巻に定める手続について土地管轄を有する裁判所は，法人である債務者についてはその所在地，自然人である債務者についてはその事業またはその活動の住所を申告した地を管轄する裁判所である。フランス国内に所在地がないときは，管轄裁判所は，債務者のフランスにおける利益の中心地を管轄する裁判所である。

ただし，裁判所への提訴に先立つ6カ月以内に法人の所在地を変更した場合には，最初の所在地を管轄する裁判所のみが，なお管轄を保持する。この期間は，商業・会社登記簿の変更登記から起算する。

▲R第600-2条

［法律部］第611-2条に定める措置は，法人である債務者についてはその所在地，場合により，自然人である債務者についてはその事業またはその活動の住所を申告

した地の裁判所所長の管轄に属する。
　特別受任者を指名するための裁判所所長の土地管轄は，R第600-1条の定めるところによる。
▲ R第662-6条
　管轄に争いがあるときは，裁判所は，［自ら］管轄があると宣言する場合には，同じ判決において本案についても裁判する。

第6条（専属管轄）　この法律に規定する裁判所の管轄は，専属とする。

　　民事再生法第6条（専属管轄）
　　会社更生法第6法（専属管轄）

◆アメリカ法
⇒日本法第2条3項の項参照

■イギリス法（該当規定なし）

●ドイツ法
●第3条（土地管轄）
　1　倒産手続は，債務者の普通裁判籍所在地を管轄する倒産裁判所の管轄に専属する。債務者がそれ以外の地を拠点として独立した営業活動を営んでいるときは，倒産手続は，その地を管轄する倒産裁判所の管轄に専属する。

▲フランス法（該当規定なし）

日・◆米・■英・●独・▲仏　　　　　　　　　　　　　　　　破産法第7条(破産事件の移送)

> <u>第 7 条（破産事件の移送）</u>　裁判所は，著しい損害又は遅滞を避けるため必要があると認めるときは，職権で，破産事件（破産事件の債務者又は破産者による免責許可の申立てがある場合にあっては，破産事件及び当該免責許可の申立てに係る事件）を次に掲げる地方裁判所のいずれかに移送することができる。
> 一　債務者の主たる営業所又は事務所以外の営業所又は事務所の所在地を管轄する地方裁判所
> 二　債務者の住所又は居所の所在地を管轄する地方裁判所
> 三　第5条第2項に規定する地方裁判所
> 四　次のイからハまでのいずれかに掲げる地方裁判所
> 　イ　第5条第3項から第7項までに規定する地方裁判所
> 　ロ　破産手続開始の決定がされたとすれば破産債権となるべき債権を有する債権者（破産手続開始の決定後にあっては，破産債権者。ハにおいて同じ。）の数が500人以上であるときは，第5条第8項に規定する地方裁判所
> 　ハ　ロに規定する債権者の数が千人以上であるときは，第5条第9項に規定する地方裁判所
> 五　第5条第3項から第9項までの規定によりこれらの規定に規定する地方裁判所に破産事件が係属しているときは，同条第1項又は第2項に規定する地方裁判所

📗民事再生法第7条（再生事件の移送）
📗会社更生法第7条（更生事件の移送）

◆アメリカ法（該当規定なし）

■イギリス法
■第 373 条（支払不能の個人に関する管轄権）
　4　前項の規定は，規則で定められた方法で，手続をある裁判所から他の裁判所へ移送することを妨げない。前項の規定は，手続が誤った裁判所において開始されまたは進行していたという理由で，当該手続を無効にするものではない。
　【コメント】　倒産法373条第3項については，日本法第4条・第5条の箇所を参照。

●ドイツ法（該当規定なし）

▲フランス法
▲R 第 662-7 条
　商法典法律部第6巻に定める手続の一つを［法律部］第662-2条の適用によって他の裁判所に移送することが当面の利益によって正当とされるときは，この移送は，提訴を受けた裁判所所長によって職権で決定され，［所長は，］遅滞なく，理由を付した命令によって一件記録を控訴院院長，または事件が他の控訴院の管轄区域内にある裁判所の管轄に属すると判断した場合には，破毀院院長に送付する。
　この移送は，同様に，提訴を受けた裁判所付または管轄があるべきと判断する裁判所付検察官の理由を付した申請［書］によって，控訴院または破毀院の院長に対

して申し立てることができる。

この場合において，提訴を受けた裁判所の書記は，直ちに，当事者に申請［書］を送達し，一件記録を控訴院または破毀院に送付する。手続の開始について裁判がされていないときは，裁判所は，控訴院院長または破毀院院長の裁判を待つ間，判断を停止する。

控訴院院長または破毀院院長は，一件記録の受領から10日以内に，検察官の意見を聴いて，事件の提訴を受けるべき裁判所を指定する。同様の条件の下で，控訴院院長は，事件を他の控訴院の管轄区域内にある裁判所に移送することが，当面の利益によって必要とされると判断した場合には，一件記録を破毀院院長に送付することを命ずることができる。

［第1審］裁判所所長および控訴院院長または破毀院院長の決定は，［第1審］裁判所または法院の書記によって，直ちに当事者に送達される。

本条を適用してされた裁判は，不服の申立てを許さない裁判上の管理処分である。この裁判は，当事者および指定された受移送裁判所を拘束する。

院長の決定があるまでは，［第1審］裁判所は，とりわけ［法律部］第622-4条に定める申立てを行うために，そのために一時的に任務を与えられた裁判官の権限で，裁判上の管理人を任命することができる。裁判所は，また，仮の処分として，財産目録［の調製］および，裁判上の清算手続の場合には封印を命ずることができる。

▲ R第662-8条

［法律部］第611-3条を適用して特別受任者の任命のために提訴された裁判所所長は，債務者の同意を得て，R第662-7条第1段の規定を適用することができる。所長は，同様に，これを特別受任者の任務の間にもすることができる。

債務者も，同様に，申請の方法によって控訴院院長または破毀院院長に提訴することによって，この移送を求めることができる。

R第662-7条第3段から第6段の規定は，この場合に適用される。

<u>第8条（任意的口頭弁論等）</u>　破産手続等に関する裁判は，口頭弁論を経ないですることができる。
2　裁判所は，職権で，破産手続等に係る事件に関して必要な調査をすることができる。

規第4条（調書）　破産手続等における調書（口頭弁論の調書を除く。）は，特別の定めがある場合を除き，作成することを要しない。ただし，裁判長が作成を命じたときは，この限りでない。

▌民事再生法第8条（任意的口頭弁論等）
▌会社更生法第8条（任意的口頭弁論等）

◆アメリカ法（該当規定なし）

■イギリス法（該当規定なし）

●ドイツ法
●第5条（職権探知・任意的口頭弁論）
　倒産裁判所は，倒産手続に関して重要なあらゆる事実を探知しなければならない。この目的を達するため，倒産裁判所は特に証人及び鑑定人を尋問することができる。

　2　債務者の財産関係の把握が容易で，かつ，債権者の数又は負債の額が少ない場合は，倒産裁判所は，倒産手続又はその一部につき書面で実施することを命ずることができる。裁判所はいつでもこの命令を取消しまたは変更することができる。書面による実施の命令，それを取り消しまたは変更する命令は，公告しなければならない。

　3　倒産裁判所の裁判は，口頭弁論を経ないですることができる。口頭弁論が開かれた場合は，民事訴訟法227条3項第1文は適用されない。

　4　債権表，債権者名簿及び財産目録は，機械的に作成し又は改訂することができる。……

▲フランス法
▲第641-1条第Ⅰ項（前掲・第4条・第5条）
▲第621-1条
　裁判所は，債務者および企業委員会代表者，またはこれがないときは従業員代表を評議部において審尋し，または適法に呼び出した後に，手続の開始について裁判する。裁判所は，また，その聴取が有用であると思われるすべての者を審尋することができる。

　また，債務者が，法律もしくは命令に基づく身分に服するか，またはその資格が保護されている自由業に従事している場合には，裁判所は，同様の条件で，［その］専門職団体または場合によって権限を有する当局者を審尋し，または適法に呼び出した後に，裁判する。

　裁判所は，裁判する前に，企業の財務，経済および労働関係の状況に関するすべての情報を収集するために，裁判官に委託することができる。この裁判官は，第623-2条に定める処分を適用することができる。この裁判官は，その選択により，あらゆる鑑定人の補佐を受けることができる。

　過去18カ月の間に特別受任者または調停手続の利益を受けまたは受けた債務者に対する救済手続の開始は，有限責任を負う個人事業者の個別財産に関するものでない限り，検察官の出席を得て審理されなければならない。

　この場合には，裁判所は，第611-15条の規定に関わらず，職権でまたは検察官の請求により，特別受任者または調停に関する書類および証書の送付を受けること

▲第662-3条

　商事裁判所および大審裁判所における審理は，評議部で行われる。ただし，債務者，裁判上の受任者，管理人，清算人，被用者代表または検察官の請求があるときは，審理の公開は，手続開始後当然に行われる。裁判の公正を妨げるべき性質の混乱が生じたときは，裁判所所長は［審理を］評議部で行うこと，または続行することを決定することができる。

　前項の規定に関わらず，第5編第1章および第3章を適用してとられた処分に関する審理は，公開の弁論で行う。関与している者の一人ががそれらの［手続の］開始前に請求したときは，裁判所所長は，［審理を］評議部で行うことを決定することができる。

　【コメント】　主任裁判官は，会計監査人，会計士，従業員代表，社会保障機関，金融機関などから，債務者の財務，経済および労働関係の状況を判断することができる信用情報や支払事故などに関する情報を得ることができるとする規定である。

▲R第621-2条

　手続開始について裁判する前に，書記は，裁判所所長の請求により，裁判所により審尋され，かつ［法律部］第661-10条に従って不服申立てをすべき資格を与えられる者を指名するために，債務者法人の法律上の代表者または自然人である債務者に通知する。この通知の写しは，書記によって，企業委員会事務局，またはこれがないときは従業員代表に送付される。指名の調書は書記課に寄託される。

▲R第621-3条

　［手続開始について］裁判する前に，［法律部］第621-1条を適用して，企業の財務，経済および労働関係の状況についてすべての情報を収集するために，裁判官に委託する裁判所の裁判は，手続の開始について同条の最初の2段に規定されたものと同様の条件でされる。

　専門家が指名された場合には，その報告を付せられたこの裁判官の報告［書］は，書記課に寄託され，書記によって，債務者および検察官に伝達される。

　書記は，企業委員会，またはこれがないときは従業員代表に，その代理人が書記課において報告［書］の内容を知ることができることを通知し，同時に弁論の日時を通知する。

　【コメント】　評議部での審理は，非公開である。

<u>第9条（不服申立て）</u>　破産手続等に関する裁判につき利害関係を有する者は，この法律に特別の定めがある場合に限り，当該裁判に対し即時抗告をすることができる。その期間は，裁判の公告があった場合には，その公告が効力を生じた日から起算して2週間とする。

> 規第5条（即時抗告に係る事件記録の送付・法第9条）　即時抗告があった場合において，裁判所が破産手続等に係る事件の記録を送付する必要がないと認めたときは，破産裁判所の裁判所書記官は，抗告事件の記録のみを抗告裁判所の裁判所書記官に送付すれば足りる。
> 2　前項の規定により抗告事件の記録が送付された場合において，抗告裁判所が破産手続等に係る事件の記録が必要であると認めたときは，抗告裁判所の裁判所書記官は，速やかに，その送付を破産裁判所の裁判所書記官に求めなければならない。

- 民事再生法第9条（不服申立て）
- 会社更生法第9条（不服申立て）
- 会社法第884条（不服申立て）

◆アメリカ法
⇒日本法第33条の項の《関連規定》R第8001条参照

■イギリス法
（会　社）
■R第7.47条（会社の倒産における裁判所の命令に対する上訴および再考）
1　倒産法第1編から第4編まで及び倒産規則第1編から第4編まで［注：会社の倒産手続である会社任意整理，会社管理，管理レシーバーシップ及び清算に関する規定］に関して管轄権を有するすべての裁判所は，当該管轄権の行使に際して自らが発した命令を再考し，取り消し，又は変更することができる。

2　倒産法第1編から第4編まで及び倒産規則第1編から第4編までの規定による手続における民事の問題の上訴は，
　(a)　カウンティ・コートにより又はレジストラーによりなされた裁判に対しては，ハイ・コートの単独の裁判官に対してなされる。
　(b)　ハイ・コートの単独の裁判官の裁判に対しては，控訴院の民事部に対してなされる。

3　カウンティ・コートは，倒産法第1編から第4編まで及び倒産規則第1編から第4編までに関する管轄権の行使に際しては，他の裁判所の命令による制限に服さない。本条に定めのある場合を除き，当該管轄権の行使に際してカウンティ・コートによりなされた裁判に対して上訴をすることはできない。

4　清算命令の取消しを求める申立ては，当該命令がなされた日から5日以内になされなければならない。

（自然人）
■第375条（裁判所による倒産の管轄権の行使に対する上訴）
1　この群の各編に関して管轄権を有するすべての裁判所は，当該管轄権の行使に際して自らが発した命令を再考し，取り消し，又は変更することができる。

2　この群の各編に関する管轄権の行使に際してカウンティ・コートにより又はハイ・コートの破産担当レジストラーによりなされた裁判に対する上訴は，ハイ・

コートの単独の裁判官に対してなされる。上訴に基づく当該裁判官の裁判に対する上訴は，控訴院に対してなされる。

3　カウンティ・コートは，この群の各編に関する管轄権の行使に際しては，他の裁判所の命令による制限に服さない。本条に定めのある場合を除き，当該管轄権の行使に際してカウンティ・コートによりなされた裁判に対して上訴をすることはできない。

■ R 第 7.48 条（破産における上訴）

1　破産手続においては，破産命令の取消し若しくは廃止又は破産者の免責を求める申立てに基づいてなされた裁判所の命令に対しては，主務大臣が職権で，上訴をすることができる。

2　［2010 年の倒産規則改正により削除］

● ドイツ法
● 第 6 条（即時抗告）

倒産裁判所の裁判に対しては，この法律が即時抗告を定めている場合に限り，不服を申し立てることができる。

2　即時抗告の期間は裁判の告知のあった日から起算し，告知がなされないときは送達のあった日から起算する。倒産裁判所は，抗告を理由があると認めるときは，その裁判を更正することができる。

3　抗告についての地方裁判所の裁判は確定しなければその効力を生じない。ただし，抗告裁判所は，裁判の効力が直ちに生ずるべき旨を命ずることができる。

● 第 7 条（法律違反を理由とする抗告）

即時抗告についての裁判に対しては，法律違反を理由とする抗告（Rechtsbeschwerde）を提起することができる。

▲ フランス法
▲ 第 661-1 条

I　控訴または破毀申立ては，以下の場合にすることができる：

1°　救済または裁判上の更生手続の開始について判断する裁判に対して，債務者，申立債権者および検察官からするもの；

2°　裁判上の清算手続の開始について判断する裁判に対して，債務者，申立債権者，企業委員会，またはそれがないときは従業員代表からするもの，および検察官からするもの；

3°　救済，裁判上の更生もしくは裁判上の清算手続の拡張，または全財産の統合について判断する裁判に対して，手続に服する債務者，拡張によって対象となる債務者，裁判上の受任者もしくは清算人，管理人および検察官からするもの；

4°　救済手続の裁判上の更生への変更について判断する裁判に対して，債務者，

日・◆米・■英・●独・▲仏　　　　　　　　　　　　　　破産法第9条（不服申立て）

管理人，裁判上の受任者および検察官からするもの；
5°　観察期間中における裁判上の清算の宣告について判断する裁判に対して，債務者，管理人，裁判上の受託者，企業委員会またはこれがないときは従業員代表，および検察官からするもの；
6°　救済計画または更生計画の命令について判断する裁判に対して，債務者，管理人，裁判上の受任者，企業委員会またはこれがないときは従業員代表，および検察官，ならびに第626-34-1条を適用して異議を述べた債権者からするもの；
7°　救済計画または更生計画の修正について判断する裁判に対して，債務者，計画履行主任，企業委員会および検察官，ならびに第626-34-1条を適用して異議を述べた債権者からするもの；
8°　救済計画または更生計画の解除について判断する裁判に対して，債務者，計画履行主任，企業委員会またはこれがないときは従業員代表，申立債権者および検察官からするもの。またはそれがないときは従業員代表からするもの。
Ⅱ　検察官の控訴は，救済または更生手続の開始について判断する裁判についてするものを除いて，執行停止の効力を有する。
Ⅲ　企業委員会または従業員代表がない場合には，被用者代表が，本条によってこれらの機関に許される不服申立てを行う。

▲第661-2条

第661-1条第Ⅰ項第1号から第5号に定める裁判に対しては，第三者による故障申立てをすることができる。第三者の故障申立てについて判断する判決に対しては，異議を述べた第三者から控訴および破毀申立てをすることができる。

▲第661-3条

救済計画もしくは更生計画を命じもしくは修正する裁判またはこの計画の解除を棄却する裁判に対しては，第三者による故障申立てをすることができる。
第三者の故障申立てについて判断する判決に対しては，異議を述べた第三者から控訴および破毀申立てをすることができる。
救済計画もしくは更生計画の命令もしくは修正を棄却し，またはこの計画の解除を宣言する裁判に対しては，第三者による故障申立てをすることができない。

▲第661-4条

主任裁判官の任命または解任に関する判決または命令に対しては，不服を申し立てることができない。

▲第661-5条　［削除］

主任裁判官が第642-18条および第642-19条を適用してした命令に対して申し立てられた不服について判断する判決に対しては，検察官による控訴および破毀申立てのみすることができる。

▲第661-6条

Ⅰ　以下のものについては，検察官による控訴のみすることができる：
　　1°　管理人，裁判上の受任者，計画履行主任，清算人，監査人，債権者代表，清算人，監査委員，1人または複数の鑑定人の任命または解任に関する判決または命令；
　　2°　観察期間の長さについて，企業活動の追行または停止について判断する判決。
　Ⅱ　管理人の任務の修正に関する判決に対しては，債務者または検察官からする控訴のみすることができる。
　Ⅲ　企業の譲渡計画を命じまたは棄却する判決に対しては，債務者，検察官，譲受人または第642-7条に定める相契約者による控訴のみすることができる。譲受人は，譲渡計画が，計画の準備中に同意した約定以外の負担を譲受人に課す場合にのみ，譲渡計画を命ずる判決に対して控訴を提起することができる。第642-7条に定める相契約者は，契約の譲渡にかかわる判決の部分についてのみ控訴を提起することができる。
　Ⅳ　譲渡計画を修正する判決に対しては，検察官，または前項に定める範囲で譲受人からする控訴のみすることができる。
　Ⅴ　譲渡計画の解除について判断する判決に対しては，債務者，管理人，清算人，譲受人および検察官からする控訴のみすることができる。
　Ⅵ　検察官による控訴は，執行停止の効力を有する。

▲第661-7条
　第三者の故障申立てや破毀申立ては，第661-6条に定める判決（第1審判決）に対しても，同条第Ⅰ項および第Ⅱ項を適用してされた法院判決に対してもすることができない。
　破毀申立ては，第661-6条第Ⅲ項，第Ⅳ項および第Ⅴ項を適用してされた法院判決に対して，検察官によるもののみすることができる。

▲第661-8条
　検察官が，救済，裁判上の更生または裁判上の清算手続，および会社経営者の責任に関する原因について伝達を受けなければならない場合に，この伝達を受けなかったことを理由とする破毀申立ては，検察官のみがすることができる。

▲第661-9条
　判決を取り消して，事件を第1審裁判所に差し戻す場合には，控訴院は，新たな観察期間を開始することができる。この期間は，最大3カ月とする。
　観察期間中に裁判上の清算について判断する判決，または救済，継続計画もしくは譲渡計画を命じもしくはこれを棄却する判決で仮の執行が命じられた判決に対する控訴の場合には，観察期間は，控訴院の判決があるまで延長される。

▲第661-10条
　本編の［規定の］適用について，企業委員会の委員または従業員代表は，その中

日・◆米・■英・●独・▲仏

▲第 661-11 条
　第 5 編第 1 章，第 2 章および第 3 章を適用してされた裁判に対しては，検察官による控訴をすることができる。
　検察官による控訴は，執行停止の効力を有する。
　【コメント】　第 5 編は，責任および制裁に関する規定であり，第 1 章は資産不足の場合，第 2 章（削除。会社の負債に対する義務），第 3 章は人的破産その他の禁止処分に関する規定である。

▲第 661-12 条
　本章に定める検察官による不服申立ては，検察官が主たる当事者として行為しなかった場合にも許される。

▲R 第 661-4 条
　共和国検事および検事長による控訴は，控訴院書記課に提出され，または郵送された控訴申立てによってされる。
　この申立てが郵便でされるときは，控訴提起の日は，その発送の日である。
　共和国検事または検事長の控訴が［法律部］第 661-6 条および第 661-9 条に定める判決，または本法典法律部第 6 巻第 5 編第 1 章および第 3 章を適用してされた判決に対して提起されたものである場合には，控訴人は，直ちに，あらゆる手段で，これを第一審裁判所書記および裁判上の受任者に通知する。控訴院書記は，債務者および R 第 661-6 条第 4 号に定める者に，通常郵便でこれを送達する。

▲R 第 661-8 条
　検察官による破毀申立ては，R 第 661-4 条第 1 段に定めるところにより，破毀院書記課に対する申立てによってこれをする。

<u>第 10 条（公告等）</u>　この法律の規定による公告は，官報に掲載してする。
2　公告は，掲載があった日の翌日に，その効力を生ずる。
3　この法律の規定により送達をしなければならない場合には，公告をもって，これに代えることができる。ただし，この法律の規定により公告及び送達をしなければならない場合は，この限りでない。
4　この法律の規定により裁判の公告がされたときは，一切の関係人に対して当該裁判の告知があったものとみなす。
5　前 2 項の規定は，この法律に特別の定めがある場合には，適用しない。

規第 6 条（公告事務の取扱者・法第 10 条）　公告に関する事務は，裁判所書記官が取り扱う。

▌民事再生法第 10 条（公告）
▌会社更生法第 10 条（公告）
▌会社法第 885 条（公告）

第 1 章　総　　則

◆アメリカ法（該当規定なし）
《関連規定》
◆ R 第 2002 条（債権者，持分権保有者，外国管財人，補助事件その他の国際倒産事件において仮の救済が申し立てられる者，合衆国及び連邦管財官に対する通知）
(a)　利害関係人に対する 21 日前の通知　本ルール(h)，(i)，(l)，(p)及び(q)に定めるところを除き，裁判所書記官（clerk），又は裁判所が指定したその他の者は，債務者，管財人，すべての債権者及び歯形証書受託者に対して，次の事項を，郵送により少なくとも 21 日の猶予をもって通知をしなければならない。
　(1)　本法第 341 条又は第 1104 条(b)による債権者集会。その通知には，裁判所が別段命じない限り，債務者の従業員の身分確認番号，社会保障番号及びその他の連邦納税者番号を含まなければならない。
　(2)　事業の通常の過程における場合を除く倒産財団の財産についての提案されている使用，売却，又は賃貸借。ただし，裁判所が理由があると認めて，25 日の期間を短縮し，又は通知の他の方法を指定するときは，それによる。
　(3)　……
　(4)　第 7 章清算事件，第 11 章更生事件又は第 12 章家族農業従事者債務調整事件における，事件の棄却に関する審問，又は他の章の手続への移行に関する審問。ただし，その審問が，第 707 条(a)(3)若しくは第 707 条(b)によるものではないとき，又は手続開始申立て費用を納付しないことを理由とする事件の棄却に関するものではないときは，この限りではない。
　(5)　……
　(6)　1,000 ドルを超える費用の補償又は償還を求める申立てについての審問。
　(7)　R 第 3003 条(c)による請求権の証拠の届出の期間。
　(8)　……
(b)　利害関係人に対する 28 日前の通知　本ルール(l)に定めるところを除き，裁判所書記官（clerk），又は裁判所が指定したその他の者は，債務者，管財人，すべての債権者及び歯形証書受託者に対して，次の事項を，郵送により少なくとも 28 日を下回らない猶予をもって，(1)情報開示書面に対する異議の申立ての期間及び情報開示書面の承認を審理するための審問，……を，通知をしなければならない。
(c)〜(d)　……
(e)　無配当の通知　第 7 章清算事件においては，資産がなく配当金を支払うことができないことが財産一覧表から明らかであるときは，債権者集会の通知には，請求権の届出は不要であること，及び，十分な資産が配当金の支払いに充てられるようになったときは請求権の届出についてあらためて通知される旨の記載を含むことができる。
(f)　その他の通知　本ルール(l)に定めるところを除き，裁判所書記官又は裁判所が指定したその他の者は，債務者，すべての債権者及び歯型証書受託者に対して，郵便で，(1)　救済命令，(2)　事件の棄却若しくは他の章への移行，又は第 305 条に基づく手続の停止，(3)　R 第 3002 条による請求権の届出のために許された期間，(4)　R 第 4004 条に定める本法第 727 条による債務者の免責に対する異議の申立ての所定の期間，(5)　R 第 4007 条に定める本法第 523 条による債務の免責対象性を決定するための申立ての所定の期間，(6)　R 第

82

日・◆米・■英・●独・▲仏　　　　　　　　　　　　　　　　　　破産法第10条（公告等）

4006条に定める免責の放棄，不許可又は取消し，(7)……，(8)　実現された売却代金で経費を差し引いたものが1500ドルを超えるときは，第7章の事件における管財人の作成した最終計算報告書の概要，(9)　濫用の推定に関するR第5008条にに基づく通知，(10)債務者の事件が第707条(b)により濫用と推定されるか否かに関する第704条(b)(1)に基づく書面，及び，(11)　……，を通知しなければならない。

(g)　……

(h)　請求権の届出をなした債権者に対する通知　第7章事件において，本法第341条により債権者集会のために設定された最初の期日から90日が経過した後に，裁判所は，本ルール(a)により必要とされるすべての通知が，債務者，管財人，すべての歯型証書受託者，請求権の証拠の届出のあった請求権を有する債権者，及び，R第3002条(c)(1)又は(2)により届出の期間の伸長が認められたことを理由としてなお請求権の届出が許される債権者に対してのみ郵送されるべきことを命じることができる。配当を支払うに足る十分な資産がないとの通知が本ルール(e)により債権者に対してなされた事件においては，R第3002条(c)(5)により請求権の届出のための期間の通知が郵送されてから90日が経過した後に，裁判所は，本項前段に定める者に対してのみ通知が郵送されるべきことを命じることができる。

(i)　委員会に対する通知　本ルールにより郵送されることが必要とされているすべての通知の謄本は，本法第705条により選任され若しくは第1102条により任命された委員会，又はそれらの授権を受けた機関に対して郵送されなければならない。……

(j)～(k)　……

(l)　公示による通知　裁判所は，郵便による通知を行うことができないと認められるとき，又は，通知を補充することが望ましいと認められるときは，公示による通知を命ずることができる。

(m)　通知する事項を指定する決定　裁判所は，本手続規則に別段定めるところを除き，通知が送付されるべき事項，通知が送付されるべき者，その様式及び方式を指定する決定を，適宜発することができる。

(n)　……

(o)　消費者事件における救済命令の通知　その債務が主として消費者債務である個人債務者が開始した自己申立てによる事件において，裁判所書記官，又は裁判所が指定したその他の者は，裁判所が命じるところに従い，管財人及びすべての債権者に対して，救済命令があった日から21日以内に救済命令の通知を郵送でしなければならない。

(p)～(q)　……

◆ R第9008条（公示送達又は公示による通知）

本手続規則が公示送達若しくは公示による通知（service or notice by publication）を要求し，又はこれらの方法を許すときは，裁判所は，本手続規則において別段の定めがない限りで，用いられる新聞又はその他のメディア及び公示の回数を含む，その様式及び方法を決定しなければならない。

■イギリス法（該当規定なし）

【コメント】　公告一般についてその方法等を定めた規定はない。次の参考条文のように，原則として官報公告を要求する規定がある一方で，官報公告とともに新聞公告などの他の方法によ

第1章　総　則　　　　　　　　　　　　　　　　　　　　　各国破産法の条文

る公告を行いうるものとする規定もある（日本法第32条の箇所の規則4.21条第4項，6.34条第2項，6.46条第2項）。
《参考条文》
（会　社）
■ R 第4.11条（申立書の公告）
1　裁判所が別段の指示をした場合を除き，申立人は，申立書を通知しなければならない。
2　通知は，官報に掲載してしなければならない
3　裁判所は，前項に従うことが合理的に実行可能ではないときは，通知を官報に掲載することに代えて，正当と考える他の方法で通知することを命ずることができる。

●ドイツ法
●第9条（公告）
　公告は，インターネット上の集中的な全州に行き渡る方法により行う。公告は，要旨について行うことができる。この場合，特に住所および勤務先を表示することにより，債務者を厳密に特定しなければならない。公告は掲載の日の後更に2日を経過したときに効力を生ずる。
2　倒産裁判所は，州法が定める場合は，第1項に規定する方法に加えて別の方法での公告をすることができる。連邦司法省は，法規命令によって，連邦参議院の同意を得て，インターネット上の集中的な全州に行き渡る方法についての詳細を定める権限を与えられる。この場合においては，特に，抹消の期間を定め，かつ公告が以下の要件を充たすことを保障する規律を定めることを要する。
　一　公告が誤りなく，完全でかつ最新のものであること
　二　公告が何時でもその根拠に従い整序されうるものであること
3　この法律の規定により公告の外に個別的に送達をすべき場合においても，公告はすべての関係人に対し送達がなされたことの証拠として効力を有する。

▲フランス法
▲R 第641-7条
　裁判上の清算手続を開始しまたはその拡張を言い渡す判決は，R 第621-8条に定める公示処分の対象となる。
　ただし，［法律部］第661-1条を適用した検察官による控訴の場合，またはR 第661-1条第3段によって命じられた仮の執行の停止の場合には，これらの公示は，控訴院判決の言渡しから8日以内に控訴院書記によって送付される控訴院判決によってのみ，［第1審］裁判所書記によって行われる。
▲R 第621-8条
　救済手続（裁判上の清算手続）を開始する判決は，管理人が任命されたときは，

日・◆米・■英・●独・▲仏　　　　　　　　　　　　　破産法第11条(事件に関する文書の閲覧等)

これに与えられた権限を表示して，商人または商業会社登記簿に登録された法人に関するものである場合には，この登記簿に記載される。

　手工業事業者の場合には，手続を開始した裁判所の書記官の請求によって，職業名簿，またはバ・ラン県，オ・ラン県およびモーゼル県においては企業名簿に，同様の記載がされる。

　第2段の商業会社登記簿または職業名簿に登録されていない者に関する場合には，この記載は，大審裁判所書記課において，このために開設された登録簿に記載される。この場合には，書記は，場合に応じて，債務者の所在地または住所，債務者法人の法律上の代表者または自然人である債務者の氏名および住所を表示する。

　判決の通知は，民商事広告広報に登載されるために郵送される。この登載には，債務者の氏名，場合に応じてその所在地もしくは営業上の住所，その登記簿または名簿の登録番号，および書記課もしくは登録された地域の手工業社・職工会議所[のある]都市名，行われた活動および裁判上の更生手続を開始した判決の日付の表示が含まれる。この登載には，また，裁判上の受任者，および管理人が任命されていた場合には与えられた権限の表示とともに，その氏名および住所が表示される。この登載には，裁判上の受任者に対して債権の届出をすべき旨の債権者に対する告知およびこの届出のための猶予期間を含む。

　同様の通知は，債務者がその企業所在地または営業上の住所，および必要な場合には従たる営業所，を有する地の法定公告新聞紙においてもされる。

　書記官は，判決の日から15日以内に，職権でこれらの公示を行う。

▲R第641-9条

　裁判所が支払停止の日を修正する裁判は，書記によって債務者に送達され，R第621-7条に規定される者に送付され，R第621-8条に定める公告の対象となる。

▲R第621-7条

　書記は，遅滞なく，手続を開始する判決の写しを以下の機関に郵送する：

　　1°　指名された裁判上の受任者；
　　2°　共和国検事
　　3°　債務者の所在地のある県およびその主たる営業所の所在する県の収入役。

<u>第11条（事件に関する文書の閲覧等）</u>　利害関係人は，裁判所書記官に対し，この法律（この法律において準用する他の法律を含む。）の規定に基づき，裁判所に提出され，又は裁判所が作成した文書その他の物件（以下この条及び次条第1項において「文書等」という。）の閲覧を請求することができる。

2　利害関係人は，裁判所書記官に対し，文書等の謄写，その正本，謄本若しくは抄本の交付又は事件に関する事項の証明書の交付を請求することができる。

3　前項の規定は，文書等のうち録音テープ又はビデオテープ（これらに準ずる方法により一定の事項を記録した物を含む。）に関しては，適用しない。この場合において，これらの

物について利害関係人の請求があるときは，裁判所書記官は，その複製を許さなければならない。
4 前3項の規定にかかわらず，次の各号に掲げる者は，当該各号に定める命令，保全処分又は裁判のいずれかがあるまでの間は，前3項の規定による請求をすることができない。ただし，当該者が破産手続開始の申立人である場合は，この限りでない。
 一 債務者以外の利害関係人 第24条第1項の規定による中止の命令，第25条第2項に規定する包括的禁止命令，第28条第1項の規定による保全処分，第91条第2項に規定する保全管理命令，第171条第1項の規定による保全処分又は破産手続開始の申立てについての裁判
 二 債務者 破産手続開始の申立てに関する口頭弁論若しくは債務者を呼び出す審尋の期日の指定の裁判又は前号に定める命令，保全処分若しくは裁判

規第10条（事件に関する文書の閲覧等・法第11条） 法第11条の規定は，この規則（この規則において準用する他の規則を含む。）の規定に基づき，裁判所に提出され，又は裁判所が作成した文書その他の物件について準用する。
2 法第11条第1項又は前項に規定する文書その他の物件の閲覧若しくは謄写，その正本，謄本若しくは抄本の交付又はその複製の請求は，当該請求に係る文書その他の物件を特定するに足りる事項を明らかにしてしなければならない。
3 第3条第2項の規定により書面の写しが提出された場合には，当該書面の閲覧又は謄写は，提出された写しによってさせることができる。

📕民事再生法第16条（事件に関する文書の閲覧等）
📕会社更生法第11条（事件に関する文書の閲覧等）
📕会社法第886条（事件に関する文書の閲覧等）

◆アメリカ法（該当規定なし）

■イギリス法（該当規定なし）

●ドイツ法（該当規定なし）

▲フランス法
▲R第641-2条
　必要な場合には，書記は，R第621-3条第2段に規定する報告書を書記課において閲覧することができることをそれを求める債権者に告知し，同時に，弁論の期日を通知する。
▲R第641-38条
　［法律部］第641-7条に定める四半期情報の他に，清算人は，いつでも，その請求により，少なくとも毎年12月31日に，主任裁判官および共和国検事に対して，次の事項を表示する清算報告書を提出する：
　　1° 確定した負債の額，またはそれがないときは，債権調査の状況；
　　2° 資産換価行為の状況；

3°　債権者に対する配当の状況；
　　4°　預金供託金庫に保有されている金額の状況；
　　5°　手続の進行および終結の見込み。
債務者および全ての債権者は，書記課においてこの報告を閲覧することができる。

第12条（支障部分の閲覧等の制限）　次に掲げる文書等について，利害関係人がその閲覧若しくは謄写，その正本，謄本若しくは抄本の交付又はその複製（以下この条において「閲覧等」という。）を行うことにより，破産財団（破産手続開始前にあっては，債務者の財産）の管理又は換価に著しい支障を生ずるおそれがある部分（以下この条において「支障部分」という。）があることにつき疎明があった場合には，裁判所は，当該文書等を提出した破産管財人又は保全管理人の申立てにより，支障部分の閲覧等の請求をすることができる者を，当該申立てをした者（その者が保全管理人である場合にあっては，保全管理人又は破産管財人。次項において同じ。）に限ることができる。
　一　第36条，第40条第1項ただし書若しくは同条第2項において準用する同条第1項ただし書（これらの規定を第96条第1項において準用する場合を含む。），第78条第2項（第93条第3項において準用する場合を含む。），第84条（第96条第1項において準用する場合を含む。）又は第93条第1項ただし書の許可を得るために裁判所に提出された文書等
　二　第157条第2項の規定による報告に係る文書等
2　前項の申立てがあったときは，その申立てについての裁判が確定するまで，利害関係人（同項の申立てをした者を除く。次項において同じ。）は，支障部分の閲覧等の請求をすることができない。
3　支障部分の閲覧等の請求をしようとする利害関係人は，破産裁判所に対し，第1項に規定する要件を欠くこと又はこれを欠くに至ったことを理由として，同項の規定による決定の取消しの申立てをすることができる。
4　第1項の申立てを却下する決定及び前項の申立てについての裁判に対しては，即時抗告をすることができる。
5　第1項の規定による決定を取り消す決定は，確定しなければその効力を生じない。

規第11条（支障部分の閲覧等の制限の申立ての方式等・法第12条）　法第12条第1項の申立ては，支障部分（同項に規定する支障部分をいう。以下この条において同じ。）を特定してしなければならない。
2　前項の申立ては，当該申立てに係る文書その他の物件の提出の際にしなければならない。
3　第1項の申立てをするときは，当該申立てに係る文書その他の物件から支障部分を除いたものをも作成し，裁判所に提出しなければならない。
4　法第12条第1項の規定による決定においては，支障部分を特定しなければならない。
5　前項の決定があったときは，第1項の申立てをした者は，遅滞なく，当該申立てに係る文書その他の物件から当該決定により特定された支障部分を除いたものを作成し，裁判所に提出しなければならない。ただし，当該申立てにより特定された支障部分と当該決定により特定された支障部分とが同一である場合は，この限りでない。
6　前条第3項の規定は，第3項又は前項本文の規定により作成された文書その他の物件が

第1章　総　　則　　　　　　　　　　　　　　　　　　　　　各国破産法の条文

　　提出された場合について準用する。

📕 民事再生法第 17 条（支障部分の閲覧等の制限）
📕 会社更生法第 12 条（支障部分の閲覧等の制限）
📕 会社法第 887 条（支障部分の閲覧等の制限）

◆アメリカ法（該当規定なし）

■イギリス法（該当規定なし）

●ドイツ法（該当規定なし）

▲フランス法（該当規定なし）

第 13 条（民事訴訟法の準用）　破産手続等に関しては，特別の定めがある場合を除き，民事訴訟法の規定を準用する。

規第 12 条（民事訴訟規則の準用・法第 13 条）　破産手続等に関しては，特別の定めがある場合を除き，民事訴訟規則（平成 8 年最高裁判所規則第 5 号）の規定を準用する。

📕 民事再生法第 18 条（民事訴訟法の準用）
📕 会社更生法第 13 条（民事訴訟法の準用）

◆アメリカ法
《関連規定》
◆ R 第 7001 条（連邦倒産手続規則第 7 編の適用範囲）
　対審手続（adversary proceedings）は，本第 7 編の手続規則により規律される。……
◆ R 第 9014 条（争いある事項）
(a)　申立て　本手続規則により別段規律されていない争いある事項（contested matter）について，救済は，申立て（motion）によって求められなければならず，相当な方法による通知及び審問の機会は，救済が求められている者に与えられなければならない。裁判所がその申立てに対する答弁書の提出を命じない限り，本ルールの下ではいかなる訴答も必要とされない。
(b)〜(d)　……
◆ 28 USC § 1411（陪審による審理）
(a)　本条(b)に定めるところを除き，本章及び法第 11 号は，個人の損害又は不法行為による死亡を原因とする損害賠償請求権に関し，適用される非破産法によりその者が有する陪審による審理を受ける権利には影響を及ぼさない。
(b)　連邦地方裁判所は，法第 11 号第 303 条の下で生ずる争点につき，陪審によることなく審理されるべきことを命ずることができる。
　【コメント】　連邦民事訴訟手続規則の包括的な準用を定める規定は，連邦倒産法には存在しない。関連規定にあるように，破産手続規則において倒産手続上の争訟につき対審手続によるこ

日・◆米・■英・●独・▲仏　　　　　　　　　　　　　　　　　　　破産法第14条（最高裁判所規則）

とが定められており，破産手続規則第7編にその手続及び準用される連邦民事訴訟手続規則が規定されている（R第7001条〜第7087条）。また，申立てに基づく略式による裁判についても，倒産手続規則にそのための手続に関する規定が置かれている（R第9014条）。さらに，1984年に成立した法第28号による「司法組織及び司法手続に関する法律」の中にも，《関連規定》にあるように倒産手続に関係する規定が置かれている。

■イギリス法（該当規定なし）

●ドイツ法
●第4条（民事訴訟法の準用）
この法律に特別の定めがある場合を除き，倒産手続に関しては，民事訴訟法の規定を準用する。
●第10条（債務者の審尋）
この法律の規定により債務者を審尋すべき場合において，債務者が外国に居住しその審尋を行うことにより手続が不当に遅延する恐れがあるとき，または債務者の居所が知れないときには，これを行わないことができる。この場合においては，できる限り債務者の代理人または親族を審尋すべきものとする。

　2　債務者が自然人でないときは，前項の規定は，債務者を代表する権限を有する者または債務者につき持分を有する者の審尋について準用する。債務者が法人であるが組織上の代表者がいない（代表者欠缺）場合は，その法人に持ち分を有する者を審尋することができる。第1項第1文を準用する。

▲フランス法
▲R第662-1条
本巻に別段の定めがない場合には：
　1°　民事訴訟法典の規定が，本法典法律部第6巻に定められた事項に適用される；
　2°　書記官が行う決定の送達は，新民事訴訟法典第1巻第17編第3章第4節の規定に従って，配達証明付書留郵便で行う。
▲R第662-2条
本法典法律部第6巻に定める事項について大審裁判所に適用される手続の方式は，同巻および本巻に定めのないものについては，民事訴訟法典第853条以下に定めるところによる。

第14条（最高裁判所規則）　この法律に定めるもののほか，破産手続等に関し必要な事項は，最高裁判所規則で定める。

▌民事再生法第19条（最高裁判所規則）
▌会社更生法第14条（最高裁判所規則）

第1章　総　則　　　　　　　　　　　　　　　　　　　　各国破産法の条文

▌会社法第876条（最高裁判所規則）

◆アメリカ法
◆ 28 USC§2075（連邦倒産手続規則）

　連邦最高裁判所は，一般手続規則により第11編の下での事件における送達方式，令状，訴答及び申立て，並びに，運用及び手続を定める権限を有する。

　この手続規則は，実体的権利を制限し，拡張し又は変更してはならない。

　連邦最高裁判所は，本条に基づき定められるルールが施行されることになっている年度の5月1日より前に，提案されるルールの謄本を連邦議会に送付しなければならない。法が別段に定める場合を除き，そのルールは，連邦議会に送付される年度の12月1日より後に施行する。

　本条に基づき制定される倒産手続規則は，第11編第707条(b)(2)(c)により必要とされる陳述書（the statement）の様式を規定しなければならず，その陳述書の内容に関して一般手続規則を定めることができる。

◆ R第1001条（倒産手続規則及び公定様式の適用範囲；略称）

　連邦倒産手続規則及び公定様式は，アメリカ合衆国法典第11編の下での事件の手続を規律する。本手続規則は連邦倒産手続規則（the Federal Rules of Bankruptcy Procedure）といい，様式は公定倒産様式（the Official Bankruptcy Forms）という。本法ルールは，すべての事件及び手続の公正で，迅速で，費用の高額でない確定を保障するよう解釈されなければならない。

■イギリス法
（会　社）
■第411条（会社倒産規則）

　1　規則は，

　(a)　イングランド及びウェールズに関しては，大法官が主務大臣の同意を得て，裁判所の手続に影響する規則の場合は，首席裁判官の同意を得て，

　(b)　スコットランドに関しては，主務大臣が，

　この法律の第Ⅰ編から第Ⅶ編まで又はEC規則に効力を与えるために，作成することができる。

（自然人）
■第412条（個人倒産規則（イングランド及びウェールズ））

　1　大法官は，主務大臣の同意を得て，裁判所の手続に影響する規則の場合は，首席裁判官の同意を得て，この法律の第7A編から第11編まで又はEC規則に効力を与えるために，規則を作成することができる。

《参考条文》
（会社・自然人に共通）
■倒産法第413条（倒産規則委員会）

日・◆米・■英・●独・▲仏　　　　　　　　　　　　　　　　破産法第14条（最高裁判所規則）

　1　1976年倒産法第10条（破産及び清算の規則に関する諮問委員会）の規定に基づいて設立された委員会は，本条の規定に基づいて諮問を受けるために存在するものとする。
　2　大法官は，第411条又は第412条の規定に基づいて規則を作成する前に，当該委員会に諮問しなければならない。ただし［以下，省略。水道事業及び鉄道事業の民営化に関連する規則についての特則］
　3　次項に定めるところに従い，当該委員会は，以下の各号に掲げる者によって構成される。
　(a)　衡平法部に所属するハイ・コートの裁判官
　(b)　サーキット・ジャッジ
　(c)　ハイ・コートの破産担当レジストラー
　(d)　カウンティ・コートのレジストラー
　(e)　開業バリスタ
　(f)　開業ソリシタ
　(g)　開業公認会計士
　委員会の構成員の任命は，大法官が3A項または3B項に従って行うものとする。
　3A　首席裁判官は，大法官に諮問した後に，3項(a)号から(d)号までに掲げた者を任命しなければならない。
　3B　大法官は，首席裁判官に諮問した後に，3項(e)号から(g)号までに掲げた者を任命しなければならない。
　4　大法官は，〔第3項に掲げる者〕以外の者を委員会の構成員としてさらに任命することができる。任命される者は，その有する資格又は経験において，問題となっている事項を検討するうえで委員会に利益をもたらすであろうと思われる者でなければならない。

●ドイツ法（該当規定なし）

▲フランス法（該当規定なし）
　【コメント】　わが国で，「破産規則」に定められるような事項については，デクレで定められる。このデクレは，当初，Décret n° 2005-1677 du 28 décembre 2005 pris en application de la loi n° 2005-845 du 26 juillet 2005 de sauvegarde des entreprises（企業の救済に関する2005年7月26日の法律第2005-845号の適用に関する2005年12月28日のデクレ第2005-1677号）として制定された後，2007年3月25日のデクレ第2007-431号によって商法典に組み入れられて，冒頭の「概要」に述べたように，「命令部」としてまとめられ，これに関連する「法律部」の規定と対応している。

第2章　破産手続の開始

第1節　破産手続の開始の申立て

<u>第15条（破産手続開始の原因）</u>　債務者が支払不能にあるときは，裁判所は，第30条第1項の規定に基づき，申立てにより，決定で，破産手続を開始する。
2　債務者が支払を停止したときは，支払不能にあるものと推定する。

規第1条（申立て等の方式）　破産手続等（破産法（平成16年法律第75号。以下「法」という。）第3条に規定する破産手続等をいう。以下同じ。）に関する申立て，届出，申出及び裁判所に対する報告は，特別の定めがある場合を除き，書面でしなければならない。
2　前項の規定にかかわらず，特別の定めがある場合を除き，破産管財人（法第2条第12項に規定する破産管財人をいう。以下同じ。）が期日においてする前項の申立ては，口頭ですることができる。ただし，次に掲げる申立てについては，この限りでない。
　一　法第156条第1項の規定による破産財団に属する財産の引渡命令の申立て
　二　法第173条第1項に規定する否認の請求
　三　法第177条第1項の規定による役員の財産に対する保全処分の申立て
　四　法第178条第1項の規定による役員責任査定決定の申立て
　五　法第244条の11第3項において準用する法第177条第1項の規定による受託者等又は会計監査人の財産に対する保全処分の申立て
　六　法第244条の11第3項において準用する法第178条第1項の規定による受託者等又は会計監査人の責任に基づく損失のてん補又は原状の回復の請求権の査定の裁判の申立て
3　第1項の規定にかかわらず，裁判所は，破産手続等の円滑な進行を図るために必要があると認めるときは，特別の定めがある場合を除き，口頭で同項の報告をすることを許可することができる。

規第2条（申立書の記載事項等）　破産手続等に関する申立書（破産手続開始の申立書（法第21条第2項に規定する破産手続開始の申立書をいう。以下同じ。）を除く。）には，次に掲げる事項を記載しなければならない。
　一　当事者の氏名又は名称及び住所並びに法定代理人の氏名及び住所
　二　申立ての趣旨
2　前項の申立書には，同項各号に掲げる事項を記載するほか，次に掲げる事項を記載するものとする。
　一　申立てを理由づける具体的な事実
　二　立証を要する事由ごとの証拠
　三　申立人又は代理人の郵便番号及び電話番号（ファクシミリの番号を含む。）
3　第1項の申立書には，立証を要する事由についての証拠書類の写しを添付するものとする。
4　法第125条第5項に規定する破産債権査定申立て，法第173条第1項に規定する否認の請求，法第178条第1項の規定による役員責任査定決定の申立て又は法第244条の11第3項

において準用する法第178条第1項の規定による受託者等若しくは会計監査人の責任に基づく損失のてん補若しくは原状の回復の請求権の査定の裁判の申立てをする者は，当該申立てをする際，申立書及び証拠書類の写しを相手方に送付しなければならない。
5　裁判所（破産裁判所（法第2条第3項に規定する破産裁判所をいう。以下同じ。）を含む。）は，必要があると認めるときは，破産手続開始の申立てその他の破産手続等に関する申立てをした者に対し，破産財団（法第2条第14項に規定する破産財団をいう。以下同じ。）に属する財産（破産手続開始前にあっては，債務者の財産）に関する権利で登記又は登録がされたものについての登記事項証明書又は登録原簿に記載されている事項を証明した書面を提出させることができる。

規第3条（電磁的方法による情報の提供等）　裁判所（破産裁判所を含む。以下この項において同じ。）は，書面を裁判所に提出した者又は提出しようとする者が当該書面に記録されている情報の内容を記録した電磁的記録（電子的方式，磁気的方式その他人の知覚によっては認識することができない方式で作られる記録であって，電子計算機による情報処理の用に供されるものをいう。以下この項において同じ。）を有している場合において，必要があると認めるときは，その者に対し，当該電磁的記録に記録された情報を電磁的方法（電子情報処理組織を使用する方法その他の情報通信の技術を利用する方法をいう。第46条第1項第2号において同じ。）であって裁判所の定めるものにより裁判所に提供することを求めることができる。
2　裁判所は，利害関係人の閲覧に供するため必要があると認めるときは，書面を裁判所に提出した者又は提出しようとする者に対し，その写しを提出することを求めることができる。

▮民事再生法第21条（再生手続開始の申立て）
▮会社更生法第17条（更生手続開始の申立て）
▮会社法第510条（特別清算開始の原因）

◆アメリカ法
◆第303条（債務者以外の者による手続開始の申立てに基づく事件）
(a)〜(g)　……
(h)　手続開始の申立てが所定の期間内に変更されないときは，裁判所は，その手続開始の申立てがあった章による債務者以外の者による事件として債務者に対して救済を命じなければならない。その他の場合には，裁判所は，審理を経た上で，次の事由があるときにおいてのみ，その手続開始の申立てがあった章による事件として債務者に対して救済を命じなければならない。
　(1)　債務の責任又は額について善意をめぐる争いの主題となっていない限り，債務者が，履行期の到来した債務である債務者の負っている債務を一般的に履行していないとき，又は，
　(2)　手続開始の申立書が提出された期日より前の120日内に，財産に対するリエンを実行することとの関係で債務者の財産をほぼすべてより少ない範囲で管理するために任命され又はそれを授権された受託者，収益管理人若しくは機関を除く，

日・◆米・■英・●独・▲仏　　　　　　　　　　　　破産法第15条（破産手続開始の原因）

財産管理人が選任され，又は占有を開始したとき。
(i)〜(l)　……
《関連規定》
◆ R 第1011条（債務者以外の者による申立てによる国際倒産事件における応答的訴答又は申立て
(a)　申立てを争うことのできる者　　債務者以外の者による手続開始の申立てに係る申立書に記載されている債務者，又は外国の手続を承認する手続を開始することを求める申立てに利害関係を有する者は，その手続開始の申立てを争うことができる。R 第1004条(b)の下でのパートナーシップに対する申立てに係る事件においては，手続開始の申立てをしていないゼネラル・パートナー，又はゼネラル・パートナーであると主張されている者のその主張を否認する者は，当該申立てを争うことができる。
(b)　抗弁及び異議；提出時期　　申立てに対する抗弁及び異議を記載した書面は，連邦民事訴訟手続規則第12条に定める方法で提出されなければならず，かつ，当該裁判所が所在する州に居住していない又は所在していない当事者若しくはパートナーにつきその送達が公示による場合に答弁書を提出し送達する期間を裁判所が別段定めるときを除いて，呼出状が送達された後21日以内に提出し，送達されなければならない。
(c)　異議申立ての効果　　連邦民事訴訟手続規則第12条(b)による異議申立書の送達は，連邦民事訴訟手続規則第12条(a)により許容されるところにより，答弁書を提出し送達するべき期間を伸張する。
(d)　申立人に対する主張（claim）　　申立債権者に対する主張は，手続開始の申立てを攻撃する目的を除き，答弁書において主張することができない。
(e)　その他の訴答　　裁判所が答弁書に対する再答弁書の提出を命じ，その提出及び送達の期間を定めた場合を除き，その他のいかなる訴答も許されない。
(f)　法人の所有に関する陳述　　債務者以外の者による申立て又は外国手続の承認の申立てに対応する者が法人であるときは，その者は，最初の出廷予告書，訴答書面，申立書，応答書，又は裁判所に提出されるその他の申立書とともに，R 第7007.1条に定める情報を含む法人の所有に関する書面を提出しなければならない。
◆ R 第1013条（債務者以外の者による手続開始の申立てによる事件における申立ての審問及び措置
(a)　争いある申立て　　裁判所は，もっとも早い段階の実現可能な期日において，争いのある手続開始の申立ての争点を確定し，速やかに救済命令を発し，当該申立てを棄却し，又はその他の適切な命令を発しなければならない。
(b)　懈怠　　手続開始の申立てに対して訴答書面又は抗弁を記載したいかなる書面も R 第1011条に定める期間内に提出されないときは，裁判所は，その期間が満了した日の次の日に又は可能な限り直近のその後の日に，手続開始の申立てにおいて求められている救済命令を発しなければならない。
(c)　削除
　　【コメント】　アメリカ法では，債務者の申立て，債権者の申立てに共通する日本法の一般破産原因に相応するものは存在しない。また，かつては列挙主義がとられていたが，1978年法ではこれを廃止した。債務者以外の者による手続開始の申立ての場合であって，債務者からこれに対して異議の申立てがある場合にのみ開始要件を，裁判所が審理することとしている。

上記の第303条(h)によれば、債務者以外の者の申立てによる事件における手続開始原因は、「履行期の到来した債務を一般的に支払わない」場合、財産管理人が選任され又は財産管理人が財産の占有を行った場合に限られている。

前者における「一般的に」とは、日本法におけると同じく、すべての債務という意味であるが、どの程度の債務につき支払ができない場合に事件を開始できるかは、判例によっている（例えば、In re Hudson, 28 B.R. 876, 881（Bankr.E.D.Tenn.1983）によれば、債務者が現状で支払っている債務と支払っていない債務の額を考慮しなければならないとして、（一部が支払われつつあるとしても）その大部分が支払われていない状況では、一般的に支払をしていない状況に当たると判示している）。ここにいう支払不能の対象とされる請求権に現在争われている請求権が含まれるか否かについて、古くから議論があった。そこで、1984年の改正によって、支払不能の認定にあたっては、このような請求権を除くことが明記された（ここにいう善意で争いになっているかどうかを決する基準については、例えば、In re Stroop, 51 B.R. 210, 212（Bankr.D.Colo.1985）によれば、債務者の申立債権者に対する防御方法が事実又は法に関する重要な争点を提起し、その結果、申立債権者の請求権に関する審理において債権者勝訴の判断がなされえない場合には、善意での争訟ということになる）。

後者については、財産清算信託による倒産処理が行われている場合には、連邦法の清算を受皿とする趣旨である（伊藤眞『債務者更生手続の研究』227頁（西神田編集室・1984年）参照）。

■イギリス法

［前　注］

日本法第15条は、自然人にも法人にも適用される規定であるが、以下では便宜上、15条については自然人破産の手続開始原因に関する倒産法の条文のみを挙げ、会社の清算の手続開始原因に関する条文は、日本法第16条の箇所で掲げることとする。

債権者による破産申立ての原因

■第267条（債権者による破産申立ての理由）

1　債権者による破産申立ては、債務者の負担した債務の一以上に関してなされなければならない。申立てをした債権者又は申立てをした複数の債権者の各自は、申立てにかかる債務又は（場合により）申立てにかかる債務の少なくとも一に対する債権者でなければならない。

2　次項以下に定めるところに従い、債権者による裁判所への破産申立ては、申立てがなされた時に以下に定める要件を満たしているときに限り、債務又は複数の債務に関して、これをすることができる。

(a)　債務の額、又は複数の債務の総額が、破産水準と同額であるか又はそれを超えること

(b)　債務又は複数の債務のそれぞれが、申立てをした債権者又は申立てをした債権者の1人以上に直ちに又は将来のある時期において支払われるべき金額の確定したものであり、かつ、無担保であること

(c)　債務又は複数の債務のそれぞれが、債務者には支払うことができないと思われる債務であるか、又は支払うことのできる合理的な見込みがないと思われる

債務であること
  (d) 債務又は複数の債務のいずれかに関して，（第268条の規定する）送付された法定請求の取消しの申立てが残存していないこと
3 （削除）
4 「破産水準」は，750ポンドとする。ただし，主務大臣は，命令により，この額，又は（場合により）かかる命令によって当分の間，破産水準の額とされた額に代えて，当該命令において定めた額を破産水準とすることができる。
5 前項に基づく命令は，その草案が各議院に提出され，その決議によって承認された場合を除いては，これを発することができない。

■第270条（緊急の破産申立て）
債権者による破産申立ての全部又は一部が，第268条の規定による法定請求がなされた債務に関してなされた場合において，同条に記載されている3週間の期間内に債務者の財産又は債務者のいずれかの財産の価値が著しく減少する深刻な可能性があり，かつ，破産申立書にその趣旨の記載があるときは，3週間の期間が経過する前に，破産申立書を提出することができる。

債務者による破産申立ての原因
■第272条（債務者による破産申立ての理由）
1 債務者による裁判所への破産申立ては，債務者が債務を支払うことができないことを理由としてのみ，これをすることができる。

【コメント】 破産手続開始の原因について英国倒産法を日本法と比較した場合には，以下のような特徴が認められる。
  1 自然人の破産については，債権者申立ての場合と債務者申立ての場合とで要件を分けて規定していること
  債務者申立ての場合には，支払不能のみが破産原因であるのに対し，債権者申立ての場合には，支払不能が確定する前であっても破産申立てをすることができる（倒産法第270条））。
  2 「法定請求（statutory demand）」と呼ばれる債務者の支払不能を証明する特別な方法が定められていること
  自然人の破産についても会社の清算についても，債権者は，定められた書式の請求を債務者に送付する。その後，一定の期間が経過しても債務が支払われない場合には，債務者は支払不能であると推定される（倒産法123条，268条。日本法2条第11項の箇所を参照）。

●**ドイツ法**
●**第11条（倒産手続の許容性）**
倒産手続は，あらゆる自然人または法人の財産について開始することができる。権利能力なき社団は，倒産手続に関する限り法人と同じ地位を有する。
2 前項に規定する者に加え，以下に掲げるものについて，倒産手続を開始することができる。
  一 法人格なき会社または組合（合名会社，民法上の組合，船舶共有およびヨーロッパ経済的損益共通結合体）の財産。

二　相続財産，継続的夫婦共同財産制における夫婦共有財産，および夫婦財産共有制において両配偶者が共同して管理する夫婦共有財産（ただし，第315条から第334条までの規定による措置に従う）。

3　法人または法人格なき社団もしくは組合に対しては，その解散の後であっても，残余財産の分配が完了するまでは，倒産手続を開始することができる。

●第12条（公法上の法人）

以下に掲げるものについては，倒産手続を開始することができない。

一　連邦または州の財産。

二　州の監督に服する公法上の法人の財産（ただし，州法が倒産手続が許されない旨を定めているときに限る）。

2　前項第2号の規定により，州が特定の法人につき倒産手続を許さない旨を定めている場合において，その法人が支払不能または債務超過の状態にあるときは，その法人の従業員は，倒産手続が許されるとすれば，倒産損失保障金に関する労働債権保護法の規定により労働官庁に対し，または，事業体老齢年金保険改革法の規定により倒産保険の保険者に対し，請求することができた給付の支払を，州政府に対し請求することができる。

●第16条（手続の開始原因）

倒産手続を開始するには，開始原因が存在することを要する。

●第17条（支払不能）

支払不能は一般の倒産手続開始原因とする。

2　支払不能とは，債務者が弁済期の到来した債務を履行できない状態にあることをいうものとする。債務者が支払を停止したときは，原則として支払不能であると推定する。

●第18条（支払不能の虞れ）

債務者が倒産手続の開始申立てをするときは，支払不能の虞れがあることも，開始原因とする。

2　支払不能の虞れとは，現存する支払義務の履行期が到来したときに債務者がそれを履行しうる状態でなくなることが予想されることをいうものとする。

3　法人または法人格なき会社もしくは組合につき，代表機関の構成員，無限責任社員または清算人の全員が開始の申立てをしない場合においては，第1項の規定は，申立人がその法人または組合を代表する権限を有するときに限り，適用する。

　【コメント】　ドイツ倒産法18条は，倒産手続の開始原因として，従来の支払不能または債務超過に加えて，新たに，債務者の自己申立ての場合について，支払不能の虞れを加えた。早期の申立てを期待する趣旨であるが，債権者がこれを利用して債務者に圧力をかけることを避けるために，自己申立ての場合に限定している。

▲フランス法

▲第640-1条（前掲・第1条）

▲第 640-2 条（前掲・第 1 条）
▲第 640-3 条第 1 項
　裁判上の清算の手続は，第 640-2 条第 1 段に掲げる者については，その負債の全部または一部がその職業活動に由来するものである場合には，その活動の停止後にも，同様に開始される。
▲第 641-1 条第Ⅳ項
　支払停止の日付は，第 631-8 条に定める条件で確定される。
▲第 631-8 条
　裁判所は，支払停止の日付を確定する。この日付を確定しないときは，支払停止は，手続開始判決の日に生じたものと看做される。
　この日付は，手続開始判決の日から 18 カ月以上遡らない限り，一回または数回遡らせることができる。詐欺があった場合を除いて，この日付は，第 611-8 条第Ⅱ項を適用した和解の合意を認可した確定裁判以前の日付に遡らせることはできない。
　裁判所は，管理人，裁判上の受任者または検察官によって提訴を受ける。裁判所は，債務者を審尋しまたは適式に呼び出した後に言渡しをする。
　日付を変更する申立ては，手続開始判決後 1 年の期間内に裁判所に対してされなければならない。
　第 621-12 条を適用した場合には，第 1 項および第 2 項に定める開始判決は，救済手続の開始判決であり，第 4 段に定める期間の起算点は，救済手続を［更生手続に］転換した判決の日である。
▲第 621-12 条
　債務者が判決言渡しの時点ですでに支払停止であったことが，［救済］手続開始後に判明した場合には，裁判所は，第 631-8 条に定める条件で，それを確定し，支払停止の日付を定める。これによって，救済手続は裁判上の更生手続に転換する。必要があるときは，裁判所は，進行中の観察期間の長さを修正することができる。救済手続中に作成された財産目録を見て，債務者の資産の価格評価を行うために，裁判所は，それらの職に適用される規定に由来するそれぞれの職務権限を考慮して，裁判上の競売吏，執行吏，公証人または宣誓した商品仲買業者を任命する。
　裁判所は，管理人，裁判上の受任者または検察官［の申立て］によって事件を受理する。裁判所は，また，職権でも事件を受理することができる。裁判所は，債務者を聴聞しまたは適式に呼び出した後に言渡しをする。
　【コメント】　なお，裁判上の更生手続に関しては，次のような規定がある。
　　▲第 631-1 条第 1 段
　　　その処分可能な資産をもって履行期の到来した負債を履行することが不可能で，支払停止［の状態］にある，第 631-2 条および第 631-3 条に定めるあらゆる債務者に対して開始される裁判上の更生の手続を設ける。

まず，破産能力に関して，フランス法では，周知のとおり，伝統的に商人破産主義が採られ，現在でも，原則的にはそれが維持されている。破産手続に関する規定が「商法典」に規定されていることがそれを表している。もっとも，その「商人」は，商法典の定義する者（商行為を行うことを業とする者［商法典第 121-1 条］）に限らず，より広く，自然人としては，商人，手工業者，農業者，法人の負債について無限連帯責任を負う社員，経済利益団体の構成員を含み，法人としては，非商人を含む私法人である。なお，バ・ラン県，オ・ラン県およびモーゼル県では，一般破産主義が採られている（第 670-1 条）。また，上記のいずれにも該当しない商人等でない自然人については，1989 年以降，消費者法の領域で，倒産処理手続に相当する手続が設けられ，この手続は，現在では消費法典の中に規定されている（消費法典法律部第 3 巻第 3 編〔L 第 330-1 条以下，命令部第 3 巻第 3 編 R 第 331-1 条以下］）。

次に，破産原因に関しては，これも伝統的に「支払停止」であるとされてきた。この概念は，しかし，わが国の定説的な「支払停止」概念と異なり，債務者の「行為」というよりは「状態」であるというのが，一貫した解釈である。そのことは，上に引用した第 631-1 条第 1 段の規定からも理解される。この規定は，他方で，1985 年法第 3 条第 1 段がそれまでの判例に基づいて置いた，「支払停止」の定義規定を承けたものでもある。この状態は，債務者が決定的に行き詰まった状態，すなわち「治癒することができないほど危機に瀕した状況（situation irrémédiablement compromise）」や，「過剰債務状態（surendettement）」（資産が負債をカヴァすることのできない状態）ないし「支払不能（insolvabilité）」（資産が負債を下回り負債の支払いが恒久的に不可能な状態［債務超過］）とは異なるとされている。このように考えることによって，なお更生の機会のある企業の窮境を処理しようとする 1985 年法以来の論理と適合する。ただ，学説には，これでも，更生手続のためには遅すぎるという批判があった。2005 年の改正で，「支払停止」に至る前の段階の手続として，「救済」という手続が設けられた背景にもなっていると思われる。また，破産原因に関しても，バ・ラン県，オ・ラン県およびモーゼル県では，「顕著な支払不能（債務超過）の状態（état d'insolvabilité notoire）」（第 670-1 条）とされている。

「支払停止」の状態にあるか否かの判断の基準時は，手続開始判決をする時点である。

第 16 条（法人の破産手続開始の原因） 債務者が法人である場合に関する前条第 1 項の規定の適用については，同項中「支払不能」とあるのは，「支払不能又は債務超過（債務者が，その債務につき，その財産をもって完済することができない状態をいう。）」とする。
2 前項の規定は，存立中の合名会社及び合資会社には，適用しない。

▌民事再生法第 21 条（再生手続開始の申立て）
▌会社更生法第 17 条（更生手続開始の申立て）
▌会社法第 510 条（特別清算開始の原因）

◆ **アメリカ法**（該当規定なし）
【コメント】 アメリカ法では，法人に限定した破産原因は存在せず，個人，法人を問わず，債務者以外の者による手続開始の申立てにおいて手続開始原因が問題となるにすぎない。

■イギリス法
■第 122 条（会社が裁判所によって清算される条件）

日・◆米・■英・●独・▲仏　　　　　　　　　　破産法第17条（破産手続開始の原因の推定）

1　以下の場合には，会社は裁判所によって清算されることができる。
(a)　会社が裁判所によって清算される旨の特別決議がなされたとき
(b)　設立の際に公開会社として登記された会社については，2006年会社法第761条の規定（最低資本に関する要件）による取引証明書を発せられておらず，登記されてから1年以上が経過しているとき
(c)　会社が，2006年会社法（派生的改正，経過規定及び留保に関する）2009年命令の付則第3の意味の旧公開会社であるとき
(d)　会社が，設立から1年以内に業務を開始しないか，又は業務を1年間停止しているとき
(e)　［廃止］
(f)　会社が債務を支払うことができないとき
(fa)　第1A条の規定に基づく会社に関する支払猶予が終了したときに，当該会社に関して第I編の下で承認された任意整理が効力を生じていないとき
(g)　裁判所の意見によれば，会社を清算することが適正かつ衡平であるとき

【コメント】　会社については，債務超過から支払不能が推定される。日本法第2条第11項の箇所の倒産法第123条第2項参照。

●ドイツ法
●第19条（債務超過）
　法人においては，債務超過もまた開始原因とする。
2　債務超過とは，債務者の財産をもって現存する債務を弁済するに足りないことをいうものとする。ただし，諸般の事情から事業の継続が確実であるときはこの限りでない。社員貸付けの返還請求権またはそのような貸付けと経済的に同視される行為に基づく返還請求権で，第39条第2項により債権者と債務者との間で倒産手続において第39条第1項第1号から第5号までの債権に劣後する旨合意されているものは，第1文の債務に算入しない。
3　法人格なき社団において，無限責任を負う社員がいずれも自然人でないときは，第1項および前項の規定を準用する。ただし，自然人を無限責任社員とする他の会社が当該無限責任社員の従属会社であるときは，この限りでない。

▲フランス法（該当規定なし）
【コメント】　フランスでは，法人について，自然人と異なる破産原因があるわけではない。

第17条（破産手続開始の原因の推定）　債務者についての外国で開始された手続で破産手続に相当するものがある場合には，当該債務者に破産手続開始の原因となる事実があるものと推定する。

民事再生法第208条（再生手続の開始原因の推定）

第2章　破産手続の開始　　　　　　　　　　　　　　　　　　　各国破産法の条文

📎 会社更生法第243条（更生手続の開始原因の推定）

◆**アメリカ法**（該当規定なし）

■**イギリス法**（該当規定なし）

●**ドイツ法**
●**第356条（二次的倒産手続）**
　1　外国の主倒産手続の承認は、債務者の内国にある財産を対象とする二次的倒産手続を排除しない。二次的倒産手続については、357条及び358条を補充的に適用する。
　2　外国の倒産管財人も、二次的倒産手続の開始の申立てをすることができる。
　3　二次的倒産手続は、手続開始原因を確定することなく、開始される。

▲**フランス法**（該当規定なし）

第18条（破産手続開始の申立て）　債権者又は債務者は、破産手続開始の申立てをすることができる。
　2　債権者が破産手続開始の申立てをするときは、その有する債権の存在及び破産手続開始の原因となる事実を疎明しなければならない。

📎 民事再生法第21条（再生手続開始の申立て），第22条（破産手続開始等の申立義務と再生手続開始の申立て），第23条（疎明）
📎 会社更生法第17条（更生手続開始の申立て），第18条（破産手続開始等の申立義務と更生手続開始の申立て），第19条（解散後の株式会社による更生手続開始の申立て），第20条（疎明）
📎 会社法第511条（特別清算開始の申立て）

◆**アメリカ法**
◆**第301条（債務者による手続開始の申立てに基づく事件）**
(a)　本法の章の下での債務者による手続開始の申立てに基づく事件は、債務者となりうる者が当該章の下での申立書を倒産裁判所に提出することによって開始される。
(b)　本法の章の下での債務者による手続開始の申立てに基づく事件の開始は、当該章の下での救済を命ずる決定を意味する。
◆**第303条（債務者以外の者による手続開始の申立てに基づく事件）**
(a)　債務者以外の者による手続開始の申立てに係る事件は、本法第7章又は第11章の下においてのみ開始され、かつ、農業従事者、家族農業従事者、又は、非営利企業（not a moneyed,business corporation）若しくは非商事会社（not a commercial corporation）を除く法人で、当該事件が開始される章の下で債務者となりうる者に対してのみ、開始される。

(b) 債務者以外の者による手続開始の申立てに係る事件は，本法第7章又は第11章の下での申立書を，次の者が破産裁判所に提出することによって，開始される。
  (1) 債務者に対する責任について条件付でない請求権を有する3人以上の者，責任若しくは額につき善意による争訟の主体でない請求権を有する3人以上の者，又は，それら請求権の総額が請求権を有する者の請求権を担保する債務者財産上のリエンによって担保されている額を除いて 14,425 ドル以上であるときは，それらの請求権を有する者を代理する歯形証書受託者
  (2) 請求権を有する者の数が，債務者の従業員，内部者，及び本法第 544 条，第 545 条，第 547 条，第 548 条，第 549 条又は第 724 条(a)により否認される財産移転行為の譲受人を除いて，12 人未満であるときは，それらの請求権の総額が 14,425 ドル以上である 1 人又は数人の者
  (3) 債務者がパートナーシップであるときは，
    (A) 当該パートナーシップのゼネラル・パートナーの全員より少ないパートナー
    (B) 当該パートナーシップのすべてのゼネラル・パートナーにつき本法の下での救済が命じられたときは，そのパートナーシップのゼネラル・パートナー，そのゼネラル・パートナーの管財人，又は当該パートナーシップに対して請求権を有する者
  (4) 債務者に関する外国での手続における倒産財団の外国人である代表者
(c) 本条による手続開始の申立てがあった後で事件が棄却され又は救済が命じられる前においては，条件付ではない請求権を有する債権者であって，本条 (b) による申立てをした債権者以外の者は，あたかも本条 (b) の下で共同の申立てをした債権者が申立債権者であるように，同様の趣旨をもってその申立てに加わることができる。
(d) 債務者，又はパートナーシップである債務者におけるゼネラル・パートナーであって申立てに加わらなかった者は，本条による申立てに対する答弁書を提出することができる。
(e) 通知をなし審問を経た上で，理由があると認めるときは，裁判所は，本条の下での申立人に，裁判所が本条(i)によりその後に認容する額について債務者に損害を補償するための担保を立てさせることができる。
(f) 本法第 363 条にもかかわらず，裁判所が別段命じる範囲を除き，かつ，当該事件の救済命令があるまで，債務者についての債務者以外の申立てによる事件が開始されなかったように，債務者は事業を継続することができ，債務者は財産を使用し，取得し，又は処分することができる。
(g)～(k) ……

◆ R 第 1002 条（事件の開始）
(a) 申立書　本法の下での事件の開始を求める申立書は，裁判所書記官に提出され

なければならない。
(b) 連邦管財官への送付　裁判所書記官は，本ルール(a)により提出された申立書の謄本を，速やかに連邦管財官に送付しなければならない。

◆ R 第 1003 条（債務者以外の者による手続開始の申立て）
(a) 請求権の譲渡人又は譲受人　請求権の譲渡人又は譲受人は，手続開始の申立書の原本又はそれぞれの謄本に，その譲渡が無条件で，担保のために，又はその他の方式でなされたと否とを問わず，その譲渡を証するすべての書類の謄本，及びその請求権が事件を開始する目的で譲渡されたものではないことを示し，その譲渡の対価及び条件を明らかにした署名された書面を添付しなければならない。第 7 章の下での清算のための事件又は第 11 章の下での更生の目的で事件を開始するために請求権を譲渡し又は取得した者は，申立資格を有する申立人とはならない。
(b) 手続開始申立て後における申立人の共同　3 人未満の債権者によったなされた債務者以外の者による手続開始の申立てに対する答弁書が，12 人以上の債権者の存在の主張を含むときは，債務者は，その答弁書とともに，すべての債権者の一覧表をそれらの住所の一覧，請求権の種別及び額に関する要約とともに提出しなければならない。本法第 303 条(b)に規定される 12 人以上の債権者が存在することが明らかであるときは，裁判所は，他の債権者のために，手続開始の申立てに関する審問が開始される前にその手続開始の申立てに参加する相当な機会を与えなければならない。

《関連規定》
◆ 第 707 条（事件の棄却又は第 11 章若しくは第 13 章の事件への移行）
(a) 裁判所は，通知をなしかつ審問を経た上で，次の事由を含む理由が認められる場合にのみ，事件を棄却することができる。
　(1) 債務者が債権者の利益を害する相当でない遅延行為を行ったとき
　(2) 法第 28 号第 123 章により必要とされる費用（fees and charges）の納付がないとき
　(3) 債務者による手続開始の申立てに基づく事件において，債務者が，事件を開始することを求める申立書を提出してから 15 日以内に，又は裁判所が許可して伸長された期間内に，第 521 条(1)により必要とされる情報を提出しなかったとき。この場合には，連邦管財官の申立てがあるときに限る。
(b) (1) 裁判所は，通知をなしかつ審問を経て，職権で，又は連邦管財官，管財人（あるいは選任されているときは，破産管財官（bankruptcy administrator））若しくは利害関係人の申立てにより，その債務が主として消費者債務であり，救済を認めることが本章の規定の濫用と認められるときは，本章の下での個人である債務者の申立てに係る事件を棄却し，又は債務者の同意を得て，事件を本法第 11 章又は第 13 章の事件に移行することができる。本条に基づき事件を棄却するか否かを判断するときは，裁判所は，債務者がこれまで（第 548 条(d)(3)における「慈善寄付」の定義を充たす）慈善寄付を（第 548 条(d)(4)において定義される）適格のある宗教団体又は慈善団体に対して行ったか否か，又は慈善寄付をそれ

日・◆米・■英・●独・▲仏　　　　　　　破産法第18条（破産手続開始の申立て）

らの団体に対して継続して行っているか否かを考慮することはできない。
　(2)〜(7)　……
　【コメント】　債務者以外の者（債権者等）による手続開始の申立てによる事件では，複数の債権者が申立てをしなければならない点が，日本法と異なる。ただし，少数債権者の事件では，1人の債権者は申立てはできるが，その有する請求権の額は14,425ドル以上でなければならない。また，第7章事件では，株主には手続開始の申立権はない。
　上記《関連規定》第707条(a)(2)の費用については，法第28号1930条によれば，法第11号に基づき事件を開始する者は，第7章事件では220ドルを，連邦地方裁判所書記官又は倒産裁判所書記官に納付しなければならない（第1930条(a)(1)）。第707条(a)(3)にいう「第521条(1)により必要とされる情報」とは，法第11号第521条により，債務者は債権者名簿，資産・負債一覧表，当期収支，貸借対照表，損益計算書などを提出しなければならないこととの関係での情報を意味する。第707条(b)(1)にいう「債務が主として消費者債務」とは，全債務に占める消費者債務の割合は50パーセントを超えるような場合が想定されており，また，その債務が消費者債務であるか取引上の債務であるかは，債務が利益を得るために負担されたかどうかによって判断されるとする。
　上記第707条(b)は破産手続の利用規制を目的とする規定である。2005年改正前においては，破産手続の「実質的濫用」（substantial abuse）が要件とされ，さらにその判断に当たっては，債務者にとって有利な推定が保障されていた。判例によれば，手続開始の申立てが実質的濫用に当たるかどうかを決定するにあたって考慮されるべき主たるファクターは，弁済期にある債務で免責の対象となる債務についての債務者の支払能力（debtor's ability to pay debts when due）であるとされ，あるいはその判断は，①債務者の申立ての目的，②第13章の適用可能性の有無，③財務状況に関する虚偽，誤記又は意図的削除の有無，④奢侈的な生活維持を唯一の目的として債務者が度を超えた家計に慣れ親しんできたか否か，といった基準によるとされてきた。
　2005年の改正で，上記の推定規定が削除されたため，濫用の推定が働くことになり，債務者は濫用の事実の不存在につき証明責任を負うこととなった（William H.Houston & Lawrence R.Ahern, 2005 Bankruptcy Reform Legislation With Analysis 2d 432（2006））。

■イギリス法
■第267条（債権者による破産申立ての理由）
　1　債権者による破産申立ては，債務者の負担した債務の一以上に関してなされなければならない。申立てをした債権者又は申立てをした複数の債権者の各自は，申立てにかかる債務又は（場合により）申立てにかかる債務の少なくとも一に対する債権者でなければならない。
　2　次項以下に定めるところに従い，債権者による裁判所への破産申立ては，申立てがなされた時に以下に定める要件を満たしているときに限り，債務又は複数の債務に関して，これをすることができる。
　(a)　債務の額，又は複数の債務の総額が，破産水準と同額であるか又はそれを超えること
　(b)　債務又は複数の債務のそれぞれが，申立てをした債権者又は申立てをした債権者の1人以上に直ちに又は将来のある時期において支払われるべき金額の確

定したものであり，かつ，無担保であること
(c) 債務又は複数の債務のそれぞれが，債務者には支払うことができないと思われる債務であるか，又は支払うことのできる合理的な見込みがないと思われる債務であること
(d) 債務又は複数の債務のいずれかに関して，（第268条の規定する）送付された法定請求の取消しの申立てが残存していないこと

4　「破産水準」は，750ポンドとする。ただし，主務大臣は，命令により，この額，又は（場合により）かかる命令によって当分の間，破産水準の額とされた額に代えて，当該命令において定めた額を破産水準とすることができる。

■第269条（担保権を有する債権者）

1　債権者による破産申立てにかかる債務又は複数の債務の一について，以下に定める要件のいずれかが満たされているときは，当該債務が無担保でなくても破産申立てをすることができる。
(a) 破産申立書に，担保権を実行する権利を持っている者による，破産命令が発せられたときには破産者のすべての債権者のために担保権を放棄することに同意する旨の記載があること
(b) 破産申立書に，申立てが当該債務の担保された部分に関してなされたものではないとの明示があり，かつ，前号の者による，当該債務の担保された部分についての破産申立時における担保の評価額の記載があること

2　前項(b)号の場合において，当該債務の担保された部分及び無担保の部分は，第267条及び第270条に関しては，別個の債務として取り扱われるべきものとする。

■第272条（債務者による破産申立ての理由）

1　債務者による裁判所への破産申立ては，債務者が債務を支払うことができないことを理由としてのみ，これをすることができる。

【コメント】　自然人の破産については，申立てのできる債権者に限定がある。すなわち，無担保債権者であって，その債権は金額の確定したものであり，かつ一定額を超えている債権者でなければならない（倒産法第267条第2項）。ただし，担保権を有する債権者も，担保権を放棄するか，または被担保債権に無担保の部分がある場合には，破産申立てをすることができる（倒産法第269条）。

なお，会社の清算に関しても，債権者が申し立てる場合には，その債権は金額が確定したものであり，かつ一定額を超えていなければならない（倒産法第123条。日本法第2条第11項の箇所を参照）。

●ドイツ法

●第13条（開始申立て）

倒産手続は，書面による申立てがなければ開始することができない。債権者および債務者は申立てをすることができる。

2　申立ては，倒産手続が開始されるまでまたはその棄却が確定するまでは，取

り下げることができる。

 3　連邦司法省は，法規命令により連邦参議院の同意を得て，債務者による申立てのために，書式を用意することができる。第1文の規定により書式が用意された場合は，債務者はこれを用いなければならない。

●第14条（債権者による申立て）
　債権者による申立ては，申立人が，倒産手続を開始させるについての法律上の利益，申立人の債権および開始の原因を疎明した場合に，許容される。倒産手続開始申立ての前2年間に債務者の財産につき既に倒産手続開始申立てがあった場合は，申立人の債権が弁済されたという理由だけでは申立ては不適法とならない。この場合においては，債権者は，以前に申立てがあったことを疎明しなければならない。

 2　債権者による申立てが許容されるときは，倒産裁判所は債務者を審尋しなければならない。

 3　申立て後に申立人の債権が弁済された場合において，申立てが理由なしとして棄却されたときは，債務者は，手続の費用を負担しなければならない。

▲フランス法
▲第640-4条
　この手続の開始は，支払停止後遅くとも45日の期間内に，債務者がこの期間内に［企業の窮境の予防のための］調停手続の開始を申し立てなかった場合には，債務者によって申し立てられなければならない。

　調停手続が不調の場合には，裁判所が，第631-4条第2段を適用して，第640-1条に定める条件が満たされると認める場合には，裁判上の清算の手続を開始する。

▲R第640-1条
　裁判上の清算の手続開始の申立ては，R第631-1条，第2段を除くR第631-2条およびR第631-3条からR第631-5条に定める方式に従ってされる。

　債権者による裁判上の清算手続開始の申立ては，追加的に提出された裁判上の更生手続開始の申立てを除いて，他のあらゆる申立てを排除し，そうでない場合は職権で不受理とされなければならない。

　更生が明白に不可能であることを証明する性質の資料は，債務者の申立て，債権者による呼出し，検察官の申請，職権による提訴の場合は裁判所所長の通牒または裁判所に委託された裁判官の報告に添付されなければならない。

▲R第631-1条
　裁判上の更生手続開始の申立ては，法人の法律上の代表者または自然人である債務者によって，管轄裁判所の書記課に寄託される。

　この申立てには，最終事業期の会計報告書の他に，以下の書類を添付する：

　1°　履行期の到来した負債および処分可能な資産の状況，ならびに支払停止の

申告；
2° R第621-8条に定める登記簿および名簿の登録の抄本；
3° 少なくとも1カ月間の財務の状況；
4° 申立ての日の給与を受ける被用者の数，その氏名および住所，ならびにR第123-200条第5段の規定に従って定義され，最終会計事業期の最終日に評価された取引高；
5° 債権者の氏名および住所を表示した債権および債務の額ならびに被用者については，未払額の総額；
6° 担保付の資産および負債の状況ならびに貸借対照表外の約定の状況；
7° 債務者の財産の概況の目録；
8° 会社債務について連帯して責任を有する者を含む法人については，その氏名および住所を表示したその一覧表；
9° 企業委員会代表者または裁判所によって指名されている場合には，裁判所に審尋される資格を有する従業員代表の氏名および住所；
10° 申立ての日に先立つ18カ月以内に特別受任者もしくは調停手続が存在しなかったことを証明する，または反対の場合には，特別受任者の指名の日もしくは調停手続開始の日およびそれを行った機関を記載する誓約書；
11° 債務者が，法律上もしくは命令上の身分に服し，またはその資格が保護される自由な専門職を行っている場合には，［その］専門職団体もしくは権限を有する当局の指名；
12° 債務者が，環境法典第5巻第1編の意味で分類される公示の1つまたは複数を行っている場合には，その許可，登録もしくは申告の決定の写し。

これらの資料には，日付，申立人の署名，および誠実かつ申請の証明がされる。第1号，第2号，第5号，第6号，第7号および第8号に定める資料は申立ての日またはこれに先立つ7日以内に作成される。

これらの資料の1つもしくは他のものが提出されず，または不完全にしか提出されないときは，申立て［書］にその提出を妨げる理由を明示する。

▲ R第631-2条第1段

債権者による呼出し（申立て）には，債権の性質および額を明示し，債務者の支払停止を特徴づける性質のあらゆる証拠書類を含まなければならない。農業経営に関する場合には，債権者は，その申立てに，調停人の任命のために大審裁判所所長が受理したことの，書記が交付した証明文書を添付する。

▲ R第631-3条

職権で受理した場合には，裁判所所長は，書記の責任において，執行士証書で，その定める期間内に出頭するよう債務者を呼び出させる。

呼出状には，職権による受理を理由づける性質の事実を所長が明らかにする覚書を添付する。

日・◆米・■英・●独・▲仏　　　　　　　　　　　　　　　破産法第18条（破産手続開始の申立て）

書記官は，この覚書の写しを検察官に送付する。
▲R 第 631-4 条
　検察官が手続開始を申し立てる場合には，裁判所に，この申立てを理由づける性質の事実を表示する申請書を提出する。裁判所所長は，書記の責任において，執行士証書で，その定める期間内に出頭するよう債務者を呼び出させる。
　この呼出状には，検察官の申請書を添付する。
▲R 第 631-5 条
　［法律部］第631-3条第2段に定める場合に，裁判所が職権で受理することを決定し，または検察官の申請によって受理したときは，R第631-3条およびR第631-4条の規定は，その住所が知られた債務者の相続人に適用される。その住所の知れない相続人がいる場合には，職権で受理した，または検察官，管理人もしくは裁判上の受任者の申請によって受理した大審裁判所所長は，これらの者を代理する任務を負った受任者を指名する。
▲第 640-5 条
　継続中の調停手続がない場合，裁判所は，同様に，職権で受理し，または裁判上の清算手続の開始のための検察官の申請に基づいて受理する。
　同様の留保の下で，手続は，債権の性質がどのようなものであっても，債権者による呼出し（申立て）に基づいて開始することができる。ただし，債務者がその職業活動を停止したときは，この申立ては，以下の時から1年の期間内にしなければならない：
　　1°　商業会社登記の抹消。法人の場合には，この期間は，清算事務の終結の公告に引き続く抹消［の時］から起算する；
　　2°　手工業者活動を行う者，農業者またはその他法律上または命令上の身分に服し，またはその資格が保護される自由な専門職を行っている者の場合には，その活動の停止；
　　3°　登録の対象とならない法人の場合には，清算の完了の公告。
　このほか，商事会社の形態を構成しない農業活動を行う債務者に対して手続を開始することができるのは，大審裁判所所長が，申立てに先立って，農事および海洋漁業法典L第351-2条を適用してされた調停人の任命の申立てによって受理した場合に限る。
▲第 640-6 条
　企業委員会，またはこれがないときは被用者代表は，検察官または裁判所所長に債務者の支払停止を示すあらゆる事実を伝達することができる。
　【コメント】　フランスでは，裁判上の清算の手続は，債務者および債権者だけでなく，検察官にも申立権が認められ，さらに，裁判所が職権で開始することもできる。債権者申立ての多くは，社会保障機関によるといわれている。また，職権による手続開始も少なくないといわれ，裁判所は，実際にも，企業の支払停止について情報を収集する様々な手段（拒絶証書の公示，

109

国家や社会保障機関による優先権の登記など）を持っている。この職権による審理開始は、企業の監督を確実なものとするために商事裁判所に与えられた役割を強化するものである。これに対して、検察官による申立ては、ほとんどないといわれている。

第640-6条は、一方で、裁判所や共和国検事が企業の情報を得やすくし、他方で、直接に手続開始を申し立てる権利を有していない被用者が手続開始に協力する意思を表示できるようにしたものである。

> <u>第19条（法人の破産手続開始の申立て）</u>　次の各号に掲げる法人については、それぞれ当該各号に定める者は、破産手続開始の申立てをすることができる。
> 　一　一般社団法人又は一般財団法人　理事
> 　二　株式会社又は相互会社（保険業法（平成7年法律第105号）第2条第5項に規定する相互会社をいう。第150条第6項第3号において同じ。）　取締役
> 　三　合名会社，合資会社又は合同会社　業務を執行する社員
> 2　前項各号に掲げる法人については，清算人も，破産手続開始の申立てをすることができる。
> 3　前2項の規定により第1項各号に掲げる法人について破産手続開始の申立てをする場合には，理事，取締役，業務を執行する社員又は清算人の全員が破産手続開始の申立てをするときを除き，破産手続開始の原因となる事実を疎明しなければならない。
> 4　前3項の規定は，第1項各号に掲げる法人以外の法人について準用する。
> 5　法人については，その解散後であっても，残余財産の引渡し又は分配が終了するまでの間は，破産手続開始の申立てをすることができる。

▌民事再生法第22条（破産手続開始等の申立義務と再生手続開始の申立て）
▌会社更生法第18条（破産手続開始等の申立義務と更正手続開始の申立て），第19条（解散後の株式会社による更正手続開始の申立て）
▌会社法第511条（特別清算開始の申立て）

◆アメリカ法
〔法人の破産手続開始の申立て〕（該当規定なし）
《関連規定》
◆R第1004条（パートナーシップに対する債務者以外の者による手続開始の申立て）

本法第303条(b)(3)により債務者以外の者による手続開始の申立てがなされた後においては，(1)申立てをなしたパートナー又はその他の申立人は，速やかに，申立書の謄本を，申立人ではない各ゼネラル・パートナーに対して送付し又は送達しなければならず，かつ，(2)裁判所書記官は，速やかに，申立人でない各ゼネラル・パートナーに対して送達する目的で，呼出状を発給しなければならない。R第1010条は，その呼出状の方式及び送達につき適用がある。

◆R第1004.1条（未成年者又は行為無能力者のための手続開始の申立て）

未成年者（infant）又は行為無能力者（imcompetent person）に後見人，後見委員会，財産管理人又はその他の受託者を含む代理人があるときは，その代理人は，未成者又は行為無能力者に代わって債務者としての手続開始の申立てをすることができる。適正に選任さ

れた代理人がいない未成年又は行為無能力者は、特別代理人（next friend）、訴訟のための後見人（guardian ad litem）によって債務者としての手続開始の申立てをすることができる。

　裁判所は、債務者であるが別に代理されていない未成年又は行為無能力者のために、訴訟のための後見人を選任しなければならず、又は、その未成年又は行為無能力者を保護するためにその他の命令を発しなければならない。

　【コメント】　法人の内部者による法人についての手続開始の申立てに関する規定は、破産法及び破産手続規則には存在しない。州会社法にあっても、取締役の連邦倒産法第7章手続の開始申立てを認める規定は存在しない。パートナーシップについては、R 第 1004 条により、ゼネラル・パートナーがパートナーシップのために手続開始の申立てをすることができる。

　合衆国 1984 年改正模範会社法（Revised Model Business Corporation Act）第 14.30 条(3)(ii)によれば、債権者による訴訟手続において、債権者の請求権は支払期日がきており、会社に支払う義務があり、かつ会社が支払不能（insolvent）であることを書面で認めたことが立証されるときは、裁判所は会社を解散させることができる。これによる解散後における清算手続の過程では、その会社について第7章手続開始の申立ては可能と考えられる。これに対して、模範会社法を採択している州によっては、会社に第7章手続が開始された場合には、それに伴って解散することにつき、取締役会の承認を義務づけている会社法が存在する（カリフォルニア州会社法第 1900 条（任意的解散の授権）(b)(1)参照）。

■イギリス法
■第 124 条（清算の申立て）

1　本条の次項以下に定めるところに従い、裁判所に対して会社の清算の申立てをするには、会社、取締役、一人又は複数の債権者（条件付債務又は将来の債務に関する一人または複数の債権者を含む）、一人又は複数の清算出資者、EC 規則第3条第1項による倒産手続において選任された（EC 規則第2条(b)号の意味の）清算人又は（EC 規則第 38 条の意味の）仮管理人、1980 年治安判事裁判所法第 87 A 条（会社に科された罰金の執行）によって与えられた権限を行使する治安判事裁判所の指定された職員、又はこれらの者の全員若しくは一部が、合同で又は個別に申立書を提出しなければならない。

2　次項に定める場合を除き、清算出資者は、以下の場合でなければ清算の申立書を提出することができない。
　(a)　社員の数が2名未満となったとき
　(b)　出資した株式又はその一部が、当初から清算出資者に割り当てられるか又は保有されるにいたり、清算の開始前の 18 カ月間のうち少なくとも6カ月間、当該清算出資者の名で登録されているか、又は以前の保有者の死亡により当該清算出資者が承継したとき

3　第 76 条の規定により会社が清算されたときには会社の資産に対して出資を行なわなければならない者は、第 122 条第1項(f)号及び(g)号所定の理由のいずれかに基づいて申立書を提出することができる。この場合には、前項は適用されない。ただし、その者は、第 76 条に規定された者以外の清算出資者である場合を除き、その

他の理由に基づく申立書を清算出資者としての資格において提出することはできない。

3A　第122条第1項(fa)号所定の事由に基づく清算の申立書は，一人又は複数の債権者のみがこれを提出することができる。

4　清算の申立書は，以下に定める場合には主務大臣もこれを提出することができる。
(a)　申立書の理由が第122条第1項(b)号又は(c)号所定のものであるとき
(b)　第124A条又は第124B条の場合に該当するとき

4AA　第124C条第1項又は第2項の場合に該当するときには，金融サービス機構が清算の申立書を提出することができる。

4A　2004年会社（監査・調査・共同体企業）法第50条に該当するときには，共同体利益会社規制機関が清算の申立書を提出することができる。

5　会社がイングランド及びウェールズにおいて任意に清算されているときは，清算の申立書は，本条第1項から第4項までの規定に基づいて申立書を提出することのできる者のほか，裁判所に所属する管財官もこれを提出することができる。ただし，裁判所は，債権者又は清算出資者の利益を適正に考慮して任意清算を継続することができないと確信した場合を除き，当該申立書に基づいて清算命令を発することができない。

■第124A条（公益を理由とする清算の申立書）

1　主務大臣は，以下に定めるものによれば会社を清算することが公益上，望ましいと思われるときは，会社を清算することが適正かつ衡平であると裁判所が考えるならば会社は清算されるべき旨の申立書を提出することができる。
(a)　1985年会社法第XIV編の規定（会社の調査等。ただし，第448A条を除く）に基づいてなされた報告又は得られた情報
(b)　以下に定めるもののいずれかに基づいて検査官によってなされた報告
　(i)　2000年金融サービス・市場法第167条，168条，169条又は284条
　(ii)　会社が（2000年金融サービス・市場法の意味における）オープンエンド投資信託会社であるときは，同法第262条第2項(k)号の結果として定められた規則
(bb)　2000年金融サービス・市場法第165条，171条，172条，173条又は175条の規定に基づいて得られた情報又は文書
(c)　1987年刑事裁判法第2条又は1987年（スコットランド）刑事裁判法第52条（詐欺事件の調査）の規定に基づいて得られた情報
(d)　1989年会社法第83条（海外の規制機関を補助するために行使される権限）の規定に基づいて得られた情報

2　本条は，裁判所による会社の清算がすでに開始されているときは適用しない。

●ドイツ法
●第 11 条（倒産手続の許容性）
……

3　法人または法人格なき社団もしくは組合に対しては，その解散の後であっても，残余財産の分配が完了するまでは，倒産手続を開始することができる。

●第 15 条（法人，法人格なき社団または組合の場合の申立て）

法人または法人格なき社団もしくは組合の財産に対しては，債権者のほか，代表機関の各構成員，法人格なき社団もしくは組合または株式合資会社にあっては各無限責任社員および各清算人が，倒産手続の開始を申し立てることができる。法人につき代表者を欠く場合においては個々の社員も，株式会社または協同組合が代表者を欠く場合においては個々の監査役も，申立てをすることができる。

2　開始の申立てが，代表機関の全構成員，全無限責任社員，法人の全社員，全監査役または全清算人によってなされたのではない場合は，申立ては，開始の原因を疎明されたときに限り，適法とする。法人の社員または監査役が申立をする場合に，代表者が欠けていることを疎明しなければならない。この場合において，倒産裁判所は，他の代表機関の構成員，無限責任社員，社員，監査役または清算人を審尋しなければならない。

3　法人格なき会社または組合において無限責任を負う社員がいずれも自然人でないときは，第 1 項および前項の規定は，その法人格なき会社もしくは組合を代表する権限を有する社員の組織法上の代表者または清算人について準用する。複数の会社または組合が，権利能力なくして継続的に結合しているときも，同じとする。

●第 15 条 a（法人および法人格なき社団の場合の申立義務）

法人が支払不能または債務超過である場合，代表機関の構成員または清算人は，遅滞なく，遅くとも支払不能または債務超過の発生から 3 週間以内に，倒産手続の開始を申し立てなければならない。無限責任無限責任社員が自然人ではない法人格なき社団については，社団を代表する権限を有する社員の組織上の代理人または清算人についても，同様とする。ただし，無限責任無限責任社員が自然人である他の社団が人的に責任を負う社員である場合は，この限りでない。

2　第 1 項第 2 文における社団につき，社団を代表する権限を有する社員の組織上の代理人が，自然人が社員となっていない社団またはそのような社団と結合して経営されている社団の社員である場合には，第 1 項の規定を準用する。

3　有限会社の代表者が欠けている場合は，個々の社員も，株式会社または協同組合の代表者が欠けている場合は，個々の監査役も申立ての義務を負う。ただし，その者が，支払不能および債務超過を知らない場合はこの限りでない。

4　第 1 項第 1 文，第 2 文，第 2 項または第 3 項に反して，倒産手続開始の申立てをしない者，適法な申立てをしない者または適時に申立てをしない者は，3 年以下の自由刑または罰金に処す。

5　過失により第4項に規定する罪を犯した者は，1年以下の自由刑または罰金に処す。

▲フランス法
▲第640-5条第2段（前掲・第18条）
▲R第631-1条第1段（前掲・第18条）
　裁判上の更生の手続開始の申立ては，法人の法律上の代表者または自然人債務者によって，管轄裁判所の書記課に寄託される。

> <u>第20条（破産手続開始の申立ての方式）</u>　破産手続開始の申立ては，最高裁判所規則で定める事項を記載した書面でしなければならない。
> 2　債権者以外の者が破産手続開始の申立てをするときは，最高裁判所規則で定める事項を記載した債権者一覧表を裁判所に提出しなければならない。ただし，当該申立てと同時に債権者一覧表を提出することができないときは，当該申立ての後遅滞なくこれを提出すれば足りる。

> 規第13条（破産手続開始の申立書の記載事項・法第20条）　法第20条第1項の最高裁判所規則で定める事項は，次に掲げるものとする。
> 　一　申立人の氏名又は名称及び住所並びに法定代理人の氏名及び住所
> 　二　債務者の氏名又は名称及び住所並びに法定代理人の氏名及び住所
> 　三　申立ての趣旨
> 　四　破産手続開始の原因となる事実
> 2　破産手続開始の申立書には，前項各号に掲げる事項を記載するほか，次に掲げる事項を記載するものとする。
> 　一　債務者の収入及び支出の状況並びに資産及び負債（債権者の数を含む。）の状況
> 　二　破産手続開始の原因となる事実が生ずるに至った事情
> 　三　債務者の財産に関してされている他の手続又は処分で申立人に知れているもの
> 　四　債務者について現に係属する破産事件（法第2条第2項に規定する破産事件をいう。以下同じ。），再生事件又は更生事件（会社更生法（平成14年法律第154号）第2条第3項に規定する更生事件又は金融機関等の更生手続の特例等に関する法律（平成8年法律第95号）第4条第3項若しくは第169条第3項に規定する更生事件をいう。）があるときは，当該事件が係属する裁判所及び当該事件の表示
> 　五　法第5条第3項から第7項までに規定する破産事件等があるときは，当該破産事件等が係属する裁判所，当該破産事件等の表示及び当該破産事件等における破産者（法第2条第4項に規定する破産者をいう。以下同じ。）若しくは債務者，再生債務者又は更生会社若しくは開始前会社（金融機関等の更生手続の特例等に関する法律第4条第3項に規定する更生事件にあっては，当該更生事件における更生協同組織金融機関又は開始前協同組織金融機関）の氏名又は名称
> 　六　債務者について外国倒産処理手続（法第245条第1項に規定する外国倒産処理手続をいう。以下同じ。）があるときは，当該外国倒産処理手続の概要

七　債務者について次のイ又はロに掲げる者があるときは，それぞれ当該イ又はロに定める事項
　　　イ　債務者の使用人その他の従業者の過半数で組織する労働組合　当該労働組合の名称，主たる事務所の所在地，組合員の数及び代表者の氏名
　　　ロ　債務者の使用人その他の従業者の過半数を代表する者　当該者の氏名及び住所
　　八　債務者について第9条第1項の規定による通知をすべき機関があるときは，その機関の名称及び所在地
　　九　申立人又は代理人の郵便番号及び電話番号（ファクシミリの番号を含む。）

規第14条（破産手続開始の申立書の添付書類等・法第20条）　法第20条第2項の最高裁判所規則で定める事項は，次に掲げる債権を有する者の氏名又は名称及び住所並びにその有する債権及び担保権の内容とする。
　　一　破産手続開始の決定がされたとすれば破産債権（法第2条第5項に規定する破産債権をいう。以下同じ。）となるべき債権であって，次号及び第3号に掲げる請求権に該当しないもの
　　二　租税等の請求権（法第97条第4号に規定する租税等の請求権をいう。）
　　三　債務者の使用人の給料の請求権及び退職手当の請求権
　　四　民事再生法（平成11年法律第225号）第252条第6項，会社更生法第254条第6項又は金融機関等の更生手続の特例等に関する法律第158条の10第6項若しくは第331条の10第6項に規定する共益債権
　2　債権者が破産手続開始の申立てをするときは，前項に規定する事項を記載した債権者一覧表を裁判所に提出するものとする。ただし，当該債権者においてこれを作成することが著しく困難である場合は，この限りでない。
　3　破産手続開始の申立書には，次に掲げる書類を添付するものとする。
　　一　債務者が個人であるときは，その住民票の写しであって，本籍（本籍のない者及び本籍の明らかでない者については，その旨）の記載が省略されていないもの
　　二　債務者が法人であるときは，その登記事項証明書
　　三　限定責任信託に係る信託財産について破産手続開始の申立てをするときは，限定責任信託の登記に係る登記事項証明書
　　四　破産手続開始の申立ての日の直近において法令の規定に基づき作成された債務者の貸借対照表及び損益計算書
　　五　債務者が個人であるときは，次のイ及びロに掲げる書面
　　　イ　破産手続開始の申立ての日前1月間の債務者の収入及び支出を記載した書面
　　　ロ　所得税法（昭和40年法律第33号）第2条第1項第37号に規定する確定申告書の写し，同法第226条の規定により交付される源泉徴収票の写しその他の債務者の収入の額を明らかにする書面
　　六　債務者の財産目録

規第15条（破産手続開始の申立人に対する資料の提出の求め）　裁判所は，破産手続開始の申立てをした者又はしようとする者に対し，破産手続開始の申立書及び法又はこの規則の規定により当該破産手続開始の申立書に添付し又は提出すべき書類のほか，破産手続開始の決定がされたとすれば破産債権となるべき債権及び破産財団に属すべき財産の状況に関する資料その他破産手続の円滑な進行を図るために必要な資料の提出を求めることができる。

民事再生法規第 12 条（再生手続開始の申立書の記載事項・法第 21 条）・第 13 条，規則第 14 条（再生手続開始の申立書の添付書面・法第 21 条）
  会社更生法規第 11 条（更生手続開始の申立書の記載事項・法第 17 条）・第 12 条，規則第 13 条（更生手続開始の申立書の添付書面・法第 17 条）

◆アメリカ法
⇒日本法 18 条の項参照

■イギリス法
■第 272 条（債務者による破産申立ての理由）
2　当該破産申立書には，以下に掲げる事項を含む債務者の状況の説明書を添付しなければならない。
　(a)　債務者の債権者，債務その他の責任，及び資産の定められた方法による明細
　(b)　定められたその他の情報

●ドイツ法
●第 20 条（開始手続における情報提供義務）
　申立てが適法であるときは，債務者は，申立てにつき裁判するために必要な情報を倒産裁判所に提供し，このほか，裁判所の職務の執行に協力しなければならない。この場合においては，第 97 条，第 98 条，第 101 条第 1 項第 1 文，第 2 文および同条第 2 項の規定を準用する。
　2　債務者が自然人である場合は，債務者に対して，第 286 条から第 303 条までの規定により残債務免除を得ることができる旨を教示しなければならない。

▲フランス法
▲ R 第 640-1 条（前掲・第 18 条）
▲ R 第 631-1 条（前掲・第 18 条）
▲ R 第 631-2 条第 1 段（前掲・第 18 条）

<u>第 21 条（破産手続開始の申立書の審査）</u>　前条第 1 項の書面（以下この条において「破産手続開始の申立書」という。）に同項に規定する事項が記載されていない場合には，裁判所書記官は，相当の期間を定め，その期間内に不備を補正すべきことを命ずる処分をしなければならない。民事訴訟費用等に関する法律（昭和 46 年法律第 40 号）の規定に従い破産手続開始の申立ての手数料を納付しない場合も，同様とする。
2　前項の処分は，相当と認める方法で告知することによって，その効力を生ずる。
3　第 1 項の処分に対しては，その告知を受けた日から 1 週間の不変期間内に，異議の申立てをすることができる。
4　前項の異議の申立ては，執行停止の効力を有する。
5　裁判所は，第 3 項の異議の申立てがあった場合において，破産手続開始の申立書に第 1 項の処分において補正を命じた不備以外の不備があると認めるときは，相当の期間を定め，

日・◆米・■英・●独・▲仏　　　　　　　　破産法第 21 条（破産手続開始の申立書の審査）

　　　その期間内に当該不備を補正すべきことを命じなければならない。
　　6　第 1 項又は前項の場合において，破産手続開始の申立人が不備を補正しないときは，裁判長は，命令で，破産手続開始の申立書を却下しなければならない。
　　7　前項の命令に対しては，即時抗告をすることができる。

規第 16 条（破産手続開始の申立書の補正処分の方式・法第 21 条）　法第 21 条第 1 項の処分は，これを記載した書面を作成し，その書面に処分をした裁判所書記官が記名押印してしなければならない。

規第 17 条（裁判所書記官の事実調査）　裁判所は，相当と認めるときは，破産手続開始の原因となる事実又は法第 30 条第 1 項各号に掲げる事由に係る事実の調査を裁判所書記官に命じて行わせることができる。

◆アメリカ法
◆ R 第 1005 条（申立書の頭書）
　本法の事件を開始する申立書の頭書には，裁判所名，事件のタイトル及び事件記録番号を含まなければならない。事件のタイトルには，債務者の氏名，使用者の身分証明書番号，社会保障番号又は個人である債務者の納税者番号の最後の 4 桁の番号，及び，手続開始申立ての前 8 年間に使用されていたその他すべての名称といった債務者についての情報を含まなければならない。申立書が債務者によって提出されたものではない場合には，その申立人に知れている債務者によって使用されていたすべての名称を含まなければならない。

◆ R 第 1008 条（申立書及び添付書類の検証）
　法典第 28 編第 1746 条に定めるところに従い，すべての申立書，一覧表，目録，書面，及びそれらの変更書面は検証されなければならず，又は非宣誓陳述を含んでいなければならない。

◆ R 第 1017 条（事件の棄却又は移行；手続の停止）
(a)　⇒日本法第 29 条の項参照
(b)　申立手数料の不納付による棄却　(1) 申立手数料の分割による納付がなかったときは，裁判所は，債務者及び管財人に対する通知をなし審問を経た上で，事件を棄却することができる。
　(2)　申立手数料の全額が納付されなかったために事件が棄却され又は終了したときは，納付された申立手数料は，あたかも申立手数料が全額につき納付された場合と同様の方法及び割合で配当がされなければならない。
(c)　債権者一覧表，明細書及び財務状況を記載した書類を所定の期間内に提出しなかったことを理由とする自己申立てによる第 7 章事件又は第 13 章事件の棄却　裁判所は，債務者，管財人及び裁判所が指定するその他の者に対して連邦管財官に

よって送達される通知をなし審問を経た上で，第 707 条(a)(3)又は第 1307 条(c)(9)の下での自己申立てによる第 7 章事件又は第 13 章事件を棄却することができる。

(d)　手続の停止　R 第 2002 条(a)に定める通知をなし審問を経る前には，事件を棄却してはならないし，第 305 条により手続を停止してはならない。

(e)　濫用を理由とする，個人である債務者の第 7 章事件の棄却又は第 11 章若しくは第 13 章の事件への移行　裁判所は，申立てに基づき，かつ，債務者，管財人，連邦管財官，及び裁判所が指定するその他の者に対して通知をなし審問を経た上でのみ，個人である債務者の事件を第 707 条(b)による濫用を理由として棄却し，又は移行することができる。

(1)　第 704 条(b)(2)に別段に定めるところを除き，第 707 条(b)又は(c)に基づく濫用を理由として事件の棄却を求める申立ては，第 341 条(a)に基づき債権者集会として設定された最初の期日の後 60 日以内においてのみすることができる。ただし，その期間が経過する前になされた申立てに基づき，裁判所が理由があると認めて棄却を申し立てる期間を伸長したときは，この限りではない。棄却の申立てをなす当事者は，申立書にその審問において審理されるべきすべての事項を記載しなければならない。さらに，第 707 条(b)(1)及び(3)に基づき棄却を求める申立ては，濫用を構成すると主張する状況を特に記載してしなければならない。

(2)　審問の期日が職権で設定されたときは，その審問の通知は，第 341 条(a)に基づき債権者集会として設定された最初の期日の後 60 日を超えない日に債務者に送達されなければならない。その通知には，審問の期日において裁判所によって審理されるべきすべての事項を記載しなければならない。

(f)　棄却，移行又は停止のための手続　(1)　R 第 9014 条は，第 706 条(a)，第 1112 条(a)，第 1208 条(a)若しくは(b)，又は第 1307 条(a)若しくは(b)に基づく場合を除いて，事件を棄却し若しくは停止する手続，又は，事件を他の章に移行する手続を規律する。

(2)　第 706 条(a)，第 1112 条(a)，第 1208 条(b)，又は第 1307 条(b)に基づく移行又は棄却は，申立てによらなければならず，R 第 9013 条により必要とされているところに従った送達によらなければならない。

(3)　……

■**イギリス法**（該当規定なし）

●**ドイツ法**（該当規定なし）

▲**フランス法**（該当規定なし）

日・◆米・■英・●独・▲仏　　　　　　　　　　　　　　　　破産法第22条（費用の予納）

<u>第22条（費用の予納）</u>　破産手続開始の申立てをするときは，申立人は，破産手続の費用として裁判所の定める金額を予納しなければならない。
　2　費用の予納に関する決定に対しては，即時抗告をすることができる。

規第18条（費用の予納・法第22条）　法第22条第1項の金額は，破産財団となるべき財産及び債務者の負債（債権者の数を含む。）の状況その他の事情を考慮して定める。
　2　破産手続開始の決定があるまでの間において，予納した費用が不足するときは，裁判所は，申立人に，更に予納させることができる。

▌民事再生法第24条（費用の予納）
▌会社更生法第21条（費用の予納）
▌会社法第888条第3項第4項（特別清算開始の申立て）

◆アメリカ法
◆ R第1006条（申立てに係る費用）

(a)　一般要件　すべての申立ては，本ルール(b)及び(c)に定めるところを除き，申立てに係る費用を納付してしなければならない。本ルールとの関係では，「申立てに係る費用」とは，法典第28編第1930条(a)(1)－(a)(5)によって規定される申立費用，及び，本法の下での事件の開始により裁判所書記官に納付される法典第28編第1930条(b)により合衆国司法会同が定めるその他の費用をいう。

(b)　申立費用の分割納付　(1)　申立費用の分割納付の申立て　債務者が分割納付によらなければ申立費用を納付することができないことを記載した，適式な公定様式によって定められるところに従い作成された債務者の署名がある申請書が添付されたときは，個人による自己申立ては受理されなければならない。

(2)　申請に基づく行為　債権者集会が開催される期日の前に，裁判所は，裁判所書記官に納付すべき申立てに係る費用を命じ，又は分割納付の許可を与え，納付の回数，納付の額及び納付の期日を定めることができる。分割納付の回数は4回を超えてはならず，最終の分割納付は，手続開始の申立てから120日内にされなければならない。裁判所は，理由があると認めるときは，手続開始の申立てから180日内に最終の分割納付がなされることを条件として，分割納付の期間を伸長することができる。

(3)　分割納付後の代理人手数料の支払い　申立に係る費用のすべての分割納付は，債務者又は第13章管財人が事件に関連して債務者に役務を提供する代理人又はその他の者に対してさらなる支払いをなす前に，全額についてなされていなければならない。

(c)　申立に係る費用の放棄　個人による第7章手続開始の自己申立ては，適式な公定様式によって定められるところに従い作成された法典第28編第1930条(f)の下

での放棄を求める債務者の申請書が添付されているときは，手続開始の申立てとの関係では受理されなければならない。

【コメント】 申立人が納付すべき申立費用は，「法典第28編第1930条(a)(1)－(a)(5)によって規定される申立費用，及び，本法の下での事件の開始により裁判所書記官に納付される法典第28編第1930条(b)による合衆国司法会同が定めるその他の費用」とされている（R第1006条(a)）。第7章の下で開始される事件では，事件を開始しようとする当事者は，245ドルを納付しなければならない（法典第28編第1930条(a)(1)(A)）。ちなみに，第13章事件では235ドルを納付しなければならない（同条(a)(1)(B)）。合衆国司法会同は，以上の費用のほかに追加して納付すべき費用の額を定めることができる（同条(b)）。

■イギリス法
（会　社）
■R第4.7条（申立書の提出及び受理）
　2　申立書は，その提出の際に支払われるべき預託金の領収証が提示された場合，又は次項が適用される場合を除き，裁判所においてこれを受理することができない。
　2A　本項は，申立人が管財官への預託金の支払に代わる適当な準備をしていることを主務大臣が裁判所に書面で通知し，当該通知が次項に従って申立人との関係で取り消されていない場合に適用する。

（自然人）
■R第6.10条2項・2A項（申立書の提出及び受理の手続（債権者による破産申立ての場合））
前掲規則第4.7条第2項・第2A項と同文
■R第6.42条1項（申立書の提出及び受理の手続（債務者による破産申立ての場合））
　申立書及び状況説明書は，申立書の副本3通及び状況説明書の副本1通とともに裁判所に提出しなければならない。申立書は，その提出の際に支払われるべき預託金の領収証が提示された場合でなければ，裁判所においてこれを受理することができない。

●ドイツ法（該当規定なし）

▲フランス法（該当規定なし）

<u>第23条（費用の仮支弁）</u>　裁判所は，申立人の資力，破産財団となるべき財産の状況その他の事情を考慮して，申立人及び利害関係人の利益の保護のため特に必要と認めるときは，破産手続の費用を仮に国庫から支弁することができる。職権で破産手続開始の決定をした場合も，同様とする。
　2　前条第1項の規定は，前項前段の規定により破産手続の費用を仮に国庫から支弁する場合には，適用しない。

日・◆米・■英・●独・▲仏　　　　　　　　破産法第24条（他の手続の中止命令等）

◆ **アメリカ法**（該当規定なし）

■ **イギリス法**（該当規定なし）

● **ドイツ法**（該当規定なし）

▲ **フランス法**（該当規定なし）

第24条（他の手続の中止命令等）　裁判所は，破産手続開始の申立てがあった場合において，必要があると認めるときは，利害関係人の申立てにより又は職権で，破産手続開始の申立てにつき決定があるまでの間，次に掲げる手続又は処分の中止を命ずることができる。ただし，第1号に掲げる手続又は第6号に掲げる処分についてはその手続の申立人である債権者又はその処分を行う者に不当な損害を及ぼすおそれがない場合に限り，第5号に掲げる責任制限手続については責任制限手続開始の決定がされていない場合に限る。

一　債務者の財産に対して既にされている強制執行，仮差押え，仮処分又は一般の先取特権の実行若しくは留置権（商法（明治32年法律第48号）又は会社法の規定によるものを除く。）による競売（以下この節において「強制執行等」という。）の手続で，債務者につき破産手続開始の決定がされたとすれば破産債権若しくは財団債権となるべきもの（以下この項及び次条第8項において「破産債権等」という。）に基づくもの又は破産債権等を被担保債権とするもの

二　債務者の財産に対して既にされている企業担保権の実行手続で，破産債権等に基づくもの

三　債務者の財産関係の訴訟手続

四　債務者の財産関係の事件で行政庁に係属しているものの手続

五　債務者の責任制限手続（船舶の所有者等の責任の制限に関する法律（昭和50年法律第94号）第3章又は船舶油濁損害賠償保障法（昭和50年法律第95号）第5章の規定による責任制限手続をいう。第263条及び第264条第1項において同じ。）

六　債務者の財産に対して既にされている共助対象外国租税（租税条約等の実施に伴う所得税法，法人税法及び地方税法の特例等に関する法律（昭和44年法律第46号。第103条第5項及び第253条第4項において「租税条約等実施特例法」という。）第11条第1項に規定する共助対象外国租税をいう。以下同じ。）の請求権に基づき国税滞納処分の例によってする処分（以下「外国租税滞納処分」という。）で，破産債権等に基づくもの

2　裁判所は，前項の規定による中止の命令を変更し，又は取り消すことができる。

3　裁判所は，第91条第2項に規定する保全管理命令が発せられた場合において，債務者の財産の管理及び処分をするために特に必要があると認めるときは，保全管理人の申立てにより，担保を立てさせて，第1項の規定により中止した強制執行等の手続又は外国租税滞納処分の取消しを命ずることができる。

4　第1項の規定による中止の命令，第2項の規定による決定及び前項の規定による取消しの命令に対しては，即時抗告をすることができる。

5　前項の即時抗告は，執行停止の効力を有しない。

6　第4項に規定する裁判及び同項の即時抗告についての裁判があった場合には，その裁判書を当事者に送達しなければならない。

▌民事再生法第 26 条（他の手続の中止命令等）
▌会社更生法第 24 条（他の手続の中止命令等）
▌会社法第 512 条（他の手続の中止命令等），第 889 条（他の手続の中止命令）

◆アメリカ法
⇒日本法第 42 条の項における◆第 362 条参照

■イギリス法
（会　社）
■第 126 条（会社に対する手続を中止又は防止する権限）
1　清算の申立書が提出されてから清算命令が発令されるまでの間のいつでも，会社，債権者又は清算出資者は，以下に定めることをすることができる。
(a)　会社に対する訴訟又は手続がイングランド及びウェールズ又は北アイルランドのハイ・コート又は控訴院に係属しているときは，当該訴訟又は手続が係属している裁判所に対して，手続の中止を申し立てること
(b)　前号に定めるもの以外の会社に対する訴訟又は手続が係属しているときは，会社を清算する管轄権を有する裁判所に対して，当該訴訟又は手続においてさらに手続がされることの抑止を申し立てること

申立てがされた裁判所は，適切と考える条件を課して，（場合によって）当該手続を中止又は抑止することができる。

（自然人）
■第 285 条（手続及び救済に対する制限）
1　破産申立てに基づく手続が係属しているとき又は債務者が破産者と宣告されたときはいつでも，裁判所は，債務者又は破産者の財産若しくは身体に対する訴訟，強制執行又はその他の法的手続を停止することができる。

2　債務者に対する手続が係属している裁判所は，債務者に関して破産申立書が提出されたこと又は債務者が破産者となっていまだ免責を受けていないことの証明があったときは，当該手続を停止するか，又は適切と考える条件を課して続行させることができる。

●ドイツ法
●第 21 条（保全処分）
倒産裁判所は，申立てについて裁判するまでの間に債務者の財産状態に債権者を害する変動が生ずることを予防するため，必要と認められるあらゆる措置を命ずることができる。債務者は，本条の措置に対して，即時抗告をすることができる。

2　裁判所は，とりわけ次に掲げる措置を命じることができる。
……
三　債務者に対する強制執行処分を禁止しまたはその一時停止を命じること。ただし不動産を対象とするものでないときに限る。

日・◆米・■英・●独・▲仏　　　　　　　　破産法第 25 条～第 27 条（包括的禁止命令の解除）

▲フランス法（該当規定なし）

第 25 条（包括的禁止命令）　裁判所は，破産手続開始の申立てがあった場合において，前条第 1 項第 1 号又は第 6 号の規定による中止の命令によっては破産手続の目的を十分に達成することができないおそれがあると認めるべき特別の事情があるときは，利害関係人の申立てにより又は職権で，破産手続開始の申立てにつき決定があるまでの間，全ての債権者に対し，債務者の財産に対する強制執行等及び国税滞納処分（国税滞納処分の例による処分を含み，交付要求を除く。以下同じ。）の禁止を命ずることができる。ただし，事前に又は同時に，債務者の主要な財産に関し第 28 条第 1 項の規定による保全処分をした場合又は第 91 条第 2 項に規定する保全管理命令をした場合に限る。

2　前項の規定による禁止の命令（以下「包括的禁止命令」という。）を発する場合において，裁判所は，相当と認めるときは，一定の範囲に属する強制執行等又は国税滞納処分を包括的禁止命令の対象から除外することができる。

3　包括的禁止命令が発せられた場合には，債務者の財産に対して既にされている強制執行等の手続及び外国租税滞納処分（当該包括的禁止命令により禁止されることとなるものに限る。）は，破産手続開始の申立てにつき決定があるまでの間，中止する。

4　裁判所は，包括的禁止命令を変更し，又は取り消すことができる。

5　裁判所は，第 91 条第 2 項に規定する保全管理命令が発せられた場合において，債務者の財産の管理及び処分をするために特に必要があると認めるときは，保全管理人の申立てにより，担保を立てさせて，第 3 項の規定により中止した強制執行等の手続又は外国租税滞納処分の取消しを命ずることができる。

6　包括的禁止命令，第 4 項の規定による決定及び前項の規定による取消しの命令に対しては，即時抗告をすることができる。

7　前項の即時抗告は，執行停止の効力を有しない。

8　包括的禁止命令が発せられたときは，破産債権者等（当該包括的禁止命令により強制執行等又は国税滞納処分が禁止されているものに限る。）については，当該包括的禁止命令が効力を失った日の翌日から 2 月を経過する日までの間は，時効は，完成しない。

第 26 条（包括的禁止命令に関する公告及び送達等）　包括的禁止命令及びこれを変更し，又は取り消す旨の決定があった場合には，その旨を公告し，その裁判書を債務者（保全管理人が選任されている場合にあっては，保全管理人。次項において同じ。）及び申立人に送達し，かつ，その決定の主文を知れている債権者及び債務者（保全管理人が選任されている場合に限る。）に通知しなければならない。

2　包括的禁止命令及びこれを変更し，又は取り消す旨の決定は，債務者に対する裁判書の送達がされた時から，効力を生ずる。

3　前条第 6 項の即時抗告についての裁判（包括的禁止命令を変更し，又は取り消す旨の決定を除く。）があった場合には，その裁判書を当事者に送達しなければならない。

第 27 条（包括的禁止命令の解除）　裁判所は，包括的禁止命令を発した場合において，強制執行等の申立人である債権者に不当な損害を及ぼすおそれがあると認めるときは，当

該債権者の申立てにより，当該債権者に限り当該包括的禁止命令を解除する旨の決定をすることができる。この場合において，当該債権者は，債務者の財産に対する強制執行等をすることができ，当該包括的禁止命令が発せられる前に当該債権者がした強制執行等の手続で第25条第3項の規定により中止されていたものは，続行する。
2　前項の規定は，裁判所が国税滞納処分を行う者に不当な損害を及ぼすおそれがあると認める場合について準用する。
3　第1項（前項において準用する場合を含む。次項及び第6項において同じ。）の規定による解除の決定を受けた者に対する第25条第8項の規定の適用については，同項中「当該包括的禁止命令が効力を失った日」とあるのは，「第27条第1項（同条第2項において準用する場合を含む。）の規定による解除の決定があった日」とする。
4　第1項の申立てについての裁判に対しては，即時抗告をすることができる。
5　前項の即時抗告は，執行停止の効力を有しない。
6　第1項の申立てについての裁判及び第4項の即時抗告についての裁判があった場合には，その裁判書を当事者に送達しなければならない。この場合において，第10条第3項本文の規定は，適用しない。

▌民事再生法第27条（再生債権に基づく強制執行等の包括的禁止命令），第28条（包括的禁止命令に関する公告及び送達等），第29条（包括的禁止命令の解除）
▌会社更生法第25条（包括的禁止命令），第26条（包括的禁止命令に関する公告及び送達等），第27条（包括的禁止命令の解除）

◆アメリカ法
◆**第362条**（自動停止）
(a)～(c)　⇒日本法第42条の項における◆第362条参照
(d)　利害関係人の申立てにより，かつ，通知をなし審問を経た上で，裁判所は，次のように，本条(a)に定める自働停止を終了し，取り消し，変更し又は条件を付すことによって自働停止に対する救済を付与しなければならない。
(1)　当該利害関係人の財産上の権利につき適切な保護の欠缺を含む理由があると認められ，
(2)　(A)債務者が当該財産について持分を有せず，かつ，(B)当該財産が有効な更生のために必要ではないときは，本条(a)に基づく財産に対する行為の停止について，
(3)　請求権が単一不動産における権利によって担保される債権者による(a)に基づく単一不動産に対する行為の停止について。ただし，手続開始決定があってから90日を超えない日に（又は，裁判所がその90日内になした決定により理由があると決定することができる日より遅くない日に），又は，裁判所が債務者は本項の対象になると判断した後30日を超えない日に，(A)債務者が相当の期間内に認可されるとの見込みをもって更生計画案を提出したとき，又は(B)債務者が，(i)第363条(c)(2)にもかかわらず，不動産によって担保される請求権（判決によるリエン又は将来において発生する制定法上のリエンによって担保される請求権を除く）を有する各債権者に対して当該財産によって又は当該財産から事件が開始した日の以前又

は以後において発生していた賃料又はその他の果実から債務者の唯一裁量により毎月の返済が開始され，かつ，(ii)その返済額が債権者の不動産上の権利の価値に対する通常の不履行のない契約上の利率での権利に相当する額でなされていたときのいずれか遅い時期にあってはこの限りではない。あるいは

(4) 手続開始の申立てを(A)担保権者の同意又は裁判所の許可を得ることなく不動産上の権利のすべて若しくは一部又はその他の権利の移転，又は(B)不動産に影響を及ぼす倒産法上の複数の申立てのいずれかを伴う，債権者を遅延させ，妨げ，及び欺罔する企図の一部であると裁判所が認定したときは，当該不動産上の権利によって担保される請求権を有する債権者による本条(a)に基づく不動産に対する行為の停止について。

不動産上の権利又はリエンの通知を規律する適用ある州法に適合して登録されているときは，(4)により発せられた命令は，裁判所によりその命令が発せられた日の後2年を超えない間に提起された，そのような不動産に影響を及ぼす内容をもつ本法の下でのその他の事件においても拘束する。ただし，本法の下でのその後の事件における債務者が，通知をなし審問を受けた上で，事情の変更に基づき又は正当な理由が認められたとの理由によりその命令に対する救済を求める申立てをすることができるときは，この限りではない。不動産上の権利又はリエンの通知を受け取るいかなる連邦政府機関，州政府機関又は地方自治体機関も，指標及び記録のために本項に定める命令書の認証された謄本を受領しなければならない。

(e)(1) 本条(a)に基づき倒産財団の財産に対する行為に対する救済を求める(d)に基づく申立てがあったときから30日を経過したときは，その停止は，その申立てをなした利害関係人との関係では終了する。ただし，裁判所が，通知をなし審問を経た上で，本条(d)に基づく最終の審問期日が終結し判断が確定するまでの間，又は最終の審問期日における判断の結果として，自動停止の効果がなお継続することを命じたときはこの限りではない。本項に基づく審問期日は中間的審問期日とすることもできるし，本条(d)に基づく最終の審問期日と併合することもできる。裁判所は，自動停止に対する救済に異議を申し立てた当事者がその最終の審問期日が終結した段階で勝訴する相当の見込みがあるときは，本条(d)に基づく最終の審問期日が終結するまでの間，自動停止の効果がなお継続することを命じなければならない。本項に基づく審問期日が準備的審問期日であるときは，その最終の審問期日は中間的審問期日が終結した後30日内に終結しなければならない。ただし，30日の期間が利害関係人の同意により，又は裁判所がやむをえない事情によると認め，一定の期間伸長されたときは，この限りではない。

(2) (1)にもかかわらず，債務者が個人である第7章，第11章又は第13章の下での事件において，(a)に基づく自動停止は，(d)に基づき利害関係人により申立てのあった日の後60日を経過した日に終了する。ただし，(A)申立てのあった日から

60日の期間内に裁判所により最終の判断がされたとき，又は(B)その60日の期間が，(i)利害関係人の同意により，又は(ii)裁判所のした認定において説示されたところに従い，正当な理由があるとされて裁判所が必要とされると認定した一定の期間，伸長されたときは，この限りではない。

(f) 財産上の主体の権利が本条(d)又は(e)に基づく通知及び審問の機会を与えられる以前に損害を受けるであろうときは，利害関係人の申立てにより，裁判所は，審問を経て又は経ることなく，財産上の主体の権利に対する避けがたい損害の発生を防止するために必要な，本条(a)に定める自動停止に対する救済を付与しなければならない。

(g) 本条(a)における行為の停止に対する救済に関する本条(d)又は(e)に基づくいかなる審問期日においても，(1)その救済を求める当事者は，財産上の債務者の持分に関する争点について証明責任を負担し，また(2)その救済に対して異議を申し立てる当事者は，以上の他すべての争点について証明責任を負担する。

(h) (1) 債務者が個人である事件においては，(a)に定める自動停止は，倒産財団又は債務者の人的財産であって，請求権の全部若しくは一部を担保しているもの又は期間の定めのない賃貸借契約の目的になっているものについては終了し，そのような人的財産は，債務者が第521条(a)(2)によって定められている適用ある期間内に次のことをしないときは，もはや倒産財団の財産とはいえない。

(A) その人的財産につき第521条(a)(2)に基づき必要とされている意思表明書を適時に提出し，又は債務者がその人的財産を引き渡し若しくは留保するかのいずれかを意思表明書において明示すること，さらに，その人的財産を留保するときは第722条に従いその人的財産を受け戻しその人的財産によって担保される債務に適用される第524条(c)において規定される種類の合意を締結するか，管財人が期間満了前の賃貸借契約を引き受けない場合に第365条(p)に従い期間満了前の賃貸借契約を引き受けるかいずれかのことを，適用されるところに従い行うこと；及び

(B) 以上の意思表明書が当初の契約条件に基づいてその債務を承認する債務者の意思を特定していない限り，かつ，債権者がその条件に基づく債務者の承認に同意することを拒絶していない限り，その意思表明書において特定されている行為を適時にとること（行為をなす期間が満了する前にその記載が修正されたときはそれによる）。

(2) 第521条(a)(2)に基づいて定められた適用される期間が満了する前に提起される管財人の申立てにより，通知をなし審問を経た上で，裁判所が，その人的財産が倒産財団にとって重要な価値があり又は利益があると判断し，債務者に対して，債務者が占有する担保財産を管財人に引き渡すことを命じたときは，(1)は適用がない。裁判所がそのような決定をしないときは，(a)に規定する停止は，申立てに基づく審問の終了により失効する。

(i) 第7章，第11章又は第13章の下で開始された事件が，債務弁済計画の設定により棄却されたときは，(c)(3)との関係では，それらいずれかの章の下で債務者によって開始されたその後の事件は，善意ではない手続開始の申立てがあったものとは推定されない。
(j) 利害関係人の申立てにより，裁判所は，自動停止が終了したことを認可する命令を(c)に基づき発しなければならない。
(k) (1) (2)に定めるところを除き，本条によって規定される停止の故意の違反によって損害を蒙った者は，費用及び弁護士費用を含む現実の損害の回復を求めるものとし，適切な状況においては懲罰賠償を求めることができる。
　(2) その違反が，(h)が債務者に適用される善意で確信して主体が提起した訴訟によるものであるときは，その者に対する本項(1)に基づく損害の回復は，現実の損害に限られる。
(l) (1) 債務者が第7章手続開始の申立てをなし，(A)当該裁判区において適用される非破産法の下で，占有回復判決に起因する金銭支払債務全額についての不履行がその判決があった後に治癒することを債務者が許される状況があること，及び，(B)債務者（又は債務者の成人被扶養者）が第7章手続開始の申立てをした後30日の間に履行期が到来する賃料をその裁判所書記官に預託したことを記載したそれが不実であるときは偽証罪に服する証書を賃貸人に送達したときは，本項に別段に定められるところを除き，(b)(22)は，その申立てがあった日の後30日である日に適用される。
　(2) 第7章手続開始の申立てをした後30日内に債務者（又は債務者の成人被扶養者）が(1)を遵守し，債務者（又は債務者の成人被扶養者）が，当該裁判区において適用される非破産法の下で，賃貸人によって占有が申し立てられた判決に起因する金銭支払債務全額についての不履行を治癒したことを記載したそれが不実であるときは偽証罪に服する証書を裁判所に提出し，かつ，これを賃貸人に送達したときは，(b)(22)は適用されない。ただし，(3)に基づき裁判所によって適用することが命じられたときは，この限りではない。
　(3) (A)賃貸人が(1)又は(2)に基づき債務者が提出した証書に対して異議を申し立て，異議申立書を債務者に送達したときは，裁判所は，(1)又は(2)に基づき債務者によって提出されたその証書が真実であるか否かの確定を求める異議申立書の提出及び送達があった後10日内に審問を行わなければならない。
　　(B) 裁判所が(A)に基づきなされた賃貸人の異議申立てを認容するときは，(i)(b)(22)はそのまま適用され，賃貸人が当該財産の完全な占有を回復する手続を完了することを可能にする，(a)(3)の下で規定される停止に対する救済は必要とせず，かつ，(ii)当該裁判所書記官は，賃貸人及び債務者に対して，賃貸人の異議申立てを認容する裁判所の決定の認証された謄本を速やかに送達しなければならない。

⑷　債務者が，⑸に従い手続開始の申立書に，債務者が居住している居住用賃貸不動産の占有を認容した判決があると記載しており，⑴又は⑵による認証の書面を提出していないときは，
　　㈠　その認証の書面を提出しなければただちに(b)㉒が適用され，かつ，(a)⑶で定められている停止に対する救済は必要とされず，賃貸人が当該財産の占有を完全に回復するための手続を完了させることができ，
　　㈡　当該裁判所の書記官は，提出されるべき認証の書面が提出されていないこと及び(b)㉒による停止に対する例外の適用を明示した事件記録の認証謄本を速やかに賃貸人及び債務者に送達しなければならない。
⑸　㈠　債務者が賃貸借契約又は賃貸合意に基づき賃借人として居住する居住用不動産の占有を認容した判決が賃貸人によって得られた場合には，債務者は，手続開始の申立書にそのことを明らかにしなければならず，かつ，その申立書及び本項に基づき提出された認証の書面において手続開始の申立ての前に判決を取得した賃貸人の氏名及び住所を示さなければならない。
　　㈡　本項に定められている認証の書面の様式は，債務者が認証すべきであることを定め，債務者は，⒤債務者が居住する居住用賃貸家屋の占有を認容した判決が手続開始の申立ての日より前に債務者を相手として取得されたか否か，及び，ⅱ当該裁判区において適用される非破産法の下で債務者が占有を認容した判決に起因する金銭支払債務全額についての不履行を治癒することを許されるであろう状況が存在することを債務者が主張しているか否か，債務者が当該裁判所に適切な担保を供したか否かを証明しなければならない。
　　㈢　倒産手続において用いられている標準様式（電子的方式その他）は，本項の要件に適合するよう修正される。
　　㈣　当該裁判所の書記官は，賃貸人に対して，⑴㈡に従い預託された賃料を迅速に交付できるよう協議しなければならない。
⒨　⑴　本項において別段に定められているところを除き，(b)㉓は，賃貸人が(b)㉓において定められている証書を提出し，送付した日の後 15 日が経過した日に適用される。
　　⑵　㈠　債務者が(b)㉓において定められている証書の真実性又は法的十分性に対して異議を裁判所に提出し，その異議を賃貸人に送付したときは，本項に基づき裁判所によって適用されることが命じられない限り，(b)㉓は適用されない。
　　　㈡　債務者が㈠による異議を提出し，送付したときは，裁判所は，その異議が提出され送付された後 10 日内に審問を行い，賃貸人が⑴に基づき提出し送付した証書に起因する当該状況が存在したか否か，当該状況が救済されたか否かを確定しなければならない。
　　　㈢　債務者が，賃貸人が⑴に基づき提出し送付した証書に起因する当該状況が存在しなかったこと又は当該状況が救済されたことを裁判所に認定させるとこ

日・◆米・■英・●独・▲仏　　　　　　　　破産法第25条〜第27条（包括的禁止命令の解除）

ろまで立証できたときは，(a)(3)に定める停止は本条の停止が終了するときまでその効力は存続する。

　(D)　債務者が，賃貸人が(1)に基づき提出し送付した証書に起因する当該状況が存在しなかったこと又は当該状況が救済されたことを裁判所に認定させるところまで立証できなかったときは，(i)(a)(3)に定める停止に対する救済は必要とはされず，賃貸人は占有回復の手続を進めることができ，かつ，(ii)当該裁判所の書記官は，賃貸人の証書を認容した裁判所の決定書の謄本を速やかに賃貸人及び債務者に送達しなければならない。

(3)　債務者が15日内に(2)(A)に基づく異議を提起しないときは，

　(A)　異議を提起しないことにより(b)(23)はただちに適用され，(a)(3)に定める停止に対する救済は必要とはされず，賃貸人は当該財産の完全な占有を回復する手続を完成させることができ，かつ，

　(B)　当該裁判所の書記官は，異議がなかったことを指示する事件記録の認証謄本を速やかに賃貸人及び債務者に送達しなければならない。

(n)　(1)　(2)に定められるところを除き，(a)は，次の場合には適用されない。

　(A)　債務者が手続開始の申立てがあった時において係属していた小規模事業者事件における債務者である場合，

　(B)　当該手続開始の申立てにつき発せられた救済の命令の日に満了する2年の期間において終局になった決定により何らかの理由で棄却された小規模事業者事件における債務者であった場合

　(C)　当該手続開始の申立てにつき発せられた救済の命令の日に満了する2年の期間において計画案が認可された小規模事業者事件における債務者であった場合，又は

　(D)　債務者が(A)，(B)又は(C)に定める小規模事業債務者の財産又は事業の実質的にすべてを取得した者である場合。ただし，その者が当該小規模事業債務者の財産又は事業の実質的にすべてを善意でかつ本項の適用を回避する目的によらずに取得したことを証拠の優越により立証するときは，この限りではない。

(2)　(A)　債務者と債権者との間にいかなる通謀もない債務者以外の者による手続開始の申立てに基づく事件，又は，(B)(i)手続開始の申立てが，その当時係属していた事件が申し立てられた時において予見することができない，債務者の支配が及ばない状況に起因したことを，債務者が証拠の優越により立証する場合，及び，(ii)清算を内容とする計画案ではなく遂行可能な計画案を裁判所が相当の期間内に認可するであろうと強く見込まれる場合における手続開始の申立ての提起には，(1)は適用されない。

(o)　(b)(6)，(7)，(17)又は(27)に従い(a)の下では停止の対象とならない権利の行使は，本法の下でのいかなる手続においても裁判所又は手続を実施する機関のいかなる命令によっても停止されない。

129

第2章　破産手続の開始

■**イギリス法**（該当規定なし）

●**ドイツ法**（該当規定なし）

▲**フランス法**（該当規定なし）

> <u>第28条（債務者の財産に関する保全処分）</u>　裁判所は，破産手続開始の申立てがあった場合には，利害関係人の申立てにより又は職権で，破産手続開始の申立てにつき決定があるまでの間，債務者の財産に関し，その財産の処分禁止の仮処分その他の必要な保全処分を命ずることができる。
> 2　裁判所は，前項の規定による保全処分を変更し，又は取り消すことができる。
> 3　第1項の規定による保全処分及び前項の規定による決定に対しては，即時抗告をすることができる。
> 4　前項の即時抗告は，執行停止の効力を有しない。
> 5　第3項に規定する裁判及び同項の即時抗告についての裁判があった場合には，その裁判書を当事者に送達しなければならない。この場合においては，第10条第3項本文の規定は，適用しない。
> 6　裁判所が第1項の規定により債務者が債権者に対して弁済その他の債務を消滅させる行為をすることを禁止する旨の保全処分を命じた場合には，債権者は，破産手続の関係においては，当該保全処分に反してされた弁済その他の債務を消滅させる行為の効力を主張することができない。ただし，債権者が，その行為の当時，当該保全処分がされたことを知っていたときに限る。

▮ 民事再生法第30条（仮差押え，仮処分その他の保全処分）
▮ 会社更生法第28条（開始前会社の業務及び財産に関する保全処分）
▮ 会社法第540条（清算株式会社の財産に関する保全処分），第898条（清算株式会社の財産に関する保全処分等）

◆**アメリカ法**
◆**第303条（債務者以外の者による手続開始の申立て）**
(a)〜(h)　……
(g)　本法第7章の下での債務者以外の者による手続開始の申立てに係る事件の開始前で当該事件における救済命令がある前においていつでも，裁判所は，利害関係人の申立てにより，債務者に対して通知をなし審問を経た上で，倒産財団の財産を維持し又はその減少を防止する必要があるときは，連邦管財官に対して，本法第701条に定める仮管財人の選任を命じ，これに倒産財団の財産を占有させ，債務者の事業を経営させることができる。救済命令がある前において債務者が裁判所の命じた保証を立てたときは，その後に当該事件において救済命令があった場合には財産又はその占有を回復したとすればその時における財産価値につき計算報告を行い，又は管財人にこれらを引き渡すことを条件として，債務者は，本項により選任を命じられた管財人が占有している財産の占有を回復することができる。

日・◆米・■英・●独・▲仏　　　　　破産法第28条(債務者の財産に関する保全処分)

◆第701条（仮管財人）
(a)　(1)　本章の下での救済が命じられた後速やかに，連邦管財官は，法第28号第586条(a)(1)に基づき作成された民間管財人名簿（panel of private trustees）に登録された者（a member）であって利害関係なき者1名，又は本章の下での救済命令が命じられる前の直近の事件において管財人として職務を遂行している利害関係なき者1名を，当該事件において仮管財人（interim trustee）として職務を行うために，選任しなければならない。
　(2)　その登録された者のいずれもが当該事件において仮管財人として職務を遂行する意思を有しないときは，連邦管財官は，当該事件において仮管財人として職務を遂行することができる。
(b)　本条の下での仮管財人の職務は，本法第702条に基づいて当該事件における管財人として職務を遂行するべく選出又は指名された管財人が本法第322条に基づき就任したときは，終了する。
(c)　本条に基づき職務を遂行する仮管財人は，本法の下での事件における管財人である。

◆R第2001条（第7章清算事件における救済命令前の仮管財人の選任）
(a)　選任　債務者以外の者による手続開始の申立てによる清算事件が開始された後においていつでも，裁判所は，利害関係人の書面による申立てにより，本法第303条(g)に基づいて仮管財人の選任を命ずることができる。当該申立ての書面には，仮管財人を選任する必要を記載しなければならず，当該申立ては，債務者，手続開始の申立てをなした債権者，連邦管財官及び裁判所が指定する他の利害関係人に対する通知に基づく審問を経た後においてのみ，認容される。
(b)　申立人の担保の提供　裁判所が承認した額で，本法第303条(i)に基づき認容される費用，代理人手数料，支出及び損害につき債務者を填補することを条件付けられた担保を，申立人が提供しない限り，仮管財人は選任さなれない。
(c)　選任の決定　仮管財人の選任を命ずる決定には，選任が必要である理由を明示しなければならず，その後管財人の義務を特定してしなければならない。
(d)　財産の引渡し及び報告　本法第702条に基づき選出された管財人が就任したときは，仮管財人は，別段命じられない限り，(1)占有していた倒産財団のすべての記録及び財産を管財人に速やかに引き渡さなければならず，(2)その後30日内に最終報告書及び最終計算書を提出しなければならない。

《関連規定》
◆第101条（定義）
　⒁　「利害関係を有しない者」（disinterested person）とは，次の者をいう。
　　(A)　債権者，持分証券保有者又は内部者でない者，
　　(B)　手続開始の申立てがあった日以前2年内に，債務者の取締役，役員若しくは従業員でない者又はこれらのものではなかった者，及び

(C) 債務者との間における直接的若しくは間接的な関係，関連又は利害を有するとの理由により，又はその他の理由により，倒産財団又は債権者若しくは持分証券保有者のある組の利益に実質的に反する利害を有しない者

【コメント】　日本法第28条に厳密に対応する規定は存在しないが，これに類するものとして，債務者以外の者による手続開始の申立てによる事件においては，その申立てから救済命令が発せられるまでの間に，裁判所は，仮管財人の選任を連邦管財官に対して命ずることができる（第303条(g)参照）。債務者以外の者による手続開始の申立てによる第7章の事件にあっては，債務者は救済命令があるまでの間，財産の管理処分権と事業経営権を失わないために（第303条(f)参照），その間において財産を保全し，財産の減少を防止する必要があるからである。なお，その権限とは，倒産財団の財産を占有し，債務者の事業を経営する権限である。

　債務者による手続開始の申立てに基づく事件の場合には，申立てそのものが救済命令の意味をもつから，第701条により，管財人が債権者集会で選任されるときまで仮管財人が管財人としての役割を果たすことになる。この仮管財人が債権者集会で管財人が選任されるまでのつなぎ役を果たすが，大多数の事件では債権者は管財人を選出することをしないため，この仮管財人が当該事件の管財人にとなるといわれる（6 Collier on Bankruptcy 701-2（15th rev. ed.1996））。

　なお，仮管財人を選任する機関は連邦管財官である点にアメリカ法の特徴がある。また，仮管財人の引き受け手がいない場合には，連邦管財官が仮管財人になる場合があるのも特徴の一つといえる。債務者以外の者による手続開始の申立てによる事件における救済命令前の仮管財人は，規定の形式からみて，日本法の保全管理人に類似する。仮管財人として選任される者は「利害関係なき者」でなければならない（第101条(14)参照）。なお，具体的な資格については，6 Collier on Bankruptcy 701-4～6（15th rev.ed.1996）では論じられてはいない。

■イギリス法
（会　社）
■第135条（仮清算人の選任及び権限）
1　次項以下に定めるところに従い，裁判所は，清算命令の申立書が提出された後であればいつでも，清算人を仮に選任することができる。

2　イングランド及びウェールズにおいては，仮清算人の選任は，清算命令の発令前のいつでも，これをすることができる。その場合には，管財官又は他の適任者を選任することができる。

3　（スコットランドに関する規定）

4　仮清算人は，裁判所によって与えられた職務を執行しなければならない。

5　清算人が裁判所によって仮に選任されたときは，その権限は選任命令によって制限することができる。

（自然人）
■第286条（仮管財人を選任する権限）
1　裁判所は，債務者の財産を保全するために必要であることが示されたときは，破産申立書が提出されてから破産命令が発せられるまでの間のいつでも，管財官を債務者の財産の仮管財人に選任することができる。

日・◆米・■英・●独・▲仏　　　　　　　破産法第28条(債務者の財産に関する保全処分)

【コメント】　会社については，わが国の手続開始前の保全処分と同様の機能を果たしているのは仮清算人の選任（倒産法第135条）である。仮清算人を選任する主たる目的は，清算手続における債権者間の平等な分配を保障するために，会社の資産を保全することである。その他の目的としては，会社の財務に関して否認の対象となるような取引行為が行われているか否かを早い段階で調査することを可能にすることだといわれている。また，仮清算人の選任は，清算命令が発令されたのと同様の自動停止の効果（会社に対するすべての訴訟その他の手続を停止する効果。日本法第44条の箇所の130条2項参照）をもたらすともいわれている。Fletcher, The Law of Insolvency, 4thed., 2009, p.695. なお，会社について清算命令の申立書が提出された場合には，清算命令の発令前でも会社の財産の処分は禁じられる（倒産法第127条。日本法第30条の箇所の［コメント］1，2を参照）。

　自然人の場合にも，破産申立書の提出後，破産命令が発令されるまでの間に，裁判所は仮管財人（interim receiver）を選任することができる（倒産法第286条第1項）。

　仮清算人又は仮管財人に選任されることのできる管財官（official receiver）は，企業・革新・職業技能省（Department of Business Innovation and Skills）の職員であり，手続開始後に清算人又は管財人が選任されるまでの間，債務者の資産を管理する。管財官が引き続き清算人又は管財人となることもある。

●ドイツ法
●第21条（保全処分）

　倒産裁判所は，申立てについて裁判するまでの間に債務者の財産状態に債権者を害する変動が生ずることを予防するため，必要と認められるあらゆる措置を命ずることができる。債務者は，本条の措置に対して，即時抗告をすることができる。

2　裁判所は，とりわけ左に掲げる措置を命ずることができる。

一　仮倒産管財人を選任すること。仮倒産管財人には第56条および第58条から第66条までの規定を準用する。

二　債務者の処分行為を一般的に禁止し，または債務者の処分行為の効力を仮倒産管財人の同意に係らしめること。

三　債務者に対する強制執行処分を禁止しまたはその一時停止を命じること。ただし不動産を対象とするものでないときに限る。

四　仮の郵便物等の管理を命ずること。この場合には，99条および101条1項1文を準用する。

五　倒産手続が開始した場合に166条により倒産管財人の換価権が及ぶ目的物又は取戻権の対象となる目的物について，債権者による換価又は取立てを禁止すること，及びこれらの目的物を債務者の事業の継続のために使用することを許すこと，ただし，これらの措置がとくに重要な意義を有する場合に限る。169条第2文及び3文を準用する。；目的物の使用により生じた価値の減少は，債権者への継続的支払いにより補償しなければならない。補償の支払義務は，価値の減少が別除権者の担保を侵害する場合に限り，認められる。仮倒産管財人が，請求権の担保のために譲渡された債権を債権者に代わって取り立てたとき

は，170条及び171条を準用する。

　本条に定める保全措置は，金融機関法1条17項に定められた金融担保についての処分の効力，ならびに同法1条16項に定められた決済システムにもちこまれた，振替契約，支払契約または譲渡契約から生じた請求権および給付の清算の効力には，影響を及ぼさない。

不動産強制執行強制管理法第30d条　……

　4　倒産手続の開始前に仮倒産管財人が選任された場合においては，その申立てにより，強制競売を仮に停止することができる。ただし，仮の停止が，債務者の財産状態に有害な変動が生じることを防止するため必要であることが，疎明されたときに限る。

●第22条（仮倒産管財人の地位）

　仮倒産管財人が選任され，かつ債務者の処分行為が一般的に禁止されたときには，債務者の財産を管理および処分する権限は仮倒産管財人に移転する。この場合においては，仮倒産管財人は左に掲げる措置を採らなければならない。

　一　債務者の財産を保全し掌握すること。
　二　債務者が企業を経営するときは，倒産手続が開始されるまでその営業を継続すること。ただし，財産が大きく減少することを防止するため，倒産裁判所が営業の廃止を許可したときは，この限りでない。
　三　債務者の財産が手続の費用を償うに足りるか否かを調査すること。倒産裁判所は，これに加えて，倒産原因の存否および債務者の営業を継続しうる見込みの有無を鑑定人として調査することを，仮倒産管財人に嘱託することができる。

　2　仮倒産管財人が選任され，かつ債務者の処分行為が一般的に禁止されないときには，仮倒産管財人の任務は，倒産裁判所が定める。この場合の任務は，前項第2文の任務を越えてはならない。

　3　仮倒産管財人は，債務者の営業所に立ち入って調査する権限を有する。債務者は，仮倒産管財人に対して，各種帳簿および業務用書類の閲覧を許可し，必要な情報をすべて提供しなければならない。この場合においては，第97条，第98条，第101条第1項第1文，第2文および同条第2項の規定を準用する。

●第23条（処分行為の制限の公告）

　仮倒産管財人を選任し，かつ第21条第2項第2号の定める処分行為の制限を命じる決定は，公告しなければならない。この決定は，債務者，債務者に対し義務を負う者および仮倒産管財人に対しては，別に送達しなければならない。債務者に対し債務を負う者に対しては，これと同時に，この決定を遵守した上でのみ履行するよう求めることを要する。

　2　債務者が商業登記簿，協同組合登記簿または社団登記簿に登記されているときは，倒産裁判所の書記課は，この決定の正本を登記裁判所に送付しなければならない。

3　第32条および第33条の規定は，処分制限を船舶登記簿，建造中船舶登記簿または航空機抵当権登記簿に登記するにつき，準用する。

●第24条（処分制限の効力）
　第81条および第82条の規定は，第21条第2項第2号の定める処分行為の制限に違反したときに準用する。
　2　第85条第1項第1文および第86条の規定は，債務者の財産を処分する権限が仮倒産管財人に移転した場合において，係属中の訴訟の受継につき準用する。

●第25条（保全処分の取消し）
　第23条の規定は，保全処分が取り消された場合において，処分制限の取消しの公告につき準用する。
　2　債務者の財産を処分する権限が仮倒産管財人に移転した場合においては，仮倒産管財人は，その管理に係る財産から選任が取り消される前に生じた費用を支払い，またはその行為により生じた義務を履行しなければならない。仮倒産管財人が，その管理に係る財産につき反対給付を請求する場合において，その継続的債務関係より生ずる義務についても，同じとする。

　【コメント】　ドイツ倒産法21条以下は，保全処分について詳細な規定を置くことによって，旧破産法106条の下で生じていた諸問題を解決した。ドイツでは担保権（別除権）の実行も強制執行の方法によって行なわれるので，21条2項3号による禁止または仮の停止は，担保権の実行にも及ぶことになる。なお，同規定が不動産を対象外としているのは，不動産については，これらの保全処分の管轄が，政府草案とは異なり，執行裁判所とされ，この点に関する規定は，倒産法ではなく強制競売・強制管理法に置かれることとなったためである（日本法65条に対応するドイツ法の条文及びコメント参照）。

▲フランス法（該当規定なし）
　【コメント】　関連して，次のような規定がある。
▲R第641-15条
　主任裁判官は，債務者の財産の全部または一部について封印貼付を命ずることができる。この場合には，手続は，死後封印について定められた規定に従って行われる。

第29条（破産手続開始の申立ての取下げの制限）　破産手続開始の申立てをした者は，破産手続開始の決定前に限り，当該申立てを取り下げることができる。この場合において，第24条第1項の規定による中止の命令，包括的禁止命令，前条第1項の規定による保全処分，第91条第2項に規定する保全管理命令又は第171条第1項の規定による保全処分がされた後は，裁判所の許可を得なければならない。

　民事再生法第32条（再生手続開始の申立ての取下げの制限）
　会社更生法第23条（更正手続開始の申立ての取下げの制限）

◆**アメリカ法**（該当規定なし）
《関連規定》
◆ R 第1017条（事件の棄却又は移行；手続の停止）
(a) 事件の棄却；手続追行の欠缺又はその他の原因による事件の棄却　本法第707条(a)(3)，第707条(b)，第1208条(b)及び第1307条(b)，並びに，R第1017条(b)，(c)及び(e)に定めるところを除いて，R第2002に定めるところによる通知に基づく審問を経る前には，手続追行の欠缺若しくはその他の理由により，手続開始の申立てをなした者の申立て又は利害関係人の同意に基づいては，事件は棄却されない。その通知との関係では，債務者は，裁判所が定める期間内に，住所を記載した債権者一覧表を提出しなければならない。ただし，債権者一覧表がすでに提出されているときは，この限りではない。債務者が債権者一覧表を提出しないときは，裁判所は，債務者又はその他の者に対して債権者一覧表を作成し提出することを命じることができる。
(b)～(f)　……

■**イギリス法**
（会　社）
■ R 第4.15条（申立人が取下げをすることの許可）
　遅くとも審問の5日前までに，申立人が一方当事者のみの申立てにより以下の各要件を裁判所に確信させたときは，裁判所は，手続費用について当事者が合意することのできる条件を課したうえで，申立人が強制清算の申立てを取り下げることについての許可を命じることができる。
　(a)　申立てが公告されていないこと
　(b)　申立てに関して申立人が通知（賛成，反対のいずれの内容であるかを問わない）を受け取っていないこと
　(c)　本条に基づいて命令が発せられることに会社が同意していること
（自然人）
■第266条（他の仮の条件）
　2　破産の申立ては，裁判所の許可がなければ取り下げることができない。

●**ドイツ法**（該当規定なし）

▲**フランス法**（該当規定なし）

日・◆米・■英・●独・▲仏　　　　　　　　　　　　　破産法第30条（破産手続開始の決定）

第2節　破産手続開始の決定

<u>第30条（破産手続開始の決定）</u>　裁判所は，破産手続開始の申立てがあった場合において，破産手続開始の原因となる事実があると認めるときは，次の各号のいずれかに該当する場合を除き，破産手続開始の決定をする。
一　破産手続の費用の予納がないとき（第23条第1項前段の規定によりその費用を仮に国庫から支弁する場合を除く。）。
二　不当な目的で破産手続開始の申立てがされたとき，その他申立てが誠実にされたものでないとき。
2　前項の決定は，その決定の時から，効力を生ずる。

規第19条（破産手続開始の決定の裁判書等・法第30条）　破産手続開始の申立てについての裁判は，裁判書を作成してしなければならない。
2　破産手続開始の決定の裁判書には，決定の年月日時を記載しなければならない。

▮民事再生法第33条（再生手続開始の決定）
▮会社更生法第41条（更生手続開始の決定）
▮会社法第510条（特別清算開始の原因）

◆アメリカ法

◆第301条(a)～(b)⇒日本法第18条の項参照
◆第303条(a)～(b)⇒日本法第18条の項参照
◆第362条（自動停止）
(a)　本条(b)に定めるところを除き，本法第301条，第302条若しくは第303条又は1970年証券投資家保護法第5条(a)(3)による手続開始の申立ての提起は，すべての者に適用され，次の手続を停止させる。……
◆第541条（倒産財団の財産）
(a)　本法第301条，第302条又は第303条に基づく事件の開始は，倒産財団を設定する。倒産財団は，その所在する場所を問わず，誰が保有するかを問わず，次のすべての財産をもって構成される。……
◆第323条（管財人の役割及び資格）
(a)　本法の下での事件における管財人は，倒産財団の代表者（the representative）である。
(b)　本法の下での事件における管財人は，訴え又は訴えられる適格（capacity）を有する。

【コメント】　債務者による手続開始の申立てに基づく事件では，手続開始の申立て自体が救済命令（order for relief）となり，それが倒産手続の開始を意味する。
　これに対して，債務者以外の者による手続開始の申立てに基づく事件では，裁判所により救済命令が手続開始の申立てにもとづいて発せられる。債務者以外の者による手続開始の申立て

の場合には，債務者にこれを争う機会を与える必要があるため，また，申立ての適法性，手続開始原因などを裁判所が審査する機会が必要であるから，救済命令によって手続の開始を画することになっている。この場合，破産裁判所の救済命令があると，手続開始の申立てがあった日において倒産財団は成立するが，救済命令が発せられる時までは，債務者は財産を占有し，また事業を継続することができる。

　債務者以外の者による手続開始の申立てがあった時から救済命令が発せられる時までの間（gap period）に債務者がなした財産譲渡行為につき問題が生じることがある。手続開始の申立てをなした債権者などの立場からは，その間に債務者が財産を費消又は隠匿する可能性がある以上，救済命令の発せられるまでの間に債務者財産がどのように維持されるのかは重要な意味をもつ。第363条により債務者財産の使用，賃貸，売却が包括的に制限されるのは救済命令があった後の問題であり，財産のそれまでの使用，賃貸，売却については，第363条が適用されないからである。そこで，このような点を配慮して，第7章手続では仮管財人により，また第11章手続では選任された管財人により，その間における財産の維持が図られる（第303条(g)・第1104条(a)・第507条(a)(2)等参照）。

■イギリス法
（会　社）
■第129条（強制清算の開始時）
1　会社の強制清算の申立書が提出されるよりも前に会社において任意清算の決議がなされていた場合には，会社の清算は，当該決議の時に開始されたものとみなす。詐欺又は錯誤の証明に基づいて裁判所が別段の指示をした場合を除き，任意清算においてなされたすべての手続は，有効になされたものとみなす。

1A　［省略］

2　前2項に定める場合を除き，会社の強制清算は，清算の申立書が提出された時に開始されたものとみなす。

（自然人）
■第271条（債権者による破産申立てに基づく手続）
1　裁判所は，債権者による破産申立てにかかる債務又は複数の債務の一が，以下に定める債務のいずれかであると確信した場合を除き，当該申立てに基づいて破産命令を発することができない。
(a)　申立時において支払われるべきであったか，又はその後支払われるべきものとなった債務であって，いまだ完済されず，担保の提供又は一部弁済もなされていないもの
(b)　弁済期が到来したときに，債務者が支払うことのできる合理的な見込みのない債務

2　破産申立書に第270条によって要求されている記載がある場合には，裁判所は，第268条の規定による法定請求が送付されたのち少なくとも3週間が経過するまでは，破産命令を発することができない。

3　裁判所は，債務者がすべての債務を弁済することができることを確信した場

合，または以下に定める要件の存在を確信した場合には，破産申立てを却下することができる。
　(a)　破産申立てにかかる債務について，債務者が担保の提供または一部弁済の申出をしたこと
　(b)　前号の申出が受領されていれば，破産申立ては却下されたであろうこと
　(c)　(a)号の申出の拒絶が不合理であったこと
　本条に関して，債務者がすべての債務を弁済することができるか否かを決定するにあたっては，裁判所は，条件付債務及び将来の債務を斟酌しなければならない。
　4　本条に関して，弁済期が到来したときに債務者が債務を支払うことのできる合理的な見込みとは何かを決定するにあたっては，当該債務を生ぜしめた取引を行ったときに債権者に知られていた事実及びその他の事柄によって与えられた見込みは，合理的な見込みであったものと推定する。
　5　規則に従って，債権者による破産申立てを特定の債権者又は債務を除外するように修正することを認め，第267条から第271条までの規定に関しては，残存する債権者によって又は債務に関連して事柄がなされたものとして申立てに基づく手続を進行させる裁判所の権限は，第267条から第271条までの規定によっても妨げられない。

■第273条（裁判所による倒産実務家の選任）
　1　次条に定めるところに従い，裁判所は，債務者による破産申立ての審理に基づき以下に定める要件が存在すると思われるときは，破産命令を発することができない。
　(a)　破産命令が発せられたとすれば，無担保の破産債務の総額が小破産水準［注：40,000ポンド］未満であること
　(b)　破産命令が発せられたとすれば，破産財団の価額は最低額［注：4,000ポンド］と同額であるか又はそれ以上であること
　(c)　破産申立書の提出前の5年間において，債務者が破産者の宣告を受けておらず，債務を弁済するために債権者と債務免除の合意もせず，債務整理計画も行っていないこと
　(d)　第274条の規定による報告書を作成する者を選任することが適切であること
「最低額」及び「小破産水準」とは，本条に関して当分の間，定められた額とする。
　2　破産申立ての審理に基づき前項に定められた要件が存在すると思われるときは，裁判所は，当該債務者に関して，倒産実務家として業務を行う資格のある者を選任しなければならない。その者は，以下に定める業務を行うものとする。
　(a)　次条に基づく報告書を作成すること
　(b)　第Ⅷ編第258条第3項の定めるところに従い，当該報告書が関係する任意整理に関して，その履行を監督するため，管財人又はその他の者としての業務

を行うこと
■第278条（開始と継続）
破産命令が発せられた個人の破産は、
(a) 当該命令が発せられた日から開始し、
(b) 本章の次条以下の規定に基づいて当該個人が免責されるまで継続する。

【コメント】
　1　手続の開始時は、会社の強制清算については、すでに任意清算の決議がなされていた場合を除き、強制清算の申立書が提出された時である（倒産法第129条第2項）。強制清算の申立書が提出されるよりも前に任意清算の決議がなされていたときは、手続の開始時は当該決議の時までさかのぼることとなる（同条第1項）。

　自然人の破産については、手続の開始時は、破産命令（わが国の破産手続開始の決定に相当）の発令時である（倒産法第278条）。

　2　会社の強制清算においては、会社の財産に関する処分の効力を決するうえで手続の開始時が重要な意義を有する。すなわち、手続開始後になされた会社の財産の処分、株式の譲渡、社員の地位の変更は、裁判所が別段の決定を行わないかぎり無効である（倒産法第127条）。会社の資産に対する強制執行手続であって、手続開始後に効力を生ずるものもまた、無効である（倒産法第128条）。否認の対象も、手続開始時以前の一定期間内になされた処分とされている（倒産法第238条から240条、245条）。手続開始後は、裁判所は、会社に対する訴訟又は手続の停止を命ずることができ（倒産法第126条第1項第2項。日本法第24条の箇所を参照）、仮清算人（provisional liquidator）を選任することもできる（倒産法第135条。日本法第28条の箇所を参照）。

　3　自然人の破産の場合には、手続の開始時は、前述のように申立書の提出時ではなく、破産命令が発令された日である。ただし、破産申立書が提出された日から破産財団が管財人に帰属するまでの間になされた処分も、裁判所の同意又は追認を得ないかぎり、無効となる（倒産法第284条）。また、訴訟その他の手続を停止する裁判所の権限は、申立書が提出された後であれば、破産命令の発令前でも行使することができる（倒産法第285条第1項第2項。日本法第24条の箇所を参照）。申立書が提出された後、裁判所は債務者の財産を保全するため、仮管財人（interim receiver）を選任することもできる（倒産法第286条。日本法第28条の箇所を参照）。さらに、否認の対象となるのは、申立書が提出される以前の一定期間になされた処分である（倒産法第339条から第341条まで）。

　以上のように、自然人の破産に関しては、手続の開始時は会社の強制清算と同様の意義はもたない。自然人の破産において手続の開始時が意義を有するのは、破産財団の範囲及び免責との関連においてである。すなわち、日本法第34条の箇所で述べるとおり、破産開始時に破産者に帰属していたすべての財産が破産財団を構成する（倒産法第283条第1項）。免責に関しては、破産開始時に先立つ15年間に破産手続に服していたことのある者は、破産開始時から5年が経過したのちに申立てに基づいて裁判所の命令がなされた場合でなければ、免責を受けることができない（2002年改正前の倒産法第279条第1項(a)号、第280条第1項）。その他の場合においては、原則として、破産開始時から2年又は3年の期間の経過によって自動的に免責が得られる（2002年改正前の倒産法第279条第1項(b)号、第2項）。

　なお、2002年企業法による改正の結果、2004年4月1日以降は、原則として、破産開始時から1年が経過すれば、自動的に免責が得られることとなった。改正後の第279条第1項（日本法第248条の箇所を参照）。

●ドイツ法
●第26条（財団不足による棄却）

倒産裁判所は，債務者の財産が手続の費用を償うに足りない見込まれるときは，倒産手続の開始申立てを棄却する。ただし，十分な金額が予納されているときは，この限りでない。

2　債務者につき開始申立てが財団不足により棄却されたときには，裁判所はその債務者を名簿に登録しなければならない（債務者名簿）。債務者名簿に関する民事訴訟法の規定はこの名簿について準用する。ただし，名簿からの抹消に要する期間は五年とする。

3　第1項の規定により予納金を納付した者は，故意または過失により会社法が定める義務に違反して倒産手続の開始申立てを怠った者に対し，予納した金額の償還を請求することができる。その者が故意または過失により申立義務に違反したか否かに争いがあるときは，その者が証明責任を負う。

●第27条（開始決定）

倒産裁判所は，倒産手続を開始するときには，倒産管財人を選任する。ただし，第270条および第313条第1項の規定は影響を受けないものとする。

2　開始決定書には左の事項を記載するものとする。
一　債務者の商号または姓名，業種または職業，営業所または住所。
二　倒産管財人の氏名および連絡先。
三　開始の日時。

3　開始決定書に開始の日時が記載されていないときには，決定が発せられた日の正午をもって開始の日時とみなす。

【コメント】　ドイツ倒産法26条1項にいう手続の費用とは，54条により，倒産手続のための裁判所費用ならびに仮倒産管財人，倒産管財人および監査委員の報酬および立替金とされている（日本法第148条に対応するドイツ法参照）。したがって，財団不足の判断にあたって，旧破産法とは異なり，倒産財団の換価や配当の費用は考慮されない。なお，旧破産法下では，財団不足による破産申立ての棄却の事例がきわめて多く，破産法が機能していなかったので，政府草案では，このような事態をできる限り避ける目的で，手続の最初の段階（報告期日まで）にかかる費用を支払うに足りる財産があれば手続を開始できるものとされた。しかし，裁判所の負担が大きすぎるとの理由で，国会で修正された。

▲フランス法
▲第621-1条（前掲・第8条参照）
▲R第662-13条

裁判所がする判決は，本法典法律部第6巻に定める手続の一つの開始請求を棄却するものおよび和解手続終結時にされる和解合意の認可を棄却するものを除いて，公開の法廷で言い渡される。

▲R第641-1条

R 第 621-2 条から R 第 621-4 条，R 第 621-7 条および R 第 621-12 条から R 第 621-16 条の規定は，本節の規定を留保して，裁判上の清算の手続に適用される。

▲ R 第 621-4 条第 2 段

手続を開始する判決は，その日から効力を生じる。

▲ R 第 641-5 条第 1 段

債務者が裁判上の清算の手続開始のために必要な要件を満たしていないときは，裁判所は，申立てを棄却する。

【コメント】「判決の日」から，というのは，判決の日の午前 0 時からであると解されている。1985 年法の制定当初は，伝統に反して，「その言渡しの時から」と規定されていたが，1988 年の改正によって，伝統的な規定に戻された。これによって，「言渡しの時」がいつであるかを確定するという困難な解釈問題が解決されたと言われる。

なお，後に述べるように，この判決には不服申立て（控訴）が認められているので，この判決の執行は，仮のものであるとされ，さらに控訴審においてその執行を停止されることがある。

第 31 条（破産手続開始の決定と同時に定めるべき事項等） 裁判所は，破産手続開始の決定と同時に，一人又は数人の破産管財人を選任し，かつ，次に掲げる事項を定めなければならない。

一 破産債権の届出をすべき期間

二 破産者の財産状況を報告するために招集する債権者集会（第 4 項，第 136 条第 2 項及び第 3 項並びに第 158 条において「財産状況報告集会」という。）の期日

三 破産債権の調査をするための期間（第 116 条第 2 項の場合にあっては，破産債権の調査をするための期日）

2 前項第 1 号及び第 3 号の規定にかかわらず，裁判所は，破産財団をもって破産手続の費用を支弁するのに不足するおそれがあると認めるときは，同項第 1 号の期間並びに同項第 3 号の期間及び期日を定めないことができる。

3 前項の場合において，裁判所は，破産財団をもって破産手続の費用を支弁するのに不足するおそれがなくなったと認めるときは，速やかに，第 1 項第 1 号の期間及び同項第 3 号の期間又は期日を定めなければならない。

4 第 1 項第 2 号の規定にかかわらず，裁判所は，知れている破産債権者の数その他の事情を考慮して財産状況報告集会を招集することを相当でないと認めるときは，同号の期日を定めないことができる。

5 第 1 項の場合において，知れている破産債権者の数が千人以上であり，かつ，相当と認めるときは，裁判所は，次条第 4 項本文及び第 5 項本文において準用する同条第 3 項第 1 号，第 33 条第 3 項本文並びに第 139 条第 3 項本文の規定による破産債権者（同項本文の場合にあっては，同項本文に規定する議決権者。次条第 2 項において同じ。）に対する通知をせず，かつ，第 111 条，第 112 条又は第 114 条の規定により破産債権の届出をした破産債権者（以下「届出をした破産債権者」という。）を債権者集会の期日に呼び出さない旨の決定をすることができる。

> 規第20条（破産手続開始の決定と同時に定めるべき事項等・法第31条）　法第31条第1項の規定により同項各号の期間又は期日を定める場合には，特別の事情がある場合を除き，第1号及び第3号の期間はそれぞれ当該各号に定める範囲内で定め，第2号及び第4号の期日はそれぞれ当該各号に定める日とするものとする。
> 一　破産債権の届出をすべき期間　破産手続開始の決定の日から2週間以上4月以下（知れている破産債権者で日本国内に住所，居所，営業所又は事務所がないものがある場合には，4週間以上4月以下）
> 二　財産状況報告集会（法第31条第1項第2号に規定する財産状況報告集会をいう。第54条第1項において同じ。）の期日　破産手続開始の決定の日から3月以内の日
> 三　破産債権の調査をするための期間　その期間の初日と第1号の期間の末日との間には1週間以上2月以下の期間を置き，1週間以上3週間以下
> 四　破産債権の調査をするための期日　第1号の期間の末日から1週間以上2月以内の日
> 2　前項（第2号を除く。）の規定は，法第31条第3項の規定により同項に規定する期間又は期日を定める場合について準用する。この場合において，前項第1号中「破産手続開始の決定の日」とあるのは，「法第31条第3項の規定による定めをした日」と読み替えるものとする。
> 3　裁判所は，法第31条第5項の決定をしたときは，破産管財人が，日刊新聞紙に掲載し，又はインターネットを利用する等の方法であって裁判所の定めるものにより，次に掲げる事項を破産債権者が知ることができる状態に置く措置を執るものとすることができる。
> 一　法第32条第4項本文及び第5項本文において準用する同条第3項第1号，第33条第3項本文並びに第139条第3項本文の規定により通知すべき事項の内容
> 二　債権者集会の期日

📕民事再生法第34条（再生手続開始と同時に定めるべき事項）
📕会社更生法第42条（更生手続開始の決定と同時に定めるべき事項）
📕会社法第890条（特別清算開始の命令）

◆アメリカ法（該当規定なし）
〔破産手続開始の決定と同時に定めるべき事項等〕
〔管財人について〕
◆第702条（管財人の選任）
(a)　次の債権者のみが，管財人候補者を選出することができる。
(1)　本法第726条(a)(2)，第726条(a)(3)，第726条(a)(4)，第752条(a)，第766条(h)又は第766条(i)に基づいて配当を受けることのできる種類の，認容された，争われていない，額の確定した（fixed, liquidated）無担保の請求権を有する債権者
(2)　債権者の権利に関して債権者としての地位に影響しない持分権を除く権利であって，配当を受けることのできる債権者の権利に実質的に対立する権利を有しない者，及び
(3)　内部者でない者。
(b)　本法第341条に基づき開催される債権者集会において，本条(a)の下で議決権を

行使することができる債権者であって、その有する本条(a)(1)に定める請求権の額の少なくとも20パーセントを有する債権者により管財人の選出が求められたときは、債権者は、当該事件において管財人として職務を遂行する者1名を選出することができる。
(c) 次の場合には、管財人候補者は選出されたものとする。
　(1) 本条(a)により議決権を行使できる債権者であって、その有する本条(a)(1)に定める種類の請求権の額の少なくとも20パーセントを有する債権者が議決権を行使し、かつ、
　(2) 管財人候補者が、管財人の選出につき議決権を行使した債権者であって、その有する本条(a)(1)に定める種類の請求権の額において過半を有する債権者の票を得たとき。
(d) 本条に基づき管財人が選出されなかったときは、仮管財人が当該事件における管財人としてその職務を遂行する。

〔第1回債権者集会について〕
◆第341条（債権者集会及び持分証券保有者集会）
(a) 本法の下での事件における救済命令があった後の相当の期間内に、連邦管財官は、債権者集会（a meeting of creditors）を招集し、指揮しなければならない。
(b) 連邦管財官は、持分証券保有者集会（a meeting of any equity security holders）を招集することができる。
(c) 裁判所は、最終回の債権者集会を含む本条の下での集会を指揮することはできず、これに出席することはできない。いかなる地方裁判所規則、州憲法の規定、その他適用される非破産法、又は(a)に基づく債権者集会での代理が弁護士（attorney）によることができるとのその他のいかなる要件にもかかわらず、消費者債務を有する債権者又はその代理人（representative）（法人又は法人の従業員を含み、また、数人の債権者の代理人であるものを含む）は、単独で又は債権者の弁護士とともに、第7章又は第13章の下での事件における債権者集会に出頭し参加することは許される。本項における規定は、いかなる債権者に対しても、債権者集会において弁護士によって代理されることを必要とするように解釈されてはならない。
(d) 管財人は、債権者集会又は持分証券保有者集会の決議がなされる前に、本法第7章の下での事件において債務者が次の事項を知っていることを確認するために、口頭で、債務者を審問しなければならない。
　(1) 信用に関わる履歴に及ぼす影響を含む破産免責を求めることによって生ずる結果
　(2) 債務者が本法における別の章の下での申立てをする可能性
　(3) 本法の下での免責を受けることの効果、及び、
　(4) 債務者が本法第524条(d)の諸規定を知っていることを含む債務を承認すること（reaffirming）の効果

日・◆米・■英・●独・▲仏　　　　破産法第31条（破産手続開始の決定と同時に定めるべき事項等）

(e)　(a)及び(b)の規定にもかかわらず，裁判所は，利害関係人の申立てにより，かつ，通知をなし審問を経た上で，理由があると認めるときは，事件が開始される前に債務者が受諾を懇請した計画案が提出された場合に連邦管財官は債権者集会又は持分証券保有者集会を招集することはできないとの命令を発することができる。

◆ R 第2003条（債権者集会又は持分証券保有者集会：Meeting of Creditors or Equity Security Holders）

(a)　期日及び場所　本法第341条(e)に別段に規定するところを除き，第7章の清算事件又は第11章の更生事件において，連邦管財官は，救済命令があった後21日以後40日以内に開催されるべき債権者集会を招集しなければならない。第12章の家族農業従事者債務調整事件においては，連邦管財官は，救済命令があった後21日以後35日以内に開催されるべき債権者集会を招集しなければならない。第13章の個人債務調整事件においては，連邦管財官は，救済命令があった後21日以後50日以内に開催されるべき債権者集会を招集しなければならない。救済命令に対する上訴又は救済命令の取消しを求める申立てがあったとき，又は事件の棄却を求める申立てがあったときは，連邦管財官は，債権者集会の開催をかかる期間が経過した後の期日に指定することができる。債権者集会は，裁判所の常設の場所，又は利害関係人にとって便宜な裁判区内の場所であって連邦管財官が指定する場所で，開催される。連邦管財官が，債権者集会を指揮する連邦管財官又は補助管財官が常駐していない場所を債権者集会の開催場所に指定するときは，債権者集会は，救済命令があった後60日以内に開催される。

(b)〜(g)　……

〔請求権届出期間について〕

◆ R 第3002条（請求権又は持分権の証拠の届出）

(a)　届出の必要性　無担保債権者又は持分証券保有者は，R 第1019条(3)，R 第3003条，R 第3004条及び R 第3005条に規定するところを除き，認容されるためには，本ルールに基づき請求権又は持分権の証拠を届け出なければならない。

(b)　届け出るべき場所　請求権又は持分権の証拠は，R 第5005条に従い届け出なければならない。

(c)　届出期間　第7章の清算事件，第12章の家族農業従事者債務調整事件，又は第13章の個人債務調整事件においては，請求権の届出は，次の場合を除いて，本法第341条(a)により招集された債権者集会の最初の期日の後90日内になされたときは，適時に届出があったものとする。

　(1)　第1308条に基づいて提出された納税申告を原因とする請求権以外の政府機関により届出がなされた請求権の証拠が，救済命令があった日の後180日を超えない期間内に提出されたときは，適切な時期に届出があったものとされる場合。政府機関がその期間が経過する前において理由があることを示して申立てをなしたときは，裁判所は，政府機関が証拠を届け出る期間を伸長することができる。

第 1308 条に基づき届出のあった納税申告書により生じた請求権につき，政府機関によって届出のあった請求権の証拠は，それが，救済命令のあった日の後 180 日を超えない期間内又は納税申告書を提出した日の後 60 日を超えない期間内のいずれか遅い期間内に届け出られたときは，適切な時期に届出があったものとされる。

(2) 司法の利益において，かつ，事件の運営を不当に遅延させないときは，裁判所は，未成年者若しくは行為無能力者又はそのいずれかの代理人による請求権の証拠を届け出るべき期間を伸長することができる。

(3) 判決を取得したことにより，ある者に有利に生じた無担保の請求権又は認容されることになった無担保の請求権は，当該判決がその者に対して金銭又は財産の回復を求めるものであるとき，又は，その者の財産上の権利を否定し又は無効とするものであるときは，当該判決が確定した後 30 日内に，これを届け出ることができる。当該判決が，その期間内に又は裁判所の許可した伸長された期間内に果たされていない責任又は履行されていない義務を内容とするときは，その請求権は認容されない。

(4) 債務者の未履行双務契約又は期間満了前の賃貸借契約の解除により生じた請求権は，裁判所が定める期間内に届け出ることができる。

(5) 配当金を支払うのに十分な資産がないとの通知が，R 第 2002 条(e)により債権者に対してなされ，その後に，管財人が，配当金の支払いが可能であるとの通知を裁判所に対してしたときは，裁判所書記官は，債権者に対して，その事実，及び，請求権の証拠が届け出られなければならない期限について，少なくとも 90 日の猶予をもった通知を郵送でしなければならない。

(6) 請求権証拠を届け出るべき期間の通知が外国に住所を有する債権者に対して郵送されたときは，当該期間が満了する前又は後における債権者の申立てにより，裁判所は，その通知が当該状況の下で請求権の証拠を届け出る相当な期間を債権者に与える上で十分ではないと認めるときは，60 日を超えない範囲で届出期間を伸長することができる。

◆ R 第 5005 条（書面の提出及び送付）

(a) 提出 (1) 提出すべき場所 本手続規則により提出することが必要とされている……請求権又は持分権の証拠……は，法第 28 号第 1409 条に規定するところを除き，本法の下での事件が係属する裁判区における裁判所書記官に提出されなければならない。その裁判所の裁判官は，提出期日が指定されており，かつ，書面が裁判所書記官に速やかに送付されなければならないとされている場合には，裁判官に提出することを許可することができる。裁判所書記官は，提出された申立書又はその他の書面が本手続規則若しくは地方規則又は実務により必要とされる適正な書式で提出されていないことを唯一の理由として，これを受理することを拒絶してはならない。

(2) 電子的手段による提出　裁判所は，地方規則に基づき，書面が合衆国司法会同が設けた専門的基準に沿った電子的手段によって提出され，署名され，若しくは検証されることを許可し，又は要求することができる。相当な例外的な取扱いが認められる場合にのみ，地方規則は電子的方法による書面の提出を要求することができる。地方規則に従って電子的手段により提出された書面は，本手続規則，本手続規則により適用があるとされる連邦民事訴訟手続規則，及び本法第107条との関係では文書と同様に扱われる。

(b)〜(c)　……

【コメント】
1　連邦管財官の制度

連邦管財官の制度は，1978年法の草案段階で提案された破産審査庁（bankruptcy administration）の制度に由来する。1973年合衆国破産法委員会報告書では，おおよそ次のようなシステムとして提案されていた（Executive Director, Commission on the Bankruptcy Laws of the United States, Report of the Commission on the Bankruptcy Laws of the United States, July 1973, Part 1, 117（1973））。

「破産システムの運用は新たな行政機関である『合衆国破産審査庁（United States Administration）』に委ねられるべきである。破産審査庁は，政府の部局の独立した機関であるべきであり，審査庁長官は，上院の勧告と同意を得て，大統領が任命し，7年間の任期とする。かかる機関を有効に機能させるために，破産審査庁長官は，副長官及び地方長官を任命する権限を与えられる。」

その具体的権限については，次のように考えられていた。

「これまで大部分の清算事件は無資産事件あるいは名目的資産事件であった。このような事件では，その運用は破産審査庁の責務である。それは，このような事件で債権者が管財人を選任する意味があるかどうか疑わしいからである。また，適任の管財人が選任されておらず，しかも債権者は管財人を適正に監督しないとの事実も存在する。このような事態を是正するために，清算事件においては，管財人がこれまで破産審査官が行ってきた役割を果たすこととし，また，事件の運用については，幅広い裁量権を有することとした。このように行政機関を用いて清算事件を処理することは，手数料を当てにした事業家による資産の蒐集及び売却を規制するために発展してきた手続規則上の高価な時間を浪費するような処理を大幅に省力化することになる。このことは，手続費用を削減し，より充実した配当を実現する」

上記の1973年の草案では，破産審査庁は，破産審理人（bankruptcy refree）がそれまで担当していた職務を遂行するとともに，清算事件ではむしろ管財人のような職務を果たすことが想定されていた。また，債権者が管財人を選任する方式は採用されていたものの，むしろ破産審査庁が主体的に清算手続を遂行する機関として考えられたようである。

現行法における連邦管財官は，このような基本的な考え方を受けて設けられた，司法長官の監督を受ける行政機関であるとともに，清算手続との関係では，清算手続における債権者を保護し，管財人を監督する機能を主として有している。

2　管財人について

日本法では破産管財人は裁判所の選任によるが，アメリカ法の第7章の清算手続では，債権者集会で選出するのを原則とする。なお，仮管財人のなり手がいない場合には，連邦管財官が仮管財人になり，管財人が選任されるまでの間，債務者財産を保全する（第701条(a)(2)）。

3　第1回債権者集会について

倒産裁判所は，債権者集会には一切関与しない。連邦管財官がこれを招集し，主宰する。破産裁判所は行政的責務から解放された結果として（高木新二郎『アメリカ連邦倒産法』（商事法務研究会・1996年）57頁），債務者と債権者との間の中立的な機関としての性格が強く打ち出されている。

4　請求権の届出期間について

請求権の届出は，本法第341条(a)により招集された債権者集会の最初の期日の後90日内になされなければならない。第7章の清算事件において，連邦管財官は，救済命令があった後21日から40日内に，債権者集会を招集しなければならない。手続開始の申立てから請求権の届出までは，次のような経過を辿ることになる。

(1) 債務者による手続開始の申立てに基づく事件の場合

手続開始の申立て（救済命令）——21〜40日——債権者集会——90日・請求権届出

(2) 債務者以外の者による手続開始の申立てに基づく事件の場合

手続開始の申立て——救済命令——21〜40日——債権者集会——90日・請求権届出

〔数人の管財人の選任〕（該当規定なし）

◆アメリカ法⇒日本法第76条の項参照

【コメント】　日本法のような規定は存在しないが，複数の管財人の可能性を想定した規定が存在する。

■イギリス法（該当規定なし）

●ドイツ法

●第27条（開始決定）

倒産裁判所は，倒産手続を開始するときには，倒産管財人を選任する。ただし，第270条および第313条第1項の規定は影響を受けないものとする。……

●第28条（債権者および債務者に対する催告）

開始決定においては，債権者に対し，定められた期間内に第174条の規定を遵守してその債権を倒産管財人に届け出るように，催告しなければならない。その期間は，2週間以上3カ月以内の範囲で定めなければならない。

2　開始決定においては，債権者に対し，債務者の動産または権利につきいかなる担保権を主張するかを倒産管財人に遅滞なく通知するように，催告しなければならない。この通知書には，債権者が主張する担保権の目的物，担保権の種類およびその成立原因および被担保債権を記載することを要する。故意または過失によりこの通知を怠りまたは遅延した者は，それにより生ずる損害を賠償する責めを負う。

3　開始決定においては，債務者に対し義務を負う者に対し，債務者ではなく倒産管財人に対しその義務を履行するように，催告しなければならない。

●第29条（期日の指定）

倒産裁判所は，開始決定において，以下に掲げる期日を指定しなければならない。

一　倒産管財人の報告に基づいて倒産手続の帰趨を決議するための債権者集会の期日（報告期日）。ただし，この期日は6週間以上3カ月以内の範囲で指定することを要する。

日・◆米・■英・●独・▲仏　　　　破産法第31条（破産手続開始の決定と同時に定めるべき事項等）

　二　届出のあった債権を調査するための債権者集会の期日（債権調査期日）。ただし，この期日と債権届出期間の末日との間には1週間以上2カ月以下の期間を置くことを要する。
2　前項の期日は併合することができる。
　【コメント】　ドイツ倒産法28条は，旧破産法118条とは異なり，債務者の物を所持する者ではなく，債務者の動産または権利（債権等）につき担保権を有する者に権利の届出を催告するものとしている。なお，同条は，旧破産法とは異なり，倒産債権の届出先を倒産管財人として，倒産裁判所の負担軽減を図っているが，これはすでに旧東ドイツ地域で施行されていた総括執行法（Gesamtvollstreckungsordnung）5条3号の規律を引き継ぐものである（BT-Drucks. 12/7302 S.178）。

●第56条（倒産管財人の選任）
　倒産管財人には，各事案に適合し，とりわけ業務に通暁しかつ債権者および債務者から中立な1人の自然人を，倒産管財を引き受ける旨を表明したすべての者の中から選んで，任命しなければならない。倒産管財を引き受ける旨の表明は，特定の手続に限定してすることができる。必要とされる中立性は，以下の事由のみによっては，妨げられない。
　一　その者が債務者又は債権者によって推薦されたこと。
　二　その者が，倒産手続開始の申立て前に，債務者に対して，倒産手続の進行及び効果について，一般的な形で助言を与えたこと。
2　倒産管財人には，その選任を証する文書が与えられる。倒産管財人は，任務の終了時に，この文書を倒産裁判所に返還しなければならない。
　【コメント】　ドイツ倒産法は，旧破産法（79条参照）と異なり，複数の破産管財人を置くことは予定していない（BR-Drucks. 1/92 S.127）。

▲フランス法
▲第641-1条第Ⅱ項，第Ⅲ項，第Ⅳ項
　Ⅱ　裁判上の清算を開始する判決において，裁判所は，主任裁判官を指名する。裁判所は，必要な場合には，これを複数指名することができる。同じ判決において，裁判所は，その定める任務のために一人または複数の鑑定人を任命する可能性を妨げずに，清算人として，登録された裁判上の受任者または第812-2条第Ⅱ項第1文に基づいて選任された者を指名する。裁判所は，検察官の申立てによりまたは職権で，これを複数指名することができる。
　検察官は，裁判所による指名のために，清算人を提案することができる。この提案の棄却には，とくに理由を付さなければならない。手続が，特別受任者または18カ月以前からの調停手続を利用しまたは利用してきた債務者に対して開始される場合には，検察官は，また，特別受任者または調停人が清算人の資格で指名されることに異議を述べることができる。
　被用者代表は，第621-4条第2段および第621-6条に定める要件で指名される。

149

被用者代表は，第625-2条に定める任務を行う。

監査人は，第2編に定める条件と同様の条件で任命され，その権限を行う。

第622-6条に定める財産目録および債務者の資産の評価［書］を作成するために，裁判所は，その者に適用される規定から生ずるそれぞれの権限を考慮して，裁判上の競売士，執行士，公証人または宣誓した商品仲買人を指名する。

Ⅲ　裁判上の清算が，救済または裁判上の更生手続の観察期間中に言い渡されたときは，裁判所は，清算人として，裁判上の受任者を任命する。ただし，裁判所は，管理人，債権者，債務者または検察官の申立てにより，理由を付した裁判で，清算人として，第812-2条に定める条件で他の者を指名することができる。

債務者が，法令上の身分に服し，またはその資格が保護される自由職を営むときは，その申立ては，裁判所に対して，職業団体または場合によってその資格を有する管轄当局によってすることもできる。

Ⅳ　支払停止の日は，第631-8条に定める条件で確定される。

▲第641-6条

配偶者もしくは民事連帯契約（pacte civil de solidarité）の当事者，両親もしくは4親等内の親族，自然人である債務者，または法人の場合には経営者は，第641-1条または被用者代表の指名が妨げられる場合を除いて第641-10条に定める権限の1つのために指名することができない。

【コメント】　民事連帯契約は，民法典第1巻第13編第1章に規定されるもので，「同性であると異性であるとを問わず，成年に達した2名の自然人が共同生活を営むために締結する契約」（第515-1条）である。当事者は，実質的に婚姻関係にある当事者と同じように，共同生活を営み，相互に協力し，日常生活のために契約した負債について連帯して責任を負う（第515-4条）。

<u>第32条（破産手続開始の公告等）</u>　裁判所は，破産手続開始の決定をしたときは，直ちに，次に掲げる事項を公告しなければならない。
一　破産手続開始の決定の主文
二　破産管財人の氏名又は名称
三　前条第1項の規定により定めた期間又は期日
四　破産財団に属する財産の所持者及び破産者に対して債務を負担する者（第3項第2号において「財産所持者等」という。）は，破産者にその財産を交付し，又は弁済をしてはならない旨
五　第204条第1項第2号の規定による簡易配当をすることが相当と認められる場合にあっては，簡易配当をすることにつき異議のある破産債権者は裁判所に対し前条第1項第3号の期間の満了時又は同号の期日の終了時までに異議を述べるべき旨
2　前条第5項の決定があったときは，裁判所は，前項各号に掲げる事項のほか，第4項本文及び第5項本文において準用する次項第1号，次条第3項本文並びに第139条第3項本文の規定による破産債権者に対する通知をせず，かつ，届出をした破産債権者を債権者集会の期日に呼び出さない旨をも公告しなければならない。

3　次に掲げる者には，前2項の規定により公告すべき事項を通知しなければならない。
　一　破産管財人，破産者及び知れている破産債権者
　二　知れている財産所持者等
　三　第91条第2項に規定する保全管理命令があった場合における保全管理人
　四　労働組合等（破産者の使用人その他の従業者の過半数で組織する労働組合があるときはその労働組合，破産者の使用人その他の従業者の過半数で組織する労働組合がないときは破産者の使用人その他の従業者の過半数を代表する者をいう。第78条第4項及び第136条第3項において同じ。）
4　第1項第3号及び前項第1号の規定は，前条第3項の規定により同条第1項第1号の期間及び同項第3号の期間又は期日を定めた場合について準用する。ただし，同条第5項の決定があったときは，知れている破産債権者に対しては，当該通知をすることを要しない。
5　第1項第2号並びに第3項第1号及び第2号の規定は第1項第2号に掲げる事項に変更を生じた場合について，第1項第3号及び第3項第1号の規定は第1項第3号に掲げる事項に変更を生じた場合（前条第1項第1号の期間又は同項第2号の期日に変更を生じた場合に限る。）について準用する。ただし，同条第5項の決定があったときは，知れている破産債権者に対しては，当該通知をすることを要しない。

規第7条（破産管財人による通知事務等の取扱い）　裁判所は，破産手続（法第2条第1項に規定する破産手続をいう。以下同じ。）の円滑な進行を図るために必要があるときは，破産管財人の同意を得て，破産管財人に書面の送付その他通知に関する事務を取り扱わせることができる。

規第8条（通知等を受けるべき場所の届出）　破産債権者（法第2条第6項に規定する破産債権者をいう。以下同じ。）が第32条第2項第2号又は第35条第1項第2号に規定する通知又は期日の呼出し（以下この条において「通知等」という。）を受けるべき場所を届け出たときは，破産手続及び免責手続（法第3条に規定する免責手続をいう。以下同じ。）において，当該破産債権者に対して書面を送付する方法によってする通知等は，当該届出に係る場所（当該破産債権者が第33条第1項の規定により通知等を受けるべき場所の変更を届け出た場合にあっては，当該変更後の場所）においてする。
2　前項に規定する通知等を受けるべき場所の届出をしない破産債権者が法第13条において準用する民事訴訟法（平成8年法律第109号）第104条第1項の規定により送達を受けるべき場所を届け出たときは，当該破産債権者に対する前項に規定する通知等は，当該届出に係る場所においてする。
3　第1項又は前項の規定により破産債権者に対してされた通知等が到達しなかったときは，当該破産債権者に対し，その後の通知等をすることを要しない。ただし，法第197条第1項（法第209条第3項において準用する場合を含む。），第201条第7項，第204条第2項及び第211条の規定による通知については，この限りでない。
4　裁判所又は裁判所書記官が前項本文の規定により破産債権者に対する通知等をしないときは，裁判所書記官は，当該破産債権者に対してされた通知等が到達しなかった旨を記録上明らかにしなければならない。

規第9条（官庁等への通知）　官庁その他の機関の許可（免許，登録その他の許可に類する行

政処分を含む。以下この項において同じ。）がなければ開始することができない事業を営む法人について破産手続開始の決定があったときは、裁判所書記官は、その旨を当該機関に通知しなければならない。官庁その他の機関の許可がなければ設立することができない法人について破産手続開始の決定があったときも、同様とする。
2　前項の規定は、破産手続開始の決定の取消し若しくは破産手続廃止の決定が確定した場合又は破産手続終結の決定があった場合について準用する。

■ 民事再生法第 35 条（再生手続開始の公告等）
■ 会社更生法第 43 条（更生手続開始の公告等）

◆ **アメリカ法**（該当規定なし）
〔破産手続開始の公告等〕

厳密にこれに対応する規定は存在しない。

《関連規定》
◆ R 第 2002 条（債権者，持分証券保有者，合衆国及び合衆国管財官に対する通知）
(a)〜(e)　……
(f)　その他の通知　本ルール(1)に定めるところを除き、裁判所書記官又は裁判所が指定したその他の者は、債務者、すべての債権者及び歯形証書受託者に対して、郵便で、(1)救済命令、(2)事件の棄却若しくは他の章への移行、又は第 305 条に基づく手続の停止、(3) R 第 3002 条による請求権の届出のために許された期間、(4) R 第 4004 条に定める本法第 727 条による債務者の免責に対する異議の申立ての所定の期間、(5) R 第 4007 条に定める本法第 523 条による債務の免責対象性を決定するための申立ての所定の期間、(6) R 第 4006 条に定める免責の放棄、不許可又は取消し、(7)第 9 章、第 11 章又は第 12 章の計画案を認可する決定の発令、(8)実現された売却代金で経費を差し引いたものが 1,500 ドルを超えるときは、第 7 章の事件における管財人の作成した最終計算報告書の概要、(9)濫用の推定に関する R 第 5008 条に基づく通知、(10)債務者の事件が第 707 条(b)により濫用と推定されるか否かに関する第 704 条(b)(1)に基づく書面、及び、(11)第 1141 条(b)(5)(C)、第 1128 条(f)及び第 1328 条(h)により免責の効力の発生を遅らせることを求めることができる期間を、通知しなければならない。R 第 3017 条(c)に従い計画案の諾否のために定められる期間の通知は、R 第 3017 条(d)に従いなされなければならない。
(g)〜(q)　……

◆ R 第 9036 条（電子通信手段による通知）
裁判所書記官、又は裁判所が指定するその他の者が郵送による通知をなすことを要求され、かつ、通知を受領する者が、郵便による通知に代えて通知に含まれることが必要とされている情報のすべて又は一部が所定の電子通信手段によって送付されることを書面で要求するときは、裁判所は、裁判所書記官又はその他の者に、かかる電子通信手段によって情報を送付することを命ずることができる。電子通信手段による通知が完全なものであり、送り手がその通信が相手方に到達したとの電子通信上の確認を得たときは、送り手は、通

日・◆米・■英・●独・▲仏　　　　　　　　　　　　破産法第32条（破産手続開始の公告等）

知の要件に十分に適合したものとする。

■イギリス法
（会 社）
■R第4.21条（清算命令の送付及び公告）
4　管財官は，
(a) 合理的に実行可能な限りすみやかに，清算命令の通知を官報において公告させなければならず，
(b) 管財官が適切と考える他の方法で清算命令の通知を公告することができる。
（自然人）
■R第6.34条（破産命令に伴う措置（債権者申立ての場合））
2　次項に定めるところに従い，管財官は，押印された破産命令の謄本を受領後，
(a) 合理的に実行可能な限りすみやかに，
　（i）　省略［注：不動産の登記官への破産命令の通知を定めた規定］
　（ii）　破産命令の通知を官報において公告させなければならず，
(b) 管財官が適切と考える方法で破産命令の通知を公告させることができる。
■R第6.46条（破産命令に伴う措置（債務者申立ての場合））
2　（倒産規則第6.34条第2項と同文）

●ドイツ法
●第30条（開始決定の公告）
　倒産裁判所の書記課は開始決定を遅滞なく公告しなければならない。債務者が第287条の規定による申立てをした場合において，第27条第2項第4号による教示がされていないときは，申立てがあったことにつき，同様に公告しなければならない。
　2　開始決定は，債権者，債務者に対し債務を負う者および債務者に対し別に送達することを要する。

▲フランス法
▲R第641-6条
　裁判上の清算手続の開始について判断する判決は，その言渡しから8日以内に書記によって債務者または債権者に送達される。債務者が申立人でない場合には，判決は同じ期間内に債務者に送達される。
　この判決は，R第621-7条に定める者に送付される。
▲R第641-7条
　裁判上の清算手続を開始し，またはその拡張を言い渡す判決は，R第621-8条に定める公示措置の対象となる。
　ただし，［法律部］第661-1条を適用した検察官の控訴またはR第661-1条第3

153

段によって命じられた仮執行の停止の場合には，これらの公示は，その言渡しから8日以内に控訴院書記によって送付を受けた控訴院の判決を確認した上でのみ，[第1審] 裁判所書記によって行われる。

▲ R 第 641-9 条

裁判所が支払停止の日を修正する裁判は，書記によって債務者に送達され，R 第 621-7 条に定める者に通知され，R 第 621-8 条に定める公示の対象となる。

▲ R 第 621-7 条

書記官は，直ちに，手続を開始する判決の写しを以下の者に郵送する：
   1°　指名された裁判上の受任者；
   2°　共和国検事；
   3°　債務者がその所在地を有する県およびその主たる営業所を有する県の出納官。

> 第33条（抗告）　破産手続開始の申立てについての裁判に対しては，即時抗告をすることができる。
> 2　第24条から第28条までの規定は，破産手続開始の申立てを棄却する決定に対して前項の即時抗告があった場合について準用する。
> 3　破産手続開始の決定をした裁判所は，第1項の即時抗告があった場合において，当該決定を取り消す決定が確定したときは，直ちにその主文を公告し，かつ，前条第3項各号（第3号を除く。）に掲げる者にその主文を通知しなければならない。ただし，第31条第5項の決定があったときは，知れている破産債権者に対しては，当該通知をすることを要しない。

▌民事再生法第36条（抗告）
▌会社更生法第44条（抗告）
▌会社法第890条第4項第5項（特別清算開始の命令）

◆アメリカ法（該当規定なし）
《関連規定》
◆ R 第 8001 条（上訴（appeal）の方式；任意的棄却；上訴裁判所に対する意見確認）

(a)　権利上訴；その方式　第28編合衆国法典 § 158(a)(1)又は(a)(2)に基づき許される倒産裁判所裁判官の判決，決定又は命令に対する地方裁判所又倒産裁判所上訴合議体（bankruptcy appellate panel）への上訴は，R 第 8002 条に基づき認められる期間内に，裁判所書記官に上訴状を提出してなされる。上訴人が適時に上訴状を提出する以外の方式及び手続をとらないことは不服申立ての効力に影響しないが，それは，地方裁判所又は倒産裁判所上訴合議体が上訴の棄却を含む適切とみなす訴訟行為としてのみの理由となる。上訴状は，(1)内容において適用される公定様式に適合していなければならず，(2)上訴を申し立てる判決，決定又は命令のすべての名宛人の氏名，並びに，その各代理人の氏名，住所及び電話番号の記載を含まなければならず，かつ，(3)所定の費用を添えて提出しなければならない。各上訴人は，裁判所書記官が R 第 8004 条に速やかに対応できるように上訴状の十分な通数の謄本を提出しなければならない。

(b) 許可による上訴（appeal by leave）；その方式　法第28号§158(a)(3)に基づき許される倒産裁判所裁判官の中間判決，中間決定，又は中間命令に対する上訴は，R第8003条に従い作成された上訴の許可を求める申立書及びR第8008条に基づく送達の証拠を付して，本ルール(a)に定めるところに従い，上訴状を提出してしなければならない。
(c) 任意的棄却　(1) 未決事件表への記載前　上訴が未決事件表に記載されていなかった場合には，すべての当事者の署名のある棄却合意書の提出，又は上訴人による申立て及び通知に基づき，上訴は倒産裁判所裁判官により棄却される。
(2) 未決事件表への記載後　上訴が未決事件表に記載されており，上訴当事者が上訴が棄却される旨を合意した書面に署名し，これを地方裁判所書記官又は倒産裁判所上訴合議体書記官に提出し，納付することになっている費用又は手数料を裁判所に納付したときは，地方裁判所書記官又は倒産裁判所上訴合議体書記官は，上訴を棄却する命令を発しなければならない。上訴は，地方裁判所又は破産裁判所上訴合議体が定める条件（terms and conditions）に基づく上訴人の申立てにより，同じく棄却されるものとする。
(d) 廃止
(e)～(f) ……

【コメント】　日本法のように破産手続開始の申立てについての裁判に対する不服申立てを直接に定める規定はアメリカ法には存在しないが，倒産裁判所の裁判官がした判決，決定，命令に対する不服申立ての一般的な規律が存在する（R第8001条）。その根拠になっているのが，28 USC§158である。

■イギリス法
（会　社）
■R第7.47条（会社の倒産における裁判所の命令に対する上訴及び再考）
　4　清算命令の取消しを求める申立ては，当該命令が発せられた日から5日以内になされなければならない。

（自然人）
■R第6.212条（債権者に対する通知）
　1　管財官が債権者に債務者の破産を通知しており，破産命令が取り消されたときは，合理的に実行可能な限りすみやかに債権者に破産命令の取消しを通知しなければならない。
■R第6.213条（破産命令の取消しに伴うその他の事項）
　2　裁判所は，破産命令を取り消す命令が発せられたことを合理的に実行可能な限りすみやかに主務大臣に通知しなければならない。
　3　従前の破産者は，破産命令を取り消す命令から28日以内に，主務大臣に対して，破産命令を取り消す命令が発せられたことを通知するように要求することができる。合理的に実行可能な限りすみやかに通知は，
　(a) 官報に掲載され
　(b) 破産命令が公告されたのと同じ方法で公告されなければならない。

第2章　破産手続の開始　　　　　　　　　　　　　　　　　　各国破産法の条文

●ドイツ法
●第34条（上訴）
　倒産手続の開始申立を斥ける裁判に対しては，申立人および，第26条の規定により棄却された場合には債務者が，即時抗告をすることができる。

　2　倒産手続を開始する裁判に対しては，債務者は即時抗告をすることができる。

　3　倒産手続開始決定取消しの裁判が確定したときは，直ちに手続の取消しを公告しなければならない。第200条第2項第2文の規定はこの場合に準用する。倒産管財人によりまたは倒産管財人に対してされた法的行為は，取消しによりその効力を失わない。

　【コメント】　ドイツ倒産法34条1項は，旧破産法109条と異なり，財団不足を理由として開始申立てを棄却する決定に対して債務者の不服申立てを許している。これは，この棄却決定が債務者表への登載という債務者に不利な効果と結びついている（26条2項）からである。

▲フランス法
▲第661-1条第Ⅰ項第2号第3号第5号第Ⅱ項（前掲・第9条参照）
▲第661-12条（前掲・第9条参照）
▲R第661-4条（前掲・第9条参照）
▲R第661-8条（前掲・第9条参照）
▲R第640-2条

　裁判上の清算手続の開始について判断する判決またはその言渡しを取り消す控訴院は，職権で，裁判上の清算手続を開始しまたはこれを言い渡すことができる。

　裁判上の清算手続を開始する判決を破棄する場合には，控訴院は，職権で，裁判上の更生手続を開始することができる。

日・◆米・■英・●独・▲仏　　　　　　　　　　　　　　破産法第34条（破産財団の範囲）

第3節　破産手続の開始の効果

第1款　通則

第34条（破産財団の範囲）　破産者が破産手続開始の時において有する一切の財産（日本国内にあるかどうかを問わない。）は，破産財団とする。
2　破産者が破産手続開始前に生じた原因に基づいて行うことがある将来の請求権は，破産財団に属する。
3　第1項の規定にかかわらず，次に掲げる財産は，破産財団に属しない。
　一　民事執行法（昭和54年法律第4号）第131条第3号に規定する額に2分の3を乗じた額の金銭
　二　差し押さえることができない財産（民事執行法第131条第3号に規定する金銭を除く。）。ただし，同法第132条第1項（同法第192条において準用する場合を含む。）の規定により差押えが許されたもの及び破産手続開始後に差し押さえることができるようになったものは，この限りでない。
4　裁判所は，破産手続開始の決定があった時から当該決定が確定した日以後一月を経過する日までの間，破産者の申立てにより又は職権で，決定で，破産者の生活の状況，破産手続開始の時において破産者が有していた前項各号に掲げる財産の種類及び額，破産者が収入を得る見込みその他の事情を考慮して，破産財団に属しない財産の範囲を拡張することができる。
5　裁判所は，前項の決定をするに当たっては，破産管財人の意見を聴かなければならない。
6　第4項の申立てを却下する決定に対しては，破産者は，即時抗告をすることができる。
7　第4項の決定又は前項の即時抗告についての裁判があった場合には，その裁判書を破産者及び破産管財人に送達しなければならない。この場合においては，第10条第3項本文の規定は，適用しない。

規第21条（破産財団に属しない財産の範囲の拡張の申立ての方式・法第34条）　法第34条第4項の申立てに係る申立書には，破産手続開始の時において破産者が有していた財産のうち，次に掲げるものの表示及び価額を記載した書面を添付するものとする。
　一　法第34条第4項の申立てに係るもの
　二　法第34条第3項各号に掲げるもの
　三　前2号に掲げるもののほか，裁判所が定めるもの

▌民事再生法第38条第1項（再生債務者の地位）
▌会社更生法第72条（管財人の権限）

◆アメリカ法

〔破産財団の範囲〕

◆第541条（倒産財団の財産）⇒日本法第2条第14項の項参照
◆第522条　倒産財団除外財産
(a)　本条において，(1)「被扶養者」とは，現に扶養者であると否とを問わず，配偶

者を含み，(2)「価額」とは，手続開始の申立てのあった日における公正な市場価額をいい，又はその日以後に倒産財団の財産となるものついては倒産財団の財産となる日における公正な市場価額をいう。

(b) (1) 本法第541条にもかかわらず，個人である債務者は，本項(2)，又はこれと選択的に(3)に規定される財産を倒産財団から除外することができる。本法第302条に基づき提起された併合事件（joint cases）であり，夫及び妻である債務者によって又はこれらの債務者に対して本法第301条又は第303条に基づき提起された個々の事件であって，かつ，倒産財団が破産手続規則第1015条(b)に基づき併合されて管理されることが命じられた事件においては，一方の債務者が本項(2)に規定される財産を除外することを選択し他方の債務者が本項(3)に規定される財産を除外することを選択することはできない。当事者がいずれかを選択することに同意することができないときは，(2)を選択したものとみなされる。ただし，そのような選択が，当該事件が提起された裁判区における法により許されていないときは，この限りではない。

(2) 本項に規定される財産は，(d)において定められた財産である。ただし，(3)(A)に基づき債務者に適用される州法がこれを許しているときは，この限りではない。

(3) 本項に定める財産は，(A)本条(d)を除く連邦法，又は，債務者の住所が手続開始の申立ての日の直近730日間にあった地において手続開始の申立ての日に適用されている州法若しくは特別法に基づき，又は債務者の住所が手続開始の申立ての日の直近730日間に単一の州になかったときはその730日間の直近180日間にあった地若しくは180日の内に他の地よりもより長い期間にあたる地において適用されていた州法又は特別法に従う。(B)事件開始の直近に単独で又は共同で賃借人として債務者が有していた財産上の権利。ただし，単独の又は共同の賃借人による賃借人としての権利は，適用される非破産法に基づく手続から除外される範囲とする。(C)退職金は，1986年内国歳入法第401条，第403条，第408条，第408条A，第414条，第457条，又は第501条(a)に基づき課税の対象から除外される基金若しくは口座の範囲とする。

(A)に基づく住所の要件が倒産財団からの財産除外につき債務者を適格がないものとするときは，債務者は(d)に規定する倒産財団除外財産を選択することができる。

(4) (3)(C)及び(d)(12)との関係では，次の規定が適用される。

(A) 退職金が1986年内国歳入法第7805条に基づき適格あるものとして認定を受け，その認定が本法の下での手続開始の申立ての日に効力を生じていた退職金基金であるときは，

(B) この基金は，債務者が次の事項を明らかにした場合には倒産財団から除外される。

(i) これに反するいかなる認定も以前に裁判所又は内国歳入庁によってなさ

れたことがなかったこと，及び
		(ii) (I)退職金基金が1986年内国歳入法の適用される要件に実質的に適合し，又は，(II)1986年内国歳入法の適用される要件に実質的に適合しないが，その不適合が債務者の責に帰するものではないこと。
	(C) 1986年内国歳入法第401条(a)(31)又はその他に基づく，1986年内国歳入法第401条，第403条，第408条，第408条A，第414条，第457条，又は第501条(a)に基づき課税の対象から除外される基金又は口座からの退職金基金の直接の移転は，その直接の移転を理由としては(3)(C)又は(d)(12)に基づく倒産財団除外の適格を停止しない。
	(D) (i)1986年内国歳入法第402条(c)の定義における適格があり，又は(ii)に定める繰り延べられた配分金（rollover disitribution）にあたるものは，その配分を理由としては(3)(C)又は(d)(12)に基づく倒産財団除外の適格を停止しない。(ii)本号に規定する配分金は，(I)1986年内国歳入法第401条，第403条，第408条，第408条A，第414条，第457条，又は第501条(a)に基づき課税の対象から除外される基金又は口座から配分された額で，かつ(II)法が認める範囲で，その額が配分された後60日を超えない期間内に基金又は口座において預託された額とする。
(c) 事件が棄却されない限りにおいて，本条に基づいて倒産財団から除外された財産は，次の債務を除いて，事件開始後に生じた債務者の債務，又はあたかも事件開始後に生じたように本法第502条に基づき確定される債務者の債務につき，事件係属中又は事件終了後においては責任財産とはならない。
	(1) 第523条(a)(1)又は（これと異なる適用される非破産法にもかかわらず，その財産が第523条(a)(5)に規定される種類の場合における）(5)において規定される種類の債務
	(2) (A)(i)本条(f)若しくは(g)又は本法第544条，第545条，第547条，第548条，第549条，若しくは第724条に基づき無効とならず，かつ(ii)本法第506条(d)に基づき無効とならないもの，又は(B)その通知が適正にされた租税リエンであるリエンによって担保されているもの。
	(3) 本法第523条(a)(4)又は第523条(a)(6)において規定される種類の債務であって，預金保険機構に加盟している預金金融機関の関連法人がその管理人，収益管理人，又は清算機関の資格で業務を行っている連邦預金金融機関規制機関に対して負担したもの。
	(4) （1965年高等教育法第101条に規定するところによる）高等教育機関での教育の資金を得るために奨学金，給付，貸付，授業料，一部免除，全額免除，又はその他の資金援助の獲得及び提供における詐欺に関係した債務。
(d) 次の財産は，本条(b)(2)に基づいて倒産財団から除外することができる。
	(1) 債務者又はその被扶養者が住居として使用している不動産又は動産，債務者

又はその被扶養者が住居として使用する財産を所有する協同住宅，又は，債務者若しくはその被扶養者のための墓地について，価額において21,625ドルを超えない債務者のすべての権利。
⑵　1台の自働車について，価額が3,450ドルを超えない債務者の権利。
⑶　家具，日用品，衣料，電気製品，書籍，動物，穀物，又は，楽器で，主として債務者若しくはその被扶養者の個人的な，家族のための，又は日常的な利用のために保有されているもので，個々のものにつき550ドルを超えないか，総額で11,525ドルを超えない債務者のすべての権利。
⑷　主として債務者若しくはその被扶養者の個人的な，家族のための，又は日常的な利用のために保有されている貴金属について，価額において1,450ドルを超えない債務者のすべての権利。
⑸　本項⑴において規定される倒産財団除外財産としての未使用額の1,150ドルから10,825ドルを超えない範囲で，財産についてのすべての権利。
⑹　債務者又はその被扶養者の仕事上の道具，専門書若しくは工具について，価額において2,175ドルを超えない債務者のすべての権利。
⑺　credit life insurance contractを除く，債務者が保有する満期日が到来していない生命保険契約。
⑻　被保険者が債務者又はその債務者が被扶養者である個人によって保有される満期日が到来していない生命保険契約に基づいて発生した配当金若しくは利息又は借入金であって，本法第542条(d)において規定される方法で移転された倒産財団の財産の額を除いた，11,525ドルを超えない債務者のすべての権利。
⑼　債務者又はその被扶養者のための専門的な所定の介護。
⑽　債務者の次の手当てを受け取る権利。
　(A)　年金，失業手当，又は地域の公的扶助を受ける権利
　(B)　軍人恩給
　(C)　障害者年金，疾病年金，又は失業年金
　(D)　債務者及びその被扶養者を支援するのに必要な相当な範囲での，別居手当，支援手当，又は別居維持のための手当
　(E)　疾病，身体障害，死亡，年齢又はサービスの延長を原因として，自社株賞与制，労使共同拠出基金，利益分配制，年金保険又はこれらの契約に基づく支払いで，債務者及びその被扶養者を支援するのに必要な相当な範囲でのもの
⑾　債務者が次のもの受け取る権利，又は次のものに起因する財産。
　(A)　犯罪被害者補償法に基づく補償金を受け取る権利又はその補償金に起因する財産，
　(B)　債務者が被扶養者であった個人の不法行為死亡を原因として支払われる金員で，債務者及びその被扶養者を支援するために合理的に必要とされる範囲のもの，

(C) 死亡した日において債務者が被扶養者であった個人を被保険者とする生命保険契約に基づく保険金であって、債務者及びその被扶養者を支援するために合理的に必要とされる範囲のもの、

(D) 債務者又はその被扶養者が受けた、苦痛又は実際の金銭的損失に対する補償を除いた人的な傷害を原因として支払われる金員で＄21,625を超えない額のもの、又は

(E) 債務者、又は債務者が被扶養者であり若しくは被扶養者であった個人の将来の収入の喪失を補償する金員であって、債務者及びその被扶養者を支援するために合理的に必要とされる範囲のもの。

(12) 退職年金であって、1986年内国歳入法第401条、第403条、第408条、第408条A、第414条、第457条、又は第501条(a)に基づき非課税とされている手元資金又は勘定とされている範囲のもの。

(e) 債務者に対して無担保の請求権を有する債権者の利益のために行われた倒産財団除外の放棄は、債務者が本条(b)に基づいて倒産財団から除外することができる財産に対する請求権については本法の下での事件において強制することはできない。本条(f)若しくは(h)に基づく財産譲渡を否認する権限、(g)若しくは(i)に基づく財産を除外する権利、又は本条(i)に基づく財産を回復し若しくは財産の譲渡を維持する権利を債務者が放棄することは、本法の下での事件において強制することはできない。

(f) (1) (3)によるところを除く倒産財団除外の放棄にもかかわらず、債務者は、債務者の財産上の権利に基づくリエンの確定を、次の場合において、債務者が本条(b)に基づき有したであろう倒産財団除外をそのリエンが侵害する範囲で否認することができる。

(A) 第523条(a)(5)に規定される種類の債務を担保する裁判上のリエンを除く裁判上のリエン；又は

(B) 次のいずれかの財産上の、非占有で非売買代金債務を担保する担保権

(i) 自身、家族、又は債務者若しくはその被扶養者の生活のために主として保有されている家具、家財道具、衣料、機器、書籍、作物、楽器又は宝飾品、

(ii) 債務者若しくはその被扶養者の事業のための道具、専門書、又は工具、又は

(iii) 債務者又はその被扶養者のための専門的な所定の介護用品。

(2) (A) 本項との関係において、リエンは、(i)そのリエン、(ii)その財産上のその他すべてのリエン、及び(iii)その財産上にいかなるリエンも存しないときは債務者が請求することができる倒産財団除外の額の合計額が、いかなるリエンも存しない場合におけるその財産上の債務者の権利が有する価値を超える範囲において、倒産財団除外を侵害するものとみなされる。

(B) 数個のリエンに服する財産の場合において、否認された1個のリエンは、その他のリエンについて(A)の下での算定にあたっては考慮されない。

(C)　本号は，抵当受戻権失権を原因とする判決については適用されない。

(3)　(A)債務者に適用される州法が，(d)に基づき倒産財団除外を請求する権利を自ら放棄することを許し，又は債務者が(d)に基づき倒産財団除外を請求することを禁じている事件，及び，(B)債務者が何らかの財産に合意によるリエンの設定を許した範囲を除いて，債務者が州法の下で額に制限なく倒産財団除外を請求することを許しているか，別段に倒産財団除外財産として請求される財産上の合意によるリエンの否認を禁じている事件において，そのリエンが，債務者若しくはその被扶養者の仕事のための機器，専門書又は道具，又は，債務者若しくはその被扶養者の家畜又は収穫物であって，それらの価額が5,850ドルを超える範囲でのものにおける非占有の売買代金担保でない担保権であるときは，債務者は，財産における債務者又はその被扶養者の権利の上のリエンの設定を否認することはできない。

(4)　(A)　(B)に従い，(1)(B)との関係では，「家財道具」とは，(i)衣料，(ii)家具，(iii)器具，(iv) 1台のラジオ，(v) 1台のテレビジョン，(vi)ビデオ再生装置，(vii)リンネル，(viii)磁器，(ix)陶器，(x)台所用品，(xi)債務者に扶養される年少者が主として利用する教材及び教育機器，(xii)医療用設備及び医療用供給品，(xiii)債務者に扶養される年少者又は老齢者若しくは障害者がもっぱら利用する家具，(xiv)債務者及びその被扶養者の（債務者に扶養される年少者の玩具及び愛玩用品並びに結婚指輪を含む）私物，及び(xv) 1台のパーソナルコンピューター及び附属品

(B)　「家財道具」は，次のものを含まない。

　　(i)　芸術作品（債務者の制作したもの又は債務者若しくは債務者の親類のものでないもの）

　　(ii)　電子娯楽機器で総額600ドルを超える公正な市場価額のもの（テレビジョン1台，ラジオ1台及びビデオ再生装置1台を除く）

　　(iii)　総額550ドルを超える公正な市場価額の骨とう品として取得したもの

　　(iv)　総額600ドルを超える公正な市場価額の宝飾品（結婚指輪を除く）

　　(v)　（本条において別段に定めるものを除き）コンピューター，（トラクター又は草刈用トラクターを含む）自動車両，船舶，又はモーター付きの娯楽用装置，運搬車，車両，船舶若しくは航空機

(g)　本法第550条及び第551条にもかかわらず，債務者は，管財人が本法第510条(c)(2)，第542条，第543条，第550条，第551条又は第553条に基づき回復する財産を，次の場合において，その財産が譲渡されなかったとすれば，債務者が本条(b)に基づきその財産を倒産財団から除外したであろう範囲において，倒産財団から除外することができる。

(1)　(A)その譲渡が債務者によって当該財産の任意の譲渡でないとき，及び，(B)債務者がその財産を隠匿しなかったとき，

(2)　債務者が本条(f)(1)(B)に基づきその譲渡を否認したであろうとき

(h) 次の場合において，管財人が財産の譲渡行為を否認したとすれば本条(g)(1)に基づいて債務者がその財産を倒産財団から除外することができたであろう限度において，債務者は，債務者の財産の譲渡を否認することができ，又は相殺をする前の状態に回復することができる
　(1) その譲渡が本法第544条，第545条，第547条，第548条，第549条，又は第724条(a)に基づき管財人によって否認され又は本法第553条に基づき回復されうるときで，かつ，
　(2) 管財人がその財産の譲渡を否認しようとしないとき。
(i)　(1) 債務者が本条(f)又は(h)により財産の譲渡を否認し又は相殺をする前の状態に回復するときは，債務者は，管財人があたかもその財産の譲渡を否認したときと同様に本法第550条において規定される方法で，かつ，その制限に従って，財産を回復し，本条(b)に基づいて回復された財産を倒産財団から除外することができる。
　(2) 本法第551条にもかかわらず，本法第544条，第545条，第547条，第548条，第549条，又は第724条(a)により管財人によって否認された財産の譲渡で，本条(f)又は(h)の下におけるもの，又は本法第553条により回復された財産は，債務者が本条(g)又は本項(1)によりその財産を倒産財団から除外することができる限度で，債務者の利益のために維持することができる。
(j) 本条(g)及び(i)にもかかわらず，債務者が(b)により有する財産より価額において低い財産を倒産財団から除外した限度においてのみ，債務者は，本条(g)及び(i)による特定の種類の財産を倒産財団から除外することができる。
(k) 債務者が本条により倒産財団から除外した財産は，次のものを除いて，管財費用債権の責任財産とはならない。
　(1) 本条(g)により債務者が倒産財団から除外した財産の譲渡を否認し又は当該財産を回復するための費用及び支出を等分したものであって，回復された財産の価額に関連して倒産財団から除外されたその財産の割合による価額に起因するもの，及び，
　(2) 本条(f)又は(h)により財産の譲渡を否認し又は本条(i)(1)により財産を回復するための費用及び支出で，債務者が支払わなかったもの。
(l) 債務者は，本条(b)に基づき債務者が倒産財団除外財産として主張する財産の一覧表を提出しなければならない。債務者がその一覧表を提出しないときは，債務者の被扶養者は，その一覧表を提出することができ，又は債務者のために倒産財団の財産から除外する財産を主張することができる。利害関係人が異議を述べない限り，その一覧表において倒産財団除外財産として主張された財産は，倒産財団から除外される。
(m) (b)における制限に従いつつ，本条は，併合事件におけるそれぞれの債務者について各別に適用される。

(n) 1986年内国歳入法第408条又は第408条(A)において定められる個人の退職口座の財産については，同法第408条(k)の下での簡易化された従業員年金又は同法第408条(p)の下での単一の退職口座を除いて，本条に基づき倒産財団から除外されたその財産の総額は，同法第402条(c)，第402条(e)(6)，第403条(a)(4)，第403条(a)(5)及び第403条(b)(8)の下での繰り延べられた拠出金及びそれに基づく所得に起因する額とは無関係に，個人である債務者によって手続開始の申立てがなされた事件においては，1,171,650ドルを超えてはならない。ただし，その額は，正当な利益が求められるときは，増額されることがある。

(o) (b)(3)(A)との関係において，かつ，(a)にもかかわらず，(1)債務者又はその被扶養者が住居として使用する不動産又は人的財産の権利の価額，(2)債務者又はその被扶養者が住居として使用する財産を所有する協同組合方式による共同住宅の権利の価額，(3)債務者又はその被扶養者の墓地区画の権利の価額，又は(4)債務者又はその被扶養者が家産として主張する不動産又は人的財産の権利の価額は，隠匿し，債権者を遅延させ又は債権者を欺罔する意図をもって手続開始の申立ての日までの10年の間に処分した財産の何らかの部分であって債務者が倒産財団から除外できなかったであろう部分，又は手続開始の申立ての日に債務者がそのように処分された財産を有していたならば(b)により債務者は倒産財団から除外することができなかったであろうその部分に起因する範囲で，減額される。

(p) (1) 本項(2)並びに第544条及び第548条に定めるところを除き，州法又は特別法に基づき財産を倒産財団から除外することを選択した結果として，債務者は，手続開始の申立ての日の前1215日の期間内に債務者によって取得された権利であって，次の財産の価額の総額が146,450ドルを超える額のものを倒産財団から除外することができない。

 (A) 債務者又はその被扶養者が住居として使用する不動産又は人的財産，

 (B) 債務者又はその被扶養者が住居として使用する財産を所有する協同組合方式による共同住宅，

 (C) 債務者又はその被扶養者の墓地区画，又は，

 (D) 債務者又はその被扶養者が家産として主張する不動産又は人的財産。

(2) (A) (1)の下での制限は，家族農業者によってその住居として(b)(3)(A)により主張された倒産財団からの除外には適用されない。

 (B) (1)との関係においては，権利の額には，債務者の（1215日の期間の始期の前に取得された）かつての主たる住居から現在の住居に移転された権利は，債務者のかつての住居及び現在の住居が同一の州に所在するときには，含めない。

(q) (1) 州法又は特別法に基づき財産を倒産財団から除外することを選択した結果として，債務者は，次の場合には，(p)(1)(A)，(B)，(C)及び(D)に定める財産上の権利の額で，総額146,450ドルを超えるものを倒産財団から除外することができない。

 (A) 裁判所が，通知をなし審問を経た上で，債務者が（第18編第3156条にお

いて定義される）重罪の有罪判決を受け，それが当該状況において事件の手続開始の申立てが本法の規定の濫用であることを示すと判断したとき，又は
(B) 債務者が次の事由に起因する債務を負担するとき
　(i) （1934年連邦証券法第3条(a)(47)において定義される）連邦証券法の違反，州証券法の違反，又は，準則，連邦証券法若しくは州証券法に基づき発せられた命令の違反，
　(ii) 受任者の資格による，又は，1934年連邦証券法第12条若しくは第15条(d)又は1933年証券法第6条により登録された証券の買入れ若しくは売却に関連する，詐欺，悪意不実表示又は市場操作，
　(iii) 第18編第1964条による民事救済，又は，
　(iv) これまでの5年内に，他者に対して重大な身体の傷害若しくは死亡を引き起こした犯罪行為，意図的不法行為，又は，故意若しくは未必の故意による非行．
(2) (1)は，(P)(1)(A)，(B)，(C)及び(D)に定める財産上の権利の額が債務者及びその被扶養者の支援のために相当に必要な範囲では適用されない．

■イギリス法
（自然人）
■第283条（破産財団の定義）
1　次項以下に定めるところに従い，個人の破産に関しては，破産財団は次に掲げるものを含む．
(a) 破産手続の開始時に破産者に帰属していたすべての財産
(b) 本編［注：破産に関する規定］の次条以下の規定によって，破産財団に包含されるか，又は前号の財産に該当するものと扱われる財産
2　前項の規定は，次に掲げるものにはこれを適用しない．
(a) 破産者が職業，営業又は専門的職業のため自ら使用する必要のある道具，書籍，車両及びその他の器具
(b) 破産者及びその家族の家庭における基本的な必要を満たすために必要な衣類，寝具，家具，家財道具及び食料
本項は，第Ⅳ章第308条の規定（管財人が破産財団への組入れを請求することのできる一定の財産）の適用を受ける．
3　第1項は，次に掲げるものにはこれを適用しない．
(a) 破産者が他の者のために受託者として保有している財産
(b) 欠員を生じた教会の禄付聖職に指名される権利
3A　第Ⅳ章第308A条に定めるところに従い，第1項は，次に掲げるものにはこれを適用しない．
(a) 1988年住宅法第Ⅰ編の意味の保証付賃借権又は保証付農業占有たる賃借権

であって，1977年家賃法第127条第5項所定の譲渡を禁ずる条件のもの
(b) 1977年家賃法の意味の保護された賃借権であって，同法第Ⅸ編の規定により，譲渡の条件として権利金を適法に要求することのできないもの
(c) 破産者が，1976年家賃（農業）法の意味の居住家屋の保護された占有者とされるときの当該家屋の賃借権であって，1977年家賃法第127条第5項所定の譲渡を禁ずる条件のもの
(d) 1985年住宅法第Ⅳ編の意味の保証された賃借権であって，同法第91条第3項所定の場合を除き，譲渡することのできないもの

【コメント】
1 倒産法第283条第1項及び第2項は，日本法第34条第1項及び第3項と同様に，破産手続の開始時に破産者に帰属していたすべての財産が破産財団に包含されること，破産者及びその家族の生活を保障するために，一定の財産は破産財団の対象から除かれることを規定する。また，1988年住宅法第117条第1項によって追加された同条第3A項によれば，一定の要件を満たす不動産賃借権も，破産財団から除外される。

2 以上の原則に対しては，倒産法第307条から第310条までの規定によって修正が加えられている。

まず，日本法の新得財産にあたる破産手続開始後に破産者が取得した財産も，管財人が破産者に対して書面で通知することによって，破産財団に組み入れることができる（倒産法第307条）。通知は，原則として破産者が問題の財産を取得したことを管財人が知った後，42日以内に送付されなければならず，それ以後は裁判所の許可がなければ送付することができない（倒産法第309条第1項(a)号）。

1914年破産法第38条(a)号は，新得財産は当然に管財人に帰属すると規定していた。これを確認する控訴院判決もあったが，換価が煩雑な財産までも管財人に帰属するのは不合理であるとの批判も有力であった。第307条が，管財人からの書面による通知を要することとしたのは，この批判にこたえたものである。

倒産法第307条は，破産者が破産手続開始後に得た収入には適用されない（同条第5項）。収入は，管財人の申立てに基づいて発令される収入支払命令（income payments order）によって，破産財団に組み入れられる（倒産法第310条）。破産者と管財人の間の書面による合意（income payments agreement）により，収入を破産財団に組み入れることもできる（2002年企業法により追加された倒産法第310A条）。

破産者及びその家族の生活保障のために破産財団から除外された財産が通常よりも高価な場合には，管財人は，書面で通知することによってこれを破産財団に組み入れることができる（倒産法第308条）。破産者には代替品が支給され，代替品の購入費用は，破産債権に優先して破産財団から支払われる（同条第3項）。倒産法第283条第3A項により破産財団から除外された賃借権も，管財人からの書面による通知があれば，破産財団に組み入れられる（倒産法第308A条）。

3 破産者の居住用家屋も破産財団を構成するが，破産手続の開始後3年が経過しても破産管財人によって換価されなかった場合には，破産財団から離脱し，その権原は破産者に移転する（2002年企業法により追加された倒産法第283A条）。

● ドイツ法
● 第35条（倒産財団の意義）

日・◆米・■英・●独・▲仏　　　　　　　　　　　　　　　　破産法第34条（破産財団の範囲）

倒産手続の効力は，債務者が手続開始の時において有しまたは手続の係属中に取得する一切の財産に及ぶ（倒産財団）。

● 第36条（差押禁止財産）

　強制執行に服さない財産は倒産財団に属しない。民事訴訟法850条，850条a，850条c，850条e，850条fおよび850条gから850条kまで，851条cおよび851条dの規定を準用する。

　2　前項の規定にかかわらず，左に掲げる財産は倒産財団に属する。

　一　債務者の業務上の帳簿。ただし，これにより証拠書類を保存すべき〔債務者の〕法律上の義務は影響を受けない

　二　民事訴訟法第811条第4号および第9号の規定により強制執行に服さない財産。

　3　現に債務者が日常生活に使用している一般的な家財道具で，それを換価してもその価値とまったく釣り合わない利益しかした得られないことが明らかなものは，倒産財団に属さない。

　4　本条1項2文に定める規定により目的物が強制執行に服するか否かの裁判は，倒産裁判所が管轄する。債権者に代って倒産管財人がこの裁判の申立権を有する。倒産手続の開始手続については，第1文および第2文を準用する。

　【コメント】　民事訴訟法第811条4号は，債務者が農家である場合の農機具，家畜，肥料および債務者とその家族の生計の維持並びに翌年再生産に必要な農産物の差押えを禁止する。

　　同条9号は，薬局営業に必要な器具容器，在庫品の差押えを禁止する。

● 第37条（夫婦共同財産制における共有財産）

　共有の形態を採る夫婦財産制［夫婦財産共有制］において，配偶者の一方が単独で夫婦共有財産を管理する場合に，その配偶者の財産につき倒産手続が開始されたときは，その夫婦共有財産はその倒産手続の倒産財団に属する。この場合においては，その夫婦共有財産の分割をすることができない。他方の配偶者の財産につき開始された倒産手続の効力は，この夫婦共有財産に及ばない。

　2　両配偶者が共同して夫婦共有財産を管理する場合は，配偶者の1人の財産につき開始された倒産手続の効力は，夫婦共有財産に及ばない。

　3　第1項の規定は，共有財産制が一方配偶者の死後も継続される場合に準用する。この場合において，「単独で夫婦共有財産を管理する一方配偶者」は「生存する配偶者」と，「他方配偶者」は「［死亡した配偶者の］卑属」と，読み替えるものとする。

● 第100条（倒産財団による扶養）

　債権者集会は，倒産財団から債務者およびその家族に対し扶助料を給付すべきかおよび扶助の範囲を決定することができる。

　2　債権者集会の決議があるまで，倒産管財人は，債権者委員会が置かれているときはその同意を得て，債務者に対し必要な扶助料を給付することができる。債務

者の未成年で未婚の子，債務者の配偶者，元配偶者，債務者の同棲者，元同棲者および債務者の子の他の親に対しても，民法第1615l条および第1615n条の規定による請求権に関して，同様の方法により扶助料を給付することができる。

【コメント】 ドイツ倒産法35条は，旧破産法1条と異なり，倒産手続開始後に債務者が取得した財産も倒産財団に含める膨張主義を採用した。新たに残債務免除手続（倒産法286条以下）を導入したこととも関連する。

ドイツ倒産法100条は，倒産財団から債務者およびその家族の扶助料を支払うことができる旨の規定である。旧破産法下では自由財産（新得財産）であった倒産手続開始後の給料等の新たな収入も，倒産法下では，差押えが禁止されていない部分は倒産財団に含まれ（同法35条），債務者が生活費等に充てることができない点で，旧法とは前提が異なる。そこで，旧法下よりも債務者にとって厳しい規律となるという指摘もあるところであるが，国会では，差押禁止部分は倒産財団に含まれないし，扶養義務があれば禁止部分が増加するという面もあるので，やむをえないものと判断された（BT-Drucks. 12/7302 S.167）。なお，扶助料は財団債権となるが，その順位は最下位とされている（209条1項3号）。

▲**フランス法**（該当規定なし）
【コメント】 フランス法では，伝統的に，破産財団については膨張主義が採られている。

第35条（法人の存続の擬制） 他の法律の規定により破産手続開始の決定によって解散した法人又は解散した法人で破産手続開始の決定を受けたものは，破産手続による清算の目的の範囲内において，破産手続が終了するまで存続するものとみなす。

▌会社法第645条（清算持分会社の能力）

◆**アメリカ法**（該当規定なし）
【コメント】 これに対応する規定はアメリカ法には存在しないが，これに関連する問題について議論がある。アメリカでは，旧法の破産，会社更生にあっては管財人が選任されるのが原則的形態であった。ところが，現行第11章手続ではDIPが原則になっている関係で，倒産法人と倒産財団との関係や倒産財団の性格についての議論（StephenMcJohn, Person or Property? On the Legal Nature of the Bankruptcy Estate, 10 Bankr. Dev. J. 465（1994））がある。

問題は，次のようなものである。1978年連邦倒産法第11章では，倒産手続の開始があっても原則として債務者が財産の占有を継続することになっている。そこでは，従前の法律関係が手続開始後の占有を継続する債務者との間でどのような形で受け継がれるのかが考えられなければならない。とりわけ，次の分野において，その法律関係をめぐって問題が生ずる。

第1に，倒産した法人の契約関係の当事者は手続開始後にあっても倒産法人なのか，これとは別個の倒産財団なのかという問題である。占有を継続する債務者は管財人とほぼ同じ権限を有するとされているから，従前の未履行双務契約は終了するのか，倒産法人との間で存続するのかという問題である。第2に，占有を継続する債務者は倒産法人の権限，たとえば倒産前のさまざまな関係についての弁護士・依頼者間の秘匿特権（attorney-client privilege）を放棄する権利，法人役員が一定の行為をなす権限，コーポレイト・ガバナンス（倒産会社の株主の取締役選出）をめぐる問題である。

このような問題が提示される背景としては，連邦倒産法が以上の問題について明確な規定を

日・◆米・■英・●独・▲仏　　　　　　　　　　　　　　破産法第36条(破産者の事業の継続)

設けていないこと，その結果，多様な解釈が生まれる下地が存在すること，さらには，直接には倒産法に関係しないさまざまな問題が破産裁判所における解決に委ねられている点をあげることができよう。

■イギリス法（該当規定なし）

●ドイツ法（該当規定なし）

▲フランス法（該当規定なし）

> 第36条（破産者の事業の継続）　破産手続開始の決定がされた後であっても，破産管財人は，裁判所の許可を得て，破産者の事業を継続することができる。

◆アメリカ法
◆第721条（事業継続の許可）
　裁判所は，事業の継続が倒産財団の利益にもっとも適合し，倒産財団の秩序ある清算に資するときは，管財人が債務者の事業を一定の期間行うことを許可することができる。

《関連規定》
◆第345条（倒産財団の金銭）
(a)　本法の下での事件における管財人は，その職務を遂行している倒産財団の金銭を，預託又は投資の安全性を考慮しつつ最大限の合理的な純利益を生み出すよう，預託し，又は投資することができる。
(b)　合衆国又は合衆国の部局，機関若しくは付属庁によって保険が付され又は保証されている預託若しくは投資，又は，合衆国の誠意及び信用によって裏付けられている預託若しくは投資を除いて，管財人は，金銭が預託された者又は投資を受け入れた者に対し，次のものを要求しなければならない。
　(1)　債務証書（bond）であって，
　　(A)　合衆国を受取人とし，
　　(B)　事件が係属している裁判区を担当する連邦管財官の承認を得た保証会社の保証引受けにより担保されており，かつ，
　　(C)　(i)　預託又は投資された金銭及びその利息につき適切な計算報告を行なうこと，
　　　　(ii)　その金銭及び利息を速やかに返戻すること，及び
　　　　(iii)　預託又は投資の受託者として誠実に義務を履行すること
　　　を条件とするもの，又は，
　(2)　法第31号第9303条に定められている種類の証券の預託。ただし，裁判所が理由を示して別段に命じるときは，この限りでない。
(c)　金銭が預託され又はかかる金銭の投資を受け入れた者は，本条により必要とされているところに従い，その金銭をさらに預託し又は投資することができる。

■イギリス法
（会　社）
■第167条（裁判所による清算）
　1　会社が裁判所によって清算されるときは，清算人は，
　(a)　裁判所又は清算委員会の承認を得て，本法の附則第4第Ⅰ編及び第Ⅱ編に掲げる権限を行使することができる。

附則第4第Ⅰ編
　5　会社を有利に清算するために必要な限りにおいて，会社の事業を継続する権限

（自然人）
■第314条（管財人の権限）
　1　管財人は，
　(a)　債権者委員会又は裁判所の許可を得て，本法の附則第5第Ⅰ編に掲げる権限を行使することができる。

附則第5第Ⅰ編
　1　破産者の事業を有利に清算するために必要な限りにおいて，かつ，法令により又は法令の下で課された要件に違反せずに管財人が行いうる限りにおいて，破産者の事業を継続する権限

●ドイツ法
●第158条（決議前の措置）
　倒産管財人が，報告期日の前に，債務者の企業を閉鎖または譲渡しようとするときは，債権者委員会が置かれているときは，その同意を得なければならない。
　2　倒産管財人は，債権者委員会の決議の前に，または債権者委員会が置かれていないときは，企業を閉鎖または譲渡する前に，債務者に通知しなければならない。倒産裁判所は，報告期日が終了するまで閉鎖または譲渡を延期しても，倒産財団を著しく損なうことがないとときには，債務者の申立てにより，倒産管財人を審尋した後に，企業の閉鎖を禁止することができる。

▲フランス法
▲第641-9条第Ⅲ項
　債務者が自然人であるときは，裁判上の清算の継続中，第640-2条第1段に定めるいかなる活動も行うことができない。ただし，有限責任を負う個人事業者である債務者は，その活動が手続の目的となる財産（財団）以外の財産（財団）に係るものである場合には，これらの活動の1つまたは複数のものを行うことができる。

▲第641-10条第1段第2段
　企業の全部もしくは一部の譲渡が検討されている場合，または公共の利益もしくは債権者の利益がそれを必要とするときは，活動の維持が，コンセイユ・デタのデ

日・◆米・■英・●独・▲仏　　　　　　　破産法第37条～第39条（破産者に準ずる者への準用）

クレで定める期間を限度として，裁判所によって許可される。この期間は，検察官の請求によって，同様の方法で定められる期間で延長される。農業経営に関するときは，この期間は，継続中の耕作年度および当該農産物に固有の習慣を考慮して，裁判所によって定められる。

　清算人は，企業を管理する。

▲ R 第641-18条

　活動の維持は，農業経営に適用される規定を留保して，［法律部］第641-10条に定める条件で，3カ月を超えない期間で許可される。

　この許可は，検察官の請求により，同じ期間で，1回延長することができる。

▲ R 第641-20条

　裁判上の清算の開始もしくは言渡し後に企業の管理を行う清算人もしくは管理人は，活動の結果について，それが行われた期間の満了時に，主任裁判官および検察官に通知する。

第37条（破産者の居住に係る制限）　破産者は，その申立てにより裁判所の許可を得なければ，その居住地を離れることができない。
2　前項の申立てを却下する決定に対しては，破産者は，即時抗告をすることができる。
第38条（破産者の引致）　裁判所は，必要と認めるときは，破産者の引致を命ずることができる。
2　破産手続開始の申立てがあったときは，裁判所は，破産手続開始の決定をする前でも，債務者の引致を命ずることができる。
3　前2項の規定による引致は，引致状を発してしなければならない。
4　第1項又は第2項の規定による引致を命ずる決定に対しては，破産者又は債務者は，即時抗告をすることができる。
5　刑事訴訟法（昭和23年法律第131号）中勾引に関する規定は，第1項及び第2項の規定による引致について準用する。
第39条（破産者に準ずる者への準用）　前2条の規定は，破産者の法定代理人及び支配人並びに破産者の理事，取締役，執行役及びこれらに準ずる者について準用する。

規第22条（破産者等の引致・法第38条等）　刑事訴訟規則（昭和23年最高裁判所規則第32号）中勾引に関する規定は，法第38条第1項及び第2項（これらの規定を法第39条，第230条第3項及び第244条の6第3項において準用する場合を含む。）の規定による引致について準用する。

◆ アメリカ法

《関連規定》

◆ R 第4002条（債務者の義務）

(a)　総則　本法及び本手続規則により定められているその他の義務に加えて，債務

171

者は，(1)〜(4)……，(5) 債務者の住所の変更を記載した書面を提出しなければならない。

【コメント】　日本法のように裁判所の許可を得なければその居住地を離れることを許さない趣旨の規定は存在しないが，倒産手続規則においては，住所を変更する場合に，債務者にその届出義務が課せられている。なお，R第4002条は，債務者が提出しなければならない書面を詳細に規定している。

■イギリス法
■第364条（身柄を拘束する権限）

1　次項に定める場合には，裁判所は，警察官又は定められた裁判所職員に対して，以下の事柄に関する令状を発することができる。
(a) 破産申立書と関係している債務者，免責されていない破産者，又は免責された破産者であってその財団がいまだに本編第IV章の規定に基づいて管理されている者の身柄の拘束
(b) 令状に基づいて身柄を拘束された者の占有する帳簿，書類，記録，金銭又は動産の押収

裁判所は，かかる令状に基づいて身柄を拘束された者を引き続き拘留し，かかる令状に基づいて押収したものを裁判所が命ずるときまで規則に従って保管することを認可することができる。

2　破産申立書の提出後又は破産命令の発令後に以下に定める要件が存在すると思われるときは，裁判所は，債務者，免責されていない破産者又は免責された破産者に対して前項による権限を行使することができる。
(a) その者が，債務の支払若しくは破産申立ての審理への出頭を回避若しくは遅延させる目的で，又はその者に対する破産の手続若しくは事情の審問を回避し，遅延させ，若しくは中断する目的で，逃亡したか又は逃亡しようとしていると信ずる合理的な理由があること
(b) その者が，管財官若しくは破産管財人による占有の取得を妨害し，又は遅延させる目的で，動産を移動させようとしていること
(c) その者が，破産の手続の間又は財団の管理に関連して債権者が利用することのできる動産，帳簿，書類又は記録を隠匿若しくは毀損したか，又は隠匿若しくは毀損しようとしていると信ずる合理的な理由があること
(d) その者が，管財官又は破産管財人の許可を得ずに，その占有下にある本号に関して定められた価額［注：1000ポンド（The Insolvency Proceedings（Monetary Limits）Order 1986, art 3, Schedule, Pt II）］を超える動産を移動させたこと
(e) その者が，合理的な理由なく，裁判所の命じた審問に出頭しなかったこと

●ドイツ法
●第97条（債務者の情報提供義務および協力義務）

債務者は，倒産裁判所，倒産管財人，債権者委員会および裁判所の命令があるときは債権者集会に対して，手続に関連するあらゆる事情につき情報を提供する義務を負う。犯罪行為または秩序違反行為を原因とする訴追を招くおそれのある事実についても，債務者は開示しなければならない。ただし，債務者が本項の定める義務に従い提供した情報は，債務者または刑事訴訟法第52条第1項に掲げる債務者の親族に対する刑事手続または秩序罰に関する法律に基づく手続において，債務者の同意がなければ，使用することができない。

2　債務者は，倒産管財人がその任務を遂行するにつき協力しなければならない。

3　債務者は，その情報提供義務および協力義務を履行するために，裁判所の命令に応じて何時でも出頭する義務を負う。債務者は，その義務の履行と抵触するあらゆる行為をなさざる義務を負う。

● 第98条（債務者の義務の履行強制）

倒産裁判所は，真実に則した供述を得るため必要があると認めるときは，債務者に対し，その知りえた情報を記憶に則して包み隠さず正確かつ完全に提供することを，供述書において宣誓に替えて保証するよう，命ずることができる。民事訴訟法第478条から第480条までおよび第483条の規定は，本項の規定による保証に準用する。

2　裁判所は，左に掲げる場合においては，債務者を強制的に引致し，審尋の後拘禁することができる。

　　一　債務者が，情報の提供，宣誓に替わる保証または倒産管財人の任務遂行への協力を拒否するとき。

　　二　債務者が，情報提供義務および協力義務を免れようと意図しているとき，とりわけ逃亡を企てているとき。

　　三　情報提供義務および協力義務の履行と抵触する債務者の行為を阻止するため，とりわけ倒産財団を保全するため，適切と認めるとき。

3　前項の規定による拘禁命令については，民事訴訟法第904条から第906条まで，第909条，第910条および第913条の規定を準用する。拘禁の命令は，その発令のための要件が存在しなくなったときは，速やかに職権により取り消さなければならない。拘禁の命令および要件の解消を理由とする拘禁命令の取消し申立てを却下する決定に対しては，即時抗告をすることができる。

● 第101条（組織法上の代理人・従業員）

債務者が自然人でないときは，第97条から第99条までの規定は，債務者の代表機関もしくは監査機関の構成員または代表権をもった無限責任社員について，準用する。第97条第1項および第98条は，倒産手続の開始申立て前2年以内に第1文に掲げる地位を離れた者についても，準用する。債務者に代表者がいない場合には，持分権を有する者についても，同様とする。第100条の規定は，債務者の代表権を有する無限責任社員について，準用する。

2　第97条第1項第1文の規定は，債務者の従業員および倒産手続の開始申立て前2年以内にその地位を離れた者について，準用する。

3　第1項および第2項に規定する者が，情報提供義務および協力義務に違反した場合において，倒産手続開始の申立てが棄却されたときは，その者に手続の費用を負担させることができる。

● 第 102 条（基本権の制限）

第99条および第101条第1項の規定により，信書の秘密ならびに郵便および通信の秘密（基本法第10条）は制限される。

● 第 20 条（開始手続における情報提供義務）

申立てが適法であるときは，債務者は，申立てにつき裁判するために必要な情報を倒産裁判所に提供しなければならない。この場合においては，第97条，第98条，第101第1項第1文，第2文および同条第2項の規定を準用する。

● 第 22 条（仮倒産管財人の地位）

……

3　仮倒産管財人は，債務者の営業所に立ち入って調査する権限を有する。債務者は，仮倒産管財人に対して，各種帳簿および業務用書類の閲覧を許可し，必要な情報をすべて提供しなければならない。この場合においては，第97条，第98条，第101条第1項第1文，第2文および同条第2項の規定を準用する。

【コメント】　ドイツ倒産法97条は，債務者に対する無用な居所の制限（旧破産法101条2項）を排し，他方で，倒産手続上必要な場合には，いつでも，またその居所を離れている場合でも，債務者に対して，情報提供および協力の義務を履行させることができるようにしたものである。郵便の制限に関して99条は，制限の目的を明確にし，また原則として事前に債務者を審尋することを要件として，債務者の基本権保護を厚くしている。

▲フランス法（該当規定なし）

第 40 条（破産者等の説明義務）　次に掲げる者は，破産管財人若しくは第144条第2項に規定する債権者委員会の請求又は債権者集会の決議に基づく請求があったときは，破産に関し必要な説明をしなければならない。ただし，第5号に掲げる者については，裁判所の許可がある場合に限る。
一　破産者
二　破産者の代理人
三　破産者が法人である場合のその理事，取締役，執行役，監事，監査役及び清算人
四　前号に掲げる者に準ずる者
五　破産者の従業者（第2号に掲げる者を除く。）
2　前項の規定は，同項各号（第1号を除く。）に掲げる者であった者について準用する。

民事再生法第38条2項（再生債務者の地位）
会社更生法第77条（更生会社及び子会社に対する調査）

日・◆米・■英・●独・▲仏　　　　　　　　　　　　　　破産法第 40 条（破産者等の説明義務）

◆アメリカ法
◆ R 第 4002 条（債務者の義務）

(a)　総則　本法及び本手続規則により定められているその他の義務に加えて，債務者は，(1)裁判所が命じた調査にいつでも出頭し意見を述べ，(2)免責に対する異議申立てに関する審問に出頭し，証人として召喚されたときは証言し，(3)債務者が権利を有する不動産の所在地，財産目録が R 第 1007 条に従い未だ提出されていなかった場合で債務者の払戻請求若しくは命令に服する金銭又は財産を保有するすべての者の氏名及び住所について，速やかに書面で管財人に知らせ，(4)財産目録の作成，請求権の証拠の検認，及び倒産財団の管理において管財人に協力し，かつ，(5)債務者の住所の変更を記載した書面を提出しなければならない。

(b)　個人債務者の書類提出義務　(1)　身分証明　すべての個人債務者は，第 341 条に基づく債権者集会に，(A)政府機関が発行する写真つき身分証明書，又は債務者の同一性を明らかにした個人を確認する情報，及び，(B)社会保障番号の証明書，又はそのような書面がないときは陳述書を提出しなければならない。

(2)　財務に関する情報　すべての個人債務者は，次の書面又はその写しを，第 341 条に基づく債権者集会に提出しかつ管財人がそれらを利用できるようにしなければならず，又は，その書面は存在しないこと若しくはそれらが債務者の占有の下にないことを記載した文書を提出しなければならない。

　(A)　もっとも最近の支払通知のような現在の収入を示す証拠
　(B)　管財人又は連邦管財官が別段に指示しない限りで，手続開始申立ての日を含む期間に対応する，小切手勘定，貯蓄勘定，並びに，短期金融市場勘定，投資信託勘定及び仲立勘定を含む債務者の各預託口座及び投資口座に関する書面
　(C)　法第 707 条(b)(2)(A)又は(B)に基づいて必要であるときは，債務者が主張する毎月の支出に関する書面

(3)　納税申告書　第 341 条に基づく債権者集会の最初の期日の少なくとも 7 日前までに，債務者は，管財人に対して，事件開始前直近のもっとも最近の課税年度におけるものであって申告のために作成された債務者の附属書類を含む連邦所得税申告書の謄本又はその申告書の写しを提出しなければならず，さもなければそのような書類は存在しないことを記載した書面を提出しなければならない。

(4)　債権者に対する納税申告書の提供　債権者が，第 341 条に基づく債権者集会の最初の期日の少なくとも 14 日前までに，(b)(3)に基づいて管財人に対して提出された債務者の納税申告書の謄本を求めるときは，債務者は，第 341 条に基づく債権者集会の最初の期日の少なくとも 7 日前までに，その申立てをなした債権者に対して，事件開始前直近のもっとも最近の課税年度におけるものであって申告のために作成された債務者の附属書類を含む連邦所得税申告書の謄本又はその申告書の写しを提出しなければならず，さもなければそのような書類は存在しないことを記載した書面を提出しなければならない。

(5) 税務情報の信頼性　R 第 4002 条(b)(3)及び(b)(4)に基づき納税申告書を提出する債務者の義務は，連邦裁判所事務総局長が定めた租税情報に関する守秘義務の確保のための手続に服するものとする。

■イギリス法
（会　社）
▰第131条（会社の業務に関する説明書）
1　裁判所が清算命令を発したか又は仮清算人を選任したときは，管財官は，第3項に掲げる者の数名又は全員に対して，会社の業務に関する定められた形式の説明書を作成し，提出することを要求することができる。

3　第1項において第3項に掲げる者とは，以下の者をいう。
(a)　会社の役員であるか又は役員であった者
(b)　所定の日以前の一年間に会社の設立に参加した者
(c)　会社によって雇傭されている者又は前号の期間中，会社によって雇傭されていた者であって，管財官の考えでは，必要な情報を提供することができると思われる者
(d)　会社の役員である他の会社若しくは(b)号の期間中，会社の役員であった他の会社の役員である者若しくは(b)号の期間中，役員であった者又はその会社によって雇傭されている者若しくは(b)号の期間中，雇傭されていた者

▰第133条（役員の公開審問）
1　裁判所による会社の清算が継続しているときは，管財官又はスコットランドにおける清算人は，会社が解散されるまでの間はいつでも，以下に掲げる者の公開審問を裁判所に申し立てることができる。
(a)　会社の役員であるか又は役員であった者
(b)　会社の清算人若しくは管理人として，又はレシーバー若しくはスコットランドにおける財産管理人として行動した者
(c)　前2号に掲げる者以外で，現在又は過去において，会社の創設，設立又は経営に関係するか又は参加している者

4　以下に掲げる者は，ある者に対する本条の規定による公開審問に参加し，前項に掲げる事項［注：会社の創設，設立，経営，会社の営業及び業務，又は会社との関係におけるその者の行為又は取引］に関してその者に質問することができる。
(a)　管財官
(b)　会社の清算人
(c)　会社の財産又は業務の特別管理人に選任された者
(d)　清算手続に債権届出を申し出たか，又はスコットランドにおいては債権を届け出た会社債権者
(e)　会社の清算出資者

■第134条（第133条の執行）
1　合理的な理由がなく第133条の規定に基づく公開審問に出頭しない者は，裁判所侮辱罪に該当するものとして処罰される。
（自然人）
■第288条（事情に関する説明書）
1　債務者の申立てに基づかずに破産命令が発令された場合には，破産者は，破産手続が開始した日から21日以内に，管財官に対し事情に関する説明書を提出しなければならない。
■第290条（破産者の公開審問）
1　破産命令が発令されたときは，管財官は，免責がなされるまでの間はいつでも，破産者の公開審問を裁判所に申し立てることができる。
4　以下に掲げる者は，破産者の公開審問に参加し，破産者の業務，取引，財産及び破綻の原因に関して破産者に質問することができる。
　(a)　管財官及び第264条1項(d)号の規定による申立てに基づいて破産の宣告を受けた個人の場合は，公的申立人
　(b)　管財人。ただし，その選任が効力を生じた場合に限る。
　(c)　破産財団又は破産者の業務の特別管理人に選任された者
　(d)　破産手続に債権届出を申し出た破産債権者
■R第6.175条（審問の手続）
1　破産者は，審問において宣誓しなければならず，破産者に対して裁判所が発したか，又は発することを許したすべての質問に答えなければならない。

【コメント】　日本法40条が規定する破産者等の説明義務と同様の義務としては，会社の清算又は個人の破産に関する情報について説明書を作成する義務（倒産法131条，288条）及び公開審問（public examination）に出頭して質問に答える義務（倒産法133条，290条）がある。
　破産した個人の公開審問は，伝統的に，破産手続において破産者から破産に至る事情に関する情報を得るうえで最も重要な手続とされてきた。
　破産者は，公開審問の手続において，管財官，管財人，破産債権者からの破産に関する質問に宣誓して答えなければならない（倒産法第290条第4項，倒産規則第6.175条第1項）。
　破産者は，裁判所が許した質問にはすべて答えなければならず，その結果，刑事訴追を受けるおそれがある場合であっても，回答を拒否することはできない。審問の内容は記録に留められ，審問における破産者の回答は，破産者に対して刑事訴訟手続を開始する際に利用されるほか，管財官が報告書を作成する（倒産法289条）際にも利用される（以上につき Fletcher, The Law of Insolvency, 4th ed., 2009, p.189）。
　1986年倒産法は，清算手続を開始した会社の役員に対する公開審問を規定した（倒産法第133条‐第134条）。これはコーク委員会が強く提案した結果だといわれている（Fletcher, id., p.720）。

●ドイツ法
●第97条（債務者の情報提供義務および協力義務）

債務者は，倒産裁判所，倒産管財人，債権者委員会および裁判所の命令があるときは債権者集会に対して，手続に関連するすべての事情について情報を提供する義務を負う。犯罪行為または秩序違反行為を原因とする訴追を招くおそれのある事実についても，債務者は開示しなければならない。ただし，債務者が本項の定める義務に従い提供した情報は，債務者または刑事訴訟法第52条第1項に掲げる債務者の親族に対する刑事手続または秩序罰に関する法律に基づく手続において，債務者の同意がなければ，使用することができない。

2　債務者は倒産管財人がその任務を遂行するにつき協力しなければならない。

3　債務者は，その情報提供義務および協力義務を履行するために，債務者の命令に基づき何時でも出頭する義務を負う。債務者は，その義務の履行と抵触する総ての行為をなさざる義務を負う。

●第20条（開始手続における情報提供義務）

申立てが適法であるときは，債務者は，申立てにつき裁判するために必要な情報を倒産裁判所に提供しなければならない。この場合においては，第97条，第98条，第101条第1項第1文，第2文および同条第2項の規定を準用する。〔後略〕

●第22条（仮倒産管財人の地位）

……

3　仮倒産管財人は，債務者の営業所に立ち入って調査する権限を有する。債務者は，仮倒産管財人に対して，各種帳簿および業務用書類の閲覧を許可し，必要な情報をすべて提供しなければならない。この場合においては，第97条，第98条，第101条第1項第1文，第2文および同条第2項の規定を準用する。

【コメント】　ドイツ倒産法は，債務者に一律に居住制限を課することを排したが，情報提供義務を強化している。情報提供義務は，倒産裁判所との関係では，すでに適法な倒産申立てがあれば倒産手続開始前にも課せられ（20条1項），また，仮倒産管財人が選任されたときは，同人との関係でも課せられる（22条3項）。さらに，自主管財の場合に監督員が選任されたときは同人との関係で（274条2項第2文），簡易倒産手続では受託者との関係で（313条），情報提供義務が課せられる。

▲フランス法（該当規定なし）

第41条（破産者の重要財産開示義務）　破産者は，破産手続開始の決定後遅滞なく，その所有する不動産，現金，有価証券，預貯金その他裁判所が指定する財産の内容を記載した書面を裁判所に提出しなければならない。

◆アメリカ法
◆R第1007条（一覧表，明細書，書類及びその他書面；提出の期限）
(a)　法人の所有に関する書類，債権者及び持分証券保有者の一覧表，及びその他の一覧表　(1)　自己申立事件　自己申立事件においては，債務者は，公定様式に

よって定められた目録Ｄ，Ｅ，Ｆ，Ｇ及びＨに含まれる又は含まれるべき各主体の名称及び住所を含む一覧表を，手続開始の申立書とともに提出しなければならない。債務者が政府機関以外の法人であるときは，債務者は，Ｒ第7007.1条に規定される情報を含む法人の所有に関する書面を，手続開始の申立書とともに提出しなければならない。債務者は，法人の所有に関する書面を正確ではないものにするような事情の変更があった場合には，補充書面を速やかに提出しなければならない。

⑵　債務者以外の者による手続開始申立てに係る事件　債務者以外の者による手続開始の申立てに係る事件においては，債務者は，公定様式によって定められた目録Ｄ，Ｅ，Ｆ，Ｇ及びＨに含まれ又は含まれるべきである各主体の氏名及び住所を含む一覧表を，救済命令が発せられた後7日以内に提出しなければならない。

⑶　持分証券保有者　第11章の更生事件においては，裁判所が別段命じない限り，債務者は，救済命令が発せられた後14日以内に，それぞれの種類の持分証券保有者の一覧表であって，その保有者の氏名で登録された権利の数及び種類，並びに，各保有者の最後に知れている住所又は営業所所在地を明らかにした一覧表を提出しなければならない。

⑷　第15章事件　本法第1515条により必要とされる書面に加えて，第15章に基づく承認の申立書を提出する外国管財人は，その申立書とともに，(A)Ｒ7007.1に規定される情報を含む法人の所有に関する書類，並びに，(B)裁判所が別段命じない限り，債務者の外国手続を遂行することが認められているすべての者又は機関の氏名及び住所，債務者が申立書を提出する時点で訴訟当事者になっている合衆国において係属する訴訟におけるすべての当事者，及び，本法第1519条の下で保全処分が求められているすべての主体を含む一覧表を，提出しなければならない。

⑸　期間の伸長　本項によって必要とされる一覧表を提出する期間の伸長は，理由を明示した申立てに基づき，かつ，連邦管財官及び管財人，本法第705条に基づいて選出され若しくは第1102条に基づき選任された委員会，又は裁判所が指定するその他の関係人に対する通知に基づいてのみ，許される。

(b)　明細書，書類，及び必要とされるその他の書類　⑴　第9章の地方公共団体の債務調整事件における場合を除いて，債務者は，裁判所が別段命じない限り，適切な公定様式によって定められるところに従い作成された次の明細書，書類，及びその他の書類を提出しなければならない。

(A)　資産及び負債に関する明細書，
(B)　現在の収入及び支出に関する明細書，
(C)　未履行双務契約及び期間満了前の賃貸借契約に関する明細書，
(D)　財務状況に関する書類，
(E)　手続開始の申立てがなされる前60日以内に使用者から債務者が受けた債

務の弁済に関するすべての通知又はその他弁済に関する証書の写しで，債務者の社会保障番号又は個人の納税者識別番号の下4桁を除いて作成されたもの，及び
　　(F)　債務者が本法第521条(c)に規定される種類の口座又はプログラムにおいて債務者が有する利益の記録
(2)　第7章における個人債務者は，適切な公定様式によって定められるところに従い作成された本法第521条(a)によって必要とされる意思表明書を提出しなければならない。意思表明書の写しは，意思表明書を提出した日以前に，管財人及び意思表明書に氏名が記載されている債権者に送達されなければならない。
(3)　連邦管財官が，第109条(h)のクレジットカウンセリングに関する要件は当該裁判区においては適用がないことを決定しなかったときは，個人債務者は，適切な公定書式によって定められるところに従い作成され，次の一を含まなければならないクレジットカウンセリングの要件を遵守した旨の書面を提出しなければならない。
　　(A)　該当する場合には，第521条(b)に基づき必要とされる附属証明書又は債務弁済計画，
　　(B)　債務者が第108条(h)(1)によって必要とされるクレジットカウンセリングの講義を受講したが，第521条(b)によって必要とされる証明書を有しない旨の書類，
　　(C)　第109条(h)(3)に基づく証明書，又は
　　(D)　第109条(h)(4)に基づき裁判所の決定を求める申立て
(4)　第707条(b)(2)(D)が適用されないかぎり，第7章事件における個人債務者は，適切な公定様式によって定められているところに従い作成された現在の月収に関する書類を提出しなければならず，かつ，現在の月収が適用される州及びその世帯規模との関係において家族収入の中央値を超えているときは，適切な公定様式によって定められるところに従い作成された第707条(b)によって必要とされる計算書を含む情報を提出しなければならない。
(5)　第11章事件における個人債務者は，適切な公定書式によって定められるところに従い作成された現在の月収に関する書類を提出しなければならない。
(6)　第13章事件における債務者は，適切な公定書式によって定められるところに従い作成された現在の月収に関する書類を提出しなければならず，かつ，現在の月収が，適用される州及び世帯数との関係において家族収入の中間値を超えているときは，適切な公定様式によって定められるところに従い作成された第1325条(b)(3)に基づいて作成された可処分所得の計算書を提出しなければならない。
(7)　第7章事件又は第13章事件における個人債務者は，適切な公定書式によって定められるところに従い作成された個人の財務管理に関する課程の修了に関す

日・◆米・■英・●独・▲仏　　　　　破産法第41条（破産者の重要財産開示義務）

る書類を提出しなければならない。個人債務者は，第1141条(d)(3)が適用される第11章事件において，当該書類を提出しなければならない。

(8)　第11章，第12章，又は第13章手続における個人債務者が，第522条(q)(1)に規定する額を超える価値のある第522条(p)(1)に規定する種類の財産に関して，第522条(b)(3)に基づく倒産財団除外を主張したときは，その債務者は，第522条(q)(1)(A)に規定される種類の重罪の有罪が認定され，又は第522条(q)(1)(B)に規定される種類の債務に関して責任があると認定されることがある係属する手続が存在するか否かに関する書類を提出しなければならない。

(c)　提出の期限　自己申立事件においては，(b)(1)，(4)，(5)及び(6)により必要とされる明細書，書類及びその他の書面は，本ルール(d)，(e)，(f)及び(h)に別段の規定がある場合を除いて，手続開始の申立書とともに，又は手続開始の申立てのあった後14日以内に提出されなければならない。債務者以外の者による手続開始の申立てによる事件においては，(b)(1)により必要とされる明細書，書類及び本ルール(b)(1)によって必要とされるその他の書面は，救済命令の発せられた後14日以内に債務者によって提出されなければならない。自己申立事件において，(b)(3)(A)，(B)及び(C)によって必要とされるその他の書類は，手続開始の申立書とともに提出されなければならない。裁判所が別段命じない限り，(b)(3)(B)に基づく書類を提出した債務者は，(b)(3)(A)によって必要とされる書類を救済命令の発せられた後14日以内に提出しなければならない。第7章事件においては，債務者は，(b)(7)によって必要とされる書類を，本法第341条に基づく債権者集会の最初の期日の後60日以内に提出しなければならなず，第11章事件又は第13章事件においては，最終の弁済が計画に基づいて債務者によってなされた日又は本法第1141条(d)(5)(B)若しくは第1328条(b)に基づき免責を求める申立てよりも遅くない時点で提出しなければならない。裁判所は，いつでも，その裁量で，(b)(7)によって必要とされる書面を提出する期間を伸長することができる。債務者は，(b)(8)によって必要とされる書類を，計画案に基づいてなされる最終の弁済の日又は本法第1141条(d)(5)(B)，第1128条(b)又は第1328条(b)に基づく免責を求める申立てのなした日の後に提出しなければならない。事件が他の章へ移行される前に提出された一覧表，明細書，書類及びその他の書面は，裁判所が別段指示しないかぎり，移行された事件において提出したものとみなされる。第1116条(3)に規定されるところを除いて，本ルールに基づいて必要とされる明細書，書類，及びその他の書類を提出する期間の伸長は，理由が示された申立てにより，かつ，連邦管財官，本法第705条に基づいて選出され又は本法第1102条に基づいて選任された委員会，管財人，調査委員，又は裁判所が指定するその他の関係人に対する通知に基づいてのみ，許可される。期間伸長の通知は，連邦管財官，及び委員会，管財人，又は裁判所が指定するその他の関係人にされなければならない。

(d)　第9章の地方公共団体の債務調整事件又は第11章の更生事件における負債額上位20位までの債権者の一覧表　　本ルール(a)によって必要とされる一覧表に加

えて，第9章の地方公共団体の債務調整事件における債務者，又は自己申立による第11章の更生事件における債務者は，申立書とともに，適式な公定様式によって定められたところに従い，負債額の多い上位20位までの無担保債権を有する（内部者を含まない）債権者の氏名，住所及び請求権を含む一覧表を提出しなければならない。債務者以外の者による申立てに係る第11章の更生事件においては，債務者は，それらの一覧表を本法第303条(h)に基づく救済命令が発せられた日の後2日以内に提出しなければならない。

(e) 第9章の地方公共団体の債務調整事件における一覧表　本ルール(a)によって必要とされる一覧表は，第9章の地方公共団体の債務調整事件においては，債務者により，裁判所が指定する期間内に提出されなければならない。提出された計画案が財産評価の修正を必要とし，そのため不動産に対してなされるべき特別査定又は特別税の査定の比率が手続開始の申立てがなされた日において有効とされていた比率と異なることになるときは，債務者は，不動産につきコモン・ロー上の又は衡平法上の権原を有する，知れている各保有者で不利益を受ける者の氏名及び住所を明示した一覧表を提出しなければならない。正当な理由を明らかにした申立てに基づいて，裁判所は，本項及び(a)の要件を変更することができる。

(f) 社会保障番号の書類　個人債務者は，債務者の社会保障番号を記載した認証された書面，又は債務者は社会保障番号を有していないことを明らかにした認証された書面を提出しなければならない。自己申立事件においては，債務者は，それらの書面を手続開始の申立書とともに提出しなければならない。債務者以外の者による手続開始の申立てに係る事件においては，債務者は救済命令の発せられた日の後14日以内にそれらの書面を提出しなければならない。

(g) パートナーシップ及びパートナー　債務者であるパートナーシップのゼネラル・パートナーは，本ルール(a)により必要とされる一覧表，資産及び負債の明細書，現在の収入及び支出の明細書，未履行契約及び期間満了前の賃貸借契約の一覧表，及び，パートナーシップの財産状況の書面を作成して，提出しなければならない。裁判所は，ゼネラル・パートナーに対して，裁判所が定める期間内に個人の資産及び負債の書面を提出することを命じることができる。

(h) 手続開始の申立て後に取得され，又は発生した権利　本法第541条(a)(5)により規定されているところに従い，債務者が財産上の権利を取得し，又は権利を取得する権原を有することになったときは，債務者は，その情報が債務者に知られることになった後14日以内に又は裁判所が許可するさらなる期間内に，第7章の清算事件，第11章の更生事件，第12章の家族農業従事者の債務整理事件，又は第13章の個人の債務調整事件において，補充明細書を提出しなければならない。本項に基づき報告が必要とされている財産が債務者によって倒産財団除外財産として主張されているときは，債務者は，補充明細書において倒産財団除外財産であることを主張しなければならない。本項に基づき報告されることが求められている財産が債

務者により倒産財団除外財産として主張されるときは，債務者は，補充明細書において倒産財団除外財産であることを主張しなければならない。本項に基づく補充明細書を提出する義務は，第11章における計画認可決定，又は第12章手続若しくは第13章手続における債務者の免責許可決定があった後に取得された財産について第11章事件，第12章事件又は第13章事件において明細書の提出が必要とされない場合を除いて，事件が終了した後も存続する。

(i) 証券保有者の一覧表の開示　裁判所は，通知をなし審問を経た上で，かつ，理由があると認めるときは，債務者又は管財人以外の者に対して，その占有又は管理の下にある債務者の証券保有者一覧表で，証券保有者の名称，住所，及び保有されている証券を明らかにしたものを開示することを，命じることができる。この一覧表を占有している者は，一覧表若しくはその真正な写しを作成することを求められ，又は，一覧表に含まれている情報を検査若しくは謄写することを許可し，又はその他の方法で開示することのいずれかを求められる。

(j) 一覧表の押収　利害関係人の申立てにより，かつ，理由があると認めるときは，裁判所は，本ルールに基づき提出された一覧表の押収を命じることができ，何人かによる検査を許可することを拒絶することができる。にもかかわらず，裁判所は，裁判所が指定した条件に基づき，利害関係人による一覧表の検査又は使用を許可することができる。

(k) 一覧表，明細書又は債務者の懈怠に関する書面の作成　意思表明書を除いた一覧表，明細書又は書類が，本ルールによって必要とされるところに従い作成されず又は提出されなかったときは，裁判所は，管財人，手続開始の申立てをなした債権者，委員会又はその他の関係人に対して，裁判所が定める期間内にこれらの書面を作成して提出することを命じることができる。裁判所は，その命令に従ったことにより生じた費用の償還を管財費用債権として承認することができる。

(l) 連邦管財官への送付　裁判所書記官は，本ルール(a)(1)，(a)(2)，(b)，(d)又は(h)に基づいて提出されたすべての一覧表，明細書及び書類の写しを，連邦管財官に対して速やかに送付しなければならない。

(m) 未成年者及び行為無能力者　債務者が，債権者一覧表又は明細書に記載された個人が未成年者又は行為無能力者であることを知ったときは，債務者は，R第7004条(b)(2)に基づく未成年者又は行為無能力者を相手方とする対審手続において令状が送達される個人に関して，その氏名，住所及び法的関係を含めなければならない。

■**イギリス法**（該当規定なし）

●**ドイツ法**（該当規定なし）

▲フランス法
▲第 641-4 条第 3 段
　清算人は，第 622-6 条，第 622-20 条，第 622-22 条，第 622-23 条，第 624-17 条，第 625-3 条，第 625-4 条および第 625-8 条によって，管理人および裁判上の受任者に与えられる任務を行う。

▲第 622-6 条
　手続開始後，債務者の財産（財団）およびそれが負担する担保の目録が作成される。この目録は，管理人および裁判上の受任者に提出され，債務者が，第三者によって取り戻される可能性のある財産についての記載を補充する。有限責任を負う個人事業者である債務者は，このほか，手続開始の理由となった活動の中で保有し，その財産（財団）以外の財産に含まれ，第 624-19 条に定める条件で取戻しを請求することができる財産を掲載する。

　債務者は，管理人および裁判上の受任者にその債権者，負債の額および継続中の主要な契約の目録を提出する。債務者は，自らが当事者となっている，係属中の訴訟についても通知する。

　管理人またはこれが任命されていないときは裁判上の受任者は，あらゆる反対の法令の規定に関わらず，公的管理機関，福利厚生および社会保障機関，金融機関ならびに銀行リスクおよび支払事故を集中する任務を負った機関から，債務者の財産状況についての正確な情報を与える性質の情報の送付を受けることができる。

　債務者が，法令上の身分に服し，またはその資格が保護される自由職を営むときは，財産目録は，職業団体または場合によってその資格を有する管轄当局の代表者の立会いの下に作成される。いかなる場合においても，財産目録は，債務者が職業上の守秘義務に服している場合には，これを毀損することができない。

　財産目録の欠缺は，取戻しまたは返還の訴権の行使を妨げない。

　本条の適用の条件は，コンセイユ・デタのデクレでこれを定める。

▲R 第 641-14 条
　R 第 622-4-1 条を除いて，R 第 622-2 条から R 第 622-5 条の規定は，裁判上の清算の手続に適用される。清算人は，これらの規定によって裁判上の受任者に与えられた職務を行う。

　R 第 622-4 条第 4 段から第 6 段に定められた規定は，裁判上の清算手続開始または救済手続の係属中の清算手続の言渡しの場合に行われた債務者の資産の評価に適用される。

▲R 第 622-2 条
　開始判決以後，債務者は，管理人またはそれがないときは裁判上の受任者に対して，そのすべての事業所を告知し，被用者名簿ならびに支払うべき給与および補償金を決定することができる要素の入手を容易にする義務を負う。

▲R 第 622-3 条

年次計算書が作成されず，または使用できない場合には，管理人が任命されているときは，[管理人が]利用できるあらゆる文書または情報を利用して，状況報告書を作成する。

▲ R 第 622-4 条

[法律部] 第 622-6 条に定める財産目録は，債務者またはその知られた権利承継人の立会いの下で，またはこれを呼び出して作成される。

債務者は，財産目録を作成するために指名された者に対して，担保に供され，または税関保管となっている財産，および寄託され，貸借もしくはリースされ，または所有権留保され，またはより一般的に第三者によって取り戻される余地のある財産の一覧表を提出する。この一覧表は，財産目録に添付される。

場合によって，債務者が商業会社登記簿または手工業名簿に登録されていないときは，裁判上の受任者に，[法律部] 第 526-1 条を適用して行った差押禁止申立てについて通知する。

財産目録は，それを作成した者によって裁判所書記課に寄託される。財産目録を作成した者は，その写しを債務者，管理人が任命されているときは管理人，および裁判上の受任者に提出する。

▲ R 第 622-5 条

[法律部] 第 622-6 条に従って債務者が作成した債権者表には，各債権者の氏名または名称，所在地または住所とともに，開始判決の日に支払われるべき金額，将来弁済期が到来する額およびその弁済期日，債権の性質，各債権に付せられた担保および優先権を含む。これには，継続中の主要な契約の目的を含む。

開始判決から 8 日以内に，債務者は，管理人および裁判上の受託者にこれを提出する。裁判上の受任者は，これを書記課に提出する。

> <u>第 42 条（他の手続の失効等）</u>　破産手続開始の決定があった場合には，破産財団に属する財産に対する強制執行，仮差押え，仮処分，一般の先取特権の実行，企業担保権の実行又は外国租税滞納処分で，破産債権若しくは財団債権に基づくもの又は破産債権若しくは財団債権を被担保債権とするものは，することができない。
> 2　前項に規定する場合には，同項に規定する強制執行，仮差押え，仮処分，一般の先取特権の実行及び企業担保権の実行の手続並びに外国租税滞納処分で，破産財団に属する財産に対して既にされているものは，破産財団に対してはその効力を失う。ただし，同項に規定する強制執行又は一般の先取特権の実行（以下この条において「強制執行又は先取特権の実行」という。）の手続については，破産管財人において破産財団のためにその手続を続行することを妨げない。
> 3　前項ただし書の規定により続行された強制執行又は先取特権の実行の手続については，民事執行法第 63 条及び第 129 条（これらの規定を同法その他強制執行の手続に関する法令において準用する場合を含む。）の規定は，適用しない。
> 4　第 2 項ただし書の規定により続行された強制執行又は先取特権の実行の手続に関する破産者に対する費用請求権は，財団債権とする。
> 5　第 2 項ただし書の規定により続行された強制執行又は先取特権の実行に対する第三者異議の訴えについては，破産管財人を被告とする。
> 6　破産手続開始の決定があったときは，破産債権又は財団債権に基づく財産開示手続（民事執行法第 196 条に規定する財産開示手続をいう。以下この項並びに第 249 条第 1 項及び第 2 項において同じ。）の申立てはすることができず，破産債権又は財団債権に基づく財産開示手続はその効力を失う。

- 民事再生法第 39 条（他の手続の中止等）
- 会社更生法第 50 条（他の手続の中止等）
- 会社法第 515 条（他の手続の中止等）

◆アメリカ法
◆第 362 条（自動停止）

(a)　本条(b)に定めるところを除き，本法第 301 条，第 302 若しくは第 303 条による手続開始の申立て（petition），又は証券投資家保護法第 5 条(a)(3)に基づく申立て（application）は，すべての者に対し，次の手続を停止する。

(1)　令状の発行又はその使用を含んで，本法に基づく事件が開始される前に開始された若しくは開始することができたであろう債務者を相手とした裁判上，行政上又はその他の訴訟若しくは手続，又は，本法に基づく事件が開始される前に生じた債務者に対する請求権を回収するための裁判上，行政上も若しくはその他の訴訟又は手続の，開始又は継続，

(2)　本法に基づく事件が開始される前に取得された判決の債務者又は倒産財団の財産に対する強制執行，

(3)　倒産財団の財産の占有を取得し又は倒産財団から財産の占有を取得するいかなる行為，又は，倒産財団の財産に対して支配権を及ぼすいかなる行為，

(4) 倒産財団の財産に対して，リエンを設定する行為，その対抗要件を具備する行為，又はリエンを実行する行為，
(5) 本法の下で事件が開始される前に生じた請求権を担保する範囲において，債務者の財産に対して，リエンを設定する行為，その対抗要件を具備する行為，又はリエンを実行する行為，
(6) 本法に基づく事件が開始される前に生じた債務者に対する請求権を取り立て，査定し，又は回収するいかなる行為，
(7) 本法の下における　手続が開始される前に生じた債務者に対する債務と債務者に対する請求権との相殺，及び
(8) 倒産裁判所が決定することができる法人である債務者のある課税年度における納税責任に関する，又は，本法に基づく救済の命令が発せられた日の前に満了する課税年度における個人である債務者の納税責任に関する合衆国租税裁判所における手続の開始又は継続。

【コメント】　アメリカ法では，債務者自身による申立てはいずれの手続においても強制執行，担保権実行手続をはじめとする諸手続を当然に停止する（自動停止）。債務者以外の者による手続開始申立ての場合であっても，同様である。この自動停止は，連邦倒産法における手続開始の申立ての効果として，とりわけ債権者や担保権者の権利行使を禁じる点で債務者にとって強力な盾になる。

■イギリス法
（会　社）
■第128条（差押等の無効）
1　イングランド及びウェールズにおいて登記された会社が裁判所によって清算されている場合には，手続開始後に会社の財産に対して行われた差押え，仮差押え，自救的動産差押え又は強制執行は無効とする。
2項［スコットランドにおいて登記された会社に関する規定］
■第183条（強制執行又は債権差押えの効果）
1　債権者が会社の動産若しくは不動産に対して強制執行を開始し又は会社の債権を差し押さえたのちに会社が清算されたときは，当該債権者は，清算の開始前に強制執行又は債権差押えを完了していた場合を除き，清算人に対する関係では，強制執行又は債権差押えによる利益を保有することができない。

（自然人）
■第346条（執行手続）
1　第Ⅱ章の第285条（手続及び救済に対する制限）及び次項以下に定めるところに従い，破産宣告を受けた者の債権者が，破産手続の開始前に，(a)破産宣告を受けた者の動産若しくは不動産に対して強制執行を開始していたか，又は(b)破産宣告を受けた者が他の者に対して有する債権を差し押さえていたときは，当該債権者は，管財官又は破産財団の管財人に対する関係では，強制執行若しくは債権差押えによ

■第 347 条（自救的動産差押え等）

1　不動産貸主その他の賃料の支払を受けるべき者が，免責されていない破産者の未払賃料に関して破産者の動産及び人的財産を自救的に差し押さえる権利は，（第 252 条第 2 項(b)号，第 254 条第 1 項及び本条第 5 項に定めるところに従い）破産財団に包含される動産及び人的財産に対してこれを行使することができる。ただし，破産手続の開始前に弁済期が到来していた 6 カ月分の賃料に関する場合に限る。

5　不動産貸主その他の賃料の支払を受けるべき者は，破産者の免責後は，破産財団に包含される動産及び人的財産を自救的に差し押さえることができない。

●ドイツ法
●第 88 条（手続開始前の強制執行）

倒産手続の開始申立て前 1 カ月以内または開始申立て後に，強制執行を通じて倒産財団に属する債務者の財産につき担保権を取得されたときは，この担保権は倒産手続の開始と共に失効する。

●第 89 条（強制執行の禁止）

個々の倒産債権者のための強制執行は，倒産手続の係属中は，倒産財団に対しても債務者のその他の財産に対しても，することができない。

2　雇用関係から生ずる賃金またはそれに替わるものとして継続的に生ずる金銭の支払いを求める将来の債権に対する強制執行は，倒産手続の係属中は，倒産債権者にあたらない債権者のためにも，禁止される。この規定は，これらの金銭のうち他の債権者のために差押えができない部分に対する，扶養請求権または故意による不法行為から生ずる損害賠償請求権に基づく強制執行には，適用しない。

3　第一項および前項の規定に基づき強制執行の適法性につき申立てられる異議については，倒産裁判所が決定する。倒産裁判所は，決定の前に仮の処分を，とりわけ，担保を立てさせ若しくは立てさせないで強制執行を一時停止し，または担保を立てた場合に限り強制執行を続行できる旨を，命ずることができる。

【コメント】　ドイツ倒産法 88 条は，債務者の危機時期（倒産申立ての 1 カ月前から倒産手続開始までの間）に倒産債権者が強制執行によって取得した担保権（差押質権，強制抵当，仮差押抵当など，強制執行の優先主義に基づくもの）を無効とする。債権者平等を徹底するための新設規定であり，優先的破産債権の廃止や約定担保権（別除権）の行使に対する手続的規制（日本法 98 条，184 条に対応するドイツ法のコメント参照）と共通の思想に基づいている。

▲フランス法
▲第 641-3 条

裁判上の清算を開始する判決は，救済の場合において，第 622-7 条第 I 項第 1

段第3段，第Ⅲ項，第622-21条および第622-22条，第622-28条第1文および第622-30条定められたのと同じ効力を有する。

▲第622-21条
　Ⅰ　開始判決は，その債権が第622-17条第Ⅰ項に定められていない債権のすべての債権者による訴訟で，以下の目的を有するあらゆるものを中断または禁止する：
　　1°　債務者に対して一定額の金銭の支払いを求めること；
　　2°　一定額の金銭の支払いがないことを理由として契約の解除を求めること。
　Ⅱ　開始判決は，同様に，これらの債権者による，動産および不動産に対するあらゆる執行手続ならびに開始判決前に付与された効果を生じなかったあらゆる配当手続を停止または禁止する。
　Ⅲ　権利の喪失または解消の猶予期間も，それゆえ，中断する。

▲第642-18条第2段
　救済，裁判上の更生または清算の手続開始判決前に開始された不動産執行手続が，裁判上の清算の効果によって中止された場合には，清算人は，差押債権者が開始した行為で，それらが不動産の売却を行う清算人の計算で行われたと看做されるものについて，その差押債権者の権利に代位することができる。この場合，不動産執行は，開始判決が中止された段階で続行される。

▲R第642-24条
　[法律部]　第642-18条第2段を適用して，主任裁判官が，清算人に，裁判上の清算手続を開始する判決によって中止された不動産執行を再開することを許可する場合には，最低売却価格，公示の方式および財産の捜索の方式を決定する。主任裁判官は，R第642-36-1条に定める条件で裁判する。
　主任裁判官の命令は，清算人の申請に基づいて，抵当権の保全のために公示される命令書の写しの余白に記載される。
　不動産執行の手続に着手していた債権者は，受領証と引換えに，執行記録を清算人に引き渡す。手続費用は，順位配当で償還される。

第43条（国税滞納処分等の取扱い）　破産手続開始の決定があった場合には，破産財団に属する財産に対する国税滞納処分（外国租税滞納処分を除く。次項において同じ。）は，することができない。
2　破産財団に属する財産に対して国税滞納処分が既にされている場合には，破産手続開始の決定は，その国税滞納処分の続行を妨げない。
3　破産手続開始の決定があったときは，破産手続が終了するまでの間は，罰金，科料及び追徴の時効は，進行しない。免責許可の申立てがあった後当該申立てについての裁判が確定するまでの間（破産手続開始の決定前に免責許可の申立てがあった場合にあっては，破産手続開始の決定後当該申立てについての裁判が確定するまでの間）も，同様とする。

第2章　破産手続の開始　　　　　　　　　　　　　　　　　　　　各国破産法の条文

📕民事再生法第39条（他の手続の中止等）
📕会社更生法第50条（他の手続の中止等）

◆**アメリカ法**
　⇒日本法第42条の項の◆第362条(a)(8)参照

■**イギリス法**（該当規定なし）

●**ドイツ法**（該当規定なし）

▲**フランス法**（該当規定なし）

<u>第44条（破産財団に関する訴えの取扱い）</u>　破産手続開始の決定があったときは，破産者を当事者とする破産財団に関する訴訟手続は，中断する。
2　破産管財人は，前項の規定により中断した訴訟手続のうち破産債権に関しないものを受け継ぐことができる。この場合においては，受継の申立ては，相手方もすることができる。
3　前項の場合においては，相手方の破産者に対する訴訟費用請求権は，財団債権とする。
4　破産手続が終了したときは，破産管財人を当事者とする破産財団に関する訴訟手続は，中断する。
5　破産者は，前項の規定により中断した訴訟手続を受け継がなければならない。この場合においては，受継の申立ては，相手方もすることができる。
6　第1項の規定により中断した訴訟手続について第2項の規定による受継があるまでに破産手続が終了したときは，破産者は，当然訴訟手続を受継する。

📕民事再生法第40条（訴訟手続の中断等），第67条・第68条（管理命令が発せられた場合の再生債務者の財産関係の訴えの取扱い）
📕会社更生法第52条（更生会社の財産関係の訴えの取扱い）

◆**アメリカ法**
　⇒日本法第42条の項の第362条(a)(1)参照

■**イギリス法**
　（会　社）
■第130条（清算命令の結果）
　2　清算命令が発せられたとき又は仮清算人が選任されたときは，会社若しくはその財産に対する訴訟又は手続は，続行又は開始することができない。ただし，裁判所の許可を得て裁判所の課した条件に従うときは，この限りでない。

　（自然人）
■第285条（手続及び救済に対する制限）
　1　破産申立てに基づく手続が係属しているとき又は債務者が破産者と宣告されたときはいつでも，裁判所は，債務者又は破産者の財産若しくは身体に対する訴訟，強制執行又はその他の法的手続を停止することができる。

日・◆米・■英・●独・▲仏　　　　　　　　破産法第44条(破産財団に関する訴えの取扱い)

2　債務者に対する手続が係属している裁判所は，債務者に関して破産申立書が提出されたこと又は債務者が破産者となっていまだ免責を受けていないことの証明があったときは，当該手続を停止するか，又は適切と考える条件を課して続行させることができる。

【コメント】　1　会社の清算の場合，会社を当事者とする訴訟手続は，清算手続開始後は自動的に停止 (stay) され，裁判所の許可がある場合にのみ，続行することが認められる（倒産法130条2項）。
　2　自然人の破産の場合，破産手続開始前に生じていた債務者の訴求可能な請求権 (cause of action) は，破産宣告によって管財人に帰属する（第283条，306条，436条）。ただし名誉毀損を理由とする損害賠償請求権や不法行為に基づく慰謝料請求権のように債務者個人の権利にかかわるものは，管財人には帰属しない（Miller & Bailey, Personal Insolvency Law and Practice, 4th ed., 2008, p.768-769, Fletcher, The Law of Insolvency, 4th ed., 2009, p.227）。
　管財人に帰属した請求権について，破産宣告前に債務者が原告となって訴訟を開始していたときは，管財人のみが訴訟を受継することができる（Miller & Bailey, p.773）。破産手続開始前に債務者を被告とする訴訟が開始されており，当該訴訟が破産債権に関するものであるときには，破産裁判所は手続を停止する (stay) ことができる（倒産法第285条第1項）。当該訴訟が係属している裁判所は，被告である債務者に対して破産の申立てがなされたか又は破産宣告がなされたことの証明があったときは，手続を停止するか又は適切と認める条件を課して続行させるかの選択権を有する（倒産法第285条第2項）。手続が停止されない場合の例は，担保権者が担保権の実行を求めているとき，手続が非免責債権に関するものであるとき，契約に基づく特定履行が請求されているときなどである（Miller & Bailey, p.639）。

●ドイツ法
●第85条（能動訴訟の受継）
　倒産手続の開始の時において倒産財団に属する財産につき債務者のために争訟が係属しているときには，そのままの状態において，倒産管財人は受継することができる。受継が遅れるときは，民事訴訟法第239条第2項から第4項までの規定を準用する。
　2　倒産管財人が受継を拒否するときには，債務者および相手方は共に受継しまたは受継させることができる。
●第86条（特定の受動訴訟の受継）
　倒産手続の開始の時において債務者に対して以下に掲げる争訟が係属しているときには，倒産管財人も相手方も共に受継しまたは受継させることができる。
　　一　目的物の倒産財団からの取戻し。
　　二　別除的満足。
　　三　財団債務。
　2　倒産管財人がただちに請求を認諾したときは，相手方は訴訟費用につき倒産債権者としてしか権利を行使することができない。

▲フランス法

▲第 641-3 条（前掲・第 42 条参照）

▲第 622-22 条

第 625-3 条の規定の留保の下で，係属中の審理は，原告である債権者がその債権の届出をするまで中断する。この場合には，審理は，裁判上の受任者，および場合によっては管理人，または第 626-25 条を適用して任命された計画履行管理人（commissaire à l'exécution du plan）を適式に呼び出して，債権の確認およびその額の確定のみを目的として，当然に再開される。

▲R 第 622-20 条

［法律部］第 622-22 条の適用により中断した審理は，原告債権者の申立てにより，原告債権者が審理の係属する裁判所に債権届出の写しを提出し，裁判上の受任者および，場合によって管理人が債務者または計画履行管理人を補佐する任務を負っている場合にはその管理人を参加させた時から再開される。

審理の再開後にされ，既判事項の確定力を得た裁判は，裁判上の受任者の申立てにより，手続を開始した裁判所の書記によって，債権表に記載される。

▲R 第 641-23 条

R 第 622-19 条および R 第 622-20 条は裁判上の清算手続に適用される。

▲R 第 641-24 条

R 第 622-19 条の適用に関しては，資金は，配当のために清算人に引き渡される。

観察期間の経過中に裁判上の清算が言い渡されたときは，裁判上の受任者は，配当のために資金を清算人に引き渡す。

▲R 第 622-19 条

［法律部］第 622-21 条第 II 項に従って，［手続］開始判決前に配当の効果を生じた執行手続に続かない不動産売却代金の配当手続および動産売却代金の配当手続で，この判決の日に係属中のものは，失効する。資金は，裁判上の受任者に，場合によっては保管者によって引き渡され，保管者は，この引渡しによって当事者に対して免責される。

裁判所が計画を命ずるときは，裁判上の受任者は，これらの資金を配当のために計画履行管理人に引き渡す。

第 1 項に定める不動産売却代金の配当手続が，不動産執行および不動産売却代金の配当手続に関する 2006 年 7 月 27 日のデクレ第 2006-936 号第 111 条第 1 段に定める要件で開始され，［不動産の］取得者が滌除の手続を完了し，またはその手続を進めることを免除されたときは，その取得者は，登記の抹消を言い渡させるために大審裁判所に提訴することができる。

取得者は，その申立てに，代金の支払いの証明，方式に基づく登記の状況，滌除の手続を履行したことまたはこれを免除することについて登記された債権者の同意を得たことの証明，および民法典第 2209 条に定める売却の予備費用を支払ったこ

との証明を添付する。

　書記は，指定された住所において登記の抹消をしなかった債権者を配達証明付書留郵便で呼び出す。[この]呼出しには，代金の支払いに対して，書記に対する申立てまたは配達証明付書留郵便で異議を申立てるために，書留郵便の受領から30日の期間があること明示する。

　裁判官は，異議に基づいて裁判し，登記の抹消を命ずる。

　【コメント】　第622-22条によって留保される第625-3条は，以下のような規定である。

▲**第625-3条**
　開始判決の日に労働審判所に係属中の審理は，裁判上の受任者および管理人が補佐の任務を有する場合には管理人の立会いの下に，またはこれらの者を適式に呼び出して追行される。
　裁判上の受任者は，10日以内に事件を受理した裁判所および手続を開始した審理の当事者である被用者に通知する。

第45条（債権者代位訴訟及び詐害行為取消訴訟の取扱い）　民法（明治29年法律第89号）第423条又は第424条の規定により破産債権者又は財団債権者の提起した訴訟が破産手続開始当時係属するときは，その訴訟手続は，中断する。
2　破産管財人は，前項の規定により中断した訴訟手続を受け継ぐことができる。この場合においては，受継の申立ては，相手方もすることができる。
3　前項の場合においては，相手方の破産債権者又は財団債権者に対する訴訟費用請求権は，財団債権とする。
4　第1項の規定により中断した訴訟手続について第2項の規定による受継があった後に破産手続が終了したときは，当該訴訟手続は，中断する。
5　前項の場合には，破産債権者又は財団債権者において当該訴訟手続を受け継がなければならない。この場合においては，受継の申立ては，相手方もすることができる。
6　第1項の規定により中断した訴訟手続について第2項の規定による受継があるまでに破産手続が終了したときは，破産債権者又は財団債権者は，当然訴訟手続を受継する。

▌民事再生法第40条の2（債権者代位訴訟等の取扱い），第141条（否認の訴え等の中断及び受継）
▌会社更生法第52条の2（債権者代位訴訟，詐害行為取消訴訟等の取扱い）

◆**アメリカ法**（該当規定なし）

■**イギリス法**（該当規定なし）

●**ドイツ法**（該当規定なし）

▲**フランス法**（該当規定なし）
　【コメント】　わが国の否認権に相当する，第632-1条および第632-2条に列挙される行為の無効の訴えは，債権者取消訴訟を妨げないと解されている。これらの規定によって無効とされる行為が，いわゆる「疑わしき期間（période suspecte）」外に行われていること，あるいは支払停止後に，これらの規定に列挙されていない行為が行われていることがありうるからである。

> <u>第 46 条（行政庁に係属する事件の取扱い）</u>　第 44 条の規定は，破産財団に関する事件で行政庁に係属するものについて準用する。

- 民事再生法第 40 条第 3 項（訴訟手続の中断等），第 69 条（行政庁に係属する事件の取扱い）
- 会社更生法第 53 条（行政庁に係属する事件の取扱い）

◆アメリカ法
日本法第 42 条の項の◆第 362 条(a)(1)(8)参照

■イギリス法（該当規定なし）

●ドイツ法（該当規定なし）

▲フランス法（該当規定なし）

第2款　破産手続開始の効果

> **第47条（開始後の法律行為の効力）**　破産者が破産手続開始後に破産財団に属する財産に関してした法律行為は，破産手続の関係においては，その効力を主張することができない。
> 2　破産者が破産手続開始の日にした法律行為は，破産手続開始後にしたものと推定する。

📙 民事再生法第76条（管理命令後の再生債務者の行為等）
📙 会社更生法第54条（更生会社のした法律行為の効力）

◆アメリカ法（該当規定なし）

■イギリス法
（会　社）
■第127条（財産の処分等の禁止）
1　裁判所による清算においては，会社の財産の処分及び株式の移転又は会社の構成員の地位の変更で清算手続開始後になされたものは，裁判所が別段の命令を発した場合を除き，無効とする。

（自然人）
■第284条（財産の処分の制限）
1　ある者が破産の宣告を受けたときは，本条が適用される期間にその者によってなされた財産の処分は無効とする。ただし，裁判所の同意を得て行われるか若しくは行われた範囲において，又はのちに裁判所によって追認された範囲においては，この限りでない。
2　前項は，弁済（現金によるか否かを問わない）に対しても，財産の処分に対するのと同様に適用される。前項によって弁済が無効とされるときは，弁済を受けた者は，弁済された金額を破産者のために破産財団の一部として保有しなければならない。
3　本条は，破産命令の申立書が提出された日から本編の第Ⅳ章の規定によって破産財団が破産管財人に帰属した日までの期間に適用される。

●ドイツ法
●第81条（債務者による処分行為）
債務者が倒産手続の開始後に倒産財団の目的物について行った処分行為は無効とする。民法第892条若しくは第893条，船舶若しくは建造中船舶についての権利に関する法律第16条若しくは第17条および航空機についての権利に関する法律第16条若しくは第17条の規定は，影響を受けないものとする。相手方の反対給付は，倒産財団がそれにより利得している限りにおいて，倒産財団から返還しなければならない。
2　前項の規定は，債務者の雇用関係から生ずる賃金またはそれに替わるものと

して継続的に生ずる金銭の支払いを求める債権についての処分行為については，倒産手続の終結後の時期に対応する分の金銭に関するものにも，適用する。倒産債権者に対して集団的に弁済することを目的として，これらの金銭を受託者に移付する債権者の権利は，影響を受けないものとする。

3　債務者が倒産手続開始の日になした処分行為は，開始後にしたものと推定する。金融機関法1条17項に定められた金融担保について倒産手続開始後に債務者がした処分は，処分が倒産手続開始の日になされ，相手方が倒産手続かの開始を知らず，かつ知り得べきでもなかったことを証明したときは，有効である。ただし，129条から147条の規定はこれにより影響を受けない。

●第83条（相続および継続的夫婦共有財産）

債務者につき，倒産手続の開始前または手続の係属中に相続が開始しまたは遺贈の効力が生じたときは，その承認または放棄をする権利は債務者に専属する。継続的夫婦共有財産の拒絶についても，同様とする。

2　債務者が先順位相続人であるときは，倒産管財人は，後順位相続の効力が発生したときに処分行為が後順位相続人に対して効力を生じない限りにおいて，相続財産につき処分をすることができない。

【コメント】　ドイツ倒産法81条は，倒産手続開始後の債務者の処分行為を絶対的に無効とする趣旨で旧破産法7条の「破産債権者との関係で」という文言を削除している（旧破産法の解釈としても絶対的無効とする見解が有力であった）。しかしこのことによって，倒産管財人が債務者の処分行為を追認する余地は排除されない（BR-Drucks.. 1/92 S. 135f.）。

倒産法81条2項は，将来の賃金債権等についての債務者の処分行為を禁止する範囲を広げて，倒産手続終結後の労働に対応するものにも禁止の効力を及ぼすものである（倒産手続係属中の労働に対応する賃金債権等の処分は，すでに本条1項によって禁止される）。このような規律は，将来の賃金債権等が，倒産法の下で新たに設けられた，残債務免除手続（286条以下）または倒産処理計画（217条以下）に基づく弁済の原資として用いられることになるからである。この点で81条2項は，89条2項および114条と関連している（日本法42条に対応するドイツ法のコメント参照）。81条2項第2文は，受託者に将来の賃金債権等を譲渡して弁済をする方法が，残債務免除手続で想定されており，また倒産処理計画に基づく債権者との合意によっても可能であることに対応する趣旨である。

▲フランス法（該当規定なし）

【コメント】　1967年法当時は，財団所属財産について管理処分権を失った債務者が当該財産についてした行為は，「債権者団体」に対抗することができないとされていた。しかし，1985年法は，一方で，「債権者団体」という概念を否定するとともに，他方で，管理処分権を失った債務者の行為の効力に関する規定を置かなかった。学説では，管理処分権を失っても無能力になるわけではないとして，債権者に対抗することができなくなるに過ぎないとする説と，絶対無効であるとする立場とが対立している。この無効は，善意の第三者にも対抗することができるとされるので，第三者は，通信ネットワークを利用して，債務者の財産状況を確認するために，商業登記簿にアクセスすることが勧められている。

なお，以下のような規定がある。

日・◆米・■英・●独・▲仏　　　　　　　　　　　　　　破産法第48条（開始後の権利取得の効力）

▲**第641-3条**（前掲・第42条参照）
▲**第622-7条第Ⅰ項第Ⅲ項**
　Ⅰ．手続を開始する判決は，牽連する債権の相殺による弁済を除いて，当然に，開始判決前に生じたあらゆる債権の弁済禁止をもたらす。この判決は，また，当然に，開始判決後に生じたあらゆる債権で，第622-17条第Ⅰ項に定めのないものの弁済禁止をもたらす。これらの禁止は，扶養債権の弁済には適用されない。
　さらに，この判決は，当然に，担保の目的となる財産が第626-1条を適用して決定された［事業］活動の譲渡に含まれる場合を除いて，民法典第2286条第4号によって与えられた留置権の，観察期間中および計画履行中の対抗不能をもたらす。
　この判決は，当然解除特約の締結および実行の障害となる。
　……
　Ⅲ．本条の規定に違反してされたあらゆる行為または弁済は，それらの行為の締結または債権の弁済から3年間の期間内にされる，あらゆる利害関係人または検察官の請求によって，無効とされる。その行為が公示に服する場合には，この期間は，その公示から進行する。

第48条（開始後の権利取得の効力）　破産手続開始後に破産財団に属する財産に関して破産者の法律行為によらないで権利を取得しても，その権利の取得は，破産手続の関係においては，その効力を主張することができない。
2　前条第2項の規定は，破産手続開始の日における前項の権利の取得について準用する。

▌民事再生法第44条（開始後の権利取得）
▌会社更生法第55条（管財人等の行為によらない更生債権者等の権利取得の効力）

◆アメリカ法（該当規定なし）

■イギリス法（該当規定なし）

●ドイツ法
●**第91条（その他の権利取得の排除）**
　1　倒産手続の開始後は，倒産財団の目的物に対する権利は，債務者の処分行為または倒産債権者のための強制執行を根拠としないものであっても，取得することができない。
　2　民法第878条，第892条および第893条，登記された船舶および建造中船舶についての権利に関する法律第16条および第17条ならびに航空機についての権利に関する法律第16条および第17条の規定は影響を受けないものとする。

▲フランス法（該当規定なし）

> 第49条（開始後の登記及び登録の効力）　不動産又は船舶に関し破産手続開始前に生じた登記原因に基づき破産手続開始後にされた登記又は不動産登記法（平成16年法律第123号）第105条第1号の規定による仮登記は，破産手続の関係においては，その効力を主張することができない。ただし，登記権利者が破産手続開始の事実を知らないでした登記又は仮登記については，この限りでない。
> 2　前項の規定は，権利の設定，移転若しくは変更に関する登録若しくは仮登録又は企業担保権の設定，移転若しくは変更に関する登記について準用する。

▌民事再生法第45条（開始後の登記及び登録）
▌会社更生法第56条（登記及び登録の効力）

◆**アメリカ法**（該当規定なし）

■**イギリス法**（該当規定なし）

●**ドイツ法**
●第81条（債務者による処分行為）
1　債務者が倒産手続の開始後に倒産財団の目的物について行った処分行為は無効とする。民法第892条および893条，登記された船舶および建造中の船舶に対する権利に関する法律第16条および第17条ならびに航空機についての権利に関する法律第16条および第17条の規定は，影響を受けないものとする。相手方の反対給付は，倒産財団がそれにより利得している限りにおいて，倒産財団から返還しなければならない。……

●第91条（その他の権利取得の排除）
1　倒産手続の開始後は，倒産財団の目的物に対する権利は，債務者の処分行為または倒産債権者のための強制執行を根拠としないものであっても，取得することができない。
2　民法第878条，第892条および第893条，登記された船舶および建造中船舶についての権利に関する法律第16条および第17条ならびに航空機についての権利に関する法律第16条および第17条の規定は影響を受けないものとする。

▲**フランス法**
▲第641-3条（前掲・第42条参照）
▲第622-30条

抵当権，動産質権，非占有移転質権（原語は，"nantissement"で，営業財産や機械器具などについて，占有移転を伴わない形態の担保（動産抵当）をいう）および先取特権は，開始判決以後は，登記することができない。物権の移転または設定に関する行為および裁判上の決定も，それらの行為が確定日付を有せず，これらの裁判が開始判決前に執行可能となっていない場合には，同様である。

ただし，ただし，国庫は，開始判決の日に登記すべき義務のなかった債権および

この日以後に回収可能となった債権について、これらの債権が第622-24条に定める条件で届け出られたときは、その優先権を保持する。

営業財産の売主は、本条第1項の規定に関わらず、その優先権を登記することができる。

【コメント】　登記の禁止は、1967年法の時代までは、債務者が財団所属財産の管理処分権を奪われること、および債権者団体が構成されることに基づいていると説明されていた。しかし、再三述べているように、1985年法が債権者団体という考え方を採らなくなったこと、観察期間中は債務者は財産の管理処分権を奪われないことから、旧第621-50条は、債権者の保護というよりは、企業の財産を確定すること、また、再建手続においては、判決後に担保権を設定することを禁じ、手続を容易にすることを目的とすると説明されている。

すでに、民法典第2147条第3段が、倒産の場合には、先取特権および抵当権の登記は、倒産法の規定によって規律される効果を生じる旨規定しているので、これらの権利に関しては、本条は、この民法典の規定を確認するという以上の意味はない。

本条の実質的な意味は、これらの権利に加えて、質権についても登記が禁止されることを規定する点にある。これには、営業財産に関する質権、工業材料に関する質権および自動車質権が含まれる。

なお、本条は、権利を設定または移転するのでない、単なる宣言行為、たとえば遺産分割、登記の更新などには適用がない。議論のあるのは、補充登記である。たとえば、裁判上の抵当権については、債権者は、まず、一定の債権を援用して担保権の仮登記を行い、次いで、訴訟の結果、この主張（訴訟上の請求）が認められたときに確定的な登記（本登記）を行う。この場合には、第二の登記の効力は、最初の登記の日に遡る。

学説・判例は、開始判決前に仮登記がある場合には、手続中でも本登記を認める。

第50条（開始後の破産者に対する弁済の効力）　破産手続開始後に、その事実を知らないで破産者にした弁済は、破産手続の関係においても、その効力を主張することができる。
2　破産手続開始後に、その事実を知って破産者にした弁済は、破産財団が受けた利益の限度においてのみ、破産手続の関係において、その効力を主張することができる。

▌民事再生法第76条（管理命令後の再生債務者の行為等）
▌会社更生法第57条（更生会社に対する弁済の効力）

◆アメリカ法（該当規定なし）

《関連規定》⇒日本法156条の項の◆第542条(c)参照

■イギリス法（該当規定なし）

●ドイツ法
●第82条（債務者に対する給付）

倒産手続の開始後に、倒産財団に対してなされるべきであるにもかかわらず、債務者に対して義務の履行として給付がなされた場合において、給付者が給付をしたときに倒産手続の開始を知らなかったときは、責めを免れる。倒産手続の開始の公

告前に給付がなされたときは，給付者は開始を知らなかったものと推定する。

▲**フランス法**（該当規定なし）

第 51 条（善意又は悪意の推定）　前 2 条の規定の適用については，第 32 条第 1 項の規定による公告の前においてはその事実を知らなかったものと推定し，当該公告の後においてはその事実を知っていたものと推定する。

　民事再生法第 47 条（善意又は悪意の推定）
　会社更生法第 59 条（善意又は悪意の推定）

◆**アメリカ法**（該当規定なし）

■**イギリス法**（該当規定なし）

●**ドイツ法**
●第 82 条（債務者に対する給付）
　倒産手続の開始後に，倒産財団に対してなされるべきであるにもかかわらず，債務者に対して義務の履行として給付がなされた場合において，給付者が給付をしたときに倒産手続の開始を知らなかったときは，責めを免れる。倒産手続の開始の公告前に給付がなされたときは，給付者は開始を知らなかったものと推定する。

▲**フランス法**（該当規定なし）

第 52 条（共有関係）　数人が共同して財産権を有する場合において，共有者の中に破産手続開始の決定を受けた者があるときは，その共有に係る財産の分割の請求は，共有者の間で分割をしない旨の定めがあるときでも，することができる。
2　前項の場合には，他の共有者は，相当の償金を支払って破産者の持分を取得することができる。

　民事再生法第 48 条（共有関係）
　会社更生法第 60 条（共有関係）

◆**アメリカ法**（該当規定なし）

■**イギリス法**（該当規定なし）

●**ドイツ法**
●第 84 条（会社・社団または共同体の清算）
　債務者が第三者との間に，持分制共同関係，その他の協同体または法人格なき社団が存在するときは，財産の分割またはその他の清算は，倒産手続外で行われるものとする。当該法律関係から生ずる請求権については，清算の過程で判明した債務

日・◆米・■英・●独・▲仏　　　　　　　　　　　　　　　破産法第53条（双務契約）

者の持分から，別除的な弁済を請求することができる。
　2　持分制協同組合において，組合の解散を求める権利を永久にもしくは時期を限って制限し，または告知期間を設ける定款は，倒産手続との関係で無効とする。被相続人が遺産共有の分割について設けた同趣旨の指定または共同相続人間における同趣旨の合意についても，同様とする。

▲**フランス法**（該当規定なし）

第53条（双務契約）　双務契約について破産者及びその相手方が破産手続開始の時において共にまだその履行を完了していないときは，破産管財人は，契約の解除をし，又は破産者の債務を履行して相手方の債務の履行を請求することができる。
　2　前項の場合には，相手方は，破産管財人に対し，相当の期間を定め，その期間内に契約の解除をするか，又は債務の履行を請求するかを確答すべき旨を催告することができる。この場合において，破産管財人がその期間内に確答をしないときは，契約の解除をしたものとみなす。
　3　前項の規定は，相手方又は破産管財人が民法第631条前段の規定により解約の申入れをすることができる場合又は同法第642条第1項前段の規定により契約の解除をすることができる場合について準用する。

▌民事再生法第49条（双務契約）
▌会社更生法第61条（双務契約）

◆**アメリカ法**
◆**第365条（未履行双務契約及び期間満了前の賃貸借契約）**
(a)　本法第765条及び第766条並びに本条(b)，(c)及び(d)に規定するところを除き，管財人は，裁判所の承認（approval）を得て，債務者の未履行双務契約（executory contract）若しくは期間満了前の賃貸借契約（unexpired lease）を引き受け，又は拒絶することができる。
(b)　(1)　未履行双務契約又は期間満了前の賃貸借契約につき債務者に不履行があったときは，管財人は，裁判所の承認を得て，次の場合でない限り，その未履行双務契約又は賃貸借契約を引き受けることができない。
　　(A)　管財人が，当該契約を引き受けた時以後において非金銭行為を履行することによってその不履行を治癒することが不可能であるときは，不動産の期間満了前の賃貸借契約における非金銭債務の履行を怠ったことを原因とする不履行に関する約定（違約金利率又は違約条項以外のもの）の充足に関係する取り決めの違反である不履行以外の不履行を治癒し，又は速やかに治癒するであろうとの適切な保証をするときで（この場合，その不履行が非居住用不動産の賃貸借契約では効力を有する不履行を原因とするものであって，その不履行が，当該賃貸借契約に照らして引き受けのあった時以後における履行によって治癒されなければ

201

ならず，当該不履行により生じた金銭的損害が本規定に従い填補される場合は除かれる)，

　(B) 管財人が，その未履行双務契約又は期間満了前の賃貸借契約の債務者以外の当事者に対して，不履行によりそれらの者に生じた現実の金銭的損害を補償し，又は補償する適切な保証をなしたときで，かつ，

　(C) 管財人が，その未履行双務契約又は期間満了前の賃貸借契約の下での将来における履行について適切な保証をなしたとき。

(2) 本条(1)は，(A)事件が終結する以前におけるいつの時点でも債務者の債務超過又は財務状況，(B)本法の下での事件の開始，(C)本法の下での事件における管財人の選任若しくは占有の取得，又は事件開始前における管理人の選任若しくは管理人による占有の取得，又は，(D)未履行双務契約又は期間満了前の賃貸借契約に基づく非金銭債務（nonmonetary obligations）を債務者が履行しないことに起因する不履行に関する違約金の割合又は賠償約定の実現，に関係する約定違反（breach）である不履行には適用しない。

(3) 本項(1)及び(2)(B)との関係において，ショッピングセンターにおける不動産の賃貸借の将来における履行の適切な保証には，(A)賃貸借契約に基づき支払うべき賃料その他の対価の原資，並びに，賃貸借契約上の地位の譲渡の場合には予定されている譲受人及びその保証人の財務状態，及び事業遂行能力（operating performance）が債務者がその賃貸借契約の賃借人になった時点における債務者及びその保証人の財務状態及び事業遂行能力と同じ程度の保証，(B)賃貸借契約に基づき支払うべき歩合賃料（percentage rent）が実質的に減少しない保証，(C)賃貸借契約の引受け又は賃貸借契約上の地位の譲渡は，事業の範囲，場所（location），使用，又は排他的取引（exclusivity）に関する取決めといった約定（これに限られない）を含むすべての約定に従ったものであり，かつ，そのショッピングセンターに関するその他の賃貸借契約，資金に関する取決め，又は基本契約（master agreement）に含まれるいかなる約定にも反しない保証，(D)賃貸借契約の引受け又はその譲渡がそのショッピングセンターにおけるテナント構成又は均衡を失しないとの，適切な保証を，含む。

(4) 本条のその他のいかなる規定にもかかわらず，本項(2)に定める債務不履行以外で，債務者の期間満了前の賃貸借契約において債務不履行があったときは，管財人は，賃貸人が賃貸借契約を引き受ける前にその賃貸借契約に定める役務提供及び物品供給につき賃貸借契約の当該約定に従い保証を受けていない限り，賃貸人に対して，賃貸借契約の引受け前において当該賃貸借契約に付随するいかなる役務提供又は物品の供給も求めることはできない。

(c) 管財人は，次の場合には，未履行双務契約若しくは期間満了前の賃貸借契約が権利の譲渡又は義務の引受けを禁止し，又は制限していると否とを問わず，未履行双務契約又は期間満了前の賃貸借契約を引き受け又は譲渡することはできない。

日・◆米・■英・●独・▲仏　　　　　　　　　　　　　破産法第53条（双務契約）

(1) (A) 未履行双務契約又は期間満了前の賃貸借契約における債務者以外の当事者が当該契約又は当該賃貸借契約が権利の移転や義務の引受けを禁止又は制限していると否とを問わず，適用ある法律が，その債務者以外の主体若しくは占有を継続する債務者からの履行を受け又はこれらに対して履行をなすことを認めている場合で，かつ，(B)当該当事者がその引受け又は移転に同意しない場合，又は，

(2) 当該契約が，債務者に対し若しくは債務者のために貸付けをなし，又は資金供与若しくは財務上の便宜を提供する契約，又は，債務者の証券を発行するための契約である場合，

(3) 賃貸借契約が非居住用不動産に関するものであり，それが，救済命令が発せられた前に適用ある非破産法に基づいて終了していた場合．

(d) (1) 本法第7章の下での事件においては，管財人が，救済命令が発せられた後60日内に，又は裁判所がその60日の期間内に理由があると認めて期間を伸長して定めたときはその期間内に，未履行双務契約又は債務者の居住用不動産若しくは動産の期間満了前の賃貸借契約を引受け，又は拒絶をしないときは，その契約又は賃貸借契約は拒絶されたものとみなされる．

(2) ……

(3) 管財人は，第365条(b)(2)に規定される債務を除いて，非居住用不動産の期間満了前の賃貸借契約に基づいて救済命令が発せられた以後に生じるすべての債務を，その賃貸借契約が引き受けられ又は拒絶されるまで，本法第503条(b)(1)にもかかわらず，適宜履行しなければならない．裁判所は，理由があると認めるときは，救済命令が発せられた日の後60日以内に生じた債務を履行するための期間を伸長することができるが，履行する期間は60日を超えて伸長することはできない．本号は，本条(b)又は(f)の規定に基づく管財人の義務に影響を及ぼすものとはみなされない．債務の履行の受領は，当該賃貸借契約若しくは本法の下での賃貸人の権利の放棄又は譲渡を構成しない．

(4) (A) (B)に従い，債務者が賃借人である非居住用不動産の期間満了前の賃貸借契約は拒絶されたものとみなされ，管財人は，(i)救済命令が発せられた日の後120日である日又は(ii)計画認可決定のあった日のいずれか早い時期までにその賃貸借契約を引き受けず又は拒絶したときは，速やかに賃貸人にその非居住用不動産を返還しなければならない．

(B) (i) 裁判所は，120日の期間が満了する前に，(A)に基づき決定された期間を，正当な理由を示した管財人又は賃貸人の申立てにより，90日につき伸長することができる．

(ii) 裁判所が(i)により期間の伸長を許可したときは，裁判所は，個々の事案において賃貸人の事前の書面による同意があることに基づいてのみ，さらに期間を伸長することができる．

(5) ……

(e)〜(p) ……

◆ R 第 6006 条　未履行双務契約若しくは期間満了前の賃貸借契約の引受け，拒絶又は譲渡

(a)　引受け，拒絶又は譲渡の手続　未履行双務契約若しくは期間満了前の賃貸借契約の引受け，拒絶又は譲渡の手続は，計画の一部としてのものを除いて，R 第 9014 条により規律される。

(b)　管財人に対して選択をすることを求める手続　第 9 章の地方公共団体債務調整の事件，第 11 章の更生事件，第 12 章の家族農業従事者の債務調整事件又は第 13 章の個人債務調整事件において，管財人，占有を継続する債務者，又は債務者に対して未履行双務契約又は期間満了前の賃貸借契約の相手方当事者がその未履行双務契約若しくは期間満了前の賃貸借契約の引き受けるか又は拒絶するかを決定するよう求める手続は，R 第 9014 条によって規律される。

(c)　通知　本ルール(a)又は(b)に従いなされた申立ての通知は，未履行双務契約又は期間満了前の賃貸借契約の相手方当事者，裁判所が指定するその他の利害関係人，及び，第 9 章の地方公共団体の債務調整事件を除いて，連邦管財官に対してなされなければならない。

(d)〜(g) ……

《関連規定》

◆第 105 条（裁判所の権限）

(a)〜(c) ……

(d)　裁判所は，職権で又は利害関係人の申立てにより，……

　　(1)　……

　　(2)　本法の他の規定又は適用される連邦倒産手続規則に抵触しない限り，以下の命令を含んで，事件が便宜にかつ効率的に処理されることを保障するために適切とみなす制限及び条件を定める命令を会同（status conference）において発することができる。

　　　(A)　管財人が未履行契約若しくは期間満了前の賃貸借契約を引き受け又は拒絶しなければならない日（the date）を設定する命令

　　　(B)　……

【コメント】

　1　アメリカ倒産法上，未履行双務契約（executory contract）とは，日本法と同様，「契約両当事者においてある部分につき債務の履行が残っている契約を含む」ものとされ，これがいわゆる Countryman 定義と呼ばれるものである（3 Collier on Bankruptcy 365-17（15th ed. rev. 1996））。そして，第 365 条が未履行双務契約と並んで期間満了前の賃貸借契約の処理をも規定したのは，かつて賃貸借契約がここにいう未履行双務契約に当たるかどうかにつき争いがあったことから，未履行双務契約の規定の適用の有無についての疑念を払拭するためである（3 Collier on Bankruptcy 365-18（15th ed. rev. 1996））。

　賃貸借契約が未履行双務契約に該当するかどうかが議論になった契約類型としては，土地の代金を分割して支払うことを内容とする売買契約（Installment Land Sale Contract＝最終金

の支払いが完了して初めて買主に土地の権原が移転する類型）がある。判例には，これを未履行双務契約として解さず，一種の担保取引の一形態と考え，残代金債権につき売主に担保権者としての地位を認めるものが少なからずみられた。もちろん契約の内容にもよろうが，売主には権原を移転する義務しか残されていない点からみて，未履行双務契約として処理されるべきではないと考えられていた（3 Collier on Bankruptcy 365-19（15th ed. rev.1996））。この判断はいわゆるブース事件判決おけるものであるが，これを未履行双務契約として扱うかどうかは，倒産財団との関係で影響が出やすいといわれる（高木新二郎『アメリカ連邦倒産法』114頁（商事法務研究会・1996年））。つまり，未履行双務契約であるとして契約が拒絶された場合には売主は土地の権利をDIPから奪うことになって不当であるとし，他方，引き受けた場合には，残代金債務は管財費用債権となり，売主が不当に保護されるという。これに対して，売主を担保権者として処遇すれば，更生手続では適切な保護を与えられ，他方，DIPは土地に対する権利を奪われないことになり，計画案が立案しやすくなるといわれている。

また，一般的な取引形態として議論されるのが，特に低所得消費者層に用いられているRent-to-Own Transactionといわれるものがある。これは，消費者が調度品又は家具につき通常週単位で分割して支払いを行い，支払いが完了した時点で，追加の対価あるいは名目的な対価を何ら支払うことなく，消費者がその物品の所有者になる方式である。最終的には所有者になるとの期待に基づいて消費者が契約を結んでいることからみて，消費者信用販売（consumer credit sales）と考えられ，そのため，破産との関係でいえば，売主が担保として物品の権原を留保しているとみて，売主の債権は担保された債務と解されているようである（3 Collier on Bankruptcy 365-20（15th ed. rev.1996））。

2　第365条(a)によれば，管財人に引受け又は拒絶の選択権がある。しかし，引受けを選択するに当たっては，すでに債務者に一定の不履行があるときは，相手方を保護する必要から，これを治癒するなどの方法（第365条(b)(1)(A)～(C)参照）を講じなければならない。第7章の事件で管財人が選択できるのは，原則として救済命令から60日内である（第365条(d)(1)）。もしこの期間内に管財人がかかる選択をしない場合には，未履行双務契約又は期間満了前の賃貸借契約は拒絶したものとみなされる（日本法53条・旧59条2項後段比較参照）。

これに対して，日本法の確答催告権はアメリカ法のこと第7章事件では認められていなかったようである（3 Collier on Bankruptcy 365-30（15th ed. rev.1996）。契約の目的を達成しあるいは損害を軽減する意味でも管財人がどのような計画案を考えているかを早期に知ることは重要であるとして，第11章など再建型手続では裁判所が管財人に対して確答を命ずることができる（第365条(d)(2)）。もっとも再建型事件では期間による制限はなく，計画案認可決定までは管財人又はDIPは未履行双務契約又は期間満了前の賃貸借契約の引受け・拒絶ができる（第365条(d)(2)）。

清算手続では，再建型手続とは異なり，かかる選択をする期間として60日が設定されている。この60日間の中で管財人がこれらの契約を引き受け，又は拒絶することをしないときは，前述のように，拒絶されたものとみなされる（第365条(d)(1)）。

3　管財人が未履行双務契約又は期間満了前の賃貸借契約を引き受け又は拒絶するには，裁判所の承認を要する。R第6006条(a)により第7章手続に準用されるR第9014条によれば，承認を求める申立てはmotionによること，利害関係人に合理的な方法で通知を行い，管財人には審問を受ける機会が保障されている。

この場合の承認基準については，78年法の下でも，判例はいわゆる事業判断基準（business judgement decision）をとってきたが，契約拒絶によって生ずる損害賠償請求権の額の多寡がその際の一つのファクターになってきたようである（3 Collier on Bankruptcy 365-23（15 th ed. rev. 1996))。

　4　管財人が未履行双務契約又は期間満了前の賃貸借契約を引き受けるにあたっては，すでに不履行が債務者（倒産者）の側にあるときは，不履行分の履行又は合理的な適切な保証を相手方に付与しなければ，引受けの選択をすることができない（第365条(b)(1)）。

　管財人は，適用ある法律が，その契約又は賃貸借契約の相手方当事者が，その契約又は賃貸借契約が権利の移転や義務の引受けを禁止又は制限していると否とを問わず，債務者又は占有を継続する債務者以外の主体からの履行を受け又はこれらに対して履行をなすことを認める場合で，かつ，かかる当事者が契約の引受け又は譲渡に同意しない場合には，管財人は，当該契約を引き受けることはできない（第365条(c)(1)）。これは，債務者個人が特殊技能などを有する場合に，未履行契約の内容がそれを前提としている限り相手方当事者が債務者以外の者からの給付を拒絶できることが許されている場合（高木・前掲書121頁）を想定している。

　5　債務者が非居住用不動産の賃借人である場合における賃貸借契約については，原則として，救済命令が発せられた日から120日内又は計画認可決定があった日までのいずれか早い時期までに引受け又は拒絶の選択がなされないときは，当該契約は拒絶されたものとみなされる（第365条(d)(4) A参照）。清算型，再建型を問わず，非居住用不動産の賃貸借については，このような拒絶の擬制によって契約関係の早期の処理が求められている。

■イギリス法
（会　社）
■第178条（負担付きの財産を放棄する権限）

　2　次項以下に定めるところに従い，清算人は，規則で定められた通知をすることによって，負担付きの財産を放棄することができる。清算人が当該財産の占有を取得し，売却する努力をし，又は当該財産に関する所有権を行使した場合であっても，放棄することができる。

　3　本条において負担付きの財産とは，次に掲げるものをいう。
　(a)　利益をもたらさない契約
　(b)　会社の財産であって売却が不可能であるか若しくはただちに売却できる状態ではないもの，又は金銭を支払う責任若しくはその他の負担付きの行為を履行する責任を生じさせるもの

　4　本条の規定による放棄は，
　(a)　放棄の日から，放棄された財産に関する会社の権利，利益及び責任を終了させる効果をもつ。
　ただし，
　(b)　会社の責任を免除するために必要である場合を除き，他の者の権利又は責任に影響を及ぼさない。

　5　次に掲げる場合には，財産に関して本条に基づく放棄の通知をすることができない。
　(a)　当該財産に利害関係を有する者が，清算人又はかつて清算人であった者に対して放棄をするか否かの決定をするように書面で要求し，

(b) 当該要求がなされた日から 28 日以内又は裁判所が認めたそれより長い期間内に，当該財産に関して本条に基づく放棄の通知がなされなかったとき

（自然人）
■**第 315 条（財産の放棄（一般的な権限））**
1　次項以下に定めるところに従い，管財人は，規則で定められた通知をすることによって，負担付きの財産を放棄することができる。管財人が当該財産の占有を取得し，売却する努力をし，又は当該財産に関する所有権を行使した場合であっても，放棄することができる。
2　本条において負担付きの財産とは，次に掲げるものをいう。
(a) 利益をもたらさない契約
(b) 破産財団に包含される財産であって売却が不可能であるか若しくはただちに売却できる状態ではないもの，又は金銭を支払う責任若しくはその他の負担付きの行為を履行する責任を生じさせるもの
3　本条の規定による放棄は，
(a) 放棄の日から，放棄された財産に関する破産者及び破産財団の権利，利益及び責任を終了させる効果をもち，
(b) 管財人の任務が開始されたときからの，当該財産に関する管財人のすべての個人責任を免除する。
ただし，破産者，破産財団及び管財人の責任を免除するために必要である場合を除き，他の者の権利又は責任に影響を及ぼさない。
4　第 307 条（手続開始後に取得された財産），第 308 条（必要を超える価額の物品の管財人への帰属）又は第 308 A 条（賃借権の管財人への帰属）の規定によって破産財団のために請求された財産に関しては，裁判所の許可を得た場合を除き，本条に基づく放棄の通知をすることができない。
■**第 316 条（管財人の決定を要求する権限）**
1　次に掲げる場合には，財産に関して前条に基づく放棄の通知をすることができない。
(a) 当該財産に利害関係を有する者が，管財人又はかつて管財人であった者に対して放棄をするか否かの決定をするように書面で要求し，
(b) 当該要求がなされた日から 28 日以内に，当該財産に関して前条に基づく放棄の通知がなされなかったとき
2　管財人は，本条により放棄することのできない契約を引き受けたものと推定される。

【コメント】　未履行双務契約に対する清算又は破産の効果
　強制清算又は破産が開始されても，債務者が締結していた契約が当然に終了するわけではない。強制清算が開始されると会社の雇傭契約は当然に終了すると解されているが（Re General Rolling Stock Co. (1866) L.R. 1 Eq.346），これは例外である。

双方未履行の双務契約について，英国倒産法は，契約が利益をもたらさない（unprofitable）ものであるときには，清算人又は管財人に放棄する（disclaim）権限を認めている（第178条，第315条）。契約を放棄することによって，清算人又は管財人は，契約上の義務を免れることができる（第178条第4項，第315条第3項）。したがって，日本法第53条と同様に，清算人又は管財人は，契約の履行又は解除の選択権を有していることになる。

契約の相手方は，日本法第53条第2項と同様に，清算人又は管財人に対して，契約を放棄するか否かの決定をするように要求することができる。ただし，日本法と異なり，要求がなされた日から一定の期間内（28日間。ただし，強制清算においては，裁判所がこれより長い期間を定めることができる）に確答がなされなければ，以後，清算人又は管財人が契約を放棄することはできなくなる（第178条第5項，第316条）。

●ドイツ法
●第103条（倒産管財人の選択権）

倒産手続の開始の時において，債務者および相手方の双方ともに双務契約を全く履行せずまたはその履行を完了していないときは，倒産管財人は，債務者に替わって契約を履行し，かつ相手方による履行を要求することができる。

2　倒産管財人が履行を拒絶したときには，不履行を原因とする債権につき倒産債権者として権利を行使することができる。相手方が倒産管財人に対してその選択権の行使を求めたときは，倒産管財人は，履行を請求する意思を有するか否かを速やかに明らかにしなければならない。倒産管財人がこれを怠ったときは，履行を求めることができない。

●第106条（仮登記）

債務者の不動産若しくは債務者の名において登記された権利についての権利の設定若しくは消滅を求める請求権，またはそれらの権利の内容若しくは順位の変更を求める請求権を保全するために，土地登記簿に仮登記がなされているときは，債権者はその請求権につき倒産財団からの履行を請求することができる。債務者が債権者に対してそれ以外の義務を負担しており，かつ債務者がその義務を全く履行していないかまたは完全には履行していていないときも，同様とする。

2　前項の規定は，船舶登記簿，建造中船舶登記簿または航空機抵当権登録簿上になされた仮登記について，準用する。

●第107条（所有権留保）

倒産手続の開始の前において，債務者が動産を所有権留保により売却し買主に目的物の占有を移転していたときは，買主は売買契約の履行を要求することができる。債務者が債権者に対してそれ以外の義務を負担しており，かつ債務者がその義務を全く履行していないかまたは完全には履行していていないときも，同様とする。

2　倒産手続の開始の前において，債務者が動産を所有権留保により購入し目的物の占有を取得していた場合において，売主が選択権の行使を催告したときには，倒産管財人は，報告期日が終了してから，速やかに第103条第2項の規定による意思表示をすれば足りる。ただし，報告期日が終了するまでに目的物の価額が著しく

減少することが予想され，かつ債権者がこの事情を倒産管財人に対し知らせたときは，この限りでない。

●第119条 （異なる合意の効力）
　予め第103条から第118条までの規定の適用を排除する旨の合意は，無効とする。
　【コメント】　双方未履行の双務契約の取扱いにつき，ドイツ法においては，旧法以来，日本法とは異なり，管財人の履行の選択または履行の拒絶，という構成をとっている。倒産法119条は，双務契約の取扱いに関する倒産法の規律が強行規定であることを明らかにするものであり，旧和議法52条を引き継ぐものである（旧破産法には規定がなかったが，同様に解されていた）。

▲フランス法
▲第641-11条第1段
　主任裁判官は，［裁判上の清算手続においても］第621-9条，第623-2条および第631-11条，第622-16条第4段によって与えられる権限を行使する。主任裁判官がその権限を差し控えまたは停止されている場合には，第621-9条第3段に定める要件で，交替される。

▲第641-11-1条
　Ⅰ．あらゆる法律上の規定または契約条項にかかわらず，継続中の契約のいかなる不可分性，解約または解除は，裁判上の清算の開始または言渡しの事実のみによっては生じることはない。
　相契約者は，開始判決前の約定が債務者によって履行されていない場合であっても，その義務を履行しなければならない。これらの約定の不履行は，負債に対する（倒産債権としての）届出によってのみ債権者のために権利を開く。
　Ⅱ．債務者の相契約者に対して約定された給付を履行して，継続中の契約の履行を求める権限は，清算人のみが有する。
　給付が一定額の金銭の支払いである場合には，支払いの猶予について債務者の相契約者から清算人が承諾を得た場合を除いて，この支払は，現金でされなければならない。清算人は，利用することのできる予測資料に基づいて，履行を求める時点で，これに必要な資産があることを保証する。履行中または分割弁済中の契約については，清算人は，次期以降の債務を履行するために必要な資産を準備することができないと判断した場合には，これを終了させる。
　Ⅲ．継続中の契約は，以下の場合には，当然に解約される：
　1°　契約の継続について態度を決するよう清算人に対して相契約者によって通知された催告後，回答なしに1か月以上経過したとき。この期間満了前に，主任裁判官は，清算人に対して，より短い期間を与えまたは2か月を超えない期間での延長を認めることができる；
　2°　第Ⅱ項に定められた要件での支払いがないこと，および契約関係の継続について相契約者の合意がないこと；
　3°　債務者による給付が一定額の金銭の支払いである場合には，契約を継続しな

い旨の清算人の決定が相契約者に通知された日に。

IV. 債務者の給付が一定額の金銭の支払いでない場合には，清算人の請求により，解約が清算の遂行に必要であり，相契約者の利益を過度に侵害しない場合には，主任裁判官によって解約が言い渡される。

V. 清算人が契約継続の権限を行使せず，もしくは第II項の要件でこれを終了させる場合，または契約の解約が第IV項を適用して言い渡される場合には，この不履行は，相契約者のために損害賠償の理由となることがあり，その額は，負債に（倒産債権として）届け出られなければならない。にもかかわらず，相契約者は，損害賠償についての裁判があるまで，債務者が契約の履行として支払った超過額の返還を延期することができる。

VI. 本条の規定は，労働契約には適用されない。本条の規定は，また，信託契約および設定者である債務者が受託財産に移転された財産もしくは権利の使用または利用を保持する約定に適用されない。

【コメント】 本条は，いわゆる継続中の契約の処理に関する規定である。

1985年法制定当初は，これが観察期間に関する規定であったことから，清算手続にも適用されるかが議論された。結果的には，破毀院の判決で，1985年法第37条（旧第621-28条）が清算手続にも適用されるとされた（破毀院商事部1989年10月17日判決［Com. 17 oct. 1989, D. 1990. somm. 2］；同1989年2月7日判決［Com. 7 févr. 1989, Bull. civ. IV, p. 32］）。この解釈が，学説の支持を得て，1994年改正で，旧第153-1条（旧第622-11条）が設けられ，これによって，清算手続に準用されることが明文上も明らかになった。さらに，2008年12月18日のオルドナンス第2008-1345号によって，観察期間中の管理人の権限とされていたものを，清算人の権限とする改正が行われた（本条第II項）。

本条が適用される契約の範囲は，最大の解釈問題である（後述・第55条参照）。

本来は，「継続的性格」を有する契約が対象とされたが，それだけでなく，売買契約のようなものにも，本条の適用があるとされている。議論があるのは，分割払いによる売買，所有権留保条項付売買である。前者は，合意の交換によって，手続開始前に所有権が移転し，ただ，代金の決済方法について特約があるに過ぎないので，これは，「継続中の契約」ではないとされる。これに対して後者は契約の履行全体（代金支払いと所有権移転）が遅らされているものであり，多数説によれば，本条の適用があるとされる。

なお，労働契約は，当然に継続されるものとされ，出版社倒産の場合の出版契約も同様とされる（知的所有権L第132-15条）。もっとも，清算人は，一定の場合に，解雇を行うことができる。

▲第641-10条第3段
　第631-17条に規定する条件で，清算人は，解雇をすることができる。

▲第631-17条
　経済的理由による解雇が，観察期間中に緊急，不可避かつ不可欠な性格を示す場合には，管理人は，これらの解雇を行うことを主任裁判官によって許可されることができる。

　主任裁判官への提訴に先立って，管理人は，労働法典L第321-9条に規定する条件で，企業委員会，またはこれがないときは被用者代表の意見を聴き，同法典L第321-8条に定める管轄行政当局に通知する。管理人は，主任裁判官に提出する請求を裏付けるために，聴取した意見および被用者の保証と再雇用を容易にするための責任の証明を添付する。

日・◆米・■英・●独・▲仏　　　　　　　　　　　　　　　　　　　　破産法第54条

> 第54条　前条第1項又は第2項の規定により契約の解除があった場合には、相手方は、損害の賠償について破産債権者としてその権利を行使することができる。
> 2　前項に規定する場合において、相手方は、破産者の受けた反対給付が破産財団中に現存するときは、その返還を請求することができ、現存しないときは、その価額について財団債権者としてその権利を行使することができる。

▌民事再生法第49条（双務契約）
▌会社更生法第61条（双務契約）

◆アメリカ法
◆第365条（未履行双務契約及び期間満了前の賃貸借契約）
(a)～(f)　……

(g)　本条(h)(2)及び(i)(2)に定めるところを除き、債務者の未履行双務契約又は期間満了前の賃貸借契約の拒絶は、次の時点で、当該契約又は期間満了前の賃貸借契約の契約違反（breach）を構成する。

　(1)　その未履行双務契約又は賃貸借契約が、本条により又は本法第9章、第11章、第12章若しくは第13章の下で認可された計画に基づき引き受けられなかったときは、手続開始の申立書が提出された日の直前の時点、又は

　(2)　その未履行双務契約又は賃貸借契約が、本条により又は本法第9章、第11章、第12章若しくは第13章の下で認可された計画に基づき引き受けられたときは、(A)拒絶される前に事件が本法第1112条、第1208条、又は第1307条により移行されなかったとすれば、かかる拒絶がなされた時点、又は、(B)拒絶される前に事件が本法第1112条、第1208条、又は第1307により移行されたときは、(i)その移行前にかかる契約又は賃貸借契約が引き受けられたとすれば、移行があった日の直前、(ii)その移行後にかかる契約又は賃貸借契約が引き受けられたとすれば、拒絶の時点。

(h)　……

(i)　(1)　管財人が、買主が占有している不動産の売買についての未履行双務契約又は買主が占有している一定の期間排他的に利用することを内容とする計画に基づくその権利の売買についての売買契約（the sale of a timeshare interest under a timeshare plan）を拒絶するときは、その買主は、当該契約を終了したものとして取り扱うことができ、又は、かかる不動産又は一定の期間排他的に利用することを内容とする権利の占有を継続することもできる。

　(2)　買主が占有を継続するときは、

　　(A)　その買主は、かかる契約によりなすべき支払いを継続して行わなければならないが、契約が拒絶された後における債務者の債務不履行によって生じた契約拒絶の期日後に生じた損害賠償請求権と、その支払いをなす債務とを相殺することができる。買主は、相殺をなす権利以外には、契約の拒絶によってその

211

時以後に生じた損害賠償請求権を原因とする権利を倒産財団との関係では有しない。

　　　(B) 管財人は，契約における約定に従い買主に権原を移転しなければならないが，その契約に基づき履行すべきその他のすべての義務を免れる。

(j) 本条(i)により終了したものとして未履行契約を処理する買主，又は，債務者から不動産を買い受けることを内容とする未履行契約が拒絶された者であって不動産を占有していない相手方当事者は，その者が支払った購入代金の一部の回復を求める権利について当該財産の債務者の権利の上にリエンを有する。

(k)～(p) ……

　【コメント】

　　1 未履行双務契約及び期間満了前の賃貸借契約が拒絶された場合には，連邦倒産法法が定めるいずれの手続においても，手続開始申立書を提出した日に遡及して契約違反があったものと扱われる。いったん引き受けられた契約などが後に拒絶される場合もありうるようであるが，その場合を第365条(g)(2)(A)は規定している。例えば，手続が再建型手続から第7章手続に移行した場合について移行前において引き受けられたが，移行後の第7章事件で拒絶された場合を(B)(i)は想定し，(B)(ii)は，移行後の第7章事件で引き受けられたが，これが拒絶された場合を想定している。

　　2 管財人の契約拒絶に伴って，契約違反により相手方当事者には損害賠償請求権が生ずるが，それは一般無担保債権として取り扱われる。なお，これを明確にした規定は存在しないが，第101条(10)にいう「債権者」の定義による。なお，R第3002条(c)(4)によれば，「未履行双務契約又は期間満了前の賃貸借契約の拒絶により生じた請求権は，裁判所の定める期間内に届け出ることができる」として，損害賠償請求権の届出については特例を認めている。

　　3 契約の拒絶によって相手方当事者は損害賠償請求権を有することになるが，未履行双務契約が不動産売買契約であって売主が破産した場合には，買主には損害賠償請求権のみが残るにすぎず，買主は住居を失うなどの不利益を受けることになる。そこで，アメリカ法では，不動産売買契約について，買主が不動産を占有している場合には，売主の破産，更生をも含めて，契約が拒絶された場合であってもなお買主は占有を継続する選択ができるものとして，買主の保護を図っている。

　　契約が終了したものとして取り扱われる買主や不動産を占有していない相手方当事者が内金などを支払っている場合には，その返還を求める権利につき目的不動産の上にリエンが認められる（第365条(j)）。これは，土地の売買において買主の内金などの返還請求権を担保するためにその財産上に存在する衡平法上のリエンを信じたとする原則を承認するものである。

■イギリス法

（会　社）

■第178条（負担付きの財産を放棄する権限）

6 本条に基づく放棄がなされた結果，損失又は損害を被った者は，その損失又は損害の範囲で会社の債権者と推定され，清算手続においてその損失又は損害を届け出ることができる。

■第186条（裁判所による契約の解除）

日・◆米・■英・●独・▲仏　　　　　　　　　　　　　　　　　　　　　　　　　破産法第54条

　1　裁判所は，清算人の相手方であって会社の締結した契約によって利益を得，又は負担に服する者の申立てに基づいて，契約の不履行による損害賠償額の支払又はその他の裁判所が適正と考える条件を課したうえで，契約を解除する命令を発することができる。
　2　前項の命令に基づいて契約の相手方に支払われる損害賠償額は，強制清算において債務として届け出ることができる。
　（自然人）
■**第315条（財産の放棄（一般的な権限））**
　5　本条に基づく放棄がなされた結果，損失又は損害を被った者は，その損失又は損害の範囲で破産者の債権者と推定され，その損失又は損害を破産債務として届け出ることができる。
■**第345条（破産者が当事者である契約）**
　2　裁判所は，契約の相手方の申立てに基づいて，契約の不履行による損害賠償額の支払又はその他の裁判所に衡平と思われる条件を課したうえで，契約に基づく債務を免除する命令を発することができる。
　3　本条の規定に基づく裁判所の命令によって破産者の支払うべき損害賠償額は，破産債務として届け出ることができる。

　【コメント】　清算人又は管財人によって契約が放棄された場合，相手方はその被った損失又は損害について一般債権者として債権の届出をすることができる（第178条第6項，第315条第5項）。この点は，日本法第54条第1項と同様である。さらに，相手方は，清算の場合には契約の解除（rescission）を，破産の場合には契約に基づく債務の免除（discharge of obligations）を裁判所に請求することができる（第186条第1項，第345条第2項）。裁判所が，解除又は債務の免除の命令において債務者に損害賠償を命じたときは，相手方はこの損害賠償請求権について一般債権者として債権の届出をすることができる（第186条第2項，第345条第3項）。

●**ドイツ法**（該当規定なし）

▲**フランス法**（該当規定なし）
▲**第641-11-1条第Ⅴ項**（前掲・第53条参照）
　【コメント】　契約が解除された場合，債権者（相契約者）は，解除によって生じた損害の賠償請求権を届け出なければならないが，この期間は，通常の2カ月に対して，以下のような特則が設けられている。
　▲**R第622-21条第2段第1文**
　［法律部］第622-13条（第641-11-1条と同文）および第622-14条（第641-12条，後掲・第56条と同文）に定める相契約者は，解除によって生じた債権の届出のために，当然解除の日または解除を言い渡す裁判の送達の日から起算して1か月の補充期間の利益を受ける。

> **第 55 条（継続的給付を目的とする双務契約）** 破産者に対して継続的給付の義務を負う双務契約の相手方は，破産手続開始の申立て前の給付に係る破産債権について弁済がないことを理由としては，破産手続開始後は，その義務の履行を拒むことができない。
> 2　前項の双務契約の相手方が破産手続開始の申立て後破産手続開始前にした給付に係る請求権（一定期間ごとに債権額を算定すべき継続的給付については，申立ての日の属する期間内の給付に係る請求権を含む。）は，財団債権とする。
> 3　前2項の規定は，労働契約には，適用しない。

▌民事再生法第 50 条（継続的給付を目的とする双務契約）
▌会社更生法第 62 条（継続的給付を目的とする双務契約）

◆アメリカ法
◆第 366 条（公益事業サービス）

(a)　本条(b)及び(c)に規定するところを除き，公益事業会社は，本法の下での事件の開始，又は救済命令の前に提供されたサービスにつきその会社に対して債務者が負担していた債務が履行期に履行されていないことを唯一理由として，管財人又は債務者に対するサービスを変更し，拒絶し若しくは中止することはできず，又は管財人又は債務者を差別してはならない。

(b)　管財人又は債務者のいずれが救済命令の日の後20日以内に，救済命令の日の後のサービスにつき支払いの適正な保証を預託又はその他の担保の方式で提供しなかったときは，公益事業会社は，サービスを変更し，拒絶し又は中止することができる。裁判所は，利害関係人の申立てにより，かつ，通知をなし審問を経た上で，支払いの適切な保証を提供するための必要な預託又は担保提供の金額の合理的な範囲での変更を命じることができる。

(c)　(1)(A)本項との関係において，「支払いの保証」とは，(i)現金での預託，(ii)信用状，(iii)預金証書，(iv)債務保証証書，(v)公益サービス消費の前払い，又は(vi)公益事業会社及び債務者又は管財人との間の双方により合意されたその他の担保提供方法。

(B)　本項との関係において，管財費用債権は支払いの保証を構成しない。

(2)　(3)及び(4)に従い，第11章の下で提起された事件について，(a)に規定する公益事業会社は，手続開始の申立てがあった日から30日の間に公益事業会社が債務者又は管財人からそのサービスにつき支払いの適切な保証を受けていないときは，サービスを変更し，拒絶し，又は中止することができる。

(3)　(A)　利害関係人の申立てにより，かつ，通知をなし審問を経た上で，裁判所は，(2)の下での支払いの適切な保証の金額の変更を命じることができる。

(B)　支払いの保証が適切であるか否かを本項の下で決定するにあたっては，裁判所は，(i)手続開始の申立てがなされた日の前における担保提供の欠如，(ii)手続開始の申立てがなされた日の前における時宜に即した方法での公益サービス

の料金の債務者による納付，又は(iii)管財費用債権の適用可能性を考慮することはできない。

(4) 法のその他の規定にもかかわらず，本項に服する事件について，公益事業会社は，裁判所の通知又は命令によることなく，手続開始の申立てがなされた日の以前において債務者により公益事業会社に対して提供された保証金から支払いを受け，又は保証金との相殺をすることができる。

■イギリス法（該当規定なし）

●ドイツ法
●第105条（可分給付）

負担された給付が可分であって，相手方がその負担する給付を倒産手続の開始の時において既に一部履行していた場合においては，倒産管財人が未だ履行されていない給付につき履行を要求したときであっても，相手方はその請求権のうち既に履行された一部給付に対応する額については，倒産債権者となる。相手方は，その請求権の不履行を理由として，手続の開始前に債務者の財産の中に混入した部分給付の返還を請求することができない。

【コメント】　ドイツ倒産法105条は，継続的な商品またはエネルギーの供給契約についての旧和議法36条2項の考え方――供給者は和議開始前の未払料金につき和議債権者となり，和議開始後は以前の未払いを理由に契約を解除できない――を引き継いだものである。旧破産法にはこの点に関する規定はなかったが，判例・学説はエネルギー供給契約の特殊性（供給者に対する契約締結強制）を根拠に，結論的には類似する解決を示してきた。105条第2文は，倒産手続の開始前の未払料金につき倒産債権者と位置づけられる供給者（第1文）が，すでに供給したものの倒産財団からの返還を請求することによって不利益を回復しようとすることを封ずる趣旨である。なお，供給者は未払いを理由に法定または約定の解除権を行使することもできない（旧和議法36条2項第2文参照）。

▲フランス法（該当規定なし）

【コメント】　継続中の契約に関する第641-11-1条の規定に関する最大の解釈問題は，前掲第53条の【コメント】でも述べたように，同条の適用範囲を巡るものである。とりわけ，特別の人的性格を持った契約（contrat conclu *intuitu personae*，たとえば，銀行取引契約（交互計算契約，当座貸越契約など）のようなものに本条が適用されるかが問題とされた。破毀院は，これを肯定し（破毀院商事部1987年12月8日判決 Com. 8 déc. 1987, [D. 1988. 52]），その後，その他の人的性格の強い契約にも拡大された。

次に，リース（crédit-bail）契約（グルノーブル商事裁判所1987年11月2日判決 T. com. Grenoble, 2 nov. 1987, [Petites affiches, 29 août 1988, n° 104]；ヴェルサイユ控訴院1988年6月23日判決 Versailles, 23 juin 1988, [J.C.P., 1989, éd. E. II. 15591]），フランチャイズ契約（ポワティエ控訴院1988年4月20日判決 Poitiers, 20 avril 1988, [Petites affiches, 29 août 1988, n° 104]），行政契約（たとえば，水道・電気供給契約）等にも，本条が適用されるものとされている。

なお，以下のような規定がある。

▲第 641-12-1 条
　債務者が，信託契約の設定者であり，唯一の受益者である場合には，これに対する裁判上の清算の開始または言渡しは，この契約の当然解除および受託財産に存在する権利，財産または担保の財団への復帰をもたらす。

第 56 条（賃貸借契約等）　第 53 条第 1 項及び第 2 項の規定は，賃借権その他の使用及び収益を目的とする権利を設定する契約について破産者の相手方が当該権利につき登記，登録その他の第三者に対抗することができる要件を備えている場合には，適用しない。
2　前項に規定する場合には，相手方の有する請求権は，財団債権とする。

📄 民事再生法第 51 条（双務契約についての破産法の準用）
📄 会社更生法第 63 条（双務契約についての破産法の準用）

◆アメリカ法（該当規定なし）
⇒日本法第 53 条の項の◆第 365 条参照

■イギリス法（該当規定なし）

●ドイツ法
●第 108 条（継続的債務関係の存続）
1　不動産または居室について債務者が締結した賃貸借および用益賃貸借契約ならびに債務者の継続的債務関係は，倒産財団のために存続する。その他の財産を目的として，債務者が賃貸人または用益賃貸人として締結した，賃貸借および用益賃貸借契約で，その財産がその調達または製造につき融資をした第三者に担保のため譲渡されたもの，についても，同様とする。

2　契約の相手方は，倒産手続の開始前の期間についての請求権を，倒産債権者としてのみ行使することができる。

▲フランス法（該当規定なし）
【コメント】　本条と同趣旨の該当規定は存在しないが，賃貸借契約の処理については，次の規定がある。
▲第 641-12 条
　第 641-11-1 条第Ⅰ項およびΙ第Ⅱ項の適用にかかわらず，企業の活動に充てられる不動産賃貸借の解除は，以下の条件において生ずる：
　1°　賃貸人が，賃貸借を継続しない旨の清算人の決定について通知された日に；
　2°　賃貸人が，裁判上の解除を請求し，もしくは裁判上の清算判決前の原因に基づく賃貸借の当然解除を確認させるとき，または裁判上の清算が救済手続もしくは裁判上の更生手続後に言い渡された場合には，これに先行した手続開始判決の日に。[ただし，]賃貸人は，まだその請求をしていなかったときは，裁判上の清算判決の公示から 3 か月以内にその請求をしなければならない；
　3°　賃貸人は，また，第 622-14 条第 3 段から第 5 段に規定される条件で，賃料および裁判上の清算判決後の占有に帰せられる負担の支払いがないことに基づいて，裁判上の解除を請

日・◆米・■英・●独・▲仏　　　　　　　　　　　　　破産法第57条（委任契約）

求しまたは当然解除を確認させることができる。
　清算人は，賃貸人と締結された契約に規定された条件で，契約に含まれるすべての権利義務とともに，賃貸借を譲渡することができる。
　賃貸人の先取特権は，第622-16条第1段から第3段に従って決定される。
▲第622-16条第1項ないし第3項
　救済手続の場合には，賃貸人は，手続開始判決前の最後の2年間の賃料についてのみ，先取特権を有する。
　賃貸借が解除されるときは，賃貸人は，このほか，賃貸借の履行に関するものおよび裁判所が賃貸人に与える損害賠償について，当年度のために先取特権を有する。
　賃貸借が解除されないときは，賃貸人は，契約の際に提供された担保が保持されているときまたは開始判決以後に提供された担保が十分であると判断されるときは，満期となるべき賃料の支払いを求めることはできない。

<u>第57条（委任契約）</u>　委任者について破産手続が開始された場合において，受任者は，民法第655条の規定による破産手続開始の通知を受けず，かつ，破産手続開始の事実を知らないで委任事務を処理したときは，これによって生じた債権について，破産債権者としてその権利を行使することができる。

◆**アメリカ法**（該当規定なし）

■**イギリス法**（該当規定なし）

●**ドイツ法**
●**第115条（委任の消滅）**
　債務者が倒産財団に属する財産に関してした委任は，倒産手続の開始によって消滅する。
　2　受任者は，事務処理の延期が危険を伴うときには，倒産管財人が別段の措置を施しうるようになるまで，委任された事務の処理を継続する義務を負う。この限りにおいて，委任は存続するものとみなす。事務処理を継続することから生ずる代償請求権につき，受任者は財団債権者として権利を行使することができる。
　3　受任者がその責めによらないで倒産手続の開始を知らなかった限りにおいては，その利益において委任は存続するものとみなす。本項の規定により存続するものとみなされる委任から生ずる代償請求権については，受任者は倒産債権者とする。
●**第116条（事務処理契約の消滅）**
　雇用契約または請負契約に基づき債務者に対し債務者のため事務を処理する義務を負う者については，前条の規定を準用する。この場合には，事務処理を継続することから生ずる代償請求権についての規定は，報酬請求権に関しても適用される。第1文の規定は，振込委託契約，支払サービスの提供者もしくは媒介期間との間の委託契約または有価証券の振替委託契約支払委託振込契約には適用しない。これら

の契約は，倒産財団のためにその効力が存続する。

●**第117条（代理権の消滅）**

倒産財団に属する財産に関して債務者が与えた代理権は，倒産手続の開始により消滅する。

2　第115条第2項の規定により委任または事務処理契約が存続する限りにおいては，代理権もまた存続するものとみなす。

3　代理人は，その責めによらないで倒産手続の開始を知らなかった限りにおいては，民法第179条に定める責任を負わない。

●**第118条（組合・会社の解散）**

法人格のない組合・会社または株式合資会社が，社員の財産につき倒産手続が開始されることにより解散するときは，業務を執行する組合員・社員は，急を要する業務を暫定的に継続したことから生ずる請求権については，財団債権者とする。この者が，その責めによらないで倒産手続の開始を知らないで業務を継続したときには，それにより生ずる請求権について，倒産債権者とする。第84条の規定は影響を受けないものとする。

▲**フランス法**（該当規定なし）

第58条（市場の相場がある商品の取引に係る契約）　取引所の相場その他の市場の相場がある商品の取引に係る契約であって，その取引の資質上特定の日時又は一定の期間内に履行しなければ契約をした目的を達することができないものについて，その時期が破産手続開始後に到来すべきときは，当該契約は，解除されたものとみなす。

2　前項の場合において，損害賠償の額は，履行地又はその地の相場の標準となるべき地における同種の取引であって同一の時期に履行すべきものの相場と当該契約における商品の価格との差額によって定める。

3　第54条第1項の規程は，前項の規定による損害の賠償について準用する。

4　第1項又は第2項に定める事項について当該取引所又は市場における別段の定めがあるときは，その定めに従う。

5　第1項の取引を継続して行うためにその当事者間で締結された基本契約において，その基本契約に基づいて行われるすべての同項の取引に係る契約につき生ずる第2項に規定する損害賠償の債権又は債務を差引計算して決済する旨の定めをしたときは，請求することができる損害賠償の額の算定については，その定めに従う。

▌民事再生法第51条（双務契約についての破産法の準用）
▌会社更生法第63条（双務契約についての破産法の準用）

◆**アメリカ法**

◆**第744条（未履行双務契約）**

本法第365条(d)(1)にもかかわらず，管財人は，本法第365条に基づき，債務者の事業の通常の過程における証券の買入れ又は売却についての債務者の未履行双務

契約を，救済命令のあった日の後の相当の期間内であって 30 日を超えない期間内に，引き受け又は拒絶しなければならない。管財人がその期間内に当該契約を引き受けないときは，その契約は拒絶されたものとする。

◆第 745 条（口座勘定の取扱い）
(a) 分別した適格において特定の顧客のために債務者が有する口座勘定は，分別顧客の口座勘定として扱われなければならない。
(b) 株式仲立人又は金融機関がその株式仲立人又は金融機関の顧客のための取引から生じた債務者に対する顧客の純持分請求権（net equity claim）を有するときは，その株式仲立人又は金融機関のその各顧客は，債務者の分別顧客として扱われなければならない。
(c) 債務者の帳簿上等で特定され，内国歳入庁に提出された信託証書であって内国歳入庁及び 1986 年内国歳入法に基づき認証されたものによって裏付けられたそれぞれの受託者の口座勘定は，その口座勘定の下での各受益者のための分別顧客勘定として扱われなければならない。

◆第 746 条（顧客の請求権の範囲）
(a) ある主体が，手続開始の申立てがなされた日の後に，取引が手続開始の申立ての日の前に行われていたならば顧客にさせたであろう方法で債務者と取引を行い，かつ，その取引が善意で，また，本法第 322 条に基づき管財人が就任する前に当該主体によって締結されたときは，その主体は顧客とみなされ，その取引の日は，当該主体の純持分権を確定することとの関係では，手続開始の申立てがなされた日とみなすものとする。
(b) ある主体は，現金，又は，契約，合意，申合せにより又は法効果として，(1)債務者の資本の一部である証券，又は，(2)いかなる又はすべての債権者の請求権に劣後する証券を債務者に引き渡した範囲で，顧客としての請求権を有しない。

　【コメント】 顧客と stockbroker との関係は一般的には本人と agent のそれである。したがって，未履行契約を考えるにあたって注意すべきは，その特殊な関係（例えば顧客の利益）にある。そこで，証券投資者保護法（SIPA）第 78 条 fff-2 (e)によれば，「債務者と他のブローカー若しくはディーラーとの間の証券の買受け又は売却に関する取引契約がその清算事件開始時において完全な未履行の状態にあるときは，管財人は，原則としてこれを完成させてはならない」と規定されている。第 744 条は，この規定を受けて，かかる契約関係の迅速な処理を定める（6 Collier on Bankruptcy 744-2（15 th ed.rev.1996））。
　なお，第 745 条，第 746 条は顧客の口座勘定を分別して扱わなければならない旨を規定する。

■イギリス法
■1989 年会社法 164 条（財産の放棄，契約の解除）
　1　1986 年倒産法第 178 条，186 条，315 条及び 345 条（負担付の財産を放棄する権限及び契約の解除を命ずる裁判所の権限）は，次の各号に掲げる契約に関しては適用されない。

(a) 取引所の相場のある契約
(b) 取引所の相場のある契約に関して証拠金として提供された財産を換価するために取引所又は手形交換所によってなされた契約

● ドイツ法
● 第104条（定期行為，ファイナンス契約）
　市場価格または取引所価格を有する商品につき，確定日または確定期間内にその引渡しが約定されている場合において，倒産手続の開始後に初めてその確定日が到来しまたはその期間が経過するときには，倒産管財人はその履行を要求することはできず，不履行を原因とする債権のみを行使することができる。
　2　市場価格または取引所価格を有するファイナンス給付につき，確定日または確定期間内に給付が約定されている場合において，倒産手続の開始後に初めてその確定日が到来しまたはその期間が経過するときには，倒産管財人はその履行を要求することはできず，不履行を原因とする債権のみを行使することができる。本項の定めるファイナンス給付とはとりわけ以下のものをいう。
　一　貴金属の引渡し。
　二　有価証券またはこれに類する権利の引渡し。ただし，ある企業に対する出資持分の取得が当該企業との間で継続的な結合関係を形成する意図をもってなされるときは，この限りでない。
　三　外貨建てまたは統一通貨単位によって支払われるべき金銭給付。
　四　金銭給付であって，その額が直接または間接に，外貨若しくは統一通貨単位の相場または債権の利率若しくはその他の財貨の価格によって確定されるもの。
　五　本項第1号から第4号までに定める引渡しまたは金銭給付を求めるオプションまたはその他の権利。
　六　金融機関法1条17号に定める金融担保
　ファイナンス給付に係る複数の取引が一つの大枠的契約に統括されており，当該契約につき，倒産原因が生じたときには一括してのみ終了できる旨が合意されているときは，これら複数の取引の全体をもって103条および104条の定める双務契約とみなす。
　3　不履行を原因とする債権の額は，履行期の定めのある契約の履行地において準拠さるべき市場のまたは取引所の，当事者の一方につき合意された時点の，しかしながら遅くとも倒産手続の開始後の第5営業日の価格と，約定価格との差額を以て定める。相手方はその債権を倒産債権者としてのみ行使することができる。
　【コメント】　ドイツ倒産法104条2項は，貴金属，有価証券，通貨や金利のスワップ取引，オプション取引などの新しい金融取引にも，管財人の履行選択権を否定する内容の定期取引に関する規律（旧破産法18条）が適用されることを明らかにする。同時に，近時，国際的にも問題になり各国で法改正による対応が始まっている（日本の「金融機関等が行う特定金融取引の一括清算に関する法律」，破産法58条5項参照），倒産債務者と相手方との間で上述の取引が反

復・継続して行われる場合の，いわゆる一括清算条項について，それが倒産手続上有効であることを明らかにしたものである。

▲**フランス法**（該当規定なし）

<u>第59条（交互計算）</u>　交互計算は，当事者の一方について破産手続が開始されたときは，終了する。この場合においては，各当事者は，計算を閉鎖して，残額の支払を請求することができる。
2　前項の規定による請求権は，破産者が有するときは破産財団に属し，相手方が有するときは破産債権とする。

📖 民事再生法第51条（双務契約についての破産法の準用）
📖 会社更生法第63条（双務契約についての破産法の準用）

◆**アメリカ法**（該当規定なし）

■**イギリス法**（該当規定なし）

●**ドイツ法**（該当規定なし）

▲**フランス法**（該当規定なし）

【コメント】　第53条の【コメント】で述べたように，フランスの判例は，交互計算のような相手方の人格・財産を信頼してする契約にも，同条の原則が適用されるとしている。

<u>第60条（為替手形の引受け又は支払等）</u>　為替手形の振出人又は裏書人について破産手続が開始された場合において，支払人又は予備支払人がその事実を知らないで引受け又は支払をしたときは，その支払人又は予備支払人は，これによって生じた債権につき，破産債権者としてその権利を行使することができる。
2　前項の規定は，小切手及び金銭その他の物又は有価証券の給付を目的とする有価証券について準用する。
3　第51条の規定は，前2項の規定の適用について準用する。

📖 民事再生法第46条（開始後の手形の引受け等）
📖 会社更生法第58条（為替手形の引受け又は支払等）

◆**アメリカ法**（該当規定なし）

■**イギリス法**（該当規定なし）

●**ドイツ法**（該当規定なし）

▲**フランス法**（該当規定なし）

> **第 61 条（夫婦財産関係における管理者の変更等）** 民法第 758 条第 2 項及び第 3 項並びに第 759 条の規定は配偶者の財産を管理する者につき破産手続が開始された場合について，同法第 835 条の規定は親権を行う者につき破産手続が開始された場合について準用する。

◆**アメリカ法**（該当規定なし）

■**イギリス法**（該当規定なし）

●**ドイツ法**（該当規定なし）

▲**フランス法**（該当規定なし）

【コメント】 なお，配偶者の権利に関して，以下のような規定がある。

▲第 641-14 条第 1 段

債務者の財産の確定および労働契約に由来する債権の決済に関する本巻第 2 編第 4 章および第 5 章の規定ならびにある種の行為の無効に関する本巻第 3 編第 2 章の規定は，裁判上の清算の手続に適用される。

▲第 624-5 条

救済の手続に服する債務者の配偶者は，夫婦財産制の規定に従い，かつ第 624-9 条および第 624-10 条に定める条件で，その固有財産の帰属性を証明する。

▲第 624-6 条

裁判上の受任者または管理人は，債務者の配偶者が取得した財産が，債務者の提供した財貨で得られたものであることをすべての手段で証明して，そのようにして得られた取得物が［債務者の］資産に統合されることを請求することができる。

▲第 624-7 条

第 624-5 条の適用による帰属は，これらの財産が法的に負担している債務および抵当権の負担の下でのみ行われる。

▲第 624-8 条

債務者の配偶者で，婚姻中，婚姻の年，もしくはその後に商人，手工業者名簿に登録された者もしくは農業者であったもの，またはその他のあらゆる独立した職業活動に従事していた者は，救済の手続においては，婚姻契約または婚姻中の契約において夫婦の一方から他方に与えられた利益を理由とするいかなる訴権も，行使することはできない。債権者もまた，みずからは，夫婦の一方から他方に与えられた利益を主張することができない。

▲R 第 641-30 条

債務者の配偶者は，共同体の財産の売却を命じまたは許可するあらゆる裁判の前に，聴聞されまたは適法に呼び出されなければならない。

手続の継続中に債務者とその配偶者との間に存在する共同体の解消を第三者に対抗することができるようになったときは，この配偶者は，分割することのできない財産の売却を命じまたは許可するあらゆる裁判の前に，聴聞されまたは適法に呼び出されなければならない。

日・◆米・■英・●独・▲仏　　　　　　　　　　　　　　　　破産法第62条（取戻権）

第3款　取　戻　権

第62条（取戻権） 破産手続の開始は，破産者に属しない財産を破産財団から取り戻す権利（第64条及び第78条第2項第13号において「取戻権」という。）に影響を及ぼさない。

▌民事再生法第52条（取戻権）
▌会社更生法第64条（取戻権）

◆アメリカ法
◆第546条（否認権行使に対する制限（Limitations on avoiding power））
(a)～(b)　……

(c)　(1)　本条(d)及び第507条(c)に定めるところを除き，かつ，物品（goods）の上に又はその売得金の上に担保権を有する者の優先権に従いつつ，本法第544条(a)，第545条，第547条及び第549条に基づく管財人の権利並びに権限は，債務者が債務超過（insolvent）である間に売買の目的たる物品を受け取ったときは，売主の通常の事業の過程において債務者に対して物品を販売した売主の有する物品の返還を求める権利を，本法の下で事件が開始された日の前45日内に売主が行使することを妨げない。

ただし，(1)(A)債務者が物品を受け取った日の後45日内に，又は(B)その45日の期間が事件の開始された後に満了したときは事件が開始された日の後20日内に，売主が書面によりその物品の返還を求めることをしないときは，売主は当該物品の返還を求めることができない。

(2)　物品の売主が(1)に定める方法で通知をしないときは，売主は，第503条(b)(9)に規定される権利を主張することができる。

【コメント】 取戻権（reclamation rights）に関する規定は，アメリカ法上，売主の物品返還請求権に関するもののみが存在する。もちろん売主の権利は，倒産法上特別に認められた権利ではなく，非破産法上（州法上）売主に認められている権利をその前提とする。例えば，U.C.C.§2-702(2)によれば，信用売買において買主が物品を受け取ったこと，商品を受け取った当時買主が債務超過（insolvent）であったこと，買主が商品を受け取った後10日以内に売主が代金の支払いを要求したことが要件とされている。ここにいう「支払不能」は，U.C.C.§1-201(23)によれば，「連邦倒産法の定義の範囲内におけるinsolvent」と規定しているから，債務超過を意味する。また，現金売買では，U.C.C.§2-507(2)によれば，代金の支払いが買主への商品の引渡し時に要求される場合に，売主との関係においては，商品を保持し又はこれを処分する買主の権利は，代金の支払いを条件とする旨，規定されている。これら統一商法典を採択している州にあっては，これらの要件が満たされていることが前提である（5 Collier on Bankruptcy 546-30（15th ed.rev.1996））。なお，連邦倒産法の規定もかかるU.C.C.の要件と一部重複している。

■イギリス法（該当規定なし）
《関連条文》
■第307条（手続開始後に取得された財産）

1　本条及び第309条に定めるところに従い，管財人は，書面で通知することにより，破産財団のために，破産手続の開始後に破産者が取得又は承継した財産の請求をすることができる。

4　本条の規定による通知の送達の前又は後に，

(a)　財産を誠実に，有償で，かつ破産の事実を知らずに取得した者があるとき，又は

(b)　誠実に，かつ破産の事実を知らずに取引を行った銀行があるときは，

管財人は，当該財産又は取引に関しては，その者，銀行，又はその者若しくは銀行から財産に対する権原を取得した者に対して，本条の規定による救済を求めることができない。

■ **第283条（破産財団の定義）**

3　第1項〔注：破産財団には，破産手続の開始時に破産者に帰属していたすべての財産が包含されることを定めた規定〕は，次に掲げるものにはこれを適用しない。

(a)　破産者が他の者のために受託者として保有している財産

【コメント】　一般の取戻権

　まず，議論の前提として，一般の取戻権を，法定財団に属さない財産が事実上，管財人の支配下にある場合に，それを本来の権利者が取り戻すことのできる権利，又は法定財団に属さない財産が本来の権利者の支配下にある場合に，管財人からの引渡請求を排斥するために主張される権利ととらえることにする。

　1986年倒産法には，前者に相当する規定はない。後者に関しては，第307条第4項を挙げることができるが，これも，本来であれば破産財団に組み込まれるべき財産を善意かつ有償で取得した第三者を保護するための規定である。したがって，破産財団に属すべきでない財産に対する第三者の取戻権を明確に定めた規定は，1986年倒産法には存在しないことになる。しかし，判例法は，破産財団に属さず，したがって管財人には帰属しない財産について，第三者からの取戻請求を認めている。その一例としては，信託（trust）の受託者（trustee）が破産した場合における受益者からの信託財産（倒産法第283条第3項(a)号により，破産財団から除外される）の取戻請求を挙げることができる。

　信託の法理が適用される範囲は，かなり広い。すなわち，ここでいう信託には，証書（instrument）に基づく信託のほか，受認者としての責任（fiduciary responsibility）において他人のために財産を保管している場合も含まれる。たとえば，顧客の金銭を保管しているソリシタが破産した場合には，信託の法理により，金銭は破産財団に取り込まれず，顧客は取戻しを請求することができる。ただし，信託が擬制されるためには，単に当事者間に債権債務関係が存在するだけでなく，問題の財産が特定の目的で保管されていることが必要である。そのような事実があれば，たとえ金銭が貸し付けられた場合であっても，信託の法理により取戻請求が認められる。そのような例としては，Barclays Bank Ltd v Quistclose Investments Ltd [1970] AC 567 (HL) がある。これは，ある会社に対して特定の目的で金銭が貸し付けられたところ，その目的が達成されないまま，会社が清算手続にはいったという事案において，貸手からの取戻請求を認めたものである。

　なお，わが国においては，証券会社（問屋）が破産した場合に，その買い入れた株式に対して委託者は取戻権を行使しうるとされている（最判昭和43年7月11日民集22巻7号1462頁）。しかし，イギリスにおいては，この場合の株式は，特定の目的で保管されているとはいえないので，信託財産には該当せず，したがって破産財団の一部になるという議論がある。Fletcher, The Law of Insolvency, 4th ed., 2009, pp.250-251.

日・◆米・■英・●独・▲仏　　　　　　　　　　　　　　　　破産法第62条（取戻権）

●ドイツ法
●第47条（取戻権）
　物的または人的な権利に基づいて，目的物が倒産財団に属しないことを主張することができる者は，倒産債権者とならない。この者の目的物取戻請求権は，倒産手続外において適用される法律により定まる。

　【コメント】　ドイツ倒産法51条により，動産の譲渡担保権者は，取戻権者ではなく，別除権者とされる（日本法65条に対応するドイツ法の条文およびコメントを参照）。

▲フランス法
▲第641-14条第1段（前掲・第61条参照）
▲第624-9条
　動産の取戻しは，手続を開始する判決の公示から3カ月の期間内にのみ行うことができる。
▲第624-10条
　財産の所有者は，その財産に関する契約が公示の対象となったときは，その所有権を承認させる義務を免れる。所有者は，コンセイユ・デタのデクレで定める条件において，その財産の返還を主張することができる。
▲第624-10-1条
　返還の権利が第624-9条または第624-10条に定める条件において承認されたとき，かつ財産が手続開始判決の日に継続中の契約の目的であるときは，現実の返還は，解除の日または契約の終期に行われる。
▲第624-11条
　動産売主のために民法典第2102条第4号で定められる先取特権，および取戻権（droit de revendication），ならびに解除権は，本法典第624-12条から第624-18条の規定の範囲内でのみ行使することができる。
▲第624-12条
　手続を開始する判決前に，裁判により，またはすでに成就した解除条件を援用して，その売買が解除された商品は，その全部または一部が現物で存在する場合には，これを取り戻すことができる。

　手続を開始する判決後に，裁判によって売買の解除が言い渡されまたは確認された場合でも，売主が，開始判決前に，代金支払いがないこと以外の原因に基づいて，取戻訴権または解除訴権を援用していたときは，同様に取戻しが認められなければならない。
▲第624-15条
　未払いの手形またはその他の証券は，その所有者が取立てのために，または特定の支払いに充てるために交付し，なお債務者の下に残っている場合には，これを取り戻すことができる。

▲第 624-16 条

　仮の名義で債務者に預けられた財産、または債務者が設定者の資格で使用もしくは利用を保持する［信託］受託財産に移転された財産は、それらが現物で存在する限り、これを取り戻すことができる。

　所有権留保条項を付して売却された財産は、手続開始の時点で、それが現物で存在する場合には、同様にこれを取り戻すことができる。この条項は、遅くとも引渡しの時点には、書面で当事者間において合意されていなければならない。この条項は、当事者間で合意された商業取引の全体を規律する書面で合意することができる。

　現物での取戻しは、他の動産に附合された動産についても、その分離が、その財産を毀損することなく行われる場合には、同様の条件の下で、これを行うことができる。現物での取戻しは、代替物についても、同種同量の商品が、債務者またはその計算においてそれを保持するあらゆる者の手許にある場合には、同様にこれを行うことができる。

　いずれの場合においても、主任裁判官の裁判に基づいて、代金が即時に支払われる場合には、取戻しは、これを認めない。主任裁判官は、取戻しを求める債権者の同意を得て、支払いに期限を許与することができる。代金の支払いは、この場合には、第 622-17 条第Ⅰ項に定める債権の弁済と看做される。

▲第 624-17 条

　債務者の同意を得た管理人、またはこれがないときは裁判上の受任者の同意を得た債務者は、本節に規定された財産の取戻しまたは返還の請求に同意することができる。同意がないとき、または争いがあるときは、請求は、債権者、債務者およびすでに事件を受理した裁判上の受任者の意見を聴いて契約の処理について裁判する主任裁判官に提出される。

▲R 第 641-31 条

　R 第 624-13 条から R 第 624-16 条までの規定は、裁判上の清算手続に適用される。清算人は、これらの規定によって裁判上の受任者に属するものとされた職務を行う。管理人が任命されなかったときは、清算人は、同様に、これらの規定によって管理人に属するものとされた職務を行う。

▲R 第 624-13 条

　財産の取戻しの請求は、［法律部］第 624-9 条に定める期間内に、管理人が任命されているときはこれに、これがないときは、債務者に対して、配達証明付書留郵便で郵送する。請求者は、裁判上の受任者にその写しを郵送する。

　請求を受領してから 1 カ月の期間内に同意がない場合には、請求者は、［受任者の］応答期間の満了から遅くとも 1 カ月の期間内に、主任裁判官に提訴しなければならず、この期間内に提訴がない場合には、失権する。

　裁判をする前に、主任裁判官は、利害関係を有する当事者の意見を収集する。

　取戻しの請求は、当然に、返還の請求を伴う。

日・◆米・■英・●独・▲仏　　　　　　　　　　　　　　破産法第62条（取戻権）

▲ R 第 624-14 条

　［法律部］第624-10条の適用については，返還請求は，財産の所有者から，管理人が任命されたときはこれに，これがないときは債務者に対して，配達証明付書留郵便でこれをする。

　請求を受領してから1カ月の期間内に受任者の同意がない場合または争いがある場合には，所有者の権利について裁判するために，主任裁判官は，所有者の責任で，提訴を受けることができる。先行する返還請求がない場合でも，主任裁判官は，裁判上の受任者によって，同じ目的のために，提訴を受けることができる。

▲ R 第 624-15 条

　［法律部］第624-10条の規定の利益を受けるためには，同条に定める契約は，それに適用される条項に従って，開始判決前に公示されていなければならない。

　同様の目的のために，特別の規定がない場合には，財産の所有者は，開始判決前に，場合に応じて，通貨および金融法典R第313-4条に定める登記簿または本法典R第621-8条第3段に定める登記簿に，契約を公示させなければならない。

　【コメント】　フランス法にも，いわゆる「取戻権（droit de revendication）」に関する規定が存在するが，商法典第641-14条第1段で準用される同法典第6巻第2編第4章第3節第624-9条以下の規定は，「動産売主の権利，取戻権および返還請求権（Des droits du vendeur de meubles, des revendlcation et des restitutions）」と題されている。

　それゆえ，この「取戻権」は，1807年のナポレオン商法典以来，すべての「動産所有者」に認められた特別の地位であるというのが，定説的理解である。1994年改正によって新たに附加された1985年法第115条の1（旧第621-116条，現第624-10条）は，このことを明らかにする。つまり，所有権は，単なる「債権」に優越する効力を与えられた権利として，債務者の倒産処理手続が開始されても，すべての関係人に対してこれを対抗することができるという考え方である。

　また，1994年改正は，1985年デクレに，「Restitutions et revendlcations（返還および取戻し）」という規定を置いた（同デクレ第85-1条から第85-5条，2005年デクレ第114条から第117条，現R第624-13条からR第624-16条）。これは，従来必ずしも明確に区別されていなかった「取戻し（revendication）」と「返還（restitution）」とを区別する趣旨であるといわれている。すなわち，「取戻し」は，所有権の主張（と証明）を前提とする返還請求であるのに対し，「返還」は単に引渡し（移転）を求めるものであるというのである。

　上に引用した規定から，「取戻」請求と「返還」請求の関係をまとめると：
① 公示された契約：第624-10条
　　　R第624-15条
　　取戻請求なし（所有権は公示によって証明されている）
　　　R第624-14条
　　返還請求のみ
② 継続中の契約：第624-10-1条
　　　R第624-13条第2段
　　取戻請求（所有権の証明）
　　　R第624-13条第4段
　　取戻請求は返還請求を伴う

227

第2章　破産手続の開始　　　　　　　　　　　　　　　　　　　　各国破産法の条文

③　その他の場合：第624-9条第1段
　　　R第624-13条第2段
　　取戻請求（所有権の証明）
　　　R第624-13条第4段
　　取戻請求は返還請求を伴う
ということになる。

　つぎに，取戻権には，行使期間が定められている。第624-9条は，これを「手続開始判決の公示から3ヵ月」とする。「判決」からでなくその「公示」からとするのは，判決の言渡しを知らない取戻権者を保護する趣旨である（判決が公示されるのは，通常，宣告から2ないし3ヵ月後であるといわれている）。

　所有権留保売買やリース契約は，継続中の契約であると同時に，公示される契約でもある。そこで，取戻権の行使に関して，行使期間に関する第624-9条の適用の有無について議論がある。判例は，これを肯定してきたが（破毀院商事部1991年10月15日判決 Com.15 oct.1991, [D.1991.632]；同1992年3月17日判決 Com.17 mars 1992, [D. 1992. somm. 248]），学説の中には，否定する見解もある。

第63条（運送中の物品の売主等の取戻権）　売主が売買の目的である物品を買主に発送した場合において，買主がまだ代金の全額を弁済せず，かつ，到達地でその物品を受け取らない間に買主について破産手続開始の決定があったときは，売主は，その物品を取り戻すことができる。ただし，破産管財人が代金の全額を支払ってその物品の引渡しを請求することを妨げない。
2　前項の規定は，第53条第1項及び第2項の規定の適用を妨げない。
3　第1項の規定は，物品の買入れの委託を受けた問屋がその物品を委託者に発送した場合について準用する。この場合において，同項中「代金」とあるのは，「報酬及び費用」と読み替えるものとする。

▌民事再生法第52条第2項（取戻権）
▌会社更生法第64条第2項（取戻権）

◆アメリカ法
⇒日本法第62条の項◆第546条(c)参照

■イギリス法（該当規定なし）
【コメント】　日本法の特別の取戻権（第63条・第64条）に相当する規定は，1986年倒産法にはなく，判例法理にも類似のものは見当たらない。ただし，売買契約に所有権留保条項（reservation (or retention) of title clause）が挿入されていた場合には，その効果として売主の取戻権が認められている。

　Fletcher, The Law of Insolvency, 4th ed., 2009, pp.258-259; 823-826; Miller & Bailey, Personal Insolvency Law and Practice, 4th ed., 2008, pp.543-545; Aluminium Industrie Vaassen BV v Romalpa Aluminium Ltd [1976] 2 All E R 552; Clough Mill Ltd v Martin [1984] 3 All E R 982.

●ドイツ法（該当規定なし）

▲フランス法
▲第641-14条第1段(前掲・第61条参照)
▲第624-13条
　債務者に向けて発送された商品は，債務者の店舗または債務者の計算でこれを売却することを委託された代理業者の店舗において，その引渡しが行われていない限り，これを取り戻すことができる。
　ただし，その到達前に，商品が，正規の荷送状または運送状に基づいて，詐害の意思なく転売されたときは，取戻しは，受理されない。
▲第624-14条
　債務者または債務者の計算で行為する第三者にに交付され，または発送されていない商品は，売主がこれを留置することができる。

> 第64条（代償的取戻権）　破産者（保全管理人が選任されている場合にあっては，保全管理人）が破産手続開始前に取戻権の目的である財産を譲り渡した場合には，当該財産について取戻権を有する者は，反対給付の請求権の移転を請求することができる。破産管財人が取戻権の目的である財産を譲り渡した場合も，同様とする。
> 2　前項の場合において，破産管財人が反対給付を受けたときは，同項の取戻権を有する者は，破産管財人が反対給付として受けた財産の給付を請求することができる。

▌民事再生法第52条第2項（取戻権）
▌会社更生法第64条第2項（取戻権）

◆アメリカ法
⇒日本法第62条の項◆第546条(c)参照。
◆第503条（管財費用債権の許可）
(a)　……
(b)　通知をなしかつ審問を経た上で，本法典第502条(f)により許容された請求権を除いて，次のものを含んで，管財費用債権として認容される。
　(1)～(8)　……
　(9)　物品（goods）が債務者の通常の事業の過程において債務者に売却された場合において，本法の下で事件が開始された日の前20日内に債務者によって受領された代金
【コメント】　第546条(c)(2)は売主の権利を保護する規定ではあるが，むしろ重点は債務者に引き渡された物品が債務者の更生のために必要とされる場合における事業継続を前提とした規定（5 Collier on Bankruptcy 546-37（15th ed.rev.1996））と考えられている。第503条(b)(9)によれば，この場合の売主の権利としては，物品の代金の返還につき管財費用債権としての権利が認められている。

■イギリス法（該当規定なし）

●ドイツ法
●第 48 条（代償的取戻権）
　債務者が倒産手続の開始前に，または倒産管財人が倒産手続の開始後に，取戻しを請求できる目的物を無権限で譲渡した場合において，反対給付を求める権利が未だ履行されていないときは，取戻権者はその移転を請求することができる。その反対給付が財団の中に分別できる形で存在するときは，取戻権者は，倒産財団から反対給付を請求することができる。

> 【コメント】　ドイツ倒産法 48 条は，債務者が倒産手続開始前に反対給付の履行を受領したが，それがなお分別可能な状態で財団に残っている場合にも代償的取戻権を認め，この点で旧破産法 46 条を拡大している。

▲フランス法
▲第 641-14 条第 1 段（前掲・第 61 条参照）
▲第 624-18 条
　第 624-16 条に規定された財産の代金またはその一部で，手続を開始する判決の日に，債務者と買主の間で支払われておらず，決済されておらず，相殺もされていないものは，これを取り戻すことができる。

　財産に代位される保険の補償金も，同様の条件で取り戻すことができる。

▲ R 第 624-16 条
　［法律部］第 624-18 条を適用して財産の代金の取戻しをする場合には，手続開始後に転得者が支払った金額に相当する金額が，債務者から，裁判上の受任者の手に支払われなければならない。裁判上の受任者は，これを取戻債権者に対して，その債権額の限度で交付する。

日・◆米・■英・●独・▲仏　　　　　　　　　　　　　　　　　破産法第65条（別除権）

第4款　別　除　権

第65条（別除権）　別除権は，破産手続によらないで，行使することができる。
2　担保権（特別の先取特権，質権又は抵当権をいう。以下この項において同じ。）の目的である財産が破産管財人による任意売却その他の事由により破産財団に属しないこととなった場合において当該担保権がなお存続するときにおける当該担保権を有する者も，その目的である財産について別除権を有する。

▌民事再生法第53条（別除権）
▌会社更生法第2条第10項（定義）

◆アメリカ法
◆第101条（定義）

(1)～(36)　……

(37)　「リエン」とは，債務の弁済若しくは義務の履行を担保するための財産に対する負担又は財産における権利に対する負担をいう。

◆第362条（自動停止）

(a)　本条(b)に定めるところを除き，本法第301条，第302条若しくは第303条による手続開始の申立て，又は1970年証券投資家保護法第5条(a)(3)に基づく申立ては，すべての者に適用があり，次の手続を停止する。

(1)～(3)　……

(4)　倒産財団の財産に対して，リエンを設定する行為，その対抗要件を具備する行為，又はリエンを実行する行為

(5)　本法の下で事件が開始される前に生じた請求権を担保する範囲において，債務者の財産に対して，リエンを設定する行為，その対抗要件を具備する行為，又はリエンを実行する行為

《関連規定》

◆第506条（担保されている地位の確定）（Determination of secured status）

(a)　(1)　倒産財団が権利を有する財産上のリエンによって担保され，又は本法第553条により相殺に服する債権者の認容された請求権は，その財産上の倒産財団の権利におけるその債権者の権利の評価額，又は相殺に服する限度において，通例そうであるように，担保権付請求権であり，かつ，その債権者の権利の評価額又は相殺に服する額が認容された請求権の額を下回るときはその下回る範囲で無担保の請求権とする。その評価額は，評価の目的及び提案されている処分又は使用の目的に照らして，かつ，その債権者の権利に影響する処分若しくは使用，又は，計画に関する審問をふまえて，確定されなければならない。

(2)　債務者が第7章又は第13章の下での事件において個人であるときは，認容された請求権を担保する動産（personal property）に関する評価額は，売却又は販売に要する費用を控除することなく，手続開始の申立書が提出された日のその財産の再取得価格

(replacement value）基づいて確定されなければならない。個人，家族又は生計のために取得された財産について，再取得価格とは，評価額が確定される時点でのその財産の使用年数及び状態を考慮して，小売業者（retail merchant）がその種の財産に付するであろう価格をいう。

(b) 認容された担保権付請求権が，本条(c)により回復された後にその請求権の額を超える評価額の財産によって担保されている限度では，その請求権に係る利息及びその請求権が生じた担保権設定契約若しくは州により定められている相当の範囲での手数料，手続費用又は負担についてその請求権を有する者に対して認容される。

(c) 管財人は，認容された担保権付請求権を担保する財産から，当該財産についてのあらゆる付加的物価安定財産税（ad valorem property tax）の納税を含んで，そのような請求権を有する者の利益になる限度におけるその財産の維持又は処分に要した相当かつ不可欠な費用及び支出の回復を求めることができる。

(d) 認容された担保権付請求権ではない，債務者に対する請求権をリエンが担保する限度において，(1)その請求権が，本法第502条(b)(5)又は第502条(e)によってのみ認容されない場合でない限り，又は(2)その請求権が，本法第501条によりその請求権の証拠を提出しないことのみを理由として，認容された担保権付請求権とならない場合でない限り，当該リエンは無効となる。

> 【コメント】　日本法の別除権の取扱いと異なり，アメリカ法では担保権者といえども第1に，その実行が第362条の自動停止の対象となり，第2に，その担保権付請求権は届出の対象になるのが大きな特徴である。ただし，担保権付請求権は届出を必要的なものとされているわけではなく，これによって担保権を失うわけではないが，担保不足債権額との関係で届出は意味をもつ（第506条(d)(2)参照）。このことは，担保権付請求権（secured claim）と担保権が切り離されていること，担保権によってカバーされる担保権付請求権は最優先で配当を受けられること，担保権及び担保価値によってカバーされなかった範囲での債権の額は無担保債権として配当の対象になることを意味する（第506条(a)参照）。
>
> なお，被担保債権の額（担保権付請求権の額）は認容された範囲で確定するが，担保権によってどの範囲でカバーされるかは，担保目的の評価の問題と関係する。とりわけ第7章手続との関係では，自動停止による適切な保護（第362条(d)参照）との関係で問題となる。

■イギリス法 (該当規定なし)

> 【コメント】　日本法第2条第9項に関するコメントで述べたように，担保権者は，破産又は清算の手続によらずに担保権を実行する権利を有する。

●ドイツ法

●第49条（不動産からの別除的弁済）

不動産執行に服する目的物（不動産）から弁済を受ける権利を有する債権者は，強制競売・強制管理法の定めに従い，別除的に弁済を受ける権利を有する。

●第50条（質権者の別除的弁済）

倒産財団に属する目的物について，約定による質権，差押質権または法定質権を

日・◆米・■英・●独・▲仏　　　　　　　　　　　　　　　　　　破産法第65条（別除権）

有する債権者は，元本債権，利息および費用につき，第166条から第173条までに規定するところに従い，質物から別除的に弁済を受ける権利を有する。

　2　倒産手続の開始前の直近12カ月より前の賃料または管財人による解約の結果支払われるべき損害金に関しては，使用賃貸借または用益賃貸借の賃貸人の法定質権は，倒産手続において行使することができない。ただし，農地の用益賃貸借の賃貸人の質権は，賃料に関して，この制約を受けない。

●第51条（その他の別除権）

　以下に掲げる債権者は，第50条に掲げる債権者と同じ地位を有する。

　四　法律の規定により，関税または租税が課される物件がその公租の支払のための担保とされている場合においては，連邦，州，自治体または自治体組合。

《関連規定》

◎強制競売・強制管理法30d条

　債務者の財産につき倒産手続が開始した場合において，次の各号のいずれかにあたるときは，倒産管財人の申立てに基づいて，強制競売を仮に停止しなければならない。

　一　倒産法29条1項1号の報告期日の前であるとき

　二　倒産手続において倒産法29条1項1号の報告期日の結果，土地が企業の継続または事業所もしくはその他の総体としての譲渡の準備のために必要とされるとき

　三　競売により提出された倒産処理計画の遂行が不可能になるおそれがあるとき

　四　このほか，競売により倒産財団の適切な換価が著しく困難になるおそれがあるとき

　仮の停止が債権者にとって，その経済的状況を考慮すると，受忍できないものであるときは，仮の停止の申立てを棄却しなければならない。

　2　債務者が倒産処理計画を提出し，それが倒産法231条により却下されなかったときは，強制競売は，債務者の申立てに基づいて，第1項第1文第3号の要件が備わるときは，これを仮に停止しなければならない。

　3　30b条第2項から第4項までの規定は，倒産管財人が申立てをしたときは，債務者の代わりに倒産管財人と読み替え，かつ，停止の要件が疎明されたときは強制競売を停止する，という内容をもつものとして，これを準用する。

　4　倒産手続の開始前に仮倒産管財人が選任された場合において，仮の停止が債務者の財産状態の悪化を防止するために必要であることが疎明されたときは，その申立てに基づいて，強制競売を仮に停止しなければならない。

◎強制競売・強制管理法30e条

　仮の停止は，執行債権者に対して，支払義務のある利息を，倒産法29条1項1号の報告期日後の期間について継続的に，その支払期限から2週間以内に財団から支払う，という条件付で，命じなければならない。競馬鋳鉄が倒産手続開始前に30d条第4項によって仮に停止されていたときは，利息の支払は遅くとも最初の仮の停止の後3カ月の時点から命じなければならない。

　2　土地が倒産財団のために使用されているときは，裁判所は，執行債権者の申立てに

233

基づいて，さらに，競売手続の停止によって生じた価値の損失が財団から債権者への継続的な支払によって填補されるべきである，という条件を定めなければならない。

3　第1項および第2項の規定は，債権の額並びに土地の価値およびその他の負担によって，競落代金からの債権者の満足が見込まれないときは，適用しない。

◎強制競売・強制管理法30f条

30d条第1項から3項までの場合において，停止の要件が消滅したとき，30条のeの条件が遵守されなかったとき，または倒産管財人（30d条第2項の場合においては債務者）が取消しに同意したときは，仮の停止は，債権者の申立てに基づいて，取り消されなければならない。仮の停止は，さらに，倒産手続が終了したときは，債権者の申立てに基づいて，取り消されなければならない。

2　30d条第4項による仮の停止は，倒産手続開始の申立てが取り下げられまたは却下されたときは，債権者の申立てに基づいて，取り消されなければならない。この場合においては，第1項第1文の規定を準用する。

3　裁判所の取消しの決定に先立って，倒産管財人（30d条第2項の場合においては債務者）を審尋しなければならない。30b条第3項の規定を準用する。

◎強制競売・強制管理法153b条

債務者の財産につき倒産手続が開始された場合において，倒産管財人が強制管理の継続により倒産財団の経済的に意味のある使用が著しく困難になることを疎明したときは，倒産管財人の申立てに基づいて，強制競売のすべてまたはその一部の停止を命じなければならない。

2　停止は，停止により執行債権者に生ずる不利益が倒産財団からの継続的な利息の支払によって補償されることを条件として，命じなければならない。

◎強制競売・強制管理法153c条

2　停止の要件が消滅したとき，153b条第2項の条件が遵守されなかったとき，または倒産管財人が取消しに同意したときは，裁判所は，債権者の申立てに基づいて，仮の停止の命令を取り消さなければならない。

3　裁判所の取消しの決定に先立って，倒産管財人および執行債権者を審尋しなければならない。

【コメント】　ドイツ倒産法49条は，不動産を対象とする別除権の行使は強制競売・強制管理法の規定による旨を定めている。同法は，担保権の実行が包括的な企業譲渡，倒産処理計画案の遂行または倒産財団の適切な換価の障害になる場合などに，執行裁判所——政府草案では倒産裁判所の権限とされていたが議会で修正された。担保権者の利益を重視する趣旨であろう——の判断で担保権実行手続を停止できる旨を定めている（同法30d条，153b条）。もっとも，被担保債権の利息を倒産財団から支払うことによって，停止に伴う担保権者の不利益を緩和する，という配慮がなされ（同法30e条，153b条），元本はもちろん利息についても，実体法的には担保権者の優先的地位は変更されていない。倒産法51条1号は，譲渡担保権者の権利を，いわゆる担保的構成に従い，別除権とする旨の明文規定である。

▲フランス法
▲第 643-2 条
　特別の先取特権，動産質権，非占有移転質権または抵当権を有する債権者およびその債権について優先権を有する国庫は，その債権を届け出た後は，それがまだ確定する前であっても，裁判上の清算を開始または言い渡す判決から3か月の期間内に，清算人が担保権の目的となっている財産の清算に着手しなかったときは，その個別追及権を行使することができる。

　裁判所が第 642-2 条の適用の期間を定めたときは，これらの債権者は，この財産を含むいかなる申出でも提出されなかった場合に，この期間満了時に個別追及権を行使することができる。

　不動産を売却する場合には，第 642-18 条第1段，第3段および第5段の規定を適用する。開始判決前に，不動産執行の手続が開始されていた場合には，抵当権を有する債権者は，個別追及権を回復したときは，この判決以前に行われた行為および方式［の効力］を与えられる。

▲第 642-18 条
　不動産の売却は，民法典第 2206 条および第 2211 条を除いて第 2204 条から第 2212 条に従って，本法典の規定に反しない規定を留保して行う。ただし，主任裁判官は，最低売却価額および売却の主要な条件を定める。

　救済，裁判上の更生または清算の手続を開始する前に開始された不動産執行手続が，裁判上の清算の効果として中断した場合には，清算人は，差押債権者が行った行為について，その権利に代位することができ，それらの行為は，不動産の売却を行う清算人の計算において行われたものと看做される。不動産執行は，この場合，開始判決が中断させた時の状態で再開される。

　主任裁判官は，財産の状態，その所在または受理した申込みが，よりよい条件での任意譲渡を可能にする性質のものである場合には，その定めた最低売却価額に基づく任意競売による売却を命じ，またはその定める価額と条件での合意による売却を許可することができる。任意競売の場合には，第1項に定める留保の下で民法典第 2205 条，第 2207 条から第 2209 条および第 2212 条が適用され，つねに，増価買受申出でをすることができる。

　前3段を適用して行われる競売において，清算人に対する代金および売却費用の支払いは，債務者からの権利移転により，抵当権およびあらゆる優先権を滌除する。買受人は，［代金の］支払いを行う前に，この財産（買受財産）の取得のための借入契約に附属する抵当権の設定を除いて，財産について処分行為をすることができない。

　清算人は，執行裁判官の下で行われている争訟を除いて，売却の収益金を配分し，債権者間の順位を定める。

　農業者の裁判上の清算の場合には，裁判所は，債務者本人およびその家族の状況

を考慮して，その主たる住居の立退きのために，期間を定めて猶予期間を許与することができる。

本条の適用に関する条項は，コンセイユ・デタのデクレで定める。

▲ R 第 642-22 条

［法律部］第 642-18 条を適用して，裁判上の競売または任意競売の方法による不動産の売却を命じる主任裁判官は，以下の事項を定める；

　1°　売却すべきそれぞれの目的物の最低売却価額および売却の主要な条件；
　2°　財産の価値，性質および状況を考慮した公示の方法；
　3°　財産の視察の方式。

売却が，［法律部］第 643-2 条を適用して，債権者によって行われる場合には，最低売却価額は，売却を行う債権者と合意して定められる。

主任裁判官は，最低売却価額に達する買受申出でがなかった場合には，これを下回る最低売却価額を定めて売却を行うことを定めることができる。主任裁判官は，財産の価値および状態が許す場合には，その全部または一部の評価をさせることができる。

▲ R 第 642-23 条

命令は，書記の責任で，債務者，および選定住所に登録され，命令中にその氏名が表示された債権者に対して，配達証明付書留郵便で送達される。監査人は，書記から通知される。

命令は，不動産執行手続に関する 2006 年 7 月 27 日のデクレ第 2006-936 号第 13 条に定める支払催告の効力を生じる；　命令は，清算人または競売を行う債権者の責任で，上の支払催告について定められた要件の下で，財産所在地の抵当権保存所において公示される。

抵当権保存人は，支払催告が以前に公示されていた場合でも，命令の公示を行う。従前の支払催告は，命令の公示［の時］からその効力を失う。

▲ R 第 642-24 条

［法律部］第 642-18 条第 2 段を適用して，主任裁判官が，清算人に対して，裁判上の清算手続を開始する判決によって中断された不動産執行手続を再開することを許可する場合には，主任裁判官は，最低売却価額，公示の方式および財産の視察の方式を定める。主任裁判官は，R 第 642-36-1 条に定める条件で裁判する。

主任裁判官の命令は，清算人の申請に基づき，抵当権保存所において公示される支払催告の写しの余白に記載される。

不動産執行手続を開始していた債権者は，清算人に，受領証と引換えに，手続に関する書類を提出する。手続の費用は，順位配当によって償還される。

▲ R 第 642-25 条

競売を行う者または委託を受けた公証人は，売却条件の目録を作成する。

不動産執行および不動産代金の分配の手続に関する 2006 年 7 月 27 日のデクレ

第2006-936号第44条［の場合］を除いて，売却条件の目録には，以下の事項を含む：
　1°　公示の記載とともにする売却を命じた命令の表示；
　2°　売却すべき不動産，所有権の来歴，不動産の負担すべき地役権，不動産について合意された賃貸借の表示および明細目録の調書；
　3°　最低売却価額，売却条件およびR第643-3条第2段に定める原則に従った代金支払方法の記載。

▲R第642-26条
　清算人は，その個人の名においても，受任者の資格においても，債務者の不動産の買受人と宣言されることはできない。

▲R第642-27条
　裁判上の競売の方法による売却は，不動産執行および不動産代金の分配の手続に関する2006年7月27日のデクレ第2006-936号第1編の規定およびこれに反しない限りで本巻の規定に服する。

▲R第642-28条
　裁判上の競売の方法による売却を命ずる命令で，清算人または売却を行う債権者の申立てに基づいてされたものは，R第642-22条に定める表示のほかに，不動産執行および不動産代金の分配手続に関する2006年7月27日のデクレ第2006-936号第15条第1号，第5号および第10号で必要とされる表示を含む。

▲R第642-29条
　主任裁判官は，清算人または債権者に対して，複数の不動産の売却を，それが異なる大審裁判所の管轄区域に所在する場合であっても，同時に行うことを許可することができる。
　主任裁判官は，これらの財産の売却が，それぞれの不動産の所在地を管轄する大審裁判所の執行裁判官，または企業もしくは自然人である債務者が申告した活動の住所または法人である債務者の所在地租管轄する大審裁判所債務者の住所または企業の所在地を管轄する大審裁判所の執行裁判官のいずれで行われるかを決定する。

▲R第642-29-1条
　売却条件の目録は，管轄大審裁判所の執行裁判官の書記に，受任裁判官の命令の公示から2カ月の期間内に，差押実施債権者によって寄託される。
　2006年7月27日のデクレ第2006-936号第1編第3章第2節および第4節ならびに第4章および第5章［の場合］を除いて，売却条件の目録の寄託後遅くとも第5平日までに，差押実施債権者は，執行吏証書によって，指定された住所に登楼された債権者，および売却が共有財産に係るときは債務者の配偶者に対して，競売期日の日付を通知する。［競売の］日付は，差押実施債権者の責任で，その通知後2カ月から4カ月の間の期間で定められる。
　執行吏証書に定められた記載の他に，通知には，以下の事項を含み，これがない

ときは無効となる：
　1°　執行裁判官による競売期日の場所，日付および時刻；
　2°　売却条件の目録を検討することの督促ならびに執行裁判官の書記課および請求者が照会を受けられるその弁護士の事務所の表示；
　3°　主任裁判官の命令後の手続行為に関する異議のみが，その行為または場合によってその送達から15日以内に，執行裁判官の書記課に寄託される弁護士の申立書によって提起されることができ，そうでない場合は不受理とされるる旨の，きわめて明確な表示。
　第3号のために，通知は，売却条件の目録の送達に相当する。
　第3号を適用してされた異議の場合に，当事者は，2006年7月27日のデクレ第2006-936号第7条第3段に従って，執行裁判官の書記課によって，弁論に呼び出される。
　第1段および第2段に定める期間が経過したときは，執行裁判官は，正当な理由のない限り，主任裁判官の命令が失効する旨宣言する。

▲R第642-29-2条
　2006年7月27日のデクレ第2006-936号第1編第6章の規定で以下に掲げるもののみが，裁判上の競売の方法による債務者資産の譲渡に適用される。
　裁判上の競売においては，同デクレ第6章第2節に定める手続が行われる。
　同デクレ第86条が，査定される費用の支払いに適用される。
　あらゆる判決に必要とされる記載の他に，競落に関する判決は，売却を命じた主任裁判官の命令，異議を裁定する判決および売却条件の目録を認証する。［この］判決は，請求者を明示する。［この］判決は，同デクレ第87条第3文および第4文に列挙される資料を記載する。
　競落に関する判決は，請求者によって，債務者，登録された債権者，競落人および裁判で裁定された異議を提起したすべての者に送達される。
　この判決に対する不服の方式は，同デクレ第88条第2段の規定によって定められる。
　同デクレ第89条から第91条の規定は，売却の証書に適用される。
　裁判上の競売による売却は，同デクレ第92条に定める効力を生じる。
　増し競売は，同デクレ第94条から第99条に定めるところによる。
　再度の競売は，同デクレ第100条から第106条に定めるところによる。

▲R第642-30条
　任意競売の方法による売却を命じる命令は，R第642-22条に定める表示のほかに，不動産執行および不動産代金の分配の手続に関する2006年7月27日のデクレ第2006-936号第15条第5号で求められる表示を含む。この命令は，競売を行う公証人を指名する。

▲R第642-31条

日・◆米・■英・●独・▲仏　　　　　　　　破産法第65条（別除権）

　公証人は，命令の公示後に交付された債権表に登録された債権者に対して，競売のために定められた日の少なくとも2カ月前に，その事務所において，寄託された売却条件の目録についての通知を受けるべきこと，ならびにこの日の少なくとも1か月前にその陳述および意見をそこに記載させることを，配達証明付書留郵便で通知する。この同じ郵便で，公証人は，債権者を売却に呼び出す。

　債権者が陳述を提出するときは，最初の弁論に出頭するよう清算人を呼び出して，失権効を伴う8日以内に，大審裁判所に提訴する。債権者は，これを直ちに公証人に通知し，公証人は，陳述を争う他の者に出頭を促す。判決は，清算人を通して，売却条件の目録を修正する公証人に伝達される。

　清算人，債務者および登録された債権者は，少なくとも1カ月前に，公証人によって，売却に呼び出される。

▲R第642-32条

　競売開始前に，公証人は，不動産執行および不動産代金の分配の手続に関する2006年7月27日のデクレ第2006-936号第74条に従って，買受申出人から撤回できない銀行保証または銀行小切手の提供を受ける。競落人が［支払いを］履行しないときは，支払われた学または提供された保証［金］は，換価された資産とともに配当のために取得される。

　公証人は，買受申出がR第642-22条に従って定められた最低売却価額の額から始まっていることを確認する。

　買受申出では，弁護士の関与なしにすることができる。買受申出では，無条件である。最低売却価額に達する買受申出でがないときは，公証人は，最高額の申出でを確定し，この申出額で，目的物を仮に競売することができる。最低売却価額を決定した主任裁判官は，公証人またはあらゆる利害関係人の申請によって事件を受理し，競売が確定し，売却が実施されたことを宣言し，または［法律部］第642-18条によって定められた形式のひとつに従って新たな売却が行われることを命じることができる。新たな売却が競売による売却である場合には，主任裁判官は，15日を下回ることができない新たな期間，最低売却価額および公示の方法を定める。

　売却の証書は，公証人が作成した競売調書を転記して，執行文を付与した売却条件の目録の謄本に含まれる。

▲R第642-33条

　競売から15日の期間内に，あらゆる者は，売却を行った公証人の居住地を管轄する大審裁判所の執行裁判官の書記課への由立てによって，10分の1の増し競売申出でをすることができる。

　増し競売申出人は，この申出でを，執行吏証書によって，不動産執行および不動産代金の分配の手続に関する2006年7月27日のデクレ第2006-936号第96条の期間内に，買受申出人本人またはその住所に通告し，この申出でを公証人に通知する。裁判所は，増し競売申出でを有効とする判決によって，同じ公証人に新たな競

売を行わせ，その公証人は，すでに作成された売却条件の目録によって，これを行う。

第2の競売が増し競売申出後に行われたときは，同一の財産については，他のいかなる増し競売申出でも行うことはできない。

▲R第642-34条

再度の競売が行われた場合には，手続は，売却を行った公証人の居住地を管轄する大審裁判所の執行裁判官において行われる。競売調書の公証された写しは，大審裁判所の執行裁判官の書記課に寄託される。

▲R第642-35条

任意競売の方法による売却は，不動産執行および不動産代金の分配の手続に関する2006年7月27日のデクレ第2006-936号第72条，第74条第3段，第75条，第77条，第78条，第79条，第81条第2段および第3段，第90条第3段および第4段，ならびに第100条から第106条の規定に服する。

▲R第642-36条

［法律部］第642-18条を適用して与えられた，ひとつないし複数の不動産に関する合意による売却の許可は，それぞれの不動産の価額および売却の主要な条件を定める。

命令は，R第642-23条第1項の規定に従って送達される。

清算人は，売却の実施に必要な行為を行う。清算人は，その個人の名においても，受任者の資格においても，債務者の不動産の買受人と宣言されることはできない。

▲R第642-36-1条

主任裁判官は，監査人の所見を集め，債務者およびその配偶者がR第641-30条に定める状況にある場合にはこの者ならびに清算人を聴聞しまたは適法に呼び出した後に，売却について裁判する。

▲R第642-37条

裁判上の清算を言い渡す判決において，またはその後に，［法律部］第642-18条第6段に定める期間を許与する裁判は，債務者の占有による損害金を定める。

▲R第642-37-1条

［法律部］第642-18条を適用してされた主任裁判官の命令に対する不服は，控訴院に提出される。

【コメント】 破産財団の換価に関する規定（185条以下）に対比されるべき規定というべきであるかもしれないという疑問を留保して，一応ここに掲げる。

日・◆米・■英・●独・▲仏　　　　　　　　　　　　　破産法第66条（留置権の取扱い）

> <u>第 66 条（留置権の取扱い）</u>　破産手続開始の時において破産財団に属する財産につき存する商法又は会社法の規定による留置権は，破産財団に対しては特別の先取特権とみなす。
> 2　前項の特別の先取特権は，民法その他の法律の規定による他の特別の先取特権に後れる。
> 3　第1項に規定するものを除き，破産手続開始の時において破産財団に属する財産につき存する留置権は，破産財団に対してはその効力を失う。

▎民事再生法第53条（別除権）
▎会社更生法第2条第10項（定義）

◆アメリカ法（該当規定なし）

■イギリス法（該当規定なし）

●ドイツ法
●第51条（その他の別除権）
　左に掲げる債権者は第50条に掲げる債権者と同じ地位を有する。
　一　……
　二　ある物の効用のために出捐をすることにより，その物につき留置権を有する債権者。ただし，その出捐から生ずる債権が現存する利得を越えないときに限る。
　三　商法の規定により留置権を有する債権者。
　四　……

▲フランス法（該当規定なし）

第2章　破産手続の開始

第5款　相　殺　権

> <u>第67条（相殺権）</u>　破産債権者は，破産手続開始の時において破産者に対して債務を負担するときは，破産手続によらないで，相殺をすることができる。
> 2　破産債権者の有する債権が破産手続開始の時において期限付若しくは解除条件付であるとき，又は第103条第2項第1号に掲げるものであるときでも，破産債権者が前項の規定により相殺をすることを妨げない。破産債権者の負担する債務が期限付若しくは条件付であるとき，又は将来の請求権に関するものであるときも，同様とする。

📙 民事再生法第92条（相殺権）
📙 会社更生法第48条（相殺権）

◆アメリカ法
⇒日本法第71条・72条の【コメント】参照
◆第553条（相殺）

(a)　本条並びに本法第362条及び第363条に別段に定めるところを除き，本法は，本法の下での事件開始前に生じた債務者に対して債権者が負った債務（mutual debt）と，事件開始前に生じた債務者に対して債権者が有する請求権とを相殺する債権者のいかなる権利にも，次の範囲を除いて，影響を及ぼさない。

　(1)　債務者に対する債権者の請求権が認容されない範囲

　(2)　債権者の有する請求権が，(A)事件開始後に，又は(B)(i)手続開始の申立書が提出された日の前90日以後で，かつ，(ii)債務者が支払不能であった間に（第362条(b)(6)，第362条(b)(7)，第362条(b)(17)，第362条(b)(27)，第555条，第556条，第559条，第560条，又は第561条に定める種類の相殺を除く），債務者以外の第3者によって当該債権者に譲渡された範囲，又は

　(3)　債権者が債務者に対して負担した債務が，(A)手続開始の申立書が提出された日の前90日以後で，(B)債務者が支払不能であった間に，かつ，(C)債務者に対して相殺を行う権利を取得する目的で負担された範囲（第362条(b)(6)，第362条(b)(7)，第362条(b)(17)，第362条(b)(27)，第555条，第556条，第559条，第560条，又は第561条に定める種類の相殺を除く）。

(b)　(1)　本法第362条(b)(6)，第362条(b)(7)，第362条(b)(17)，第362条(b)(27)，第555条，第556条，第559条，第560条，第561条，第365条(h)，第546条(h)又は第365条(i)(2)に定める種類の相殺を除いて，債権者が，債務者に対して負っている債務と債務者に対する請求権とを，手続開始の申立書を提出した日の前90日以内に相殺するときは，管財人は，当該債権者に対して，相殺された額を，相殺をなした日における超過額（insufficiency）が(A)手続開始の申立書を提出した日の前90日，(B)手続開始の申立書を提出した日の直前90日の間で超過額が存在した最初の日のいずれか後の日における超過額を下回る範囲において，回復することができる。

242

(2) 本項において「不足額（insufficiency）」とは，債務者に対する請求権がその請求権を有する者が債務者に対して負っている債務を超える場合におけるその額をいう。
(c) 本条との関係では，債務者は，手続開始の申立書を提出した日の直前90日内では支払不能であったものと推定される。

◆第362条（自動停止の対象）
(a) 本条(b)に定めるところを除き，本法第301条，第302条又は第303条による申立て……は，すべての者に適用があり，次の手続を停止する。
　(1)〜(6) ……
　(7) 本法の下における事件が開始される前に生じた債務者に対する債務と債務者に対する請求権との相殺，

◆第506条（担保されている地位の確定）
(a) (1) ……本法第553条により相殺に服する債権者の認容された請求権は，……相殺に服する限度において，通例そうであるように，担保権付請求権であり，かつ，……相殺に服する額が認容された請求権の額を下回るときはその下回る範囲で無担保の請求権とする。その評価額は，評価の目的及び提案されている処分又は使用の目的に照らして，かつ，その債権者の権利に影響する処分若しくは使用，又は，計画に関する審問をふまえて，確定されなければならない。

《関連規定》
◆第542条（財産の倒産財団への引渡し）
(a) ……
(b) 本条(c)又は(d)に定めるところを除き，倒産財団の財産である債務を負担し，かつ，その弁済期が到来し，要求又は指図により支払われる債務を負担している者は，管財人に対し，又は管財人の指示に基づき，かかる債務が本法第553条に基づき債務者に対する請求権を自働債権として相殺される範囲を除いて，それらの債務を支払わなければならない。……

■ **イギリス法**
　（会　社）
■ R 第4.90条（相互貸借及び相殺）
　1 本条は，会社が清算手続を開始するよりも前に，会社と清算手続において債権届出をしているか又は債権届出をすると主張している債権者の間に相互の債権債務その他の相互取引が存在した場合に適用する。
　3 相互取引に関しては，各当事者が相手方に対して履行すべき債務は，これを考慮しなければならない。一方の当事者が支払うべき金額は，相手方が支払うべき金額と相殺しなければならない。
　4 前項に関しては，相手方が会社に対して又は会社が相手方に対して支払うべき金額は，以下の各号に掲げる事項にかかわらず，考慮されなければならない。

(a)　弁済期が到来しているか将来到来するか
　(b)　支払義務が確定しているか不確定であるか
　(c)　額が固定若しくは確定されているか，確立された準則によって額を確定することができるか，そうした準則がないか

8　相殺したのちの［会社の債務の］残額（がかりにあるとすればそれ）のみを清算手続において届け出ることができる。相殺したのちに相手方の債務が残っているときは，その額を〔会社の〕資産の一部として清算人に支払わなければならない。ただし，残額のすべて又は一部が会社に対する条件付又は将来の債務から生じている場合には，残額（又は条件付若しくは将来の債務から生じている部分）は，当該債務の弁済期が到来したときに支払わなければならない。

（自然人）
■倒産法第323条（相互貸借及び相殺）
1　本条は，破産手続が開始されるよりも前に，破産者と破産債務の届出をしているか又は届出をすると主張している債権者の間に相互の債権債務その他の相互取引が存在した場合に適用する。

2　相互取引に関しては，各当事者が相手方に対して履行すべき債務は，これを考慮しなければならない。一方の当事者が支払うべき金額は，相手方が支払うべき金額と相殺しなければならない。

4　第2項に基づいて相殺したのちの［破産債務の］残額（がかりにあるとすればそれ）のみを破産債務として届け出ることができる。相殺したのちに相手方の債務が残っているときは，その額を破産財団の一部として管財人に支払わなければならない。

【コメント】　会社の清算または自然人の破産において相殺の主張が認められるための要件は，清算手続又は破産手続の開始前に，会社又は破産者と債務の届出をしているか又は届出をすると主張している（proving or claiming to prove）債権者の間に相互貸借（mutual credits, mutual debts or other mutual dealings）が存在したことである（倒産規則第4.90条第1項，倒産法第323条第1項）。

　倒産手続における相殺権の規律については，当初，会社に関する倒産規則4.90条と自然人に関する倒産法323条が本質的な部分において同一の内容を規定していた。しかし，会社については2003年及び2005年に規則改正が行われ，現在の倒産規則4.90条第2項(b)号から(d)号まで（これについては，日本法71条・72条の箇所を参照），及び第4項以下が追加された。

　会社の清算においては，会社の債権者に対する債務についても，会社に対する債権者の債務についても，現在又は将来の債務のいずれであるか，確定した債務であるか否か，金額が確定しているか否かを問わないことが明記されている（2005年改正後の規則第4.90条第4項）。これは，2004年5月の貴族院判決（Secretary of State for Trade and Industry v Frid ［2004］UKHL 24；［2004］2 A.C.506）において，双方の債務の同種性（commensurability）を満たすうえで必要な要件は，いずれの債務も金銭で評価することが可能な債務であることであり，いずれかの債務が不確定なものであっても相殺は可能であるとの判断が示されたことを反映した結果である（Fletcher, Law of Insolvency, 4th ed., 2009, p.763）。

日・◆米・■英・●独・▲仏　　　　　　　　　　　　　　　　破産法第 67 条(相殺権)

以上の要件を満たしていても，相殺が認められない場合がある。これについては，日本法 71 条の箇所を参照。

●ドイツ法
●第 94 条（相殺適状の維持）
倒産債権者が，倒産手続の開始の時において法律の規定または約定に基づいて相殺をなす権利を有するときは，この権利は倒産手続によって影響を受けない。
●第 95 条（手続中における相殺適状の発生）
倒産手続の開始の時において，相殺されるべき両債権またはその内の一方が，停止条件に服するときもしくは履行期未到来のときまたは同種の給付を目的としないときは，相殺はその要件が発生した後でなければ，これを行うことができない。第 41 条および第 45 条の規定はこれを適用しない。相殺の対象となる債権が，相殺を行うことができるようになる前において，無条件でありかつ履行期が到来しているときには，相殺は行うことができない。

２　相殺されるべき両債権が異なる通貨または統一通貨単位で表示されている場合であっても，当該通貨または統一通貨単位が相殺の対象となる債権の履行地において自由に交換することができるものであるときは，相殺は排除されない。換算は，相殺の意思表示が到達した時において当該地で準拠されるべき取引所の相場に従って行われる。

【コメント】　ドイツ倒産法 94 条は，倒産手続の開始だけでなく，その後の経過，とくに倒産処理計画の可決・認可によっても相殺権が失われないことを明らかにし（BR-Drucks. 1/92 S.140），さらには，合意に基づく相殺権も倒産手続によって失われないことを明らかにする趣旨である（BT-Drucks. 12/7302 S.165）。

　ドイツ倒産法 95 条は，民法による相殺の要件を緩和する旧破産法 54 条の規律を引き継がなかった。旧法によると，破産債権が非金銭債権で反対債権が金銭債権の場合には相殺が許されるのに，逆に，破産債権が金銭債権で反対債権が非金銭債権の場合には相殺が許されないことになるが，それはバランスを欠き実体法上正当化しえない，という理由による。しかし，倒産手続係属中に相殺適状が生じた場合の相殺は，債権者の正当な期待に基づくものであるので，許される。

　もっとも，95 条 1 項第 3 文によれば，倒産債権者が債務者に対する自己の無条件かつ履行期が到来している債務の弁済を引き延ばし，倒産債権の履行期到来を待って相殺することは許されない。この場合，倒産債権者は自己の債務を履行した上で倒産債権の届出をするしかない。これは，反対債権が差し押さえられた場合についての民法 392 条の規律に依拠するものである（BR-Drucks. 1/92 S. 140f.）。

▲フランス法
▲第 641-3 条（前掲・第 42 条参照）
▲第 622-7 条 I 第 1 項
手続を開始する判決は，牽連関係にある債権の相殺による弁済を除いて，当然に，開始判決以前に生じたあらゆる債権の弁済を禁止する。判決は，自然人である債務

者の通常の生活の必要に係る債権および扶養の債権を除いて，同様に，当然に，第 622-17 条第 I 項に定めのない開始判決以後に生じたあらゆる債権の弁済を禁止する。これらの禁止は，扶養料債権の弁済には適用されない。

【コメント】 1985 年法制定当時は，手続開始判決前に原因を有する債権者に対する個別的権利行使禁止の原則は，相殺による弁済についても適用されると解されていた。

しかし，破毀院は，1993 年 3 月 2 日の商事部判決（Bull. IV, n° 86）において「牽連する」債権相互においては，手続開始判決後でも，相殺が許されるとしており，1994 年改正は，この判例を立法的に追認したものである。

なお，牽連関係のある債権相互の間においても，債権者が債権届出をしなかった場合には，相殺は許されないという判例（破毀院商事部 1991 年 10 月 15 日判決［Bull. IV, n° 290］，同 1996 年 3 月 14 日判決［Bull. IV, n° 77］）がある。

第 68 条（相殺に供することができる破産債権の額） 破産債権者が前条の規定により相殺をする場合の破産債権の額は，第 103 条第 2 項各号に掲げる債権の区分に応じ，それぞれ当該各号に定める額とする。
2 前項の規定にかかわらず，破産債権者の有する債権が無利息債権又は定期金債権であるときは，その破産債権者は，その債権の債権額から第 99 条第 1 項第 2 号から第 4 号までに掲げる部分の額を控除した額の限度においてのみ，相殺をすることができる。

◆アメリカ法（該当規定なし）
⇒日本法第 71 条・72 条の【コメント】参照

■イギリス法
（会　社）
■ R 第 4.90 条（相互貸借及び相殺）

5　本規則第 4.86 条［注：額が確定していない債務については清算人がその額を評価すべきことを定めた規定］は，債務が不確定であることその他の理由により額が確定していない会社に対する義務又は会社の義務についても，本条の目的でこれを適用する。

6　本規則第 4.91 条から 4.93 条まで［注：額を外国の通貨をもって定めた債務，定期金の性質を有する債務，及び利息に関する規定］は，会社に対して支払われるべき次の金額に関して，本条の目的でこれを適用する。
(a)　英貨ポンド以外の通貨で支払われるべき金額
(b)　定期金の性質を有する金額
(c)　利息を生ずるもの

7　11.13 条［注：弁済期が将来到来する債務についても，債権者は配当を受けられることを定めた規定］は，会社に対して将来支払われるべき金額又は会社が将来支払うべき金額に関して，本条の目的でこれを適用する。

日・◆米・■英・●独・▲仏　　　破産法第70条（停止条件付債権等を有する者による寄託の請求）

●ドイツ法
●第95条（手続中における相殺適状の発生）
　倒産手続の開始の時において，相殺されるべき両債権またはその内の一方が，停止条件に服するときもしくは履行期未到来のときまたは同種の給付を目的としないときは，相殺はその要件が発生した後でなければ，これを行うことができない。第41条および第45条の規定はこれを適用しない。相殺の対象となる債権が，相殺を行うことができるようになる前において，無条件でありかつ履行期が到来しているときには，相殺は行うことができない。
　2　相殺されるべき両債権が異なる通貨または統一通貨単位で表示されている場合であっても，当該通貨または統一通貨単位が相殺の対象となる債権の履行地において自由に交換することができるものであるときは，相殺は排除されない。換算は，相殺の意思表示が到達した時において当該地で準拠されるべき取引所の相場に従って行われる。
●第110条（債務者が賃貸人であるとき）
　3　使用賃借人または用益賃借人は，第1項に掲げる期間に対応する使用賃料債権または用益賃料債権に対して，債務者に対して有する債権をもって，相殺することができる。ただし，第95条および第96条第2号から第4号までの規定は，影響を受けない。
　【コメント】　日本法67条に対応するドイツ法のコメント参照。

▲フランス法（該当規定なし）

第69条（解除条件付債権を有する者による相殺）　解除条件付債権を有する者が相殺をするときは，その相殺によって消滅する債務の額について，破産財団のために，担保を供し，又は寄託をしなければならない。

◆アメリカ法（該当規定なし）

■イギリス法（該当規定なし）

●ドイツ法（該当規定なし）

▲フランス法（該当規定なし）

第70条（停止条件付債権等を有する者による寄託の請求）　停止条件付債権又は将来の請求権を有する者は，破産者に対する債務を弁済する場合には，後に相殺をするため，その債権額の限度において弁済額の寄託を請求することができる。敷金の返還請求権を有する者が破産者に対する賃料債務を弁済する場合も，同様とする。

247

第2章　破産手続の開始

◆**アメリカ法**（該当規定なし）
⇒日本法第71条・72条の【コメント】参照

■**イギリス法**（該当規定なし）

●**ドイツ法**
●第95条（手続中における相殺適状の発生）
　倒産手続の開始の時において，相殺されるべき両債権またはその内の一方が，停止条件に服するときもしくは履行期未到来のときまたは同種の給付を目的としないときは，相殺はその要件が発生した後でなければ，これを行うことができない。
　……
【コメント】　日本法67条に対応するドイツ法のコメント参照。

▲**フランス法**（該当規定なし）

第71条（相殺の禁止）　破産債権者は，次に掲げる場合には，相殺をすることができない。
　一　破産手続開始後に破産財団に対して債務を負担したとき。
　二　支払不能になった後に契約によって負担する債務を専ら破産債権をもってする相殺に供する目的で破産者の財産の処分を内容とする契約を破産者との間で締結し，又は破産者に対して債務を負担する者の債務を引き受けることを内容とする契約を締結することにより破産者に対して債務を負担した場合であって，当該契約の締結の当時，支払不能であったことを知っていたとき。
　三　支払の停止があった後に破産者に対して債務を負担した場合であって，その負担の当時，支払の停止があったことを知っていたとき。ただし，当該支払の停止があった時において支払不能でなかったときは，この限りでない。
　四　破産手続開始の申立てがあった後に破産者に対して債務を負担した場合であって，その負担の当時，破産手続開始の申立てがあったことを知っていたとき。
2　前項第2号から第4号までの規定は，これらの規定に規定する債務の負担が次の各号に掲げる原因のいずれかに基づく場合には，適用しない。
　一　法定の原因
　二　支払不能であったこと又は支払の停止若しくは破産手続開始の申立てがあったことを破産債権者が知った時より前に生じた原因
　三　破産手続開始の申立てがあった時より1年以上前に生じた原因

第72条（相殺の禁止）　破産者に対して債務を負担する者は，次に掲げる場合には，相殺をすることができない。
　一　破産手続開始後に他人の破産債権を取得したとき。
　二　支払不能になった後に破産債権を取得した場合であって，その取得の当時，支払不能であったことを知っていたとき。
　三　支払の停止があった後に破産債権を取得した場合であって，その取得の当時，支払の

日・◆米・■英・●独・▲仏　　　　　　　　　　破産法第71条～第72条（相殺の禁止）

停止があったことを知っていたとき。ただし，当該支払の停止があった時において支払不能でなかったときは，この限りでない。
　四　破産手続開始の申立てがあった後に破産債権を取得した場合であって，その取得の当時，破産手続開始の申立てがあったことを知っていたとき。
2　前項第2号から第4号までの規定は，これらの規定に規定する破産債権の取得が次の各号に掲げる原因のいずれかに基づく場合には，適用しない。
　一　法定の原因
　二　支払不能であったこと又は支払の停止若しくは破産手続開始の申立てがあったことを破産者に対して債務を負担する者が知った時より前に生じた原因
　三　破産手続開始の申立てがあった時より1年以上前に生じた原因
　四　破産者に対して債務を負担する者と破産者との間の契約

▮民事再生法第93条・第93条の2（相殺の禁止）
▮会社更生法第49条・第49条の2（相殺の禁止）
▮会社法第517条・第518条（相殺の禁止）

◆アメリカ法
⇒日本法第67条の項◆第553条参照
【コメント】
　1　アメリカにおいても，原則として債権者による相殺（事件開始前に生じた請求権を自働債権として，事件開始前に負担した債務を受動債権として行う相殺）は債務者が破産した場合にあっても認められている。これは，次のような政策的な理由によると考えられている。
　相殺権が破産において維持されないとすると，債権者は，債務者の破産において相殺権を喪失する危険を回避する目的で，より早期の段階で適用ある非破産法の規定に従い相殺権を行使しようとするであろう。したがって，相殺権を倒産法においても承認してこれを保護することによって，軽率な行動を債権者にとらせるような動機づけを排除しようとする（5 Collier on Bankruptcy 553-10（15 th ed.rev.1996））。
　2　倒産法上相殺が許されるためには，(1)債権者は事件開始前に債務者に対して生じた請求権を有していなければならない，(2)債権者は事件開始前に債務者に対して負担した債務を負っていなければならない，(3)債権債務は「相互性を有している」（mutual）こと，(3)債権債務はそれぞれが有効なものであり，実現可能なものであることが必要と考えられている（以上の要件につき，5 Collier on Bankruptcy 553-7（15 th ed.rev.1996））。
　自働債権については，手続開始の申立書提出のあった日の前か後かを決する基準がさまざまある。accrual test, relationship test, conduct test, fair contemplation or foreseeability testである（この分類は，5 Collier on Bankruptcy 553-14（15 th ed.rev.1996）による）。自働債権の適格性との関係でいえば，停止条件付債権も一般原則として自働債権の適格性を有しているし，かかる条件が事件終結までに成就しない場合には，(1)条件成就の時まで相殺をすることができる地位は維持される，又は(2)第502条により自働債権の額が評価され，その評価額をもって相殺が認められる二つの方式がありうる。受働債権については，自働債権の基準の裏返しでその性質が決定されているようである（5 Collier on Bankruptcy 553-25（15 th ed.rev.1996））。
　自働債権と受働債権の「相互性」は，一般に債権債務の向き合う主体について議論があるようであるが，いずれにしても債権債務が同一の債権者・債務者間に存在していることが必要で

ある。また，債権債務の適格性について，受働債権が債権者の制裁金，民事罰などを理由として生じたものであるとき，債権者の詐欺又は故意により生じたものであるとき，受働債権が倒産財団除外財産になった場合（第552条(c)参照）などでは，相殺権は行使することができないと，判例法上解されている（5 Collier on Bankruptcy 553-41～45（15th ed.rev.1996））。

3　相殺に対しては，二つの形で相殺制限が課せられている。その第1は相殺権の行使制限ともいうべき自動停止との関係である。第2は，日本法の相殺禁止類似の制限である。

第362条(a)(7)は，「本法の下における事件が開始される以前に生じた債務者に対する債務を，債務者に対して有する請求権をもって相殺すること」を自動停止の対象としている。しかも，かかる相殺の自動停止は，第542条(c)によれば，事件開始の通知を受けておらず，かつ，これを知らない者のなした相殺についてもその対象としている（同規定は，「第362条(a)(7)に定めるところを除く」善意の債務者がする債権者に対する弁済などを有効としている）。なお，自動停止に違反する行為は裁判所侮辱として違反罰（violations）の対象になる（Daniel R. Cowans, Bankruptcy Law and Practice, Vol.2, 407（7th ed.1998））。

4　相殺が自動停止の対象になることに関連して，相殺権者の自働債権は受働債権の額の限度で担保されている請求権として扱われる。その意味は，自動停止の対象になることに伴って適切な保護が与えられる点にある。それは，自働債権についての一定の額の支払い，あるいはその支払いを十分に保証する形で，倒産財団の財産上に代替的なリエンを設定するといった方法によることになろう。

第363条(b)(1)によれば，「管財人は，通知をなし審問の手続を経て，事業の通常の過程によらないで，倒産財団の財産を使用，売却又は賃貸することができる」。また，第363条(c)(1)によれば，「本法第721条……の下で，債務者の事業が継続されることが許可されるときで，裁判所の別段の命令がないときは，管財人は，通知及び審問の手続を経ることなく，事業の通常の過程において，倒産財団の財産の売却又は賃貸を含む，取引行為を行うことができ，通知又は審問の手続を経ることなく事業の通常の過程において，倒産財団の財産を使用することができる」。相殺との関連でいえば，cash collateral のうち預金勘定の取扱いが問題となろうが，これらは cash collateral につき権利を有する者の同意（又は裁判所の許可）が必要とされている関係で（第363条(c)(2)），相殺権者は保護されることになる。もしかかる cash collateral を使用する場合には，適切な保護が与えられなければならない（第361条）。

なお，以上の議論の多くは第11章手続に当てはまろうが，第7章の清算手続でも例外的にではあるにせよ，「裁判所は，事業の継続が倒産財団の最も利益になり，倒産財団の秩序ある清算に矛盾しないときは，管財人が一定の期間債務者の事業を行うことを許可することができる」（第721条）から，その限度で関係することになろう。

5　以上のような自動停止との関係における相殺の一般的制限に対して，日本法第71条及び第72条に相当する規定が，第553条ということになる。

(1)　第553条(a)(2)は，請求権の取得による相殺禁止（日本法第72条による禁止に相当する）を規定する。第553条(a)(2)(A)の趣旨は，実価の低落した債権を取得しこれをもって相殺することができるとすると，相殺権者は他の債権者の犠牲において不公正な利益を受けると考えられるからであり，同条(a)(2)(B)の趣旨は，清算手続を予期している債権者が相殺をなし得る地位を獲得するのを排除するところにある（5 Collier on Bankruptcy 553-54（15th ed.rev.1996））。

この規定の特徴は，旧連邦破産法68条では善意で請求権を取得した相殺権者の相殺は認められる余地があったのを（旧連邦破産法第68条(b)(2)では，「相殺のため用いる目的で，破産者が支払不能であるか，又は破産行為を行ったことを知って」なされた相殺権の取得又は反対債権の取得による相殺が禁止されていた。したがって，債権者は善意であることを立証すれば相殺禁

止を免れることができた）、現行法では90日以内は支払不能を推定することとした関係で（第553条(c)参照）、この推定を破らなければ債権者は危機時期において請求権を取得したものとして相殺が禁止される点にある。なお、ここでの制限では債権者の相殺意図は問題とされない。

(2) 第553条(a)(3)は、債務負担による相殺禁止（日本法第71条参照）を規定する。

この相殺制限が成立するためには、危機時期に債務が負担されたというだけでは十分ではなく、それが相殺をなす権利を取得する目的での債務負担でなければならないことが必要とされている。銀行との間で車のローン契約を締結した債務者が銀行にチェッキング・アカウントを開設しただけでは、ここにいう債務負担に当たらず、かかる口座の開設が銀行にとって相殺を行うための目的で開設されたことの主張・立証が必要になる。銀行としては、善意で預金を受け取ったこと、預金が銀行の適正な事業の過程でなされたこと、その預金を債務者がいつでも引き出すことができることを立証できれば、この相殺禁止には該当しないことになる（5 Collier on Bankruptcy 553-56（15th ed.rev.1996））。第553条(a)(2)との比較でいえば、自働債権取得の場合に比較して、受働債権負担の場合には相殺制限が緩和されているといえよう。

6　アメリカ法における相殺制限のいま一つの特徴は、いわゆるポジション改善テストによる相殺制限である。事件開始前90日内になされた相殺制限に抵触しない相殺であっても、相殺する側に有利な状況が認められる相殺については、これを一定の限度で制限しようとするのが、この制度である。以下に、例をあげて概説する。（吉村公雄「米国新連邦破産法のもとにおける相殺（中）」金法943号38頁（1980年）による）

【例1】

	貸付債権	預金債権	超過額
事件開始前90日の時点	5,000ドル	1,000ドル	4,000ドル
相殺権行使の時点	5,000ドル	2,000ドル	3,000ドル

この例では、事件開始前90日の時点での超過額が4,000ドルであるのに対して、相殺した時点では3,000ドルになっており、相殺権者は預金債権が1,000ドル増加したことにより相殺による債権回収の範囲が拡大されたことになる。これは、一面ではより有利な条件で相殺が実現できることになり、形としては他の債権者とのバランスを失することにもなる。そこで、相殺権者が事件開始前90日の時点で相殺をした場合に比べて1,000ドル有利に債権を回収したとして、管財人は1,000ドルの回復を求めることができることとしている（第553条(b)(1)(A)）。

【例2】

	貸付債権	預金債権	超過額
事件開始前90日の時点	5,000ドル	6,000ドル	0ドル
事件開始前60日の時点	5,000ドル	2,000ドル	3,000ドル
相殺権行使の時点	5,000ドル	4,000ドル	1,000ドル

この場合には、事件開始前90日の時点では超過額は生じていないから、超過額について有利な条件による相殺かどうかを判断する基準日を考えなければならない。そこで、第553条(b)(1)(B)は、超過額が最初に生じた時点（例2では、60日前の時点）と相殺がなされた時点とを比較して、やはりその差額分2,000ドルの回復を求めることができることとしている。

■イギリス法

（会　社）

■ R 第 4.90 条（相互貸借及び相殺）
2　第1項にいう相互の債権債務その他の相互取引は，次に掲げるものを含まない。
　(a)　債権者が次の各号の事項を知っていたときに負った義務から生じた債務
　　(i)　法第98条の規定に基づいて債権者集会が招集されたこと
　　(ii)　会社の清算の申立てが係属していること
　(b)　(i)　清算の直前に会社管理が行われており，かつ(ii)義務を負ったときに債権者が管理命令の申立てが係属していること，又は管理人を選任する意思を通知した者がいることを知っていた場合において，当該義務から生じた債務
　(c)　清算の直前に行われていた会社管理の間に負った義務から生じた債務
　(d)　債権者が債権譲渡その他の方法で第三者との間の契約に従って取得した債務であって，当該契約が以下のいずれかの時期に締結されたもの
　　(i)　会社が清算手続を開始した後
　　(ii)　法第98条の規定に基づいて債権者集会が招集されたことを債権者が知っていたとき
　　(iii)　会社の清算の申立てが係属していることを債権者が知っていたとき
　　(iv)　清算の直前に会社管理が行われていた場合において，管理命令の申立てが係属していること，又は管理人を選任する意思を通知した者がいることを債権者が知っていたとき
　　(v)　清算の直前に行われていた会社管理の間

（自然人）
■第323条（相互取引及び相殺）
3　破産者が相手方に対して支払うべき金額は，当該金額について弁済期が到来したときに相手方が破産者に関する破産申立てが係属していることを知っていたときは，前項に基づいて考慮されるべき債務に含めてはならない。

● ドイツ法
● 第96条（相殺禁止）
　次に掲げる場合においては，相殺は禁止される。
　一　倒産債権者が倒産手続開始の後に初めて倒産財団に対し何らかの義務を負ったとき。
　二　倒産債権者が倒産手続開始の後に初めて他の債権者から債権を取得したとき。
　三　倒産債権者が否認することのできる法的行為によって相殺の可能性を得たとき。
　四　債務者の自由財産から履行されうる債権を有する債権者が倒産財団に対し何らかの義務を負っているとき。
2　本条1項および95条1項第3文の規定は，金融機関法1条17項に定められ

た金融担保についての処分，または振込委託契約，支払サービスの提供者もしくは媒介期間との間の委託契約または有価証券の振替委託契約で，これらの契約の履行を目的とする同法1条16項に定められた決済システムにもちこまれたものに基づく給付と倒産債権との相殺の効力を，遅くとも倒産手続開始の日までに相殺がなされた限りでは，妨げない。

【コメント】 ドイツ倒産法98条3号は，倒産債権者が否認されうる法的行為によって相殺適状を作出した場合を，広く一般的に相殺禁止の対象として，旧破産法55条3号よりも禁止の範囲を拡大しており，注目される立法例である。

▲フランス法（該当規定なし）

第73条（破産管財人の催告権）　破産管財人は，第31条第1項第3号の期間が経過した後又は同号の期日が終了した後は，第67条の規定により相殺をすることができる破産債権者に対し，1月以上の期間を定め，その期間内に当該破産債権をもって相殺をするかどうかを確答すべき旨を催告することができる。ただし，破産債権者の負担する債務が弁済期にあるときに限る。
2　前項の規定による催告があった場合において，破産債権者が同項の規定により定めた期間内に確答をしないときは，当該破産債権者は，破産手続の関係においては，当該破産債権についての相殺の効力を主張することができない。

◆アメリカ法（該当規定なし）

■イギリス法（該当規定なし）

●ドイツ法（該当規定なし）

▲フランス法（該当規定なし）

日・◆米・■英・●独・▲仏　　　　　　　　　　　　　　　　　破産法第74条（破産管財人の選任）

第3章　破産手続の機関

第1節　破産管財人

第1款　破産管財人の選任および監督

> **第74条（破産管財人の選任）**　破産管財人は，裁判所が選任する。
> 2　法人は，破産管財人となることができる。

規第23条（破産管財人の選任等・法第74条）　裁判所は，破産管財人を選任するに当たっては，その職務を行うに適した者を選任するものとする。
2　法人が破産管財人に選任された場合には，当該法人は，役員又は職員のうち破産管財人の職務を行うべき者を指名し，指名された者の氏名を裁判所に届け出なければならない。
3　裁判所書記官は，破産管財人に対し，その選任を証する書面を交付しなければならない。
4　裁判所書記官は，破産管財人があらかじめその職務のために使用する印鑑を裁判所に提出した場合において，当該破産管財人が破産財団に属する不動産についての権利に関する登記を申請するために登記所に提出する印鑑の証明を請求したときは，当該破産管財人に係る前項に規定する書面に，当該請求に係る印鑑が裁判所に提出された印鑑と相違ないことを証明する旨をも記載して，これを交付するものとする。
5　破産管財人は，正当な理由があるときは，裁判所の許可を得て辞任することができる。

▌民事再生法第54条（監督命令），第64条（管理命令）
▌会社更生法第67条（管財人の選任）
▌会社法第478条（清算人の就任），第524条（清算人の解任等），第527条（監督委員の選任等）

◆アメリカ法
◆第702条（管財人の選任）
(a)　次の債権者のみが，管財人候補者を選出することができる。
　(1)　第726条(a)(2)，第726条(a)(3)，第726条(a)(4)，第752条(a)，第766条(h)，又は第766条(i)に基づいて配当を受けることのできる種類の，認容された，争われていない，額の確定した（fixed, liquidated）無担保の請求権を有する債権者
　(2)　債権者の権利に関して債権者としての地位に影響しない持分権を除く権利であって，配当を受けることのできる債権者の権利に実質的に対立する権利を有しない者，及び
　(3)　内部者でない者。
(b)　本法第341条に基づき開催される債権者集会において，本条(a)の下で議決権を行使することができる債権者であって，その有する本条(a)(1)に定める請求権の額の

少なくとも 20 パーセントを有する債権者により管財人の選出が求められたときは，債権者は，当該事件において管財人として職務を遂行する者 1 名を選出することができる。
(c)　次の場合には，管財人候補者は選出されたものとする。
　(1)　本条(a)により議決権を行使できる債権者であって，その有する本条(a)(1)に定める種類の請求権の額の少なくとも 20 パーセントを有する債権者が議決権を行使し，かつ，
　(2)　管財人候補者が，管財人の選出につき議決権を行使した債権者であって，その有する本条(a)(1)に定める種類の請求権の額において過半を有する債権者の票を得たとき。
(d)　本条に基づき管財人が選出されなかったときは，仮管財人が当該事件における管財人としてその職務を遂行する。

◆第 321 条（管財人として職務を行う適格）
(a)　本法の下での事件において管財人として職務を遂行することができる者は，次の者に限られる。
　(1)　管財人の義務を遂行できる能力を有する個人であって，かつ，第 7 章，第 12 章又は第 13 章の下での事件において，当該事件が係属する司法裁判区又はその裁判区に隣接する裁判区に住所を有し若しくは事務所を有する者，又は，
　(2)　定款又は付属定款により管財人として行動することが授権されている法人であって，かつ，本法第 7 章，第 12 章又は第 13 章の下での事件においてその裁判区の一に事務所を有する法人
(b)　当該事件おいて調査委員（examiner）として職務を行ってきた者は，当該事件において管財人として職務を行うことはできない。
(c)　事件が係属する司法裁判区の連邦管財官は，必要と認められるときは，当該事件の管財人として職務を行う資格を有する。

◆第 322 条（管財人の就任）
(a)　(b)(1)に規定するところを除き，本法第 701 条，第 702 条，第 703 条，第 1104 条，第 1163 条，第 1202 条第又は 1302 条により選出され，本法の下での事件において管財人として職務を行う者は，選出された時から 5 日内に，かつ，職務上の義務を遂行し始める前に，その職務上の義務を誠実に遂行することを条件として合衆国のために裁判所に保証を立てたときに，就任する。
(b)(1)　本法における事件において連邦管財官が管財人として職務を遂行するいかなる場合にあっても，連邦管財官が就任する。
　(2)　連邦管財官は，(A)本条(a)により提供されることが要求されている保証の額及び(B)保証を立てることの十分性を，確定しなければならない。
(c)　管財人は，債務者が負担する罰金又は没収につきその責任を個人的に負わず，又は，合衆国を受取人として管財人が立てた保証に基づいても責任を負わない。

(d) 管財人の立てた保証に関する手続は，管財人が職務の遂行を完了した日から2年を経過した後にあっては，開始されない。
《関連規定》〔第1回債権者集会等〕
◆第341条（債権者集会及び持分証券保有者集会）
(a)～(c) ……
(d) 管財人は，債権者集会又は持分証券保有者集会において決議がなされる前に，本法第7章の下での事件において債務者が次の事項を知っていることを確認するために，口頭で，債務者を審問しなければならない。
 (1) 信用に関わる履歴に及ぼす影響を含む破産免責を求めることによって生ずる結果
 (2) 債務者が本法における別の章の下での申立てをする可能性
 (3) 本法の下での免責を受けることの効果，及び
 (4) 債務者が本法第524条(d)の諸規定を知っていることを含む債務を承認すること（reaffirming）の効果
(e) ……
◆R第2003条（債権者集会及び持分権保有者集会（Meeting of Creditors or Equity Security Holders））
(a) 期日及び場所　第7章の清算事件又は第11章の更生事件において，連邦管財官は，救済命令が発せられた後20日から40日内に，債権者集会を招集しなければならない。第12章の家族農業従事者の債務調整事件においては，連邦管財官は，救済命令が発せられた後20日から35日内に債権者集会を招集しなければならない。第13章の個人債務調整事件においては，連邦管財官は，救済命令が発せられた後20日から50日内に債権者集会を招集しなければならない。救済命令に対する上訴又は救済命令の取消しを求める申立てがあるとき，又は事件の棄却を求める申立てがあるときは，連邦管財官は，債権者集会につきその期間を経過した後の期日を指定することができる。債権者集会は，開催する裁判所の所定の場所，又は利害関係人にとって便宜な裁判区内の場所であって連邦管財官が指定する場所で，開催される。連邦管財官が，債権者集会を指揮する連邦管財官又は補助管財官が常駐していない場所を債権者集会の開催場所に指定するときは，債権者集会は，救済命令があった後60日内に開催される。
(b)～(g) ……
◆R第2012条（管財人の交替又は後任管財人；計算報告）
(a) 管財人　管財人が第11章の事件において選任されるとき，又は，債務者が第12章の事件において占有を継続する債務者として解任されるときは，管財人は，係属する訴訟，手続又は事件における当事者として，当然に占有を継続する債務者に取って替わるものとする。
(b) 後任管財人　管財人が死亡し，辞任し，又は，その他の理由で本法の下での事件が係属する間その職務の執行を停止されるときは，(1)後任管財人は，係属する訴訟，手続又は事件における当事者として，当然に取って替わり，かつ，(2)後任管財人は，倒産財団のそれまでの管理につき計算書を作成して，連邦管財官に送付しなければならない。
◆第325条（管財人が欠けたことによる影響）
　事件が進行する間における管財人の空位は，係属するいかなる訴訟又は手続を停止せず，

257

後任管財人がその訴訟又は手続における当事者として取って替わる。

【コメント】 アメリカ法の清算事件では，管財人は債権者集会における債権者による投票で選出される。債権者集会で管財人が選出されないときは，仮管財人が管財人に就任する。清算事件では無資産事件が多いことから，債権者が清算事件に関わる利益を感じないために債権者集会が債権者の欠席で成立しない場合が多いこと，その結果管財人が選出されないといったケースが多くみられる。なお，上記の第341条中の equity security holder は原則として株主をいうが，第101条⒃(b)によればリミティド・パートナーシップパートナーの権利を含むとされているので，すべての規定で「持分証券保有者」と訳した。

■イギリス法

以下，会社の清算に関する清算人，自然人破産に関する管財人の順で条文を掲げる。

（清算人）
■第139条（債権者集会及び清算出資者集会における清算人の選択）

1　本条は，会社が裁判所によって清算され，会社の清算人となる者を選ぶ目的で会社の債権者及び清算出資者の集会がそれぞれ招集された場合に適用する。

2　債権者及び清算出資者は，それぞれの集会において清算人となるべき者を指名することができる。

3　清算人は，債権者によって指名された者でなければならない。債権者によって指名された者がないときは，清算出資者によって指名された者でなければならない。

4　［それぞれの集会で］異なる者が指名されたときは，清算出資者又は債権者は，債権者による指名が行われた日から7日以内に，次のいずれかの内容の命令の発令を裁判所に申し立てることができる。

　　(a)　清算出資者によって清算人に指名された者を，債権者によって指名された者に代えて，又はその者と共同で，清算人に選任する

　　(b)　債権者によって指名された者に代えて，別の者を清算人に選任する

■第140条（会社管理又は任意整理の後の裁判所による選任）

1　管理人の選任が効力を停止した直後に清算命令が発せられたときは，裁判所は，管理人としての選任の効力を停止された者を会社の清算人に選任することができる。

2　会社に関して第1編の規定により任意整理の監督者が承認されていたときは，裁判所は，清算命令が発せられたときに監督者であった者を会社の清算人に選任することができる。

■第136条（清算人の職に関する管財官の職務）

2　管財官は，職務上当然に，会社の清算人となり，本編の規定により他の者が清算人になるまで在職する。

■第137条（主務大臣による選任）

日・◆米・■英・●独・▲仏　　　　　　　　　　　　　　破産法第74条（破産管財人の選任）

　1　イングランド及びウェールズの裁判所による清算においては，管財官は，会社の清算人である間は何時にても，主務大臣に対して，代わりに清算人となる者の選任を申し立てることができる。

（管財人）
■第292条（破産管財人を選任する権限）
　1　破産管財人を選任する権限は，（最初の管財人であると，欠員を補充するために選任される管財人であるとを問わず）以下の者によって行使される。
　　(a)　債権者集会
　　(b)　第295条第2項［注：管財人選任のために招集された債権者集会で選任が行われなかったため，管財官が主務大臣に対して管財人の選任を付託した場合］，第296条第2項［注：管財官が管財人である間に，管財官が主務大臣に対して管財人の選任を申し立てた場合］又は第300条第6項［注：管財人に欠員が生じたため，管財官が主務大臣に対して管財人の選任を付託した場合］に基づくときは，主務大臣
　　(c)　第297条［注：特別な場合］に基づくときは，裁判所
　2　選任時において破産者に関して倒産実務家として行動する資格のある者を除き，何人も破産管財人に選任されることができない。

【コメント】
　1　会社の強制清算においては，清算人は通常，管財官の招集した債権者集会及び清算出資者集会の決議の結果，選任される（倒産法第139条）。清算の開始される直前に，会社管理（administration）又は任意整理（voluntary arrangement）が行われていたときは，裁判所が管理人（administrator）又は整理の監督者（supervisor）であった者を清算人に選任することができる（倒産法第140条）。これらの方法で清算人が選任されなかったときは，管財官が清算人となる（倒産法第136条第2項）。清算人である間に，管財官は代わりに清算人となる者の選任を主務大臣に申し立てることができる（倒産法第137条）。
　2　自然人の破産においては，破産管財人はまず債権者集会が選任する。債権者集会で管財人が選任されなかった場合，又は管財官が債権者集会を招集しなかった場合には，管財官が管財人となるが，彼の付託（reference）または申立て（application）があれば，主務大臣が管財人を選任することができる。このほか，裁判所が管財人を選任する場合もある（倒産法第292条第1項）。

●ドイツ法
●第56条（倒産管財人の選任）
　倒産管財人には，各事案に適合し，とりわけ業務に通暁しかつ債権者および債務者から中立な1人の自然人を，倒産管財を引き受ける旨を表明したすべての者の中から選んで，任命しなければならない。倒産管財を引き受ける旨の表明は，特定の手続に限定してすることができる。必要とされる中立性は，以下の事由のみによっては，妨げられない。
　一　その者が債務者又は債権者によって推薦されたこと。

259

二　その者が，倒産手続開始の申立て前に，債務者に対して，倒産手続の進行及び効果について，一般的な形で助言を与えたこと。

2　倒産管財人には，その選任を証する文書が与えられる。倒産管財人は，任務の終了時に，この文書を倒産裁判所に返還しなければならない。

●第56a条（倒産管財人の選任についての債権者の関与）

債務者の財産状態の悪化につながることが明らかでない限り，倒産管財人の選任に先立ち，仮債権者委員会に，倒産管財人について考慮すべき条件及びその人選について意見を述べる機会を与えなければならない。

2　倒産裁判所は，被推薦者が管財人職に就くに相応しくないと判断するときでなければ，仮債権者委員会が全員一致で推薦した者の選任を拒否することができない。倒産裁判所は，倒産管財人を選任にあたり，倒産管財人の人選について仮債権者委員会が決定した条件に基づくことを要する。

3　倒産裁判所が，債務者の財産状態の悪化を考慮して，第1項に定める審尋をしなかったときは，仮債権者委員会は，第1回の会議における全員一致の決議によって，別の者を倒産管財人に選任することができる。

●第57条　（別の倒産管財人の推薦）

倒産管財人の選任に続いて行われる最初の債権者集会において，債権者はこの者に替えて，別の者を推薦することができる。倒産裁判所は，被推薦者が倒産管財人の職に就くに相応しくないと判断するときでなければ，この者の選任を拒否することができない。拒否の決定に対し，各債権者は即時抗告をすることができる。

【コメント】　ドイツ法は旧法以来，管財人の選任につき倒産債権者の意見を重視する規律をしてきたが，2007年の改正で追加された56a条は，選任手続の最初の段階から債権者の意見を反映させる内容となっている。

▲フランス法

【コメント】　フランスでは，倒産手続のいわゆる「機関」として，1985年法以前においては，「主任裁判官」，「管財人（syndic）」および「監査委員（contrôleur）」の制度があった。また，債権者は，法律上当然に，管財人によって代表される「団体（masse）」（固有の財産と法人格を有する）を構成するものとされた（1967年法13条・80条）。

このうち，管財人は，当初，「裁判上の整理および財産の清算を委託される」（1967年法9条）機関とされた。これは，1955年デクレ時代の「破産（faillite）」手続における「管財人（syndic）」と「裁判上の整理（règlement judiciaire）」手続における「裁判上の管理人（administrateur judiciaire）」とを統合したものであった。他方，債権者は，「裁判上の整理」手続において，債務者の提案する「和議（concordat）」を「債権者集会（assemblée des créanciers）」で審議し，議決するものとされていた（1967年法67条・70条）。

1985年法は，これを改め，まず，更生手続においては，従来の「管財人」を裁判上の受任者としての「管理人（administrateur）」と「債権者代表（représentant des créanciers）」とに分割した。また，清算手続においては，これらに代って，「受託清算人（mandataire-liquidateur）」を置くものとした。このほか，いずれの手続においても，従業員の代表として「被傭者代表（représentant des salariés）」が設けられた。また，「監査委員」の制度は存続（後1994

日・◆米・■英・●独・▲仏　　　　　　　　　　　　破産法第 74 条（破産管財人の選任）

年に強化）したが，債権者の団体およびその集会の制度は廃止された（和議に相当する更生計画は，管理人の報告に基づいて，裁判所がこれを命ずる）。

　1985 年には，これに加えて，裁判上の受任者とされる，「管理人」，「清算人」について，「裁判上の管理人，受託清算人および企業診断鑑定人に関する 1985 年 1 月 25 日の法律第 85-99 号（Loi n° 85-99 du 25 janvier 1985 relative aux administrateurs judiciaires, mandataires-liquidateurs et experts en diagnostic d'entreprise）」が制定され，同法の適用のために，「裁判上の管理人，受託清算人および企業診断鑑定人に関する 1985 年 12 月 27 日のデクレ第 85-1389 号（Décret n° 85-1389 du 27 décembre 1985 relative aux administrateurs judiciaires, mandataires-liquidateurs judiciaires et experts en diagnostic d'entreprise）」が定められた（その後，1990 年 12 月 31 日の法律第 90-1259 号で，「受託清算人」という名称が，「企業清算のための裁判上の受任者（mandataire judiciaire à la liquidation des entreprises）」に改められ，さらに，2005 年 7 月 26 日の法律第 2005-845 号で，単に「裁判上の受任者（mandataire judiciaire）」に改められた）。

　その後，新商法典の制定（2000 年 9 月 18 日のオルドナンス第 2000-912 号およびこれを追認する 2003 年 1 月 3 日の法律第 2003-7 号）に際して，倒産処理手続全体に関する 1985 年法律第 85-98 号だけでなく，裁判上の受任者に関する 1985 年法律第 85-99 号も同商法典（法律部）に編入され（第 8 巻第 1 編第 811-1 条以下），さらに，2007 年 3 月 25 日のデクレ第 2007-431 号によって，1985 年のデクレも同法典の「命令部」に編入された（第 8 巻第 1 編 R 第 811-1 条以下）。現行法の第 8 巻第 1 編の規定は，「法律部」，「命令部」とも，以下のようになっている。このうち，第 2 章および第 4 章が「清算人」（としての裁判上の受任者）に関する規定である。

　　第 1 章　裁判上の管理人（第 811-1 条から第 811-16 条，R 第 811-1 条から R 第 811-59 条）
　　第 2 章　裁判上の受任者（第 812-1 条から第 812-10 条，R 第 812-1 条から R 第 812-23 条）
　　第 3 章　企業診断鑑定人（第 813-1 条）
　　第 4 章　共通規定（第 814-1 条から第 814-11 条，R 第 814-1 条から R 第 814-157 条）
　第 1 章および第 2 章の第 1 節および第 2 節は，「第 1 節　任務，就任および職務執行の要件ならびに兼職禁止」（R 第 811-1 条から R 第 811-39 条，R 第 812-1 条から R 第 812-20 条），「第 2 節　監督，監査および懲戒」（R 第 811-40 条から R 第 811-57 条，R 第 812-21 条がら R 第 812-23 条）となっている。

　第 4 章には，登録委員会に対する不服申立て，保証金，職務上の民事責任，会計および専門職民事会社などについての規定が置かれている。

【コメント】　破産管財人に相当する機関は，清算手続においては「［清算人としての］裁判上の受任者（以下「清算人」という）」であり，手続の実施について，広範な任務と権限を有する。
　その内容は，大きく，資産の処分，負債の履行，債権者および債務者の代表である。
　債権者の代表として，清算人は，倒産債権確定（vérification des créances）手続を行い，債権表（ordre des créanciers）を作成する。また，債権者に関する訴訟で，管理人または債権者代表が提起していたものを受継し，また，新たに債権者代表の権限に属する訴訟を提起することができる。
　債務者の代表としては，その財産を管理し，財団に関する権利・訴権を行使することのほかに，観察期間中の管理人の権限，たとえば，解雇，継続中の契約の履行，担保目的物の受戻し

261

などを行う。

　また，手続の機関として，清算人は，資産の処分と負債の履行に関するすべての処分を行う。

　商法典における清算人に関する規定は，法律部については，清算手続に関する第6巻第4編と第8巻第1編第2章に，命令部についても，同じく第6巻第4編および第8巻第1編第2章に規定がある（このうち，法律部および命令部第8巻第1編第2章の規定は，同巻第1編第1章に定める「更生手続」における「裁判上の管理人」に関する規定とほぼ同文である）。

▲第641-1条第Ⅱ項第2段

　同じ（清算手続を開始する）判決において，裁判所が定める任務のために一人または複数の鑑定人を任命することができる可能性にもかかわらず，裁判所は，清算人の資格で，登録された裁判上の受任者または第812-2条第Ⅱ項第1段に基づいて選任された者を指名する。裁判所は，検察官の請求により，または職権で，これを複数指名することができる。

　検察官は，裁判所による指名のために清算人を提案することができる。この提案を退けるためには，とくにその理由を示さなければならない。手続が，特別受任者またはこれに先立つ18か月の調停手続を利用するか利用した債務者に対して開始されるときは，検察官は，また，特別受任者または調停人が清算人として指名されることに異議を述べることができる。

▲第641-1条第Ⅲ項第1段

　救済手続または裁判上の更生手続の観察期間中に裁判上の清算が言い渡されるときは，裁判所は，清算人の資格で，裁判上の受任者を任命する。ただし，裁判所は，理由を付した裁判により，管理人，債権者，債務者または検察官の請求により，第812-2条に定める条件で，他の者を清算人の資格で指名することができる。

▲第641-5条

　裁判上の清算が，救済手続または裁判上の更生手続の観察期間中に言い渡されたときは，清算人は，清算手続を行い，同時に債権確定を行い，債権表を作成する。清算人は，清算［手続開始］判決前に，管理人または裁判上の受任者によって提起された訴訟を追行し，裁判上の受任者の権限に属する訴訟を提起することができる。

▲第641-6条

　自然人である債務者または法人である場合にはその代表者の配偶者または民事連帯契約の当事者，その4親等以内の親族は，第641-1条または第641-10条に定める職務の一つに指名することができない。ただし，これらの規定が被用者代表の指名を妨げる場合を除く。

　【コメント】これを承けて，第8巻（［法律部］）に以下のような条文がある。

▲第812-1条

　［清算人の任務を行う：以下同じ］裁判上の受任者は，裁判所の裁判によって，債権者を代表することおよび第6巻第2編に定める条件で企業の清算を行うこと

日・◆米・■英・●独・▲仏　　　　　　　　　　　　　　破産法第74条（破産管財人の選任）

を委託された，自然人または法人である受任者である。

　その委任の履行が含む事務は，受任者本人に帰する。ただし，受任者は，手続の円滑な進行に必要であり，第一審裁判所所長の理由を付した許可がある場合には，その責任において，その事務の一部を第三者に委託することができる。

　裁判上の受任者が，裁判所によって委託された任務に属する事務を第三者に委託した場合には，受任者は，受領した報酬をこれに支払う。

▲第812-2条

　Ⅰ．何人も，全国委員会によってそのために作成された名簿に登録されていない場合には，裁判上の受任者の任務を行うために，裁判によって指名されることはできない。

　Ⅱ．ただし，裁判所は，共和国検事の意見を聴いて，事案の性質に関して特別の経験および資格を有し，第812-3条第1号から第4号に定める条件を満たす自然人を，裁判上の受任者として指名することができる。裁判所は，この特別の経験および資格について，その裁判にとくに理由を付す。

　前項に定める者は，以前の5年間，その名義のいかんを問わず，直接または間接に，裁判上の更生または清算措置の対象となった自然人または法人，この法人の監督を受けている者または第233-16条第Ⅱ項および第Ⅲ項の意味でこの法人の監督を受けた会社のひとつからの報酬または支払いを受けていてはならず，その自然人もしくは法人またはそれに従属する者の助言を受ける状況にあってはならない。これらの者は，また，与えられる権限にいかなる利益も有してはならず，第811-6条，第811-12条，第812-4条および第812-9条を適用した名簿からの削除または取消しの裁判の対象となった裁判上の管理人または受任者であってはならない。これらの者は，与えられた権限を，その専門的な誠実さと，名簿に登載された裁判上の受任者に課せられるものと同じ義務を達成して履行する義務を負う。これらの者は，裁判上の受任者の権限を習慣的に行ってはならない。

　本第Ⅱ項第1項を適用して指名された者は，その任務を受諾する際，第812-3条第1号から第4号に定める条件を履行すること，前項に列挙された義務に従うこと，および第814-10条第3段による禁止の対象とならないことを誓約しなければならない。

　Ⅲ．裁判所が法人を任命する場合には，与えられた任務の履行においてこれを代理するために，1人または複数の自然人を指名する。

▲第812-2-1条

　第812-2条に定める名簿は，各控訴院の管轄区域毎に分割される。

▲第812-2-2条

　第812-2条に定める全国委員会は，次の者によって，これを構成する：

――委員長として，破毀院院長の指名する破毀院評定官1名；

――会計検査院長の指名する会計検査院の司法官1名；

──財務大臣の指名する財政監察官1名；
──破毀院院長の指名する控訴院判事1名；
──破毀院院長の指名する第一審商事裁判官1名；
──大学担当大臣の指名する法律学，経済学または経営学の教授1名；
──コンセイユ・デタ副院長の指名するコンセイユ・デタの代表1名；
──司法大臣・国璽尚書の指名する経済または労働問題に関する学識経験者2名；
──名簿に登載され，コンセイユ・デタのデクレで定める条件で互選された裁判上の受任者3名。このうちの1名は，委員会が第813-1条最終項の規定を適用して，この専門の鑑定人について企業診断鑑定人名簿への登録，削除または取消しについて意見を述べた場合には，当該名簿に登録された者に置き換えられる。

投票数が等しい場合には，委員長の決するところによる。

委員長，委員およびそれぞれの委員と同じ母体から委員と同数選出された補助委員は，デクレで定める要件の下で，3年ごとにこれを指名する。

検事局の司法官およびその補助委員は，国家委員会付政府委員の権限を行い，とりわけ登録請求の審査を行うために任指名される。

委員会の運営費用は，国がこれを負担する。

▲第812-3条

何人も，以下の諸条件を満たさない場合には，委員会によって名簿に登録されることはできない：

1° フランス人またはヨーロッパ共同体構成国もしくはヨーロッパ経済共同体条約当事国の国籍を有する者であること；

2° 刑事制裁の原因となった名誉または誠実さに反する行為の当事者となったことがないこと：

3° 免職，解職，解任，承認の取消しまたは許可の取消しの懲戒または行政罰の原因となった同種の行為の当事者となったことがないこと；

4° 本法典第6巻第2編第5章，先に引用した1985年1月25日の法律第85-98号第6編または同法に先行する先に引用した1967年7月13日の法律第67-563号第2編に定められた，人的破産または処分禁止もしくは管理処分権剥奪の対象となったことがないこと；

5° 専門研修受講試験に合格し，当該研修を修了し，および裁判上の受任者職資格試験に合格したこと；

このデクレに定める資格または学位を有する者でなければ，専門研修受講試験の受験を許可することはできない。

以上の規定にかかわらず，コンセイユ・デタのデクレで定める専門的な能力および経験の要件を満たした者は，専門研修受講試験を免除することができる。委員会は，また，これらの者にコンセイユ・デタのデクレで定める要件で，専門研修の一部，裁判上の受任者職資格試験の全部または一部を免除することができる。

日・◆米・■英・●独・▲仏　　　　　　　　　　　破産法第74条（破産管財人の選任）

　登録された法人は，名簿に登録されたその社員によらなければ，裁判上の受任者の職を行うことができない。
　フランス以外のヨーロッパ共同体構成国またはヨーロッパ経済共同体条約当事国において，コンセイユ・デタのデクレで定める要件の下で，知識に関する確認試験を受験した者で，裁判上の受任者の職務を行うために十分な資格を得たことを証する者は，第6項および第7項に定める学位，専門研修および専門試験の要件を免除される。受験を許された応募者の名簿は，委員会によって決定される。

▲第812-4条
　全国委員会は，自らまたは国璽尚書・司法大臣，裁判上の管理人および裁判上の受任者全国評議会議長，政府委員，もしくはその管轄区域において裁判上の受任者が設けられた共和国検事の申請に基づいて，これらの者に意見を提出するよう催告した後に，理由を付した裁判によって，第812-2条の名簿から，その身体的または精神的状態によってその職務を正常に行うことができない裁判上の受任者またはその職務の正常な執行を保証する資格がないことを示した裁判上の受任者を抹消することができる。
　名簿からの抹消は，非難されるべき事実がその職務の執行中にあった場合には，当該受任者に対して懲戒処分を行うことを妨げない。

▲第812-5条
　裁判上の受任者は，その職務を共同して行うために，1966年11月29日の法律第66-879号に定める専門職民事会社を設立することができる。この受任者は，また，法律上または規則上の身分に服しもしくはその名義が保護された自由職会社の形式で［事務を］行うことに関する1990年12月31日の法律第90-1258号に定めるような自由職会社の形式で，その職務を行うことができる。この受任者は，また，経済利益団体またはヨーロッパ経済利益団体の構成員，あるいは法律上または規則上の身分に服しもしくはその名義が保護された自由職会社の形式で［事務を］行うことに関する1990年12月31日の法律第90-1258号第2編に定める匿名会社の社員となることができる。

▲第812-6条
　理由のいかんを問わず，辞職した裁判上の受任者の作成した書類は，裁判所によって，職務の停止から3か月以内の期間に他の受任者に割り当てられる。
　ただし，手続の適正な管理のために，裁判所は，辞職の原因が，職務の放棄である場合を除いて，従前の受任者に，作成中の書類の作成を継続することを許可することができる。この受任者は，第812-8条ないし第812-10条，第814-1条および第814-5条の規定に服する。

▲第812-7条
　名簿に登録された者は，その地域全体でその職務を行う任務を有する。

▲第812-8条

名簿に登録された裁判上の受任者の資格は，他のあらゆる専門職と両立しない。この資格は，また，次のものと両立しない：

1°　直接であると他人を介してであるとを問わず，商業上の性格を有するすべての活動；

2°　合名会社の社員，合資会社または株式合資会社の無限責任社員，有限会社の取締役，株式会社の取締役会議長，執行役会の構成員もしくは経営責任者，略式株式会社の社長もしくは経営責任者，商事会社の監査役会の構成員もしくは取締役，その会社が裁判上の受任者の職を行い，またはそのための場所の取得を目的とするものでなければ，民事会社の経営責任者。受任者は，また，その会社がもっぱら家族的な性格の利益を管理することを目的とするような民事会社の経営者の職務を行うことができる。

名簿に登録された受任者の資格は，利害関係人の資格に関する事項における助言活動や特別な受任者としての受託業務，本法典第611-3条または農地法典L第351-4条の定める調停者，計画履行監査人または自然人もしくは法人の財産の和解による清算人，裁判上の鑑定人，係争寄託物受託者としての活動を妨げない。これらの活動および受託は，特別な受託者としての受託業務，調停者，計画履行委員を除いて，補助者の資格においてのみ行使することができる。これらの者は，同じ企業に関する場合には，1年の期間経過後でなければ，調停者の職務に続いて裁判上の受任者の職を行うことはできない。

本条の要件は，第4項を除いて，登録された法人にも適用される。

▲第812-9条

第811-11条ないし第811-15条に定める裁判上の管理人に関する監督，監査および懲戒に関する規定は裁判上の受任者に適用する。

全国登録委員会は，懲戒委員会としても開催される。政府委員は，検察官の職務を行う。

▲第812-10条

何人も，企業の更生および清算のための裁判上の受任者名簿に登録されていなければ，第812-2条第Ⅱ項第1段および第812-6条第2段によって与えられた任務以外に，裁判上の受任者の名義を用いることはできない。

本規定の違反は，刑法典第433-17条に定める名義詐称罪の刑罰で処罰される。

第1段に定める名義によって公衆に誤解を生じさせる性質を有する同種の名称を用いたものも，同様の刑罰で処罰される。

▲第814-1条

登録もしくは取消または懲戒に関する全国委員会の決定に対する不服申立ては，パリ控訴院に提出する。

これらの不服申立ては，執行停止の効力を有する。

▲第814-2条

日・◆米・■英・●独・▲仏　　　　　　　　　　　　　破産法第74条（破産管財人の選任）

　裁判上の管理人および裁判上の受任者職は，公権力に対して，法人格を与えられた公益施設であり，これらの専門職の全体の利益の保護を保証し，職業教育を組織し，かつその事務を監査する任務を有する，裁判上の管理人および裁判上の受任者全国評議会が，これを代理する。また，国璽尚書・司法大臣に毎年提出する報告書において，裁判上の受任者による義務の履行を監視し，その専門職の養成を組織し，彼らがその知識の維持および改良の義務に従うことを保証し，その研修を監督し，その任務の達成を報告することは，全国評議会の義務である。
　裁判上の管理人を代理する団体と裁判上の受任者を代理する団体とが同数で構成する全国評議会の選出と権限は，コンセイユ・デタのデクレでこれを定める。
▲第814-3条
　民事の法人格を与えられ，会費によって運営される基金は，全国名簿に登録された各裁判上の管理人および各裁判上の受任者が，その職務上の理由で負担する業務の際に受領しまたは運用する現金，手形または証券の償還を保証することを目的とする。検事局の2名の司法官が，1人は本官として，他方は補助者として，基金に対して政府委員の権限を行使するために指名される。
　この基金への加入は，全国名簿に登録された各裁判上の管理人および各裁判上の受任者の義務である。
　基金の財源は，この名簿に登録された各裁判上の管理人および各裁判上の受任者が毎年支払う特別の会費で，これを構成する。
　裁判上の管理人および裁判上の受任者が支払った会費は，名簿に登録された裁判上の管理人および裁判上の受任者のみの保証に充てられる。
　基金の財源がその義務の履行のために不十分であることが明らかな場合には，基金は，名簿に登録された専門職に対して，補充の出資を求める手続をとる。
　基金の保証は，民法典第2021条に規定され，債権が履行期にあること，および名簿に登録された裁判上の管理人または裁判上の受任者によって代理されていないことという証明のみに基づく検索の利益を債権者に対抗されることなく，行われる。
　基金は，本法の適用から生ずる危険に対して，自ら保証する義務を負う。
　基金の決定に対する不服申立ては，パリ大審裁判所に提出する。
▲第814-4条
　全国名簿に登録された各裁判上の管理人および各裁判上の受任者は，保証基金の仲介で申し込んだ保険のあることを証明しなければならない。この保険は，裁判上の管理人および裁判上の受任者が委任［事務］の履行の際に犯した懈怠もしくは過失またはその職員の懈怠もしくは過失に基づく，職務上の民事責任の金銭的な結果を担保する。
▲第814-5条
　第811-2条第2項に定める条件で指名され，全国名簿に登録されていない裁判上の管理人，第812-2条第Ⅱ項第1段に定める条件で指名され，全国名簿に登録

されていない裁判上の受任者は，その任務を承諾したときには，保証基金に対して，現金，手形または証券の償還に充てられる担保または保険のあることを証明しなければならない。この保険は，この裁判上の管理人および裁判上の受任者が委任［事務］の履行の際に犯した懈怠もしくは過失またはその職員の懈怠もしくは過失に基づく，職務上の民事責任の金銭的な結果を担保する。

▲第 814-6 条

全国名簿に登録されているか否かを問わず，裁判上の管理人および裁判上の受任者の報酬の要項，ならびに企業のために，与えられた任務に含まれない何らかの技術的な任務を行うことを，管理人等の請求によって求められた者の報酬の負担に関する原則は，コンセイユ・デタのデクレでこれを定める。

以上の「法律部」の規定を承けて，「命令部」に，同じ内容（構成）で，さらに詳細な規定が置かれている（R 第 811-1 条から R 第 814-157 条）。

> 第 75 条（破産管財人に対する監督等）　破産管財人は，裁判所が監督する。
> 2　裁判所は，破産管財人が破産財団に属する財産の管理及び処分を適切に行っていないとき，その他重要な事由があるときは，利害関係人の申立てにより又は職権で，破産管財人を解任することができる。この場合においては，その破産管財人を審尋しなければならない。

> 規第 24 条（破産管財人に対する監督等・法第 75 条）　裁判所は，報告書の提出を促すことその他の破産管財人に対する監督に関する事務を裁判所書記官に命じて行わせることができる。

▌民事再生法第 57 条（監督委員に対する監督等），第 78 条（監督委員に関する規定の準用）
▌会社更生法第 68 条（管財人に対する監督等）
▌会社法第 519 条（裁判所による監督）

◆アメリカ法

〔破産管財人に対する監督〕（該当規定なし）

【コメント】　日本法のような管財人に対する一般的監督を定めた規定は存在しない。その種の監督権は裁判所による管財人の解任（第 324 条(a)）や裁判所及び連邦管財官に対する債権者委員会による勧告及び問題の提示（日本法旧第 170 条の項参照）などによって間接的に図られている。

〔破産管財人の解任〕

◆第 324 条（管財人又は調査委員（examiner）の解任）

(a)　裁判所は，通知をなし審問を経た上で，理由があると認めるときは，連邦管財官である管財人以外の管財人又は調査委員（examiner）を解任することができる。

(b) 裁判所が，本法の下での事件において本条(a)により管財人又は調査員を解任したいかなる場合であっても，裁判所が別段に命じない限り，これに伴い，その管財人又は調査委員が職務を遂行している本法の下での他のすべての事件についても，解任されたものとする。

■イギリス法
（会　社）
■第172条（解任その他）
　2　次項以下に定めるところに従い，清算人は，裁判所の命令によって，又は規則に従って特別に招集された会社債権者の集会において，解任することができる。
［以下，略［仮清算人の解任に関する規定］］
　3　(a)会社債権者の集会又は会社の清算出資者の集会の指名の結果，清算人となった者が欠けたために，管財官が第136条第3項の規定に基づき清算人になった場合以外の場合で，管財官が清算人であるとき，又は(b)第139条第4項(a)号若しくは第140条第1項の規定に基づく場合以外で清算人が裁判所によって選任されたとき，又は清算人が主務大臣によって選任されたときは，清算人が適切と考えたとき，裁判所が命じたとき，又は債権額で4分の1以上の債権者が規則に従って債権者集会を要求したときに限り，会社債権者集会が清算人の更迭のために招集される。
　4　清算人が主務大臣によって選任されたときは，主務大臣の指示により，清算人を解任することができる。
■Ｒ第4.119条（裁判所による清算人の解任）
　1　本条は，清算人の解任の申立て又は清算人を解任するための債権者集会の招集を清算人に指示する命令の申立てが裁判所になされたときに，適用する。
　2　裁判所は，十分な理由が示されていないと考えるときは，申立てを棄却することができる。ただし，申立人が一方当事者のみの審問のために裁判所に出頭する機会を与えられ，少なくとも5日前にその通知を与えられた場合に限る。

（自然人）
■第303条（裁判所による一般的な監督）
　1　破産者，破産債権者又はその他の者が，破産管財人の行為，不作為又は判断に不服のあるときは，裁判所に申立てをすることができる。かかる申立てに基づいて，裁判所は管財人の行為若しくは判断を追認，取消し又は修正し，管財人に指示を与え，又は適切と考える命令を発することができる。
　2　破産管財人は，破産手続の下で生じる特定の事項に関する裁判所の指示を求めることができる。
■第298条（管財人の解任，欠員）
　1　次項以下に定めるところに従い，破産管財人は，裁判所の命令によって，又は規則に従って特別に招集された破産債権者集会において，解任することができる。

4　第293条第3項又は第295条第4項により管財官が管財人であるとき，管財人が主務大臣によって選任されたとき，又は（第297条第5項による場合を除き）管財人が裁判所によって選任されたときは，以下の場合に限り，破産債権者集会が管財人の更迭のために招集される。
　　(a)　管財人が適切と考えたとき
　　(b)　裁判所が命じたとき
　　(c)　破産債権者の1人が債権額で4分の1以上の債権者（先の1人を含む）の同意を得て債権者集会を要求したとき
　5　管財人が主務大臣によって選任されたときは，主務大臣の指示によってこれを解任することができる。

■ R第6.132条（裁判所による管財人の解任）
　1　本条は，管財人の解任の申立て又は管財人を解任するための債権者集会の招集を管財人に指示する命令の申立てが裁判所になされたときに，適用する。
　2　裁判所は，十分な理由が示されていないと考えるときは，申立てを棄却することができる。ただし，申立人が一方当事者のみの審問のために裁判所に出頭する機会を与えられ，少なくとも5日前にその通知を与えられた場合に限る。

● ドイツ法
● 第58条（倒産裁判所による監督）
　倒産管財人は倒産裁判所の監督に服する。倒産裁判所は何時でも倒産管財人から情報および事実関係ならびに業務遂行に関する報告を徴求することができる。
　2　倒産管財人がその義務を履行しないときは，裁判所は予め警告をした上，強制金を賦課することができる。1回の強制金の額は25000ユーロを越えてはならない。賦課決定に対して，倒産管財人は即時抗告をすることができる。
　3　前項の規定は，解任された倒産管財人の返還義務の強制履行について準用する。

● 第59条（倒産管財人の解任）
　倒産裁判所は，重大な事由があるときは，倒産管財人を解任することができる。解任は，倒産管財人，債権者委員会若しくは債権者集会の申立てによりまたは職権ですることができる。倒産裁判所は，決定に先立ち，倒産管財人を審尋しなければならない。
　2　解任の決定に対して，倒産管財人は即時抗告をすることができる。申立てが棄却されたときは，倒産管財人，債権者委員会，または債権者集会が申立てたときは各債権者が，即時抗告をすることができる。
　　【コメント】　ドイツ倒産法59条は，旧破産法84条と異なり，倒産裁判所が職権で管財人を解任する権限を広く認めた。

日・◆米・■英・●独・▲仏　　　　　　　　　破産法第75条（破産管財人に対する監督等）

▲フランス法
▲第641-1条第Ⅱ項
　裁判上の清算を開始する判決において，裁判所は，主任裁判官を任命し，登録された裁判上の受任者または第812-2条第Ⅱ項第1項に基づいて選任された者を清算人として任命する。裁判所は，主任裁判官の提案に基づき，もしくは検察官の請求により，または職権で，清算人の更迭またはこれに一人または複数の清算人を追加することができる。債務者または債権者は，主任裁判官に，このために裁判所に提訴するよう請求することができる。
　……

▲第641-1-1条
　裁判所は，職権で，もしくは主任裁判官の提案に基づいて，または検察官の請求によって，清算人，鑑定人，または第641-10条を適用して任命された管理人があるときは［その］管理人の更迭をし，またはすでに任命された清算人または管理人にひとりまたは数人を加えることができる。
　清算人，管理人または監査人に任命された債権者は，主任裁判官に対して，このために事件を受理することを請求することができる。
　債務者が，法令上の地位に服し，その資格が保護されている自由業を営む場合には，その権限を有する管轄職業団体または当局は，このために検察官に提訴することができる。
　債務者は，主任裁判官に対して，鑑定人を更迭するために，裁判所に提訴することを請求することができる。同様の要件で，あらゆる債権者は，清算人の更迭を請求することができる。
　前各項の規定にかかわらず，清算人または管理人がその更迭を請求するときは，主任裁判官によってこのために提訴を受けた裁判所所長は，これを行う権限を有する。所長は，命令によって裁定する。
　……

【コメント】　これを承けて，清算人の監督，検査および懲戒に関して，以下の規定がある。

▲第812-9条
　第811-11条ないし第811-15条に定める裁判上の管理人に関する監督，監査および懲戒に関する規定は裁判上の受任者に適用する。
　全国登録委員会は，懲戒委員会としても開催される。政府委員は，検察官の職務を行う。

▲第812-10条
　何人も，企業の更生および清算のための裁判上の受任者名簿に登録されていなければ，第812-2条第Ⅱ項第1段および第812-6条第2段によって与えられた任務以外に，裁判上の受任者の名義を用いることはできない。

271

本規定の違反は，刑法典第433-17条に定める名義詐称罪の刑罰で処罰される。

第1段に定める名義によって公衆に誤解を生じさせる性質を有する同種の名称を用いたものも，同様の刑罰で処罰される。

▲第811-11条

裁判上の管理人は，検察官の監督の下に置く。裁判上の管理人は，その職務上の活動において，公的機関（autorité publique）に授権された検査に服し，かつ，その機会には，職務上の秘密に反することなく，有益なすべての情報および書類を提供する義務を負う。

これらの検査の組織と要項は，コンセイユ・デタのデクレでこれを定める。

第814-2条に定める全国評議会に委ねられた監督の範囲において，裁判上の管理人は，その職務上の秘密に反することなく，有益なすべての情報および書類を提供するために監督の授権を受けた者の請求に応ずる義務を負う。

監督または検査に付された裁判上の管理人の会計監査人は，職務上の秘密に反することなく，収集したあらゆる情報またはその任務遂行中に作成したあらゆる書類の提供するために監督または検査の授権を受けた者の請求に応ずる義務を負う。

▲第811-11-1条

裁判上の管理人は，その特別会計の監査を保証し，その資格で他人に属し，裁判上の管理人のみがその権限行使の中で得た受任によって保有者となっている資産，手形，証券その他の有価証券全体の管理に関する永続的な任務を行う会計監査人を指名する義務を負う。

この監査は，債務者の名義でその活動のために開設された銀行または郵便局の口座で，第6巻第2編に定める手続の一つの対象となり，管理人またはその正当な資格を有する代理人の署名のみによって機能するものに及ぶ。

会計監査人は，また，この監査のために，管理人職の一般会計，これに委ねられた手続に関する情報を入手し，反対の規定にもかかわらず，管理人または資産の保持者である第三者から監査の任務に有用なあらゆる情報を伝達させることができる。

▲第811-11-2条

会計監査人は，コンセイユ・デ・タのデクレで定める要件で，裁判上の管理人の監督，検査および監査を委ねられた当局に対して，その任務の結果を伝達し，その任務遂行中に知った異常または不正を通報する。

▲第811-11-3条

救済，裁判上の更生または裁判上の清算の手続に服する債務者の会計監査人は，管理人の任命以後に債務者の名義で開設された銀行または郵便局の口座の機能に関するあらゆる情報または資料の伝達を目的とする，裁判上の管理人の会計監査人の請求に対して，職業上の秘密を対抗することができない。

▲第811-12条A

あらゆる法令違反，職業上の規則違反，信義誠実さの欠如は，職業上の事務に由

来しないものであっても，それを行った裁判上の管理人を懲戒請求の対象とする。
▲第811-12条
　懲戒手続は，国璽尚書・司法大臣，当該事実が行われた場所を管轄する控訴院付検事長，政府委員，または裁判上の管理人および企業の更生および清算のための裁判上の受任者全国評議会議長によって開始される。裁判上の管理人名簿に登録された者の解任の承認は，懲戒請求の対象事実がその職務遂行中に行われた場合には，懲戒請求の障害とならない。

　登録委員会は，懲戒委員会としても開催される。政府委員は，委員会において，検察官の権限を行使する。委員会は，以下の懲戒罰（peines disciplinaires）を宣告することができる。
　1° 戒告（avertissement）；
　2° 譴責（blâme）；
　3° 3年を超えない期間での一時的な（職務執行）禁止
　4° 裁判上の管理人名簿からの抹消。

　戒告および譴責には，1年の間，裁判上の管理人を，委員会の定める特別の義務に服せしめる監督措置を伴わせることができる。委員会は，職務を一時的に禁じられた裁判上の管理人が，これを行った場合にも，この義務を命ずることができる。

　委員会が懲戒罰を宣告する場合には，当該事実の重大性を考慮して，その事実の証明を可能にした監督または検査の際に，会計監査人または鑑定人が関与したことによって生じた費用の全部または一部をその裁判上の管理人に負担させることができる。

▲第811-13条
　刑事訴追または懲戒の対象となった裁判上の管理人に対しては，その職務遂行地の大審裁判所は，その権限行使を仮に停止することができる。

　緊急の場合において，検査または調査が，その権限によって裁判上の管理人が受領すべき金額について危険であると思われる場合には，仮の停止は，刑事訴追や懲戒が行われる前であっても，これを行うことができる。

　裁判所は，いつでも，政府委員または裁判上の管理人の申立てによって，仮の停止を終了させることができる。

　停止は，刑事訴追または懲戒が消滅したときは，当然に解消する。停止は，また，第2段に定める場合において，その宣告から1カ月の期間が経過した時に，いかなる刑事訴追も懲戒も行われなかったときは，同様に当然に解消する。

▲第811-14条
　懲戒は，10年の時効にかかる。

▲第811-15条
　［職務執行を］禁止され，名簿から抹消され，または［権限行使を］停止された裁判上の管理人は，そのあらゆる職務上の行為を行ってはならない。

この禁止に反して行われた行為は，あらゆる利害関係人または検察官の申立てにより，評議部でこれを裁定する裁判所によって，これを無効と宣言することができる。［この］決定は，あらゆる者に対して，その効力を生ずる。

これらの規定に違反する行為は，刑法典第433-17条に定める名義詐称罪（軽罪）に処する。

なお，これらの規定を承けて，「命令部」にも清算人（裁判上の受任者）の監督および懲戒に関する規定がある（R第812-21条からR第812-23条，R第811-40条からR第811-57条）。

> **第76条（数人の破産管財人の職務執行）** 破産管財人が数人あるときは，共同してその職務を行う。ただし，裁判所の許可を得て，それぞれ単独にその職務を行い，又は職務を分掌することができる。
> 2 破産管財人が数人あるときは，第三者の意思表示は，その一人に対してすれば足りる。

▌民事再生法第70条（数人の管財人の職務執行）
▌会社更生法第69条（数人の管財人の職務執行）
▌会社法第482条第2項（業務の執行），第529条（2人以上の監督委員の職務執行）

◆**アメリカ法**（該当規定なし）
《関連規定》
◆第326条（管財人に対する報酬の制限）
(a)～(b) ……
(c) 事件において数名の者が管財人として職務を行う場合には，職務についてのそれらの者のための報酬の総額は，本条(a)又は(b)に基づき1名の管財人につき定められた最高報酬額を超えることはできない。
(d) ……

■**イギリス法**
破産管財人についてのみ，該当規定がある。
▌第292条（破産管財人を選任する権限）
 3 破産管財人を選任する権限は，2人以上を共同管財人として選任する権限を含む。ただし，かかる選任は，管財人が共同で行動しなければならない状況及び1人以上が他の者を代理して行動しうる状況について規定を設けて行わなければならない。

●**ドイツ法**
●第56条（倒産管財人の選任）
 倒産管財人には，各事案に適合し，とりわけ業務に通暁しかつ債権者および債務

者から中立な１人の自然人を，倒産管財を引き受ける旨を表明したすべての者の中から選んで，任命しなければならない。倒産管財を引き受ける旨の表明は，特定の手続に限定してすることができる。必要とされる中立性は，以下の事由のみによっては，妨げられない。
　一　その者が債務者又は債権者によって推薦されたこと。
　二　その者が，倒産手続開始の申立て前に，債務者に対して，倒産手続の進行及び効果について，一般的な形で助言を与えたこと。
２　倒産管財人には，その選任を証する文書が与えられる。倒産管財人は，任務の終了時に，この文書を倒産裁判所に返還しなければならない。
　……
　【コメント】　ドイツ倒産法は，旧破産法（79 条参照）と異なり，複数の破産管財人を置くことは予定していない（BR-Drucks. 1/92 S. 127）。

▲フランス法（該当規定なし）
　【コメント】　本条と同じ内容ではないが，次のような規定がある。
▲第 641-1 条第Ⅱ項
　裁判上の清算を開始する判決において，裁判所は，主任裁判官を任命する。必要がある場合には，複数任命することができる。
　同じ判決において，裁判所が定める任務のために，ひとりまたは複数の鑑定人を指名する可能性を妨げることなく，裁判所は，清算人として，登録された裁判上の受任者または第 812-2 条第Ⅱ項第１段に基づいて選任された者を任命する。裁判所は，検察官の請求により，複数任命することができる。

<u>第 77 条（破産管財人代理）</u>　破産管財人は，必要があるときは，その職務を行わせるため，自己の責任で１人又は数人の破産管財人代理を選任することができる。
２　前項の破産管財人代理の選任については，裁判所の許可を得なければならない。

▌民事再生法第 71 条（管財人代理）
▌会社更生法第 70 条（管財人代理）
▌会社法第 525 条（清算人代理）

◆アメリカ法
◆第 327 条（専門家の雇用）
(a)　本条において別段に定めるところを除き，管財人は，裁判所の許可を得て，１人若しくは数人の弁護士，会計士，評価人，競売業者，又はその他の専門家であって，倒産財団に反する利害を有しない，又は倒産財団に反する利害を代理していない者で，かつ，利害関係のないものを，本法の下での管財人の義務を遂行するにあたって管財人を代理し又は補助するために雇用することができる。
(b)　管財人が本法第 721 条，第 1202 条，又は第 1108 条に基づき債務者の事業を執

行することを認められている場合であって，債務者が報酬を支払って弁護士，会計士，又はその他の専門家をこれまで常時雇用してきた場合には，管財人は，その事業を執行するにあたって必要であるときは，それらの専門家をそのまま雇用を維持し，又は復職させることができる。

(c) 本法第7章，第12章，又は第11章の下での事件においては，ある債権者による雇用又はある債権者の代理を理由としてのみでは，その者は本条の下で雇用される資格を失わない。ただし，現実の利害の抵触があるときは裁判所がその雇用を許可しないであろう事件において，他の債権者又は連邦管財官が異議を申し立てたときは，この限りではない。

(d) 裁判所は，倒産財団にとってもっとも利益になるときは，管財人が倒産財団のために弁護士又は会計士として活動することを許可することができる。

(e) 管財人は，裁判所の許可を得て，事件を遂行するにあたって管財人を代理すること以外の特定の目的のために，債務者を代理したことがある弁護士を雇用することができる。ただし，それは，倒産財団にとってもっとも利益になる場合で，かつ，その弁護士が雇用されることになる事項につき債務者又は倒産財団に反する利害を代理していない又は有していない場合でなければならない。

(f) 管財人は，その事件において調査委員として職務を行った者を雇用することはできない

■**イギリス法**（該当規定なし）

《関連規定》

（会　社）

■倒産法附則第4 第Ⅲ編

　12　清算人自らは行うことのできない営業を行うための代理人を選任する権限

（自然人）

■倒産法附則第5 第Ⅲ編

　14　管財人は，本法第Ⅳ編から第XI編までの規定に基づいて権限を行使するために又はそのことと関連して，管財人の名で，以下に掲げる事項を行うことができる。

(a)から(d)省略

(e)　代理人を雇傭すること。

●**ドイツ法**

●第60条（倒産管財人の責任）

　……

　2　倒産管財人が，その義務を履行するために，債務者の従業員を従前の職務の範囲内で起用する必要があった場合において，この者が明らかに不適格ではなかったときには，倒産管財人は，この者の故意または過失につき民法第278条の規定

日・◆米・■英・●独・▲仏　　　　　　　　　　　　　　　　破産法第77条（破産管財人代理）

によりこの者に替わって責めを負わず，この者の監督および特別に重要な意思決定に対してのみ責任を負う。

【コメント】　ドイツ倒産法62条2項は，とくに，倒産管財人が債務者の営業を継続する場合に，債務者の事実的，法的，経済的関係を熟知していないために，従来の従業員の協力に頼らざるをえないことを考慮して，管財人の注意義務を限定する趣旨の規定である（BR-Drucks. 1/92 S. 129）。

▲フランス法（該当規定なし）

【コメント】　本条と同じ内容ではないが，次のような規定がある。

▲第641-1条第Ⅱ項（前掲・第76条参照）

第2款　破産管財人の権限等

<u>第78条（破産管財人の権限）</u>　破産手続開始の決定があった場合には，破産財団に属する財産の管理及び処分をする権利は，裁判所が選任した破産管財人に専属する。
2　破産管財人が次に掲げる行為をするには，裁判所の許可を得なければならない。
　一　不動産に関する物権，登記すべき日本船舶又は外国船舶の任意売却
　二　鉱業権，漁業権，公共施設管理運営権，特許権，実用新案権，意匠権，商標権，回路配置利用権，育成者権，著作権又は著作隣接権の任意売却
　三　営業又は事業の譲渡
　四　商品の一括売却
　五　借財
　六　第238条第2項の規定による相続の放棄の承認，第243条において準用する同項の規定による包括遺贈の放棄の承認又は第244条第1項の規定による特定遺贈の放棄
　七　動産の任意売却
　八　債権又は有価証券の譲渡
　九　第53条第1項の規定による履行の請求
　十　訴えの提起
　十一　和解又は仲裁合意（仲裁法（平成15年法律第138号）第2条第1項に規定する仲裁合意をいう。）
　十二　権利の放棄
　十三　財団債権，取戻権又は別除権の承認
　十四　別除権の目的である財産の受戻し
　十五　その他裁判所の指定する行為
3　前項の規定にかかわらず，同項第7号から第14号までに掲げる行為については，次に掲げる場合には，同項の許可を要しない。
　一　最高裁判所規則で定める額以下の価額を有するものに関するとき。
　二　前号に掲げるもののほか，裁判所が前項の許可を要しないものとしたものに関するとき。
4　裁判所は，第2項第3号の規定により営業又は事業の譲渡につき同項の許可をする場合には，労働組合等の意見を聴かなければならない。
5　第2項の許可を得ないでした行為は，無効とする。ただし，これをもって善意の第三者に対抗することができない。
6　破産管財人は，第2項各号に掲げる行為をしようとするときは，遅滞を生ずるおそれのある場合又は第3項各号に掲げる場合を除き，破産者の意見を聴かなければならない。

日・◆米・■英・●独・▲仏　　　　　　　　　　　　　　　破産法第78条（破産管財人の権限）

> 規第25条（裁判所の許可を要しない行為・法第78条）　法第78条第3項第1号の最高裁判所規則で定める額は，百万円とする。
>
> 規第26条（進行協議等）　裁判所と破産管財人は，破産手続の円滑な進行を図るために必要があるときは，破産財団に属する財産の管理及び処分の方針その他破産手続の進行に関し必要な事項についての協議を行うものとする。
> 2　破産管財人は，破産手続開始の申立てをした者に対し，破産債権及び破産財団に属する財産の状況に関する資料の提出又は情報の提供その他破産手続の円滑な進行のために必要な協力を求めることができる。

▫ 民事再生法第41条（再生債務者等の行為の制限），第42条（営業等の譲渡），第66条（管財人の権限）
▫ 会社更生法第72条（管財人の権限）
▫ 会社法第649条（清算人の職務）

◆アメリカ法
〔破産管財人の権限〕
◆第323条（管財人の役割及び資格）
(a)　本法の下での事件における管財人は，倒産財団の代表者（representative）である。
(b)　本法の下での事件における管財人は，その名において訴え，又は訴えられる適格を有する。

◆第544条（リエン債権者としての管財人並びに特定の債権者及び買主の承継人としての管財人）
(a)　管財人は，事件開始の時において，管財人又は債権者が知っていると否とを問わず，次の者の権利及び権限を有し，又は，次の者によって取り消されうる債務者の財産譲渡行為及び債務負担行為を否認することができる。
　(1)　事件開始の時点で，債務者に対して信用を供与している債権者であって，かつ，現実に存在すると否とを問わず単純契約に基づく債権者が司法上のリエンを取得することができたであろうすべての財産の上に司法上のリエンを，その時点で及びその信用供与につき，取得する債権者，
　(2)　事件開始の時点で，債務者に対して信用を供与している債権者であって，かつ，その時点で及びその信用供与につき，現実に存在すると否とを問わず，その時点で債務者に対する強制執行令状を取得して執行したが満足を得られない債権者，又は
　(3)　定着物を除き，譲渡がなされ対抗要件が具備されることが適用される法により許された，債務者から不動産を買い受けた善意の買主であって，そのような買受人が現実に存在すると否とを問わず，事件が開始された時点で，善意の買受人の地位を取得し，かつ，その譲渡の対抗要件を具備していた者。
(b)　(1)　(2)に規定するところを除き，管財人は，本法第502条に基づき認容され

る無担保の請求権を有する債権者，又は本法第502条(e)に基づいてのみ認容されることのない無担保の請求権を有する債権者によって，適用される法律により取り消すことができるものとされている債務者による債務者の財産上の権利の移転及び債務負担行為を否認することができる。

(2) (1)は，（第548条(d)(3)により定義される）慈善を目的とする寄付であって，第548条(a)(2)を理由として，第548条(a)(1)(B)の下では対象とされていないものには適用されない。連邦裁判所又は州裁判所において連邦法又は州法に基づく従前の判決の言渡しにおいて示された譲渡された寄付の返還を求めるいかなる者の請求権も，事件の開始によって優先される（preempted）。

【コメント】 管財人は倒産財団の代表者であるとともに（第323条(a)），リエンを有する債権者と同様な地位に立つこと（第544条(a)(1)(2)）が明らかにされている。また，不動産に関しては，債務者からそれを譲渡された善意の買主としての地位を管財人が承継するとしている（第544条(a)(3)）。管財人が倒産財団の代表者であることの反映として，以上の規定を通じて包括的に管財人の権限が認められており，さまざまな権限に関しては，さらに個別に規定されている（第327条，第345条，第363条，第364条，第365条，第544条，第545条，第547条，第548条，第554条など）。

〔裁判所の許可〕（該当規定なし）
〔管財人の許可を得ないでした行為の効力〕（該当規定なし）
〔不動産の任意売却等〕
◆第363条（財産の使用，売却又は賃貸）

(a) ……

(b) (1) 管財人は，通知をなし審問を経た上で，事業の通常の過程以外において，倒産財団の財産を使用し，売却し，又は賃貸することができる。ただし，製造物又はサービスを提供することに関連して，債務者が個人に，債務者と利害関係を有しない者に対して個人について個人を認識できる情報を提供することを禁止する指針を開示することになる場合で，かつ，その指針が手続開始の日において有効である場合に，管財人が，次の場合を除いて，個人を認識できる情報をいかなる者に対しても売却し又は賃貸することができないときは，この限りではない。

　　(A) その売却又は賃貸がそのような指針に反する場合，又は
　　(B) 第332条に従い消費者民間オンブズマンが選任された後で，かつ，裁判所が，通知をなし審問を経た上で，(i)その売却又は賃貸に関する事実，状況，及び条件に適正な考慮を払ったものであることを承認し，かつ，(ii)その売却又は賃貸が適用される非破産法に反するであろうとのいかなる立証もなされていないと認定する場合

(2) ……

(c)(1) 債務者の事業が本法第721条，第1108条，第1203条，第1204条又は第1304条に基づいて執行されることが認められる場合で，かつ，裁判所が別段に

日・◆米・■英・●独・▲仏　　　　　　　　　　　　　　破産法第78条（破産管財人の権限）

命じない限りにおいて，管財人は，通知又は審問を経ることなく，事業の通常の過程において倒産財団の財産の売却又は賃貸を含む取引を締結することができ，通知又は審問を経ることなく，事業の通常の過程において倒産財団の財産を使用することができる。
(2) 管財人は，次の場合を除いて，本項(1)に基づき現金からなる担保財産を使用，売却，又は賃貸することはできない。
　(A) その現金からなる担保財産における権利を有する各主体が同意するとき，又は
　(B) 裁判所が，通知をなし審問を経た上で，本条の規定に従いその使用，売却，又は賃貸を許可するとき
(3) ……
(4) 本項(2)に定めるところを除き，管財人は，その占有，管理又は支配にある現金からなる担保財産の勘定を分別しなければならない。
(d) 管財人は，(1)金融会社，事業会社若しくは商事会社又は信託ではない，法人又は信託による財産の譲渡を規律する適用される非破産法に従ってのみ，かつ，(2)第362条(c)，(d)，(e)，又は(f)により認められた救済に反しない範囲においてのみ，本条(b)又は(c)により財産を使用し，売却し，又は賃貸することができる。
(e)～(p) ……

〔借　財〕
◆第364条（信用供与の獲得）
(a) 管財人が本法第721条，第1108条，第1203条，第1204条又は第1304条により債務者の事業を経営することが認められるときは，裁判所が別段命じない限り，管財人は，事業の通常の過程で無担保の信用を獲得し，管財費用債権として本法第503条(b)(1)により認容される無担保の債務を負担することができる。
(b) 裁判所は，通知をなし審問を経た上で，管財人が本条(a)に基づく場合を除いて，管財費用債権として本法第503条(b)(1)により認容される無担保の信用を獲得し又は無担保の債務を負担することを許可することができる。
(c) 管財人が，管財費用債権として本法第503条(b)(1)により認容される無担保の信用の供与を得ることができないときは，裁判所は，通知をなし審問を経た上で，(1)本法第503条(b)若しくは第507条(b)に定める種類のいかなる又はすべての管財費用債権より先順位の優先権を与え，(2)リエンに別段服していない倒産財団の財産上のリエンによって担保され，又は，(3)リエンに服する倒産財団の財産上のこれに劣後するリエンによって担保される，信用の獲得又は債務の負担を許可することができる。
(d) (1)裁判所は，通知をなし審問を経た上で，次の場合においてのみ，リエンに服する倒産財団の財産上にこれに優先する又はこれと同順位のリエンによって担保

される信用の獲得又は債務の負担を許可することができる。
　(A)　管財人が，その他の方法でそのような信用の獲得をすることができないとき，及び
　(B)　そのような優先し又は同順位のリエンが付与されることが提案されている倒産財団の財産の当該リエンを有する者の権利につき適切な保護が存在するとき。
　(2)　本条に基づくいかなる審問においても，管財人は適切な保護の争点について証明責任を負う。
(e)　信用供与を獲得し若しくは債務を負担するための本条による許可，又は本条による優先権若しくはリエンの付与についての上訴に基づくその否定又は変更は，善意で信用を供与した者との関係では，その者が上訴審の係属を知っていたと否とにかかわらず，負担された債務又は付与された優先権若しくはリエンの有効性に影響しない。ただし，当該許可，及び，債務の負担，又は優先権若しくはリエンの付与が上訴審の係属中停止されたときは，この限りではない。
(f)　本法第1145条(b)において定義される証券引受人（underwriter）である者を除いて，証券の提供又は売却についての登録，証券発行者，証券引受人，証券仲買人若しくは証券仲立人又は証券販売業者の登録，又は，免許を要求している1933年証券法第5条，1939年信託証書法及びいかなる州法又は地方法は，持分証券ではない証券の本条による提供又は売却には適用されない。

〔権利の放棄〕
◆第554条（倒産財団財産の放棄）
(a)　通知をなし審問を経た上で，管財人は，倒産財団にとって負担となる財産，又は，倒産財団にとって僅少な価値又は利益しかもたらさない財産を，放棄することができる。
(b)　利害関係人の申立てにより，裁判所は，通知をなし審問を経た上で，管財人が倒産財団にとって負担となる財産，又は，倒産財団にとって僅少な価値又は利益しかもたらさない財産を放棄することを命ずることができる。
(c)　裁判所が別段命じない限り，本法第521条(1)に基づく資産負債一覧表に記載された財産で，事件の終了した時において処理されていなかった財産は，債務者に対して放棄され，本法第350条との関係で管理される。
(d)　裁判所が別段命じない限り，本条に基づき放棄されず，かつ，当該事件において処理されない財産は，倒産財団の財産として存続する。

〔遅滞を生ずるおそれがある場合の破産者の意見聴取〕
　《関連規定》
◆第343条（債務者の調査（Examination））
　債務者は，本法第341条(a)による債権者集会に出頭し，宣誓の上，調査（examine）を受けなければならない。債権者，歯形証書受託者，管財人若しくは当該事件における調査委

員（examiner），又は連邦管財官は，債務者を調査することができる。連邦管財官は，本条に基づき必要とされる宣誓の手続を執り行う。

　【コメント】　調査委員（examiner）は，第11章手続において管財人が選任されない場合において，主として債務者，その旧・現経営者などについて調査を行う手続上の機関である（第1104条参照）。

■イギリス法
（会　社）
■第167条（強制清算）
　1　会社が裁判所によって清算されるときには，清算人は，
　(a)　裁判所又は清算委員会の承認を得て，本法の附則第4第Ⅰ編及び第Ⅱ編に掲げる権限（債務の支払，債権者との和解等，訴えの提起及び応訴，会社の営業）を行使することができ，かつ
　(b)　前号の承認を得て，又は得ないで，同附則第Ⅲ編に掲げる一般的な権限を行使することができる。

■倒産法附則第4
第Ⅰ編　承認を得て行使しうる権限
　1　いかなる種類の債権者に対してであれ，債務を完済する権限
　2　債権者，債権者であると主張する者，又は会社に対する（現在又は将来の，確定又は不確定の，確定した権利又は単に損害賠償請求権の性格をもつ）請求権若しくは会社に責任を負わせる権利を有し，若しくは有すると主張する者と和解又は取決めをする権限
　3　スコットランドにおける清算について，合意された条件で，次の各号に掲げる事項につき和解をし，[(a)号の掲げる] 買付選択権，債務，責任又は請求権の履行と引換えに担保をとり，完全な履行をする権限
　(a)　すべての買付選択権及び買付選択権についての責任，すべての債務及び債務を生じさせる責任，並びにすべての請求権（現在又は将来の，確定又は不確定の，確定した権利又は単に損害賠償請求権の性格をもつもの）であって，会社と清算出資者若しくは清算出資者と称する者との間，他の債務者との間，若しくは会社に対して責任を有している者との間に存在し，又は存在すると考えられるもの
　(b)　本附則第Ⅰ編2に従い，会社の資産若しくは会社の清算になんらかの方法で関係するか，又は影響を与えるすべての問題
　3A　213条，214条 [注：以上は，会社の役員の責任に関する規定である]，238条，239条，242条，243条又は423条 [注：以上は，否認権の行使に関する規定である] の規定に基づいて法的手続を開始する権限
第Ⅱ編　任意清算においては承認を得ないで，強制清算においては承認を得て行使しうる権限

4　会社の名において会社のために訴訟その他の法的手続を提起し，又はこれらの手続において応訴する権限

　5　会社を有利に清算するために必要な限りにおいて，会社の事業を継続する権限

第Ⅲ編　いかなる清算手続においても承認を得ないで行使しうる権限

　6　会社の財産を競売又は任意売却の方法で売却し，その全部を買主に移転する権限又は会社の財産を一括して売却する権限

　6A　イングランド及びウェールズにおける清算について，合意された条件で，次の各号に掲げる事項につき和解をし，[(a)号の掲げる] 買付選択権，債務，責任又は請求権の履行と引換えに担保をとり，完全な履行をする権限

(a) すべての買付選択権及び買付選択権についての責任，すべての債務及び債務を生じさせる責任，並びにすべての請求権（現在又は将来の，確定又は不確定の，確定した権利又は単に損害賠償請求権の性格をもつもの）であって，会社と清算出資者若しくは清算出資者と称する者との間，他の債務者との間，若しくは会社に対して責任を有している者との間に存在し，又は存在すると考えられるもの

(b) 本附則第Ⅰ編2に従い，会社の資産若しくは会社の清算になんらかの方法で関係するか，又は影響を与えるすべての問題

　7　会社の名において会社のためにすべての行為をし，すべての捺印証書，領収証及びその他の文書を完成させ，必要であればその目的で会社の印章を使用する権限

　8　清算出資者の破産その他の倒産手続において，出資金の残額につき債権届出をし，破産者に対する独立した債権としての当該残額につき破産者の他の債権者と平等に配当を受ける権限

　9　為替手形又は約束手形を会社の名において会社のために振り出し，受け取り，裏書きをすることで，会社の通常の営業において会社により又は会社のために振出し，受取り，裏書が行われたのと同じ効果を会社の責任に関して生じさせる権限

　10　会社の資産を担保として必要な資金を調達する権限

　11　死亡した清算出資者に対する遺産管理状の発行を清算人の資格において求め，清算出資者又はその財団から支払われるべき金銭の支払を受けるために必要なその他の行為であって会社の名においては都合よくは行われないものを，清算人の資格において行う権限

　12　清算人自らは行うことのできない営業を行うための代理人を選任する権限

　13　会社の事業の清算及び会社の資産の分配に必要なその他のすべてのことを行う権限

（自然人）

■**第305条**（管財人の一般的な職務）

2　管財人の職務は，この章の以下の規定に従って破産財団を管理・換価・分配することである。当該職務の遂行及び破産財団の管理にあたり，管財人は，それらの規定の定めるところに従い，裁量権を行使することができる。

■第306条（破産財団の管財人への帰属）

1　破産財団は，管財人の選任が効力を生じたときに，ただちに管財人に帰属する。管財官の場合には，その者が管財人になったときに帰属する。

2　破産財団に包含されるか，又は包含されるべき財産が管財人に帰属したときは，（本条の規定によると，この章の他の規定によるとを問わず），財産移転，権利譲渡又は権利変動の形式をとらずに，帰属するものとする。

■第314条（管財人の権限）

1　管財人は，

(a)　債権者委員会又は裁判所の許可を得て，本法の附則第5第Ⅰ編に掲げる権限を行使することができ，かつ

(b)　前号の許可を得ないで，同附則第Ⅱ編に掲げる一般的な権限を行使することができる。

2　債権者委員会又は裁判所の許可を得て，管財人は，破産者に次に掲げる事柄を命ずることができる。

(a)　破産財団又はその一部の管理を監督すること

(b)　債権者のために事業を継続すること

(c)　前2号に掲げるものを除き，管財人の指示する方法及び条件で破産財団の管理を援助すること

3　第1項(a)号又は第2項に関して与えられる許可は，概括的な許可であってはならず，問題となっている特定の権限の行使に関するものでなければならない。管財人と善意かつ有償で取引する者は，いずれの場合にも，必要な許可が与えられたか否かを問い合わせるべく努める必要はない。

4　第1項(a)号又は第2項によって要求されている許可を得ないで管財人がした行為については，裁判所又は債権者委員会は，管財人が費用を破産財団から支出しうるようにするために，当該行為を追認することができる。ただし，債権者委員会は，管財人が緊急を要する場合において当該行為をしたこと，及び不当に遅延することなく追認を求めたことを確信した場合でなければ，追認することができない。

5　［省略。日本法第80条の箇所に掲載］

6　（管財官以外の）管財人がこの群の規定によって与えられた権限を行使するにあたり

(a)　破産財団を構成する財産を破産者の関係者に処分するか，又は

(b)　ソリシタを雇傭するときは

当分の間，債権者委員会が存在する場合には，権限の行使を債権者委員会に通知しなければならない。

■倒産法附則第5
第Ⅰ編　承認を得て行使しうる権限

1　破産者の事業を有利に清算するために必要な限りにおいて，かつ，法令により又は法令の下で課された要件に違反せずに管財人が行いうる限りにおいて，破産者の事業を継続する権限

2　破産財団を構成する財産に関する訴訟若しくは法的手続を提起し，又はこれらの手続において応訴する権限

2A　339条，340条又は423条［注：否認権の行使に関する規定］の規定に基づいて法的手続を開始する権限

3　破産財団を構成する財産を売却した対価として将来支払われるべき金額を，債権者委員会又は裁判所が適切と考える担保その他に関する条件の下で受領する権限

4　債務の弁済のために資金を調達する目的で，破産財団を構成する財産に担保権を設定する権限

5　破産財団を構成する権利，選択権その他の権限がある場合に，それらの対象となっている財産を債権者の利益のために取得する目的で，弁済を行うか又は債務を負担する権限

6　［イングランド及びウェールズにおける清算については2010年の命令（SI2010/18）により廃止され，第Ⅱ編9Aに移動］

7　破産債務に関して都合がよいと思われる和解その他の取決めを，債権者又は債権者と主張する者との間で行う権限

8　破産財団から又は破産財団に付随して生じた債権であって，他の者から破産管財人に対して行使されたか又は行使することのできるものに関して，都合がよいと思われる和解その他の取決めを行う権限

第Ⅱ編　一般的な権限

9　破産財団を当面構成している財産（のれん及び営業における帳簿上の債権を含む）の一部を売却する権限

9A　破産者と破産者に対して責任を負っているであろう者の間に存在するか又は存在すると考えられる債務，債権，若しくは責任について仲裁を行うか，又は合意しうる条件で和解する権限

9B　破産財団から又は破産財団に付随して生じた債権であって，破産管財人から他の者に対して行使されたか又は行使することのできるものに関して，都合がよいと思われる和解その他の取決めを行う権限

10　管財人が受領した金銭につき，当該金銭を支払った者のすべての責任を免除する効果をもたらす領収証を交付する権限

11　破産者に対する債務であって破産財団を構成するものに関して債権届出をし，配当を受ける権限

12　破産財団を構成する財産に関して，本法第Ⅷ編から第Ⅺ編までの規定に基づき管財人に行使する権能が移転した権限を行使する権限

13　破産財団を構成する財産であって，破産者が限定された賃借人としての有利な権限を有するものを破産者が処理することができる方法と同様の方法により，処理する権限

【コメント】
1　清算人が裁判所又は清算委員会の承認を得て行使しうる権限のうち，和解，訴えの提起または応訴，会社の財産の任意売却，会社の資産を担保として行う資金調達（借財）は，わが国の管財人が裁判所の許可を得て行使しうる権限と共通する。破産における管財人も，訴えの提起又は応訴，仲裁又は和解をする権限は，債権者委員会又は裁判所の許可を得て行使しうることになっている。会社又は破産者の営業の継続について許可が必要とされることも，日本法36条と同様である。なお，和解の権限については，2010年の規則改正により，イングランド及びウェールズで開始された清算又は破産に関しては，清算人又は管財人が許可を得ずに行いうる和解の範囲が拡大された（倒産法附則第4第Ⅲ編6A，第5第Ⅱ編9A，9B）。

2　わが国では，裁判所の許可を要するものとされている権利の放棄（破産法78条1項12号）は，日本法53条の箇所で紹介した負担つきの財産を放棄する権限の範囲内で，清算人又は管財人が行うことができる（倒産法第178条，第315条）。

3　管財人が破産財団を構成する財産を債務者と近い関係にある者に譲渡するときには債権者集会の同意を必要とする立法は，ドイツ法にみられる（同法第162条1項1号）。英国においては，かつて管財人が破産者の関係者に資産を低価格で処分するという濫用が問題になったが，現行倒産法は，管財人の資質と独立性を確保することによって濫用を防止しうるという前提に立っている（日本法第74条の箇所に掲げた倒産法第292条第2項により，管財人に選任されうる者は，倒産実務家（insolvency practitioner）の資格を有する者に限定されている）。したがって，破産者の関係者に対する財産の処分も，債権者委員会の同意を必要とせず，通知をすればよいことになっている（第314条第6項(a)号）。濫用が疑われる場合には，債権者委員会は第303条（日本法第75条の箇所を参照）に基づき，管財人の行為の取消しを裁判所に申し立てることができる。

●ドイツ法

●第80条（管理処分権の移転）

1　倒産手続の開始により，倒産財団に属する財産を管理しまたは処分する債務者の権利は，倒産管財人に移転する。

2　特定の者の保護を目的として債務者に対して命ぜられた処分禁止（民法第135条および第136条）は，倒産手続において効力を有しない。強制執行の方法による差押えの効力に関する規定は影響を受けないものとする。

●第159条（倒産財団の換価）

報告期日の後，倒産管財人は，債権者集会の決定と矛盾しない限り，遅滞なく倒産財団に属する財産を換価しなければならない。

●第160条（特に重要な法的行為）

1　倒産管財人は，倒産財団にとって重要な法的行為を行おうとするときは，債

権者委員会の同意を得なければならない。債権者委員会が置かれていないときは，債権者集会の同意を得なければならない。

2　前項の規定による同意は，特に以下に掲げる場合において，必要とする。

一　企業または事業所の譲渡，在庫品の一括処分，不動産の任意売却，他の企業に対する債務者の持分権で債務者が当該企業と継続的結合関係を形成するために役立つべきものの譲渡，または回帰的収益を受給する権利の譲渡。

二　倒産財団にとって重大な負担となりうべき金銭の借入れ。

三　高い訴額の訴訟の提起，その引受けもしくは引受けの拒絶，または，高額の争訟の解決もしくは回避に役立つ和解もしくは仲裁契約の締結。

●第161条（法的行為の仮の禁止）

前条に掲げる場合において，倒産管財人は，債権者委員会または債権者集会の議決の前に，債務者に通知しなければならない。ただし，手続を害する遅滞を生ぜずして通知が可能なときに限る。債権者集会が同意を与えていない限りにおいて，倒産裁判所は，債務者または第75条第1項第3号の定める数の債権者の申立てにより，倒産管財人を審尋した後，法的行為の実施を仮に禁止し，実施につき決議をさせるため，債権者集会を招集することができる。

●第162条（利害関係人への事業所の譲渡）

1　企業または事業所の譲渡は，譲受人または譲受人の資本金の少なくとも5分の1を出資している者が，以下掲げる条件のいずれか該当するときには，債権者集会の同意を得なければ，することができない。

一　債務者と親密な者。

二　別除権者または非劣後的倒産債権者であって，倒産裁判所の評価によれば，その別除権および債権の額を合計すると，すべての別除権の価額およびすべての非劣後的倒産債権者の債権額を合計して得られる額の5分の1に達するとき。

2　ある者の従属企業が，または第三者がその者もしくはその者の従属企業の計算において，譲受人に出資している限りにおいて，その者は，前項の定める意味における譲受人に出資している者に該当する。

●第163条（低価格での事業所譲渡）

1　倒産裁判所は，債務者または第75条第1項第3号に掲げる数の債権者が，別の譲受人へ譲渡する方が倒産財団にとって有利であることを疎明したときは，これらの者の申立てにより，倒産管財人を審尋して，その計画する企業または事業所の譲渡は債権者集会の同意を得なければすることができない旨を，命ずることができる。

2　申立人は，倒産裁判所が前項の命令を発したときは，直ちに倒産財団から申立てにより生じた費用の償還を受ける権利を有する。

●第164条（違反行為の効力）

第160条から前条までの規定に違反したことは，倒産管財人の行為の効力に影響

しない。

　【コメント】　ドイツ倒産法第160条は，債権者委員会の同意を要する行為につき，旧破産法133条のような限定列挙を避け，「倒産財団にとって重要な法的行為」を広く対象とすると共に，第2項で同意を要する行為を例示している。

　第162条は，債務者の企業または事業所をインサイダーに譲渡する場合につき，特にその要件を厳格にしたものであり，第160条による債権者委員会の同意では足りず，債権者集会の同意を要するものとしている。これは，倒産財団（債務者企業）の価値を正確に把握しているインサイダーが，不当に安く買い叩き，他の倒産債権者に不利益を及ぼすことを防止する趣旨である。

　さらに，第163条は，一般的に，企業（事業所）譲渡が不当に安い対価でなされることを防ぐ趣旨で設けられた規定である。政府草案では，これらの譲渡は原則として倒産処理計画によることを要するものとしていたが，手続が複雑になり倒産裁判所の負担が大きいとして，単純に債権者集会の同意で足りるものとされた（BR-Drucks. 1/92 S. 174f.）。

▲フランス法

　【コメント】　本条第1項については，次のような規定がある。

▲第641-10条第7段

　清算人またはそれが指名されている場合には管理人は，第622-4条および第624-6条によって管理人または裁判上の受任者に与えられる職務を行う。

▲第622-4条

　管理人（＝清算人）は，その就任後直ちに，企業の債務者に対する企業の権利の保全および生産能力の保持に必要なあらゆる行為を，債務者に求め，場合によっては自らこれを行う義務を負う。

　管理人は，債務者が行うことまたは更新することを怠ったあらゆる抵当権，質権，動産質権または先取特権の登記を，企業の名でする資格を有する。

▲第624-6条

　裁判上の受任者または管理人は，債務者の配偶者が取得した財産が，債務者から与えられた価額によって得たことをあらゆる手段で証明することによって，この取得物が［債務者の］資産に繰り入れられることを請求することができる。

▲第631-17条

　経済的な理由による解雇が，観察期間中，緊急，不可避かつ不可欠な性格を有する場合には，管理人は，主任裁判官によってこの解雇を行うことを許可されることができる。

　主任裁判官への提訴に先立って，管理人は，労働法典L第321-9条に定める条件で，企業委員会，またはこれがないときは従業員代表の意見を聴き，同法典L第321-8条に定める権限を有する行政当局に通知する。管理人は，主任裁判官に送付した請求の証拠として，被傭者の補償および再就職を容易にするために経営者意見および弁明を附加する。

▲第641-9条

Ⅰ　裁判上の清算を開始しまたは言い渡す判決は，その日から当然に，裁判上の清算が終結しない限り，債務者が，いかなる名義によるものであるかどうかを問わず取得した財産について，その管理処分権を奪う。その全財産（財団）に関する債務者の権利および訴権は，裁判上の清算の全期間を通して，清算人によって行使される。

ただし，債務者は，自らが被害者となった重罪または軽罪の被疑者の有罪を証明する目的で，［附帯私訴の］民事当事者となることができる。

債務者は，同様に，清算人または管理人が指名されたときはその管理人の任務に含まれない証書を作成しまたは権利および訴権を行使することができる。

Ⅱ　債務者が法人であるときは，裁判上の清算判決の言渡しの時にその職にあった会社経営者は，定款または総会の決議に反する規定［がある場合］を除いて，その地位にとどまる。必要な場合には，利害関係人，清算人または検察官の申請に基づいて，裁判所所長の命令により，その代理として受任者を指名することができる。

会社所在地は，企業の法定代理人または指名された受任者の住所に固定されたものと看做される。

Ⅲ　債務者が自然人であるときは，裁判上の清算［手続］中，第640-2条第1項に定めるいかなる活動も行うことができない。ただし，有限責任を負う個人事業者である債務者は，その活動が手続の目的となる財産（財団）以外の財産（財団）に係るものである場合には，これらの活動の一つまたは複数のものを行うことができる。

▲第641-10条第3段から第8段

第631-17条に定める条件で，清算人は，解雇をすることができる。

場合により，清算人は，譲渡計画を準備し，その実現に必要な証書を作成し，その代価を受領し，配分する。

ただし，被傭者の数または取引高がコンセイユ・デ・タのデクレで定める限度を超えるか等しい場合，または必要な場合には，裁判所は，企業を管理するために裁判上の管理人を指名する。この場合には，管理人は，第641-11-1条および第641-12条によって清算人に与えられる権限を行使する。管理人は，譲渡計画を準備し，その実現に必要な証書を作成し，第631-17条に定める条件で，解雇を行うことができる。

管理人がその活動を行うのに必要な金額を準備していない場合には，主任裁判官の許可に基づいて，清算人に交付させることができる。

清算人またはそれが指名されている場合には管理人は，第622-4条および第624-6条によって管理人または裁判上の受任者に与えられる職務を行う。

全部譲渡計画の命令または第1項を適用して定められた期間の満了は，活動の継続を終結させる。裁判所は，同様に，継続させる理由がない場合には，いつでも，これを終結させる裁判をすることができる。

日・◆米・■英・●独・▲仏　　　　　　　　　　　　　　　　破産法第79条（破産財団の管理）

▲第641-11-1条　債務者の相手方契約者に対して，約定された給付を提供して継続中の契約の履行を求める権限は，清算人のみが有する。

▲第641-12条　企業活動に必要な不動産の賃貸借契約について，清算人は，契約に定める条件で，当該賃貸借を譲渡することができる。

▲R第622-3条

年次会計報告書が作成されていなかった場合，またはそれを利用することができなかった場合には，管理人は，利用することのできるあらゆる書類または情報に基づいて，状況の一覧表を作成する。

▲R第641-37条

清算人は，清算開始を言い渡す判決から6月間，または第641-10条を適用して裁判所によって許可された活動を維持する期間，その署名の下に，債務者の銀行口座を利用させることができる。これらの口座のその後の利用は，検察官の意見を聴いた後に与えられる主任裁判官の許可に服する。

活動の維持の場合，管理人が指名されている場合にはこの規定は管理人に利用される。

第79条（破産財団の管理）　破産管財人は，就職の後直ちに破産財団に属する財産の管理に着手しなければならない。

▮民事再生法第72条（再生債務者の業務及び財産の管理）
▮会社更生法第73条（更生会社の業務及び財産の管理）

◆アメリカ法
◆第704条（管財人の義務）
(a)　管財人は，
　(1)　倒産財団の財産を蒐集し，これを換価し，利害関係人の利益にもっともよく適合するように迅速に，管財業務を終結させなければならず，
　(2)～(12)　……。（⇒第704条(a)の全文につき，日本法第85条（旧第164条）の項参照）

◆第521条（債務者の義務）
(a)　債務者は，次の義務を負う。
　(1)　(A)債権者一覧表，並びに，(B)裁判所が別段命じない限り，(i)財産・負債一覧表，(ii)現在の収入・家計支出一覧表，及び(iii)債務者の財務状況を明らかにする書面，及び，第342条(b)が適用あるときは，(iv)債務者の代理人として手続開始の申立書にその氏名が記載されている代理人，又は第110条(b)(1)に基づく申立書に署名のある申立書作成者の証書で，当該代理人又は申立書作成者が債務者に第342条(b)により必要される通知をなしたことを記載したもの，又は(v)いかなる代理人の記載もなく，いかなる申立書作成者の署名もないときは，当該通知が債務

者によって受領され，その内容が理解された旨の債務者の証書，(vi)手続開始の申立書を提出した日の前60日内に債務者がその使用者から受け取ったすべての支払通知書又はその他支払いを証明する書面の写し，(vii)額の計算方法が項目ごとに記された月額純収入の額に関する書面，及び，(viii)手続開始の申立書を提出した日の後12カ月を超える期間における収入又は支出の相当に予想される増加を明らかにする書面を，提出しなければならない。

(2) 個人である債務者の財産・負債一覧表が倒産財団の財産によって担保される債務を含むときは，債務者は，

　(A) 本法第7章の下における申立書が提出された日の後30日内，債権者集会期日又はそれ以前のいずれか早い時期に，又は，裁判所が理由を示して定める伸長された期間内に，債務者は，裁判所書記官に，かかる財産の保持又は引渡しに関しその意思を示す書面，及び適用があるときはその財産は倒産財団除外財産として主張されること，債務者がその財産を受け戻す意図を有していること，又は債務者がその財産によって担保される債務を承認する意図を有していることを明示する書面を提出しなければならず，かつ，

　(B) 第341条(a)による債権者集会の最初の期日の後30日内に，又は裁判所が理由を示してその30日内に定める伸張した期間内に，債務者は，(a)に定めるところに従い，財産に関して自己の意思を実現しなければならない。

　　ただし，本項(A)及び(B)における何ものも，第362条(h)に定めるところを除き，本法の下でのその財産に関し，債務者の権利又は管財人の権利を変更しない。

(3) 管財人が当該事件において職務を遂行しているとき，又は法第28号第586条(f)に基づき監査人（auditor）が職務を遂行しているときは，債務者は，管財人が本法の下における義務を遂行することを可能にするために必要な範囲で，管財人に協力しなければならない。

(4) 管財人が当該事件において職務を遂行しているとき，又は法第28号第528条に基づいて監査人が職務を遂行しているときは，債務者は，倒産財団のすべての財産，及び，倒産財団に関する，帳簿，書類，記録及び文書を含む記録されている情報を，本法第344条により自己帰罪の特権（immunity）が認められていると否とを問わず，管財人に引き渡さなければならない。

(5) 債務者は，本法第524条に基づき必要とされている審問期日に出頭しなければならない。

(6) 債務者が個人である本法第7章の事件において，債務者は，債権者が動産の売買代金請求権につきその動産上の権利により全部又は一部において担保される認容された請求権を有するところの当該動産の占有を継続してはならない。ただし，債務者が，第341条(a)により第1回債権者集会の後45日を超えない期間内に，(A)当該財産によって担保される請求権について第524条(c)に基づき当該債権者との間で約定をなし，又は(B)第722条により当該担保権の目的物を受け戻

日・◆米・■英・●独・▲仏　　　　　　　　　　　　　　破産法第79条（破産財団の管理）

すかのいずれかの場合には，この限りではない。
　債務者が(6)に定める45日内にそのような行為をしないときは，第362条(a)に基づく停止は，その効力を享受している倒産財団又は債務者の当該動産について終了し，当該動産はもはや倒産財団の財産ではなく，債権者は，適用ある非破産法により許されている当該財産に関するいかなる手続をもとることができる。ただし，裁判所が，その45日の期間が満了する前になされた管財人の申立てに基づき，かつ，通知をなし審問を経た上で，その財産が倒産財団にとって約定されたところの価値を有し又は利益になると決定し，債権者の権利につき妥当で適切な保護を命じ，かつ，債務者に対して債務者が占有するいかなる担保目的物（any collateral）をも引き渡すことを命じたときは，この限りではない。
(7)　管財人が当該事件において職務を遂行していない限り，事件が開始されたときに債務者（又は債務者が指定した者）が従業員年金計画（employee benefit plan）の（1974年従業員退職年金保障法；the Employee Retirement Income Security Act of 1974 第3条に定義される）業務執行者（administrator）として職務を遂行していたときは，債務者は，その業務執行者につき必要とされる義務を継続して履行しなければならない。
(b)～(j)　……

《関連規定》
◆ R第2001条（第7章の清算事件における救済命令前の仮管財人の選任）
(a)　選任　債務者以外の者による手続開始の申立てによる清算事件が開始された後いつでも，裁判所は，利害関係人の書面による申立てにより，本法第303条(g)に基づいて仮管財人の選任を命ずることができる。当該申立ての書面には，仮管財人を選任する必要を記載しなければならず，当該申立ては，債務者，手続開始の申立てをなした債権者，連邦管財官及び裁判所が指定する他の利害関係人に対する通知に基づく審問を経た後においてのみ，認容される。
(b)　申立人の保証提供　裁判所が承認した額で，本法第303条(i)に基づき認容される費用，代理人手数料，支出及び損害につき債務者を填補することを条件付けられた担保を，申立人が提供しない限り，仮管財人は選任さなれない。
(c)　選任の決定　仮管財人の選任を命ずる決定には，選任が必要である理由を明示し，その仮管財人の義務を特定してしなければならない。
(d)　財産の引渡し及び報告　本法第702条に基づき選出された管財人が就任したときは，仮管財人は，別段命じられない限り，(1)占有していた倒産財団のすべての記録及び財産を管財人に速やかに引き渡さなければならず，(2)その後30日内に最終報告書及び最終計算書を提出しなければならない。

■イギリス法
　（会　社）
■第144条（会社の財産の保管）

1　清算命令が発せられたとき，又は仮清算人が選任されたときは，（場合に応じて）清算人又は仮清算人は，会社が権原を有するか又は権原を有すると思われるすべての財産及び係争物を保管し，又は管理しなければならない。

（自然人）
■第 291 条（管財官に対する破産者の義務）
1　破産命令が発せられたときは，破産者は，以下に掲げる事柄を行う義務を負う。
(a)　破産財団の占有を管財官に移転すること
(b)　破産者が占有又は支配し，破産財団及び業務に関連するすべての帳簿，書類その他の記録（訴訟手続において不開示特権を認められるものを含む）を管財官に引き渡すこと
4　破産者は，破産財団の財産目録その他の情報を管財官に提供し，(a)この章［注：第Ⅱ章　破産財団の保全及び破産者の事情の調査］に関して，又は(b)破産制限命令の発令に関連して，管財官が合理的に要求することのできるしかるべき機会には，管財官に同行しなければならない。

■第 311 条（管財人による管理の取得）
1　管財人は，破産財団又は破産者の業務に関係し，かつ，破産者に帰属するか又は破産者が占有若しくは管理しているすべての帳簿，書類その他の記録（訴訟手続において不開示特権を認められるものを含む）を占有しなければならない。

■第 312 条（管財人に管理権を委譲する義務）
1　破産者は，自己が占有又は管理している財産，帳簿，書類その他の記録であって，管財人が占有しなければならないとされている物の占有を管財人に移転しなければならない。
　本項は，本章第 333 条に基づく破産者の一般的な義務を妨げるものではない。
2　以下の各号に掲げる者は，管財人が占有しなければならないとされている財産，帳簿，書類その他の記録を占有しているときは，当該財産，帳簿，書類その他の記録の占有を管財人に移転しなければならない。
(a)　管財官
(b)　破産管財人でなくなった者
(c)　第Ⅷ編の下で破産者に関して承認された任意整理の監督委員であった者

■第 333 条（管財人に関する破産者の義務）
1　破産者は，以下の各号に定める事柄であって，管財人がこの群の各編の下でその職務を遂行するために合理的に要求することのできるものを行わなければならない。
(a)　破産者の業務に関する情報を管財人に提供すること
(b)　管財人に同行すること
(c)　前 2 号に掲げたもの以外のすべてのことをすること

日・◆米・■英・●独・▲仏　　　　　　　　　　　　　　破産法第80条（当事者適格）

●ドイツ法
●第148条（倒産財団の掌握）
　倒産管財人は，手続の開始後直ちに，倒産財団に属する一切の財産の占有および管理に着手しなければならない。

　2　倒産管財人は，開始決定の執行力ある正本に基づき，強制執行の方法によって，債務者の占有下にある物件の引渡しを実行することができる。この場合には，民事訴訟法第766条の規定を，「執行裁判所」を「倒産裁判所」と読み替えて，準用する。

　【コメント】　ドイツ倒産法148条2項は，旧法下での通説を明文化したものであるが，同時に，債務者が占有する物の引渡し・明渡しの執行に際しての異議については，倒産裁判所が管轄するものと定めている。

▲フランス法
▲**第641-10条第7段**（前掲・第78条参照）

▲**第622-4条**（前掲・第78条参照）

第80条（当事者適格）　破産財団に関する訴えについては，破産管財人を原告又は被告とする。

　📗民事再生法第67条1項（管理命令が発せられた場合の再生債務者の財産関係の訴えの取扱い）
　📗会社更生法第74条（当事者適格等）

◆アメリカ法
〔当事者適格〕
◆第323条（管財人の地位および当事者適格）
(a)　本法の下での事件における管財人は，倒産財団の代表者となる。
(b)　本法の下での事件における管財人は，その名において訴え，訴えられる適格を有する。

■イギリス法
　（会　社）
■倒産法附則第4
　第Ⅱ編　任意清算においては承認を得ないで，強制清算においては承認を得て行使しうる権限
　4　会社の名において会社のために訴訟その他の法的手続を提起し，又はこれらの手続において応訴する権限
　（自然人）
■第314条（管財人の権限）

1　管財人は,
(a)　債権者委員会又は裁判所の許可を得て,本法の附則第5第Ⅰ編に掲げる権限を行使することができる。
(b)　省略
5　本法の附則第5第Ⅲ編は,管財人がこの群の各編の下で権限を行使するために又はそのことと関連して行うことのできる事項に関して,効力を有する。
■倒産法附則第5
　第Ⅰ編
2　破産財団を構成する財産に関する訴訟若しくは法的手続を提起し,又はこれらの手続において応訴する権限
　第Ⅲ編
14　管財人は,本法第Ⅷ編から第ⅩⅠ編までの規定に基づいて権限を行使するために又はそのことと関連して,管財人の名で,以下に掲げる事項を行うことができる。
(a)(b)　省略
(c)　訴え又は訴えられること
以下,省略

●ドイツ法
●第85条（能動訴訟の受継）
1　倒産手続の開始の時において倒産財団に属する財産につき債務者のために争訟が係属しているときには,そのままの状態において,倒産管財人は受継することができる。受継が遅れるときは,民事訴訟法第239条第2項から第4項までの規定を準用する。
2　管財人が受継を拒否するときには,債務者および相手方は共に受継しまたは受継させることができる。
●第86条（特定の受動訴訟の受継）
1　倒産手続の開始の時において債務者に対して以下に掲げる争訟が係属しているときには,倒産管財人も相手方も共に受継しまたは受継させることができる。
　一　目的物の倒産財団からの取戻し。
　二　別除的満足。
　三　財団債務。
2　管財人がただちに請求を認諾したときは,相手方は訴訟費用につき倒産債権者としてしか権利を行使することができない。

▲フランス法
▲第641-4条第1項
　清算人は,債権調査と同時に清算の事務を行う。清算人は,裁判上の受任者の権限に属する訴訟を提起しまたは追行する。

日・◆米・■英・●独・▲仏　　　　　　　　　破産法第81条（郵便物等の管理）／第82条

> **第81条（郵便物等の管理）**　裁判所は，破産管財人の職務の遂行のため必要があると認めるときは，信書の送達の事業を行う者に対し，破産者にあてた郵便物又は民間事業者による信書の送達に関する法律（平成14年法律第99号）第2条第3項に規定する信書便物（次条及び第118条第5項において「郵便物等」という。）を破産管財人に配達すべき旨を嘱託することができる。
> 2　裁判所は，破産者の申立てにより又は職権で，破産管財人の意見を聴いて，前項に規定する嘱託を取り消し，又は変更することができる。
> 3　破産手続が終了したときは，裁判所は，第1項に規定する嘱託を取り消さなければならない。
> 4　第1項又は第2項の規定による決定及び同項の申立てを却下する裁判に対しては，破産者又は破産管財人は，即時抗告をすることができる。
> 5　第1項の規定による決定に対する前項の即時抗告は，執行停止の効力を有しない。
>
> **第82条**　破産管財人は，破産者にあてた郵便物等を受け取ったときは，これを開いて見ることができる。
> 2　破産者は，破産管財人に対し，破産管財人が受け取った前項の郵便物等の閲覧又は当該郵便物等で破産財団に関しないものの交付を求めることができる。

民事再生法第73条・第74条（郵便物等の管理）
会社更生法第75条・第76条（郵便物等の管理）

◆アメリカ法

〔郵便物等の管理〕（該当規定なし）

〔郵便物の開披〕（該当規定なし）

■イギリス法

■倒産法第371条（破産者の書簡等の転送）

1　破産命令が発せられたときは，裁判所は適宜，管財官又は破産管財人の申立てに基づいて，（2000年郵便業務法の意味の）郵便事業者に対し，破産命令において特定された場所で破産者に送付されることになっていた（同法の意味の）郵便物を，管財官又は管財人その他に宛てて送付するよう命ずることができる。

2　本条の規定による命令は，命令において指定された3カ月を超えない期間，効力を有する。

〔郵便物の開披〕（該当規定なし）

●ドイツ法

●第99条（郵便の制限）

債権者を害する債務者の法的行為を解明しまたは阻止するため必要があると認められるときは，倒産裁判所は，倒産管財人の申立てまたは職権により，理由を付した決定により，債務者に対する郵便物の総てまたは決定に記載した特定の企業からの郵便物を，倒産管財人に転送するよう命ずることができる。この命令は，債務者

を審尋した後に発令するものとする。ただし，事案の特殊事情により，審尋をすると命令の目的の達成を危うくするときは，この限りでない。事前に審尋をしないで命令したときは，その理由を決定において特に明らかにするとともに，速やかに審尋を補完しなければならない。

　2　倒産管財人は，転送された郵便物を開封する権限を有する。内容が倒産財団と関係のない郵便物は，速やかに債務者に転送しなければならない。債務者は，それ以外の郵便物を閲読することができる。

　3　債務者は，郵便を制限する命令に対し，即時抗告をすることができる。裁判所は，要件がなくなったときは，倒産管財人を審尋した上，命令を取り消さなければならない。

●第101条（組織法上の代理人・従業員）

　債務者が自然人でないときは，第97条から第99条までの規定は，債務者の代表機関もしくは監査機関の構成員または代表権をもった無限責任社員について，準用する。第97条第1項および第98条は，倒産手続の開始申立て前2年以内に第1文に掲げる地位を離れた者についても，準用する。債務者に代表者がいない場合には，持分権を有する者についても，同様とする。第100条の規定は，債務者の代表権を有する無限責任社員について，準用する。

　2　第97条第1項第1文の規定は，債務者の従業員および倒産手続の開始申立て前2年以内にその地位を離れた者について，準用する。

　3　第1項および第2項に規定する者が，情報提供義務および協力義務に違反した場合において，倒産手続開始の申立てが棄却されたときは，その者に手続の費用を負担させることができる。

●第102条（基本権の制限）

　第99条および第101第1項の規定により，信書の秘密ならびに郵便および通信の秘密（基本法第10条）は制限される。

【コメント】　日本法37条以下に対応するドイツ法のコメント参照。

▲フランス法

▲第641-15条第1段および第4段

　裁判上の清算手続中，主任裁判官は，清算人または，管理人が任命された場合にはこれが，債務者に宛てられた郵便物の受取人になることを命ずることができる。

　債務者が職業上の秘密に服する活動を行っている場合には，本条の規定は適用されない。

▲第641-15条第2段および第3段

　債務者は，あらかじめ通知されたうえで，郵便物の開披に立ち会うことができる。ただし，裁判所への呼出し，裁判の送達またはその他の人的性格を有する郵便物は，直ちに債務者に交付されまたは返還されなければならない。

日・◆米・■英・●独・▲仏　　　　　　　　　　　　　　破産法第83条（破産管財人による調査等）

　主任裁判官は，コンセイユ・デ・タのデクレで定める条件で，債務者が受理した電子郵便に清算人，およびそれが任命されている場合に管理人がアクセスすることを許すことができる。

▲R第641-40条

　［法律部］第641-15条の適用において，清算人は，主任裁判官の命令に基づいて，法人の法律上の代表者もしくは自然人である債務者または債務者の被傭者で有用な情報を受け取ることができるすべての者に，職業上の電子郵便を，その指定する電子郵便の宛先に，自動的に転送するよう求めることができる。

　このために，清算人，および場合によって管理人は，また，債務者のあらゆる被傭者の協力を求めることができる。

　主任裁判官の命令で，その電子郵便が清算人および，場合によって管理人に転送される自然人を任命する。

　清算人および管理人は，転送された郵便で，職業上の性格を有しないものを，遅滞なく破棄する。

　任務が終了したときは，管理人は，なおその占有する郵便を清算人に転送する。清算の終結時に，清算人は，その保持することができた被転送郵便物を破棄する。

<u>第83条（破産管財人による調査等）</u>　破産管財人は，第40条第1項各号に掲げる者及び同条第2項に規定する者に対して同条の規定による説明を求め，又は破産財団に関する帳簿，書類その他の物件を検査することができる。
2　破産管財人は，その職務を行うため必要があるときは，破産者の子会社等（次の各号に掲げる区分に応じ，それぞれ当該各号に定める法人をいう。次項において同じ。）に対して，その業務及び財産の状況につき説明を求め，又はその帳簿，書類その他の物件を検査することができる。
　一　破産者が株式会社である場合　破産者の子会社（会社法第2条第3号に規定する子会社をいう。）
　二　破産者が株式会社以外のものである場合　破産者が株式会社の総株主の議決権の過半数を有する場合における当該株式会社
3　破産者（株式会社以外のものに限る。以下この項において同じ。）の子会社等又は破産者及びその子会社等が他の株式会社の総株主の議決権の過半数を有する場合には，前項の規定の適用については，当該他の株式会社を当該破産者の子会社等とみなす。

📙 民事再生法第59条（監督委員による調査等），第78条（監督委員に関する規定の準用）
📙 会社更生法第77条（更正会社及び子会社に対する調査）

◆アメリカ法
⇒日本法第85条の項◆第704条(a)(4)参照

■イギリス法
　（自然人）

■第289条（管財官の調査義務）
1　管財官は，
(a)　それぞれの破産者の行動及び事情（破産命令の発令前の行動及び事情を含む）を調査し，
(b)　裁判所に，管財官が適切と考える報告をしなければならない。
2　前項の規定は，管財官が前項の規定に基づく調査は不要であると考えるときは，適用しない。

●ドイツ法
●第69条（債権者委員会の任務）
　債権者委員は，倒産管財人の職務遂行を援助しかつ監督しなければならない。債権者委員は，業務の進行を調査し，商業帳簿および業務書類を閲覧させかつ金銭の収支および残高を監査させなければならない。

▲フランス法（該当規定なし）

第84条（破産管財人の職務の執行の確保）　破産管財人は，職務の執行に際し抵抗を受けるときは，その抵抗を排除するために，裁判所の許可を得て，警察上の援助を求めることができる。

◆アメリカ法（該当規定なし）

■イギリス法（該当規定なし）

●ドイツ法（該当規定なし）

▲フランス法（該当規定なし）

第85条（破産管財人の注意義務）　破産管財人は，善良な管理者の注意をもって，その職務を行わなければならない。
2　破産管財人が前項の注意を怠ったときは，その破産管財人は，利害関係人に対し，連帯して損害を賠償する義務を負う。

　民事再生法第60条（監督委員の注意義務），第78条（監督委員に関する規定の準用）
　会社更生法第80条（管財人の注意義務）
　会社法第523条（清算人の公平誠実義務）

◆アメリカ法
〔破産管財人の注意義務〕
◆第704条（管財人の義務）

日・◆米・■英・●独・▲仏　　　　　　　　　　破産法第85条(破産管財人の注意義務)

(a) 管財人は，
(1) 倒産財団の財産を蒐集し，これを換価し，利害関係人の利益にもっともよく適合するように迅速に，管財業務を終結させなければならず，
(2) 受領したすべての財産につき計算報告を行わなければならず，
(3) 債務者が本法第521条(2)(b)に定めるところに従いその意思を実現することを確実なものにしなければならず，
(4) 債務者の財務状況を調査しなければならず，
(5) 目的に適うときは，請求権の証拠を検証し，適切ではない請求権の認容に対し異議を申し立てなければならず，
(6) 適切であるときは，債務者の免責に対し異議を申し立てなければならず，
(7) 裁判所が別段命じない限り，利害関係人の申し立てたところに従い，倒産財団に関する情報及び倒産財団の管理に関する情報を提供しなければならず，
(8) 債務者の事業の継続が認められるときは，裁判所，連邦管財官，及び，その事業により生ずる租税の徴収又は確定を担当する政府機関に対し，収支計算を含む定期的な営業概要報告，及び，連邦管財官又は裁判所が要求するその他の情報を提出しなければならず，
(9) 裁判所及び連邦管財官に対し，倒産財団の管理についての最終報告書及び最終計算書を提出しなければならず，
(10) 債務者に関して家族扶養義務についての請求権があるときは，(c)に定める適切な通知をしなければならず，
(11) 事件が開始された時において，債務者（又は債務者が指定した者）が従業員年金計画の（1974年従業員退職年金保障法第3条に定義される）業務執行者として職務を遂行していたときは，その業務執行者につき必要とされる義務を履行することを継続しなければならず，及び，
(12) 閉鎖されようとしている医療施設（health care business）から，(A)閉鎖されようとしている当該医療施設に近接する地にあり，(B)閉鎖されようとしている当該医療施設が提供していたサービスと実質的に類似するサービスを患者に提供し，かつ，(C)ケアの相当の質を維持する，適切な医療施設に患者を移送するために，相当かつ最大のあらゆる努力を払わなければならない。
(b)〜(c) ……

【コメント】　アメリカ法では，日本法が規定する一般的注意義務を定めた規定は存在しないが，破産との関わりでこれに対応する規定をあげるとすれば，上述第704条(a)(1)〜(12)がこれにあたる。この規定は，管財人の一般的義務（main duty）を明らかにしたものと指摘される（6 Collier on Bankruptcy, 704-7（15th rev.ed.1997））。

　管財人は受託者としての義務（fiduciary duty）を遂行する（6 Collier on Bankruptcy, 704-9（15th rev.ed.1997））。管財人の義務の程度・内容などは判例法に委ねられている。判例によれば，その注意義務の程度につき，管財人は信託的義務を負う者として，同じような状況下で，かつ，同種の目的をもって，通常において誠実な者が自身の業務を遂行するに際して有

301

する程度の注意と勤勉さをもってその職務を遂行しなければならないとされている。また，管財人の損害賠償責任について，判例によれば，連邦倒産法の下で選任され，倒産財団の利益のために事業を行う権限を与えられたレシーバー及び管財人は，その権限の重さによってレシーバー及び管財人としての責任を負っており，自らがその権限を踰越して行動した場合を除いて，個人として責任を負うものではないとされている。

■イギリス法
■第304条（管財人の責任）
1　本条に基づく申立てがされ，裁判所が以下の各号に掲げる事項につき確信を抱いたときは，裁判所は管財人に対し，破産財団のために金銭その他の財産を（裁判所が正当と考える利率による利息とともに）返済し，返還し，又は使途の説明をするように命じることができる。必要な場合には，職権濫用又は信認義務その他の義務の違反に関する賠償金として，裁判所が正当と考える金額を支払うように命じることもできる。

  (a)　破産管財人が，破産財団を構成する金銭その他の財産を横領するか，又は使途について説明する責任を負うにいたったこと
  (b)　破産管財人が，その職務を遂行するうえで職権を濫用し，又は信認義務その他の義務に違反した結果，破産財団が損失を被ったこと

本項は，本条とは関係なく［破産管財人に］責任が生じることを妨げるものではない。

●ドイツ法
●第60条（倒産管財人の責任）
倒産管財人は，故意または過失により，この法律により課された義務に違反したときは，すべての関係人に対し損害を賠償する責めに任ずる。倒産管財人は几帳面で誠実な倒産管財人の注意をもって任務を行うことを要する。

2　倒産管財人が，その義務を履行するために，債務者の従業員を従前の職務の範囲内で起用する必要があった場合において，この者が明らかに不適格ではなかったときには，倒産管財人は，この者の故意または過失につき民法第278条の規定によりこの者に替わって責めを負わず，この者の監督および特別に重要な意思決定に対してのみ責任を負う。

●第61条（財団の負債の不履行）
倒産管財人の法的行為により発生した財団の負債が倒産財団から完全に弁済されないときは，倒産管財人は，財団債権者に対し損害を賠償する責めに任ずる。ただし，負債の発生時において，倒産管財人が，財団が弁済に足りないおそれが大きいことを予見できなかったときは，この限りでない。

●第62条（時効）
倒産管財人の義務違反から生ずる損害の賠償請求権の消滅時効は，民法の通常の

日・◆米・■英・●独・▲仏　　　　　　　　　破産法第86条(破産管財人の情報提供努力義務)

時効に関する規律による。請求権は，遅くとも倒産手続が終結したときまたは倒産手続の廃止が確定したときから3年を経過したときに，時効により消滅する。第2文の規定は，追加配当（第203条）中または計画履行の監視（第230条）中に行われた義務違反について，倒産手続の終結」は「追加配当の完了」または「監視の終結」と読み替えて，準用する。
　【コメント】　日本法77条に対応するドイツ法コメント参照。

▲フランス法
　【コメント】　直接対応する該当規定はないが，清算人の懲戒については，すでに述べた一般的な規定がある。
▲第812-9条（前掲・第74条参照）
▲第811-11条から第811-15条（前掲・第75条参照）

第86条（破産管財人の情報提供努力義務）　破産管財人は，破産債権である給料の請求権又は退職手当の請求権を有する者に対し，破産手続に参加するのに必要な情報を提供するよう努めなければならない。

　会社更生法第80の2（管財人の情報提供努力義務）

◆アメリカ法（該当規定なし）

■イギリス法（該当規定なし）

●ドイツ法（該当規定なし）

▲フランス法
　【コメント】　直接の対応規定とはいえないが，以下のような規定がある。
▲第641-14条第1段
　債務者の財産の確定および労働契約から生じる債権の決済に関する本巻第2編第4章および第5章の規定，ならびにある種の行為の無効に関する本巻第3編第2章の規定は，裁判上の清算手続に適用される。
▲第625-2条
　労働契約から生ずる債権の一覧表は，調査のために，裁判上の受任者から，第621-4条に定める被傭者代表に伝達される。裁判上の受任者は，被傭者代表にすべての有用な書類および情報を伝達しなければならない。困難な場合には，被傭者代表は，管理人に照会することができ，必要があるときは，主任裁判官に提訴することができる。被傭者代表は，労働法典L第432-7条に定める守秘義務を負う。主任裁判官が定める任務の遂行に要した時間は当然に労働時間と見做され，通常の支払い期日に［給与が］支払われる。

> 第 87 条（破産管財人の報酬等）　破産管財人は，費用の前払及び裁判所が定める報酬を受けることができる。
> 2　前項の規定による決定に対しては，即時抗告をすることができる。
> 3　前 2 項の規定は，破産管財人代理について準用する。

> 規第 27 条（破産管財人の報酬等・法第 87 条）　裁判所は，破産管財人又は破産管財人代理の報酬を定めるに当たっては，その職務と責任にふさわしい額を定めるものとする。

- 民事再生法第 61 条（監督委員の報酬等），第 78 条（監督委員に関する規定の準用）
- 会社更生法第 81 条（管財人の報酬等）
- 会社法第 526 条（清算人の報酬等）

◆アメリカ法
◆第 326 条（管財人の報酬に対する制限）

(a)　第 7 章の事件又は第 11 章の事件において，裁判所は，管財人のなした役務につき，その役務を提供した後に支払われうるものとして，その管財人が，担保債権者を含み，かつ，債務者を除く利害関係人に対して配当をなし又は，交付したすべての金額を基準として，最初の 5,000 ドルまでの部分については 25 パーセントを超えない金額，5,000 ドルを超え 50,000 ドルまでの部分については 10 パーセントを超えない金額，50,000 ドルを超え 1,000,000 ドルまでの部分については 5 パーセントを超えない金額，1,000,000 ドルを超えるときは 3 パーセントを超えない金額の範囲内での合理的な報酬額を本法第 330 条に基づき認容することができる。

(b)　……

(c)　事件において数名の者が管財人として職務を行う場合には，その職務についてのそれらの者のための報酬の総額は，本条(a)又は(b)に基づき 1 名の管財人につき定められた最高報酬額を超えることはできない。

(d)　管財人が本法第 328 条(c)により認容の拒絶を許すであろう事実について誠実な調査を行わなかった，又は，そのような事実を知りながら本法第 327 条に基づいて専門家を雇用したときは，裁判所は，その管財人の役務に対する報酬又は費用の償還の認容を拒絶することができる。

◆第 331 条（報酬等の仮払い）

　管財人，調査委員，債務者の弁護士，又は本法第 327 条若しくは第 1103 条に基づき雇用された専門家は，本法の下での救済命令があった後，120 日ごとに 1 度の割合よりも多くない回数で，又は，裁判所が許可したときはそれよりも多い頻度で，裁判所に対し，本法第 330 条により支払いを受けることのできる報酬及び実費であって，支払いの申請を行った日以前に提供した役務又は支弁したものについて，支払いの申請を行うことができる。裁判所は，通知をなし審問を経た上で，その申

請をした者に対し，その報酬及び実費を認容し，これを支給することができる。

■イギリス法

以下，管財人に関する規定を掲げる。清算人については，倒産規則第4.127条が同趣旨を規定している。

■R第6.138条（報酬額の確定）

1　管財人は，その業務に対する報酬を受けることができる。

2　報酬の基準は，次に掲げる方法で定められる。
　(a)　換価若しくは配当された破産財団の資産価値のパーセンテージ，又はそれぞれの資産価値に対するパーセンテージの組合せによる方法
　(b)　（管財人としての）倒産実務家及びそのスタッフが破産において生じた事項に対して適正に費やした時間に対する方法
　(c)　一定の額による方法

3A　報酬の基準は，第2項に掲げた方法の1又は2以上とすることができる。管財人が行った事項が異なれば，異なる基準を採用することができる。

3B　報酬が第2項(a)号に従って確定される場合には，管財人が行った事項が異なれば異なるパーセンテージを採用することができる。

3C　管財人が管財官以外の者であるときは，次の各号に掲げる事項は，債権者委員会が（設置されていればそれが）決定する。
　(a)　第2項に掲げた基準のいずれを採用し，（適切な場合には）第3A項の規定に基づくどのような組合せを採用するか
　(b)　第2項(a)号及び第3B項の規定に基づいて確定されるパーセンテージ並びに第2項(c)号の規定に基づいて定められる額

4　債権者委員会は，決定を行うに際し，次に掲げる事柄を考慮しなければならない。
　(a)　事件の複雑さ（又は複雑でないこと）
　(b)　破産財団の管理に関連して，倒産実務家に（管財人として）例外的な種類又は程度の責任が課された点
　(c)　倒産実務家が管財人としての義務を遂行しているか，又は遂行したことについての効率性
　(d)　管財人が扱わなければならなかった破産財団所属の資産の価値及び性質

5　債権者委員会が設置されていないとき，又は債権者委員会が必要な決定をしないときは，管財人の報酬の基準は（第2項，第3A項及び第3B項に従い）債権者集会の決議によって定めることができる。この場合には，第4項は，債権者委員会に対するのと同様に適用される。

6　管財人が管財官ではなく，管財人の選任から18カ月以内に管財人の報酬の基準が以上の規定によって定められないときは，管財人は倒産規則6.138A条に従っ

て算定された報酬を受けることができる。

■ R 第6.138A 条（倒産規則6.138条に従って確定されない場合の管財人の報酬）

1　本条は，管財人が管財官でなく，管財人の報酬が前条に従って確定されない場合にこれを適用する。

2　次項に定めるところに従い，管財人は，その業務に対する報酬として次の各号により得られる金額を受ける権利を有する。

 (a)　まず，附則第6に定められた換価の額に応じた報酬率を，管財人が破産者の資産を換価することによって受領した金銭（それに対する付加価値税を含み，担保権者に対して担保に関して支払った金額及び破産者の営業を行って受領した金銭から支出された金額を控除したもの）に乗じたうえで，

 (b)　前号の規定に基づいて得られた金額に，附則第6に定められた配当の額に応じた報酬率を破産者の債権者に配当した資産の価値（優先債権に関して支払われた金額を含む）に乗ずることによって得られた金額を加算する

3　換価の額に応じた報酬率により計算された管財人の報酬の部分は，次項に掲げられた費目の支払に必要な破産者の資産［の価値］に換価の額に応じた報酬率を乗じて得られた金額を超えてはならない。

4　前項に掲げる費目は，次に掲げるものとする。

 (a)　破産債務（倒産法第328条第4項の規定により支払われる利息を含む）であって，本規則によって支払われることが要求されている範囲のもの（破産者の資産の換価による収益からは支払われない債務又は裁判所に支払われるべき債務は除く）

 (b)　以下に掲げるもの以外の破産の費用

  (i)　管財官の手数料又は報酬

  (ii)　破産者の営業を行って受領した金銭から支出された金額

 (c)　倒産法第415条の規定に基づいて発せられた命令により支払われる報酬

 (d)　管財官の報酬

倒産規則附則第6

破産管財人及び清算人の報酬の決定に関しては，換価及び配当の額に応じた報酬率は，以下に定めるとおりとする。

 換価についての報酬率

(i)	5,000ポンドまでの部分	20%
(ii)	5,000ポンドを超え10,000ポンドまでの部分	15%
(iii)	10,000ポンドを超え100,000ポンドまでの部分	10%
(iv)	100,000ポンドを超える部分	5%

 配当についての報酬率

(i)	5,000ポンドまでの部分	10%
(ii)	5,000ポンドを超え10,000ポンドまでの部分	7.5%

(iii) 10,000ポンドを超え100,000ポンドまでの部分　　　　5%
(iv) 100,000ポンドを超える部分　　　　　　　　　　　　2.5%

【コメント】
　1　わが国におけるのと異なり，管財人又は清算人の報酬を定めるのは裁判所ではない。管財人の報酬については，債権者委員会が設置されている場合にはその委員会が，清算人の報酬については，清算委員会が設置されている場合はその委員会が，それぞれ報酬基準を定め，関連する具体的な事項（パーセンテージ又は額）を定める。これらの委員会が設置されていないか，又は設置されていても報酬に関する決定をしない場合には，債権者集会の決議で定める（規則第6.138条，第4.127条）。管財官以外の者が管財人又は清算人であって，以上の方法では報酬が確定しない場合には，附則第6に定めるパーセンテージで報酬を受けることができる（規則第6.138A条，4.127A条）。

　2　条文の翻訳は挙げなかったが，管財人（清算人）が債権者委員会（清算委員会）の定めた報酬率，報酬額又は報酬基準に不服があるときは，債権者集会の決議で報酬率若しくは報酬額の引上げ，又は報酬基準の変更をするように求めることができる（規則第6.140A条，第4.129A条）。管財人（清算人）が債権者委員会（清算委員会）若しくは債権者集会の決議で定めた報酬の基準に不服があるとき，又は報酬基準が定まらず，附則第6で定められた報酬率による報酬とされたことに不服があるときには，裁判所に対して増額請求をすることができる（規則第6.141条，第4.130条）。他方，債権者が管財人（清算人）の報酬に不服がある場合には，裁判所に減額の請求をすることができる（規則第6.142条，第4.131条）。

　3　管財人の選任に際して，管財人の側から不当な勧誘（solicitation）があったときは，裁判所は管財人の報酬を認めない旨の命令を発することができる。この命令が発せられたときは，すでに報酬の額を定めていた債権者委員会の決定や債権者集会の決議は無効となる（規則第6.148条）。以上は，清算人についても同様である（規則第4.150条）。

●ドイツ法
●第63条（倒産管財人の報酬）
　倒産管財人は，その職務遂行に対する報酬の支払および適切と認められる立替金の償還を求める請求権を有する。報酬の算定は倒産手続の終結時における倒産財団の価額を基準として算定する。倒産管財人の職務遂行の範囲および難易は，この基準とは別に，斟酌される。

　2　第4条aにより手続の費用の支払が猶予された場合において，倒産財団がその費用を支払うのに足りないときは，倒産管財人は，その報酬及び支出について，国庫に対して支払を求めることができる。

●第64条（裁判所による確定）
　倒産管財人の報酬および償還さるべき立替金の額は，倒産裁判所が決定により定める。

　2　前項の決定はこれを公告し，倒産管財人，債務者および債権者委員会が置かれているときは債権者委員に，送達しなければならない。ただし，確定された金額は公告することを要しない。公告においては，決定の全文は裁判所書記課において閲覧できる旨を，教示しなければならない。

3　第1項の決定に対して，管財人，債務者および各倒産債権者は即時抗告をすることができる。民事訴訟法第567条第2項を準用する。

●第65条（命令への委任）
　連邦司法省は，倒産管財人に対する報酬と立替金の償還につき法規命令により詳細に規律する権限を与えられる。

　【コメント】　ドイツ倒産法63条第2文は，旧法下で政令によって定められていた報酬基準を法律に取り込んだものである。

▲フランス法
▲第663-2条
　コンセイユ・デタのデクレで，裁判上の管理人，裁判上の受任者，計画履行監査人および清算人の報酬の条件を定める。この報酬は，同じ手続における，またはその延長に過ぎない継続的任務の他の報酬や費用を含まない。

　【コメント】　清算人の報酬は，R第663-19条の規定によって，手続全体のために，2,500ユーロとされ，このほか，債権調査のために，債権表に登載された債権ごとに，その額に応じた手数料（30ユーロから50ユーロ）が，また，労働債権については，被傭者1名ごとに120ユーロの手数料が支払われる。

第88条（破産管財人の任務終了の場合の報告義務等） 破産管財人の任務が終了した場合には，破産管財人は，遅滞なく，計算の報告書を裁判所に提出しなければならない。
2 前項の場合において，破産管財人が欠けたときは，同項の計算の報告書は，同項の規定にかかわらず，後任の破産管財人が提出しなければならない。
3 第1項又は前項の場合には，第1項の破産管財人又は前項の後任の破産管財人は，破産管財人の任務終了による債権者集会への計算の報告を目的として第135条第1項本文の申立てをしなければならない。
4 破産者，破産債権者又は後任の破産管財人（第2項の後任の破産管財人を除く。）は，前項の申立てにより招集される債権者集会の期日において，第1項又は第2項の計算について異議を述べることができる。
5 前項の債権者集会の期日と第1項又は第2項の規定による計算の報告書の提出日との間には，3日以上の期間を置かなければならない。
6 第4項の債権者集会の期日において同項の異議がなかった場合には，第1項又は第2項の計算は，承認されたものとみなす。

第89条 前条第1項又は第2項の場合には，同条第1項の破産管財人又は同条第2項の後任の破産管財人は，同条第3項の申立てに代えて，書面による計算の報告をする旨の申立てを裁判所にすることができる。
2 裁判所は，前項の規定による申立てがあり，かつ，前条第1項又は第2項の規定による計算の報告書の提出があったときは，その提出があった旨及びその計算に異議があれば一定の期間内にこれを述べるべき旨を公告しなければならない。この場合においては，その期間は，一月を下ることができない。
3 破産者，破産債権者又は後任の破産管財人（第1項の後任の破産管財人を除く。）は，前項の期間内に前条第1項又は第2項の計算について異議を述べることができる。
4 第2項の期間内に前項の異議がなかった場合には，前条第1項又は第2項の計算は，承認されたものとみなす。

規第28条（破産管財人の計算についての異議の方式・法第89条） 法第89条第3項の規定による異議の申述は，書面でしなければならない。

▰民事再生法第77条（任務終了の場合の報告義務等）
▰会社更生法第82条（任務終了の場合の報告義務等）
▰会社法第520条（裁判所による調査）

◆アメリカ法
◆第704条（管財人の義務）
(a) 管財人は，
　(1)～(8) ……
　(9) 裁判所及び連邦管財官に対し，倒産財団の管理についての最終報告書及び最終計算書を提出しなければならず，
　(10)～(12) ……。
◆R第2003条（債権者集会及び持分証券保有者集会（Meeting of Creditors or Eq-

uity Security Holders））

(a)〜(h)　……

(g)　債権者集会の最終の期日　実現された正味の売却金が 1,500 ドルを超える事件において，連邦管財官が債権者集会の最終の期日を招集するときは，裁判所書記官は，管財人の作成した最終計算書の概要書をその債権者集会の期日の通知とともに，認容された請求権を明示した書面をもあわせて，債権者に送付しなければならない。管財人は，その最終の期日に出頭し，求められるときは，倒産財団の管理及び運用に関して報告しなければならない。

■イギリス法

以下，破産管財人に関する規定を掲げる。会社の清算人については，倒産規則第 4.108 条第 3 項，第 4.125 条第 2 項が同趣旨を規定している。

▓ R 第 6.126 条（管財人の辞任を承認するための債権者集会）

2　債権者及び破産者への［管財人の辞任を承認するための債権者集会の］通知には，次に掲げるものを含む管財人の破産財団の管理に関する計算書を添付しなければならない。
- (a)　破産に関して主務大臣に対して行った報告と一致している旨の管財人の説明書
- (b)　次に定める期間の経過報告書
  - (i)　(aa)管財人の選任と(bb)最後の経過報告書の期間の末日の翌日のいずれか遅い日から始まり，
  - (ii)　債権者集会の日まで

▓ R 第 6.137 条（最後の債権者集会）

2　本条の規定に基づいて債権者集会に提出される管財人の報告書には，次に掲げるものを含んでいなければならない。
- (a)　管財人が受領した額及び支払った額の概要で，管財人によって請求された報酬及び管財人が支出した費用の詳細を含むもの
- (ab)　管財人の報酬について確定された報酬基準の詳細
- (b)　破産に関して主務大臣に対して行った報告と一致している旨の管財人の説明書

●ドイツ法

●第 66 条（計算報告）

倒産管財人は，その任務終了の際，債権者集会に計算の報告をしなければならない。

2　倒産裁判所は，債権者集会の前に，倒産管財人による最終決算書を監査しなければならない。倒産裁判所は，最終決算書に証拠書類，監査についての注記，および債権者委員会が置かれているときはその意見を添付して，関係人の閲覧に供しなければならない。倒産裁判所は，債権者委員会の意見表明に期限を設けることが

できる。決算書の正本の公開と債権者集会との間には，少なくとも1週間の期間を置かなければならない。
　3　債権者集会は，手続の係属中，一定の時点までの中間決算書を提出するよう，倒産管財人に命ずることができる。第1項および前項の規定は中間決算に準用する。

▲フランス法
▲第643-10条
　清算人は，収支決算報告を行う。清算人は，この報告から5年間，手続中に引き渡された書類について責任を負う。

第90条（任務終了の場合の財産の管理）　破産管財人の任務が終了した場合において，急迫の事情があるときは，破産管財人又はその承継人は，後任の破産管財人又は破産者が財産を管理することができるに至るまで必要な処分をしなければならない。
2　破産手続開始の決定の取消し又は破産手続廃止の決定が確定した場合には，破産管財人は，財団債権を弁済しなければならない。ただし，その存否又は額について争いのある財団債権については，その債権を有する者のために供託しなければならない。

▌民事再生法第77条第3項・第4項（任務終了の場合の報告義務等）
▌会社更生法第82条第3項・第4項（任務終了の場合の報告義務等）

◆アメリカ法　（該当規定なし）

■イギリス法　（該当規定なし）

●ドイツ法
●第209条（財団債権者に対する弁済）
　倒産管財人は，財団債務を，以下に掲げる順位に従い，同一順位においてはその金額に比例して弁済しなければならない。
　一　手続費用。
　二　財団不足の申述があった後に生じた財団債務で手続費用にあたらないもの。
　三　その他の財団債務。これらに後れて，最後に第100条および第101条第1項第3文の規定により認められた扶助料。
2　以下に掲げる債務は，前項第2号に定める財団債務とする。
　一　倒産管財人が，財団不足を申述した後に，履行を選択した双務契約から生じた債務。
　二　倒産管財人が財団不足の申述後に解約告知をすることができた筈の最初の期日の後の期間につき継続的債権債務関係から生じた債務。
　三　倒産管財人が財団不足の申述後に倒産財団のために反対給付の履行を求めた継続的債権債務関係から生じた債務。

●第 210 条（強制執行の禁止）

倒産管財人が財団不足を申述したときは，209 条第 1 項第 3 号に規定する財団債務に基づき強制執行をすることができない。

●第 211 条（財団不足の申述後の廃止）

倒産管財人が第 209 条の定めるところにより倒産財団を配当したときは，倒産裁判所はただちに倒産手続を廃止する。

2　倒産管財人は，財団不足を申述した後の活動につき，区別して，決算報告書を提出しなければならない。

3　手続の廃止後に倒産財団の構成物が発見されたときは，倒産裁判所は，倒産管財人もしくは財団債権者の申立てにより，または職権をもって，追加配当の実施を命ずる。第 203 条第 3 項，第 204 条および第 205 条の規定は，本条の規定による追加配当について準用する。

●第 214 条（廃止に際しての手続）

……

3　倒産管財人は，廃止の前に，争いのない財団債権を弁済し，争いのある財団債権のために担保を提供しなければならない。

【コメント】　ドイツ旧破産法 60 条をめぐっては，財団不足が明らかになった後に発生した財団債権者（Neumassegläubiger），とくに破産管財人の報酬請求権の取扱いにつき，長らく判例，学説，実務において様々な見解が対立し混乱状態にあったが，ようやく最近になって，これらの債権には 60 条は適用されず，その他の財団債権者（Altmassegläubiger）に先立って弁済を受けられるものとする取扱いが主流となってきたところである。

　倒産法 209 条はこの問題を立法的に解決するものであり，①倒産手続の費用（倒産管財人の報酬等を含み，その発生時期を問わない），②財団不足の申述後に生じた財団債権で倒産手続の費用にあたらないもの，③その他の財団債権，という順序とすることを明らかにした。そしてこの規律を実効あるものとするために，倒産法 210 条は，倒産管財人が財団不足の申述をした後はこの第 3 順位の財団債権に基づく強制執行ができない旨を規定する。

▲フランス法

【コメント】　直接対応する規定ではないが，次のような規定がある。

▲第 812-6 条（前掲・第 74 条参照）

日・◆米・■英・●独・▲仏　　　　　　　　　　　　　　破産法第91条（保全管理命令）

第2節　保全管理人

<u>第91条（保全管理命令）</u>　裁判所は，破産手続開始の申立てがあった場合において，債務者（法人である場合に限る。以下この節，第148条第4項及び第152条第2項において同じ。）の財産の管理及び処分が失当であるとき，その他債権者の財産の確保のために特に必要があると認めるときは，利害関係人の申立てにより又は職権で，破産手続開始の申立てにつき決定があるまでの間，債務者の財産に関し，保全管理人による管理を命ずる処分をすることができる。
2　裁判所は，前項の規定による処分（以下「保全管理命令」という。）をする場合には，当該保全管理命令において，一人又は数人の保全管理人を選任しなければならない。
3　前2項の規定は，破産手続開始の申立てを棄却する決定に対して第33条第1項の即時抗告があった場合について準用する。
4　裁判所は，保全管理命令を変更し，又は取り消すことができる。
5　保全管理命令及び前項の規定による決定に対しては，即時抗告をすることができる。
6　前項の即時抗告は，執行停止の効力を有しない。

📙 民事再生法第79条（保全管理命令）
📙 会社更生法第30条（保全管理命令）

◆アメリカ法
◆第701条（仮管財人）
(a)　(1)　本章の下での救済が命じられた後速やかに，連邦管財官は，法第28号第586条(a)(1)に基づき作成された民間管財人名簿に登録された者であって利害関係なき者1名，又は本章の下での救済が命じられる前の直近の事件において管財人として職務を遂行している利害関係なき者1名を，当該事件において仮管財人として職務を行うために，選任しなければならない。
(2)　その登録された者のいずれもが当該事件において仮管財人として職務を遂行する意思を有しないときは，連邦管財官は，当該事件において仮管財人として職務を遂行することができる。
(b)　本条の下での仮管財人の職務は，本法第702条に基づいて当該事件における管財人としての職務を遂行するべく選出され又は指名された管財人が本法第322条に基づき就任したときは，終了する。
(c)　本条に基づき職務を遂行する仮管財人は，本法の下での事件における管財人である。

◆R第2001条（第7章の清算事件における救済命令が発せられる前における仮管財人の選任）⇒79条の項の≪関連規定≫参照。

【コメント】　アメリカ法では厳密には日本法の保全管理命令及び保全管理人の制度は存在しない。ここにいう仮管財人は，債務者以外の者による手続開始の申立てがあった場合において救済命令が発せられるまでの間，債務者財産の管理等を行う機関である。第7章の清算事件では

債権者集会で管財人が選任されるので，それまでこの仮管財人が管財人としての役割を担う。また，自己申立てによる場合にはその申立てが救済命令（手続開始決定）を意味するから，第7章清算事件では管財人が選任されるときまで仮管財人が管財人としての職務を行う。以上のことを第701条は規定している。

■イギリス法
（会　社）
■第135条（仮清算人の選任及び権限）

1　次項以下に定めるところに従い，裁判所は，清算命令の申立書が提出された後であればいつでも，清算人を仮に選任することができる。

2　イングランド及びウェールズにおいては，仮清算人の選任は，清算命令の発令前のいつでも，これをすることができる。その場合には，管財官又は他の適任者を選任することができる。

■R第4.25条（仮清算人の選任）

1　次の各号に掲げる者は，裁判所に対して，倒産法第135条に基づく仮清算人の選任の申立てをすることができる。
- (a)　［清算命令の］申立人
- (b)　会社の債権者
- (c)　清算出資者
- (d)　会社
- (e)　主務大臣
- (f)　仮管理人
- (g)　主たる手続において選任された加盟国清算人
- (h)　法令により会社の清算の申立書を提出する権限を有する者

（自然人）
■第286条（仮管財人を選任する権限）

1　裁判所は，債務者の財産を保全するために必要であることが示されたときは，破産申立書が提出されてから破産命令が発せられるまでの間のいつでも，管財官を債務者の財産の仮管財人に選任することができる。

■R第6.51条（仮管財人の選任の申立て）

1　次の各号に掲げる者は，裁判所に対して，倒産法286条に基づく仮管財人の選任の申立てをすることができる。
- (a)　債権者
- (b)　債務者
- (c)　倒産法第273条第2項の規定に基づいて選任された倒産実務家
- (d)　仮管理人
- (e)　主たる手続において選任された加盟国清算人

【コメント】　わが国の保全管理人に相当するのは，仮清算人又は仮管財人である。仮清算人又

は仮管財人は，清算命令の申立書又は破産命令の申立書が提出されたのち，清算命令又は破産命令が発せられるまでの間に，債務者たる会社又は自然人の財産を保全する目的で，裁判所によって選任される。

●ドイツ法
●第21条（保全処分）
1 倒産裁判所は，申立てについて裁判するまでの間に債務者の財産状態に債権者を害する変動が生ずることを予防するため，必要と認められるあらゆる措置を命ずることができる。債務者は，本条の措置に対して，即時抗告をすることができる。

2 裁判所は，とりわけ左に掲げる措置を命じることができる。
一 仮倒産管財人を選任すること。仮倒産管財人には第56条および第58条から第66条までの規定を準用する。
二 債務者の処分行為を一般的に禁止し，または債務者の処分行為の効力を仮倒産管財人の同意に係らしめること。
……

▲フランス法（該当規定なし）

<u>第92条（保全管理命令に関する公告及び送達）</u>　裁判所は，保全管理命令を発したときは，その旨を公告しなければならない。保全管理命令を変更し，又は取り消す旨の決定があった場合も，同様とする。

2 保全管理命令，前条第4項の規定による決定及び同条第5項の即時抗告についての裁判があった場合には，その裁判書を当事者に送達しなければならない。

3 第10条第4項の規定は，第1項の場合については，適用しない。

▌民事再生法第80条（保全管理命令に関する広告及び送達）
▌会社更生法第31条（保全管理命令に関する広告及び送達）

◆アメリカ法（該当規定なし）

■イギリス法
（会　社）
■R第4.25A条（仮清算人の選任の通知）
1 仮清算人を選任したときは，裁判所は合理的に実行可能な限りすみやかに，その事実を管財官に通知しなければならない。

2 仮清算人が管財官でないときは，裁判所は，前項の通知の写しを同時に仮清算人にも送付しなければならない。

3 裁判所が別段の指示をした場合を除き，仮清算人は，仮清算人の選任の通知を受領後，合理的に実行可能な限りすみやかに，選任を通知しなければならない。通知は，(a)官報に掲載してしなければならず，かつ，(b)仮清算人が適切と考える方

法で広告することができる。
　（自然人）（該当規定なし）

● ドイツ法
● 第 23 条（処分行為の制限の公告）
　1　仮倒産管財人を選任し，かつ第 21 条第 2 項第 2 号の定める処分行為の制限を命じる決定は，公告しなければならない。この決定は，債務者，債務者に対し義務を負う者および仮倒産管財人に対しては，別に送達しなければならない。債務者に対し債務を負う者に対しては，これと同時に，この決定を遵守した上でのみ履行するよう求めることを要する。
　2　債務者が商業登記簿，協同組合登記簿または社団登記簿に登記されているときは，倒産裁判所の書記課は，この決定の正本を登記裁判所に送付しなければならない。
　3　第 32 条および第 33 条の規定は，処分制限を船舶登記簿，建造中船舶登記簿または航空機抵当権登記簿に登記するにつき，準用する。

▲ フランス法（該当規定なし）

> 第 93 条（保全管理人の権限）　保全管理命令が発せられたときは，債務者の財産（日本国内にあるかどうかを問わない。）の管理及び処分をする権利は，保全管理人に専属する。ただし，保全管理人が債務者の常務に属しない行為をするには，裁判所の許可を得なければならない。
> 　2　前項ただし書の許可を得ないでした行為は，無効とする。ただし，これをもって善意の第三者に対抗することができない。
> 　3　第 78 条第 2 項から第 6 項までの規定は，保全管理人について準用する。

▌民事再生法第 81 条（保全管理人の権限）
▌会社更生法第 32 条（保全管理人の権限）

◆ アメリカ法
⇒ 日本法第 74 条の項参照

■ イギリス法
　（会　社）
■ 第 135 条（仮清算人の選任及び権限）
　4　仮清算人は，裁判所によって与えられた職務を執行しなければならない。
　5　清算人が裁判所によって仮に選任されたときは，その権限は選任命令によって制限することができる。
■ R 第 4.26 条（選任命令）
　1　仮清算人を選任する命令においては，会社の業務に関して仮清算人が遂行す

日・◆米・■英・●独・▲仏　　　　　　　　　　　　　破産法第93条(保全管理人の権限)

るべき職務を明記しなければならない。
　（自然人）
■第286条（仮管財人を選任する権限）
　3　裁判所は，仮管財人を選任する命令において，仮管財人の権限の限定又は制限を命ずることができる。そうした限定又は制限が命じられた場合を除き，仮管財人は，債務者の財産に関して，次条に基づいてレシーバーとしての権利及び権限を有し，義務を負担し，責任を免除される。
■R第6.52条（選任命令）
　1　仮管財人を選任する命令には，選任された者が占有すべき財産の性質及び簡潔な記述，並びにその者が債務者の業務に関して遂行すべき義務を記載しなければならない。

●ドイツ法
●第22条（仮倒産管財人の地位）
　1　仮倒産管財人が選任され，かつ債務者の処分行為が一般的に禁止されたときには，債務者の財産を管理および処分する権限は仮倒産管財人に移転する。この場合においては，仮倒産管財人は左に掲げる措置を採らなければならない。
　一　債務者の財産を保全し掌握すること。
　二　債務者が企業を経営するときは，倒産手続が開始されるまでその営業を継続すること。ただし，財産が大きく減少することを防止するため，倒産裁判所が営業の廃止を許可したときは，この限りでない。
　三　債務者の財産が手続の費用を償うに足りるか否かを調査すること。倒産裁判所は，これに加えて，倒産原因の存否および債務者の営業を継続しうる見込みの有無を鑑定人として調査することを，仮倒産管財人に嘱託することができる。
　2　仮倒産管財人が選任され，かつ債務者の処分行為が一般的に禁止されないときには，仮倒産管財人の任務は，倒産裁判所が定める。この場合の任務は，前項第2文の任務を越えてはならない。
　3　仮倒産管財人は，債務者の営業所に立ち入って調査する権限を有する。債務者は，仮倒産管財人に対して，各種帳簿および業務用書類の閲覧を許可し，必要な情報をすべて提供しなければならない。この場合においては，第97条，第98条，第101条第1項第1文，第2文および同条第2項の規定を準用する。

▲フランス法（該当規定なし）

> 第 94 条（保全管理人の任務終了の場合の報告義務）　保全管理人の任務が終了した場合には，保全管理人は，遅滞なく，裁判所に書面による計算の報告をしなければならない。
> 　2　前項の場合において，保全管理人が欠けたときは，同項の計算の報告は，同項の規定にかかわらず，後任の保全管理人又は破産管財人がしなければならない。

　📄 民事再生法第 77 条（任務終了の場合の報告義務），第 83 条（監督委員に関する規定等の保全管理人等の準用）
　📄 会社更生法第 34 条（準用），第 82 条（任務終了の場合の報告義務等）

◆アメリカ法
⇒日本法第 79 条の項参照

■イギリス法
（会　社）
▓ R 第 4.31 条（選任の終了）
　2　仮清算人の選任が終了したときは，清算命令の申立てが棄却された場合であると否とを問わず，裁判所は，仮清算人の管理の報告又はその他の適切と考える問題に関して，正当と考える指示を与えることができる。

（自然人）
▓ R 第 6.57 条（選任の終了）
　2　仮管財人の選任が終了したときは，破産命令の申立てが棄却された場合であると否とを問わず，裁判所は，仮管財人の管理の報告及びその他の適切と考える問題に関して，正当と考える指示を与えることができる。

●ドイツ法（該当規定なし）

▲フランス法（該当規定なし）

> 第 95 条（保全管理人代理）　保全管理人は，必要があるときは，その職務を行わせるため，自己の責任で一人又は数人の保全管理人代理を選任することができる。
> 　2　前項の規定による保全管理人代理の選任については，裁判所の許可を得なければならない。

　📄 民事再生法第 82 条（保全管理人代理）
　📄 会社更生法第 33 条（保全管理人代理）

◆アメリカ法（該当規定なし）

■イギリス法（該当規定なし）

●ドイツ法（該当規定なし）

日・◆米・■英・●独・▲仏　　　　　　　　　　　　　　　　　破産法第96条(準用)

▲フランス法（該当規定なし）

> 第96条（準用）　第40条の規定は保全管理人の請求について，第47条，第50条及び第51条の規定は保全管理命令が発せられた場合について，第74条第2項，第75条，第76条，第79条，第80条，第82条から第85条まで，第87条第1項及び第2項並びに第90条第1項の規定は保全管理人について，第87条第1項及び第2項の規定は保全管理人代理について準用する。この場合において，第51条中「第32条第1項の規定による公告」とあるのは「第92条第1項の規定による公告」と，第90条第1項中「後任の破産管財人」とあるのは「後任の保全管理人，破産管財人」と読み替えるものとする。
> 2　債務者の財産に関する訴訟手続及び債務者の財産関係の事件で行政庁に係属するものについては，次の各号に掲げる場合には，当該各号に定める規定を準用する。
> 一　保全管理命令が発せられた場合　第44条第1項から第3項まで
> 二　保全管理命令が効力を失った場合（破産手続開始の決定があった場合を除く。）　第44条第4項から第6項まで

> 規第29条（破産管財人に関する規定の準用）　前節（前条を除く。）の規定は保全管理人（法第2条第13項に規定する保全管理人をいう。第78条において同じ。）について，第27条の規定は保全管理人代理について準用する。

▌民事再生法第83条（監督委員に関する規定等の保全管理人等への準用）
▌会社更生法第34条（準用）

◆アメリカ法
〔準　用〕（該当規定なし）

■イギリス法
（会　社）
■R第4.30条（報酬）
1　仮清算人の報酬は，（仮清算人が管財官である場合を除き）裁判所が，仮清算人の申立てに基づき適宜確定しなければならない。

（自然人）
■R第6.56条（報酬）
1　仮管財人の報酬は，（仮管財人が管財官である場合を除き）裁判所が，仮管財人の申立てに基づき適宜確定しなければならない。

●ドイツ法
●第24条（処分制限の効力）
1　第81条および第82条の規定は，第21条第2項第2号の定める処分行為の制限に違反したときに準用する。

2　第85条第1項第1文および第86条の規定は，債務者の財産を処分する権限が仮倒産管財人に移転した場合において，係属中の訴訟の受継につき準用する。

●第25条（保全処分の取消し）

1　第23条の規定は，保全処分が取り消された場合において，処分制限の取消しの公告につき準用する。

……

▲フランス法（該当規定なし）

日・◆米・■英・●独・▲仏

第 4 章　破産債権

第 1 節　破産債権者の権利

<u>第 97 条（破産債権に含まれる請求権）</u>　次に掲げる債権（財団債権であるものを除く。）は，破産債権に含まれるものとする。
　一　破産手続開始後の利息の請求権
　二　破産手続開始後の不履行による損害賠償又は違約金の請求権
　三　破産手続開始後の延滞税，利子税若しくは延滞金の請求権又はこれらに類する共助対象外国租税の請求権
　四　国税徴収法（昭和 34 年法律第 147 号）又は国税徴収の例によって徴収することのできる請求権（以下「租税等の請求権」という。）であって，破産財団に関して破産手続開始後の原因に基づいて生ずるもの
　五　加算税（国税通則法（昭和 37 年法律第 66 号）第 2 条第 4 号に規定する過少申告加算税，無申告加算税，不納付加算税及び重加算税をいう。）又は加算金（地方税法（昭和 25 年法律第 226 号）第 1 条第 1 項第 14 号に規定する過少申告加算金，不申告加算金及び重加算金をいう。）の請求権
　六　罰金，科料，刑事訴訟費用，追徴金又は過料の請求権（以下「罰金等の請求権」という。）
　七　破産手続参加の費用の請求権
　八　第 54 条第 1 項（第 58 条第 3 項において準用する場合を含む。）に規定する相手方の損害賠償の請求権
　九　第 57 条に規定する債権
　十　第 59 条第 1 項の規定による請求権であって，相手方の有するもの
　十一　第 60 条第 1 項（同条第 2 項において準用する場合を含む。）に規定する債権
　十二　第 168 条第 2 項第 2 号又は第 3 号に定める権利

📗 民事再生法第 84 条（再生債権となる請求権）
📗 会社更生法第 2 条第 8 項（定義）

◆アメリカ法
〔破産債権に含まれる請求権〕

　⇒日本法第 98 条以下の項参照

■イギリス法（該当規定なし）
《関連規定》
〔破産手続開始後の利息の請求権〕
　（会　社）
■ R 第 4.93 条（利息）

1 清算において届け出られた債務が利息を生ずるものであるときは，その利息は，関係の日［注：清算の直前に会社管理が行われていなかった場合は，会社が清算にはいった日，清算の直前に会社管理が行われていた場合は，会社が管理にはいった日］の後の期間に関して支払われるべきものを除き，届出債務の一部として届け出ることができる。
（自然人）
■第322条（債務の届出）
2 破産債務が利息を生ずるものであるときは，その利息は，破産手続開始後の期間に関して支払われるべきものを除き，破産債務の一部として届け出ることができる。
〔罰金等の請求権〕
（会社・自然人に共通）
■R第12.3条（届出の可能な債務）
2 以下に掲げる債務は，これを届け出ることができない。
(a) 破産においては，犯罪に対して科せられた罰金，及び家事手続において発せられた命令の下で生じた（一定額の金銭又は訴訟費用を支払う義務以外の）義務又は1991年児童扶養法の規定に基づいて行われた扶養料の査定の下で生じた義務
(b) 会社管理，会社の清算又は破産においては，1986年麻薬取引犯罪に関する法律第1条，1987年刑事裁判（スコットランド）法第1条，1988年刑事裁判法第71条，又は2002年犯罪収益法第2編から第4編までの規定に基づいて発せられた押収命令の下で生じた義務
〔破産手続参加の費用の請求権〕
（会　社）
■R第4.78条（届出の費用）
1 第2項及び第3項に定めるところに従い，各債権者は，債務の届出の費用を負担する。債権者が負担する費用は，倒産規則第4.75条第3項又は任意清算に関する第4.76条の規定に基づいて文書又は証拠を提出するにあたって負担したものを含む。
（自然人）
■R第6.100条（届出の費用）
1 第2項及び第3項に定めるところに従い，各債権者は，債務の届出の費用を負担する。債権者が負担する費用は，倒産規則第6.98条第3項の規定に基づいて文書又は証拠を提出するにあたって負担したものを含む。
【コメント】
1 日本法97条のように，破産（清算）手続開始後に発生した請求権でありながら破産（清算）債権に含まれるものを列挙した規定はない。
問題ごとに，特定の債権について破産（清算）債権としての扱いが認められるか否かが規定されている。そうした規定のうち，日本法と異なる扱いがなされているものを関連条文として掲げた。
2 手続開始後の利息の請求権（日本法97条1号）については，倒産法第322条第2項および規則第4.93条第1項により，破産（清算）債権としての届出が認められていない。ただし，届出債務のすべてを完済した後に残余財産があれば，手続開始後の利息の請求権についても弁

日・◆米・■英・●独・▲仏　　　　　　　　　　　　破産法第97条（破産債権に含まれる請求権）

済が行われる（倒産法第189条第2項，第328条第4項。これらの規定については，日本法99条の箇所を参照）。

　3　罰金等の請求権（日本法97条6号）は，破産において届け出ることができない（倒産規則第12.3条第2項）。ただし，日本法と同様に，これらの債務は免責の対象とならない（倒産法第281条第4項，第4A項，第5(b)号）。

　4　破産手続参加の費用の請求権（日本法97条7号）に対応するのは，債務の届出の費用（cost of proving）であるが，これは，清算においても破産においても，裁判所が別段の命令を発しないかぎり，各債権者の負担となるものとされている（倒産規則4.78条第1項，6.100条第1項）。ここでいう「債務の届出の費用」とは，主として印紙税および宣誓の手数料である。Fletcher, The Law of Insolvency, 4th ed., 2009, p.332.

●ドイツ法
●第39条（劣後的倒産債権）

以下に掲げる債権は，その他の倒産債権者の債権に後れて，以下に掲げる順位に従い，同一順位においては債権額の割合に応じて，弁済する。
　一　倒産手続の開始後に発生した倒産債権者の債権に対する利息。
　二　倒産債権者各自が手続に参加することにより生じた費用。
　三　罰金，科料，科料，および刑罰または秩序罰の付加的効果として生ずる金銭
　　　の支払義務。
　四　債務者に対して無償の給付を求める債権。
　五　資本代替的社員貸付けの返還を求める債権またはそれと同視される債権。
　2　倒産手続において劣後的に扱う旨を債権者と債務者が合意した債権で，その順位が明らかでないものは，第1項第1号に掲げる債権に後れて弁済される。
　3　劣後的倒産債権者の債権に対する利息およびその債権者が手続に参加することにより生じた費用の順位は，当該債権者の債権の順位と同じとする。

　【コメント】　ドイツ倒産法第39条は，旧破産法では破産債権とされず，破産手続では行使できないものとされていた債権を劣後的破産債権とするものである。また，第39条第2項は，旧破産法上規定がなかった劣後債などについて規律を明らかにするものである。

▲フランス法
▲第641-3条第1段（前掲・第42条参照）
▲第622-28条第1段

［手続を］開始する判決は，1年以上の期間で約定された貸付契約または1年以上の期間に渉る延払いを伴う契約から生じるものを除いて，法定利息および約定利息ならびにすべての遅延利息および割増金の進行を停止する。自然人である共同義務者，人的担保に合意した者または担保として財産を提供もしくは譲渡した者は，本項の規定の利益を受けることができる。

　【コメント】　本条に直接該当する規定はないが，上記のような規定がある。
　　同条は，手続開始判決以後には，利息（＝日本法では劣後的債権となるべきもの）が発生しないことを規定するものである。

94年改正で附加された旧規定には、債権者が、保証人および共同義務者には、これらの利息等を請求することができる旨の条文があった。しかし、この規定には、保証の附従性を無視するものであるとの評価もあった。そこで、2005年および2008年改正の際に、現行規定のように改められた。

なお、1年以上の期間に渉る与信契約等から生じる利息は、本来の利息に限られ、遅延利息を含まない（判例は反対）。多数説によれば、この利息は、手続開始判決後の債権として第622-17条の適用を受ける（＝届出を要しない）ものではなく、手続開始判決前の原因に基づく主たる債務に附従するものとして、届出を要する（劣後的ではない）倒産債権となると考えられている。

> **第 98 条（優先的破産債権）** 破産財団に属する財産につき一般の先取特権その他一般の優先権がある破産債権（次条第1項に規定する劣後的破産債権及び同条第2項に規定する約定劣後破産債権を除く。以下「優先的破産債権」という。）は、他の破産債権に優先する。
> 2 前項の場合において、優先的破産債権間の優先順位は、民法、商法その他の法律の定めるところによる。
> 3 優先権が一定の期間内の債権額につき存在する場合には、その期間は、破産手続開始の時からさかのぼって計算する。

▌民事再生法第 122 条（一般優先債権）
▌会社更生法第 168 条第 1 項 2 号（更生計画による権利の変更）
▌会社法第 565 条（協定による権利の変更）

◆アメリカ法
〔優先的破産債権〕
◆第 507 条（優先権）
(a) 次の支出及び請求権は、次の順位で優先権（priorities）を有する。
  (1) 第1順位
    (A) 本法の下での事件における手続開始申立書を提出した日において、債務者の配偶者、配偶者であった者、若しくは子供、又はその子供の親、法律によるところの監護者、若しくは監護する親類に対して負っている又はこれらの者によって回復されうる家族扶養債務についての認容された無担保の請求権。請求権が、手続開始申立書の提出があった日以後に本法により政府機関によって本項に基づき受領される資金が適用ある非破産法に従い充当され、又は配分されることを条件として、これらの者により又はこれらの者のために政府機関によって届出があったと否とを問わない。
    (B) (A)の下での請求権であって、手続開始申立書の提出があった日以後に本法により政府機関によって本項に基づき受領される資金が適用ある非破産法に従い充当され、又は配分されることを条件として、手続開始申立書を提出した日において、債務者の配偶者、配偶者であった者、若しくは子供、又はその子供の親、法律によるところの監護者、又は監護する親類によって政府機関に譲渡

され(ただし,かかる債務が債務を回収する目的で配偶者,配偶者であった者,若しくは子供,又はその子供の親,法律によるところの監護者,又は監護する親類によって任意で譲渡されたときは,この限りではない),又は,適用ある非破産法に基づき政府機関に対して直接に負担され又は政府機関によって回復されうる家族扶養債務についての認容された無担保の請求権。

(C) 第701条,第702条,第703条,第1104条,第1202条,若しくは第1302条により管財人が選任され又は選出されたときは,第503条(b)(1)(a),(2)及び(6)により認容された管財費用債権は,管財人がかかる請求権の支払いのためにさもなければ用いられたであろう財産を管理する限度において,(a)及び(b)による請求権の支払いに優先して支払われなければならない。

(2) 第2順位 本法第503条(b)に基づき認容された管財費用債権,及び,法第28号第123章に基づき倒産財団に対して査定された手数料及び負担。

(3) 第3順位 本法第502条(f)により認容された無担保の請求権。

(4) 第4順位 手続開始の申立書が提出された日又は債務者の営業廃止日のうち,いずれか早い日の前180日以内の稼働を原因とする,次の認容された無担保の請求権。ただし,各人又は各会社について11,725ドルを限度のみにおいてとする。

(A) 個人の賃金,給与,手数料であって,有給休暇中の給与など,退職金,病欠休暇中の給与などを含む。又は

(B) 債務者の事業の通常の過程における債務者の商品又は役務を販売する契約を締結した独立の個人又は1人しか従業員がいない会社の稼働による販売手数料であって,上記の日の前12カ月の期間中の稼働によるもので,その商品又は役務を販売する契約を締結した独立の個人又は1人しか従業員がいない会社が債務者から得た収入の少なくとも75%の額。

(5) 第5順位 (A)手続開始の申立書が提出された日又は債務者の営業廃止日のうち,いずれか早い日の前180日以内の稼働を原因とする,従業員福利計画に対する負担金につき認容された無担保の請求権であって,

(B) 各計画につき,(i)各計画が対象としている従業員数に10,950ドルを乗じた額で,(ii)本項(4)により従業員に支払われる総額に他の従業員福利計画に対してそれらの従業員のために倒産財団が支払うべき総額を加えた額を下回る額を限度とするもの。

(6) 第6順位 次の者が有する認容された無担保の請求権。ただし,次の者のそれぞれにつき,5,775ドルのみを限度とする。

(A) 本法第557条(b)に定義されるところによる穀物の生産又は栽培に従事する者であって,穀物又はその売上げにつき,本法第557条(b)に定義されるところによる穀物貯蔵倉庫を所有し又は運営する債務者に対して,無担保の請求権を有する者,又は

(B) 合衆国の国籍を有する漁業従事者として従事する者であって,その者から

売買又は加工により漁獲又は水産加工品を買い上げ，かつ，漁獲貯蔵庫又は加工設備の運営に従事する債務者に対して請求権を有する者

(7) 第7順位　個人の個人的な，家族又は家計維持のための，財産の購入，リース若しくは賃貸又は役務の購入に関連して，事件が開始される前における金銭による保証の提供により生じた，それぞれの個人について2,425ドルを限度とする個人が有する認容された無担保の請求権。

(8) 第8順位　政府機関が有する認容された無担保の請求権。ただし，次の原因によるものに限る。

(A) (i)手続開始の申立書が提出された日より前の3年以降に，納税猶予を含んで，納税申告の期限が到来し，(ii)手続開始の申立書が提出された日の前の240日内((I)その240日の間に当該税について和解の申出があり又はそれが効力を生じたときは30日を加えた期間，及び(II)その240日の間に本法の下での先行する手続において，徴収に対して手続停止が効力を生じていたときは，90日を加えた期間を除く)に課され，(iii)事件の開始前には課税対象とはならないが，適用される法又は合意によって事件開始後に課税対象とされることになった，本法第523条(a)(1)(B)又は第523条(a)(1)(C)に定める種類の税以外の税であって，手続開始の申立書が提出された日以前に終了する課税年度の所得又は総収入について生じた税又はこれらに課税される税を原因とするもの

(B) 事件開始前に負担された財産税であって，手続開始の申立書が提出された日の前1年間は延滞税を納めることなく納税されるべき財産税

(C) 徴税され又は猶予されることが必要とされている税であって，債務者がどのような資格であっても責任を負っている税

(D) 現実に支払われたと否とを問わず，手続開始の申立書が提出された日より前に債務者から得た本項(4)に定める種類の賃金，給与，又は報酬にかかる雇用税で，適用される法の下で又は申告の猶予により申告の期限が手続開始の申立書が提出された日の前3年内に到来しているもの

(E) (i)手続開始の申立書が提出された日より前に行われた取引にかかる消費税で，適用される法の下で又は申告の猶予により申告の期限が手続開始の申立書が提出された日の前3年内に到来しているもの，又は(ii)申告が必要とされていないときは，手続開始の申立書が提出された日の直近の3年間に行われた取引にかかる消費税

(F) 次のような商品の輸入を原因として発生した関税。

(i)手続開始の申立書が提出された日より前1年内での消費のために通関手続のあった商品

(ii)手続開始の申立書が提出された日より前1年内に手続がとられ又は再び手続が取られた通関手続の対象になっている商品

(iii)手続開始の申立書が提出された日より前4年内での消費のために通関手続

がとられたがその手続が完了しないことがアンチダンピング若しくは相殺関税又は詐欺の評定にかかる調査がその期日になお継続していることによると財務省が認定するとき，又は，その商品の適正な査定又は分類に要する情報がその日より前に担当する入国審査官にもたらされなかったときは，その日に通関手続が完了していない商品，又は

(G) 本項に定める種類の請求権に関係する罰金（penalty）であって，現実に生じた金銭的損害を補償するもの。

本項に別段に定める適用される期間は，政府機関が，債務者に対して取られている又は取られようとしている租税徴収のための訴訟手続における審問を求める債務者の申立て及びその訴訟手続の上訴の結果として，租税の徴収する手続が適用される非破産法により禁止されている期間につきさらに90日間停止され，本法の下ですでに以前から係属している事件においてそれらの手続の停止が効力を生じている期間，又は，本法の下で1つ若しくは数個の認可された計画が存在することにより租税徴収の手続が不可能になっている期間にあっては，さらに90日間停止される。

(9) 第9順位　預金保険機構の資本を維持するために連邦金融機関規制機関（又はその前身である機関）に対する債務者の責任から生じた認容された無担保の請求権。

(10) 第10順位　自動車又は船舶の運転に起因する死亡又は人的傷害を原因とする認容された請求権であって，債務者が飲酒，薬物，又はその他の物質を用いたことにより酩酊状態にあったとの理由によりその運転が違法であったことによるもの。

(b) 管財人が，本法第362条，第363条，又は第364条により，債務者の財産上のリエンによって担保される請求権を有する者の権利について適切な保護を提供したときであって，そのような保護にもかかわらず，その債権者は，本法第362条によりそのような財産に対する訴訟手続の停止，本法第363条によりそのような財産の使用，売却又は賃貸，又は本法第364条(d)によりリエンの付与を原因として生じる本条(a)(2)による認容される請求権を有するときは，以上の(a)(2)による債権者の請求権は，同規定により認容されるその他のすべての請求権に優先する。

(c) 本条(a)との関係では，租税の誤った還付又は控除を原因として生じた政府機関の請求権は，その還付又は控除に関係する租税についての請求権と同一の順位とする。

(d) 本条(a)(1)，(a)(4)，(a)(5)，(a)(6)，(a)(7)，(a)(8)又は(a)(9)に定める種類の請求権を有する者の権利に劣後する地位にあるものは，以上の規定の下で優先的地位にある請求権を有する権利に劣後する地位にはない。

【コメント】　第507条は倒産財団から弁済されるべき請求権の優先順位を定める。手続開始申立書が提出された日における扶養請求権で無担保のものが第1順位を与えられている。管財費

用債権（administrative expense）を第2順位とする。なお，第507条(a)は，第10順位まで規定している。

■イギリス法
（会　社）
■第175条（優先債務（一般規定））

1　会社の清算において，（第XII編第386条によって定められた意味の）優先債務は，他のすべての債務に優先して弁済される。

2　優先債務は，以下の各号に定めるところに従う。

(a)　優先債務は，清算の費用の後に，優先債務の間では平等に，全額について弁済を受ける。ただし，会社の資産が優先債務を弁済するに不足するときは，平等の割合で減額される。

(b)　一般債権者への弁済に充てられる会社の資産が一般債務を弁済するに不足する限りにおいて，優先債務は，会社が設定した浮動担保によって担保された社債の所持者又は会社が設定した浮動担保の所持者の権利に優先し，当該担保に包含されるか又は当該担保に服する財産から優先的に弁済される。

（自然人）
■第328条（債務の優先順位）

1　破産財団の分配において，（第XII編第386条によって定められた意味の）優先債務は，他の債務に優先して弁済される。

2　優先債務は，破産の費用の後に，優先債務の間では平等に，全額について弁済を受ける。ただし，破産財団が優先債務を弁済するに不足するときは，平等の割合で減額される。

（会社・自然人に共通）
■第386条（優先債務の種類）

1　本法において，会社又は自然人の優先債務というときは，本法の附則第6に列挙した債務（年金計画保険料，労働者の給与等，石炭・鉄鋼製品に対する賦課金）をいう。優先債権者というときも，同様とする。

■倒産法附則第6（優先債務の種類）
種類4：年金計画保険料等

8　債務者が負担し，1993年年金計画法附則第4の適用を受ける金額（年金計画保険料及び国家計画保険料）

種類5：労働者の給与等

9　次の各号に該当する額のうち，主務大臣によって発せられた命令によって定められた額［注：Insolvency Proceedings（Monetary Limits）Order 1986（SI 1986/1996）第4条により，800ポンド。第12項についても，同様］を超えない部分

(a)　債務者によって雇用されている者又は雇用されていた者に対して債務者が負

担している額
(b) 関係の日の直前の4カ月間の全部又は一部について給与として支払われるべき額
10 関係の日の前の雇用期間について発生していた休日手当として，債務者との雇用関係が終了した者に対して負担している額。雇用関係が終了したのが関係の日の前であるか後であるか，当日であるかを問わない。
11 支払われていなければ第9項又は第10項に該当する債務となった債務の弁済に充てるために前払いされた金銭に関して負担された金額の部分
12 次の各号に該当する額のうち，主務大臣によって発せられた命令によって定められた額［注：800ポンド］を超えない部分
(a) 1985年予備兵（雇用保障）法の規定によって債務者が支払を命じられた額（命じられたのが関係の日の前であるか後であるかを問わない）
(b) 同法の規定による義務の履行に際して関係の日の前に債務者がなした不履行に関して，支払を命じられた額
第13項から第15項まで［種類5の解釈に関する規定　省略］

種類6：石炭・鉄鋼製品に対する賦課金
15A 次に掲げるものに関して，関係の日において債務者に支払義務のある金額
(a) 欧州石炭鉄鋼共同体設立条約第49条及び第50条にいう石炭・鉄鋼製品に対する賦課金
(b) 同条約第50条第3項及び石炭・鉄鋼共同体の高等機関の3/52決定第6条に規定された遅延に対する追徴金

■第387条（関係の日）
1 本条は，附則第6における関係の日（優先債務の存在及び額を決定する日）を説明するものである。
3 清算されている会社に関しては，次の各号が適用される。
(a) 清算が裁判所によるものであり，かつ，清算命令が管理命令の解除の直後に発せられたときは，関係の日は，会社が管理にはいった日とする。
(aa) 清算が裁判所によるものであり，かつ，清算命令がEC規則第37条による会社管理の清算への転換に続いて発せられたときは，関係の日は，会社が管理にはいった日とする。
(ab) 会社が，EC規則第37条による会社管理の清算への転換に続く命令により任意清算の決議を可決したものと推定されるときは，関係の日は，会社が管理にはいった日とする。
(b) 前3号のいずれにも該当せず，かつ，会社が
　(i) 裁判所によって清算され，
　(ii) 清算命令が発せられた日よりも前に任意清算が開始されていなかったときは，

関係の日は，仮清算人の選任（又は最初の選任）の日とし，かかる選任が行われていなかったときは，清算命令の日とする。
(ba)　前4号のいずれにも該当せず，かつ，会社が附則B1第83項に従って会社管理に続いて清算されているときは，関係の日は，会社が管理にはいった日とする。
(c)　前5号のいずれにも該当しないときは，関係の日は，会社の清算の決議が可決された日とする。
3A　管理中の会社に関しては，（本条の他の規定が適用されないならば）関係の日は，会社が管理にはいった日とする。
6　破産者に関しては，以下の各号が適用される。
(a)　破産命令が発せられた時に第286条の規定によって選任された仮管財人が存在していたときは，関係の日は，破産申立書が提出された後に仮管財人が最初に選任された日とする。
(b)　その他の場合には，関係の日は，破産命令が発せられた日とする。

《参考条文》（2002年企業法により削除された規定）
■倒産法附則第6
種類1：内国歳入庁に対する債務
1　関係の日の直前の12カ月間に支払われた（2003年所得税（所得及び年金）法第10条により定義された）課税されるべき所得からの源泉徴収所得税額につき，その日において債務者に支払義務のある金額

ここでいう源泉徴収所得税額とは，債務者が源泉課税規則の規定に従って支払うべきであった額から，債務者がその期間に支払うべきであった所得税の既払額を控除したものとする。
2　1988年所得税・法人税法第559条の規定（建設業における下請業者）によって債務者がその期間に支払わなければならない源泉徴収所得税額につき，関係の日において債務者に支払義務のある金額
種類2：関税・消費税庁に対する債務
3　関係の日の直前の6カ月間（以下，この期間を「6カ月期間」という）に帰せられる付加価値税

本項に関しては，
(a)　付加価値税が帰せられるべき定められた決算期間のすべてが6カ月期間内に含まれるときは，当該税の全額がその期間に帰せられるものとし，(b)その他の場合には，6カ月期間に帰せられる付加価値税の額は，問題の決算関係期間のうち6カ月期間内に含まれる期間の割合と等しい割合の税額とする。

(a)号の「定められた」とは，1994年付加価値税法に基づく規則によって定められたことをいう。

［1994年，1996年，2000年および2001年に追加された3A項（保険料税），3B項（ごみ処理税），3C項（気候変化賦課金），3D項（砂礫賦課金）は省略］
4　関係の日において債務者に支払義務があり，かつ，関係の日の直前の12カ月間に支

日・◆米・■英・●独・▲仏　　　　　　　　　　　破産法第98条（優先的破産債権）

払期日が到来した自動車税の額
　5　以下に掲げるもので，関係の日において債務者に支払義務があり，かつ，関係の日の直前の12カ月間に支払期日が到来したもの
　(a)　一般賭博税，ビンゴ税又はゲーム税の額
　(b)　1981年賭博税法第12条第1項の規定（賭け金回収業者から徴収することのできる一般賭博税及びサッカー賭博税）による額
［1991年，1993年，1994年に追加された5A項（ビール税），5B項（くじ税），5C項（航空旅客税）は省略］

種類3：社会保険料
　6　1992年社会保険料及び社会保険給付法又は1975年（北アイルランド）社会保険法の規定による第1種又は第2種保険料につき，関係の日において債務者に支払義務があり，かつ，関係の日の直前の12カ月間に支払期日が到来した金額の全額
　7　関係の日において，査定されており，前項のいずれかの法律に基づく第4種保険料につき債務者に支払義務のある金額で，以下の各号に該当するものの全額
　(a)　内国歳入庁理事に対して負っているもの（主務大臣又は北アイルランドの省に対して負っているものではない）
　(b)　関係の日の直前の4月5日までの間，債務者について査定されたもの
　ただし，全体として1年間の査定を超えるものであってはならない。

【コメント】
　1　租税債務を優先債務として処遇することに対しては従来から批判があり，社会保険料も含めて，2002年企業法によって優先債務からは除外されるにいたった。参照条文に掲げた債務が，2002年企業法により優先債務としての地位を失った債務である。
　2　「関係の日」(relevant date)については，倒産法第387条が規定しており，その結果，日本法98条3項と同様に，手続開始時に遡って期間の計算がされる。

●ドイツ法（該当規定なし）
【コメント】　ドイツ倒産法は，優先的破産債権という枠組を廃止し，一般の優先権（債務者の一般財産を対象とする担保権等）を倒産手続で優遇することをやめた。従来の倒産法制では，優先権の拡大が，約定担保権（とくに譲渡担保，所有権留保などの無占有動産担保権）の発展・拡大現象を招き，さらにそれに対抗するために労働債権の保護（財団債権化）を目的とした立法がなされ，その結果，財団がますます窮乏し，一般の破産債権者への配当はほとんどゼロになる，という流れが見られた。しかし一般の優先権に関する規律には，一貫性がなく，これを優遇すべき合理的根拠に乏しいので，これを廃止し，破産債権者の平等を徹底すべきものとされたのである。このことは，とくに租税債権の優先的地位を廃した点で重要な意味をもつ（この点につき日本法148条に対応するドイツ法のコメント参照）。同様に労働者の賃金・企業年金についても優遇措置はなくなったが，これらについては，さらに，財団債権（6カ月分について）としての処遇も廃された（この点につき日本法148条に対応するドイツ法のコメント参照）。これは，形式的には大きな変更であるが，既に3カ月分につき公的機関による立替払いの制度があり，またこれを超える長期の不払いの実例はあまりないので，優先権が廃止されたことによる実際上の影響は重大ではない，と評価されている。

▲フランス法

【コメント】 本条に該当する規定はないが、賃金債権に関しては、以下のような規定がある。

　これらの規定は、先取特権によって担保される賃金債権を、破産法の定める優先的債権（特別の先取特権、動産質権、非占有移転質権、抵当権および国庫債権［第643-1条第1項］）以上の地位に置くものである。

▲第641-14条第1項（前掲・第86条参照）

▲第625-7条

雇傭契約から生じる債権は、救済手続が開始された場合には、以下の先取特権によって保証される：

　1°　労働法典第143-10条（現第3253-2条，第3253-3条），第143-11条（現第3253-4条），第742-6条および第751-15条（現第7313-8条）に定める原因および金額については、これらの規定に定められた先取特権によって；

　2°　民法典第2101条（現第2331条）第4号および第2104条（現第2375条）第2号の先取特権によって。

▲第625-9条

第625-7条および第625-8条の規定にかかわらず、雇傭契約または研修契約から生じる債権は、労働法典第3253-2条ないし第3253-4条，第3253-6条ないし第3253-21条および第8252-3条に定める条件で担保される。

第99条（劣後的破産債権等）　次に掲げる債権（以下「劣後的破産債権」という。）は、他の破産債権（次項に規定する約定劣後破産債権を除く。）に後れる。
　一　第97条第1号から第7号までに掲げる請求権
　二　破産手続開始後に期限が到来すべき確定期限付債権で無利息のもののうち、破産手続開始の時から期限に至るまでの期間の年数（その期間に1年に満たない端数があるときは、これを切り捨てるものとする。）に応じた債権に対する法定利息の額に相当する部分
　三　破産手続開始後に期限が到来すべき不確定期限付債権で無利息のもののうち、その債権額と破産手続開始の時における評価額との差額に相当する部分
　四　金額及び存続期間が確定している定期金債権のうち、各定期金につき第2号の規定に準じて算定される額の合計額（その額を各定期金の合計額から控除した額が法定利率によりその定期金に相当する利息を生ずべき元本額を超えるときは、その超過額を加算した額）に相当する部分
　2　破産債権者と破産者との間において、破産手続開始前に、当該債務者について破産手続が開始されたとすれば当該破産手続におけるその配当の順位が劣後的破産債権に後れる旨の合意がされた債権（以下「約定劣後破産債権」という。）は、劣後的破産債権に後れる。

📖 民事再生法第155条（再生計画による権利の変更）
📖 会社更生法第134条（開始後債権），第168条（更生計画による権利の変更）
📖 会社法第565条（協定による権利の変更）

◆アメリカ法
〔劣後的破産債権等〕
◆第101条（定義）
(1)～(4) ……
(5) 「請求権」（claim）とは，次のものをいう。
 (A) 判決に付されていると否とを問わず，責任が確定していると否とを問わず，額が確定していると否とを問わず，条件付であると否とを問わず，弁済期が到来していると否とを問わず，争われていると否とを問わず，コモン・ロー上のものであると衡平法上のものであるとを問わず，又は，担保権付きであると無担保であるとを問わず，弁済を受ける権利（right to payment），又は，
 (B) 債務不履行が弁済を受ける権利について生じたときは，衡平法上の救済を求める権利が判決に付されていると否とを問わず，額が確定していると否とを問わず，条件付であると否とを問わず，弁済期が到来していると否とを問わず，争われていると否とを問わず，担保権付きであると無担保であるとを問わず，その債務不履行を原因として衡平法上の救済を求める権利をいう。

◆第509条（共同債務者の請求権）
(a)～(b) ……
(c) 裁判所は，債権者とともに債務を負担し，又は担保を供した者が，本法第509条に基づく代位により，又は出捐若しくは拠出したことにより認容された請求権を有するときは，この請求権を本法により又は本法によらないで全額の弁済を受けるまで，その本来の債権者の請求権に劣後させなければならない。

◆第510条（劣後化）
(a) 請求権を劣後させることの合意（subordination agreement）は，非破産法によってその効力を認められる限りにおいて，本法による手続においても効力を認められる。
(b) 本法の下での配当との関係において，債務者又はその関係者の証券の売買の取消しの結果として生じた請求権，若しくはその証券の売買の結果として生じた損害賠償請求権，又はそのような請求権の故に第502条により認容された償還請求権又は出資請求権は，その証券によって示されている請求権又は権利に優先するすべての請求権及び権利，並びにそれと同順位とされているすべての請求権及び権利に劣後する。ただし，証券が普通株券であるときは，その請求権は普通株式と同順位となるので，この場合を除く。
(c) 本条(a)又は(b)にもかかわらず，裁判所は，通知をなし審問を経た上で，
 (1) 衡平の原則に基づき，認容された請求権若しくは権利の全部又は一部を，他の認容された請求権若しくは権利の全部又は一部に対して，配当の関係において劣後させることができ，

(2)　そのように劣後させた債権を担保する担保権を倒産財団に移転するよう命ずることができる。

《関連規定》
◆第502条（請求権又は持分権の認容）
(a)　……
(b)　本条(e)(2)，(f)，(g)，(h)及び(i)に定めるところを除き，請求権に対し異議が述べられたときは，裁判所は，通知をなし審問を経た上で，手続開始の申立書が提出された日現在における請求権の額を合衆国通貨により確定して，その請求権を認容する。ただし，次に該当する範囲を除く。
　(1)　……
　(2)　その請求権が，未発生の利息債権であるもの，
　(3)～(9)　……

◆第726条（倒産財団の財産の配当）
(a)　本法510条に定めるところを除き，倒産財団の財産は，次の順位で配当されるものとする。
　(1)～(4)　……
　(5)　第5順位　本項(1)，(2)，(3)又は(4)により支払われる請求権に関して，手続開始の申立書が提出された日以降の法定利率による利息の支払い及び，
　(6)　……

【コメント】　第726条(a)は，第7章の手続における財団財産の配当順位を規定している。手続上認容される請求権には，手続開始の申立書が提出された日までに発生した利息が含まれる。しかし，請求権の認容との関係では，発生利息はかかる申立書提出の日が基準日になる。事件開始の時点で発生していない利息債権は認容されない（Weintraub & Resnik, Bankruptcy Law Manual 5-11（1980））。これに対して，事件開始後の利息は，配当順位としては第5順位として位置づけられている。ちなみに，第726条(a)による配当順位は，日本法100条の項参照。

　管財費用を含めておおよその弁済順位のアウトラインを示せば，次のようになる。なお日本法にいう劣後的倒産債権とは，結局のところ下図の5および6の請求権ということになる（David L. Buchbinder, Fundamentals of Bankruptcy 384（1991）による）。

　1.Admistrative Expense（§503）→ 2.Priority（§507）→ Secured Claims（§506）→ 4.Unsecured（§726）→ 5.Subordinated（§510(c)）→ 6.Interest（§726）

■イギリス法
（会　社）
■第189条（債務の利息）
2　強制清算において届け出られた債務を弁済した後の残余財産は，他の目的で充当される前に，会社が清算にはいった時以降に発生した，それらの債務が未払いであった期間に関する利息の弁済に充当されなければならない。
3　本条の規定による利息は，元本たる債務が平等であるか否かを問わず，すべて同順位とする。
■第215条（213条，214条の規定に基づく手続）

日・◆米・■英・●独・▲仏　　　　　　　　　　　　　破産法第99条（劣後的破産債権等）

4　第213条又は第214条の規定に基づいて裁判所が会社の債権者である者に関して宣言を発したときは，裁判所は，会社がその者に対して負担する債務の全部又は一部及びその利息が，会社が負担する他のすべての債務及びその利息に劣後することを命ずることができる。

（自然人）
■**第328条（債務の優先順位）**
4　優先債務又は前項の規定の下で平等に扱われる債務［注：一般破産債権に相当］を弁済した後の残余財産は，破産手続の開始時以降に発生した，それらの債務が未払いであった期間に関する利息の弁済に充当されなければならない。優先債務の利息は，優先債務以外の債務の利息と同順位とする。
6　本条及び次条は，債務その他の弁済が破産手続が開始された場合には特別に優先するか又は劣後することを定めたこの法律又は他の法律の規定の適用を妨げない。

■**第329条（配偶者又は民事上のパートナーに対する債務）**
1　本条は，破産手続の開始時に破産者の配偶者又は民事上のパートナーであった者によって供与された信用に関して負担された破産債務に，これを適用する（信用が供与された時に破産者の配偶者又は民事上のパートナーであったか否かを問わない）。
2　前項の債務は，
(a)　第328条第3項及び第4項に従って弁済されなければならない債務及び利息に劣後し，
(b)　破産手続の開始時以降に発生した，それらの債務が未払いであった期間に関して第328条第5項に掲げられた利率で計算された利息を付して支払われる。
(b)号の規定に基づいて支払われる利息は，元本たる債務と同順位とする。

【コメント】　破産又は清算において，一般の債務よりも劣後する債務は2種類ある。
　1つは，手続開始後に生じた利息である。これは，倒産法第189条第2項及び第328条第4項により，一般の債務が全額弁済されたのちに弁済される。
　他の1つは，債務の利息よりもさらに劣後する債務である。代表的なものは，破産者の配偶者又は民事上のパートナーに対する債務（倒産法第329条）及び倒産法第213条又は第214条により会社の資産に一定の額を出資する責任があると宣言された取締役等に対する会社の債務（倒産法第215条第4項）である。これらは，いわゆる内部債権に該当する。
　ちなみに，破産における弁済の順位は，以下のとおりである（Fletcher, The Law of Insolvency, 4thed., 2009, pp.339-352.）。
　　第1順位　手続の費用（根拠条文　倒産規則第6.224条。日本法148条の箇所参照）
　　　　第1位　破産者の資産の保全・換価・管理の費用等
　　　　第2位　破産者の営業の継続に際して負担した費用を含むその他の費用
　　　　第3位　手数料（管財官の手数料を含む）
　　　　第4位　管財官の一般的な職務に対する手数料又はその担保としての供託金
　　　　第5位　管財人等が提供した担保の費用

第6位　仮管財人の報酬
第7位　仮管財人の選任の申立てと同時に預託された供託金
第8位　破産申立人の費用
第9位　特別管理人の報酬
第10位　状況報告書又は計算書の作成を補助するために雇用された者の手当
第11位　状況報告書の提出免除又は提出期限の延長のための費用
第12位　審問に関して速記者を雇用する費用
第13位　管財人が手続執行中に支出した必要経費
第14位　管財人が破産財団のために業務を遂行する目的で雇用した者の報酬
第15位　管財人の報酬（規則の附則第6で定められた額を超えない額まで）
第16位　破産者の資産を換価して生じた利得に対する資本利得税
第17位　管財人の報酬のうち第15位の金額を支払った残額
第18位　破産手続において管財人がその職務を遂行するために正当に請求しうるその他の費用

第2順位　特別優先債務
　破産者の徒弟又は実習生が破産者に支払った報酬等につき，管財人が徒弟又は実習生に返還すべき金額［注：倒産法348条第4項により，破産管財人は，破産債務の弁済に先立ってこの金額を支払う権限を有する］その他，特別に定められたもの

第3順位　優先債務（根拠条文　倒産法第386条，同附則第6）
　年金計画保険料等
　労働者の給与等（800ポンドまで）
　石炭・鉄鋼製品に対する賦課金

第4順位　一般債務［租税（源泉徴収所得税12カ月分・各種消費税），社会保険料を含む］

第5順位　手続開始後の利息（根拠条文　倒産法第328条第4項）

第6順位　劣後債務
　破産者の配偶者等に対する債務（根拠条文　倒産法第329条）

●ドイツ法

●第39条（劣後的倒産債権）

　以下に掲げる債権は，その他の倒産債権者の債権に後れて，以下に掲げる順位に従い，同一順位においては債権額の割合に応じて，弁済する。

一　倒産手続の開始後に発生した倒産債権者の債権に対する利息。
二　倒産債権者各自が手続に参加することにより生じた費用。
三　罰金，科料，科料，および刑罰または秩序罰の付加的効果として生ずる金銭の支払義務。
四　債務者に対して無償の給付を求める債権。
五　第4項及び第5項に定める，資本代替的社員貸付けの返還を求める債権またはそれに経済的に相当する債権。

2　倒産手続において劣後的に扱う旨を債権者と債務者が合意した債権で，その順位が明らかでないものは，第1項第1号に掲げる債権に後れて弁済される。

3　劣後的倒産債権者の債権に対する利息およびその債権者が手続に参加するこ

とにより生じた費用の順位は，当該債権者の債権の順位と同じとする。

4　第1項第5号は，無限責任社員として，自然人も，無限責任社員が自然人である会社も帰属していない会社に，準用する。債権者が，債務者の支払不能もしくは差し迫った支払不能又は債務超過の時期に再建のために債務者の持ち分を取得した場合は，その後の再建手続において，その既存のもしくは新たになされた貸付けに基づく債権，又は貸付けに経済的に相当する法的行為から生じた債権には，第1項第5号の規定は，適用しない。

5　第1項第5号は，第4項第1文に定める会社の執行権を有しない社員で，会社の責任資本の10%以下の持ち分しか有しないものには，適用しない。

（注）　ドイツ倒産法39条は，旧破産法では破産債権とされず，破産手続では行使できないものとされていた債権を劣後的破産債権とするものである。また，39条1項5号は，旧破産法上規定がなかった劣後債などについて規律を明らかにするものである。

▲フランス法 （該当規定なし：第97条の【コメント】参照）

第100条（破産債権の行使）　破産債権は，この法律に特別の定めがある場合を除き，破産手続によらなければ，行使することができない。
2　前項の規定は，次に掲げる行為によって破産債権である租税等の請求権（共助対象外国租税の請求権を除く。）を行使する場合については，適用しない。
一　破産手続開始の時に破産財団に属する財産に対して既にされている国税滞納処分
二　徴収の権限を有する者による還付金又は過誤納金の充当

■民事再生法第85条（再生債権の弁済の禁止）
■会社更生法第47条（更生債権等の弁済の禁止）

◆アメリカ法
◆第501条（請求権又は権利の証拠の届出）

(a)　債権者又は歯形証書受託者は，請求権の証拠を提出することができる。持分証券保有者は権利の証拠を提出することができる。

(b)　債権者がその有する請求権の証拠を定められた期間内に提出しないときは，債務者とともに債権者に対して債務を負担している者，又は，その債権者のために担保を供した者は，その請求権の証拠を提出することができる。

(c)　債権者がその有する請求権の証拠を定められた期間内に提出しないときは，債務者又は管財人は，その請求権の証拠を提出することができる。

(d)　本法第502条(e)(2)，第502条(f)，第502条(g)，第502条(h)及び第502条(i)に定める種類の請求権は，あたかもその請求権が債務者に対するものであり，手続開始の申立書が提出された日の前に生じたものであるように，本条(a)，(b)又は(c)に基づき届け出ることができる。

(e)　法第49号第31705条の要件に適合して査定された燃料使用税について債務者

の責任により生じた請求権は，（法第49号第31701条に定義される）国際燃料税協定（the International Fuel Tax Agreement）により指定された基本管轄権によって届け出ることができ，そのような届出があるときは，単一の請求権として認容される。

◆ 第726条（倒産財団の財産の配当）
(a) 本法第510条に定めるところを除き，倒産財団の財産は，次の順位により配当されるものとする。
　(1) 第1順位　本法第507条において定める種類の請求権であって，同条において定める順位の請求権で，その証拠が第501条により定められた期間内に届け出られたもの，又は，(A)管財人が作成した最終報告書の概要が債権者に郵送されてから10日を経過した日，若しくは(B)管財人が本条により最終の配当を開始した日のいずれか早い日の前に遅れて証拠の届出があったものについての支払い，
　(2) 第2順位　本項(1)，(3)又は(4)に定める種類の請求権を除く，認容された無担保の請求権であって，その証拠が(A)本法第501条(a)により所定の期間内に届出のあったもの，(B)本法第501条(b)又は第501条(c)により所定の期間内に届出のあったもの，又は，(C)(i)請求権を有する債権者が本法第501条(a)による所定の期間内における証拠の届出に間に合うように事件の通知を受けておらず，又は事件を知らなかった場合において，かつ，(ii)そのような請求権が支払いを受けるときまでにそのような請求権の証拠の届出がなされているときは，本法第501条(a)により遅れて届出がなされたもの，
　(3) 第3順位　本項(2)(C)に定める種類の請求権を除く，本法第501条(a)により遅れて証拠の届出があった認容された無担保の請求権の支払い，
　(4) 第4順位　救済命令又は管財人の選任のいずれか早い時期の以前に生じた請求権であって，担保付であると無担保であるとを問わず，罰金，科料若しくは没収を原因とし，又は3倍賠償，懲罰賠償若しくは懲罰的賠償金を原因とするもの。ただし，そのような罰金，科料，没収，又は賠償は，その請求権を有する者が受けた現実の金銭的損害の補償ではない限度とする。
　(5) 第5順位　本項(1)，(2)，(3)又は(4)により支払われる請求権に関して，手続開始の申立書が提出された日以降の法定利率による利息の支払い，及び
　(6) 第6順位　債務者に対する支払い。
(b)〜(c)　……

◆ R第3002条（請求権又は持分権の証拠の届出）
(a) 届出の必要性　無担保債権者又は持分証券保有者は，R第1019条(3)，R第3003条，R第3004条及びR第3005条に規定するところを除き，認容されるためには，本ルールに基づき請求権又は持分権の証拠を届け出なければならない。
(b)〜(c)　……

◆ R第5005条（書類の提出及び送付）
(a) 提出　(1) 提出すべき場所　本ルールにより提出することが必要とされている

日・◆米・■英・●独・▲仏　　　　　　　　　　　　　　　　　破産法第100条（破産債権の行使）

書類，明細書，陳述書，請求権又は持分権の証拠，申立書，異議申立書及びその他の書面は，法第28号第1409条に規定するところを除き，本法の下での事件が係属する裁判区における裁判所書記官に提出されなければならない。……

　その裁判所の裁判官は，提出期日が指定されており，かつ，書面が裁判所書記官に速やかに送付されなければならないとされている場合には，裁判官に提出することを許可することができる。裁判所書記官は，提出された申立書又はその他の書面が本手続規則若しくは地方規則又は実務により必要とされる適正な書式で提出されていないことを唯一の理由として，これを受理することを拒絶してはならない。

　(2)　……

(b)～(c)　……

【コメント】　第501条(a)は，債権者は請求権の証拠を提出できるとしているが，第7章手続において配当に与るためには，証拠を提出することが必要である（3 Collier on Bankruptcy 501-3（15th ed.1984））。このことは，配当に関する第726条の規定から明らかである。

■イギリス法 (該当条文なし)
《関連規定》
（会　社）
■第130条（清算命令の結果）
　2　清算命令が発せられたとき又は仮清算人が選任されたときは，会社若しくはその財産に対する訴訟又は手続は，続行又は開始することができない。ただし，裁判所の許可を得て裁判所の課した条件に従うときは，この限りでない。
■第183条（強制執行又は債権差押えの効果）
　1　債権者が会社の動産若しくは不動産に対して強制執行を開始し又は会社の債権を差し押さえたのちに会社が清算されたときは，当該債権者は，清算の開始前に強制執行又は債権差押えを完了していた場合を除き，清算人に対する関係では，強制執行又は債権差押えによる利益を保有することができない。

（自然人）
■第285条（手続及び救済に対する制限）
　3　破産命令が発せられたのちは，破産手続において届け出ることのできる債務に関する破産者の債権者は，次に掲げる行為をすることができない。
　(a)　当該債務に関して，破産者の財産又は身体に対する救済を受けること
　(b)　破産免責の前に，破産者に対する訴訟その他の裁判手続を開始すること。ただし，裁判所の許可を得て裁判所の課した条件に従うときは，この限りでない。
以上は，第346条（執行手続）及び第347条（自救的動産差押えについての限定的権利）の適用を受ける。
■第346条（執行手続）
　1　第Ⅱ章の第285条（手続及び救済に対する制限）及び本条の次項以下に定めるところに従い，破産宣告を受けた者の債権者が，破産手続の開始前に，(a)破産宣告を受けた者の動産若しくは不動産に対して強制執行を開始していたか，又は(b)破産宣告を受けた者が

他の者に対して有する債権を差し押さえていたときは，当該債権者は，管財官又は破産財団の管財人に対する関係では，強制執行若しくは債権差押えによる利益又はそれらの手続を回避するために支払われた金銭を保有することができない。ただし，破産手続の開始前に強制執行若しくは債権差押えが完了していたか，又は金銭が支払われていた場合は，この限りでない。

■ 第347条（自救的動産差押え等）
1　不動産貸主その他の賃料の支払を受けるべき者が，免責されていない破産者の未払賃料に関して破産者の動産及び人的財産を自救的に差し押さえる権利は，（第252条第2項(b)号，第254条第1項及び本条第5項に定めるところに従い）破産財団に包含される動産及び人的財産に対してこれを行使することができる。ただし，破産手続の開始前に弁済期が到来していた6カ月分の賃料に関する場合に限る。
5　不動産貸主その他の賃料の支払を受けるべき者は，破産者の免責後は，破産財団に包含される動産及び人的財産を自救的に差し押さえることができない。
【コメント】　わが国の破産法第100条第1項と同様に，清算債権（破産債権）は清算手続（破産手続）によらなければ行使できないと定めた規定はない。しかし，清算命令（破産命令）がなされた場合に，債権者の債務者に対する裁判上の権利行使が禁じられることを定めた規定は存在するので，それらを関連条文として列挙した。なお，倒産法183条第1項，第346条第1項，第347条第1項第5項は日本法第42条（他の手続の失効等）の箇所に，第130条第2項は日本法第44条の箇所にすでに掲げたが，概説書では，清算または破産が開始されたのちの債権者の地位に関する説明の中で一緒に触れられているので，再掲した。

● ドイツ法
● 第87条（倒産債権者の債権）
　倒産債権者は，倒産手続に関する規定によらなければ，その債権を行使することができない。

▲ フランス法
▲ 第641-3条第1段（前掲・第42条参照）
▲ 第622-7条第1段
　手続を開始する判決は，牽連関係にある債権の相殺による弁済を除いて，当然に，開始判決以前に生じたあらゆる債権の弁済を禁止する。
【コメント】　規定のしかたは異なるが，趣旨は本条1項と同一である。

日・◆米・■英・●独・▲仏　　　　　　　　破産法第101条（給料の請求権等の弁済の許可）

> **第101条（給料の請求権等の弁済の許可）** 優先的破産債権である給料の請求権又は退職手当の請求権について届出をした破産債権者が、これらの破産債権の弁済を受けなければその生活の維持を図るのに困難を生ずるおそれがあるときは、裁判所は、最初に第195条第1項に規定する最後配当、第204条第1項に規定する簡易配当、第208条第1項に規定する同意配当又は第209条第1項に規定する中間配当の許可があるまでの間、破産管財人の申立てにより又は職権で、その全部又は一部の弁済をすることを許可することができる。ただし、その弁済により財団債権又は他の先順位若しくは同順位の優先的破産債権を有する者の利益を害するおそれがないときに限る。
> 2　破産管財人は、前項の破産債権者から同項の申立てをすべきことを求められたときは、直ちにその旨を裁判所に報告しなければならない。この場合において、その申立てをしないこととしたときは、遅滞なく、その事情を裁判所に報告しなければならない。

▌民事再生法第85条（再生債務の弁済の禁止）
▌会社更生法第47条（更生債権等の弁済の禁止）

◆アメリカ法 （該当規定なし）

■イギリス法 （該当規定なし）

●ドイツ法 （該当規定なし）

▲フランス法

【コメント】　直接対応する規定ではないが、以下のような規定がある。

▲第641-4条第3段

清算人は、第622-6条、第622-20条、第622-22条、第622-23条、第624-17条、第625-3条、第625-4条および第625-8条によって、管理人および裁判上の受任者に与えられる任務を行う。

▲第625-8条

他のあらゆる債権の存在にかかわらず、労働法典第143-10条（現第3253-2条および第3253-3条）、第143-11条（現第3253-4条）、第742-6条および第751-15条（現第7313-8条）に定める先取特権によって担保される債権は、債務者または管理人が必要な資金を有する場合には、主任裁判官の命令に基づいて、手続を開始する判決の言渡しから10日以内に、債務者によって、または管理人が補助の任務を有する場合には管理人によって支払われなければならない。

ただし、債権額の確定前であっても、債務者または補助の任務を有する場合には管理人は、主任裁判官の許可を得て、かつ処分可能な財産の範囲で、直ちに、被傭者に対して、仮の名義で、最後の賃金台帳に基づいて、未払いの1月分の賃金に相当する金額を、労働法典第143-10条（現第3253-2条および第3253-3条）に定める最高限度を超過することなく支払わなければならない。

処分可能な財産がない場合には、前2段に規定する金額は、財産からの最初の収

> 第 102 条（破産管財人による相殺）　破産管財人は，破産財団に属する債権をもって破産債権と相殺することが破産債権者の一般の利益に適合するときは，裁判所の許可を得て，その相殺をすることができる。

📄 民事再生法第 85 条の 2（再生債務者等による相殺）
📄 会社更生法第 47 条の 2（管財人による相殺）

◆アメリカ法（該当規定なし）

■イギリス法（該当規定なし）

●ドイツ法（該当規定なし）

▲フランス法（該当規定なし）

> 第 103 条（破産債権者の手続参加）　破産債権者は，その有する破産債権をもって破産手続に参加することができる。
> 2　前項の場合において，破産債権の額は，次に掲げる債権の区分に従い，それぞれ当該各号に定める額とする。
> 　一　次に掲げる債権　破産手続開始の時における評価額
> 　　イ　金銭の支払を目的としない債権
> 　　ロ　金銭債権で，その額が不確定であるもの又はその額を外国の通貨をもって定めたもの
> 　　ハ　金額又は存続期間が不確定である定期金債権
> 　二　前号に掲げる債権以外の債権　債権額
> 3　破産債権が期限付債権でその期限が破産手続開始後に到来すべきものであるときは，その破産債権は，破産手続開始の時において弁済期が到来したものとみなす。
> 4　破産債権が破産手続開始の時において条件付債権又は将来の請求権であるときでも，当該破産債権者は，その破産債権をもって破産手続に参加することができる。
> 5　第 1 項の規定にかかわらず，共助対象外国租税の請求権をもって破産手続に参加するには，共助実施決定（租税条約等実施特例法第 11 条第 1 項に規定する共助実施決定をいう。第 134 条第 2 項において同じ。）を得なければならない。

📄 民事再生法第 86 条（再生債務者の手続参加）
📄 会社更生法第 135 条（更生債権者等の手続参加）

◆アメリカ法
〔破産債権者の手続参加〕

◆第 502 条（請求権又は持分権の認容）

(a)　本法第 501 条により証拠が提出された請求権又は持分権は，本法第 7 章の下での事件における債務者であるゼネラル・パートナーシップにおけるゼネラル・バー

トナーの債権者を含む利害関係人が異議を述べない限り，認容されたものとする。
(b) 本条(e)(2)，(f)，(g)，(h)及び(i)に定めるところを除き，請求権に対し異議が述べられたときは，裁判所は，通知をなし審問を経た上で，手続開始の申立書が提出された日現在における請求権の額を合衆国通貨により確定して，その請求権を認容する。ただし，次に該当する範囲を除く。
(1) その請求権が，条件付き又は弁済期が到来していないとの理由以外の理由で，いかなる合意又は適用される法によっても債務者又は債務者財産に対して執行することができないとき，
(2) その請求権が，未発生の利息債権であるもの，
(3) その請求権が，倒産財団の財産に対する課税による税であるときは，その請求権が当該財産の権利の価値を超える部分，
(4) その請求権が，債務者の内部者又は代理人の役務についてのものであるときは，その請求権が当該役務の相当な価値をこえる部分，
(5) その請求権が，手続開始の申立書が提出された日に弁済期が到来しておらず，かつ，本法第523条(a)(5)により免責の対象とされていないもの，
(6) その請求権が，不動産の賃貸借契約の終了を原因とする損害賠償請求である賃貸人の請求権であり，それが，(A)(i)手続開始の申立書が提出された日からで，かつ，(ii)賃貸人が賃貸物件を再占有し又は賃借人が賃貸物件を引き渡した日の後から，期限利益喪失条項によることなく，当該賃貸借契約の残存期間が1年又は15パーセントのいずれか長い期間であって3年を超えない期間においてその契約により維持される賃料の総額，さらに，これに加えて，(B)期限利益喪失条項によらずに，そのいずれか早い日においてその賃貸借契約に基づく履行期が到来している未払いの賃料の額を超える部分，
(7) その請求権が，雇用契約の終了を原因とする損害賠償についての従業員の請求権であるときで，それが，(A)(i)手続開始の申立書が提出された日，又は，(ii)期限利益喪失条項によらずに，雇用者が当該雇用契約に基づく労務の提供の終了を従業員に対し告知し又は従業員が当該雇用契約に基づく労務の提供を終了した日のいずれか早い日の後1年間において支払われる報酬の額，さらに，これに加えて，(B)期限利益喪失条項によらずに，そのいずれか早い日に当該雇用契約に基づき履行期が到来する未払いの報酬の額を超える部分。
(8) その請求権が，債務者から受け取る給与，報酬又は手数料に係る雇用税（employment tax）に関連して債務者に利用されている別段適用される税額控除（credit）の額の，支払いの遅滞を理由とする減額を原因とするもの，又は，
(9) その請求権の証拠が定められた期間内に提出されなかったもの。ただし，それが，本法第726条(a)(1)，(2)若しくは(3)又は連邦倒産手続規則に基づきその期間経過後に提出することが許されている場合，政府機関の請求権が救済命令が発せられた日又は連邦倒産手続規則が定めるその後の日の後180日を経過する日よ

り前に届出があったときは定められた期間内に届出がされたものとされる場合，及び，第13章の下での事件において，第1308条により提出された確定申告書に関する租税についての政府機関の請求権が，その確定申告書が求められるところに従い提出された日の後60日を経過する日又はそれ以前の日に届け出られたときは，定められた期間内に届け出られたものとされる場合は除く。

(c) 本条による請求権の認容との関係では，次の評定をしなければならない。

　(1)　通常そうであるように，事件の運営を不当に遅延させないよう，いかなる条件付の請求権（contingent claim）も，額の確定していないいかなる請求権（unliquidated claim）も，金額を確定させること，又は

　(2)　債務不履行を原因とする衡平法上の救済についての権利から生じる支払いを受ける権利。

(d)〜(k)　……

〔期限付債権の弁済期到来〕

◆第101条（定義）

　(1)〜(4)　……

　(5)「請求権」とは，次のものをいう。(A)　判決に付されていると否とを問わず，責任が確定していると否とを問わず，額が確定していると否とを問わず，条件付きであると否とを問わず，弁済期が到来していると否とを問わず，争われていると否とを問わず，コモン・ロー上のものであると衡平法上のものであるとを問わず，又は，担保権付きであると無担保であるとを問わず，弁済を受ける権利，又は，

　　(B)　債務不履行が弁済を受ける権利について生じたときは，衡平法上の救済を求める権利が判決に付されていると否とを問わず，額が確定していると否とを問わず，条件付きであると否とを問わず，弁済期が到来していると否とを問わず，争われていると否とを問わず，又は，担保権付きであると無担保であるとを問わず，その債務不履行を原因として衡平法上の救済を求める権利をいう。

◆第502条（請求権又は持分権の認容）

(a)〜(b)　……

(c) 本条による認容との関係では，次の評定がなされなければならない。

　(1)　通常そうであるように，事件の運営を不当に遅延させないよう，いかなる条件付きの請求権も，額の確定していないいかなる請求権も，金額を確定させること，又は

　(2)　債務不履行を原因とする衡平法上の救済についての権利から生じる支払いを受ける権利。

　【コメント】　アメリカ法上，弁済期の到来を擬制する規定は存在しない。しかし，本来の弁済期が倒産財団の閉鎖を不当に遅延させるような場合には，そのような請求権の額を裁判所が評価して，手続が進められる（第502条(c)・3 Collier on Bankruptcy 502-28（15th ed.1984））。

日・◆米・■英・●独・▲仏　　　　　　　　　　破産法第103条（破産債権者の手続参加）

第103条4項
◆**第502条（請求権又は持分権の認容）**
(a)～(b)　……
(c)　本条に基づく認容との関係では，次の評定がなされなければならない。
　(1)　通常そうであるように，事件の運営を不当に遅延させないよう，いかなる条件付きの請求権も，額の確定していないいかなる請求権も，金額を確定させること，又は
　(2)　債務不履行を原因とする衡平法上の救済についての権利から生じる支払いを受ける権利。

【コメント】条件付請求権及び額の確定していない請求権は，裁判所がその金額を評価しなければならない（3 Collier on Bankruptcy 502-74（15th ed. 1984））。旧法（1898年法）の下では，条件付請求権等は倒産債権として届出の対象とはされていたが，請求権の額が確定するまでは配当等の対象として認容されないものとされていた。その場合には，当該請求権は立証できないものとされて，その債権者は配当を受けられないとともに，免責の対象にもならない扱いがなされていた。しかし，現行法では，請求権は認容されるかどうかが基準とされ，いわゆる「立証可能（provability）」の概念は採用されなかった（3 Collier on Bankruptcy 502-73（15th ed. 1984））。

■ イギリス法
（会　社）
■ R第4.86条（債務の額の評価）
1　債務が不確実な事柄を条件とするか又は他の理由により，その額が確定していないときは，清算人が債務の額を評価する。清算人は，事情の変化又は利用可能になった情報に照らして適切と考えるときは，すでに行った評価を修正することができる。
　清算人は，評価及び修正について，債権者に通知しなければならない。
2　債務の額が本条の規定によって評価されるか，又は法第168条第3項若しくは第5項の規定によって裁判所により評価されるときは，当該債務について清算手続において届け出ることのできる額は，当分の間，その評価額とする。

■ R第4.91条（外国通貨による債務）
1　英国通貨以外の通貨をもって負担されたか又は支払われるべき債務の届出に関しては，債務の額は，会社が清算にはいった日又は清算の直前に会社管理が行われていたときは管理にはいった日における公式の外国為替レートによって，英国通貨に換算する。
2　「公式の外国為替レート」は，問題の日に関して公表された取引終了の時点におけるロンドン外国為替市場の中間為替レートとする。かかる公表されたレートが存在しないときは，裁判所が決定したレートとする。

■ R第4.92条（定期金の性質を有する支払）

1　賃料その他の定期金の性質を有する支払に関しては，債権者は，会社が清算にはいった日又は清算の直前に会社管理が行われていたときは管理にはいった日までに弁済期が到来した未払の額について，届出をすることができる。

2　前項所定の日において支払について弁済期が到来していたときは，日毎に弁済期が到来する場合には，債権者はその日までに弁済期が到来していた部分について届出をすることができる。

（自然人）
■第322条（債務の届出）

3　破産債務が不確実な事柄を条件とするか又は他の理由により，その額が確定していないときは，管財人が破産債務の額を評価する。

4　破産債務の額が前項の規定によって管財人により評価されるか，又は第Ⅲ章の第303条の規定によって裁判所により評価されるときは，当該債務について破産手続において届け出ることのできる額は，その評価額とする。

■R第6.111条（外国通貨による債務）

1　英国通貨以外の通貨をもって負担されたか又は支払われるべき債務の届出に関しては，債務の額は，破産命令の日における公式の外国為替レートによって，英国通貨に換算する。

2　「公式の外国為替レート」は，問題の日に関して公表された取引終了の時点におけるロンドン外国為替市場の中間為替レートとする。かかる公表されたレートが存在しないときは，裁判所が決定したレートとする。

■R第6.112条（定期金の性質を有する支払）

1　賃料その他の定期金の性質を有する支払に関しては，債権者は，破産命令の日までに弁済期が到来した未払の額について，届出をすることができる。

2　前項所定の日において支払について弁済期が到来していたときは，日毎に弁済期が到来する場合には，債権者はその日までに弁済期が到来していた部分について届出をすることができる。

（会社・自然人に共通）
■R第11.13条（将来支払われるべき債務）

1　配当宣言の日において弁済期が到来していない債務を届け出た債権者は，他の債権者と平等に配当を受けることができる。ただし，次項以下に定めるところに従う。

2　配当に関しては（そして，その他に関しては別として），債権者の承認された届出債務の額（又は，当該債権者に対してすでに配当が行われていたときは，承認された届出債務について残存する額）は，次に掲げる式を適用して減じるものとする。

$$\frac{X}{1.05^n}$$

この場合には,
(a) 「X」は,承認された届出債務の額であり,
(b) 「n」は,関係の日から始まり債権者に対する債務の弁済期が［倒産手続が開始されなければ］到来した日までの期間であって,小数の年及び月で表されたものである。
3 前項における「関係の日」とは,
(a) 直前に会社管理が行われることなく清算が開始された場合には,会社が清算にはいった日であり,
(b) 直前に会社管理が行われていて清算が開始された場合には,会社が管理にはいった日であり,
(c) 破産の場合には,破産命令の日である。

●ドイツ法
●第41条（弁済期未到来の債権）
1 弁済期未到来の債権は弁済期が到来したものとみなす。
2 前項の定める債権が無利息であるときは,法定利率により中間利息を控除しなければならない。これにより,その債権は,倒産手続の開始から履行期に至るまでの法定利率を加算すればその債権の全額に相当する金額にまで,減額される。
●第42条（解除条件付債権）
解除条件付債権は,その条件が成就しないかぎり,倒産手続において無条件の債権と同等に扱われる。
●第45条（債権の評価）
金銭を目的としない債権または金額の不確定な債権は,倒産手続の開始の時における評価額をもって,権利を行使することができる。外貨または統一通貨単位により表示された債権は,手続開始の時点でその支払地において準拠さるべき為替市場の相場をもって,内国通貨に換算される。
●第46条（定期金給付）
金額および存続期間が確定された定期金給付を求める債権は,未履行の給付を第41条に規定された中間利息を控除した上で合算することにより生ずる金額につき,権利を行使することができる。給付の存続期間が未確定であるときは,第45条第1文の規定を準用する。

▲フランス法
▲第643-1条
裁判上の清算を開始しまたは言い渡す判決は,期限未到来の債権の期限を到来さ

せる。ただし、企業の全部または一部の譲渡が可能であるという理由で、裁判所が活動の継続を許可するときは、期限未到来の債権は、譲渡を言い渡す判決の日、またはそれがないときは活動の維持が終了する日に期限が到来する。

これらの債権が、裁判上の清算を言い渡した地の通貨と異なる通貨で表示されている場合には、その債権は、判決の日における為替相場に従って、その地の通貨に換算される。

【コメント】 直接該当する規定はないが、本条第2段および第3段に関して、上記のような規定がある。

これらについて、かつて、1967年法第37条では、

裁判上の整理または財産の清算を宣告する判決は、債務者に対して、期限の到来していない債務の弁済期を到来させる

と規定していた。この規定は、「債務者に対して」という文言があることから、現在化の効力を［主たる］債務者のみについて生じさせるもので、共同義務者に対しては、その効力を生じさせない趣旨であると解されていた。

1985年法（新商法典旧規定）および現行規定（2005年および2008年改正規定）は、上に引用したように、「債務者に対して」という限定をしていないが、学説には、旧法と同様、現在化の効力は、共同義務者に及ばないとするものがある。

第104条（全部の履行をする義務を負う者が数人ある場合等の手続参加） 数人が各自全部の履行をする義務を負う場合において、その全員又はそのうちの数人若しくは1人について破産手続開始の決定があったときは、債権者は、破産手続開始の時において有する債権の全額についてそれぞれの破産手続に参加することができる。

2 前項の場合において、他の全部の履行をする義務を負う者が破産手続開始後に債権者に対して弁済その他の債務を消滅させる行為（以下この条において「弁済等」という。）をしたときであっても、その債権の全額が消滅した場合を除き、その債権者は、破産手続開始の時において有する債権の全額についてその権利を行使することができる。

3 第1項に規定する場合において、破産者に対して将来行うことがある求償権を有する者は、その全額について破産手続に参加することができる。ただし、債権者が破産手続開始の時において有する債権について破産手続に参加したときは、この限りでない。

4 第1項の規定により債権者が破産手続に参加した場合において、破産者に対して将来行うことがある求償権を有する者が破産手続開始後に債権者に対して弁済等をしたときは、その債権の全額が消滅した場合に限り、その求償権を有する者は、その求償権の範囲内において、債権者が有した権利を破産債権者として行使することができる。

5 第2項の規定は破産者の債務を担保するため自己の財産を担保に供した第三者（以下この項において「物上保証人」という。）が破産手続開始後に債権者に対して弁済等をした場合について、前2項の規定は物上保証人が破産者に対して将来行うことがある求償権を有する場合における当該物上保証人について準用する。

▌民事再生法第86条（再生債権者の手続参加）
▌会社更生法第135条（更生債権者等の手続参加）

日・◆米・■英・●独・▲仏　破産法第104条(全部の履行をする義務を負う者が数人ある場合等の手続参加)

◆アメリカ法
〔全部義務者の手続参加〕

◆第509条（共同債務者の請求権）

(a) 本条(b)又は(c)に定めるところを除き，債務者とともに債権者に対して債務を負担し，又は担保を供した者が，その債務を弁済したときは，その支払いをなした限度において，債権者の権利に代位する。

(b) 以上の者は，次の場合には債権者の権利を代位することはできない。
　(1) その者がその出捐により消滅させた対象である債権者の請求権が，
　　(A) 本法第502条によって認容されているとき，
　　(B) 本法第502条(e)に定める以外の理由により不認容とされたものであるとき，
　　(C) 本法第510条により劣後するものであるとき，又は，
　(2) 債務者とその者との間で，その債権者が有する請求権についての対価が授受されているとき。

(c) 裁判所は，債権者とともに債務を負担し，又は担保を供した者が，本法第509条に基づく代位により，又は出捐若しくは拠出したことにより認容された請求権を有するときは，この請求権を本法により又は本法によらないで全額の弁済を受けるまで，その本来の債権者の請求権に劣後させなければならない。

◆第501条（債権者及び請求権）

(a) ……

(b) 債権者がその有する請求権の証拠を定められた期間内に提出しないときは，債務者とともに債権者に対して債務を負担している者，又は，その債権者のために担保を供した者は，その請求権の証拠を提出することができる。

《関連規定》

◆R第3005条（保証人，連帯保証人，裏書人，又はその他の共同債務者の請求権の届出，計画案の受諾，又は拒絶）

(a) 請求権の届出　債権者がR第3002条又は第3003条(c)による請求権の証拠を定められた期間内に提出しないときは，債務者とともにその債権者のために債務を負担し若しくは債務を負担する可能性がある者，又は，その債権者のために担保を供した者は，R第3002条(c)又は第3003条(c)のいずれかに定める請求権の届出期間が経過した後30日内に，請求権の証拠を提出することができる。当初の債務が配当された額まで消滅するであろうとの十分な証拠に基づく場合を除いて，当該請求権につきいかなる配当をも実施してはならない。

(b) 受諾書又は拒絶書の提出；債権者の代わりの者　本ルール(a)前段の規定により請求権の届出をなした者は，知られているときは債権者の氏名で，又は知られていないときはその者自身の氏名で，計画案に関する受諾書又は拒絶書を提出することができる。ただし，債権者がR第3003条(c)により認められている期間内に請求権の証拠を提出したとき，又は，その者が債権者のために行動するとの債権者の意思に関する書面を債権者が計画認可の前に提出していたときは，債権者は，その有する請求権に関しその債務者（the obli-

349

gor) にとって代わられるものとする。

■イギリス法 (該当規定なし)

【コメント】 英米法においては,「数人が各自全部義務を負う場合」に相当するものとして, joint and several という概念があるが, これに関する倒産法の規定はない。ただし, 保証人 (surety) と主債務者の関係については, 判例によって以下のような法理が確立されている。(Fletcher, The Law of Insolvency, 4th ed., 2009, pp.318-320; Miller & Bailey, Personal Insolvency Law and Practice, 4thed., 2008, pp.910-920.)

 1 主債務者破産のとき (Fletcher, p.318; Miller & Bailey, pp.910-917.)
 (1) 債権者の地位
 債権者は, 保証人に対して保証債務の全額の支払を要求しつつ, 主債務者の債務の全額について破産財団に対して届出をすることができる。Re Sass [1896] 2 Q.B.12. 当該債権者は, 届出ののちに保証人から債務の一部の弁済を受けても, 債務の全額について届出を続けることができる。Re Rees (1881) 17 Ch.D.98; Re Sass above.（以上, 日本法第104条第1項第2項に相当）

 届出の前に債権者が保証人その他の者から弁済を受けていた場合に, その額を債務から控除して届け出なければならないかについては, 判例が分かれている。
 a 弁済を受けたのが破産手続開始前であると後であるとを問わず, 控除しなくてよいとするもの Re Sass above. この見解をとる判例が多数だといわれる。
 b 届出前に弁済を受けた額はすべて, 控除しなければならないとするもの Re Oriental Commercial Bank, ex p Maxoudoff (1868) L.R.6 Eq. 582.
 c 保証人も破産した場合にその配当として宣言された額については, 現実に弁済を受けていなくても控除しなければならないとするもの Ex p Leers (1802) 6 Ves 644.
 なお, bの見解を採る判例は, 控除が必要なのは, 債権者が保証人から受け取った額を現実に主たる債務の弁済に充当した場合だとしている。
 a, b いずれの見解が判例として確立されているかが明らかでない現状においては, 債権者が保証人から弁済を受けた時点で主債務者が破産しているか, または破産する可能性がある場合には, 保証人から受け取った金額を主債務の弁済に充当せず, 別勘定 (suspense account) に入れておくべきだといわれている。現に, イングランドの銀行は, こうした方法を採っているという (Miller & Bailey, p.911.)。

 (2) 保証人の地位
 保証人は, 将来の求償権を破産債務として届け出ることができる。Re Paine [1879] 1 Q.B.122.（日本法第104条第3項本文に相当）
 ただし, 債権者が破産債権者として権利を行使しているときは, 債権者が全額の弁済を受けるまで, 保証人は届出をすることができない。Hardy v. Fothergill (1888) 13 App Cas 351; Re Fitzgeorge, ex p Robson [1905] 1 K.B.462; Re Fenton Ltd ex p Fenton Textile Assn Ltd [1931] 1 Ch. 85.（日本法第104条第3項但書に相当）
 保証人が債務の全額を弁済したときは, 債権者の有する権利を主債務者に対して取得する。Ex parte Rushforth (1805) 10 Ves.409; 32 E.R.903; Re Parker [1894] 3 Ch.400.（日本法第104条4項に相当）

 2 数人の一部保証人 (co-sureties) の1人が破産したとき (Fletcher, p.319)
 各保証人は, なんらの出捐もしていなくても, その負担部分について債権届出をすることができる。Wolmershausen v. Gullick [1893] 2 Ch.514.（日本法旧第27条に相当）

日・◆米・■英・●独・▲仏　破産法第104条（全部の履行をする義務を負う者が数人ある場合等の手続参加）

●ドイツ法
●第43条（複数義務者の責任）
　同一の給付に関し複数の者がその全部につき債権者に対して責めを負うときには，その債権者は，いずれの債務者に対する倒産手続においても，手続の開始の時に請求しうる全額が完済されるまで，権利を行使することができる。
●第44条（連帯債務者および保証人の求償権）
　連帯債務者および保証人は，債権者に対する弁済により債務者に対し将来取得することのあるべき債権については，債権者が債権を行使しないときに限り，倒産手続において権利を行使することができる。
　【コメント】　ドイツ倒産法44条は，旧和議法33条を引き継ぐものである。なお，旧破産法には規定がなかったが，同様に解されていた。

▲フランス法
▲第641-3条第4段
　債権者は，第622-24条から第622-27条および第622-31条から第622-33条に定める条件に従って，清算人にその債権を届け出る。
▲第622-31条
　救済手続に服する2名または複数の共同義務者が連帯して署名，裏書または保証した［支払］約務の債権者は，その名目額で，各手続において，その債権を届け出ることができる。
▲第622-32条
　各手続によって支払われた金額の合計が，元本および附帯のものを含む債権の全額を超えない限り，救済手続に服する共同義務者相互の間では，支払いをしたことを理由とするいかなる求償も行うことはできない；この場合には，その超過分は，［支払］約務の順位に従って，他の義務者を求償義務者とする共同義務者に帰属する。
▲第622-33条
　救済手続に服する債務者および他の共同義務者が連帯して署名した［支払］約務の債権者が，開始判決前にその債権について内金［の弁済］を受けたときは，その額を控除した額についてのみ，債権を届け出ることができ，残額については，［倒産していない］共同義務者または保証人に対して，その権利を保持する。
　一部の弁済をした共同義務者または保証人は，債務者の免責のために支払った全額について，その債権を届け出ることができる。
　【コメント】　フランス法は，本条のような宣告時現存額主義を採らない。
　　第622-31条は，名目額主義を採る。届出後に清算手続に服していない他の共同義務者から内金の弁済を受けても，これを控除する必要はない。
　　第622-33条は，手続開始前に内金の弁済を受けた場合には，これを控除すべき旨を規定するが，ここで控除されるべき内金は，「任意弁済」によるものに限るというのが判例・通説である。それゆえ，第1の清算手続で一部の配当（dividende）を受けた後に，他の共同義務者に

351

ついて第2の清算手続が行われる場合には，債権者は，第2の手続における届出において，すでに第1の手続で受けた配当額を控除する必要はない。その理由は，名目額主義は「債権者に対して，一連の債権届出を全額でさせることによって，最大の弁済を受けることができるようにするものである。それゆえ，債権者の権利は，手続開始の時点で固定されるべきものであって，その後の配当による弁済によっても，これを修正することはできないことを認めるべきである」，あるいは，2人が同時に清算手続に服した場合には，いずれの手続でも名目額で届出ができるはずのところ（第622-31条），たまさかにその時期がずれたことによって，債権者の地位に変動を生ずるべきではないなどと説明されている。

第1の清算手続が，資産の不十分を理由に終結した後に，他の共同義務者から内金の弁済を受け，その後に別の共同義務者に対して第2の清算手続が開始された場合については，この内金を控除すべきか否かについて，議論がある。これは，手続終結判決の性質（手続開始判決の効力も否定するものか否か）にかかわる問題である。

手続開始前に内金の弁済をした共同義務者の事後求償権は，債権者の届出と競合する。

なお，民法典第2028条第1項は，

支払いをした保証人は，保証が債務者の承知の上でされたか否かを問わず，債務者に対して求償権を有する

と規定する。求償権の範囲は，保証人については支払額，連帯共同債務者の場合には，負担部分を超える支払いをした場合にその超過額であるとされている。第622-32条は，これと異なる規定である。その根拠は，第622-31条にある。保証人等が求償権を行使しうるのは，債権者が全額の満足を得た場合のみである。

超過分は，保証人については法律の規定に従って，連帯共同債務者の場合には当事者間の約定に従って，配分される。

求償権行使の制限を受けるのは，「裁判上の更生手続に服する共同義務者相互の間」であって，更生手続に服していない（in bonis）共同義務者に対しては，求償権を行使することができる。

また，本条第4段に関しては，民法典第2032条に，

保証人は，（以下の場合には，）支払いをする前であっても，債務者に補償させるために，これに対して請求することができる：

1°　……

2°　債務者が破産し，または家資分散（déconfiture）の状態にあるとき

という規定がある。

この事前求償権は，債権者と競合しうるとするのが判例であるが，その趣旨は，債権者が先に届出をした場合には，保証人は届出をすることができず，先に保証人が届出をした場合には，債権者の態度が決定するまで留保されると解されている。債権者が債権額の一部についてのみ届出をした場合には，保証人は残額について届出をすることができる。

これらの取扱いは，連帯共同債務者についても同様である。

第 105 条（保証人の破産の場合の手続参加）　保証人について破産手続開始の決定があったときは，債権者は，破産手続開始の時において有する債権の全額について破産手続に参加することができる。

▌民事再生法第86条（再生債権者の手続参加）
▌会社更生法第135条（更生債権者等の手続参加）

日・◆米・■英・●独・▲仏　　破産法第106条(法人の債務につき無限の責任を負う者の破産の場合の手続参加)

◆**アメリカ法**
〔保証人の破産の場合の手続参加〕（該当規定なし）

《関連規定》
日本法第104条3項・4項・5項の項参照

■**イギリス法**（該当規定なし）

【コメント】　保証人が破産した場合における債権者の破産手続への参加については，以下のような判例法理が確立されている（Fletcher, The Law of Insolvency, 4thed., 2009, pp.319-320; Miller & Bailey, Personal Insolvency Law and Practice, 4thed,. 2008, pp.917-918.）。
　債権者は，保証債務について届出をすることができる。保証人が全部義務を負担する場合には，届出をなしうる額は，破産手続開始時における債務の全額であるが，届出前に主債務者から弁済を受けていた場合には，それを控除しなければならない。Re Amalgamated Investment & Property Co. Ltd〔1985〕Ch. 349. 債権者は，届出債務の全額の弁済を受けないかぎり，届出後に主債務者または他の保証人から弁済を受けても，その額を控除されることはない。Re Houlder〔1929〕1 Ch.205.

●**ドイツ法**（該当規定なし）

▲**フランス法**（該当規定なし）

第106条（法人の債務につき無限の責任を負う者の破産の場合の手続参加）　法人の債務につき無限の責任を負う者について破産手続開始の決定があったときは，当該法人の債権者は，破産手続開始の時において有する債権の全額について破産手続に参加することができる。

民事再生法第86条（再生債権者の手続参加）

◆**アメリカ法**
〔法人の債務につき無限の責任を負う者の破産の場合の手続参加〕

◆**第723条（ゼネラル・パートナーに対するパートナーシップの管財人の権利）**
(a)　パートナーシップに関する本章の下での事件において認容されたすべての請求権の全額につき支払うための倒産財団の財産が不足し，かつ，そのパートナーシップのゼネラルパートナーが人的に責任を負っているときは，管財人は，適用される非破産法に基づいてそのゼネラルパートナーがその不足する額につき責任を負っている限度において，そのゼネラルパートナーに対して請求権を有する。
(b)　実現可能な限度において，管財人は，まず最初に，本法の下での事件において債務者ではないパートナーシップのゼネラルパートナーに対して，その不足する額の支払いを求めなければならない。その不足する額が確定していないときは，裁判所は，そのパートナーに対して，そのパートナーに対して支払いを請求することができる不足する額につき，支払いのための担保の提供し若しくは支払いの保証を倒

産財団になすこと又は財産を処分しないことを命じなければならない。
(c) 本法第728条(c)にもかかわらず，パートナーシップである債務者の管財人は，本法の下での事件において債務者となっているゼネラルパートナーの倒産財団に対し，パートナーシップである債務者の事件において認容された請求権の総額につき，請求権を有する。本法第502条にもかかわらず，パートナーとパートナーシップの双方が責任を負っている請求権は，それがパートナーシップの財産によって担保されておらず，パートナーの財産によってのみ担保されている場合を除いて，そのパートナーの事件においては，請求権として認容されない。本項による管財人の請求権は，本法第726条(a)によるそのパートナーの事件における配当を，同条において定める種類の他の請求権と同等の地位において受ける適格を有する。
(d) 管財人が本条(c)によりゼネラルパートナーの倒産財団から支払いを受けた総額が，本条(b)により支払いを受けられなかった額を超えるときは，裁判所は，通知をなし審問を経た上で，支払いを受けた余剰金についての衡平な配当を決定しなければならず，管財人は，その決定に従って，ゼネラルパートナーの倒産財団に対してその余剰金を分配しなければならない。

《関連規定》
◆ R 第1015条（同一裁判所に係属する事件の併合又は併合審理）
(a) 同一債務者に関する事件　2個又は数個の手続開始の申立てが同一裁判所において若しくは同一債務者に対して係属するときは，裁判所は，それらの事件の併合を命じなければならない。
(b) 2人又は数人の関連する債務者に関する事件　(1)夫と妻，(2)パートナーシップと1人又は数人のゼネラルパートナー，(3)数人のゼネラルパートナー，又は(4)債務者とその関係者による，又はこれらに対する共同の手続開始の申立て若しくは数個の申立てが同一の裁判所に係属するときは，裁判所は，倒産財団の併合管理（joint administration）を命ずることができる。その命令を発するにあたっては，裁判所は，異なった倒産財団の債権者を起こりうる利益の対立から保護するよう配慮しなければならない。夫と妻の個々の事件の併合の命令には，その一方の者が法第522条(b)(2)により倒産財団除外財産を選択し，かつ，他の一方の者が法第522条(b)(3)により倒産財団除外財産を選択したときは，その双方が同一の倒産財団除外財産を選択したことになるよういずれか一方の者がその選択を変更することができる相当の期間を定めなければならない。その命令は，裁判所の定めた期間内にその選択をしないときは，法第522条(b)(2)に定める倒産財団除外財産を選択したものとみなされることを両債務者に対して通知しなければならない。
(c) 手続促進及び保護命令　併合事件，又は2個若しくは数個の事件の併合又は併合審理を命じる命令が，本ルールにより発せられるときは，法により当事者の権利を保護しつつも，裁判所は，不要な費用及び手続の遅延を回避するような命令を発することができる。

■ **イギリス法**（該当規定なし）
【コメント】　パートナーシップの倒産については，支払不能のパートナーシップに関する1994年の命令（Insolvent Partnerships Order 1994）に詳細な規定がある。この命令の下で，支払

日・◆米・■英・●独・▲仏　　　　　　　　　　　　　破産法第108条（別除権者等の手続参加）

不能の状態にあるパートナーシップの債権者は，次の3つの選択肢を有している。
　(1)　パートナーシップの債務について無限責任を負う構成員（以下「無限責任構成員」という）に対して倒産手続の申立てをすることなく，パートナーシップを未登記会社として清算する申立てをする（7条）。
　(2)　無限責任構成員に対して倒産手続の申立てをするとともに，パートナーシップを未登記会社として清算する申立てをする（8条）。
　(3)　パートナーシップを未登記会社として清算する申立てをすることなく，無限責任構成員に対して倒産手続の申立てをする（19条5項）。Miller & Bailey, Personal Insolvency Law and Practice, 4thed., 2008, p.1000.

●**ドイツ法**（該当規定なし）

▲**フランス法**（該当規定なし）

第107条（法人の債務につき有限の責任を負う者の破産の場合の手続参加等）
　法人の債務につき有限の責任を負う者について破産手続開始の決定があったときは，当該法人の債権者は，破産手続に参加することができない。この場合においては，当該法人が出資の請求について破産手続に参加することを妨げない。
2　法人の債務につき有限の責任を負う者がある場合において，当該法人について破産手続開始の決定があったときは，当該法人の債権者は，当該法人の債務につき有限の責任を負う者に対してその権利を行使することができない。

　民事再生法第86条（再生債権者の手続参加）

◆**アメリカ法**（該当規定なし）

■**イギリス法**（該当規定なし）

●**ドイツ法**（該当規定なし）

▲**フランス法**（該当規定なし）

第108条（別除権者等の手続参加）　別除権者は，当該別除権に係る第65条第2項に規定する担保権によって担保される債権については，その別除権の行使によって弁済を受けることができない債権の額についてのみ，破産債権者としてその権利を行使することができる。ただし，当該担保権によって担保される債権の全部又は一部が破産手続開始後に担保されないこととなった場合には，その債権の当該全部又は一部の額について，破産債権者としてその権利を行使することを妨げない。
2　破産財団に属しない破産者の財産につき特別の先取特権，質権若しくは抵当権を有する者又は破産者につき更に破産手続開始の決定があった場合における前の破産手続において破産債権を有する者も，前項と同様とする。

　民事再生法第88条（別除権者の手続参加）

📎 会社更生法第 2 条 10 項（定義）
📎 会社法第 566 条（担保権を有する債権者等の参加）

◆ アメリカ法
〔別除権者等の手続参加〕
日本法第 65 条の項参照

■ イギリス法
（会　社）
■ R 第 4.88 条（担保権者）
1　担保権者が担保権を実行したときは，担保権の実行により得られた金額を控除した後の債務の残額について，債権届出をすることができる。
2　担保権者が債権者の一般的な利益のために担保目的物を任意に提供したときは，債務の全額について無担保の債権者として債権届出をすることができる。
（自然人）
■ R 第 6.109 条（担保権者）
倒産規則第 4.88 条と同文

● ドイツ法
● 第 52 条（別除権者の不足額）
　別除的な弁済を請求することができる債権者は，債務者がその者に対し人的にも責任を負うときには，倒産債権者とする。ただし，別除的弁済を受ける権利を放棄しまたは別除的弁済の結果不足を生じたときでなければ，倒産財団から割合による弁済を受けることができない。

▲ フランス法
▲ 第 643-4 条
　一回または複数の配当が不動産の売却代金の分配に先行するときは，確定した先取特権および抵当権を有する債権者は，その債権全額の割合で分配に加わる。
　これらの債権者の中で，不動産の売却ならびに抵当権および先取特権を有する債権者の間での順位［配当］の最終的整理の後，その債権全額のために不動産の対価の配分について有効な順位にある者は，すでに受領した額を控除した場合にのみ，抵当権の順位弁済の額を受領する。
　こうして控除された額は，無担保の債権者に与えられる。
▲ 第 643-5 条
　不動産の売却代金の配分の一部について順位弁済を受けた抵当権者の権利は，不動産の順位弁済順の後に，さらにその者に支払われるべき額に応じて整理される。その者が先行する配当で受領した配当で，弁済順位後に計算された配当との関係での超過分は，抵当権の順位弁済の額から控除され，無担保の債権者に分配される額

に含まれる。
▲第 643-6 条
不動産の売却代金で満足を得なかった先取特権または抵当権を有する債権者は，その者になお支払われるべき額について，無担保債権者とともに［分配に］加わる。
▲第 643-7 条
第 642-20-1 条第 2 段の留保の下で，第 643-4 条から第 643-6 条の規定は，特別の動産担保権を有する債権者に適用される。
▲第 642-20-1 条第 2 段
動産質権者は，まだ承認されていなくとも，主任裁判官に対して，解除前に裁判上の配分を請求することができる。債権の全部または一部が棄却されたときは，その債権が認められた額を留保して，清算人に対して財産またはその価額を償還する。

> <u>第 109 条（外国で弁済を受けた破産債権者の手続参加）</u>　破産債権者は，破産手続開始の決定があった後に，破産財団に属する財産で外国にあるものに対して権利を行使したことにより，破産債権について弁済を受けた場合であっても，その弁済を受ける前の債権の額について破産手続に参加することができる。

> 規第 30 条（破産債権者が外国で受けた弁済の通知等・法第 109 条）　届出をした破産債権者は，法第 109 条に規定する弁済を受けた場合には，速やかに，その旨及び当該弁済の内容を裁判所に届け出るとともに，破産管財人に通知しなければならない。

▮民事再生法第 89 条（再生債権者が外国で受けた弁済）
▮会社更生法第 137 条（更生債権者等が外国で受けた弁済）

◆アメリカ法
◆第 1532 条（並行する手続における弁済に関する原則）
担保権付請求権又は対物権を侵すことなく，倒産処理に関する法に従い外国手続においてその請求権の弁済を受けた債権者は，同じ組の種類の他の債権者に対する弁済額が当該債権者がすでに受けた弁済額をその割合において下回る限り，債務者についての本法のいずれか他の章の下での事件においては同一の請求権について弁済を受けることはできない。

【コメント】　第 1532 条においていわゆるホッチポット・ルール（Hotch-pot Rule）が採用されている。内国手続に参加した債権者が外国において行われている倒産処理手続において配当を受けている場合で，それが外国の手続における配当よりも低い場合には，内国の手続では配当を受けることができない。

■イギリス法（該当規定なし）
【コメント】　同一の債務者について外国と国内とで倒産手続が開始されており，外国倒産手続で配当を受けた債権者が国内の倒産手続において債権届出をした場合について，判例は，ホッ

チポット・ルール（hotchpot rule）と呼ばれる法理を形成してきた。すなわち，国内の裁判所は，当該債権者が外国倒産手続で受けた配当と同一の割合の配当を他の債権者が受けるまで，その債権者は配当を受けられないものとすることができる。Stewart v. Auld（1851）13 D.1337; Re Douglas ex p. Wilson（1872）L.R.7 Ch.App.490. 以上につき，Fletcher, The Law of Insolvency, 4thed., 2009, p. 925.

●ドイツ法
●第341条（債権者の権利の行使）
1 すべての債権者は，主手続およびすべての従倒産手続において，その債権を届け出ることができる。
●第342条（引渡義務，配当にあたっての算入）
……
2 倒産債権者は他の国で開始された倒産手続において得たものを保持することができる。その倒産債権者は，配当においては，他の債権者が同一の地位に置かれた場合にはじめて，考慮される。

▲フランス法（該当規定なし）

第110条（代理委員） 破産債権者は，裁判所の許可を得て，共同して又は各別に，1人又は数人の代理委員を選任することができる。
2 代理委員は，これを選任した破産債権者のために，破産手続に属する一切の行為をすることができる。
3 代理委員が数人あるときは，共同してその権限を行使する。ただし，第三者の意思表示は，その1人に対してすれば足りる。
4 裁判所は，代理委員の権限の行使が著しく不公正であると認めるときは，第1項の許可を取り消すことができる。

規第31条（代理委員の権限の証明等・法第110条） 代理委員の権限は，書面で証明しなければならない。
2 破産債権者は，代理委員を解任したときは，遅滞なく，裁判所にその旨を届け出なければならない。

▌ 民事再生法第90条（代理委員），第90条の2（裁判所による代理委員の選任），第91条（報償金等）
▌ 会社更生法第122条（代理委員），第123条（裁判所による代理委員の選任），第124条（報償金等）

◆アメリカ法
◆第705条（債権者委員会）
(a) 本法第341条(a)による債権者集会において，本法第702条(a)に基づき管財人を

日・◆米・■英・●独・▲仏　　　　　　　　　　　　　破産法第110条（代理委員）

選任するために議決権を行使することができる債権者は，3名以上かつ11名以下の債権者であって，その各人が本法第726条(a)(2)に基づき配当を受けることができる種類の認容された無担保の請求権を有する債権者で構成される委員会を選出することができる。
(b)　本条(a)に基づき選出された委員会は，倒産財団の管理に関連して管財人又は連邦管財官と協議し，管財人の義務遂行に関して管財人又は連邦管財官に勧告を行い，及び，裁判所又は連邦管財官に対して倒産財団の管理に影響する問題を提示することができる。

◆ R 第9010条（代理及び出頭；弁護士の権限）
(a)　自ら又は弁護士により行為をする権限　債務者，債権者，持分証券保有者，歯型証書受託者，委員会又はその他の者は，(1)本法の下での事件に出頭し，その主体自らの利益のために，又は裁判所において行為をなす権限を授権された弁護士のいずれかによって行為をすることができ，(2)授権された代理人，弁護士以外の代理人，又は代理（proxy）によって，法律実務を構成しない行為を行うことができる。
(b)　出頭の通知　本法の下での事件において当事者に代わって出頭する弁護士は，氏名，事務所の住所及び電話番号を記載した出頭の通知書を提出しなければならない。ただし，弁護士の出頭が記録に別段とどめられているときは，この限りではない。
(c)　弁護士の権限　請求権の証拠の作成及び届出又は計画案の受諾若しくは拒絶を除いて，ある目的のために債権者を代理する代理人，弁護士以外の代理人，又は代理の権限は，適切な公定様式に適合する委任状によって証明されなければならない。この委任状の作成は，法第28号第459条，第953条，R第9012条に列挙されている者，又は宣誓が執り行われる州の法に基づき宣誓を執り行う権限を与えられている者の前で，真実であることが認められなければならない。

■イギリス法 （該当規定なし）

●ドイツ法 （該当規定なし）

▲フランス法 （該当規定なし）

第 2 節　破産債権の届出

第 111 条（破産債権の届出）　破産手続に参加しようとする破産債権者は，第 31 条第 1 項第 1 号又は第 3 項の規定により定められた破産債権の届出をすべき期間（以下「債権届出期間」という。）内に，次に掲げる事項を裁判所に届け出なければならない。
　一　各破産債権の額及び原因
　二　優先的破産債権であるときは，その旨
　三　劣後的破産債権又は約定劣後破産債権であるときは，その旨
　四　自己に対する配当額の合計額が最高裁判所規則で定める額に満たない場合においても配当金を受領する意思があるときは，その旨
　五　前各号に掲げるもののほか，最高裁判所規則で定める事項
2　別除権者は，前項各号に掲げる事項のほか，次に掲げる事項を届け出なければならない。
　一　別除権の目的である財産
　二　別除権の行使によって弁済を受けることができないと見込まれる債権の額
3　前項の規定は，第 108 条第 2 項に規定する特別の先取特権，質権若しくは抵当権又は破産債権を有する者（以下「準別除権者」という。）について準用する。

規第 32 条（破産債権の届出の方式・法第 111 条）　法第 111 条第 1 項第 4 号の最高裁判所規則で定める額は，千円とする。
2　法第 111 条第 1 項第 5 号の最高裁判所規則で定める事項は，次に掲げるものとする。
　一　破産債権者及び代理人の氏名又は名称及び住所
　二　破産手続及び免責手続において書面を送付する方法によってする通知又は期日の呼出しを受けるべき場所（日本国内に限る。）
　三　執行力ある債務名義又は終局判決のある破産債権であるときは，その旨
　四　破産債権に関し破産手続開始当時訴訟が係属するときは，その訴訟が係属する裁判所，当事者の氏名又は名称及び事件の表示
3　破産債権の届出書には，破産債権者の郵便番号，電話番号（ファクシミリの番号を含む。）その他破産手続等における通知，送達又は期日の呼出しを受けるために必要な事項として裁判所が定めるものを記載するものとする。
4　前項の届出書には，次に掲げる書面を添付しなければならない。
　一　破産債権に関する証拠書類の写し
　二　破産債権が執行力ある債務名義又は終局判決のあるものであるときは，執行力ある債務名義の写し又は判決書の写し
　三　破産債権者が代理人をもって破産債権の届出をするときは，代理権を証する書面
5　裁判所は，破産債権の届出をしようとする破産債権者に対し，第三項の届出書の写しを提出することを求めることができる。

規第 33 条（届出事項の変更）　破産債権者は，その有する破産債権について，届け出た事項の変更（破産債権の消滅を含む。以下この条において同じ。）であって他の破産債権者の利益を害しないものが生じた場合には，遅滞なく，当該変更の内容及び原因を裁判所に届け出なければならない。

2　前条第五項の規定は，前項の規定による届出をする場合の届出書について準用する。
3　破産管財人は，第1項に規定する変更が生じたことを知っている場合には，当該変更の内容及び原因を裁判所に届け出なければならない。この場合においては，届出書に，証拠書類の写しを添付しなければならない。
4　第1項又は前項の規定による届出があった場合には，裁判所書記官は，当該届出の内容を破産債権者表に記載するものとする。

▌民事再生法第94条（届出）
▌会社更生法第138条（更生債権等の届出）

◆ アメリカ法
〔破産債権の届出〕
◆ 第501条（請求権又は持分権の証拠の提出）
⇒日本法第100条の項参照
◆ R第3002条（請求権又は持分権の証拠の提出）
(a)　届出の必要性　無担保債権者又は持分証券保有者はR第1019条(3)，R第3003条，R第3004条及びR第3005条に規定するところを除き，請求権又は持分権が認容されるためには，本ルールに基づき請求権又は持分権の証拠を届け出なければならない。
(b)　届け出るべき場所　請求権又は持分権の証拠は，R第5005条に従い届け出されなければならない。
(c)　届出期間　第7章の清算事件，第12章の家族農業従事者の債務調整事件，又は第13章の個人債務の債務調整事件においては，請求権の届出は，次の場合を除いて，本法第341条(a)により招集された債権者集会の最初の期日の後90日内になされるとされたときは，その期間内に適時になされなければならない。
(1)　本法第1308条に基づいて提出された納税申告を原因とする請求権以外の政府機関により届出がなされた請求権の証拠が，救済命令があった日の後180日を超えない期間内に提出されたときは，適切な時期に届出があったものとされる場合。政府機関がその期間が経過する前において理由があることを示して申立てをなしたときは，裁判所は，政府機関が証拠を届け出る期間を伸長することができる。第1308条に基づき届出のあった納税申告書により生じた請求権につき，政府機関によって提出された請求権の証拠は，それが，救済命令のあった日の後180日を超えない期間内又は納税申告書を提出した日の後60日を超えない期間内のいずれか遅い期間内に届け出られたときは，適切な時期に届出があったものとされる。
(2)　司法の利益において，かつ，事件の運営を不当に遅延させないときは，裁判所は，未成年者若しくは行為無能力者又はそのいずれかの代理人による請求権の証拠を届け出るべき期間を伸長することができる。

(3) 判決を取得したことにより，ある者に有利に生じた無担保の請求権又は認容されることになった無担保の請求権は，当該判決がその者に対して金銭又は財産の回復を求めるものであるとき，又は，その者の財産上の権利を否定し又は無効とするものであるときは，当該判決が確定した後30日内に，これを届け出ることができる。当該判決が，その期間内に又は裁判所の許可した伸長された期間内に果たされていない責任又は履行されていない義務を内容とするときは，その請求権は認容されない。

(4) 債務者の未履行双務契約又は期間満了前の賃貸借契約の解除により生じた請求権は，裁判所が定める期間内に届け出ることができる。

(5) 配当金を支払うのに十分な資産がないとの通知が，R第2002条(e)により債権者に対してなされ，その後に，管財人が，配当金の支払いが可能であるとの通知を裁判所に対してしたときは，裁判所書記官は，債権者に対して，その事実，及び，請求権の証拠が届け出られなければならない期限について，少なくとも90日の猶予をもった通知を郵送でしなければならない。

(6) 請求権の証拠を届け出るべき期間の通知が外国に住所を有する債権者に対して郵送されたときは，当該期間が満了する前に又は後における債権者の申立てにより，裁判所は，その通知が当該状況の下で請求権の証拠を届け出る相当な期間を債権者に与え上で十分ではないと認めるときは，60日を超えない範囲で届出期間を伸長することができる。

◆ R第5005条（書面の提出及び送付（Filing and Transmittal of Papers））

(a) 提出 (1) 提出すべき場所 本手続規則により提出することが必要とされている請求権若しくは持分権の一覧表，明細書，書面，請求権又は持分権の証拠，申立書（complaints, motions），申請書，異議申立書及びその他の書面は，法第28号第1409条に規定するところを除き，本法の下での事件が係属する裁判区における裁判所書記官に提出されなければならない。その裁判所の裁判官は，提出期日が指定されており，かつ，書面が裁判所書記官に速やかに送付されなければならないとされている場合には，裁判官に提出することを許可することができる。裁判所書記官は，提出された申立書又はその他の書面が手続規則若しくは地方規則又は実務により必要とされ適正な書式で提出されていないことを唯一の理由として，これを受理することを拒絶してはならない。

(2) 電子的手段による提出 裁判所は，地方規則に基づき，書面が合衆国司法会同が設けた専門的基準に沿った電子的手段によって提出され，署名され，若しくは検証されることを許可し，又は要求することができる。相当な例外的な取扱いが認められている場合にのみ，地方規則は電子的手段による提出を必要とすることができる。地方規則に従って電子的手段により提出された書面（document）は，本手続規則，本手続規則により適用があるとされる連邦民事訴訟手続規則及び本法第107条との関係では文書（written paper）と同様に扱われる。

(b) 連邦管財官に対する送付　(1)　本手続規則により連邦管財官に送付することが必要とされている申立書，申請書，異議申立書及びその他の書面は，本法の下での事件が係属している裁判区における連邦管財官事務所又は連邦管財官が指定するその他の場所に郵送又は交付されなければならない。

(2)　裁判所書記官以外の者であって，連邦管財官に書類を送付する者は，そのような送付の証拠としてその書面の同一性を確認し，かつ，連邦管財官に送付された日を明示した認証された書面を速やかに提出しなければならない。

(3)　連邦管財官がその書面が送付されてはならないと書面で命じるときは，裁判所書記官が本手続規則によっては連邦管財官に対していかなる書面も送付することは必要とされない。

(c) 提出又は送付における誤提出　裁判所書記官に提出されるべきであったが誤って連邦管財官，管財人，管財人代理，倒産裁判所裁判官，地方裁判所裁判官，又は地方裁判所書記官に送付された書面は，受け取った期日が明らかにされた後に，速やかに倒産裁判所書記官に転送されなければならない。連邦管財官に提出されるべきであったが誤って裁判所書記官，管財人，管財人代理，倒産裁判所裁判官，地方裁判所裁判官，又は破産事件上訴合議体，又は地方裁判所書記官に送付された書面は，受け取った日が明らかにされた後に，速やかに連邦管財官に転送されなければならない。司法の利益において，裁判所は，誤って送付された書面が当初の送付された日に，裁判所書記官に提出され，又は連邦管財官に送付されたものとみなすことを決定することができる。

■イギリス法
（会　社）
■第153条（債権届出の終期までに届け出なかった債権者を除外する権限）
裁判所は，債権者がその債権若しくは請求を届け出ることができる日時，又は債権が届け出られる前に行われた配当による利益から除外される日時を定めることができる。

■R第4.73条（「債権届出（"prove"）」の意味）
1　会社が裁判所によって清算されているときは，会社の債権者であると主張し，債権の全額又は一部の回収を希望する者は，（規則第4.67条第2項の規定に基づく裁判所の命令に従い），清算人に対し，書面で債権を届け出なければならない。

2　［任意清算に関する規定］

3　（書面によると否とを問わず）債権者と主張する者については，債権を「届け出る（"proving"）」という。債権者がそれによって債権を証明しようとする文書を「届出書（"proof"）」という。

4　次項に定めるところに従い，債権届出は「債権届出書（"proof of debt"）」と称する書式（規則で規定された書式であるか，重要な部分について類似の書式である

かを問わない）によって行わなければならない。「債権届出書」は，債権者によって又は債権者の指示に基づいて作成され，債権者又は債権者の代理人としての権限を有する者が認証しなければならない。

 5 ［日本法114条の箇所を参照］
 6 ［任意清算に関する規定］
 7 ［債権届出について宣誓供述書が必要とされる場合があることを定めた規定。2010年の規則改正により削除］
 8 清算の直前に会社管理が行われていたときは，会社管理において債権届出をしている債権者は，清算において債権届出をしたものと推定する。［2003年の規則改正により追加］

■ R 第4.74条（書式の提供）

 届出書の書式は，会社の債権者から要求があったときは，清算人によってその債権者に送付されなければならない。

■ R 第4.75条（届出書の内容）

 1 第4.73条第5項に定めるところに従い，債権者の債権届出書には次に掲げる事項を記載しなければならない。
 (a) 債権者の氏名及び住所。債権者が会社であるときは，その会社登録番号
 (b) 会社が清算にはいった日（又は清算の直前に会社管理が行われていたときは会社が管理にはいった日）における（付加価値税を含む）債権の総額からその日の後に当該債権に関してなされた弁済及び第4.89条の規定に基づく控除［注：会社について清算手続が開始されなければ可能であった値引き］を差し引いた額
 (c) 前号の金額が元本に繰り入れられていない未払いの利息を含んでいるか否か
 (d) いつ，いかにして会社が債務を負担したかに関する詳細
 (e) 担保権の詳細，担保権設定の日及び債権者が付した担保価値
 (f) 債務に関係する物品に関する所有権留保の詳細
 (g) （債権者以外の者が届出書を認証しているときは）その者の氏名，住所及び資格（自然人）

■ R 第6.96条（「債権届出（"prove"）」の意味）

 1 破産者の債権者であると主張し，債権の全額又は一部の回収を希望する者は，（規則第6.93条第2項の規定に基づく裁判所の命令に従い），レシーバーとして行動する管財官又は管財人に対し，書面で債権を届け出なければならない。

 2 債権者については，債権を「届け出る（"proving"）」という。債権者がそれによって債権を証明しようとする文書を「届出書（"proof"）」という。

 3 第4項及び第5項に定めるところに従い，債権届出は「債権届出書（"proof of debt"）」と称する書式（規則で規定された書式であるか，重要な部分について類似の書式であるかを問わない）によって行わなければならない。「債権届出書」は，債権者によって又は債権者の指示に基づいて作成され，債権者又は債権者の代

日・◆米・■英・●独・▲仏　　　　　　　　　　　　破産法第 111 条（破産債権の届出）

理人としての権限を有する者が認証しなければならない。
　4　[日本法 114 条の箇所を参照]。[第 5 項以下　省略]
■ R 第 6.97 条（書式の提供）
　1　届出書の書式は，破産者の債権者から要求があったときは，管財官又は管財人によってその債権者に送付されなければならない。
■ R 第 6.98 条（届出書の内容）
　1　第 6.96 条第 4 項に定めるところに従い，債権者の債権届出書には以下に掲げる事項を記載しなければならない。
　(a)　債権者の氏名及び住所。債権者が会社であるときは，その会社登録番号
　(b)　破産命令の日における（付加価値税を含む）債権の総額から第 6.110 条の規定に基づく控除［注：破産者について破産手続が開始されなければ可能であった値引き］を差し引いた額
　(c)　前号の金額が元本に繰り入れられていない未払いの利息を含んでいるか否か
　(d)　いつ，いかにして債務者が債務を負担したかに関する詳細
　(e)　担保権の詳細，担保権設定の日及び債権者が付した担保の目的の価額
　(f)　債務に関係する物品に関する所有権留保の詳細
　(g)　（債権者以外の者が届出書を認証しているときは）その者の氏名，住所及び資格

【コメント】　清算又は破産における債権届出及び調査の手続は，次のように進められる。
　1．債権届出書　　清算人又は管財人は，会社の債権者又は破産債権者から要求があったときは，その者に対して債権届出書の書式を送付する（規則第 4.74 条，第 6.97 条）。債権者は，債権届出書に必要な事項を記載し（規則第 4.75 条第 1 項，第 6.98 条第 1 項），清算人又は管財官若しくは管財人に提出する（規則第 4.73 条第 1 項，第 6.96 条第 1 項）。
　2．債権届出期間　　清算手続においては，裁判所が債権届出の終期を定めることができる。これ以後に届出をした債権者は，届出よりも前になされた配当から除外される（倒産法第 153 条）。また，清算においても破産においても，配当宣言の意思の通知（これについては，配当の項を参照）に債権届出の終期が記載される。これ以後に債権届出をした債権者は，すでに行われた配当を変更することができない（規則第 11.8 条）。
　3．債権調査　　債権届出書が提出されると，清算人又は管財人による調査が行われる。調査の結果，請求金額の全部又は一部について，承認又は拒絶することができる（規則第 4.82 条，第 6.104 条）。拒絶するときは，その理由を記載した書面を作成して，債権者に送付しなければならない（規則第 4.82 条第 2 項，第 6.104 条第 2 項。以上の条文については，日本法第 116 条の箇所を参照）。
　日本法と異なり，裁判所が期日を定めて債権調査を行うことはない。また，裁判所書記官が債権表を作成する（日本法第 115 条）ことがないので，債権調査の結果を債権表に記載する（日本法第 124 条 2 項）こともない。
　4．不服申立て　　清算人又は管財人によって届出債権の全部又は一部を拒絶された債権者は，拒絶の理由を記載した書面を受け取ってから 21 日以内であれば，拒絶の決定の取消し又は変更を求める申立てを裁判所に対してすることができる。会社の清算出資者又は破産者，届出をした債権者以外の債権者も，承認又は拒絶の決定に対して不服申立てをすることができる（規則

365

第4.83条，第6.105条）。他方，届出債権が不当に承認された，又は請求金額が減額されるべきであるというときは，清算人若しくは管財人，又は他の債権者が，裁判所に対して不服申立てをすることができる（規則第4.85条，第6.107条。以上の条文については，日本法第126条の箇所を参照）。

●ドイツ法
●第174条（債権届出）
　倒産債権者は，その債権を書面により倒産管財人の許に届け出なければならない。債権届出にはその債権を明らかにする証書の写しを添付することを要する。本章の手続においては，債権回収サービスを行う者（法律サービス法10条1項第1文第1号により登録された者）も債権者を代理する権限を有する。

　2　届出は，債権の原因および額ならびに債務者の故意による不法行為であると債権者が評価する根拠となる事実を明らかにしてしなければならない。

　3　劣後的な債権者の債権は，倒産裁判所がこの債権の届出を特に督促したときに限り，届け出ることを要する。この債権の届出は，当該債権が劣後的であることを示し，かつ，債権者か所属する順位を記してしなければならない。

　【コメント】　ドイツ倒産法174条は，倒産債権の届出先につき，旧破産法139条が破産裁判所としていたのを改め，倒産管財人として，倒産裁判所の負担軽減を図っているが，これはすでに旧東ドイツ地域で施行されていた総括執行法（Gesamtvollstreckungsordnung）5条3号の規律を引き継ぐものである（BT-Drucks. 12/7302 S.178）。174条3項は，劣後的倒産債権はまったく配当を受けられない事案がほとんどであることを考慮し，その届出義務を例外的に配当を受けられる場合に限定する趣旨である（BR-Drucks. 1/92 S.184）。

▲フランス法
▲第641-3条第4段
　債権者は，第622-24条から第622-27条および第622-31条から第622-33条に定める方式に従って，清算人にその債権を届け出る。

▲第622-24条
　判決の公示以後，その債権が開始判決以前に生じたすべての債権者は，被傭者を除き，コンセイユ・デ・タのデクレで定める期間内に，裁判上の受任者に対してその債権の届出［書］を送付する。公示された担保権の名義人である債権者または公示された契約によって債務者に結びつけられた債権者は，個別に，または選定住所を有する場合にはそこに，通知を受ける。届出の期間は，これらの債権者に対しては，この通知の送達から進行する。

　債権の届出は，本人，またはその選択するあらゆる受託者または受任者によってすることができる。

　債権の届出は，それが証書によって成立したものでない場合でも，しなければならない。その額がなお最終的に確定していない債権は，評価［額］に基づいて届け出られる。国庫債権ならびに社会保障および社会保険機関の債権，また，労働法典

L第351-21条（現第5427-1条）に規定する機関によって回収される債権で，その届出の時に執行名義の対象となっていなかったものは，［それぞれ］その届出額で，仮に承認される。いずれの場合においても，国庫および社会保障機関による届出は，つねに，届出の日に成立していない租税およびその他の債権の留保の下で行われる；係属中の司法手続または行政手続を留保して，これらの債権の確定的な証明は，第624-1条に定める期間内にこれをしなければならず，これをしないときは，権利を失う。

労働法典L第143-11-4条（現第3253-14条）に定める機関は，その前払額で，手続開始判決前に生じた債権について規定された条件の下でこれに償還される額について，本条の規定に従う。

第622-17条第I項に定めるもの以外で，開始判決後に正規に生じた債権は，本条の規定に従う。期間は，債権が履行可能になった日から進行する。ただし，継続的履行契約から生じる債権の債権者は，コンセイユ・デ・タのデクレで定める条件で，支払われるべき額の全額を届け出る。

刑事犯罪から生じる債権の，民事の当事者による届出の期間は，第1項に定める条件で，その額を定める終局裁判が開始判決の公示後にされる場合には，その裁判の日から進行する。

扶養債権は，本条の規定に従わない。

▲第622-25条

届出には，開始判決の日に支払われるべき債権の額を，期限の到来した額および弁済期の日付とともに記載する。届出は，その債権に付されている先取特権または担保権がある場合にはその性質を明らかにする。

債権が，外貨建である場合には，開始判決の日の為替相場に従って，ユーロに換算する。

執行名義による場合を除いて，届出債権は，債権者によって誠実に証明される。主任裁判官は，債権の届出に対する会計監査人，これがないときは会計士の証印（visa）を求めることができる。証印の拒絶には，理由を付す。

▲第622-26条

第622-24条に定める期間内に届出がなかったときは，その届出がないことが債権者の行為に起因しないことまたは第622-6条第2段に定める債権目録作成の際の債務者の故意による懈怠に起因することを債権者が証明した場合に，主任裁判官が失権を回復させない限り，分配および配当を承認されない。この場合には，債権者は，その請求以後の配分にのみ参加することができる。

これらの期間に適正に届け出られなかった債権は，計画履行［期間］中およびその履行後は，計画に記載されまたは裁判所によって定められた約務が履行された場合には，債務者に対抗することができない。計画履行［期間］中，債権は，同様に，共同義務を負う自然人または人的担保を約定しもしくは財産を担保に供しもしくは

譲渡した自然人にも対抗することができない。

　失権回復の訴権は，6カ月の期間内にのみ行使することができる。この期間は，開始判決の公示，または労働法典L第143-11-4条（現第3253-14条）に定める機関については，労働契約に由来する債権がこれらの機関によって担保される期間の満了時から進行する。公示された担保権の名義人である債権者または公示された契約によって債務者に結びつけられた債権者については，この期間は，これらの債権者に与えられた告知の受領から進行する。例外として，［この］期間は，前記6カ月の期間が満了する前にその債権の存在を知ることが不可能［な状況に］置かれた債権者については，1年間に延長される。

▲第622-27条

　第625-1条に定めるもの以外で債権の全部または一部に争いがある場合には，裁判上の受任者は，関係する債権者にその弁明を伝えるよう促して，これを通知する。30日の期間内に応答がないときは，裁判上の受任者の提案に対して以後のあらゆる異議が禁じられる。

▲第622-31条（前掲・第104条参照）

▲第622-32条（前掲・第104条参照）

▲第622-33条（前掲・第104条参照）

▲R第641-25条

　R第622-21条からR第622-25条までの規定は，裁判上の清算手続に適用される。清算人は，これらの規定によって裁判上の受任者に与えられる権限を行使する。

▲R第622-21条

　裁判上の受任者は，開始判決から15日の期間内に，R第622-24条に定める期間内にその債権を［自らに］届け出るべきことを知れている債権者に通知する。

　［法律部］第622-13条および［法律部］第622-14条に定める相手方契約者は，当然の解除または解除を宣告する裁判による解除から生じる債権を負債（財団）に届け出るために，その解除または解除の裁判の送達の日から1か月の附加期間の利益を受ける。正規に継続した契約の解除の場合には，［法律部］第622-17条第Ⅲ項第2号に定める損害金および違約金の債権者についても同様とする。

　裁判上の受任者による通知には，債権届出，失権回復請求，取戻訴権および引渡訴権について遵守すべき期間および方式に関する法令の規定を再録する。この通知には，同様に，［法律部］第621-10条，R第621-19条およびR第621-24条の規定を再録する。公示された担保権の名義人である債権者の対象となる担保権または公示された賃貸借契約の名義人である債権者または公示された契約によって債務者に結びつけられた債権者は，個別に，または選定住所を有する場合にはそこに，配達証明つき書留郵便で通知を受ける。

　労働法典L第143-11-4条に定める機関は，［法律部］第625-1条に定められた一覧表に記載された債権を，これらの機関がいかなる理由にせよ支払いを拒絶した

ものを含めて，届け出る。届出の期間は，労働法典L第143-11-7条第3項に規定する支払期間の満了後15日間で終了する。

▲R第622-22条

［法律部］第622-24条第5段の適用において，［法律部］第622-17条第Ⅰ項に定めるもの以外で，その債権が開始判決後に正規に生じ，継続的履行契約から生じるものの債権者は，開始判決の民商事公告広報への公示から2カ月の期間内に，評価に基づいて，期限の到来した，および到来すべき全額でその債権を届け出る。

契約が，この判決後に締結される場合には，債権者は，正規のものであると否とを問わず，その最初の未履行期から2カ月の期間内に，評価に基づいて，期限の到来した，および到来すべき全額でその債権を届け出る。

▲R第622-23条

［法律部］第622-25条に定める表示の他に，債権の届出には，次のものを含む：
1°　債権が証書によって成立するものではない場合には，債権の存在および額を証明することができる性質の資料；これらがないときは，その額がまだ確定していなかったときは，債権の評価書；
2°　その進行が停止されていない利息の計算方法，この表示は，後に確定される額について，債権届出に相当する；
3°　債権が争訟の目的である場合には，提訴を受けた裁判所の表示。

この届出には，明細を付してそれを基礎づける資料が添付される；これらの資料については，写しを　提出することができる。裁判上の受任者は，いつでも，添付されなかった資料の提出を求めることが　できる。

▲R第622-24条

［法律部］第622-26条を適用して定められる届出期間は，開始判決の民商事公告公報への公示から2カ月である。

手続が，フランス本土の領域に所在する裁判所で開始されるときは，［この］期間は，この領域に居住していない債権者については，2カ月附加される。

手続が，海外の県または自治体に所在する裁判所で開始されるときは，［この］期間は，これらの県または自治体に居住していない債権者については，2カ月附加される。

▲R第622-25条

主任裁判官が，「法律部」第624-1条に定める債権目録の寄託以後に，債権者に失権を回復させ，その裁判が確定したときは，主任裁判官は，「法律部」第624-2条の条件で債権について裁定する。［この裁定は，］裁判所書記によって債権表に記載される。

失権回復の審理費用は，届出を怠った債権者が負担する。

第4章　破産債権

> **第112条（一般調査期間経過後又は一般調査期日終了後の届出等）**　破産債権者がその責めに帰することができない事由によって第31条第1項第3号の期間（以下「一般調査期間」という。）の経過又は同号の期日（以下「一般調査期日」という。）の終了までに破産債権の届出をすることができなかった場合には，その事由が消滅した後一月以内に限り，その届出をすることができる。
> 2　前項に規定する1月の期間は，伸長し，又は短縮することができない。
> 3　一般調査期間の経過後又は一般調査期日の終了後に生じた破産債権については，その権利の発生した後1月の不変期間内に，その届出をしなければならない。
> 4　第1項及び第2項の規定は，破産債権者が，その責めに帰することができない事由によって，一般調査期間の経過後又は一般調査期日の終了後に，届け出た事項について他の破産債権者の利益を害すべき変更を加える場合について準用する。

> 規第34条（一般調査期間経過後又は一般調査期日終了後の届出等の方式・法第112条）　法第112条第1項の規定による届出をするときは，破産債権の届出書には，同項の事由及びその事由が消滅した日をも記載しなければならない。
> 2　法第112条第3項の規定による届出をするときは，破産債権の届出書には，当該届出をする破産債権が生じた日をも記載しなければならない。
> 3　法第112条第4項の変更の届出書には，次に掲げる事項を記載しなければならない。
> 　一　変更の内容及び原因
> 　二　法第112条第4項の事由及びその事由が消滅した日
> 4　第32条第4項第1号及び第5項並びに前条第4項の規定は，前項の届出書について準用する。

▌民事再生法第95条（届出の追完等）
▌会社更生法第139条（債権届出期間経過後の届出等）

◆アメリカ法
　⇒日本法第111条の項参照

■イギリス法（該当規定なし）

●ドイツ法
●第177条（期間後の届出）
1　債権調査期日においては，債権届出期間の経過後に届出のあった債権についても，調査することができる。ただし，倒産管財人または倒産債権者かそれを調査することに反対したとき，または，債権の届出が債権調査期日後になされたときは，倒産裁判所は，後れて届け出た者の費用負担において，特別の調査期日を指定するか，または，書面による調査手続を命ずることを要する。本項の規定は，届出期間後に届出事項を変更したときに，準用する。

2　倒産裁判所は，第174条第3項の規定により，劣後的債権者に対しその債権の届出を督促した場合において，その届出のために定めた期間が，債権調査期日の

日・◆米・■英・●独・▲仏　　　　　　　　　　　　　　破産法第113条（届出名義の変更）

1週間前より後に満了するときには，倒産財団の費用負担において特別の調査期日を指定するか，または，書面による調査手続を命ずることを要する。
　3　特別の調査期日は公告しなければならない。債権を届け出た債権者，倒産管財人および債務者に対しては，個別的に期日への呼び出しをすることを要する。74条2項2文の規定を準用する。

▲フランス法

【コメント】　直接該当する規定はないが，以下のような規定がある。
▲第641-3条第4段（前掲・第104条参照）
▲第622-26条（前掲・第111条参照）

第113条（届出名義の変更）　届出をした破産債権を取得した者は，一般調査期間の経過後又は一般調査期日の終了後でも，届出名義の変更を受けることができる。
　2　前項の規定により届出名義の変更を受ける者は，自己に対する配当額の合計額が第111条第1項第4号に規定する最高裁判所規則で定める額に満たない場合においても配当金を受領する意思があるときは，その旨を裁判所に届け出なければならない。

規第35条（届出名義の変更の方式・法第113条）　届出名義の変更の届出書には，次に掲げる事項を記載しなければならない。
　一　届出名義の変更を受けようとする者の氏名又は名称及び住所並びに代理人の氏名及び住所
　二　破産手続及び免責手続において書面を送付する方法によってする通知又は期日の呼出しを受けるべき場所（日本国内に限る。）
　三　取得した権利並びにその取得の日及び原因
　2　第32条第3項，第4項（第2号を除く。）及び第5項並びに第33条第4項の規定は，前項の届出書について準用する。

▌民事再生法第96条（届出名義の変更）
▌会社更生法第141条（届出名義の変更）

◆アメリカ法

◆R第3001条（請求権並びに債権者及び持分証券保有者に対する配当；計画）
(a)〜(d)　……
(e)　譲渡された請求権　(1)　証拠の提出がなされる前の担保目的以外の目的による請求権の譲渡　証拠の提出がなされる前に請求権が担保以外の目的により譲渡されたときは，請求権の証拠は，譲受人又は歯型証書受託者によってのみ提出することができる。
　(2)　証拠の提出があった後の担保目的以外の請求権の譲渡　市場で取引される約束手形，社債又は無担保社債に基づくもの以外の請求権が担保目的以外の目的に

より証拠が提出された後に譲渡されたときは，その譲渡の証拠は譲受人によって提出されなければならない。裁判所書記官は，譲渡人とされた者に郵送で，譲渡の証拠の提出があったこと，これに対する異議がもしあればその通知の郵送日から 21 日内に又は裁判所が許可した伸長された期間内に提出されなければならないことを，速やかに通知しなければならない。譲渡人とされた者が適時の異議を申し立て，裁判所が，通知をなし審問を経た上で，その請求権が担保目的ではなく譲渡されたと認定するときは，譲渡人を譲受人に差し替える命令を発しなければならない。適時の異議が譲渡人とされた者によってなされないときは，譲受人は譲渡人と差し替えられるものとする。
　(3)〜(5)　……
(f)〜(g)　……

■**イギリス法**（該当規定なし）

●**ドイツ法**
●第 177 条（期間後の届出）
　1　債権調査期日においては，債権届出期間の経過後に届出のあった債権についても，調査することができる。ただし，倒産管財人または倒産債権者かそれを調査することに反対したとき，または，債権の届出が債権調査期日後になされたときは，倒産裁判所は，後れて届け出た者の費用負担において，特別の調査期日を指定するか，または，書面による調査手続を命ずることを要する。本項の規定は，届出期間後に届出事項を変更したときに，準用する。
　　……

▲**フランス法**（該当規定なし）

第 114 条（租税等の請求権等の届出）　次に掲げる請求権を有する者は，遅滞なく，当該請求権の額及び原因並びに当該請求権が共助対象外国租税の請求権である場合には其の旨その他最高裁判所規則で定める事項を裁判所に届け出なければならない。この場合において，当該請求権を有する者が別除権者又は準別除権者であるときは，第 111 条第 2 項の規定を準用する。
　一　租税等の請求権であって，財団債権に該当しないもの
　二　罰金等の請求権であって，財団債権に該当しないもの

日・◆米・■英・●独・▲仏　　　　　　　　　　　　破産法第114条（租税等の請求権等の届出）

> 規第36条（租税等の請求権等の届出の方式・法第114条）　法第114条の最高裁判所規則で定める事項は，次に掲げるものとする。
> 　一　届出に係る請求権を有する者の名称及び住所並びに代理人の氏名及び住所
> 　二　破産手続開始当時届出に係る請求権に関する訴訟又は行政庁に係属する事件があるときは，その訴訟又は事件が係属する裁判所又は行政庁，当事者の氏名又は名称及び事件の表示
> 　三　優先的破産債権（法第98条第1項に規定する優先的破産債権をいう。第68条第2項において同じ。）であるときは，その旨
> 　四　劣後的破産債権（法第99条第1項に規定する劣後的破産債権をいう。第68条第2項において同じ。）又は約定劣後破産債権（法第99条第2項に規定する約定劣後破産債権をいう。第68条第2項において同じ。）であるときは，その旨

▮民事再生法第97条（罰金，科料等の届出）
▮会社更生法第142条（租税等の請求権等の届出）

◆アメリカ法
《関連規定》
⇒日本法第111条のR第3002条(c)(1)参照

■イギリス法
（会　社）
▮R第4.73条（「債権届出」の意味）
　5　債務が国務大臣又は政府の省に対するものであるときは，他の債権者の使用する書式において要求されている，状況にふさわしい債務の詳細が表示されている限り，債権届出は前項の書式によって行われることを要しない。

（個　人）
▮R第6.96条（「債権届出」の意味）
　4　（倒産規則第4.73条第5項と同文）

【コメント】　倒産規則第4.73条第5項及び同規則第6.96条第4項により，租税債権や社会保険料等の政府機関が債権者である債権の届出については，一般の債権について要求されている書式が必要とされない。なお，罰金（日本法114条2号）は，イギリス（イングランド及びウェールズ）法の下では，倒産手続において届け出ることができない。倒産規則12.3条2項(a)号（日本法97条のコメントを参照）。

●ドイツ法（該当規定なし）

▲フランス法
【コメント】　直接の該当規定はないが，先に引用した条文の中に以下のような規定がある。
▲第622-24条第3段第3文および第4文（前掲・第111条参照）

第3節　破産債権の調査及び確定

第1款　通　　則

> <u>第115条（破産債権者表の作成等）</u>　裁判所書記官は，届出があった破産債権について，破産債権者表を作成しなければならない。
> 2　前項の破産債権者表には，各破産債権について，第111条第1項第1号から第4号まで及び第2項第2号（同条第3項において準用する場合を含む。）に掲げる事項その他最高裁判所規則で定める事項を記載しなければならない。
> 3　破産債権者表の記載に誤りがあるときは，裁判所書記官は，申立てにより又は職権で，いつでもその記載を更正する処分をすることができる。

> 規第37条（破産債権者表の記載事項・法第115条）　法第115条第2項の最高裁判所規則で定める事項は，次に掲げるものとする。
> 一　破産債権者の氏名又は名称及び住所
> 二　執行力ある債務名義又は終局判決のある破産債権であるときは，その旨

▌民事再生法第99条（再生債権者表の作成等）
▌会社更生法第144条（更生債権者表及び更生担保権者表の作成等）

◆アメリカ法（該当規定なし）

■イギリス法（該当規定なし）

●ドイツ法
◉第175条（債権者表）
　倒産管財人は，届け出られた債権の各々につき，前条第2項および第3項に掲げる事項を注記して，債権者表に掲載しなければならない。債権者表は，届出書および添付された証書と共に，債権届出期間が終了してから債権調査期日までの期間の最初の3分の1の期間内に，関係人の閲覧に供するため，倒産裁判所の書記課に備え置くことを要する。

▲フランス法
　【コメント】　債権届出は，清算人に対してされるので，本条に該当する通則規定はない。
　　なお，清算人に関しては，以下のような規定がある。
▲R第641-27条
　清算人は，その就任後2カ月以内に，主任裁判官に対して，資産ならびに優先権のある負債および無担保の負債の評価を記載した一覧表を提出する。
　この一覧表を審査し，清算人の意見を徴した後に，主任裁判官は，［法律部］第641-4条に従って，無担保債権の調査を開始または続行するか否かを決定する。

日・◆米・■英・●独・▲仏

▲ R 第 641-28 条
R 第 624-1 条から R 第 624-11 条までの規定は，裁判上の清算手続に適用される。清算人は，これらの規定によって裁判上の受任者に与えられる権限を行使する。

▲ R 第 641-29 条
裁判上の清算が救済または裁判上の更生手続中に言い渡された場合には，清算人は，R 第 624-2 条に定める債権の目録を補充する。清算人は，補充された目録を裁判所書記課に提出する。あらゆる債権者は，これを閲覧することができる。

> 第 116 条（破産債権の調査の方法） 裁判所による破産債権の調査は，次款の規定により，破産管財人が作成した認否書並びに破産債権者及び破産者の書面による異議に基づいてする。
> 2　前項の規定にかかわらず，裁判所は，必要があると認めるときは，第 3 款の規定により，破産債権の調査を，そのための期日における破産管財人の認否並びに破産債権者及び破産者の異議に基づいてすることができる。
> 3　裁判所は，第 121 条の規定による一般調査期日における破産債権の調査の後であっても，第 119 条の規定による特別調査期間における書面による破産債権の調査をすることができ，必要があると認めるときは，第 118 条の規定による一般調査期間における書面による破産債権の調査の後であっても，第 122 条の規定による特別調査期日における破産債権の調査をすることができる。

📖民事再生法第 100 条（再生債権の調査）
📖会社更生法第 145 条（更生債権等の調査）

◆アメリカ法（該当規定なし）
◆第 502 条（請求権又は持分権の認容）
⇒日本法第 103 条の項参照

　【コメント】　第 502 条(a)によれば，届出のあった請求権又は持分権につき利害関係人からの異議がない限り認容されたものと扱われる。異議があった場合には，裁判所は，通知をなし審問を経た上で，請求権の額を確定し認容する（第 502 条(b)参照）。

■イギリス法（該当規定なし）
　【コメント】　第 111 条の【コメント】3. 債権調査の箇所でも述べたように，債権調査を行うのは裁判所ではなく，清算人又は破産管財人である。清算人又は破産管財人は，債権者が提出した債権届出書について，承認又は拒絶する権限を有する。承認又は拒絶は，債務の額の全部又は一部についてすることができる。

関連条文（債権調査に関する規定）
　（会　社）
■ R 第 4.82 条（配当のための債権届出書の承認及び拒絶）
　1　債権届出書は，債権者が請求した額の全部又は一部について配当のために承認することができる。

2　清算人が債権届出書を全部又は一部について拒絶したときは，その理由を記載した書面を作成し，合理的に実行可能な限りすみやかに債権者に送付しなければならない。

（自然人）
■ R 第6.104条（配当のための債権届出書の承認及び拒絶）
1　債権届出書は，債権者が請求した額の全部又は一部について配当のために承認することができる。
2　管財人が債権届出書を全部又は一部について拒絶したときは，その理由を記載した書面を作成し，合理的に実行可能な限りすみやかに債権者に送付しなければならない。

● ドイツ法
● 第29条（期日の指定）
1　倒産裁判所は，開始決定において，以下に掲げる期日を指定しなければならない。
　……
　二　届出のあった債権を調査するための債権者集会の期日（債権調査期日）。ただし，この期日と債権届出期間の末日との間には1週間以上2カ月以下の期間を置くことを要する。
● 第176条（債権調査期日の進行）
債権調査期日においては，届出に係る債権の原因および額を調査する。倒産管財人，債務者または倒産債権者から異議が述べられた債権については，各別に審議しなければならない。

【コメント】　ドイツ倒産法176条1項第2文は，旧破産法141条とは異なり，争いのある届出債権に限って個別に調査をする趣旨であるが，調査期日の中ではじめて倒産管財人または債権者が争うことを排除する趣旨ではない。倒産法には，旧破産法143条に相当する規定がないが，債権者が調査期日に欠席した場合にも調査をすべきことは，あえて規定するまでもなく当然のことであるという趣旨である（BR-Drucks. 1/92 S.184）。

▲ フランス法（該当規定なし）

日・◆米・■英・●独・▲仏　　　　　　　　　　　　　　破産法第117条（認否書の作成及び提出）

第2款　書面による破産債権の調査

<u>第117条（認否書の作成及び提出）</u>　破産管財人は，一般調査期間が定められたときは，債権届出期間内に届出があった破産債権について，次に掲げる事項についての認否を記載した認否書を作成しなければならない。
　一　破産債権の額
　二　優先的破産債権であること。
　三　劣後的破産債権又は約定劣後破産債権であること。
　四　別除権（第108条第2項に規定する特別の先取特権，質権若しくは抵当権又は破産債権を含む。）の行使によって弁済を受けることができないと見込まれる債権の額
2　破産管財人は，債権届出期間の経過後に届出があり，又は届出事項の変更（他の破産債権者の利益を害すべき事項の変更に限る。以下この節において同じ。）があった破産債権についても，前項各号に掲げる事項（当該届出事項の変更があった場合にあっては，変更後の同項各号に掲げる事項。以下この節において同じ。）についての認否を同項の認否書に記載することができる。
3　破産管財人は，一般調査期間前の裁判所の定める期限までに，前2項の規定により作成した認否書を裁判所に提出しなければならない。
4　第1項の規定により同項の認否書に認否を記載すべき事項であって前項の規定により提出された認否書に認否の記載がないものがあるときは，破産管財人において当該事項を認めたものとみなす。
5　第2項の規定により第1項各号に掲げる事項についての認否を認否書に記載することができる破産債権について，第3項の規定により提出された認否書に当該事項の一部についての認否の記載があるときは，破産管財人において当該事項のうち当該認否書に認否の記載のないものを認めたものとみなす。

規第38条（認否の変更の方式等・法第117条）　破産管財人は，認否書の提出後に法第117条第1項各号に掲げる事項についての認否を認める旨に変更する場合には，当該変更の内容を記載した書面を裁判所に提出するとともに，当該変更に係る破産債権を有する破産債権者に対し，その旨を通知しなければならない。

📖 民事再生法第101条（認否書の作成及び提出）
📖 会社更生法第146条（認否書の作成及び提出）

◆アメリカ法
◆ R 第3007条（請求権に対する異議）
(a)　請求権に対する異議　請求権の認容に対する異議申立ては，書面でかつ提出されなければならない。異議申立てについての審問期日の通知を付記した異議申立書の写しは，その審問期日の少なくとも30日前までに，異議を述べられた債権者，債務者又は占有を継続する債務者及び管財人に対して郵送で送付され，又は別段に交付されなければならない。

(b) 対審手続を求める救済の申立て　利害関係人は，請求権の認容に対する異議申立てにR第7001条に定める種類の救済の要求を含んではならないが，対審手続においては異議を含むことができる。
(c)～(f)　……

■**イギリス法**（該当規定なし）
《関連規定》
■R第11.3条（届出書の最終的承認／拒絶）
　1　権限を有する者は，債権届出の終期から5日以内に，すべての債権者の届出書を，（いまだ処理されていないかぎりにおいて）全部又は一部について承認若しくは拒絶するか，又はそれに関して適切と考える準備をすることにより，処理しなければならない。
　2　権限を有する者は，債権届出の終期ののちに提出された債権届出書を処理する義務を負わない。ただし，適切と考えるときは処理することができる。
　【コメント】　権限を有する者（office-holder）とは，会社の清算については清算人，破産については破産管財人を指す。

●**ドイツ法**（該当規定なし）

▲**フランス法**
▲第641-14条第1段（前掲・第86条参照）
▲第624-1条
　裁判所の定める期間内に，裁判上の受任者（＝清算人）は，債務者の意見を求めた後に，［届出債権について］，承認，棄却または管轄裁判所への移送の提案を付して，届出債権表を作成する。
　裁判上の受任者（＝清算人）は，第622-24条末尾2段を適用して，この期間後に届け出られた債権を除いて，前項の期間内に作成された届出債権表に記載されていない届出債権の名義で報酬を受けることができない。

第118条（一般調査期間における調査）　届出をした破産債権者は，一般調査期間内に，裁判所に対し，前条第1項又は第2項に規定する破産債権についての同条第1項各号に掲げる事項について，書面で，異議を述べることができる。
2　破産者は，一般調査期間内に，裁判所に対し，前項の破産債権の額について，書面で，異議を述べることができる。
3　裁判所は，一般調査期間を変更する決定をしたときは，その裁判書を破産管財人，破産者及び届出をした破産債権者（債権届出期間の経過前にあっては，知れている破産債権者）に送達しなければならない。
4　前項の規定による送達は，書類を通常の取扱いによる郵便に付し，又は民間事業者による信書の送達に関する法律第2条第6項に規定する一般信書便事業者若しくは同条第9項

に規定する特定信書便事業者の提供する同条第2項に規定する信書便の役務を利用して送付する方法によりすることができる。
5　前項の規定による送達をした場合においては，その郵便物等が通常到達すべきであった時に，送達があったものとみなす。

規第39条（書面による異議の方式等・法第118条等）　届出をした破産債権者が法第118条第1項又は第119条第5項の規定により書面で異議を述べるときは，当該書面には，異議の内容のほか，異議の理由を記載しなければならない。破産者が法第118条第2項又は第119条第五項の規定により書面で異議を述べる場合についても，同様とする。
2　裁判所書記官は，前項前段に規定する異議があったときは，当該異議に係る破産債権を有する破産債権者に対し，その旨を通知しなければならない。
3　前条の規定は，届出をした破産債権者が第一項前段に規定する異議を撤回する場合及び破産者が同項後段に規定する異議を撤回する場合について準用する。

規第40条（送達に関する書面の作成・法第118条等）　書類を通常の取扱いによる郵便に付し，又は法第118条第4項に規定する信書便の役務を利用して送付する方法により同条第三項（法第119条第6項において準用する場合を含む。）の規定による送達をしたときは，裁判所書記官は，送達を受けるべき者の氏名，あて先及び発送の年月日を記載した書面を作成しなければならない。

▌民事再生法第102条（一般調査期間における調査）
▌会社更生法第147条（一般調査期間における調査）

◆アメリカ法
⇒日本法第103条の項参照

■イギリス法（該当規定なし）

●ドイツ法（該当規定なし）

▲フランス法
▲R第641-28条
　R第624-1条からR第624-11条の規定は裁判上の清算手続に適用される。清算人は，これらの規定によって裁判上の受任者に与えられた権限（任務）を行う。
▲R第624-1条
　債権の調査は，裁判上の受任者（＝清算人），債務者および場合によって，任命され，出席しまたは適式に呼び出された監査人によって行われる。
　［法律部］第625-1条に定めるもの（労働債権）以外の債権に異議があったときは，裁判上の受任者は，債権者またはその受任者に配達証明付書留郵便でこれを通知する。［法律部］第622-27条に定める30日の期間は，この郵便の受領から起算する。

この郵便には，異議の対象を明示し，その登録が求められる債権の額を記載し，[法律部] 第622-27条の規定を再録する。

▲ R 第624-2条第1段・第3段

[法律部] 第622-25条およびR 第622-23条に定める記載ならびに裁判上の受任者の提案および債務者の意見を含む債権表は，遅滞なく主任裁判官に交付されるために，書記課に寄託される。この債権表は，管理人が任命されているときには，これに，および場合によって，計画履行監査人に伝達される。

書記課への寄託後，この債権表は，裁判上の受任者または利害関係を有する債権者の申立てを受けた裁判所書記によって，司法手続または行政手続によって確定した債権および債権表の寄託後に行われた失権解除によって確定した債権の登録によって補われる。

第119条（特別調査期間における調査） 裁判所は，債権届出期間の経過後，一般調査期間の満了前又は一般調査期日の終了前にその届出があり，又は届出事項の変更があった破産債権について，その調査をするための期間（以下「特別調査期間」という。）を定めなければならない。ただし，当該破産債権について，破産管財人が第117条第3項の規定により提出された認否書に同条第1項各号に掲げる事項の全部若しくは一部についての認否を記載している場合又は一般調査期日において調査をすることについて破産管財人及び破産債権者の異議がない場合は，この限りでない。
2 一般調査期間の経過後又は一般調査期日の終了後に第112条第1項若しくは第3項の規定による届出があり，又は同条第4項において準用する同条第1項の規定による届出事項の変更があった破産債権についても，前項本文と同様とする。
3 第1項本文又は前項の場合には，特別調査期間に関する費用は，当該破産債権を有する者の負担とする。
4 破産管財人は，特別調査期間に係る破産債権については，第117条第1項各号に掲げる事項についての認否を記載した認否書を作成し，特別調査期間前の裁判所の定める期限までに，これを裁判所に提出しなければならない。この場合においては，同条第4項の規定を準用する。
5 届出をした破産債権者は前項の破産債権についての第117条第1項各号に掲げる事項について，破産者は当該破産債権の額について，特別調査期間内に，裁判所に対し，書面で，異議を述べることができる。
6 前条第3項から第5項までの規定は，特別調査期間を定める決定又はこれを変更する決定があった場合における裁判書の送達について準用する。

▌民事再生法第103条（特別調査期間における調査）
▌会社更生法第148条（特別調査期間における調査）

◆アメリカ法（該当規定なし）

■イギリス法（該当規定なし）

●**ドイツ法**（該当規定なし）

▲**フランス法**
▲ R 第 641-28 条（前掲・第 118 条参照）
▲ R 第 624-2 条第 2 段
　その債権が，[法律部] 第 624-1 条の定める期間内に，確定的に債権表に記載されなかった債権者は，[法律部] 第 622-26 条に定める方式に従って，[法律部] 第 622-24 条第 3 項に定める失権解除を求めることができる。

<u>第 120 条（特別調査期間に関する費用の予納）</u>　前条第 1 項本文又は第 2 項の場合には，裁判所書記官は，相当の期間を定め，同条第 3 項の破産債権を有する者に対し，同項の費用の予納を命じなければならない。
2　前項の規定による処分は，相当と認める方法で告知することによって，その効力を生ずる。
3　第 1 項の規定による処分に対しては，その告知を受けた日から一週間の不変期間内に，異議の申立てをすることができる。
4　前項の異議の申立ては，執行停止の効力を有する。
5　第 1 項の場合において，同項の破産債権を有する者が同項の費用の予納をしないときは，裁判所は，決定で，その者がした破産債権の届出又は届出事項の変更に係る届出を却下しなければならない。
6　前項の規定による却下の決定に対しては，即時抗告をすることができる。

規第 41 条（特別調査期間に関する費用の予納を命ずる処分の方式・法第 120 条）　法第 120 条第 1 項の規定による処分は，これを記載した書面を作成し，その書面に処分をした裁判所書記官が記名押印してしなければならない。

▌民事再生法第 103 条の 2（特別調査期間に関する費用の予納）
▌会社更生法第 148 条の 2（特別調査期間に関する費用の予納）

◆**アメリカ法**（該当規定なし）

■**イギリス法**（該当規定なし）

●**ドイツ法**（該当規定なし）

▲**フランス法**（該当規定なし）

第3款　期日における破産債権の調査

<u>第121条（一般調査期日における調査）</u>　破産管財人は，一般調査期日が定められたときは，当該一般調査期日に出頭し，債権届出期間内に届出があった破産債権について，第117条第1項各号に掲げる事項についての認否をしなければならない。
2　届出をした破産債権者又はその代理人は，一般調査期日に出頭し，前項の破産債権についての同項に規定する事項について，異議を述べることができる。
3　破産者は，一般調査期日に出頭しなければならない。ただし，正当な事由があるときは，代理人を出頭させることができる。
4　前項本文の規定により出頭した破産者は，第1項の破産債権の額について，異議を述べることができる。
5　第3項本文の規定により出頭した破産者は，必要な事項に関し意見を述べなければならない。
6　前2項の規定は，第3項ただし書の代理人について準用する。
7　前各項の規定は，債権届出期間の経過後に届出があり，又は届出事項の変更があった破産債権について一般調査期日において調査をすることにつき破産管財人及び破産債権者の異議がない場合について準用する。
8　一般調査期日における破産債権の調査は，破産管財人が出頭しなければ，することができない。
9　裁判所は，一般調査期日を変更する決定をしたときは，その裁判書を破産管財人，破産者及び届出をした破産債権者（債権届出期間の経過前にあっては，知れている破産債権者）に送達しなければならない。
10　裁判所は，一般調査期日における破産債権の調査の延期又は続行の決定をしたときは，当該一般調査期日において言渡しをした場合を除き，その裁判書を破産管財人，破産者及び届出をした破産債権者に送達しなければならない。
11　第118条第4項及び第5項の規定は，前2項の規定による送達について準用する。

規第42条（認否予定書の提出）　裁判所は，一般調査期日（法第112条第1項に規定する一般調査期日をいう。以下この款において同じ。）を定めた場合には，破産管財人に対し，法第121条第1項に規定する破産債権について，法第117条第1項各号に掲げる事項についての認否の予定を記載した書面の提出を命ずることができる。この場合において，破産管財人は，法第121条第7項に規定する破産債権についても，法第117条第1項各号に掲げる事項についての認否の予定を当該書面に記載することができる。
2　前項前段の規定は，特別調査期日（法第122条第1項に規定する特別調査期日をいう。以下この款において同じ。）を定めた場合における同条第1項及び同条第2項において準用する法第119条第2項に規定する破産債権について準用する。

規第43条（期日における認否等の方式等・法第121条等）　届出をした破産債権者が法第121条第2項（同条第7項及び法第122条第2項において準用する場合を含む。）の規定により異議を述べるときは，異議の内容のほか，異議の理由を述べなければならない。破産者が法第121条第4項（同条第7項及び法第122条第2項において準用する場合を含む。）の規定により異議を述べる場合についても，同様とする。

382

日・◆米・■英・●独・▲仏　　　　　　　　　　破産法第121条(一般調査期日における調査)

2　前項前段の規定は法第121条第2項の代理人について，前項後段の規定は同条第3項ただし書の代理人について準用する。
3　法第121条第2項及び同条第3項ただし書の代理人の権限は，書面で証明しなければならない。
4　破産管財人は，一般調査期日又は特別調査期日において，届出をした破産債権者であって当該一般調査期日又は特別調査期日に出頭しないものが有する破産債権について，法第117条第1項各号に掲げる事項について認めない旨の認否をしたときは，その旨を当該届出をした破産債権者に通知しなければならない。ただし，当該届出をした破産債権者が当該認否の内容を知っていることが明らかであるときは，この限りでない。
5　裁判所書記官は，一般調査期日又は特別調査期日において，届出をした破産債権者であって当該一般調査期日又は特別調査期日に出頭しないものが有する破産債権について，第1項前段（第2項において準用する場合を含む。）に規定する異議があったときは，その旨を当該届出をした破産債権者に通知しなければならない。

規第44条（書面による破産債権の調査に関する規定の準用）　第38条の規定は，破産管財人が一般調査期日又は特別調査期日において述べた法第117条第1項各号に掲げる事項についての認否を認める旨に変更する場合並びに届出をした破産債権者が前条第1項前段（同条第2項において準用する場合を含む。）に規定する異議を撤回する場合及び破産者が同条第1項後段（同条第2項において準用する場合を含む。）に規定する異議を撤回する場合について準用する。
2　第39条第1項前段の規定は，破産者が法第123条第1項の規定により書面で異議を述べる場合について準用する。
3　第40条の規定は，書類を通常の取扱いによる郵便に付し，又は同条に規定する信書便の役務を利用して送付する方法により法第121条第9項若しくは第10項（法第122条第2項において準用する場合を含む。）又は法第122条第2項において準用する法第119条第6項において準用する法第118条第3項の規定による送達をした場合について準用する。
4　第41条の規定は，法第122条第2項において準用する法第120条第1項の規定による処分について準用する。

◆**アメリカ法**（該当規定なし）

■**イギリス法**（該当規定なし）

●**ドイツ法**
●**第176条**（債権調査期日の進行）
　債権調査期日においては，届出に係る債権の原因および額を調査する。倒産管財人，債務者または倒産債権者から異議が述べられた債権については，各別に審議しなければならない。
●**第177条**（期間後の届出）
　債権調査期日においては，債権届出期間の経過後に届出のあった債権についても，調査することができる。ただし，倒産管財人または倒産債権者がそれを調査することに反対したとき，または，債権の届出が債権調査期日後になされたときは，倒産

裁判所は，後れて届け出た者の費用負担において，特別の調査期日を指定するか，または，書面による調査手続を命ずることを要する。第1文および第2文の規定は，定は，届出期間後に届出事項を変更したときに，準用する。

　2　倒産裁判所は，第174条第3項の規定により，劣後的債権者に対しその債権の届出を催告した場合において，その届出のために定めた期間が債権調査期日の1週間前より後に満了するときには，倒産財団の費用負担において特別の調査期日を指定するか，または，書面による調査手続を命ずることを要する。

　3　特別の調査期日は公告しなければならない。債権を届け出た債権者，倒産管財人および債務者に対しては，個別的に期日への呼び出しをすることを要する。74条2項2文の規定を準用する。

　【コメント】　ドイツ倒産法には，旧破産法143条に相当する規定がないが，債権者が調査期日に欠席した場合にも調査をすべきことは，あえて規定するまでもなく当然のことであるという趣旨である（BR-Drucks. 1/92 S.184）。

▲フランス法
▲R第641-28条（前掲・第118条参照）
▲R第624-1条第1段
　債権の調査は，裁判上の受任者（＝清算人），債務者および場合によって，任命され，出席しまたは適式に呼び出された監査人によって行われる。

第122条（特別調査期日における調査）　裁判所は，債権届出期間の経過後，一般調査期間の満了前又は一般調査期日の終了前に届出があり，又は届出事項の変更があった破産債権について，必要があると認めるときは，その調査をするための期日（以下「特別調査期日」という。）を定めることができる。ただし，当該破産債権について，破産管財人が第117条第3項の規定により提出された認否書に同条第1項各号に掲げる事項の全部若しくは一部についての認否を記載している場合又は一般調査期日において調査をすることについて破産管財人及び破産債権者の異議がない場合は，この限りでない。
　2　第119条第2項及び第3項，同条第6項において準用する第118条第3項から第5項まで，第120条並びに前条（第7項及び第9項を除く。）の規定は，前項本文の場合における特別調査期日について準用する。

◆アメリカ法（該当規定なし）

■イギリス法（該当規定なし）

●ドイツ法
●第177条（期間後の届出）
　……　ただし，倒産管財人または倒産債権者がそれを調査することに反対したとき，または，債権の届出が債権調査期日後になされたときは，倒産裁判所は，後れ

て届け出た者の費用負担において，特別の調査期日を指定するか，または，書面による調査手続を命ずることを要する。本項の規定は，届出期間後に届出事項を変更したときに，準用する。

2　倒産裁判所は，第174条第3項の規定により，劣後的債権者に対しその債権の届出を督促した場合において，その届出のために定めた期間が，債権調査期日の1週間前より後に満了するときには，倒産財団の費用負担において特別の調査期日を指定するか，または，書面による調査手続を命ずることを要する。……

3　特別の調査期日は公告しなければならない。債権を届け出た債権者，倒産管財人および債務者に対しては，個別的に期日への呼び出しをすることを要する。74条2項2文の規定を準用する。

▲フランス法
【コメント】　直接該当する規定はないが，以下のような規定がある。
▲第641-3条（前掲・第42条参照）
▲第622-26条（前掲・第111条参照）
▲R第641-28条（前掲・第118条参照）
▲R第624-2条第2段（前掲・第119条参照）
▲R第641-25条（前掲・第111条参照）
▲R第622-25条（前掲・第111条参照）

第123条（期日終了後の破産者の異議）　破産者がその責めに帰することができない事由によって一般調査期日又は特別調査期日に出頭することができなかったときは，破産者は，その事由が消滅した後1週間以内に限り，裁判所に対し，当該一般調査期日又は特別調査期日における調査に係る破産債権の額について，書面で，異議を述べることができる。
2　前項に規定する1週間の期間は，伸長し，又は短縮することができない。

◆アメリカ法（該当規定なし）

■イギリス法（該当規定なし）

●ドイツ法
●第186条（原状回復）

債務者か債権調査期日に欠席したときは，倒産裁判所は，申立てにより，債務者に原状回復を許可しなければならない。民事訴訟法第51条第2項，第85条第2項，第233条から第236条までの規定は，本条の規定による原状回復に準用する。

2　その債権につき後に異議を述べられることが予想される債権者には，原状回復の申立てに関する書面を送達しなければならない。原状回復が許可されたときは，この書面において述べられた異議は債権調査期日における異議と同一の効力を有す

る。

▲フランス法（該当規定なし）

第4款　破産債権の確定

> **第124条（異議等のない破産債権の確定）** 第117条第1項各号（第4号を除く。）に掲げる事項は，破産債権の調査において，破産管財人が認め，かつ，届出をした破産債権者が一般調査期間内若しくは特別調査期間内又は一般調査期日若しくは特別調査期日において異議を述べなかったときは，確定する。
> 2　裁判所書記官は，破産債権の調査の結果を破産債権者表に記載しなければならない。
> 3　第1項の規定により確定した事項についての破産債権者表の記載は，破産債権者の全員に対して確定判決と同一の効力を有する。

📕民事再生法第104条（再生債権の調査の結果）
📕会社更生法第150条（異議等のない更生債権等の確定）

◆アメリカ法
〔異議等のない破産債権の確定〕

◆第502条（請求権及び持分権の認容）
(a) 本法第501条により証拠が提出された請求権又は持分権は，本法第7章の下での事件における債務者であるゼネラル・パートナーの債権者を含む利害関係人が異議を述べない限り，認容されたものとみなされる。

◆第704条（管財人の義務）
(a) 管財人は，
　(1)〜(4)　……，
　(5)　目的に適うときは，請求権の証拠を検証し，適切ではない請求権の認容に対し異議を申し立てなければならず，
　(6)〜(12)　……。

◆ R 第3007条（請求権に対する異議（Objections To Claims））
⇒日本法第117条の項参照

《関連規定》

◆第502条（請求権及び持分権の認容）
(a)〜(i)　……
(j) 認容され又は認容されなかった請求権については，相当の理由があるときは，再度，審理することができる。再度審理される請求権は，当該事件の衡平に照らして，認容され，又は，認容されない。本項に基づく請求権の再度の審理は，再度の審理がされていない認容された請求権のためにその認容された請求権を有する者に対して倒産財団からなされた配当又は財産の移転の有効性には影響しない。ただし，再度審理された請求権が認容され，それが倒産財団からなされた支払い又は財産の移転を受けた債権者の有する請求権と同種のものである場合においては，再度審理され認容された請求権を有する者が既に他の債権者が配当を受領した額に比例する価値に相当するその請求権のための配当を受領するまで，他の債権者はその有する認容された請求権のために倒産財団から追加して配当又は財産の移転を受けることはできない。本項は，その債権者に対してなされた超過した配当又は財

産の移転を債権者から回復する管財人の権利を変更又は修正しない。

◆ R 第 3008 条（請求権の再審理（Reconsideration of Claims））
　利害関係人は，倒産財団に対する請求権を認容する又は認容しない決定につき再審理を申し立てることができる。裁判所は，通知をなし審問を経た上で，適切な決定をしなければならない。

　【コメント】
　1　アメリカ法にあっても，日本法と同じく認容された（あるいはここにいう「認容されたものとみなされる」）請求権につき配当がなされるとともに，これらの請求権を有する債権者のみが債権者集会で管財人を選出することができる。
　　ここにいう「利害関係人」とは，債務者，管財人，債権者であるが（Michael J.Herbert, Understanding Bankruptcy 162（1995），多くの事件では異議が述べられることは少なく，自動的に認容されているようである。なお，この「利害関係人」の範囲に関して，債務者がパートナーシップである場合に，そのパートナーの債権者に異議申立権があるかどうかにつき，旧法下で争いがあった。1978 年法によりかかる債権者をも含むことが明確になった。これは，パートナーシップが破産した場合で，管財人はそのゼネラル・パートナーの破産にあっては債権者たる地位を与えられるため（第 723 条(c)），パートナーの債権者は影響を受けるといえるからである。
　　第 704 条(a)(5)は管財人の異議申立てを規定しているが，「目的に適うとき（if purpose would be served）」とは，配当が見込めない場合には異議申立ての意味がないことによろう。
　2　アメリカ法の特徴は，日本法のような調査期日が存在しない点にある。配当時期との関係で，個別にその確定が図られる制度といえる。このことを反映してか，前述のように異議の提起されることは稀であるとともに，実務上は管財人が異議を申し立てるのが一般的であり，債権者は管財人に対して異議を申し立てるよう要求するところにとどまっている（Norton Bankruptcy Law And Practice 2d, Bankruptcy Rules 191（1999-2000 Ed.）。このような実務は，手続の秩序だった，便宜的な運用が求められているところに由来する。なお，債権者にも異議申立権があると解されているが，旧法下にあっては，たとえば In re Community Neghbors, Inc., 287 F.2d 542（7th Cir.1961）のように，その利益がないとする判例が存在する。

〔裁判所書記官による破産債権者表への記載〕（該当規定なし）

〔確定判決と同一の効力〕（該当規定なし）

■ イギリス法（該当規定なし）

● ドイツ法
● 第 178 条（債権確定の要件および効力）
　債権について，債権調査期日または書面による調査手続（第 177 条）において倒産管財人からも倒産債権者からも異議が述べられなかったとき，または，述べられた異議が取り下げられたときは，その債権は確定する。債務者による異議は債権の確定を妨げない。
　2　倒産裁判所は，届出に係る債権の各々について，確定した額および順位または確定に対し異議を述べた者を，債権者表に記載しなければならない。債務者による異議もまた記載しなければならない。手形その他の債務証書には，書記課の公証

官が確定した旨を表記しなければならない。

3　確定債権の額および順位についての債権表の記載は，倒産管財人および倒産債権者の全員に対し，確定判決と同一の効力を有する。

● 第184条（債務者による異議に対する訴え）
1　債務者が債権調査期日または書面による調査手続（第178条）において債権につき異議を述べたときは，債権者は，債務者に対し債権の確定を求める訴えを提起することができる。倒産手続の開始の時において当該債権について訴訟が係属しているときは，債権者は，債務者を相手方として当該訴訟を受継することができる。

2　当該債権につき執行力ある債務名義または終局判決がある場合は，債務者は，調査期日または書面手続においては債権を争った時から1カ月の期間内に，異議の訴えを提起しなければならない。1カ月の期間を徒過した場合は，異議はなかったものとみなされる。倒産裁判所は，債務者および争われている債権の債権者に，債権者表の認証ある抄本を付与し，債務者に期間を徒過した場合の効果を教示しなければならない。債務者は，裁判所に対して，訴えを提起したことを証明しなければならない。

▲フランス法
【コメント】　直接に該当する規定はないが，以下のような規定がある。
▲ 第641-14条第1段（前掲・第86条参照）
▲ 第624-2条
　裁判上の受任者（＝清算人）の提案を審査して，主任裁判官は，債権の承認もしくは棄却を決定し，または審理が係属していること，もしくは異議がその管轄に属しないことを確認する。

▲ 第624-3条
　本節［の規定］を適用してされた主任裁判官の裁判に対する不服申立ては，債権者，債務者または裁判上の受任者（＝清算人）に許される。
　ただし，その［債権の］全部または一部に争いがあり，第622-27条（前掲・第111条参照）に定める期間内に裁判上の受任者に回答しなかった債権者は，主任裁判官の裁判が裁判上の受任者の提案を認める場合には，その裁判に対して不服申立てをすることができない。
　第1項に定める不服申立ての条件および方式は，コンセイユ・デ・タのデクレで定める。

▲ 第624-3-1条
　主任裁判官が言い渡した債権の承認もしくは棄却または管轄違いの裁判は，裁判所書記課に寄託される債権表に記載される。あらゆる利害関係人は第624-3条に定める者を除いて，コンセイユ・デ・タのデクレで定める条件で，主任裁判官に不服申立てをすることができる。

▲第 624-4 条
　主任裁判官は，債権の元本額が，手続を開始した裁判所が終審として裁判することができる管轄権の限度を超えない場合には，本節に定める場合について，終審として裁定する。

▲ R 第 624-1 条第 2 項（前掲・第 118 条参照）
▲ R 第 624-2 条（前掲・第 118 条・第 119 条参照）
▲ R 第 624-3 条
　異議のない承認の裁判は，裁判上の受任者（＝清算人）によって作成された目録への主任裁判官の署名によって実現される。

　裁判所書記は，この承認を債権者またはその代理人に通常郵便で通知する。この通知には，承認された債権額ならびにならびにこれに付された担保権および優先権を明示し，［法律部］第 622-27 条および［法律部］第 624-3 条の規定を再録する。

　裁判上の受任者（＝清算人）および任命されている場合に，管理人は，受領書と引換えに，下された裁判を通知される。

第 125 条（破産債権査定決定）　破産債権の調査において，破産債権の額又は優先的破産債権，劣後的破産債権若しくは約定劣後破産債権であるかどうかの別（以下この条及び第 127 条第 1 項において「額等」という。）について破産管財人が認めず，又は届出をした破産債権者が異議を述べた場合には，当該破産債権（以下「異議等のある破産債権」という。）を有する破産債権者は，その額等の確定のために，当該破産管財人及び当該異議を述べた届出をした破産債権者（以下この款において「異議者等」という。）の全員を相手方として，裁判所に，その額等についての査定の申立て（以下「破産債権査定申立て」という。）をすることができる。ただし，第 127 条第 1 項並びに第 129 条第 1 項及び第 2 項の場合は，この限りでない。

2　破産債権査定申立ては，異議等のある破産債権に係る一般調査期間若しくは特別調査期間の末日又は一般調査期日若しくは特別調査期日から 1 月の不変期間内にしなければならない。

3　破産債権査定申立てがあった場合には，裁判所は，これを不適法として却下する場合を除き，決定で，異議等のある破産債権の存否及び額等を査定する裁判（次項において「破産債権査定決定」という。）をしなければならない。

4　裁判所は，破産債権査定決定をする場合には，異議者等を審尋しなければならない。

5　破産債権査定申立てについての決定があった場合には，その裁判書を当事者に送達しなければならない。この場合においては，第 10 条第 3 項本文の規定は，適用しない。

▌民事再生法第 105 条（再生債権の査定の裁判）
▌会社更生法第 151 条（更生債権等査定決定）

◆アメリカ法
⇒日本法第 124 条及び第 126 条の項参照

日・◆米・■英・●独・▲仏　破産法第126条（破産債権査定申立てについての決定に対する異議の訴え）

■ **イギリス法**（該当規定なし）

● **ドイツ法**（該当規定なし）

▲ **フランス法**（該当規定なし）

<u>第126条（破産債権査定申立てについての決定に対する異議の訴え）</u>　破産債権査定申立てについての決定に不服がある者は，その送達を受けた日から1月の不変期間内に，異議の訴え（以下「破産債権査定異議の訴え」という。）を提起することができる。

2　破産債権査定異議の訴えは，破産裁判所が管轄する。

3　破産債権査定異議の訴えが提起された第一審裁判所は，破産裁判所が破産事件を管轄することの根拠となる法令上の規定が第5条第8項又は第9項の規定のみである場合（破産裁判所が第7条第4号の規定により破産事件の移送を受けた場合において，移送を受けたことの根拠となる規定が同号ロ又はハの規定のみであるときを含む。）において，著しい損害又は遅滞を避けるため必要があると認めるときは，前項の規定にかかわらず，職権で，当該破産債権査定異議の訴えに係る訴訟を第5条第1項に規定する地方裁判所（同項に規定する地方裁判所がない場合にあっては，同条第2項に規定する地方裁判所）に移送することができる。

4　破産債権査定異議の訴えは，これを提起する者が，異議等のある破産債権を有する破産債権者であるときは異議者等の全員を，当該異議者等であるときは当該破産債権者を，それぞれ被告としなければならない。

5　破産債権査定異議の訴えの口頭弁論は，第1項の期間を経過した後でなければ開始することができない。

6　同一の破産債権に関し破産債権査定異議の訴えが数個同時に係属するときは，弁論及び裁判は，併合してしなければならない。この場合においては，民事訴訟法第40条第1項から第3項までの規定を準用する。

7　破産債権査定異議の訴えについての判決においては，訴えを不適法として却下する場合を除き，破産債権査定申立てについての決定を認可し，又は変更する。

規第45条（破産債権の確定に関する訴訟の目的の価額・法第126条等）　破産債権の確定に関する訴訟の目的の価額は，配当の予定額を標準として，受訴裁判所が定める。

民事再生法第106条（査定の申立てについての裁判に対する異議の訴え）
会社更生法第152条（更生債権等査定申立てについての決定に対する異議の訴え）

◆ **アメリカ法**
〔破産債権査定申立てについての決定に対する異議の訴え〕
◆ **第502条（請求権又は持分権の認容）**

(a)　……

(b)　本条(e)(2)，(f)，(g)，(h)及び(i)に定めるところを除き，請求権に対し異議が述べられたときは，裁判所は，通知をなし審問を経た上で，手続開始の申立書が提出さ

れた日現在における請求権の額を合衆国通貨により確定して、その請求権を認容する。……

◆ R 第3007条（請求権に対する異議（Objections To Claims））
(a) 請求権に対する異議　請求権の認容に対する異議申立ては、書面でかつ提出されなければならない。異議申立てについての審問期日の通知を付記した異議申立書の写しは、その審問期日の少なくとも30日前までに、異議を述べられた債権者、債務者又は占有を継続する債務者及び管財人に対して郵送で送付され、又は別段に交付されなければならない。
(b) 対審手続を求める救済の申立て　利害関係人は、請求権の認容に対する異議申立てに R 第7001条に定める種類の救済の要求を含んではならないが、対審手続においてその異議を含むことができる。
(c) 数個の請求権認容に対する異議の同時主張に対する制限　裁判所が別段に命じた場合又は(d)により許された場合を除いて、数個の請求権に対する異議は1つの異議において同時に主張してはならない。
(d) 包括的異議　(e)により、数個の請求権に対する異議は、そのすべての請求権が同一の主体によって届出のあったものであり、又は、その異議が次の事由によってのみ請求権の全部又は一部につき認容されるべきではないとの理由に基づくときは、包括的異議として同時に主張することができる。
　(1) 他の請求権と重複する請求権
　(2) 間違った事件において届出のあった請求権
　(3) 請求権の証拠の届出のあった後に変更された請求権
　(4) 所定の期間内に届出がなされなかった請求権
　(5) 法、適用ある規則又は裁判所の決定に従ってその事件係属中に弁済を受け又は放棄された請求権
　(6) 適用される手続規則に適合しない方式にいより提示された請求権であって、異議者はその不適合を理由としてその請求権の適法性を判断することができないと異議で主張されているもの
　(7) 請求権の元本ではなく利息についての請求権
　(8) 法第507条による優先権ある上限額を超える額について優先権が主張されている請求権
(e) 包括的異議の要件　包括的異議は、
　(1) 異議を述べられた債権者がその異議においてその氏名及び請求権を主張していることを明確に示さなければならず、
　(2) 債権者をアルファベット順に記載し、請求権番号との対照を記載し、かつ、適当であれば請求権の種類ごとに債権者の一覧を記載していなければならず、
　(3) 各請求権に対する異議の事由を記載し、かつ、記載された異議の事由に関係する包括的異議における頁の対照を明示していなければならず、

日・◆米・■英・●独・▲仏　破産法第126条（破産債権査定申立てについての決定に対する異議の訴え）

(4) そのタイトルにおいて異議者の確認及び異議の事由を記載していなければならず，
(5) 同一の異議者によって述べられているその他の包括的異議と連続して番号が付されていなければならず，かつ，
(6) 異議が述べられた請求権の数が100を超えてはならない。

(f) 異議の終局性　包括的異議に含まれる請求権に対する異議に関する決定の終局性は，あたかもその請求権がそれぞれの異議の対象になったように確定される。

◆ R第9014条（争いある事項（Contested Matter））

(a) 申立て　本手続規則により別段規律されていない争いある事項について，救済は，申立て（motion）によって求められなければならず，相当な方法による通知及び審問の機会は，救済が求められている者に与えられなければならない。裁判所がその申立てに対する答弁書の提出を命じない限り，本ルールの下ではいかなる訴答も必要とされない。

(b) 送達　異議申立書は，R第7004条により呼出状（summons）及び申立て（complaint）の送達につき定められている方法で送達されなければならない。異議申立てがあった後に送達されるいかなる書面も，連邦民事訴訟手続規則R第5条(b)に定められる方法で送達されなければならない。

(c) 第7編のルールの適用　本ルールに別段定めるところを除き，かつ，裁判所が別段に命じない限り，以下の諸ルールが適用される；R第7009条，第7017条，第7021条，第7025条，第7026条，第7028条〜第7037条，第7041条，第7042条，第7052条，第7054〜第7056条，第7064条，第7069条及び第7071条。R第7026条により準用されている連邦民事訴訟手続規則R第26条の以下の諸項は，裁判所が別段に命じない限り，争いある事項につき適用されない；R第26条(a)(1)（必要的開示），第26条(a)(2)（専門家による証言に関する開示），第26条(a)(3)（付加的プリ・トライアルにおける開示）及び第26条(f)（進行協議前における必要的打ち合わせ／開示予定）。証言を行うことを希望する者は，対審手続の下で証言録取書（deposition）の作成に関するR第7027条に定めるのと同様な方式で手続を進めることができる。裁判所は，個々の事項におけるいかなる段階にあっても，第7章のその他の1つ又はいくつかのルールが適用されることを決定することができる。裁判所は，命令によって定められる手続に適合する適切な機会を提供するために，当事者に本項に基づき発せられる当該命令の通知を与えなければならない。

(d) 証人の証言　争いがある重要な事実上の争点に関する証人の証言は，対審手続における証言と同様な方式で執り行わなければならない。

(e) 証人の出頭　裁判所は，予定される審問期日前の相当の時期に，当該審問が証人が証言することができる証拠となる審問になるか否かについて当事者に確信させることができるような手続をとらなければならない。

第4章　破産債権　　　　　　　　　　　　　　　　　　　　各国破産法の条文

【コメント】
1　倒産事件において生ずる争訟には，大別すると次のような3種類のものがある。(1)倒産手続規則第7編が規律する対審手続による事項，(2)相手方当事者が存在しない管理的事項（administrative matters）（たとえば，管財人のなす倒産財団財産の売却申立て），(3) R第7001条で対審手続によることとされる事項から外されているために，対審手続の対象とされていない争いある事項（contested matters）である（10 Collier on Bankruptcy 9014-2 (15th rev.ed.1996)）。なお，R第7001条によれば，対審手続によるべきこととされている事項は，金銭又は財産を回復するための手続，リエンの有効性，優先性又は担保する範囲を確定するための手続，第三者と倒産財団が共有する財産の売却の承認を得るための手続，免責許可に対する異議申立てによる又は免責許可の取消に関する手続，第11章手続，第12章手続，第13章手続の計画認可の取消しを求める手続，債務の免責適格性を決定する手続，差止めその他の衡平法上の救済を得るための手続，容認された請求権を劣後させるための手続，以上の事項に関連して確認判決を取得する手続，法第28号第1452条により除外されている請求又は訴訟原因につき判断する手続である。
2　R第1017条(d), R第3020条(b)(1), R第4001条(a), R第4003条(d), R第6006条(a)は，事件の棄却，手続の移行，計画認可に対する異議，自動停止に対する救済，現金からなる担保財産の使用，連邦倒産法第522条(f)によるリエンの否認，未履行双務契約などの引受け・拒絶を規定しているが，その他の争いある事項（contested matter）も，R第9014条に定めるところに従うと規定している。
　もとよりそれは，対審手続以外で倒産裁判所に提示された現実の紛争が存在するいかなる場合であっても，それは争いある事項とされている。したがって，届出のあった請求権に対する異議，倒産財団除外財産に対する異議，情報開示書面に対する異議などは，争いのある事項とされる。その結果，原則として，異議申立てによる請求権確定のための手続は対審手続によらないことになる（Norton Bankruptcy Law And Practice 2d,Bankruptcy Rules 191 (1999-2000 Ed.)）。
3　請求権認容との関係での手続は，一般的な形態として次のようになろう。管財人などの異議申立てがあると，異議を述べられた債権者は相当な通知を与えられ，審問を受ける機会を与えられる。倒産手続規則では，この異議に対する答弁書の提出は要求されていないが，多くの裁判区では，その地方規則によって答弁書の提出が要求されている（10 Collier on Bankruptcy 9014-4 (15th rev.ed.1996)）。

〔破産債権査定申立てについての決定に対する異議の訴え〕（136参照）
〔破産債権査定異議の訴えの管轄〕
◆法第28号第157条（手続）
(a)　各地方裁判所は，法第11号の下でのいかなる事件又はすべての事件，及び，法第11号の下で生じる又は法第11号の下での事件において若しくは事件に関連して生じいかなる手続又はすべての手続は，当該裁判区の倒産裁判所裁判官に付託されることを定めることができる。
(b)　(1)　倒産裁判所裁判官は，本条(a)により付託された法第11号に基づくすべての事件，法第11号により生じるすべての核心（core）手続又は法第11号の下での事件において生じるすべての核心手続について，審理し判断することができ，適切な決定をすることができるが，その決定は，本法第158条に基づく不服申立

ての対象となる。
(2) 核心手続には，次の事項を含むものとするが，これに限定されない。
  (A) 倒産財団に関する事項
  (B) 倒産財団に対する請求権の認容若しくは不認容，又は倒産財団からの財産の除外，及び，法第11号の下での事件における配当との関係では倒産財団に対する人的不法行為若しくは死亡に至らしめた不法行為に基づく損害賠償請求権で条件付又は額が確定していないものの責任，又は評価額の確定を除く，法第11号第11章，第12章，第13章による計画案認可のための請求権又は持分権の額の確定。……
  (C) 倒産財団に対して有する請求権の届出をなした者に対する請求権についての倒産財団による反訴
  (D) 信用供与に関する決定
  (E) 倒産財団の財産を引き渡す決定
  (F) 偏頗行為を決定し，取り消し，又は回復するための手続
  (G) 自動停止を終了し，取り消し，又は変更する申立て
  (H) 詐欺的譲渡を決定し，取り消し，又は回復するための申立て
  (I) 特定の債務の免責対象性に関する決定
  (J) 免責に対する異議
  (K) リエンの有効性，範囲又は優先性の決定
  (L) 計画案の認可
  (M) 現金からなる担保財産の使用を含む財産の使用又は賃貸を承認する命令
  (N) 倒産財団に対する請求権を届け出なかった者を相手方として倒産財団が申し立てた，請求権を原因とする財産以外の財産の売却を承認する命令
  (O) 人的不法行為（personal injury tort）又は死亡に至らしめる不法行為（wrongful death）に基づく損害賠償請求権を除く，倒産財団の財産の清算又は債務者と債権者又は持分証券保有者との関係の整理に影響するその他の手続，及び
  (P) 法第11号第15章の下での外国手続及びその他の事項の承認
(3) 倒産裁判所裁判官は，職権で又は利害関係人の適時の申立てにより，手続が本項による核心手続であること，又は法第11号の下での事件に関連する手続であるかを決定しなければならない。手続が核心手続ではないとする決定は，その解決が州法により影響を受けないことを前提にしてのみではなされてはならない。
(4) 法第28号第157条(b)(2)(B)の下での非核心手続は，第1334条(c)(2)の必要的管轄の委譲に服さない。
(5) 地方裁判所は，人的不法行為及び死亡に至らしめた不法行為に基づく損害賠償請求権の事件は，倒産事件が係属する地方裁判所又はその請求権が発生した裁判区における地方裁判所において，倒産事件が係属する地方裁判所が決定するところに従い，審理されることを決定する。

第4章　破産債権　　　　　　　　　　　　　　　　　　　　　　　　　各国破産法の条文

(c)〜(d) ……

【コメント】　届出のあった請求権について異議の申立てがあったときは，その審理のための手続は，倒産裁判所が審理判断すべき核心手続（core proceeding）とされ，異議事項の当否について審理される。この限りでは，アメリカ法は倒産裁判所に管轄を集中させるいわゆる吸収主義を採っている。しかし，事件開始当時に請求権に関する訴訟が係属している場合で，それが自働停止によって中断していたが管財人の異議によって再開されるといった事情があるときは，倒産裁判所管轄区域の連邦裁判所が事件の係属していた州裁判所での審理に委ねる決定をすることができる（法第28号第1334条(c)(2)）。この点につき，日本法第127条の項参照。

■イギリス法
（会　社）
■ R 第 4.83 条（届出書に関する［清算人の］決定に対する不服申立て）

1　債権者がその届出書に関する清算人の決定（優先権の問題についての決定を含む）に不服があるときは，裁判所に当該決定の取消し又は変更を申し立てることができる。

申立ては，規則第4.82条第2項に基づいて送付された書面［注：清算人が届出書を拒絶した理由を記載した書面］を債権者が受領してから21日以内になされなければならない。

2　清算出資者又は他の債権者は，届出書の全部又は一部を承認又は拒絶する清算人の決定に不服があるときは，当該決定を知ったときから21日以内に前項の申立てをすることができる。

3　本条に基づいて裁判所に対する申立てがなされたときは，裁判所は，申立ての審理の管轄地を定めなければならない。その通知は，申立人によって，問題の届出書を提出した債権者（ただし，申立てを行ったのが当該債権者でないときに限る）及び清算人に送付されなければならない。

4　清算人は，通知の受領後ただちに，関連する届出書を，（適切であれば）第4.82条第2項に基づいて送付された書面の謄本とともに裁判所に提出しなければならない。

4A　申立てが清算出資者によってなされたときは，裁判所は，会社が権限を有する資産の残りがある（若しくは届出書で請求された金額がなかったとすれば残りがあったであろう）こと，又は残りがある（若しくは届出書で請求された金額がなかったとすれば残りがあったであろう）見込みであることを清算出資者が証明しない限り，届出書を（全部又は一部について）認めなければならない。

5　申立てに関する審理及び決定がなされたのち，届出書は，全部について認められなかった場合を除き，裁判所によって清算人に返還されなければならない。

■ R 第 4.84 条（届出書の取下げ又は変更）

債権者の届出書は，当該債権者と清算人の合意によって，いつにても取り下げるか又は請求金額を変更することができる。

日・◆米・■英・●独・▲仏　破産法第126条（破産債権査定申立てについての決定に対する異議の訴え）

■ R 第4.85条（裁判所による届出書の削除）
　1　裁判所は，以下に掲げる者の申立てに基づいて，届出書を削除するか又は請求金額を減額することができる。
　(a)　清算人が届出書は不当に承認された，又は減額されるべきであると考えるときは，清算人
　(b)　清算人が当該事項への関与を拒んでいるときは，債権者
　2　本条に基づいて裁判所に対する申立てがなされたときは，裁判所は申立ての審理の管轄地を定めなければならない。その通知は，申立人によって以下に掲げる者に送付されなければならない。
　(a)　清算人による申立ての場合には，債権届出を行った債権者
　(b)　債権者による申立ての場合には，清算人及び債権届出を行った債権者（ただし，この者が申立人でないときに限る）

（自然人）
■ R 第6.105条（届出書に関する［管財人の］決定に対する不服申立て）
　1　債権者がその届出書に関する管財人の決定（優先権の問題についての決定を含む）に不服があるときは，裁判所に当該決定の取消し又は変更を申し立てることができる。
　申立ては，規則第6.104条第2項に基づいて送付された書面［注：管財人が届出書を拒絶した理由を記載した書面］を債権者が受領してから21日以内になされなければならない。
　2　破産者又は他の債権者は，届出書の全部又は一部を承認又は拒絶する管財人の決定に不服があるときは，当該決定を知ったときから21日以内に前項の申立てをすることができる。
　3　本条に基づいて裁判所に対する申立てがなされたときは，裁判所は，申立ての審理の管轄地を定めなければならない。その通知は，申立人によって，問題の届出書を提出した債権者（ただし，申立てを行ったのが当該債権者でないときに限る）及び管財人に送付されなければならない。
　4　管財人は，通知の受領後ただちに，関連する届出書を，（適切であれば）第6.104条第2項に基づいて送付された書面の謄本とともに裁判所に提出しなければならない。
　5　申立てに関する審理及び決定がなされたのち，届出書は，全部について認められなかった場合を除き，裁判所によって管財人に返還されなければならない。

■ R 第6.106条（届出書の取下げ又は変更）
　債権者の届出書は，当該債権者と管財人の合意によって，いつにても取り下げるか又は請求金額を変更することができる。

■ R 第6.107条（裁判所による届出書の削除）
　1　裁判所は，以下に掲げる者の申立てに基づいて，届出書を削除するか又は請

求金額を減額することができる。
　(a)　管財人が届出書は不当に承認された，又は減額されるべきであると考えるときは，管財人
　(b)　管財人が当該事項への関与を拒んでいるときは，債権者
　2　本条に基づいて裁判所に対する申立てがなされたときは，裁判所は申立ての審理の管轄地を定めなければならない。その通知は，申立人によって以下に掲げる者に送付されなければならない。
　(a)　管財人による申立ての場合には，債権届出を行った債権者
　(b)　債権者による申立ての場合には，管財人及び債権届出を行った債権者（ただし，この者が申立人でないときに限る）

●ドイツ法
●第179条（異議ある債権）
　債権につき，倒産管財人または倒産債権者から異議が述べられたときは，異議を述べた者を相手方として確定を求めるか否かは，異議を述べられた債権者に委ねられる。
　2　異議ある債権につき執行力ある債務名義または終局判決かあるときは，異議の遂行は異議を述べた者の任務とする。
　3　倒産裁判所は，その債権につき異議を述べられた債権者に対し，債権表の認証抄本を付与する。本条第2項の場合においては，異議を述べた者もまた同じ認証抄本を付与される。その債権を確定された債権者に対しては通知しない。ただし，債権調査期日の前に，債権者に対しては債権確定の通知がされないことを教示しなければならない。
●第180条（債権確定訴訟の管轄）
　債権の確定には，判決手続における訴えの提起を要する。債権確定の訴えは，倒産手続が現に係属しまたは過去に係属した区裁判所の管轄に専属する。訴訟物が区裁判所の事物管轄に属しないときは，訴えは当該区裁判所の所在地を管轄するラント裁判所の管轄に専属する。
　2　倒産手続の開始の時において当該債権について訴訟が係属しているときは，その確定は当該訴訟の受継により行われる。

▲フランス法
▲第641-3条第4段
　債権者は，第622-24条から第622-27条および第622-31条から第622-33条に定める条件に従って，清算人に対してその債権を届け出る。
▲第622-27条
　第625-1条に定める債権以外の債権の全部または一部について異議がある場合には，裁判上の受任者（＝清算人）は，利害関係を有する債権者にその説明を告げる

ために招致して，これを通知する。30 日の期間内に応答がない場合には，裁判上の受任者の提案について，以後の異議申立ては禁じられる。

第 127 条（異議等のある破産債権に関する訴訟の受継） 異議等のある破産債権に関し破産手続開始当時訴訟が係属する場合において，破産債権者がその額等の確定を求めようとするときは，異議者等の全員を当該訴訟の相手方として，訴訟手続の受継の申立てをしなければならない。
2　第 125 条第 2 項の規定は，前項の申立てについて準用する。

▪民事再生法第 107 条（異議等のある再生債権に関する訴訟の受継）
▪会社更生法第 156 条（異議等のある更生債権等に関する訴訟の受継）

◆アメリカ法
〔異議等のある破産債権に関する訴訟の受継〕
◆第 323 条（管財人の役割及び適格）
(a)　……
(b)　本法による管財人は，その名において訴え，又は訴えられる適格を有する。
◆R 第 6009 条（管財人又は占有を継続する債務者による手続の遂行及び防御方法の提出）
裁判所の許可を得て，又は許可を得ないで，管財人又は占有を継続する債務者は，債務者を原告又は被告とする係属中の訴訟若しくは手続を遂行し，これらの手続に出頭し，攻撃防御方法を提出し，又は，倒産財団のために裁判所において訴訟又は手続を開始し，遂行することができる。

【コメント】　事件開始当時裁判所に係属する破産債権にあたる請求権に関する訴訟は，自動停止によって停止される（第 362 条(a)(1)）。届出のあった請求権は，利害関係人のこれに対する異議の申立てがないときは，認容される。しかし，異議の申立てがあると，異議事項について審理・判断されることになるが，この場合，当該請求権に関する訴訟が事件開始当時に州裁判所の管轄に属する事件であり，それが判決に熟する段階にあったなどの事情が認められるときは，倒産裁判所がかかる訴訟を回避して，そのまま州裁判所において請求権の確定が図られることがありうる（法第 28 号 1334(c)(1)）。R 第 6009 条は，請求権に関する訴訟との関係では，以上のような場合を想定した規定と解することができる（高木新二郎『アメリカ連邦倒産法』193 頁（1996 年））。

■イギリス法（該当規定なし）

●ドイツ法
●第 180 条（債権確定訴訟の管轄）
……
2　倒産手続の開始の時において当該債権について訴訟が係属しているときは，その確定は当該訴訟の受継により行われる。

第4章　破産債権

▲フランス法
▲ R 第 641-23 条
　R 第 622-19 条および R 第 622-20 条は裁判上の清算手続に適用される。
▲ R 第 622-20 条
　［法律部］第 622-22 条の規定によって中断した審理は，原告［である］債権者の申立てにより，この債権者が，審理の係属する裁判所にその債権届出の写しを提出し，かつ裁判上の受任者（＝清算人）および，それがある場合には，管理人が債務者または計画履行監査人を補助する任務を負っている場合に，これが参加した時から再開される。
　審理の再開後に下された既判力ある裁判は，利害関係人の申立てにより，手続を開始した裁判所の裁判所書記が，債権表に記載する。
▲ R 第 622-26 条
　［法律部］第 622-28 条第 2 段を適用して中断した審理および民事執行手続は，［更生］計画を命じる判決の証明に基づいて，担保義務者に対してこの計画の対抗力に適用することができる規定によって，同条最終項に定める担保の利益を受ける債権者によって続行する。
　［法律部］第 622-28 条第 3 段を適用して，これらの債権者は，民事執行手続を改正する 1991 年 7 月 9 日の法律第 91-650 号を適用するために，民事執行手続に関する新しい規定を設ける 1992 年 7 月 31 日のデクレ第 92-755 号第 210 条以下に定める条件の下で，保全措置を行うことができる。

第 128 条（主張の制限）　破産債権査定申立てに係る査定の手続又は破産債権査定異議の訴えの提起若しくは前条第 1 項の規定による受継に係る訴訟手続においては，破産債権者は，異議等のある破産債権についての第 111 条第 1 項第 1 号から第 3 号までに掲げる事項について，破産債権者表に記載されている事項のみを主張することができる。

▮民事再生法第 108 条（主張の制限）
▮会社更生法第 157 条（主張の制限）

◆アメリカ法（該当規定なし）

■イギリス法（該当規定なし）

●ドイツ法
●第 181 条（確定の範囲）
　債権届出または債権調査期日において債権が表示されている限度においてのみ，その原因，額および順位の確定を要求することができる。

▲フランス法（該当規定なし）

日・◆米・■英・●独・▲仏　　破産法第130条（破産債権の確定に関する訴訟の結果の記載）

> <u>第129条（執行力ある債務名義のある債権等に対する異議の主張）</u>　異議等のある破産債権のうち執行力ある債務名義又は終局判決のあるものについては，異議者等は，破産者がすることのできる訴訟手続によってのみ，異議を主張することができる。
> 2　前項に規定する異議等のある破産債権に関し破産手続開始当時訴訟が係属する場合において，同項の異議者等が同項の規定による異議を主張しようとするときは，当該異議者等は，当該破産債権を有する破産債権者を相手方とする訴訟手続を受け継がなければならない。
> 3　第125条第2項の規定は第1項の規定による異議の主張又は前項の規定による受継について，第126条第5項及び第6項並びに前条の規定は前2項の場合について準用する。この場合においては，第126条第5項中「第1項の期間」とあるのは，「異議等のある破産債権に係る一般調査期間若しくは特別調査期間の末日又は一般調査期日若しくは特別調査期日から一月の不変期間」と読み替えるものとする。
> 4　前項において準用する第125条第2項に規定する期間内に第1項の規定による異議の主張又は第2項の規定による受継がされなかった場合には，異議者等が破産債権者であるときは第118条第1項，第119条第5項又は第121条第2項（同条第7項又は第122条第2項において準用する場合を含む。）の異議はなかったものとみなし，異議者等が破産管財人であるときは破産管財人においてその破産債権を認めたものとみなす。

📄 民事再生法第109条（執行力ある債務名義のある債権等に対する異議の主張）
📄 会社更生法第158条（執行力ある債務名義のある債権等に対する異議の主張）

◆**アメリカ法**（該当規定なし）

■**イギリス法**（該当規定なし）

●**ドイツ法**
●第179条（異議ある債権）
　……
　2　異議ある債権につき執行力ある債務名義または終局判決があるときは，異議の遂行は異議を述べた者の任務とする。……

▲**フランス法**（該当規定なし）

> <u>第130条（破産債権の確定に関する訴訟の結果の記載）</u>　裁判所書記官は，破産管財人又は破産債権者の申立てにより，破産債権の確定に関する訴訟の結果（破産債権査定申立てについての決定に対する破産債権査定異議の訴えが，第126条第1項に規定する期間内に提起されなかったとき，又は却下されたときは，当該決定の内容）を破産債権者表に記載しなければならない。

📄 民事再生法第110条（再生債権の確定に関する訴訟の結果の記載）
📄 会社更生法第160条（更生債権等の確定に関する訴訟の結果の記載）

◆**アメリカ法**（該当規定なし）

■ **イギリス法**（該当規定なし）

● **ドイツ法**
● 第 183 条（判決の効力）
……
2　勝訴した当事者は，倒産裁判所に債権者表の訂正を申し立てる義務を負う。
……

▲ **フランス法**
▲ R 第 624-28 条（前掲・第 118 条参照）
▲ R 第 624-11 条
　その債権を他の裁判所の裁判で，既判力をもって認められた債権者は，手続を開始した裁判所の書記にこの裁判の謄本を提出する。
　裁判所書記は，裁判上の受任者（＝清算人），ならびに管理人および計画履行監査人がいる場合にはこれに対して，債権表にこうして加えられたすべての修正を通知する。

第 131 条（破産債権の確定に関する訴訟の判決等の効力）　破産債権の確定に関する訴訟についてした判決は，破産債権者の全員に対して，その効力を有する。
2　破産債権査定申立てについての決定に対する破産債権査定異議の訴えが，第 126 条第 1 項に規定する期間内に提起されなかったとき，又は却下されたときは，当該決定は，破産債権者の全員に対して，確定判決と同一の効力を有する。

　📎 民事再生法第 111 条（再生債権の確定に関する訴訟の判決等の効力）
　📎 会社更生法第 161 条（更生債権等の確定に関する訴訟の判決等の効力）

◆ **アメリカ法**（該当規定なし）

■ **イギリス法**（該当規定なし）

● **ドイツ法**
● 第 183 条（判決の効力）
　債権を確定しまたは異議を理由ありとする確定判決の効力は，倒産管財人および倒産債権者の全員に対して効力を生ずる。……

▲ **フランス法**（該当規定なし）

第 132 条（訴訟費用の償還）　破産財団が破産債権の確定に関する訴訟（破産債権査定申立てについての決定を含む。）によって利益を受けたときは，異議を主張した破産債権者は，その利益の限度において財団債権者として訴訟費用の償還を請求することができる。

日・◆米・■英・●独・▲仏

📗 民事再生法第112条（訴訟費用の償還）
📗 会社更生法第162条（訴訟費用の償還）

◆アメリカ法（該当規定なし）

■イギリス法（該当規定なし）

●ドイツ法
●第182条（訴額）
　倒産管財人または倒産債権者がその存在につき異議を述べた債権について確定を求める訴えの訴訟物の価額は，倒産財団の配当において当該債権につき見込まれる金額により決する。
●第183条（判決の効力）
　……

3　倒産管財人ではなく個々の倒産債権者だけが訴訟を追行したときは，判決により倒産財団に利得が生ずる限り，債権者は倒産財団からその費用の償還を求めることができる。

　【コメント】　ドイツ倒産法182条は，旧破産法148条が訴額の決定につき裁判所に広範な裁量権を与えているように見え不明確であったのを改め，より正確に規定したものである（BR-Drucks. 1/92 S.185）。

▲フランス法（該当規定なし）

第 4 章　破産債権

> 第 133 条（破産手続終了の場合における破産債権の確定手続の取扱い）　破産手続が終了した際現に係属する破産債権査定申立ての手続は，破産手続開始の決定の取消し又は破産手続廃止の決定の確定により破産手続が終了したときは終了するものとし，破産手続終結の決定により破産手続が終了したときは引き続き係属するものとする。
> 2　破産手続終結の決定により破産手続が終了した場合において，破産手続終了後に破産債権査定申立てについての決定があったときは，第 126 条第 1 項の規定により破産債権査定異議の訴えを提起することができる。
> 3　破産手続が終了した際現に係属する破産債権査定異議の訴えに係る訴訟手続又は第 127 条第 1 項若しくは第 129 条第 2 項の規定による受継があった訴訟手続であって，破産管財人が当事者であるものは，破産手続終結の決定により破産手続が終了したときは，第 44 条第 4 項の規定にかかわらず，中断しないものとする。
> 4　破産手続が終了した際現に係属する破産債権査定異議の訴えに係る訴訟手続であって，破産管財人が当事者でないものは，破産手続開始の決定の取消し又は破産手続廃止の決定の確定により破産手続が終了したときは終了するものとし，破産手続終結の決定により破産手続が終了したときは引き続き係属するものとする。
> 5　破産手続が終了した際現に係属する第 127 条第 1 項又は第 129 条第 2 項の規定による受継があった訴訟手続であって，破産管財人が当事者でないものは，破産手続開始の決定の取消し又は破産手続廃止の決定の確定により破産手続が終了したときは中断するものとし，破産手続終結の決定により破産手続が終了したときは引き続き係属するものとする。
> 6　前項の規定により訴訟手続が中断する場合においては，第 44 条第 5 項の規定を準用する。

▮ 民事再生法第 112 条の 2（再生手続終了の場合における再生債権の確定手続の取扱い）
▮ 会社更生法第 163 条（更生手続終了の場合における更生債権等の確定手続の取扱い）

◆ **アメリカ法**（該当規定なし）

■ **イギリス法**（該当規定なし）

● **ドイツ法**（該当規定なし）

▲ **フランス法**（該当規定なし）

日・◆米・■英・●独・▲仏　　　　　　　　　　　　　　　　　　　　　　破産法第134条

第5款　租税等の請求権等についての特例

<u>第134条</u>　租税等の請求権及び罰金等の請求権については，第1款（第115条を除く。）から前款までの規定は，適用しない。
2　第114条の規定による届出があった請求権（罰金，科料及び刑事訴訟費用の請求権を除く。）の原因（共助対象外国租税の請求権にあっては，共助実施決定）が審査請求，訴訟（刑事訴訟を除く。次項において同じ。）その他の不服の申立てをすることができる処分である場合には，破産管財人は，当該届出があった請求権について，当該不服の申立てをする方法で，異議を主張することができる。
3　前項の場合において，当該届出があった請求権に関し破産手続開始当時訴訟が係属するときは，同項に規定する異議を主張しようとする破産管財人は，当該届出があった請求権を有する破産債権者を相手方とする訴訟手続を受け継がなければならない。当該届出があった請求権に関し破産手続開始当時破産財団に関する事件が行政庁に係属するときも，同様とする。
4　第2項の規定による異議の主張又は前項の規定による受継は，破産管財人が第2項に規定する届出があったことを知った日から一月の不変期間内にしなければならない。
5　第124条第2項の規定は第114条の規定による届出があった請求権について，第128条，第130条，第131条第1項及び前条第3項の規定は第2項の規定による異議又は第3項の規定による受継があった場合について準用する。

▎民事再生法第113条（再生手続開始前の罰金等についての不服の申立て）
▎会社更生法第164条

◆アメリカ法（該当規定なし）

■イギリス法（該当規定なし）

●ドイツ法
●第185条（特別の管轄）
債権を確定するために，通常裁判所による訴訟上の救済方法が存在しないときは，債権確定は，管轄を有する他の裁判権の裁判所において行うか，または，管轄行政庁により行われることを要する。第180条第2項，第181条，第183条および184条の規定は，本条の規定による債権確定に準用する。他の裁判権の裁判所において債権確定が行われるときは，第182条の規定も準用する。

▲フランス法
▲第641-3条第4段（前掲・第104条参照）
▲第622-24条第3段第3文および第4文（前掲・第111条参照）
国庫債権ならびに社会保障および社会保険機関の債権，また，労働法典L第351-21条に規定する機関によって回収される債権で，その届出の時に執行名義（titre executoire）の対象となっていなかったものは，［それぞれ］その届出額で，仮に承認される。いずれの場合においても，国庫および社会保障機関による届出は，つねに，届出の日に成立していない租税およびその他の債権の留保の下で行われる。

405

第4節　債権者集会及び債権者委員会

第1款　債権者集会

> **第 135 条（債権者集会の招集）**　裁判所は，次の各号に掲げる者のいずれかの申立てがあった場合には，債権者集会を招集しなければならない。ただし，知れている破産債権者の数その他の事情を考慮して債権者集会を招集することを相当でないと認めるときは，この限りでない。
> 　一　破産管財人
> 　二　第144条第2項に規定する債権者委員会
> 　三　知れている破産債権者の総債権について裁判所が評価した額の十分の一以上に当たる破産債権を有する破産債権者
> 　2　裁判所は，前項本文の申立てがない場合であっても，相当と認めるときは，債権者集会を招集することができる。

📖 民事再生法第114条（債権者集会の招集）
📖 会社更生法第114条（関係人集会の招集）
📖 会社法第546条（債権者集会の招集）

◆アメリカ法
⇒日本法第31条の項参照

　【コメント】　倒産裁判所は債権者集会に一切関与することができない。連邦管財官がこれを招集し，主宰する。倒産裁判所は行政的責務から解放された結果として（高木新二郎『アメリカ連邦倒産法』57頁〔1996年〕），債務者と債権者との間の中立的な機関としての性格を維持しているとともに，もっぱら事件に関係する紛争の解決（否認訴訟あるいは倒産財団帰属財産に関する訴訟など）を職分とする。なお，連邦管財官と倒産裁判所の関係を示す規定は存在しない。たとえば，連邦管財官に対する倒産裁判所の一般的監督権などの規定は存在しない。

■イギリス法
（会　社）
■第195条（債権者又は清算出資者の意向を確認するための集会）
　1　裁判所は，
(a)　……
(b)　適切と考えるときは，債権者又は清算出資者の意向を確認する目的で，債権者集会又は清算出資者集会の招集，開催，及び裁判所が指示する方法での集会の指揮を指示し，集会の議長となって集会の結果を裁判所に報告する者を選任することができる。
■R第4.54条（集会を招集する一般的な権限）
　1　管財官又は清算人は，清算に関するすべての事項について債権者又は清算出資者の意向を確認する目的で，いつにても債権者集会又は清算出資者集会を招集し，

指揮することができる。……
　（自然人）
■ R 第 6.81 条（集会を招集する一般的な権限）
　1　管財官又は管財人は，破産に関するすべての事項について債権者の意向を確認する目的で，いつにても債権者集会を招集し，指揮することができる。
……
■第 294 条（債権者が債権者集会の招集を要求しうる場合）
　1　破産手続において，
　　(a)　管財官が管財人を選任する目的で破産債権者集会を招集していないか，又は招集しないことに決定したときは，
　　(b)　［2002 年企業法により削除］
　破産債権者は管財官に対し，債権者集会をその目的で［＝管財人を選任する目的で］招集するように要求することができる。
　2　前項の要求が，（要求をした債権者を含む）破産債権者の債権額で 4 分の 1 以上の者の同意を得てなされたと思われるときは，管財官は，要求された集会を招集する義務を負う。
■第 314 条（管財人の権限）
　7　……
　本条第 5 項及び本法の附則第 5 第Ⅲ編の一般的な適用を妨げることなく，管財人は，適切と考えるときは，いつにても債権者集会を招集することができる。
　本群のこれまでの規定に従い，管財人は，破産者の債権者に要求され，その要求が（要求をした債権者を含む）破産債権者の債権額で 10 分の 1 以上の者の同意を得てなされたときは，債権者集会を招集しなければならない。

● ドイツ法
● 第 74 条（債権者集会の招集）
　債権者集会は，倒産裁判所が招集する。すべての別除権者，すべての倒産債権者，倒産管財人，債権者委員会の構成員および債務者は，債権者集会に参加する権限を有する。
　2　債権者集会の日時，場所および議題は公告しなければならない。ただし，ある債権者集会において議事が延期されたときは，公告を省略することができる。
● 第 75 条（招集の申立て）
　以下に掲げる者が申し立てたときは，倒産裁判所は債権者集会を招集しなければならない。
　　一　倒産管財人。
　　二　債権者委員会。
　　三　5 人以上の別除権者または非劣後的倒産債権者で，倒産裁判所の評価による

その別除権の価額および債権額の合計が，総別除権者の別除権の価額および総非劣後的倒産債権者の債権額の合計額の5分の1に達するとき。
四　1人以上の別除権者または非劣後的倒産債権者で，倒産裁判所の評価によるその別除権の価額および債権額の合計が，第3号に掲げる額の5分の2に達するとき。
2　申立ての受理から債権者集会の期日までの間は，3週間以内でなければならない。
3　招集が拒絶されたときは，申立人は即時抗告をすることができる。

▲フランス法（該当規定なし）
【コメント】　現行法に先行する1985年法は，「企業の救済」，「企業活動と雇傭の維持」を「債務の履行」に優先させる「政策」を掲げ，「債権者の力を《破産》から切り離す」(Saint-Alary-Houin, p. 27.)方向を明確にした。そのため，かつての「債権者団体（masse des créanciers）」に類する制度は否定され，債権者は，企業の運命を決定する更生・清算計画の決定から排除された。

しかし，2005年法および2008年10月20日の法律2010-1249号は，一定の場合に，企業の運命の決定に債権者を回帰させる方向に転換した。この方向の下で，債権者は，「債権者委員会（comité des créanciers）」を構成し，「救済」手続および「更生」手続において，「救済計画」および「更生計画」の決定に関与する。しかし，「清算」手続にはこのような手続は存在しない。

しかも，「債権者委員会」が必要的に組織されるのは，その会計が会計監査人等の専門職に証明され，被傭者の数が150名を超え，その取引高が2,000万ユーロを超える債務者である（第626-29条第1段）。

このほか，債務者または管理人の請求があるときは，主任裁判官が債権者委員会の招集を許可することができる（同条第2段）。債権者委員会は，金融機関によって構成されるものと，財産およびサービスの主要な供給者によって構成されるものからなり，すべての債権者によって構成されるものではない。

第136条（債権者集会の期日の呼出し等）　債権者集会の期日には，破産管財人，破産者及び届出をした破産債権者を呼び出さなければならない。ただし，第31条第5項の決定があったときは，届出をした破産債権者を呼び出すことを要しない。
2　前項本文の規定にかかわらず，届出をした破産債権者であって議決権を行使することができないものは，呼び出さないことができる。財産状況報告集会においては，第32条第3項の規定により通知を受けた者も，同様とする。
3　裁判所は，第32条第1項第3号及び第3項の規定により財産状況報告集会の期日の公告及び通知をするほか，各債権者集会（財産状況報告集会を除く。以下この項において同じ。）の期日及び会議の目的である事項を公告し，かつ，各債権者集会の期日を労働組合等に通知しなければならない。
4　債権者集会の期日においてその延期又は続行について言渡しがあったときは，第1項本文及び前項の規定は，適用しない。

▌民事再生法第115条（債権者集会の期日の呼出し等）

日・◆米・■英・●独・▲仏　　　　　　破産法第136条（債権者集会の期日の呼出し等）

▌会社更生法第115条（関係人集会の期日の呼出し等）
▌会社法第549条（債権者集会の招集の通知）

◆アメリカ法
⇒日本法第74条及び第111条の項参照

【コメント】　債権者集会の期日などの公告は行われないようである。通常の方式としては，債務者の救済命令の通知（R第2002条(f)）とともに債権者集会の期日が債権者に通知される（1997 Collier Pamphlet Edition,Bankruptcy Code,Part 2，76.1）。

■イギリス法
（会　社）
■R第4.54条（集会を招集する一般的な権限）
2　集会の場所が確定したときは，集会の招集者は，以下の各号に定めるところに従って集会の通知をしなければならない。
　(a)　債権者集会の場合は，招集者に知られているすべての債権者に対して，通知をしなければならない。
　(b)　清算出資者の集会の場合は，（会社の帳簿その他により）会社の清算出資者であることがうかがわれるすべての者に対して，通知をしなければならない。
3　集会の通知は，確定された集会の日の遅くとも14日前までにされなければならず，集会の目的を特定してされなければならない。
6　集会の通知は，
　(a)　官報に公告されなければならず，
　(b)　招集者が適切であると考える他の方法で広告することができる。

■R第4.59条（集会の通知は広告のみによる）
1　倒産法又は本規則の規定に基づいて債権者又は清算出資者の集会が開催されるときは，裁判所は，集会の通知は広告によって行われ，関係する者への個別の通知によらないことを命ずることができる。

（自然人）
■R第6.81条（集会を招集する一般的な権限）
2　債権者集会の場所が確定したときは，集会の招集者に知られているすべての債権者に対して，集会の招集者が集会の通知をしなければならない。
　通知は，確定された集会の日の遅くとも14日前までにされなければならない。
4　集会の招集者は，第2項の規定に基づき債権者に集会の通知を送付してから合理的に実行可能な限りすみやかに，集会の通知の追加をしなければならない。当該通知は，
　(a)　官報に公告されなければならず，
　(b)　招集者が適切であると考える他の方法で広告することができる。

■R第6.85条（集会の通知は広告のみによる）

1　倒産法又は本規則の規定に基づいて集会が開催されるときは，裁判所は，集会の通知は広告によって行われ，関係する者への個別の通知によらないことを命ずることができる。

●ドイツ法
●第74条（債権者集会の招集）
……
2　債権者集会の日時，場所および議題は公告しなければならない。ただし，前の債権者集会において審議が延期されたときは，公告を省略することができる。

▲フランス法（該当規定なし）

第137条（債権者集会の指揮）　債権者集会は，裁判所が指揮する。

民事再生法第116条（債権者集会の指揮）
会社更生法第116条（関係人集会の指揮）
会社法第552条（債権者集会の指揮等）

◆アメリカ法
〔債権者集会の指揮〕
◆第341条（債権者集会及び持分証券保有者集会）
(a)　本法の下での事件における救済命令があった後の相当の期間内に，連邦管財官は，債権者集会（a meeting of creditors）を招集し，指揮しなければならない。
(b)　連邦管財官は，持分証券保有者集会（a meeting of any equity security holders）を招集することができる。

■イギリス法
（会　社）
■R第4.54条（集会を招集する一般的な権限）
1　管財官又は清算人は，清算に関するすべての事項について債権者又は清算出資者の意向を確認する目的で，いつにても債権者集会又は清算出資者の集会を招集し，指揮することができる。……
■R第4.55条（集会の議長）
1　本条は，債権者集会及び清算出資者の集会のいずれにも適用される。
2　集会の招集者が管財官であるときは，管財官又は管財官によって指名された者が，議長となる。……
3　集会の招集者が管財官以外の者であるときは，議長は，招集者又は招集者によって書面で指名された者とする。……
（自然人）

■ R 第6.81条（集会を招集する一般的な権限）
1　管財官又は管財人は，破産に関するすべての事項について債権者の意向を確認する目的で，いつにても債権者集会を招集し，指揮することができる。……

■ R 第6.82条（集会の議長）
1　集会の招集者が管財官であるときは，管財官又は管財官によって指名された者が，議長となる。……
2　集会の招集者が管財官以外の者であるときは，議長は，招集者又は招集者によって書面で指名された者とする。……

【コメント】　債権者集会を開催し，指揮するのは，管財官，清算人又は管財人である。これらの者によって指名された者が，議長として集会を指揮することもある。裁判所は，債権者集会の指揮には関与しない。ただし，債権者集会における議決権行使に関して，裁判所が判断を示すことはある。140条の箇所に掲げた規則第4.67条第2項，第4.70条第2項，第6.93条第2項，第6.94条第2項を参照。

● ドイツ法
● 第76条（債権者集会の決議）
　債権者集会は倒産裁判所が主宰する。
　2　……

▲ フランス法（該当規定なし）

> 第138条（債権者集会の決議）　債権者集会の決議を要する事項を可決するには，議決権を行使することができる破産債権者（以下この款において「議決権者」という。）で債権者集会の期日に出席し又は次条第2項第2号に規定する書面等投票をしたものの議決権の総額の二分の一を超える議決権を有する者の同意がなければならない。

▎民事再生法第172条の3（再生計画案の可決の要件）
▎会社更生法第196条（更生計画案の可決の要件）
▎会社法第554条（債権者集会の決議），第567条（協定の可決の要件）

◆ アメリカ法
〔債権者集会の決議〕
◆ R 第2003条（債権者集会及び持分証券保有者集会）
(a)　……
(b)　債権者集会の決議　(1) 債権者集会　連邦管財官は，債権者集会において，統括しなければならない。債権者集会の議事（business）は，宣誓した上での債務者の審問を含まなければならず，第7章の清算事件では，管財人の選出又は債権者委員会の選出を含むことができる。議事を統括する連邦管財官（presiding officer）は，宣誓を執り行う権限を有する。

(2)　持分証券保有者集会　連邦管財官が連邦倒産法第341条(b)に基づき持分証券保有者集会を招集するときは，連邦管財官はその集会の期日を定め，議事を統括しなければならない。

(3)　議決権　第7章の清算事件において，債権者が，債権者集会で又は債権者集会が開催される前に請求権の証拠の届出をなし，又は本法第702条(a)に基づき議決権を証する事実を記載した書面を提出したときは，請求権に対する異議がない限り又は請求権の証拠がその形式において（on its face）不十分なものでない限り，債権者は債権者集会で議決権を行使する権利を有する。パートナーシップの債権者は，パートナーシップの倒産財団との関係で管財人がかつてその資格を得ていたにもかかわらず，ゼネラル・パートナーの倒産財団の管財人を選任するにあたっては，請求権の証拠又は議決権を証する書面を提出することができる。議決権を行使することとの関係で請求権の額又は認容可能性につき異議があるときは，裁判所が別段命じない限り，連邦管財官は，その異議に基づく争いによって提示されたそれぞれの選択的主張につき議決権行使の数の一覧表を作成しなければならず，当該争いの解決が管財人選出の結果を確定するために必要であるときは，その主張の一覧表が裁判所に対して報告されなければならない。

(c)　集会の記録　本法第341条(a)に基づき開催された債権者集会における宣誓の上で行われた審問は，電子記録装置その他の記録手段を用いて，連邦管財官によって逐語的に記録されなければならず，かかる記録は，債権者集会の決定の時から2年を経過する時まで，連邦管財官がこれを保管し，閲覧に供しなければならない。請求があるときは，連邦管財官は，請求者の費用負担において，その記録の謄本又は写しを認証し，これを提供しなければならない。

(d)　第7章事件における管財人を選任したこと及び争点を解決したことの裁判所に対する報告　(1)　争いがない選出についての報告　第7章事件において，管財人の選出又は債権者委員会の構成員の選出につき争いがないときは，連邦管財官は，選出された者（the person or entity）の氏名及び住所を含むその選出にかかる報告書，及び，選出に争いがないことを記した書面を速やかに提出しなければならない。

(2)　争いがある選出　選出について争いがあるときは，連邦管財官は，裁判所に争いの態様に関する情報を提供し，その争いによって示されているその他の方法により選出された候補者の氏名及び住所を列記して，当該の選出に争いがあることを記載した報告書を速やかに提出しなければならない。当該報告書が提出された日より前に，連邦管財官は，当該報告書の写しを受け取ることを要求した利害関係人に，報告書の写しを郵送しなければならない。管財人の選出につき争いがあることにつき裁判所によって措置がとられている間は，仮管財人がその職務を継続して行う。争いの解決を求める申立てが，連邦管財官が管財人の選出につき争いがあることの報告書を提出した後10日を超えない期間内にないときは，仮

日・◆米・■英・●独・▲仏　　　　　　　　　破産法第138条（債権者集会の決議）

管財人は，当該事件において管財人として職務を遂行する。
(e) 集会の追加期日　債権者集会は，書面による通知の追加によることなく，集会期日で追加の期日及び開催時刻を告知することによって，適宜，追加の期日を設けることができる。
(f) 集会の特別期日　連邦管財官は，職権で又は利害関係人の申立てにより，債権者集会の特別期日を招集することができる。
(g) 債権者集会の最終の期日　実現された正味の売却金が1,500ドルを超える事件において，連邦管財官が債権者集会の最終の期日を招集するときは，裁判所書記官は，管財人の作成した最終計算書の概要書をその債権者集会の期日の通知とともに，認容された請求権額を明示した書面をもあわせて，債権者に送付しなければならない。管財人は，その最終の期日に出頭し，求められるときは，倒産財団の管理及び運用に関して報告しなければならない。

《関連規定》
◆第702条（管財人の選任）
(a) ……
(b) 本法第341条に基づき開催される債権者集会において，本条(a)の下で議決権を行使することができる債権者であって，その有する本条(a)(1)に定める請求権の額の少なくとも20パーセントを有する債権者により，管財人の選出が求められたときは，債権者は，当該事件において管財人として職務を遂行する者1名を選出することができる。
(c) 次の場合には，管財人候補者は選出されたものとする。
  (1) 本条(a)により議決権を行使できる債権者であって，その有する本条(a)(1)に定める種類の請求権の額の少なくとも20パーセントを有する債権者が議決権を行使し，かつ，
  (2) 管財人候補者が，管財人の選出につき議決権を行使した債権者であって，その有する本条(a)(1)に定める種類の請求権の額において過半を有する債権者の票を得たとき。
【コメント】　第7章手続においては，日本法のような債権者集会の法定多数の議決要件は，管財人の選任についてのみ存在するにすぎない。なお，第11章の手続においては，更生計画案の可決要件として認容債権額の3分の2，債権者数の過半が要求されている（第1126条(c)）。これに対して，第7章手続では，規定上は管財人の選出（第702条），そして債権者委員会委員の選出（第705条）についてのみ，債権者集会で決議される。もっとも債権者委員会委員の選任については，法定多数の決議要件は存在しない（1997 Collier Pamphlet Edition, Bankruptcy Code §705のCross Referenceによるも，R第2003条及びR第2007条を引用するのみである）。
(d) ……

■イギリス法
（会　社）
■R第4.63条（決議）
1　次項以下に定めるところに従い，債権者集会又は清算出資者の集会においては，本人又は代理人が出席し議決権を行使する債権者の（債権額で）過半数の同意があれば，決議は成立する。……

413

4　ある者の現在，将来，又は過去の清算人としての報酬又は行動に関してその者に影響を及ぼす決議が提案されているときは，その者及びその者の共同経営者又は被用者の議決権行使は，決議が成立するために要求されている過半数に含めることができない。……

（自然人）
■ R 第 6.88 条（決議）
1　次項以下に定めるところに従い，債権者集会においては，本人又は代理人が出席し議決権を行使する債権者の（債権額で）過半数の同意があれば，決議は成立する。
4　ある者の現在，将来，又は過去の管財人としての報酬又は行動に関してその者に影響を及ぼす決議が提案されているときは，その者及びその者の共同経営者又は被用者の議決権行使は，決議が成立するために要求されている過半数に含めることができない。

● ドイツ法
● 第 76 条（債権者集会の決議）
……

2　債権者集会の決議は，賛成した債権者の債権額の合計が投票した債権者の債権総額の半数を超えるときに，成立する。債務者が人的に責任を負っていない別除権者にあっては，債権額に替えて別除権の価額による。

【コメント】　ドイツ倒産法の制定にあたり，政府草案は，債権額を基準とする多数だけでなく，債権者の頭数の多数をも要求していたが，国会で修正された。草案の狙いである少額債権者の保護は，債権者委員会の構成員に関する 67 条 2 項（日本法 144 条に対応するドイツ法の条文およびコメント参照）および倒産裁判所による決議の取消可能性を認めた 77 条の規定により図られている（BT-Drucks. 12/7302 S.164）。

　倒産法 76 条 2 項は，議決の要件につき，投票した債権者の債権総額を基準とする絶対多数としており，旧破産法 94 条 2 項・97 条が出席した債権者の債権総額を基準としているのに比べて，要件を緩和している。

▲ フランス法（該当規定なし）

日・◆米・■英・●独・▲仏　　　　　　　　　　破産法第139条（決議に付する旨の決定）

> <u>第 139 条（決議に付する旨の決定）</u>　裁判所は，第135条第1項各号に掲げる者が債権者集会の決議を要する事項を決議に付することを目的として同項本文の申立てをしたときは，当該事項を債権者集会の決議に付する旨の決定をする。
> 2　裁判所は，前項の決議に付する旨の決定において，議決権者の議決権行使の方法として，次に掲げる方法のいずれかを定めなければならない。
> 一　債権者集会の期日において議決権を行使する方法
> 二　書面等投票（書面その他の最高裁判所規則で定める方法のうち裁判所の定めるものによる投票をいう。）により裁判所の定める期間内に議決権を行使する方法
> 三　前2号に掲げる方法のうち議決権者が選択するものにより議決権を行使する方法。この場合において，前号の期間の末日は，第1号の債権者集会の期日より前の日でなければならない。
> 3　裁判所は，議決権行使の方法として前項第2号又は第3号に掲げる方法を定めたときは，その旨を公告し，かつ，議決権者に対して，同項第2号に規定する書面等投票は裁判所の定める期間内に限りすることができる旨を通知しなければならない。ただし，第31条第5項の決定があったときは，当該通知をすることを要しない。

> 規第46条（議決権行使の方法等・法第139条）　法第139条第2項第2号の最高裁判所規則で定める方法は，次に掲げるものとする。
> 一　書面
> 二　電磁的方法であって，別に最高裁判所が定めるもの
> 2　議決権者は，書面等投票（法第139条第2項第2号に規定する書面等投票をいう。）をするには，裁判所の定めるところによらなければならない。
> 3　法第139条第2項第2号の期間は，特別の事情がある場合を除き，同条第1項の決議に付する旨の決定の日から起算して2週間以上3月以下の範囲内で定めるものとする。

▌民事再生法第169条（決議に付する旨の決定）
▌会社更生法第189条（決議に付する旨の決定）

◆**アメリカ法**（該当規定なし）

■**イギリス法**（該当規定なし）
　【コメント】　議決権行使の方法（139条2項3項）に関しては，2010年の規則改正の結果，同年4月6日から書面投票が認められている。これは，清算人又は破産管財人が，債権者集会の通知を受ける権利のある債権者全員に決議は書面投票により行われる旨を通知し，通知に記載された日までに債権者が清算人又は破産管財人にあてて書面を送ることによって行われる（規則第4.63A条第1項第2項，第6.88A条第1項第2項）。

●**ドイツ法**（該当規定なし）

▲**フランス法**（該当規定なし）

<u>第 140 条（債権者集会の期日を開く場合における議決権の額の定め方等）</u>　裁判所が議決権行使の方法として前条第 2 項第 1 号又は第 3 号に掲げる方法を定めた場合においては，議決権者は，次の各号に掲げる区分に応じ，当該各号に定める額に応じて，議決権を行使することができる。
　一　前節第 4 款の規定によりその額が確定した破産債権を有する届出をした破産債権者（別除権者，準別除権者又は停止条件付債権若しくは将来の請求権である破産債権を有する者（次項及び次条第 1 項第 1 号において「別除権者等」という。）を除く。）　確定した破産債権の額
　二　次項本文の異議のない議決権を有する届出をした破産債権者　届出の額（別除権者又は準別除権者にあっては，第 111 条第 2 項第 2 号（同条第 3 項又は第 114 条において準用する場合を含む。）に掲げる額）
　三　次項本文の異議のある議決権を有する届出をした破産債権者　裁判所が定める額。ただし，裁判所が議決権を行使させない旨を定めたときは，議決権を行使することができない。
2　届出をした破産債権者の前項の規定による議決権については，破産管財人又は届出をした破産債権者は，債権者集会の期日において，異議を述べることができる。ただし，前節第四款の規定により破産債権の額が確定した届出をした破産債権者（別除権者等を除く。）の議決権については，この限りでない。
3　裁判所は，利害関係人の申立てにより又は職権で，いつでも第 1 項第 3 号の規定による定めを変更することができる。

<u>第 141 条（債権者集会の期日を開かない場合における議決権の額の定め方等）</u>
　裁判所が議決権行使の方法として第 139 条第 2 項第 2 号に掲げる方法を定めた場合においては，議決権者は，次の各号に掲げる区分に応じ，当該各号に定める額に応じて，議決権を行使することができる。
　一　前節第四款の規定により破産債権の額が確定した破産債権を有する届出をした破産債権者（別除権者等を除く。）　確定した破産債権の額
　二　届出をした破産債権者（前号に掲げるものを除く。）　裁判所が定める額。ただし，裁判所が議決権を行使させない旨を定めたときは，議決権を行使することができない。
2　裁判所は，利害関係人の申立てにより又は職権で，いつでも前項第 2 号の規定による定めを変更することができる。

<u>第 142 条（破産債権者の議決権）</u>　破産債権者は，劣後的破産債権及び約定劣後破産債権については，議決権を有しない。
2　第 101 条第 1 項の規定により弁済を受けた破産債権者及び第 109 条に規定する弁済を受けた破産債権者は，その弁済を受けた債権の額については，議決権を行使することができない。

規第 47 条（議決権額等を定める決定の変更の申立ての方式・法第 140 条）　債権者集会の期日においてする法第 140 条第 3 項の申立ては，口頭ですることができる。

▌民事再生法第 87 条（再生債権者の議決権），第 89 条 3 項（再生債権者が外国で受けた弁済），第 170 条（債権者集会が開催される場合における議決権の額の定め方等），第 171 条（債権者集会が開催されない場合における議決権の額の定め方）
▌会社更生法第 136 条 3 項（更生債権者等の議決権），第 137 条 3 項（更生債権者が外国で受

けた弁済），第 191 条（関係人集会が開催される場合における議決権の額又は数の定め方等），第 192 条（関係人集会が開催されない場合における議決権の額又は数の定め方等）
🚩 会社法第 548 条（債権者集会の招集等の決定），第 553 条（異議を述べられた議決権の取扱い）

◆アメリカ法
⇒日本法第 138 条の項参照

■イギリス法
（会　社）
■ R 第 4.63 A 条（書面による決議）
3　債権届出書を添付していない債権者の書面投票を受領したとき，又は債権者若しくは清算出資者が第 4.67 条から第 4.70 条までの規定に従って議決権を行使する権利がないと清算人が決定したときは，その債権者又は清算出資者の書面投票は排除しなければならない。
■ R 第 4.67 条（議決権（債権者））
1　次項以下及び次条に定めるところに従い，債権者集会においては，ある者は以下の要件を満たした場合に限り，債権者として議決権を行使することができる。
　(a)　集会の通知に記載された日時までに
　　(i)　会社がその者に対して負担していると主張されている債務の届出が滞りなく行われたとき，又は
　　(ii)　EU 加盟国の清算人に関しては，その権限に属する手続において債権者に対して負担されていると主張されている債務の届出が滞りなく行われ，当該債務が議決権行使の目的で第 4.70 条の規定に基づいて承認されたとき
　(b)　集会の通知に記載された日時までに，議決権行使に必要な委任状が提出されたとき
2　裁判所は，例外的な状況においては，命令によって債権者又は一定の種類の債権者が債権届出を行わなくても債権者集会で議決権を行使することができる旨を宣言することができる。
　……
3　債権者は，金額が確定していない債権又は金額が確認されていない債権に関しては，議決権を行使することができない。ただし，債権者集会の議長が議決権行使のために推定される最低額を当該債権に割り当てることに同意し，議決権行使のために債権届出を承認した場合はこの限りでない。
4　担保権者は，その推定する担保の価額を控除した残額の債権のみについて議決権を行使することができる。
■ R 第 4.68 条（議決権行使についての議長の裁量）
債権者の任意清算又は裁判所による強制清算の債権者集会において，議長は，前

条第1項(a)号に従わなかった債権者について，その懈怠が当該債権者の制御することのできない事情によるものであったと確信したときは，当該債権者に議決権を行使させることができる。

■ R 第4.69条（議決権（清算出資者））（省略）
■ R 第4.70条（債権届出の承認及び拒絶（債権者集会））

1　債権者集会において，議長は，議決権行使のために債権届出を承認又は拒絶する権限を有する。この権限は，債権届出の全体又は一部について行使することができる。

2　本条に基づく議長の決定又は第4.67条の下で生じた事項に関する議長の決定に対しては，債権者又は清算出資者が裁判所に不服を申し立てることができる。

（自然人）

■ R 第6.88A条（書面による決議）

3　債権届出書を添付をしていない債権者の書面投票を受領したとき，又は債権者が第6.93条から第6.94条までの規定に従って議決権を行使する権利がないと破産管財人が決定したときは，その債権者の書面投票は排除しなければならない。

■ R 第6.93条（議決権）

1　次項以下及び次条に定めるところに従い，債権者集会においては，ある者は以下の要件を満たした場合に限り，債権者として議決権を行使することができる。
　(a)　集会の通知に記載された日時までに
　　(i)　破産者がその者に対して負担していると主張されている債務の届出が滞りなく行われたとき，又は，
　　(ii)　EU加盟国の清算人に関しては，その権限に属する手続において債権者に対して負担されていると主張されている債務の届出が滞りなく行われ，当該債務が議決権行使の目的で第6.94条の規定に基づいて承認されたとき
　(b)　当該日時までに，議決権行使に必要な委任状が提出されたとき

2　裁判所は，例外的な状況においては，命令によって債権者又は一定の種類の債権者が債権届出を行わなくても債権者集会で議決権を行使することができる旨を宣言することができる。

……

3　債権者は，金額が確定していない債権又は金額が確認されていない債権に関しては，議決権を行使することができない。ただし，債権者集会の議長が議決権行使のために推定される最低額を当該債権に割り当てることに同意し，議決権行使のために債権届出を承認した場合はこのかぎりでない。

4　担保権者は，その推定する担保の価額を控除した残額の債権のみについて議決権を行使することができる。

■ R 第6.93A条（議決権行使についての議長の裁量）

債権者集会において，議長は，前条第1項(a)号に従わなかった債権者について，

日・◆米・■英・●独・▲仏　　　　　　　　　　　　　破産法第143条（代理人による議決権行使）

その懈怠が当該債権者の制御することのできない事情によるものであったと確信したときは，当該債権者に議決権を行使させることができる。
■R第6.94条（債権届出の承認及び拒絶）
1　債権者集会において，議長は，議決権行使のために債権届出を承認又は拒絶する権限を有する。この権限は，債権届出の全体又は一部について行使することができる。
2　本条に基づく議長の決定又は第6.93条の下で生じた事項に関する議長の決定に対しては，債権者又は破産者が裁判所に不服を申し立てることができる。

●ドイツ法
●第77条（議決権の確定）
　倒産管財人からも議決権ある債権者からも異議を述べられなかった届出債権には，議決権が与えられる。劣後的債権者は議決権を有しない。
2　異議を述べられた債権の債権者は，債権者集会において倒産管財人および出席した議決権を有する債権者がその議決権について合意したときは，議決権を有する。合意が成立しないときは，倒産裁判所が決定する。倒産裁判所は，倒産管財人または債権者集会に出席した債権者の申立てにより，この決定を変更することができる。
3　第2項の規定は，以下に掲げる債権者について準用する。
　　一　停止条件付債権者。
　　二　別除権を有する債権者。
【コメント】　ドイツ倒産法77条1項第2文は，旧法と異なり，劣後的破産債権者の枠組みが作られたことに対応して，追加された規定である。

▲フランス法（該当規定なし）

<u>第143条（代理人による議決権行使）</u>　議決権者は，代理人をもってその議決権を行使することができる。

規第48条（代理権の証明・法第143条）　法第143条の代理人の権限は，書面で証明しなければならない。

▌民事再生法第172条（議決権の行使の方法等）
▌会社更生法第193条（議決権の行使の方法等）
▌会社法第555条（議決権の代理行使）

◆アメリカ法
◆R第2006条（第7章清算事件における委任状勧誘及び委任状による議決権行使）

419

(a) 本ルールの適用　本ルールは本法第7章の下で係属する清算事件においてのみ適用される。

(b) 定義　(1) 委任状　委任状とは，倒産財団の管理に関連して，ある者に当該請求権につき議決権を行使する権限又は事実上請求権を有する者として行為をなす権限を授権する旨の代理権限を記した書面をいう。

(2) 委任状の勧誘　委任状の勧誘とは，請求権を有する通常の顧客に対する弁護士からの勧誘又は弁護士に対してその請求権を有する者を代理するようすでに求めていたその者に対する弁護士からの勧誘を除き，債務者による手続開始の申立て若しくは債務者に対する事件を開始する申立てがあった後において，又は，債務者による手続開始の申立て若しくは債務者に対する事件を開始する申立てを考慮して，直接又は間接に，委任状を与えるよう債権者に求めて交渉する行為をいう。

(c) 許される委任状勧誘の範囲(1)　委任状の勧誘は，(A)手続開始の申立ての書面が提出された日において倒産財団に対して認容されうる無担保の請求権を有する債権者，(B)本法第705条により選任された債権者委員会，(C)(i)債権者の請求権が条件付ではなく，額の確定していない者ではなく，(ii)本法第702条(a)により議決権を行使する資格を有しない者ではなく，かつ(iii)500ドルを超える請求権を有するすべての債権者又は額において多い上位100人の債権者が少なくとも5日前に書面で通知を受け，出席債権者の氏名又は代理されるべき債権者の氏名及び議決権を行使する債権者の氏名，並びに，それら債権者の請求権額を記載した書面が保管されかつ閲覧できる状態で開催された債権者集会に出席し又は代理された債権者の数及び債権額の過半により選任された債権者委員会，又は，(D)善意の事業者団体又は信用団体。ただし，そのような団体は，資格に瑕疵がない構成員又は加入者であり，手続開始の申立書が提出された日において認容されうる無担保の請求権を有していた債権者に対してのみ勧誘をすることができる。

(2) 委任状は，書面によってのみ勧誘することができる。

(d) 許されない委任状勧誘　本ルールは，(1)一般債権者の権利を除く権利における勧誘，(2)財産管理人による又は財産管理人の利益のための勧誘，(3)仮管財人による又は本法第702条(a)の下で議決権を行使する資格を有しない者による若しくはその利益のための勧誘，(4)弁護士による又はその利益のための勧誘，又は，(5)取立てのみの目的での請求権の譲受人による又はその利益のための勧誘を，許さない。

(e) 複数の委任状を有する者に求められる資料　本法第341条に基づくいかなる債権者集会においても議決権が行使され始める前いつでも，又は，裁判所が指定するその他の時期において，2通以上の委任状を有する者は，議決権が行使される委任状の認証された一覧表，並びに，各委任状の作成及び交付に関連する適切な事実及び状況を記した認証された書面で，次のものを含むものを作成し，連邦管財官に対して送付しなければならない。

日・◆米・■英・●独・▲仏　　　　　　　　破産法第143条（代理人による議決権行使）

(1)　勧誘状の写し
(2)　債務者及び相互に関係を有する者を含む，勧誘者，受任事件再委任弁護士が勧誘者でも請求権を有する者でないときは受任事件再委任弁護士，及び代理権者の身分証明書。勧誘者，受任事件再委任弁護士，又は代理権者が団体であるときは，勧誘を受けた請求権を有する債権者，及び議決権を行使することが予定されている債権者が資格に瑕疵がない構成員又は加入者であり，手続開始の申立書が提出された日において認容されうる無担保の請求権を有していた旨を明らかにした書面を含むものとする。勧誘者，受任事件再委任弁護士，又は代理権者が債権者委員会であるときは，当該書面は，その委員会が設置された期日及び場所，当該債権者委員会が本ルール(c)(1)(B)又は(C)に従い設置されたこと，委員会の構成員，それら債権者の請求権の額，請求権が譲渡を受けたものであるときはその対価として支払われた額，及び，当該債権者委員会の委員の請求権が担保権付又は優先権を有するものであるときはその範囲を明らかにしなければならない。
(3)　その代理権につき代理権者によって何らの対価も支払われていなかった又は約束されていなかったことを示す書面
(4)　何らかの合意の有無に関する書面，及び，そのような合意があるときは，代理投票に関連して代理権者とその相手方との間における何らかの対価の支払い，又は，代理権者の法律事務所の構成員又は正規の関係者を除く当該事件において管財人又は役務を提供する者と認められる者との間で費用の分担，又は，弁護士，会計士，評価人，競売人又は倒産財団のためのその他の被雇用者の雇用についての詳細
(5)　委任状が代理権者以外の者によって勧誘され，又は，委任状がその勧誘者でも請求権を有する者でもない者によって代理権者に再委任されたときは，いかなる対価も代理権者に対して支払われていない又は約束されていないこと，及び，代理投票に関連して代理権者とその相手方との間における何らかの対価の支払い，又は，勧誘者の若しくは再委任者の法律事務所の構成員又は正規の関係者を除く当該事件において管財人又は役務を提供する者と認められるものとの間で費用の分担，又は，弁護士，会計士，評価人，競売人又は倒産財団のためのその他の被雇用者の雇用の詳細について，勧誘者又は再委任者によって署名されかつ主張立証された書面
(6)　勧誘者，再委任者又は代理権者が委員会であるときは，その委員の請求権に対する配当の方法を除いて事件に関連してその委員に支払われた又は支払われることになっている対価の額及び源泉についての，各委員によって署名されかつ主張立証された書面。
(f)　勧誘に関する制限の実施　裁判所は，利害関係人の申立てにより又は職権で，委任状の勧誘若しくは代理権の行使に関連して本ルールの規定の不遵守又はその他の不正の有無を確定することができる。裁判所は，通知をなし審問を経た上で，理

由を付して代理人を拒絶することができ，拒絶されたであろう代理人の議決権行使に至った発せられた命令を取り消すことができ，又は，その他の適切な処置をとることができる。

■イギリス法
■ R 第8.1条（「委任状」の定義）（破産，清算に共通）
1　本規則に関して，委任状とは，ある者（「本人」）が他の者（「委任状保有者」）に与えた代理人として集会に出席し，発言し，議決することの許可証をいう。
2　委任状は，倒産法又は本規則の規定に基づいて招集された債権者集会又は清算出資者の集会において使用される。

●ドイツ法（該当規定なし）

▲フランス法（該当規定なし）

日・◆米・■英・●独・▲仏　　　　　　　　　　　　　　　破産法第144条（債権者委員会）

第2款　債権者委員会

第144条（債権者委員会）　裁判所は，破産債権者をもって構成する委員会がある場合には，利害関係人の申立てにより，当該委員会が，この法律の定めるところにより，破産手続に関与することを承認することができる。ただし，次の各号のいずれにも該当する場合に限る。
　一　委員の数が，3人以上最高裁判所規則で定める人数以内であること。
　二　破産債権者の過半数が当該委員会が破産手続に関与することについて同意していると認められること。
　三　当該委員会が破産債権者全体の利益を適切に代表すると認められること。
2　裁判所は，必要があると認めるときは，破産手続において，前項の規定により承認された委員会（以下「債権者委員会」という。）に対して，意見の陳述を求めることができる。
3　債権者委員会は，破産手続において，裁判所又は破産管財人に対して，意見を述べることができる。
4　債権者委員会に破産手続の円滑な進行に貢献する活動があったと認められるときは，裁判所は，当該活動のために必要な費用を支出した破産債権者の申立てにより，破産財団から当該破産債権者に対して相当と認める額の費用を償還することを許可することができる。この場合においては，当該費用の請求権は，財団債権とする。
5　裁判所は，利害関係人の申立てにより又は職権で，いつでも第1項の規定による承認を取り消すことができる。

規第49条（債権者委員会の委員の人数等・法第144条）　法第144条第1項第1号の最高裁判所規則で定める人数は，10人とする。
2　債権者委員会（法第144条第2項に規定する債権者委員会をいう。以下この条において同じ。）は，これを構成する委員のうち連絡を担当する者を指名し，その旨を裁判所に届け出るとともに，破産管財人に通知しなければならない。
3　債権者委員会は，これを構成する委員又はその運営に関する定めについて変更が生じたときは，遅滞なく，その旨を裁判所に届け出なければならない。

📖民事再生法第117条（債権者委員会）
📖会社更生法第117条（更生債権者委員会等）

◆アメリカ法
⇒日本法第110条の項参照

■イギリス法
（会　社）
■**第141条（清算委員会）**
　1　イングランド及びウェールズにおいて裁判所によって清算命令が発せられ，清算人を選任するために債権者集会及び清算出資者の集会がそれぞれ招集されたときは，これらの集会において，本法により又は本法の下で認められている職務を行

わせるために，清算委員会を設置することができる。

　4　管財官が清算人であるときは，清算委員会はその職務を遂行することができないか又は職務の遂行を要求されない。その場合には，清算委員会の職務は，規則において別段の定めがある場合を除き，主務大臣に帰属する。

　5　当分の間，清算委員会が存在せず，清算人が管財官以外の者であるときは，清算委員会の職務は，規則において別段の定めがある場合を除き，主務大臣に帰属する。

■ R 第 4.152 条（清算委員会の委員）

　1　規則第 4.154 条の規定に従い，清算委員会は，以下の者によって構成される。
　⒜　倒産法第 141 条の規定に基づいて開催された債権者集会で選ばれた 3 人以上 5 人以下の会社債権者
　⒝　（省略〔支払不能でない会社の清算に関する規定〕）

■ R 第 4.165 条（議決権及び決議）

　1　清算委員会の集会においては，各委員は（出席しているのが本人であるか代理人であるかを問わず）1 個の議決権を有する。出席又は代理されている委員の過半数の同意があれば，決議は成立する。

　（自然人）

■ 第 301 条（債権者委員会）

　1　次項以下に定めるところに従い，破産債権者集会は（本章のこれまでの規定に基づいて招集されたか否かを問わず）規則に従って委員会（「債権者委員会」という）を設置し，本法により又は本法の下で認められている職務を行わせることができる。

　2　管財官が破産管財人であるときは，管財官の代わりに管財人となるべき者の債権者集会における選任に関連する場合を除き，債権者委員会を設置し，又は職務を債権者委員会に行わせることができない。

■ 第 302 条（主務大臣による債権者委員会の職務の遂行）

　1　管財官が破産管財人であるときは，債権者委員会はその職務を遂行することができないか又は職務の遂行を要求されない。その場合には，本法に基づく債権者委員会の職務は，規則において別段の定めがある場合を除き，主務大臣に帰属する。

　2　破産の場合において，当分の間，債権者委員会が存在せず，破産管財人が管財官以外の者であるときは，債権者委員会の職務は，規則において別段の定めがある場合を除き，主務大臣に帰属する。

■ R 第 6.150 条（債権者委員会の委員）

　1　債権者委員会は，3 人以上 5 人以下の委員で構成する。

■ R 第 6.161 条（議決権及び決議）

　1　（規則第 4.165 条第 1 項に対応）

日・◆米・■英・●独・▲仏　　　　　　　　　　　　　　破産法第144条（債権者委員会）

●ドイツ法
●第67条（債権者委員会の設置）
　1　倒産裁判所は，第1回債権者集会の前に，債権者委員会を設置することができる。

　2　債権者委員会は，別除権者，最高額の倒産債権者および少額債権者を代表する者を置く。倒産債権者としての労働者が，軽視できない額の債権を有するときは，労働者の代表も債権者委員会に関与するものとする。

　3　債権者でない者も債権者委員会の構成員とすることができる。

●第68条（別の構成員の選出）
　1　債権者集会は，債権者委員会を置くか否かを定める。倒産裁判所が既に債権者委員会を置いているときは，これを維持するか否かを定めるものとする。

　2　債権者集会は，倒産裁判所が置いた債権者委員を罷免して別の者を債権者委員とし，または別の者を債権者委員に追加することができる。

　【コメント】　ドイツ法は，旧法以来，第1回債権者集会前に倒産裁判所が債権者委員会を設置する可能性を認め，その場合も含めて，債権者集会でその設置および構成員につき議決する仕組としている。同条2項は，旧破産法87条と異なり，債権者委員会の構成員につき詳細な規定を置いた。別除権者，少額債権者，労働者（倒産債権となる労働債権が軽視できない額である場合）の各代表者を含むものとする点が注目される。

●第69条（債権者委員会の任務）
　債権者委員は，倒産管財人の職務遂行を援助しかつ監督しなければならない。債権者委員は，業務の進行を調査し，商業帳簿および業務書類を閲覧させかつ金銭の収支および残高を監査させなければならない。

●第70条（解任）
　倒産裁判所は，重大な理由があるときは，債権者委員を解任することができる。解任は，職権によりまたは債権者委員若しくは債権者集会の申立てによって，行う。裁判所は，決定に先立ち，当該債権者委員を審尋しなければならない。決定に対しては，この者は即時抗告をすることができる。

　【コメント】　ドイツ倒産法70条は，旧破産法92条と比べて，倒産裁判所による解任の可能性を拡大している。

●第71条（債権者委員の責任）
　債権者委員は，故意または過失により，本法の規定により課された義務に違反したときは，別除権者および倒産債権者に対し，損害を賠償する責めを負う。第62条の規定は，本条の定める責任について準用する。

●第72条（債権者委員会の決議）
　債権者委員会の決議は，委員の過半数が表決に参加し，投票の過半数により決議されたときに，成立する。

●第73条（債権者委員の報酬）
　1　債権者委員は，その活動に対する報酬の支払および適切と認められる立替払

いの償還を求める請求権を有する。報酬額の確定にあたっては，その活動の範囲および時間的費用を斟酌しなければならない。

2　第63条2項，第64条および第65条の規定は，本条の規定による報酬および立替金について準用する。

●第149条（高価品の管理）

1　債権者委員会は，金銭，有価証券，貴重品を寄託する機関およびそれらの預託もしくは投資委託の条件を決定することができる。債権者委員会が置かれていないときまたは債権者委員会が決定する以前においては，倒産裁判所がこれらにつき命令をすることができる。

2　債権者委員会が置かれているときは，倒産管財人は，債権者委員会の構成員が受領証に連署するときでなければ，金銭，有価証券または貴重品を預託機関または運用機関から引き出すことはできない。これらの機関に対してする倒産管財人への支払指図は，債権者委員の連署がある場合に限り，有効とする。

3　債権者集会は，第1項および第2項と異なる規律を定めることができる。

●第156条（報告期日）

……

2　債務者，債権者委員会，経営協議会および管理職者の発言機関は，報告期日において，倒産管財人の報告に対し意見を表明する機会を与えられなければならない。債務者が商業，手工業または農業を営む者であるときは，管轄権を有する工業，商業，手工業および農業上の職能代表に対し，意見表明の機会を与えなければならない。

●第160条（特に重要な法的行為）

1　倒産管財人は，倒産財団にとって重要な法的行為を行おうとするときは，債権者委員会の同意を得なければならない。債権者委員会が置かれていないときは，債権者集会の同意を得なければならない。

2　前項の規定による同意は，特に以下に掲げる場合において，必要とする。

一　企業または事業所の譲渡，在庫品の一括処分，不動産の任意売却，他の企業に対する債務者の持分権で債務者が当該企業と継続的結合関係を形成するために役立つべきものの譲渡，または回帰的収益を受給する権利の譲渡。

二　倒産財団にとって重大な負担となりうべき金銭の借入れ。

三　高い訴額の訴訟の提起，その引受けもしくは引受けの拒絶，または，高額の争訟の解決もしくは回避に役立つ和解もしくは仲裁契約の締結。

●第161条（法的行為の仮の禁止）

前条に掲げる場合において，倒産管財人は，債権者委員会または債権者集会の議決の前に，債務者に通知しなければならない。ただし，手続を害する遅滞を生ぜずして通知が可能なときに限る。債権者集会が同意を与えていない限りにおいて，倒産裁判所は，債務者または第75条第1項第3号の定める数の債権者の申立てによ

り，倒産管財人を審尋した後，法的行為の実施を仮に禁止し，実施につき決議をさせるため，債権者集会を招集することができる。

●第162条（利害関係人への事業所の譲渡）

　企業または事業所の譲渡は，譲受人または譲受人の資本金の少なくとも5分の1を出資している者が，以下掲げる条件のいずれか該当するときには，債権者集会の同意を得なければ，することができない。

　一　債務者と親密な者。
　二　別除権者または非劣後的倒産債権者であって，倒産裁判所の評価によれば，その別除権および債権の額を合計すると，すべての別除権の価額およびすべての非劣後的倒産債権者の債権額を合計して得られる額の5分の1に達するとき。

　2　ある者の従属企業が，または第三者がその者もしくはその者の従属企業の計算において，譲受人に出資している限りにおいて，その者は，前項の定める意味における譲受人に出資している者に該当する。

●第163条（低価格での事業所譲渡）

　1　倒産裁判所は，債務者または第75条第1項第3号に掲げる数の債権者が，別の譲受人へ譲渡する方が倒産財団にとって有利であることを疎明したときは，これらの者の申立てにより，倒産管財人を審尋して，その計画する企業または事業所の譲渡は債権者集会の同意を得なければすることができない旨を，命ずることができる。

　2　申立人は，倒産裁判所が前項の命令を発したときは，直ちに倒産財団から申立てにより生じた費用の償還を受ける権利を有する。

　【コメント】　ドイツ倒産法第160条は，債権者委員会の同意を要する行為につき，旧破産法133条のような限定列挙を避け，「倒産財団にとって重要な法的行為」を広く対象とすると共に，第2項で同意を要する行為を例示している。

　　第162条は，債務者の企業または事業所をインサイダーに譲渡する場合につき，特にその要件を厳格にしたものであり，160条による債権者委員会の同意では足りず，債権者集会の同意を要するものとしている。これは，倒産財団（債務者企業）の価値を正確に把握しているインサイダーが，不当に安く買い叩き，他の倒産債権者に不利益を及ぼすことを防止する趣旨である。

　　さらに，第163条は，一般的に，企業（事業所）譲渡が不当に安い対価でなされることを防ぐ趣旨で設けられた規定である。政府草案では，これらの譲渡は原則として倒産処理計画によることを要するものとしていたが，手続が複雑になり倒産裁判所の負担が大きいとして，単純に債権者集会の同意で足りるものとされた（BR-Drucks. 1/92 S.174f.）。

▲フランス法　（該当規定なし。第135条の【コメント】参照。）

> 第 145 条（債権者委員会の意見聴取）　裁判所書記官は，前条第1項の規定による承認があったときは，遅滞なく，破産管財人に対して，その旨を通知しなければならない。
> 2　破産管財人は，前項の規定による通知を受けたときは，遅滞なく，破産財団に属する財産の管理及び処分に関する事項について，債権者委員会の意見を聴かなければならない。

　民事再生法第118条（債権者委員会の意見聴取）
　会社更生法第118条（更生債権者委員会の意見聴取）

◆アメリカ法
⇒日本法第110条の項参照

■イギリス法（該当規定なし）

●ドイツ法（該当規定なし）

▲フランス法（該当規定なし）

> 第 146 条（破産管財人の債権者委員会に対する報告義務）　破産管財人は，第153条第2項又は第157条の規定により報告書等（報告書，財産目録又は貸借対照表をいう。以下この条において同じ。）を裁判所に提出したときは，遅滞なく，当該報告書等を債権者委員会にも提出しなければならない。
> 2　破産管財人は，前項の場合において，当該報告書等に第12条第1項に規定する支障部分に該当する部分があると主張して同項の申立てをしたときは，当該部分を除いた報告書等を債権者委員会に提出すれば足りる。

　民事再生法第118条の2（再生債務者等の債権者委員会に対する報告義務）
　会社更生法第119条（管財人の更生債権者委員会に対する報告義務）

◆アメリカ法（当該規定なし）

■イギリス法
　（会　社）
■ R 第 4.155 条（清算委員会に対する清算人の義務）
　1　次項以下に定めるところに従い，清算人は，清算に関して清算委員会の委員にとって関心があると思われるか，又は関心があると委員から指摘されたすべての事項を委員に報告する義務を負う。
■ R 第 4.168 条（清算人の報告書）
　1　清算人は，清算委員会から指示されるごとに（ただし，2カ月に1回の頻度を超えることなく），清算手続の進行及び清算手続に関連して生じた事項であって，委員会の注意を喚起すべきであると思われる事柄に関する見解を一般的に記載した報告書を，委員会の構成員全員に送付しなければならない。

2　清算委員会が前項に定める指示を行わない場合には，清算人は，6カ月に1回以上の頻度で，前項の報告書を送付しなければならない。

3　本条に基づく清算人の義務は，第4.155条によって課された義務を妨げない。

（自然人）

■ R第6.152条（債権者委員会に対する管財人の義務）

1　次項以下に定めるところに従い，管財人は，破産に関して債権者委員会の委員にとって関心があると思われるか，又は関心があると委員から指摘されたすべての事項を委員に報告する義務を負う。

■ R第6.163条（管財人の報告書）

1　管財人は，債権者委員会から指示されるごとに（ただし，2カ月に1回の頻度を超えることなく），破産手続の進行及び破産手続に関連して生じた事項であって，委員会の注意を喚起すべきであると思われる事柄に関する見解を一般的に記載した報告書を，委員会の構成員全員に送付しなければならない。

2　債権者委員会が前項に定める指示を行わない場合には，管財人は，6カ月に1回以上の頻度で，前項の報告書を送付しなければならない。

3　本条に基づく管財人の義務は，第6.152条によって課された義務を妨げない。

● ドイツ法

● 第66条（計算報告）

1　倒産管財人は，その任務終了の際，債権者集会に計算の報告をしなければならない。

2　倒産裁判所は，債権者集会の前に，倒産管財人による最終決算書を監査しなければならない。倒産裁判所は，最終決算書に証拠書類，監査についての注記，および債権者委員会が置かれているときはその意見を添付して，関係人の閲覧に供しなければならない。倒産裁判所は，債権者委員会の意見表明に期限を設けることができる。決算書の正本の公開と債権者集会との間には，少なくとも1週間の期間を置かなければならない。

▲ フランス法（該当規定なし）

> 第147条（破産管財人に対する報告命令）　債権者委員会は，破産債権者全体の利益のために必要があるときは，裁判所に対し，破産管財人に破産財団に属する財産の管理及び処分に関し必要な事項について第157条第2項の規定による報告をすることを命ずるよう申し出ることができる。
> 2　前項の規定による申出を受けた裁判所は，当該申出が相当であると認めるときは，破産管財人に対し，第157条第2項の規定による報告をすることを命じなければならない。

民事再生法第118条の3（再生債務者等に対する報告命令）

📒 会社更生法第 120 条（管財人に対する報告命令）

◆アメリカ法 （該当規定なし）

■イギリス法 （該当規定なし）

●ドイツ法 （該当規定なし）

▲フランス法 （該当規定なし）

日・◆米・■英・●独・▲仏　　　　　　　　　　破産法第148条（財団債権となる請求権）

第5章　財団債権

> 第148条（財団債権となる請求権）　次に掲げる請求権は，財団債権とする。
> 　一　破産債権者の共同の利益のためにする裁判上の費用の請求権
> 　二　破産財団の管理，換価及び配当に関する費用の請求権
> 　三　破産手続開始前の原因に基づいて生じた租税等の請求権（共助対象外国租税の請求権及び第97条第5号に掲げる請求権を除く。）であって，破産手続開始当時，まだ納期限の到来していないもの又は納期限から一年（その期間中に包括的禁止命令が発せられたことにより国税滞納処分をすることができない期間がある場合には，当該期間を除く。）を経過していないもの
> 　四　破産財団に関し破産管財人がした行為によって生じた請求権
> 　五　事務管理又は不当利得により破産手続開始後に破産財団に対して生じた請求権
> 　六　委任の終了又は代理権の消滅の後，急迫の事情があるためにした行為によって破産手続開始後に破産財団に対して生じた請求権
> 　七　第53条第1項の規定により破産管財人が債務の履行をする場合において相手方が有する請求権
> 　八　破産手続の開始によって双務契約の解約の申入れ（第53条第1項又は第2項の規定による賃貸借契約の解除を含む。）があった場合において破産手続開始後その契約の終了に至るまでの間に生じた請求権
> 2　破産管財人が負担付遺贈の履行を受けたときは，その負担した義務の相手方が有する当該負担の利益を受けるべき請求権は，遺贈の目的の価額を超えない限度において，財団債権とする。
> 3　第103条第2項及び第3項の規定は，第1項第7号及び前項に規定する財団債権について準用する。この場合において，当該財団債権が無利息債権又は定期金債権であるときは，当該債権の額は，当該債権が破産債権であるとした場合に第99条第1項第2号から第4号までに掲げる劣後的破産債権となるべき部分に相当する金額を控除した額とする。
> 4　保全管理人が債務者の財産に関し権限に基づいてした行為によって生じた請求権は，財団債権とする。

📗 民事再生法第119条（共益債権となる請求権），第120条（開始前の借入金等）
📗 会社更生法第127条（共益債権となる請求権），第128条（開始前の借入金等）

◆アメリカ法
〔財団債権となる請求権〕

◆第503条（管財費用債権の認容）
(a)　いかなる主体も，管財費用債権の支払を求める申立てを時機に即してすることができ，又は，裁判所が理由があると認めて許可するときは，遅れてもその申立てをすることができる。
(b)　通知をなし審問を経た上で，本法第502条(f)により認容された請求権を除いて，

431

次にものを含んで，管財費用債権として認容される。
(1) (A)(i) 倒産財団保全のために実際に要した費用であって，手続開始後に提供された役務に対する賃金，給与及び報酬，並びに(ii)債務者によりなされた行為であって金員の支払いの原因となった違法行為が行われた時期を問わず，また，何らかの役務の提供があったと否とを問わず，本規定が適用される効果としての給与及び年金の支払いが現在の従業員のレイ・オフ並びにその地位の終了の可能性又は家族扶養義務の不履行の可能性を本法の下での事件が係属する間には実質的に増大させないと裁判所が判断したもので，本法の下での事件が開始された後に生じた期間の経過に起因して遡及して支払われるもの（back pay）として，裁判上の手続又は連邦労使関係機構（the National Labour Relations Board）の手続に従い提供される給与及び年金，(B)租税であって，(i)責任が対物的であるもの，対人的であるもの，及びその双方であるものを含み，担保されている否とを問わず，倒産財団が負担すべきもの（ただし，本法第507条(a)(8)に定める租税を除く），及び，(ii)その対象となった課税年度の終期が手続開始の前であるか後であるかを問わず，仮の繰戻しにより倒産財団の還付が多すぎたことに起因するもの，(C)本号(B)に定める租税に関連する罰金，科料及び貸方欄の減額，及び，(D)(a)の要件にもかかわらず，政府機関は，認容される管財費用債権であることの条件として(b)又は(c)に定める費用の支払いを受けるためには届出をすることを要しない。
(2) 本法第330条(a)により支払うべきものとされている報酬及び実費
(3) 実際に要した費用であって，次の者が負担したもの。ただし，本項(4)に定める報酬及び実費を除く。
　(A) 本法第303条により手続開始の申立てをした債権者
　(B) 裁判所の許可を得て，倒産財団のために，債務者が移転し又は隠匿した財産を取り戻した債権者
　(C) 債務者に対する本法による手続又は債務者の事業若しくは財産に関する犯罪の告訴手続をした債権者
　(D) 本法第9章又は第11章の手続に実質的に関与した債権者，歯形証書受託者，持分証券保有者，又は債権者若しくは持分証券保有者の委員会。ただし，第1102条により選出された委員会を除く。
　(E) 本法第543条により管財人にとって代わられた管理人。その管理人に対する報酬を含む。
　(F) 本法1102条により選出された委員会の委員であって，その委員会の義務の履行のために費用を負担した者
(4) 本項(3)(A)，(B)，(C)，(D)若しくは(E)に基づきその者が負担した出費が認容される者の弁護士又は会計士が提供した専門的役務に対する合理的な報酬であって，その役務についての時間，性質，範囲及び価値に照らして，本法の手続以外の事項について提供される役務に比して相当なもの，及び，その弁護士又は会計士が

出捐した実際に要した費用。
(5) 本法第9章又は第11章の手続に実質的に寄与した歯形証書受託者の役務に対する合理的な報酬であって，その役務の時間，性質，範囲及び価値を参酌し，本法以外の手続についての報酬に比して相当なもの。
(6) 法第28号第119章により支払われるべき料金及び運賃。
(7) 第365条によりいったん引き受けられたがその後に拒絶された非居住不動産の賃貸借契約に関して，すでに弁済期が到来しているすべての金銭債務に相当する額で，効力の不発生若しくは制裁約定に起因し又はこれに関係するものを除き，当該契約が拒絶された日又は目的物件が実際に返還された日のいずれか後の日から2年間のもので，債務者以外の者により実際に受領され又は受領されることになっている額を除いていかなる理由によっても減額又は相殺の対象になっていないもの。当該賃貸借契約の残存期間について弁済期が到来する残余の額についての請求権は，第502条(b)(6)の下での請求権とする。
(8) 管財人，又は，連邦機関（法第5号第551条(1)によって定義されるもの）又は州若しくはその付属機関の部局又は機関により負担されている健康保険事業を閉鎖する上で現実に要した必要な費用及び支出であって，次のものを含むもの。
　(A) 第351条に従い患者記録の処分に要した費用及び支出，又は
　(B) 閉鎖されようとしている健康保険事業から被保険者を他の健康保険事業に移行することに関連して要した費用及び支出。
(9) 本法の下での事件が開始された日の前20日内に債務者が受領した商品の価額で，当該商品が債務者の事業の通常の過程で債務者に売却されたものの価額。
(c) (b)にもかかわらず，次のものは認容されず，又は支払われない。
(1) 債務者の内部者に対する財産譲渡又は債務者の内部者の利益のために負担された債務であって，それらの者を債務者の事業とともにその地位にとどまるよう説得する目的でなされたもの。ただし，その記録における証拠に基づいて裁判所が次の認定をしない場合に限られる。
　(A) その者が他の事業からそれと同一の補償率又はより良い補償率で善意による労務の提供をするとの理由から，その財産譲渡又は債務の負担がその者を職にとどめておくことに重要であるとの認定
　(B) その者が提供する役務が事業の存続にとって重要であるとの認定
　(C) (i)その者に対する財産譲渡の額，又は，その者の利益のための債務負担の額が，財産譲渡又は債務負担のあった暦年において何らかの目的をもって非管理職である従業員に対して与えられる平均的な財産譲渡の額又は債務負担の額の10倍に相当する額を超えないこと，又は，(ii)かかる暦年においてそれと同種の財産譲渡が非管理職である従業員に対してなされず，又は，それと同種の債務負担が非管理職である従業員の利益のためになされないときは，財産譲渡の額又は債務負担の額が，その財産譲渡又は債務負担がなされる年度の前の暦

年において，何らかの目的で内部者に対してなされた同種の財産譲渡又は内部者のためになされた債務負担の額の25パーセントに相当する額を超えないこと。

(2) 債務者の内部者に対する解職手当（severance payment）。ただし，(A)その給付が全ての正規従業員にあまねく適用されるプログラム一環ではないもので，(B)給付額が給付がなされる暦年における非管理職である従業員に対して給付される平均的な解職手当の額の10倍を超えない額でないときに限る。

(3) 事業の通常の過程以外におけるもので，事件の事実及び状況からみて正当なものとはされないその他の財産譲渡又は債務負担であって，手続開始の申立ての日以後に雇用された役員，支配人又は顧問に対する財産譲渡，又は，それらの者の利益のためになされる債務負担を含むもの。

【コメント】 第503条は，日本法の財団債権・共益債権にあたる管財費用債権を規定している。第503条(a)で管財費用債権の支払いを随時に求めることができるとし，同条(b)は，管財費用債権とされる請求権を列挙している。第503条(b)は，財団の維持管理のための費用としての従業員の賃金（同条(b)(1)(A)），一定の範囲の手続開始後に倒産財団について生じた租税請求権（同(B)），事件に関与して一定の職務を遂行した管財人，債権者，歯証書受託者，弁護士，会計士に対する報酬（同条(b)(2)） 等を規定する。このような管財費用債権には，例えば，第364条(a)又は(b)により手続開始申立て後に資金を供与した者に認められる請求権も含まれる（連邦倒産法第364条(a)(b)参照）。以上の管財費用債権は，無担保の請求権として倒産財団からは第2順位で支払われる（連邦倒産法第507条(a)(3)参照）。

〔負担付遺贈の負担の請求権〕（該当規定なし）

第148条3項（該当規定なし）

■イギリス法
（会 社）
■ R 第4.218条（優先順位に関する一般的な準則）

1 清算の過程で生じたすべての手数料，費用，料金その他の経費は，清算の費用とみなす。

3 第4.218A条から第4.218E条までに定めるところに従い，費用は，以下に掲げる優先順位で支払われる。

(a) 以下に掲げる費用
 (i) 仮清算人が裁判所から与えられた職務を遂行するうえで適正に請求しうるか又は適正に負担した費用
 (ii) 管財官又は清算人が，会社の資産の保全・換価・管理について，自己の名において開始する権限を有するか若しくは会社の名において開始若しくは防御する権限を有する訴訟手続，仲裁その他の紛争解決手続の準備若しくは遂行について，又は訴訟手続における和解若しくは訴訟手続その他の手続が関係している紛争の和解に到達することを意図して行われた交渉の準備若しくは遂行に

日・◆米・■英・●独・▲仏　　　　　　　　　　　破産法第 148 条（財団債権となる請求権）

について，適正に請求しうるか又は適正に負担した費用
　(iii)　審問に関連して，管財官の申立てに基づいて発せられた裁判所の命令により速記者が選任された場合における当該速記者の雇用に関する費用
　(iv)　規則第 4.214 条の規定（審問を受ける適格のない者）に基づいて管財官の申立てがなされた場合において，審問の実施に際して負担された費用
(b)　管財官が，又は管財官の資格で負担したその他の費用又は出費。会社の営業の継続に際して負担したか又は支出されたものを含む。
(c)　倒産法第 414 条又は第 415 A 条の規定に基づいて発せられた命令の下で支払われるべき手数料。管財官に支払われるべき手数料（次号(i)に掲げる手数料以外のもの）及び一般規則の下で管財官に支払われるべき報酬を含む。
(d)(i)　管財官の管財官としての一般的な職務の遂行に対して，倒産法第 414 条の規定に基づいて発せられた命令の下で支払われるべき手数料
　(ii)　かかる命令の下で，(i)に掲げた手数料に対する担保として預託された償還可能な供託金
(e)　仮清算人，清算人又は特別管理人が倒産法又は倒産規則に従って提供した担保の費用
(f)　仮清算人の報酬（仮清算人が存在する場合）
(g)　仮清算人の選任の申立てと同時に預託された供託金
(h)　申立人の費用，及び申立時に出頭した者でその費用が裁判所によって認められた者の費用
(j)　特別管理人の報酬（特別管理人が存在する場合）
(k)　本規則の本編第 6 章の規定に基づき，状況報告書又は計算書の作成を補助するために雇傭されたか又は補助する権限を認められた者に支払われるべき額
(l)　裁判所の命令により，状況報告書の提出義務の免除又は状況報告書の提出期限の延長の申立ての費用にあてることを認められた金額
(la)　審問に関連して，管財官の申立てに基づく裁判所の命令によって選任された速記者以外の速記者を雇用する費用
(m)　清算人が手続を執行している間に支出した必要な金額（清算委員会の委員又は代表が負担し，規則第 4.169 条の規定に基づいて清算人が認めた費用を含む。ただし，(p)号に掲げる状況における法人税の支払を含まない。）。
(n)　会社のために業務を遂行する目的で清算人が雇傭した者の報酬又は賃金で，倒産法若しくは倒産規則により，又はそれらの規定に基づいて，要求されるか是認されているもの
(o)　附則第 6 の下で支払われるべき額を超えない額までの清算人の報酬
(p)　会社の資産を換価した場合に生ずる課税可能な利得に対する法人税の額（換価を実施したのが清算人であるか，担保権者であるか，担保権を処理するために選任された財産保全管理人であるかは問わない。）

435

(q) (o)号の規定によって支払われるべき金額を支払ったのちに清算人に支払われるべき報酬の残額
(r) 清算人が清算においてその職務を遂行するために適正に請求することのできるその他の費用

(自然人)

■ R 第6.224条（優先順位に関する一般的な準則）
1 破産の費用は，以下に掲げる優先順位で破産財団から支払われる。
(a) 以下に掲げる費用
　(i) 管財官又は管財人が，破産者の資産の保全・換価・管理について，又は（破産財団を構成する請求に基づくものであるか否かを問わず）提起若しくは防御する権限を有する訴訟手続の追行について，適正に請求しうるか，若しくは適正に負担した費用，
　(ii) 審問に関連して，管財官の申立てに基づいて発せられた裁判所の命令により速記者が選任された場合における当該速記者の雇用に関する費用
　(iii) 規則第6.174条の規定（審問を受ける適格のない者）に基づいて管財官の申立てがなされた場合において，審問の実施に際して負担された費用
(b) 管財官が，又は管財官の資格で負担したその他の費用又は出費。債務者又は破産者の営業の継続に際して負担したか又は支出されたものを含む。
(c) 倒産法第415条又は第415A条の規定に基づいて発せられた命令の下で支払われるべき手数料。管財官に支払われるべき手数料（次号(i)に掲げる手数料以外のもの）及び一般規則の下で管財官に支払われるべき報酬を含む。
(d)(i) 管財官の管財官としての一般的な職務の遂行に対して，倒産法第415条の規定に基づいて発せられた命令の下で支払われるべき手数料
　(ii) かかる命令の下で，(i)に掲げた手数料に対する担保として預託された償還可能な供託金（供託金が，倒産法第273条の規定（債務者の申立て）によって選任された倒産実務家の報酬の支払にあてられる場合を除く。)
(e) 仮管財人，管財人又は特別管理人が倒産法又は倒産規則に従って提供した担保の費用
(f) 仮管財人の報酬（仮管財人が存在する場合）
(g) 仮管財人の選任の申立てと同時に預託された供託金
(h) 申立人の費用，及び申立時に出頭した者でその費用が裁判所によって認められた者の費用
(j) 特別管理人の報酬（特別管理人が存在する場合）
(k) 本規則の本編第5章の規定に基づき，状況報告書又は計算書の作成を補助するために雇傭されたか又は補助する権限を認められた者に支払われるべき額
(l) 裁判所の命令により，状況報告書の提出義務の免除又は状況報告書の提出期限の延長の申立ての費用にあてることを認められた金額

日・◆米・■英・●独・▲仏　　　　　　　　　　　　　　破産法第148条（財団債権となる請求権）

- (la) 審問に関連して，管財官の申立てに基づく裁判所の命令によって選任された速記者以外の速記者を雇用する費用
- (m) 管財人が手続を執行している間に支出した必要な金額（債権者委員会の委員又は代表が負担し，規則第6.164条の規定に基づいて管財人が認めた費用を含む。ただし，(p)号に掲げる状況における資本利得税の支払を含まない。）。
- (n) 破産財団のために業務を遂行する目的で管財人が雇傭した者（破産者を含む）の報酬又は賃金で，倒産法若しくは倒産規則により，又はそれらの規定に基づいて，要求されるか是認されているもの
- (o) 附則第6の下で支払われるべき額を超えない額までの管財人の報酬
- (p) 破産者の資産を換価した場合に生ずる課税可能な利得に対する資本利得税の額（換価を実施したのが管財人であるか，担保権者であるか，担保権を処理するために選任された財産保全管理人であるかは問わない。）
- (q) (o)号の規定によって支払われるべき金額を支払ったのちに管財人に支払われるべき報酬の残額
- (r) 管財人が破産においてその職務を遂行するために適正に請求することのできるその他の費用

■第328条（債務の優先順位）

6　本条及び次条は，債務その他の弁済が，破産手続が開始された場合には特別に優先するか又は劣後することを定めたこの法律又は他の法律の規定の適用を妨げない。

【コメント】　日本法の財団債権に相当するのは，清算又は破産の費用，及び破産の場合における特別優先債務（pre-preferential debts）である。

清算又は破産の費用の範囲は，倒産規則において規定され，その支払は，規則に定められた順位による（規則第4.218条，第6.224条）。清算に関しては，規則第4.218A条から第4.218E条までの規定により，清算の費用と認められる訴訟費用（litigation expenses）の範囲が制限されている。

破産の場合の特別優先債務とは，破産者の徒弟又は実習生（apprentice or articled clerk）が破産者に支払った報酬の返還債務，死亡した者の財団の管理における葬儀費用及び遺言費用などである。これらが優先債務（preferential debts）よりも優先し，破産の費用の次に支払われることは，倒産法第328条第6項によって認められている。

なお，租税債権は，労働者の賃金債権などとならんで優先債務とされていたが，2002年企業法により優先債務から除外された（法第386条，附則第6）。日本法第98条についてのコメント参照。

●ドイツ法

●第53条（財団債権）

倒産手続の費用その他の財団債務は，倒産財団から優先して弁済を受けることができる。

●第54条（倒産手続の費用）

以下に掲げるものは倒産手続の費用とする。
　一　倒産手続に関する裁判所費用。
　二　仮倒産管財人，倒産管財人および債権者委員の報酬および立替金。
●**第 55 条（その他の財団債務）**
その他，以下に掲げるものは財団債務とする。
　一　倒産財団の管理，換価及び配当によって，倒産管財人の行為またはその他の原因から生じた債務で，倒産手続の費用に属しないもの。
　二　倒産財団に対する履行が要求された双務契約に基づく債務または倒産手続の開始以後の時期につきその履行が不可欠な双務契約に基づく債務。
　三　財団の不当利得から生ずる債務。
　2　債務者の財産についての処分権を与えられた仮倒産管財人が成立させた債務は，倒産手続の開始後においては財団債務として扱う。仮倒産管財人がその管理する財産のために反対給付を請求した継続的債務関係から生じる債務についても，同様とする。
　3　第2項によって生じた給料請求権が社会法典第3編187条によって連邦雇用庁に移転したときは，連邦雇用庁はこの請求権を倒産債権者としてのみ行使することができる。社会法典第3編208条1項に定める請求権が，債務者に対して存続する限りは，第一文の規定を準用する。
　4　仮倒産管財人が，または仮倒産管財人の同意を得て債務者が成立させた租税債務関係に基づく債務者の債務は，倒産手続の開始後においては財団債務とする。

【コメント】　ドイツ倒産法53条は，旧破産法の財団の費用（Massekosten）と財団の債務（Masseschulden）に代えて，倒産手続の費用（Kosten des Insolvenzverfahren）とその他の財団債務（sonstige Masseverbindlichkeiten）という分類で財団債権を規律している。

　倒産法55条では，旧破産法で財団債権とされていた破産宣告前の未払賃金債権およびそれに類似する請求権は，財団債権とされていない。これらは本質的に破産債権であり，歴史的には，政策的に優遇する目的で，まず優先的破産債権とされ，さらに非典型担保の発展に伴い，より厚い保護を目的として財団債権とされてきたものである。現行倒産法は，倒産手続において一般の優先権を保護する社会的意義に乏しいとして，優先的破産債権の枠組みを撤廃した（日本法98条に対応するドイツ法のコメント参照）が，賃金債権を財団債権としなかったのはこのような改正の趣旨を徹底するためである。もっとも，その趣旨は，賃金債権を優遇する必要がないという判断にあるのではなく，賃金債権や企業年金については，公的な立替払い制度による保護があるので，それで十分であり倒産法上の優遇措置は必要ない，という判断にある。

　なお，租税債権については，ドイツ法では，日本法と異なり，旧破産法においても（特殊なものを除き）財団債権としてではなく，優先的破産債権とされていたにすぎないが，この優遇措置も同様に廃止された。

▲フランス法

【コメント】　以下の規定が財団債権の規定に相当するものであるといえるかという点については，若干の説明を要する。

　67年法の時代まで，フランスでは，倒産処理手続の開始によって，債権者は当然に「団体

日・◆米・■英・●独・▲仏　　　　　　　　　　　　　　破産法第148条（財団債権となる請求権）

(masse)」を形成するものとされ，これらの債権者は，判例・学説上，「団体に対する債権者 (créanciers de la masse)」と「団体に属する債権者 (créanciers dans la masse)」とに分けられていた。このうち，前者は，その債権が手続開始判決後に管財人の行為によって生じた債権であり，後者（手続開始判決以前の債権＝倒産債権）に先立って支払われるものとされていた。このような債権の代表的なものは，管財人によって締結された新しい契約から生じる債権であるが，このほかに，裁判費用，債務者または管財人の不法行為によって生じた債権，事務管理から生じた債権，不当利得から生じる債権などが判例によって認められていた。この限りでは，「団体に対する債権者」は，財団債権者と同視しうるといってよい。

　しかし，85年法第40条（第622-17条）は，結果としての取扱いの類似性はともかく，立法趣旨としては，この規定を維持したものではない。85年法は，そもそも「債権者の団体」という概念を否定した。本条は，85年法の第一の目的が，企業の再建にあることから，倒産した企業の再建に必要な資金を融通した債権者を優遇する趣旨で設けられたものだからである。

　本条は，これらの債権者を手続開始前の担保権者にも優先させるものとしていたので（85年法第40条第1段〈第621-32条第1段〉：後掲），立法当初から批判が多く，そのため94年の改正によって第2段が附加され，清算手続の場合には，担保権者の優先権が回復された。

　なお，これらの規定は，2005年改正によって，以下のとおりとなった。このうち，破産手続に相当する裁判上の清算手続に関する規定は，第641-13条である。

▲第641-13条

　Ⅰ．　裁判上の清算を開始または言い渡す判決後に，手続の進行の必要上，または第641-10条を適用して許可された活動の仮の維持の必要上もしくはこの活動の維持の間債務者に対してされた給付の対価として，正規に生じた債権は，その履行期に支払われる。

　裁判上の清算が言い渡された場合，第622-17条第Ⅰ項に定める救済または裁判上の更生手続の開始判決後に正規に生じた債権は，その履行期に支払われる。

　Ⅱ．　履行期に支払われない場合には，これらの債権は，労働法典L第143-10条，L第143-11条，L第742-6条およびL第751-15条に定める先取特権によって担保されるもの，手続の進行の必要上手続開始判決後に正規に生じる裁判費用，本法典第611-11条に定める先取特権によって担保されるもの，および不動産担保権によって担保され，または留置権を伴い，もしくは第5巻第2編第5章を適用して設定された特別の動産担保権によって担保されたものを除いて，他のあらゆる債権に優先して支払われる。

　Ⅲ．　その支払は，以下の順序による：

1°　労働法典L第143-11-1条からL第143-11-3条を適用して，その額が前払いされなかった被傭者の債権；

2°　約定された融資および第622-13条の規定に従って継続中の契約の履行から生じ，その相契約者が延払いの受領を承諾した債権；これらの融資および支払い猶予は，活動継続に必要な範囲で主任裁判官によって許可され，公示の対象となる。適正に続行された契約が解除された場合には，損害賠償および違約罰は，本条の利益から排除される；

第5章　財団債権　　　　　　　　　　　　　　　　　　　　　　　　　　各国破産法の条文

3°　労働法典 L 第143-11-1条第3号を適用してその額が前払いされた額；
4°　その順位に従うその他の債権。

Ⅳ．　未払債権は，清算を開始しもしくは言い渡す判決の公示から遅くとも6カ月の期間，これがないときは譲渡計画を命じる判決の公示から1年の期間内に，裁判上の受任者，任命されている場合には管理人，もしくは清算人に知られなかった場合には，本条第Ⅱ項が与える先取特権を失う。

> **第149条（使用人の給料等）**　破産手続開始前3月間の破産者の使用人の給料の請求権は，財団債権とする。
> 2　破産手続の終了前に退職した破産者の使用人の退職手当の請求権（当該請求権の全額が破産債権であるとした場合に劣後的破産債権となるべき部分を除く。）は，退職前3月間の給料の総額（その総額が破産手続開始前3月間の給料の総額より少ない場合にあっては，破産手続開始前3月間の給料の総額）に相当する額を財団債権とする。

▌会社更生法第130条（使用人の給与等）

◆**アメリカ法**（該当規定なし）
⇒日本法第148条の項参照
　【コメント】　厳密に日本法第149条に対応する規定はアメリカ法には存在しないが，以下の労働債権が管財費用債権とされている。連邦倒産法第503条(b)(1)(A)によれば，倒産財団保全のために実際に要した費用であって，手続開始後に提供された役務に対する賃金，給与及び報酬，債務者によりなされた行為であって金員の支払いの原因となった違法行為が行われた時期を問わず，また，何らかの役務の提供があったと否とを問わず，本規定が適用される効果としての給与及び年金の支払いが現在の従業員のレイ・オフ及びその地位の終了の可能性又は家族扶養義務の不履行の可能性を本法の下での事件が係属する間には実質的に増大させないと裁判所が判断したもので，本法の下での事件が開始された後に生じた期間の経過に起因して遡及して支払われるもの（back pay）として，裁判上の手続又は連邦労使関係機構（the National Labour Relations Board）の手続に従い提供される給与及び年金が，管財費用債権とされている。

■**イギリス法**（該当規定なし）
　【コメント】　清算又は破産の手続開始前に発生していた使用人の給料債権は，優先的債務となる。日本法第98条の箇所に掲げた倒産法第386条1項，同附則第6第9項を参照。

●**ドイツ法**（該当規定なし）
　【コメント】　倒産法第55条では，旧破産法で財団債権とされていた，破産宣告前の未払賃金債権及びそれに類似する請求権は財団債権とされていない。これらは本質的に破産債権であり，歴史的には，政策的に優遇する目的で，まず優先的破産債権とされ，さらに非典型担保の発展に伴い，より厚い保護を目的として財団債権とされてきたものである。現行倒産法は，倒産手続において一般の優先権を保護する社会的意義に乏しいとして，優先的破産債権の枠組みを撤廃した（日本法98条に対応するドイツ法に関するコメント参照）が，賃金債権を財団債権としなかったのはこのような改正の趣旨を徹底するためである。もっとも，その趣旨は，賃金債権を優遇する必要がないという判断にあるのではなく，賃金債権や企業年金については，公的な

日・◆米・■英・●独・▲仏　　　　　　　　　　　　　　破産法第149条（使用人の給料等）

立替払い制度による保護があるので，それで十分であり倒産法上の優遇措置は必要ない，という判断にある。

▲フランス法
【コメント】　直接の該当規定とはいえないが，被傭者の債権については，以下のような規定がある。

　これらの規定は，先取特権によって担保される賃金債権を，破産法の定める優先的破産債権以上の地位（財団債権に相当する地位）に置くものである。

▲第641-14条第1項
債務者の財産および労働契約から生じる債権の決済に関する本巻第2編第4章および第5章の規定ならびにある種の行為の無効に関する本巻第3編第2章の規定は，裁判上の清算手続に適用される。

▲第625-7条
労働契約から生じる債権は，救済手続が開始された場合には，［以下の先取特権によって］担保される：

1°　労働法典L第143-10条，L第143-11条，L第742-6条およびL第751-15条に定める原因および金額については，これらの規定に定められた先取特権によって；

2°　民法典第2101条第4号および第2104条第2号の先取特権によって。

▲第625-8条
他のあらゆる債権の存在にもかかわらず，労働法典L第143-10条，L第143-11条，L第742-6条およびL第751-15条に定める先取特権が保証する債権は，管理人が必要な資産を処分できる場合には，手続を開始する判決の言渡しから10日以内の期間に，主任裁判官の命令に基づいて，管理人によって支払われなければならない。

ただし，これらの債権の額を確定する前に，管理人は，主任裁判官の許可を得て，処分可能な資産の範囲で，最終の給与明細書に基づいて，かつ労働法典L第143-10条に定める上限を超えない範囲で，未払賃金の1カ月分相当額を仮の名義で直ちに被用者に支払わなければならない。

処分可能な資金がない場合には，前2項によって支払われるべき額は，資産の最初の収入に基づいて支払われなければならない。

▲第625-9条
第625-7条および第625-8条の規定にかかわらず，労働契約または研修契約から生じる債権は，労働法典L第143-10条ないしL第143-11-9条およびL第143-13-1条に定める条件で担保される。

> **第 150 条（社債管理者等の費用及び報酬）** 社債管理者が破産債権である社債の管理に関する事務を行おうとする場合には，裁判所は，破産手続の円滑な進行を図るために必要があると認めるときは，当該社債管理者の当該事務の処理に要する費用の請求権を財団債権とする旨の許可をすることができる。
> 2 社債管理者が前項の許可を得ないで破産債権である社債の管理に関する事務を行った場合であっても，裁判所は，当該社債管理者が破産手続の円滑な進行に貢献したと認められるときは，当該事務の処理に要した費用の償還請求権のうちその貢献の程度を考慮して相当と認める額を財団債権とする旨の許可をすることができる。
> 3 裁判所は，破産手続開始後の原因に基づいて生じた社債管理者の報酬の請求権のうち相当と認める額を財団債権とする旨の許可をすることができる。
> 4 前3項の規定による許可を得た請求権は，財団債権とする。
> 5 第1項から第3項までの規定による許可の決定に対しては，即時抗告をすることができる。
> 6 前各項の規定は，次の各号に掲げる者の区分に応じ，それぞれ当該各号に定める債権で破産債権であるものの管理に関する事務につき生ずる費用又は報酬に係る請求権について準用する。
> 　一　担保付社債信託法（明治38年法律第52号）第2条第1項に規定する信託契約の受託会社　同項に規定する社債
> 　二　医療法（昭和23年法律第205号）第54条の5に規定する社会医療法人債管理者　同法第54条の2第1項に規定する社会医療法人債
> 　三　投資信託及び投資法人に関する法律（昭和26年法律第198号）第139条の8に規定する投資法人債管理者　同法第2条第19項に規定する投資法人債
> 　四　保険業法第61条の六に規定する社債管理者　相互会社が発行する社債
> 　五　資産の流動化に関する法律（平成10年法律第105号）第126条に規定する特定社債管理者　同法第2条第7項に規定する特定社債

▌民事再生法第120条の2（社債管理者等の費用及び報酬）
▌会社更生法第131条（社債管理者等の費用及び報酬）

◆**アメリカ法**（該当規定なし）
⇒日本法第148条の項参照

【コメント】　厳密に日本法第149条に対応する規定はアメリカ法には存在しないが，連邦倒産法第503条(b)(3)(D)及び(5)によれば，第9章及び第11章の手続において歯型証書受託者が負担した費用の償還請求権及びその合理的な範囲での報酬が管財費用債権とされている。ちなみに，歯型証書受託者とは，歯型捺印証書（契約）に基づく受託者をいう（連邦倒産法第101条(29)参照）。

■**イギリス法**（該当規定なし）

●**ドイツ法**（該当規定なし）

▲**フランス法**（該当規定なし）

> 第151条（財団債権の取扱い） 財団債権は，破産債権に先立って，弁済する。

> 規第50条（財団債権の申出） 財団債権者（法第2条第8項に規定する財団債権者をいう。）は，破産手続開始の決定があったことを知ったときは，速やかに，財団債権（法第2条第7項に規定する財団債権をいう。）を有する旨を破産管財人に申し出るものとする。
> 2 第1条第1項の規定は，前項の規定による申出については，適用しない。

📙 民事再生法第121条（共益債権の取扱い）
📙 会社更生法第132条（共益債権の取扱い）

◆アメリカ法
〔財団債権の取扱い〕

⇒日本法第148条の項参照。

【コメント】 連邦倒産法第503条(a)によれば，同条(b)に該当する者は，管財費用の支払を求める申立てを適宜にすることができるとともに，理由があると裁判所が判断すれば，時機に遅れてもその申立てをすることができる。管財費用債権の支払いは，日本法とは異なり管財費用の支払いを求める者はその申立てを裁判所に対して行い，裁判所は，通知をなし審問を経た上で当該請求権を管財費用債権として認容する（日本法第148条の連邦倒産法第503条(b)本文参照）。

■イギリス法
（会　社）
■R第4.180条（資産を分配する方法）
　1　十分な資金が清算人の管理下にあるときは，清算人は，清算の費用［の支払］に必要な金額を残して，届出がなされた債権について債権者に配当を行うことを宣言し，実施しなければならない。

（自然人）
■第324条（配当による分配）
　1　十分な資金が管財人の管理下にあるときは，管財人は，破産の費用［の支払］に必要な金額を残して，届出がなされた破産債権について債権者に配当を行うことを宣言し，実施しなければならない。

●ドイツ法
●第53条（財団債権）
　倒産手続の費用その他の財団債務は，倒産財団から優先して弁済を受けることができる。

▲フランス法
【コメント】 第148条掲記の条文参照。

第 152 条（破産財団不足の場合の弁済方法等）　破産財団が財団債権の総額を弁済するのに足りないことが明らかになった場合における財団債権は，法令に定める優先権にかかわらず，債権額の割合により弁済する。ただし，財団債権を被担保債権とする留置権，特別の先取特権，質権又は抵当権の効力を妨げない。
2　前項の規定にかかわらず，同項本文に規定する場合における第 148 条第 1 項第 1 号及び第 2 号に掲げる財団債権（債務者の財産の管理及び換価に関する費用の請求権であって，同条第 4 項に規定するものを含む。）は，他の財団債権に先立って，弁済する。

会社更生法第 133 条（更生会社財産不足の場合の弁済方法等）

◆アメリカ法（該当規定なし）
【コメント】　倒産財団が不足する場合には弁護士等の報酬が倒産裁判所によって査定されるところからみて，事実上譲歩を余儀なくされているようであるといわれる（高木新二郎『アメリカ連邦倒産法』（商事法務研究会・1996 年）197 頁）。

■イギリス法
（会　社）
■第 156 条（清算の費用の支払）
　裁判所は，会社の資産が債務を完済するのに不足するときは，清算において負担された費用を会社の資産から裁判所が正当と考える優先順位に従って支払うことに関する命令を発することができる。

●ドイツ法
●第 209 条（財団債権者に対する弁済）
　倒産管財人は，財団債務を，以下に掲げる順位に従い，同一順位においてはその金額に比例して弁済しなければならない。
　一　手続費用。
　二　財団不足の申述があった後に生じた財団債務で手続費用にあたらないもの。
　三　その他の財団債務。これらに後れて，最後に第 100 条および第 101 条第 1 項第 3 文の規定により認められた扶助料。
　2　以下に掲げる債務は，前項第 2 号に定める財団債務とする。
　一　倒産管財人が，財団不足を申述した後に，履行を選択した双務契約から生じた債務。
　二　倒産管財人が財団不足の申述後に解約告知をすることができた筈の最初の期日の後の期間につき継続的債権債務関係から生じた債務。
　三　倒産管財人が財団不足の申述後に倒産財団のために反対給付の履行を求めた継続的債権債務関係から生じた債務。
●第 210 条（強制執行の禁止）
　倒産管財人が財団不足を申述したときは，209 条第 1 項第 3 号に規定する財団債

務に基づき強制執行をすることができない。

　【コメント】　ドイツ旧破産法60条をめぐっては，財団不足が明らかになった後に発生した財団債権者（Neumassegläeubiger），とくに破産管財人の報酬請求権の取扱いにつき，長らく判例，学説，実務において様々な見解が対立し混乱状態にあったが，ようやく最近になって，これらの債権には，60条は適用されず，その他の財団債権者（Altmassegläeubiger）に先立って弁済を受けられるものとする取扱いが主流となってきたところである。ドイツ倒産法209条はこの問題を立法的に解決するものであり，①倒産手続の費用（倒産管財人の報酬等を含み，その発生時期を問わない），②財団不足の申述後に生じた財団債権で倒産手続の費用にあたらないもの，③その他の財団債権，という順序とすることを明らかにした。

▲フランス法 （該当規定なし）

　【コメント】　もっとも，財団債権［に相当する債権］の弁済順序に関しては，すでに引用した以下の規定がある。

▲第641-13条 （前掲・第148条参照）

日・◆米・■英・●独・▲仏　　　　　　　　　　破産法第153条（財産の価額の評定等）

第6章　破産財団の管理

第1節　破産者の財産状況の調査

> <u>第153条（財産の価額の評定等）</u>　破産管財人は，破産手続開始後遅滞なく，破産財団に属する一切の財産につき，破産手続開始の時における価額を評定しなければならない。この場合においては，破産者をその評定に立ち会わせることができる。
> 2　破産管財人は，前項の規定による評定を完了したときは，直ちに破産手続開始の時における財産目録及び貸借対照表を作成し，これらを裁判所に提出しなければならない。
> 3　破産財団に属する財産の総額が最高裁判所規則で定める額に満たない場合には，前項の規定にかかわらず，破産管財人は，裁判所の許可を得て，同項の貸借対照表の作成及び提出をしないことができる。

> 規第51条（破産財団に属する金銭等の保管方法）　破産管財人は，破産手続開始後遅滞なく，破産財団に属する財産のうち金銭及び有価証券についての保管方法を定め，その保管方法を裁判所に届け出なければならない。
> 2　破産管財人は，前項の規定により届け出た保管方法を変更したときは，遅滞なく，変更後の保管方法を裁判所に届け出なければならない。
>
> 規第52条（貸借対照表の作成等の省略・法第153条）　法第153条第3項の最高裁判所規則で定める額は，千万円とする。

- 民事再生法第124条（財産の価額の評定等）
- 会社更生法第83条（財産の価額の評定等）
- 会社法第520条（裁判所による調査），第522条（調査命令）

◆アメリカ法
〔財産の価額の評定等〕（該当規定なし）

〔財産目録・貸借対照表の作成〕
◆第704条（管財人の義務）
(a)　管財人は，
(1)　……，
(2)　受領したすべての財産につき計算報告を行わなければならず，
(3)〜(8)　……，
(9)　裁判所及び連邦管財官に対し，倒産財団の管理についての最終報告書及び最終計算書を提出しなければならず，
(10)〜(12)　……。

◆R 第 2015 条（事件の記録を保管し，報告書を作成し，事件の通知をする義務）
(a) 管財人又は占有を継続する債務者　　管財人又は占有を継続する債務者は，次のことをしなければならない。
　(1)　第 7 章の清算事件において，及び，裁判所が命ずるときは第 11 章の更生事件において，債務者の財産につき完成した目録がすでに提出されていない限り，管財人又は占有を継続する債務者は，就任した時から 30 日内に，かかる目録を作成し，これを連邦管財官に送付すること，
　(2)　受領した金銭及び財産の受領に関する記録，及び処分に関する記録を保管すること，
　(3)　従業員に対して，その従業員のために若しくは従業員に代わって留保され又は納付されることが要求されているすべての租税につき，源泉徴収すべき税額が従業員に支払われているときは，源泉徴収すべき税額及びその源泉徴収すべき税額が預託されている場所の記載を含む，本法第 704 条(8)により必要とされる報告書及びその概要を提出すること，
　(4)　事件開始後可及的速やかに，すべての銀行，貯蓄組合又は住宅資金貸付組合，公益事業会社，及び，債務者が保証金を預託している不動産貸主を含む，債務者の放棄又は指示に従い金銭又は財産を保有していることが知られているすべての者，及び，債務者に対して支払われる解約返戻金のある保険証券を発行したすべての保険会社に対してその事件を通知すること。ただし，その事件を知っている又はかつてその事件の通知を受けた者に対しては，通知をすることを要しない。
　(5)～(6)……。
(b)～(e)　……

■**イギリス法**（該当規定なし）

●**ドイツ法**
●第 151 条（財産目録）
　倒産管財人は，倒産財団に属する個々の目的物の目録を作成しなければならない。この場合には，債務者を立会わせることを要する。ただし，手続の進行を害することなく可能であるときに限る。
　2　各目的物についてその価額を明らかにしなければならない。企業を継続するか閉鎖するかによって価額が異なるときは，両方の価額を表示することを要する。特に評価に困難があるときは，鑑定人に評価を委託することができる。
　3　倒産裁判所は，倒産管財人の申立てにより，財産目録の作成を省略することができる。ただし，この申立てには理由を付さなければならない。債権者委員会が置かれているときは，倒産管財人はその許可がなければ，申立てをすることができない。
●第 152 条（債権者名簿）

日・◆米・■英・●独・▲仏　　　　　　　　　　　破産法第153条（財産の価額の評定等）

　倒産管財人は，債務者の商業帳簿および業務文書，その他の破産者の書類，債権の届出またはその他の方法から判明した，債務者に対する債権者全員の名簿を作成しなければならない。

　2　名簿においては，別除権を有する債権者および劣後的倒産債権者の各々の優先順位を，区別して記載しなければならない。債権者ごとに，その住所およびその債権の原因ならびに金額を表示しなければならない。別除権を有する債権者については，それに加えて，別除権の存する目的物および予想される不足額を掲記しなければならない。151条第2項第2文の規定を準用する。

　3　名簿においては，いかなる相殺の可能性があるかをも表示しなければならない。債務者の財産を直ちに換価する場合における財団債務の金額を査定しなければならない。

● 第153条（財産状況報告書）

　倒産管財人は，倒産手続の開始の時を基準として，整然とした財産状況報告書を作成しなければならない。報告書においては，倒産財団の目的物と債務者の負債を表記し，相互に対照させることを要する。目的物の評価については，第151条第2項第2文の規定を，負債の区分けについては152条第2項第2文の規定を，準用する。

　2　倒産裁判所は，財産状況報告書作成の後において，倒産管財人または債権者の申立てにより，財産状況報告書が完全であることを，宣誓に代えて保証をするよう，命ずることができる。第89条，第101条第1項第1文および第1文の規定を準用する。

● 第154条（裁判所書記課への備置）

　財産目録，債権者名簿および財産状況報告書は，遅くとも報告期日の1週間前には，裁判所書記課に備え置き，関係人の閲覧に供しなければならない。

● 第155条（商法および租税法上の会計規定）

　商法および租税法により債務者に課せられた記帳および収支決算をすべき義務は，影響を受けない。倒産財団との関係においては，倒産管財人がこの義務を履行しなければならない。

　2　倒産手続の開始によって，新たな営業年度が開始するものとする。ただし，報告期日までの期間は，年度決算報告書の作成および開示するために法律が規定する期間に算入しない。

　3　倒産手続における決算検査人の選任については，商法第318条の規定を準用する。ただし，その選任は倒産管財人の申立てにより登記裁判所が専ら行う。倒産手続開始前の営業年度につき既に決算検査人が選任されているときは，その選任の効力は，手続の開始により影響を受けないものとする。

▲フランス法
▲第641-4条第3段
　清算人は，第622-6条，第622-20条，第622-22条，第622-23条，第624-17条，第625-3条，第625-4条および第625-8条によって管理人および裁判上の受任者に与えられた任務を行う。
▲第622-6条第1段
　手続開始後，債務者の財産（財団）およびその負担する担保の目録が作成される。この目録は，債務者が，第三者によって取戻される可能性のある財産について付記して，管理人および裁判上の受任者に交付される。

> 第154条（別除権の目的の提示等）　破産管財人は，別除権者に対し，当該別除権の目的である財産の提示を求めることができる。
> 2　破産管財人が前項の財産の評価をしようとするときは，別除権者は，これを拒むことができない。

　会社更生法第153条（担保権の目的である財産についての価額決定の申立て），第154条（担保権の目的である財産についての価額の決定），第155条（価額決定手続と更生債権等査定決定の手続等との関係）

◆アメリカ法（該当規定なし）

■イギリス法（該当規定なし）
　【コメント】　わが国の破産法の下では，破産管財人は別除権の目的である財産についても評価をしなければならない（第153条）。そのために，破産管財人は，別除権者に対して別除権の目的である財産の提示を求めることができる（第154条）。
　これに対して，イギリスにおいては，別除権の目的である財産の評価は，別除権者である担保権者の権限とされている。破産管財人は，担保権者が債権届出書に記載した評価額又はその後に変更した評価額に不服がある場合に，当該財産の買戻しに代えて，売却を求める権限があるにすぎない（倒産規則第4.98条，第6.118条）。
　以上については，担保権の消滅に関する日本法第186条の箇所を参照。

●ドイツ法（該当規定なし）

▲フランス法（該当規定なし）

> 第155条（封印及び帳簿の閉鎖）　破産管財人は，必要があると認めるときは，裁判所書記官，執行官又は公証人に，破産財団に属する財産に封印をさせ，又はその封印を除去させることができる。
> 2　裁判所書記官は，必要があると認めるときは，破産管財人の申出により，破産財団に関する帳簿を閉鎖することができる。

> 規第53条（封印等の方式・法第155条）　裁判所書記官，執行官又は公証人は，法第155条第1項の規定による封印又は封印の除去（以下この条において「封印等」という。）をしたときは，調書を作成しなければならない。
> 2　前項の調書には，封印等をした日時及び場所並びに封印等をした財産の表示を記載し，封印等をした裁判所書記官，執行官又は公証人が記名押印をしなければならない。
> 3　破産管財人は，裁判所書記官が封印等をした場合を除き，第1項の調書の写しを裁判所に提出しなければならない。
> 4　裁判所書記官は，法第155条第2項の規定により破産財団に関する帳簿を閉鎖するときは，当該帳簿にこれを閉鎖した旨を記載し，記名押印をしなければならない。
> 5　第1項及び第2項の規定は，裁判所書記官が法第155条第2項の規定により破産財団に関する帳簿を閉鎖した場合について準用する。この場合において，第2項中「封印等をした財産」とあるのは，「閉鎖した破産財団に関する帳簿」と読み替えるものとする。

◆アメリカ法（該当規定なし）

■イギリス法（該当規定なし）

●ドイツ法
●第150条（封印）
　倒産管財人は，執行官または法律によりその権限を付与されたその他の者をして，倒産財団に属する財産を保全するために，封印をさせることができる。倒産管財人は，封印および封印開披に関する調書を，関係人の閲覧に供するため，裁判所書記課に備え置くことを要する。

▲フランス法
▲R第641-15条
　主任裁判官は，債務者の財産の全部または一部について封印を命ずることができる。この場合には，死後封印の規定に従って，これを行う。
　債務者が，法令に基づく身分に基づき，またはその資格が保護される自由職を営んでいるときは，封印は，［その］職業団体または権限を有する当局の立会いの下に行う。

▲R第641-16条
　主任裁判官の裁判によって封印を免除または除去された財産，文書および有価証券は，遅滞なく，目録を作成する任務を負った者による評価を付した目録が作成される。これら［の財産］が発見された状態は，封印実施調書に簡潔に記載される。

▲R第641-17条
　清算人，または任命されているとき管理人は，目録作成のために封印の解除を求める。

> 第156条（破産財団に属する財産の引渡し）　裁判所は，破産管財人の申立てにより，決定で，破産者に対し，破産財団に属する財産を破産管財人に引き渡すべき旨を命ずることができる。
> 2　裁判所は，前項の決定をする場合には，破産者を審尋しなければならない。
> 3　第1項の申立てについての決定に対しては，即時抗告をすることができる。
> 4　第1項の申立てについての決定及び前項の即時抗告についての裁判があった場合には，その裁判書を当事者に送達しなければならない。この場合においては，第10条第3項本文の規定は，適用しない。
> 5　第1項の決定は，確定しなければその効力を生じない。

会社更生法第73条（更生会社の業務及び財産の管理）

◆アメリカ法
◆第542条（倒産財団への財産の引渡し）

(a)　本条(c)又は(d)において規定されるところを除き，本法第363条により管財人が使用，売却又は賃貸することができる財産，又は，本法第522条により債務者が倒産財団から除外することができる財産を，事件の係属中に，占有し，管理し，又は支配している者で管理人以外の者は，それらの財産又はその価額を管財人に対して引き渡さなければならず，それらについて説明しなければならない。ただし，それらの財産が倒産財団にとって重要な価値又は利益とはならないときは，この限りではない。

(b)　本条(c)又は(d)に定めるところを除き，倒産財団の財産である債務を負担し，かつ，その弁済期が到来し要求又は指図により支払われる債務を負担している者は，管財人に対し，又は管財人の指示に基づき，それらの債務を支払わなければならない。ただし，それらの債務が本法第553条により債務者に対する請求権と相殺をすることができる範囲は除くものとする。

(c)　本法第362条(a)(7)において規定されるところを除き，当該債務者に関する事件の開始について現実に通知を受けておらず，又は現実にこれを知らなかった者は，債務者に関して本法の下での事件が開始されなかったとすれば財産の譲渡又は債務の弁済をしたであろう者と同様の効果をもって，管財人以外の者に対して，善意でかつ本条(d)において規定される方法以外の方法で，倒産財団の財産を譲渡し又は債務者に対して負っている債務を弁済することができる。

(d)　生命保険会社は，倒産財団又は債務者に対する財産の譲渡が保険料を支払うこと又は不没収選択権を行使することであり，手続開始の申立書が提出された日より前に締結されたその保険会社との生命保険契約に基づきそのような譲渡が自動的になされることが必要とされ，その生命保険契約が倒産財団の財産であるときは，債務者に関して本法の下での事件が開始されなかったとすればそのような保険会社と同様の効果をもって，善意で倒産財団の財産又は債務者の財産を自らに譲渡するこ

とができる。
(e) 適用される秘匿特権に従い，裁判所は，通知をなし審問を経た上で，債務者の財産又は債務者の財産状況に関する帳簿，書類，記録及び文書を含む記録された情報を有する弁護士，会計士又はその他の者に対して，そのような記録された情報を管財人に引き渡し又は開示することを命じることができる。

◆第 543 条（財産管理人による財産の引渡し）

(a) 債務者に関する本法の下での事件の開始を知った財産管理人（custodian）は，その財産管理人の占有，管理，又は支配にある，債務者の財産，その財産の売却金，産出物，派生物，賃料若しくは果実又は倒産財団の財産の運用において，それらの財産から支出をすることはできず，又は，いかなる訴えをも提起することはできない。ただし，その訴訟がそれらの財産を維持するために必要であるものを除く。
(b) 財産管理人は，次のことをしなければならない。
　(1) その財産管理人によって保有され又は財産管理人に譲渡された債務者の財産，又は，その財産管理人が事件の開始を知った日においてその財産管理人の占有，管理又は支配にある財産の売却金，産出物，派生物，賃料若しくは果実を管財人に対して引き渡すこと，及び，
　(2) 債務者の財産，又は時期を問わず財産管理人の占有，管理又は支配に入ったそれら財産の会計報告を提出すること。
(c) 裁判所は，通知をなし審問を経た上で，次のことをしなければならない。
　(1) それらの財産又はその売却金，産出物，派生物，賃料若しくは果実について財産管理人が義務を負っているすべての者を保護すること，
　(2) 財産管理人によってなされた役務並びに負担された費用及び支出に対する合理的な償還の支払いを定めること，及び，
　(3) 手続開始の申立書が提出された日の前 120 日を超えて選任され又は占有を行った債務者の債権者のための財産譲受人を除く財産管理人に，本法の下での事件の開始前に適法な管轄権を有する裁判所によって，通知をなし審問を経た上で，適用される法に照らしてなされ，又は認められた支出を除いて，不適切な又は過度な支出について課徴すること。
(d) 倒産裁判所は，通知をなし審問を経た上で，次のことを行う。
　(1) 財産管理人によるそれらの財産の占有，管理又は支配を継続することを許可することで，債権者の権利，及び，債務者が債務超過でないときは持分証券保有者の権利にとってより利益になるときは，本条(a)，(b)又は(c)の遵守を免じることができ，及び，
　(2) 財産管理人が選任され又は手続開始の申立書が提出された日の前 120 日を超えて占有を行った債務者の債権者のための財産譲受人であるときは，本条(a)及び(b)(1)を遵守することを免じなければならない。ただし，本条(a)，(b)又は(c)を遵守

することが詐欺又は不正を防止するために必要であるときは，この限りではない。

■イギリス法
（会　社）
■第145条（会社の財産の清算人への帰属）
1　会社が裁判所によって清算されているときは，裁判所は，清算人の申立てに基づき，会社に属するか，又は会社のために管理人が保持するいかなる種類の財産についても，その全部又は一部が清算人に職務上，帰属することを命令によって命じることができる。その結果，当該命令が関係する財産について権原の移転が生ずる。

（自然人）
■第291条（管財官に対する破産者の義務）
1　破産命令が発せられたときは，破産者は，以下に掲げる事柄を行う義務を負う。
(a)　破産財団の占有を管財官に移転すること

●ドイツ法
●第148条（倒産財団の掌握）
1　倒産管財人は，手続の開始後直ちに，倒産財団に属する一切の財産の占有および管理に着手しなければならない。
2　倒産管財人は，開始決定の執行力ある正本に基づき，強制執行の方法によって，債務者の占有下にある物件の引渡しを実行することができる。この場合には，民事訴訟法第766条の規定を，「執行裁判所」を「倒産裁判所」と読み替えて，準用する。

▲フランス法（該当規定なし）

第157条（裁判所への報告）　破産管財人は，破産手続開始後遅滞なく，次に掲げる事項を記載した報告書を，裁判所に提出しなければならない。
　一　破産手続開始に至った事情
　二　破産者及び破産財団に関する経過及び現状
　三　第177条第1項の規定による保全処分又は第178条第1項に規定する役員責任査定決定を必要とする事情の有無
　四　その他破産手続に関し必要な事項
2　破産管財人は，前項の規定によるもののほか，裁判所の定めるところにより，破産財団に属する財産の管理及び処分の状況その他裁判所の命ずる事項を裁判所に報告しなければならない。

日・◆米・■英・●独・▲仏　　　　　　　　　　　　破産法第158条（財産状況報告集会への報告）

> 規第54条（財産状況報告集会の期日を定めない場合の措置等・法第157条）　裁判所は，法第31条第4項の規定により財産状況報告集会の期日を定めない場合には，破産管財人の意見を聴いて，破産管財人が法第157条第1項の報告書（以下この条及び第84条において「財産状況報告書」という。）を提出すべき期間を定めることができる。
> 2　裁判所は，前項の規定により定めた期間内に破産管財人が財産状況報告書を提出しないときは，破産管財人に対し，その理由を記載した書面の提出を命ずることができる。
> 3　第1項に規定する場合には，破産管財人は，裁判所に提出した財産状況報告書の要旨を知れている破産債権者に周知させるため，財産状況報告書の要旨を記載した書面の送付，適当な場所における財産状況報告書の備置きその他の適当な措置を執らなければならない。

▎民事再生法第125条（裁判所への報告）
▎会社更生法第84条（裁判所への報告）

◆アメリカ法
《関連規定》
日本法第79条及び第89条の項参照

■イギリス法（該当規定なし）

●ドイツ法（該当規定なし）

▲フランス法（該当規定なし）

> <u>第158条（財産状況報告集会への報告）</u>　財産状況報告集会においては，破産管財人は，前条第1項各号に掲げる事項の要旨を報告しなければならない。

▎民事再生法第126条（財産状況報告集会への報告）
▎会社更生法第85条（財産状況報告集会への報告）
▎会社法第562条（清算人の調査結果等の債権者集会に対する報告）

◆アメリカ法
〔財産状況報告集会への報告〕
◆第704条（管財人の義務）
(a)　管財人は，
　(1)～(3)　……，
　(4)　債務者の財務状況を調査しなければならず，
　(5)～(6)　……，
　(7)　裁判所が別段命じない限り，利害関係人の申し立てたところに従い，倒産財団に関する情報及び倒産財団の管理に関する情報を提供しなければならず，
　(8)～(12)　……。
◆第705条（債権者委員会）

(a)　……
(b)　本条(a)に基づき選出された委員会は，倒産財団の管理に関連して管財人又は連邦管財官と協議し，管財人の義務の遂行に関して管財人又は連邦管財官に勧告を行い，及び，裁判所又は連邦管財官に対して倒産財団の管理に影響する問題を提示することができる。

■**イギリス法**（該当規定なし）

●**ドイツ法**
●第 156 条（報告期日）
　倒産管財人は，債務者の経済状況およびその原因について，報告期日において報告しなければならない。倒産管財人は，債務者の企業の全部または一部を維持する見込みがあるか否か，倒産処理計画についていかなる可能性があるか，その場合に債権者への弁済にいかなる影響が生ずることが予想されるかについて，説明しなければならない。
　2　債務者，債権者委員会，経営協議会および管理職者の発言機関は，報告期日において，倒産管財人の報告に対し意見を表明する機会を与えられなければならない。債務者が商業，手工業または農業を営む者であるときは，管轄権を有する工業，商業，手工業および農業上の職能代表に対し，意見表明の機会を与えなければならない。

●第 157 条（手続の進行についての判断）
　債権者集会は，報告期日において，債務者の企業を閉鎖するか仮に継続するかを，決議する。債権者集会は，倒産管財人に対し，倒産処理計画の起案を委託し，かつ，倒産処理計画の目標を設定することができる。債権者集会は，後の期日において，これらの判断を変更することができる。

　【コメント】　ドイツ倒産法による統一的な倒産手続において，報告期日は，倒産管財人が倒産債権者に，債務者の経済状況，事業の継続の可能性・再建の見込み，倒産処理計画による倒産処理の可能性，弁済率などを説明するために置かれた重要な第 1 回債権者集会の期日である。

▲**フランス法**（該当規定なし）

第 159 条（債権者集会への報告）　破産管財人は，債権者集会がその決議で定めるところにより，破産財団の状況を債権者集会に報告しなければならない。

◆**アメリカ法**
〔債権者集会への報告〕
◆第 704 条（管財人の義務）
(a)　管財人は，

(1)〜(6)　……,
(7)　裁判所が別段命じない限り，利害関係人の申し立てたところに従い，倒産財団に関する情報及び倒産財団の管理に関する情報を提供しなければならず，
(8)〜(12)　……。

■イギリス法（該当規定なし）

●ドイツ法
●第 79 条（債権者集会に対する報告）
債権者集会は，倒産管財人に対し，事案の状況および業務執行について個別の情報または報告書を要求することができる。債権者委員会が置かれていないときは，債権者集会は，倒産管財人をして，金銭の収支および現金残高を調査させることができる。

▲フランス法（該当規定なし）

第2節　否認権

> <u>第160条（破産債権者を害する行為の否認）</u>　次に掲げる行為（担保の供与又は債務の消滅に関する行為を除く。）は，破産手続開始後，破産財団のために否認することができる。
> 　一　破産者が破産債権者を害することを知ってした行為。ただし，これによって利益を受けた者が，その行為の当時，破産債権者を害する事実を知らなかったときは，この限りでない。
> 　二　破産者が支払の停止又は破産手続開始の申立て（以下この節において「支払の停止等」という。）があった後にした破産債権者を害する行為。ただし，これによって利益を受けた者が，その行為の当時，支払の停止等があったこと及び破産債権者を害する事実を知らなかったときは，この限りでない。
> 2　破産者がした債務の消滅に関する行為であって，債権者の受けた給付の価額が当該行為によって消滅した債務の額より過大であるものは，前項各号に掲げる要件のいずれかに該当するときは，破産手続開始後，その消滅した債務の額に相当する部分以外の部分に限り，破産財団のために否認することができる。
> 3　破産者が支払の停止等があった後又はその前6月以内にした無償行為及びこれと同視すべき有償行為は，破産手続開始後，破産財団のために否認することができる。

▌民事再生法第127条（再生債権者を害する行為の否認）
▌会社更生法第86条（更生債権者等を害する行為の否認）

◆アメリカ法
〔破産債権者を害する行為の否認〕
◆第544条（リエン債権者としての管財人並びに債権者及び買主としての管財人）
(a)　管財人は，事件開始の時において，管財人又は債権者が知っていると否とを問わず，次の者の権利及び権限を有し，又は，次の者によって取り消されうる債務者の財産譲渡行為及び債務負担行為を否認することができる。
　(1)　事件開始の時点で，債務者に対して信用を供与している債権者であって，かつ，現実に存在すると否とを問わず単純契約に基づく債権者が司法上のリエン取得することができたであろうすべての財産の上に司法上のリエンを，その時点で及びその信用供与につき取得する債権者，
　(2)　事件開始の時点で，債務者に対して信用を供与している債権者であって，かつ，その時点で及びその信用供与につき，現実に存在すると否とを問わず，その時点で債務者に対する強制執行令状を取得して執行したが満足を得られない債権者，又は
　(3)　定着物を除き，譲渡がなされ対抗要件が具備されることが適用される法により許された，債務者から不動産を買い受けた善意の買主であって，そのような買受人が現実に存在すると否とを問わず，事件が開始された時点で，善意の買受人

の地位を取得し，かつ，その譲渡の対抗要件を具備していた者。
(b) (1) (2)に規定するところを除き，管財人は，本法第502条に基づき認容される無担保の請求権を有する債権者，又は本法第502条(e)に基づいてのみ認容されることのない無担保の請求権を有する債権者によって，適用される法律により取り消すことができるものとされている債務者による債務者の財産上の権利の移転及び債務負担行為を否認することができる。
(2) (1)は，（第548条により定義される）慈善を目的とする寄付であって，第548条(a)(2)を理由として，第548条(a)(1)(B)の下では対象とされていないものには適用されない。連邦裁判所又は州裁判所において連邦法又は州法に基づく従前の判決の言渡しにおいて示された譲渡された寄付の返還を求めるいかなる者の請求権も，事件の開始によって優先される。

◆第548条（詐害的な財産譲渡及び債務負担）
(a) (1) 管財人は，手続開始の申立書を提出した日の前2年内にされた，債務者の財産における債務者による権利の移転（雇用契約に基づく内部者に対する又は内部者の利益のための移転行為を含む），又は，債務者による債務を負担する行為（雇用契約に基づく内部者に対する又は内部者の利益のための債務を負担する行為を含む）を，それらが債務者自らの意思によったか他者の意思によったかを問わず，次の各号に当たるときは，否認することができる。
　(A) 債務者が，財産譲渡行為若しくは債務負担行為がなされた日又はその日の後に債務者の相手方であった者若しくは債務者の相手方になった者を妨害し（hinder），手続を遅延し（delay），又は欺罔する現実の意図（actual intent）をもって，財産の譲渡又は債務負担行為を行ったとき，又は，
　(B) (i)債務者が，財産の譲渡又は債務負担行為と交換に合理的な等価を下回るものを受領し，かつ，(ii)(I)財産の譲渡が行われた日若しくは債務負担行為が行われた日に債務者が債務超過であった，又は，財産の譲渡若しくは債務負担行為の結果として債務者が債務超過になり，(II)債務者の下に残された財産が相当でない程度に僅少な資産となるような事業若しくは取引行為に債務者が従事していた又は従事しようとしていたとき，(III)弁済期が到来するそれらの債務を弁済できる能力を超えるような債務を負担する意図を債務者がもっていた，又はそうなるであろうと債務者が確信していたとき，又は，(IV)雇用契約が締結されている状況の下で，かつ，事業の通常の取引によらずに，内部者に対して又は内部者の利益のためにそのような財産上の権利を譲渡し，又は，内部者に対して若しくは内部者の利益のためにそのような債務を負担したとき。
(2) 適格のある宗教法人若しくは慈善法人又はその他の機関に対する慈善を目的とする寄付である財産上の権利の譲渡は，次の場合に(1)(b)において対象とされる財産上の権利の譲渡とはみなされない。
　(A) 寄付の金額が寄付として財産上の権利の譲渡がなされる当該年度における

債務者の総収入の額の 15% を超えないとき，又は

(B) 慈善を目的とする寄付をするに際して当該財産上の権利の譲渡が債務者のこれまでの寄付の方式を逸脱していなかったときは，債務者による寄付の金額が(A)に定める総収入の額の当該割合を超えたとき。

(b) パートナーシップである債務者の管財人は，財産の譲渡若しくは債務負担行為がなされた日に債務者が債務超過であったとき，又は，財産の譲渡若しくは債務負担行為がなされた結果として債務者が債務超過になったときは，手続開始の申立書を提出した日に又はその日の前 2 年内に債務者のゼネラル・パートナーに対してなされた財産上の債務者の権利の譲渡又は債務負担行為を，否認することができる。

(c) 本条により否認される財産の譲渡又は債務負担行為が第 544 条，第 545 条又は第 547 条により否認される限度を除いて，価値に相応するものをかつ善意で受け取った財産譲渡の受益者又は債務者の債務負担行為により債権者となった者は，譲渡された財産の上にリエンを有し又は譲渡された権利を保有することができ，又は，負担された債務を，受益者又は債権者となった者が財産の譲渡又は債務負担行為と交換に債務者に対し価値を与えた限度において，通常そうであるように，実現することができる。

(d) (1) 本条との関係では，適用される法により財産譲渡につき対抗要件を具備することを認められたところの債務者からその財産を買い受けた善意の買主（bona fide purchaser）がその財産の譲渡を受けた譲受人の権利に優先する権利を取得できないとされる程度に，その対抗要件を具備するに至ったとする時に，財産の譲渡がなされたものとする。ただし，事件が開始される前にその財産譲渡の対抗要件が具備されていないときは，手続開始の申立書が提出された日の直前に財産の譲渡がなされたものとする。

(2) 本条において，

(A) 「価値（value）」とは，財産及び債務者の現存の債務若しくは過去に存在した債務の満足又はその担保をいうものとするが，債務者又はその親族の生計維持のためのまだ履行されていない給付約束を含まず，

(B) 本法第 101 条，第 741 条又は第 761 条に定義される証拠金（margin payment），又は本法第 101 条又は第 741 条に定義される決済精算金（settlement payment）を受領する商品取引仲買商（commodity broker），先物商品取引商（forward contract merchant），株式仲買商，金融機関，買付人（financial participant）又は証券決済機関は，その受領した金額の限度で，価値の給付を受けたものとし，

(C) 買戻契約（repurchase agreement）に関して，本法第 741 条若しくは第 761 条において定義される証拠金又は本法第 741 条において定義される決済精算金を受け取る買戻人（repo participant）又は買付人は，その受領した金額の限度で，価値の給付を受けたものとし，

(D) スワップ契約に関係して財産の譲渡を受けたスワップ契約の相手方又は買

付人は，その譲渡された財産の限度において価値を受け取ったものとし，

(E) master net agreement 又はこれにより対象とされているその他の個別の契約に関係して，譲渡された財産を受領する master net agreement に参加した者は，譲渡された財産の限度において価値の給付を受けたものとする。ただし，master net agreement により対象とされている個別の契約による財産の譲渡について，当該 master net agreement に参加した者がさもなければその財産の譲渡により価値の給付を受けたことにはならない（又はさもなければ価値の給付を受けたとはみなされない）限度においては，この限りではない。

(3) 本条において，「慈善を目的とする寄付」とは，1986 年内国歳入法第 170 条(c)において定義される慈善を目的とする寄付をいい，その寄付が，(A)個人によってなされ，かつ，(B)(i)（1986 年内国歳入法第 731 条(c)(2)(C)において定義される）有価証券又は(ii)現金から構成されるものをいう。

(4) 本条において，「適格のある宗教団体若しくは慈善団体又は機関」とは，(A) 1986 年内国歳入法第 170 条(c)(1)において規定される法人，又は，(B) 1986 年内国歳入法第 170 条(c)(2)において規定される法人又は機関をいう。

(e) (1) 管財人が別段に否認することができる財産譲渡行為に加えて，管財人は，手続開始の申立書が提出された日に又はその前 10 年内になされた債務者の財産上の権利の譲渡行為を，次の場合には否認することができる。

　(A) 財産の譲渡が自己設定信託（self-settled trust）又はこれに類する方法によりなされ，

　(B) 財産の譲渡が債務者によってなされ，

　(C) 債務者がその信託又はこれに類する方法の受益者であり，かつ，

　(D) 債務者が，財産譲渡行為がなされた日又はその日の後に債務を負い又は債務を負うことになった，債務者の相手方である者を妨害し（hinder），手続を遅延し（delay），又は欺罔する現実の意図（actual intent）をもって，その財産の譲渡を行ったとき。

(2) 本号との関係では，財産の譲渡には，以下の事由により，又は債務者が負担することを確信していた次の事由により，金銭支払いの給付判決，和解，民事罰，衡平法上の命令又は罰金を見越してなされた財産の譲渡を含む。

　(A) （1934 年連邦証券取引法第 3 条(a)(47)（15 U.S.C.78c (a)(47)）に定義される）証券法，州の証券法，又は，連邦証券法若しくは州証券法に基づいて発せられる規則（regulations）又は命令に違反したこと，又は

　(B) 信任に基づく資格おいてなされ，又は 1934 年連邦証券取引法第 12 条若しくは第 15 条(d)（15 U.S.C.78l 及び 78o (d)）又は 1933 年連邦証券法第 6 条（15 U.S.C.77f）により登録された証券の売買に関連する詐欺，欺罔又は相場操縦によったこと。

《関連条文》

◆第101条

(1)〜(31) ……

(32) 債務超過 (insolvent) とは，(A)パートナーシップ及び地方公共団体を除くものについては，(i)隠匿，権利実行の遅延又は債権者を欺罔する意図をもって譲渡され，隠匿され，又は除外された財産，及び(ii)本法第522条により倒産財団の財産から除外することができる財産を除いて，公正な評価額でのすべての財産の総額を，負っている債務の総額を超える財産状況をいい，(B)パートナーシップについては，負っている債務の総額が，(i)本項(A)(i)に定める種類の財産を除いて，当該パートナーシップのすべての財産，及び(ii)本項(A)に定める種類の財産を除いて，各ゼネラルパートナーの有する財産でパートナーシップに属しない財産の価額から，そのパートナーの負っている債務でパートナーシップが負っているものでない債務の額を控除した額の合計額を，公正な評価により超える財産状況をいい，(C)地方公共団体については，(i)債務が善意に関する争いの対象となっていない限りにおいて，弁済期の到来した債務を一般的に支払っていない，又は(ii)弁済期の到来した債務を支払うことができない財産状況をいう。

◆第549条（手続開始の申立て後における取引行為）

(a) 本条(b)又は(c)に規定されるところを除き，管財人は，倒産財団の次の財産の譲渡を否認することができる。

(1) 事件開始後になされた財産譲渡行為，及び

(2) (A)本法第303条(f)又は第542条(c)の下でのみ認められている財産譲渡，又は(B)本法により又は裁判所によって認められていない財産譲渡。

(b) 債務者以外の者による手続開始の申立てによる事件において，受益者が事件の通知を受け又は事件を知っていたにもかかわらず，事件開始前に生じた債務につき役務を含むがその満足又は担保を含まない何らかの価値がその財産譲渡と交換に事件の開始後に与えられた限度において，管財人は，事件開始後であって救済命令が発せられる前になされた財産譲渡を，本条(a)により否認することはできない。

(c) 管財人は，事件の開始を知らないでかつ公正で相当な時価を支払った善意の買主に対する不動産の権利の譲渡を，かかる不動産の権利の譲渡が対抗要件を具備し善意の買主に対し適用ある法がそのような譲渡について対抗要件を具備することを許した場合で，かかる善意の買主の権利に優先する権利を善意の買主が取得できないほどに登録され対抗要件が具備された場合にあっては，所轄の登録事務所に手続開始申立書の謄本又は通知が提出されていない限り，本条(a)により否認することができない。事件の開始を知らないかつ公正で相当な時価を下回る価額を支払った善意の買主は，かかる財産の譲渡について対抗要件を具備する前に所轄の登録事務所に手続開始申立書の謄本又は通知が提出されない限り，支払われた現在価額の限度において譲渡された財産の上にリエンを有する。

(d) 本条による訴訟又は手続は，次のいずれかの早い時期が到来したときは，その

時期以後は開始することができない。
　(1)　否認されることが求められている譲渡行為のあった日の後2年，又は
　(2)　事件が終結し又は棄却された時

■イギリス法
（会　社）
■第238条（不当安価取引）
　1　本条は，以下に掲げる場合に適用される。
　(a)　会社が会社管理の手続にはいったとき
　(b)　会社が清算手続にはいったとき
　「権限を有する者」とは，管理人又は清算人をいう。
　2　会社が（第240条で規定された）問題の時期においてある者と不当に安価な取引を行ったときは，権限を有する者は，本条の規定に基づく命令を裁判所に申し立てることができる。
　3　次項以下に定めるところに従い，裁判所は，前項の申立てに基づいて，会社が当該取引を行わなかったならば得られたであろう地位を回復するために適切と考える命令を発しなければならない。
　4　本条及び第241条に関して，会社がある者と不当に安価な取引を行ったとは，以下に掲げる場合をいう。
　(a)　会社がその者に贈与を行うか，又は対価を受けないという条件でその者と取引を行ったとき
　(b)　会社がその者と，会社が提供するよりも金銭的に又は金銭的価値において相当に低い対価による取引を行ったとき
　5　裁判所は，以下に掲げる事由を確信した場合には，不当安価取引について本条の規定に基づく命令を発することができない。
　(a)　会社が善意かつ事業を継続する目的で当該取引を行い，
　(b)　当該取引がなされた時点で，それが会社の利益になると信ずるに足りる合理的な理由が存在したこと

■第240条（第238条又は第239条における「問題の時期」）
　1　次項に定めるところに従い，以下に掲げる期間内に会社が不当安価取引を行ったか又は優先的地位を与えたときは，会社は，問題の時期に不当安価取引を行ったか又は優先的地位を与えたものとする。
　(a)　不当安価取引又は会社と関連のある者（被用者であるという関連しかない者を除く）に与えられた優先的地位については，（第3項において定義されている）倒産の開始前の2年間
　(b)　(a)号に掲げるものに該当しない優先的地位については，倒産の開始前の6カ月間

(c)　(a)号又は(b)号に掲げるもののいずれについても，会社に関する会社管理の申立てがなされてから当該申立てに基づいて管理命令が発令されるまでの期間
　　(d)　(a)号又は(b)号に掲げるもののいずれについても，附則B1の第14項又は第22項の下で管理人を選任する意思の通知が裁判所に提出されてから同項の下で選任がなされるまでの期間
2　会社が前項(a)号若しくは(b)号に掲げる期間内に不当安価取引を行うか又は優先的地位を与えたときは，以下に掲げる場合を除き，その時期は第238条又は第239条にいう問題の時期ではないものとする。
　　(a)　会社がその時期に，第Ⅳ編第Ⅵ章の第123条の意味において債務を支払うことができない状態であったとき
　　(b)　会社が，当該取引又は優先的地位の結果，同条の意味において債務を支払うことができなくなったとき
　ただし，反対の事実が証明されない限り，会社が会社と関連のある者との間で行った不当安価取引に関しては，本項の［(a)又は(b)の］要件は満たされたものと推定する。
3　第1項における倒産の開始とは，以下の各号に掲げる日をいう。
　　(a)　管理命令によって会社の管理人が選任されたことを理由として第238条又は第239条が適用される場合には，管理の申立てがなされた日
　　(b)　附則B1第14項又は第22項の下で会社の管理人を選任する意思の通知が裁判所に提出されて管理人が選任されたことを理由として第238条又は第239条が適用される場合には，当該通知が提出された日
　　(c)　(a)号又は(b)号所定の場合以外で会社の管理人が選任されたことを理由として第238条又は第239条が適用される場合には，管理人の選任が発効した日
　　(d)　EC規則第37条により会社管理が清算に移行したのちに，又は管理人の選任が効力を停止した時に会社が清算手続にはいったことを理由として第238条又は第239条が適用される場合には，会社が管理の手続にはいった日（または，管理命令の申立てがなされた日若しくは管理人を選任する意思の通知が提出された日）
　　(e)　その他の時期に会社が清算手続にはいったことを理由として第238条又は第239条が適用される場合には，清算手続が開始された日

■第249条（会社と「関連している」）
　この群［注：会社の倒産に関する第Ⅰ編から第Ⅶ編までを指す］の規定に関しては，以下に掲げる場合に，ある者は会社と関連している。
　　(a)　会社の取締役若しくは影の取締役であるか，又は取締役若しくは影の取締役の関係者であるとき

(b)　会社の関係者であるとき

「関係者」とは，本法第ⅩⅧ編の第 435 条によって与えられた意味を有する。

■第 251 条（一般的に用いられる表現）

……

「影の取締役」は，会社に関しては，会社の取締役がその者の命令又は指示に従って行動する慣行がある者をいう（ただし，会社の取締役が，その者が専門家の資格において与える助言に基づいて行動するにとどまるときは，その者は，影の取締役とはみなされない）

　（自然人）

■第 339 条（不当安価取引）

1　本条の次項以下及び第 341 条，第 342 条に定めるところに従い，自然人が破産者と宣告され，（第 341 条で規定された）問題の時期にある者と不当に安価な取引を行ったときは，破産管財人は，本条の規定に基づく命令を裁判所に申し立てることができる。

2　裁判所は，前項の申立てに基づいて，当該自然人が当該取引を行わなかったならば得られたであろう地位を回復するために適切と考える命令を発しなければならない。

3　本条及び第 341 条，第 342 条に関して，自然人がある者と不当に安価な取引を行ったとは，以下に掲げる場合をいう。

　(a)　当該自然人がその者に贈与を行うか，又は対価を受けないという条件でその者と取引を行ったとき

　(b)　婚姻又は民事上のパートナーシップの形成を対価として，その者と取引を行ったとき

　(c)　当該自然人がその者と，自らが提供するよりも金銭的に又は金銭的価値において相当に低い対価による取引を行ったとき

■第 341 条（第 339 条又は第 340 条における「問題の時期」）

1　次項以下に定めるところに従い，以下に掲げる期間内に自然人が不当安価取引を行ったか又は優先的地位を与えたときは，当該自然人は，問題の時期に不当安価取引を行ったか又は優先的地位を与えたものとする。

　(a)　不当安価取引については，当該自然人の破産宣告を生ぜしめた破産申立書が提出された日までの 5 年間

　(b)　不当安価取引に該当しない優先的地位であって，当該自然人の関係者（当該自然人の被用者であるという関連しかない者を除く）に与えられたものについては，前号に定める日までの 2 年間

　(c)　不当安価取引に該当しないその他の優先的地位については，(a)号に定める日までの 6 カ月間

2　自然人が前項(a)号，(b)号若しくは(c)号に掲げる期間内に不当安価取引を行う

か又は優先的地位を与えたときは，（不当安価取引については，前項(a)号に掲げる日までの2年内でなければ），以下に掲げる場合を除き，その時期は第339条又は第340条にいう問題の時期ではないものとする。
　　(a)　当該自然人がその時期に支払不能であったとき
　　(b)　当該自然人が，当該取引又は優先的地位の結果，支払不能になったとき
　ただし，反対の事実が証明されない限り，自然人がその関係者（当該自然人の被用者であるという関連しかない者を除く）との間で行った不当安価取引に関しては，本項の［(a)又は(b)の］要件は満たされたものと推定する。
　3　前項に関して，自然人が支払不能であるとは以下に掲げる場合をいう。
　　(a)　弁済期の到来した債務を支払うことができないとき
　　(b)　不確定な将来の責任を考慮して，資産の価値が責任の額を下回っているとき

（会社・自然人に共通）
■**第423条（債権者を詐害する取引）**
　1　本条は，不当な安価で行われた取引に関する。
　以下に掲げる場合に，ある者は他の者とかかる取引を行ったものとする。
　　(a)　他の者に贈与を行うか，又は対価を受けないという条件で他の者と取引を行ったとき
　　(b)　婚姻又は民事上のパートナーシップの形成を対価として，他の者と取引を行ったとき
　　(c)　他の者と，自らが提供するよりも金銭的に又は金銭的価値において相当に低い対価による取引を行ったとき
　2　ある者が前項の取引を行ったときは，裁判所は，次項の要件が満たされている場合には，
　　(a)　当該取引が行われなかったならば得られたあろう地位を回復し
　　(b)　当該取引によって被害を受けた者の利益を保護するために，
適切と考える命令を発することができる。
　3　第1項の取引を行った者については，以下に掲げる目的で当該取引が行われたことを裁判所が確信した場合に限り，命令を発することができる。
　　(a)　その者に対して請求をしている者又は将来のある時期に請求をなしうる者が資産を追及できないようにすること
　　(b)　(a)号に掲げる者が現にしている請求又はすることのできる請求に関して，その者の利益を害すること
■**第424条（前条の規定に基づく命令を申し立てることのできる者）**
　1　前条の規定に基づく命令の申立ては，以下に掲げる場合を除き，取引に関してこれを行うことができない。
　　(a)　債務者が，破産の宣告を受けた者，又は清算手続若しくは会社管理の手続が

日・◆米・■英・●独・▲仏　　　　　　　　破産法第160条（破産債権者を害する行為の否認）

行われている法人である場合には，管財官，破産管財人，法人の清算人若しくは管理人又は取引によって被害を受けた者（であって裁判所の許可を得たもの）によって申立てがなされたとき
(b) 取引によって被害を受けた者が本法第Ⅰ編又は第Ⅷ編の規定によって承認された任意整理に拘束される場合には，任意整理の監督者又は（任意整理に拘束されるか否かを問わず）取引によって被害を受けた者によって申立てがなされたとき
(c) 前2号以外の場合には，取引によって被害を受けた者によって申立てがなされたとき
2　前項各号の規定に基づいてなされた申立ては，取引によって被害を受けた者全員のためになされたものとみなす。

■第435条（「関係者」の意味）
1　本法に関して，ある者が他の者の関係者であるか否かは，本条の次項以下の規定に従って決定されるものとする（ある者が他の者の関係者であるという定めは，それらの者が互いに関係者であることを意味するものとみなす）。
2　以下に掲げる者は，ある自然人の関係者である。
(a) その自然人の夫，妻又は民事上のパートナー
(b) 以下の者の親族
　(i) その自然人
　(ii) その自然人の夫，妻又は民事上のパートナー
(c) 以下の者の親族の夫，妻又は民事上のパートナー
　(i) その自然人
　(ii) その自然人の夫，妻又は民事上のパートナー
3　ある者は，その者とパートナーシップを構成している者の関係者であり，その者とパートナーシップを構成している自然人の夫，妻，民事上のパートナー又は親族の関係者である。スコットランドの商事組合は，その構成員の関係者である。
4　ある者は，その者が雇傭する者，又はその者を雇傭する者の関係者である。
5　以下に掲げるものを除く信託の受託者は，当該信託の受益者に含まれている者又はその者の関係者の関係者である。当該信託の条項により他の者のために権限を行使することが認められている場合の他の者又は他の者の関係者に対しても，同様とする。
(a) 本法第2群の規定又は1985年破産（スコットランド）法の規定に基づいて生じた信託
(b) 年金計画又は従業員共同出資計画
6　以下に掲げる場合には，会社は他の会社の関係者である。
(a) 同じ者が双方の会社を支配しているとき，又は一方の会社をある者が支配しており，他方の会社をその者の関係者である者若しくはその者及びその者

の関係者である者が支配しているとき
　(b)　2人以上の者から成る団体がそれぞれの会社を支配しており，その団体が同一の者によって構成されているか，又は（1つまたはそれ以上の場合に）いずれかの団体の構成員をその者の関係者と交代させれば同一の者によって構成されているとみなされるとき
7　ある者が会社を支配しているか，又はある者がその者の関係者とともに会社を支配しているときは，会社はその者の関係者である。
8　本条に関しては，以下に掲げるところに従い，ある自然人の兄弟姉妹，おじ・おば，甥・姪，直系尊属又は直系卑属である者は，その自然人の親族である。
　(a)　半血関係は，全血関係と同様に扱い，継子又は養子は，子として扱う。
　(b)　非嫡出子は，その母及び父と称せられる者の嫡出子として扱う。
本条において夫又は妻というときは，従前の夫又は妻及び夫又は妻と称せられる者を含み，民事上のパートナーというときは，従前の民事上のパートナー及び民事上のパートナーと称せられる者を含む。
9　本条に関しては，会社の取締役又はその他の役員は，会社によって雇傭されているものと扱う。
10　本条に関しては，以下に掲げる場合に，ある者は会社を支配しているものとみなす。
　(a)　会社の取締役又はその会社を支配している他の会社の取締役（又はそれらの取締役の1人）が，その者の命令又は指示に従って行動する慣行があるとき
　(b)　会社又はその会社を支配している他の会社の株主総会において，その者が議決権の3分の1以上を行使する権利があるか，又はかかる議決権の行使を支配しているとき
2人以上の者がともに(a)(b)いずれかの要件を満たしているときは，それらの者は会社を支配しているものとみなす。

【コメント】
1.　1986年倒産法は，否認について会社と自然人とで別個の規定の適用を予定している。ただし，内容的には重なり合う部分が多い。会社，自然人に共通の否認の類型としては，以下のものがある（本条に関して掲げた条文は，(1)および(4)に関するものである）。
　(1)　不当安価取引（transaction at an undervalue）（会社238条，自然人339条）
　たとえば，財産の廉売のように，不当に低い対価においてなされた行為を対象とする。
　わが国の分類では，詐害行為に対応する。
　(2)　偏頗行為（preference）（会社239条，自然人340条）
　特定の債権者を優遇する目的でなされた行為を対象とする。
　わが国の偏頗行為に対応する。
　(3)　強要的信用取引（extortionate credit transaction）（会社244条，自然人343条）
　法外な支払を要求する信用取引については，1974年消費者信用法第137条から第139条まで

日・◆米・■英・●独・▲仏　　　　　　　　　破産法第160条（破産債権者を害する行為の否認）

によって，債務者が裁判所に対して交渉のやり直しを求める手続が認められている。

　倒産が開始される前の3年間にそのような取引が行われていた場合には，清算人，管財人等がこの手続を援用して，債務の全部または一部を否認することができる。

　(4) 債権者を詐害する取引 (transaction defrauding creditors)（423条から425条まで）

　(1)と同様に不当安価取引を対象とするが，債務者が債権者を詐害する意図で行ったことという主観的要件を必要とする点において異なる。

　かつて，1925年財産権法172条に規定されていた詐害的譲渡（fraudulent conveyance）を倒産法に取り込んだものであり，清算人又は管財人のほか，行為によって被害を受けた者（victim of the transaction）も権利行使をすることができる。

　わが国の詐害行為取消権又は破産法第160条第1項第1号の否認に類似する。

2. (1)の不当安価取引が否認されるためには，問題の取引行為が倒産前の一定の時期に行われ，かつ，その時期において会社又は自然人債務者が無資力であったか，又は当該取引行為によって無資力になったことが必要であるが，当該取引行為が会社又は自然人債務者と特定の関係にある者との間で行われたときには，この要件の存在が推定されている（倒産法第240条第2項，第341条第2項）。こうした債務者会社・自然人と特定の関係にある者は，会社の取締役，影の取締役，これらの者の関係者，及び会社の関係者，並びに自然人の関係者である（倒産法第249条，第341条第2項）。「影の取締役」は，会社の取締役ではないが，取締役の行動に対して影響を与えることのできる者である（第251条）。会社又は自然人の「関係者」については，第435条に定義がある。

●ドイツ法

●第129条（原則）

　倒産管財人は，第130条から第146条までに定めるところにより，倒産手続の開始前になされた法的な行為であって，倒産債権者を害するものを否認することができる。

　2　不作為は法的な行為と同視される。

●第130条（本旨弁済）

　倒産債権者に担保または弁済を与えまたは可能にする法的な行為は，以下に掲げる場合においては，否認することができる。

　一　倒産手続の開始申立て前3カ月以内になされたものであって，行為の当時，債務者が支払不能でありかつ債権者が支払不能を知っていたとき。

　二　開始申立て後になされたものであって，行為の当時，債権者が支払不能または開始申立てを知っていたとき。

　本項の規定は，法的行為が，担保合意において定められている，被担保債権の価額と提供された担保との間の一定の比率関係を回復するために，金融機関法1条17号に定める金融担保を設定し，別の金融担保を担保を設定し，または追加する義務を含む担保合意に基づく場合（差額担保）には，適用しない

　2　必然的に支払不能または開始申立てを招来するような事情を知っていたときは，支払不能または開始申立てを知っていたものと同視される。

　3　行為の当時債務者と親密であった者（第138条）は，支払不能または開始申

● 第 132 条（直接的な侵害行為）
　倒産債権者を直接に害する債務者の法律行為は，以下に掲げる場合においては，否認することができる。
　　一　倒産手続の開始申立て前 3 カ月以内になされたものであって，法律行為の当時，債務者が支払不能であって，かつ相手方が支払不能を知っていたとき。
　　二　開始申立て後になされたものであって，法律行為の当時，相手方が支払不能または開始申立てを知っていたとき。
　2　債務者のその他の法的な行為は，それにより，債務者が権利を失い若しくは権利を主張することができなくなるとき，または，債務者に対する財産権上の請求権が維持されまたは強制可能なものとなるときは，債権者を害する法律行為と同視される。
　3　第 130 条第 2 項および第 3 項の規定は，本条の規定による否認に準用する。

● 第 133 条（故意による侵害行為）
　債務者が，倒産手続の開始申立て前 10 年以内または開始申立て後に，債権者を害する意図をもってした法的な行為は，相手方がその行為の当時債務者の意図を知っていたときには，否認することができる。相手方が，債務者に支払不能のおそれがあり，その行為が債権者を害するものであることを知っていたときは，債務者の意図を知っていたものと推定する。
　2　債務者がその親密な者（第 138 条）との間で締結した有償契約が，倒産債権者を直接に害するものであるときは，否認することができる。ただし，その契約が倒産手続の開始申立て前 2 年より前に締結されたものであるとき，または，相手方が，契約締結の当時債務者の債権者を害する意図を知らなかったときは，この限りでない。

● 第 134 条（無償給付）
　債務者による無償の給付は否認することができる。ただし，倒産手続の開始申立て前 4 年より前になされたものであるときは，この限りでない。
　2　給付が，習慣的な時節の贈答を目的とした低額のものであるときは，否認することができない。

● 第 135 条（社員貸付）
　第 39 条 1 項 5 号に定める社員の貸付けの返還を求める債権またはこれに相当する債権について，以下に掲げる法的な行為がなされたときは，否認することができる。
　　一　倒産手続の開始申立て前 10 年以内または開始申立後になされた，担保を供与する行為。
　　二　倒産手続の開始申立て前 10 年以内または開始申立後になされた，弁済を提供する行為。

2　会社が，第1項第2号に定める期間において，貸付けの返還請求権につき，第三者に対して満足を与えた法的行為は，社員がその債権につき担保を設定し又は保証人として責任を負担した場合には，否認することができる。貸付けに経済的に相当する債権についてした給付についても，同様とする。

3　社員が債務者に対し，目的物の使用又は行使を許していた場合において，目的物が債務者の事業の継続にとくに重要であるときは，取戻権は，倒産手続の期開中は，しかし最長でも倒産手続の開始から1年間，これを行使することができない。目的物の使用又は行使につき，社員には補償がなされる。補償額の算定については，倒産手続開始前1年間に支払われた対価の平均を基準とし，使用・行使を許した期間がそれより短い場合にはその期間の平均を基準とするものとする。

4　第39条4項及び5項を準用する。

●第138条（債務者と親密な者）

債務者が自然人であるときは，以下に掲げる者を債務者と親密な者とする。

一　債務者の配偶者（婚姻が，法的な行為の後に成立したときおよび行為の前1年以内に解消されたときを含む）。

一a　債務者の同棲者（同棲が，法的な行為の後に成立したときおよび行為の前1年以内に解消されたときを含む）

二　債務者，債務者の第1号に掲げる配偶者または第1a号に掲げる同棲者の尊属および卑属，債務者，債務者の第1号に掲げる配偶者または第1a号に掲げる同棲者の同父母若しくは異父母の兄弟姉妹，ならびにこれらの者の配偶者。

三　債務者の同居人，行為前1年以内に債務者と同居していた者および債務者との雇用契約関係に基づき債務者の経済状態を知り得た者

四　法人または法人格なき社団で，債務者または第1号から第3号までに該当する者がその代表機関もしくは監査機関の構成員であるか，無限責任社員であるか，その資本の4分の1以上を有しているか，もしくは以上に相当する会社法上もしくは雇用契約上の関係に基づき債務者の経済状態を知り得たもの

2　債務者が法人または法人格なき組合・会社であるときは，以下に掲げる者を債務者と親密な者とする。

一　債務者の代表機関または監査機関の構成員，債務者の無限責任社員および債務者の資本につき4分の1以上の持分を有する者。

二　これに類する債務者との間の会社法上または雇用契約上の関係に基づいて，債務者の財務状態について知る機会を有する者。

三　第1号および前号に掲げる者との間に第1項に掲げる人間関係を有する者。ただし，第1号および前号に掲げる者が，法律の規定に基づいて，債務者の業務について黙秘の義務を負っているときは，この限りでない。

●第139条（手続開始の申立て前の期間の算定）

第88条および第130条から第136条までの規定が定める期間は，倒産手続の開

始申立てが倒産裁判所になされた日と同じ数を持つ日の午前零時から起算される。この日が欠けるときは，期間はそれに続く日の午前零時から起算される。

2 開始申立てが重複した場合には，手続が後の申立てに基づいて開始されたときであっても，最初のかつ理由ある申立てがなされた日を基準とする。その棄却が確定した申立ては，財団不足を理由として棄却された場合に限り，斟酌される。

●第140条（法的行為の実施の時）

法的な行為は，その効力が生ずる時に行われたものとみなす。

2 法律行為の効力が発生するために，土地登記簿，船舶登記簿若しくは造船中船舶登記簿への登記または航空機抵当権登録簿への登録を要するときは，それ以外の法律行為の効力要件が具備され，債務者の意思表示が債務者にとって拘束力を持ち，かつ相手方が権利変動の登記または登録を申請したときに直ちに，その法律行為が行われたものとみなす。権利変動を求める権利を保全するための仮登記または仮登録の申立てがなされたときは，前文の規定は，この申立てを権利変動の登記または登録の申立てに読み替えた上で，適用する。

3 条件または期限付きの法的行為においては，条件の成就または期間の経過は斟酌しないものとする。

●第142条（現金取引）

債務者による給付の対価として，直接にそれと等価値の反対給付が債務者の財産内に流入している場合には，第133条第1項の要件が存在するときにのみ，否認することができる。

【コメント】 ドイツ倒産法は，旧破産法と比べて，否認の対象となる行為の範囲を時期の点で拡大している。また，時期的な範囲を定める規定において，その起算点を一律に倒産申立ての時とすることによって（130条1項1号，132条1項1号，133条1項1文，134条1項，135条1号），規律を単純化し（旧破産法では，規定により，破産宣告時，支払停止時または破産申立て時が基準とされていて不統一であった），また，倒産申立ての審理に時間がかかった場合に否認が困難となることを避けている。また，旧破産法では，要件として支払停止（の認識）を問題にしていたが，倒産法はこれに代えて支払不能（の認識）を要件としている（130条1項2号，132条1項1号，133条1項，137条2項）。これは，債務者が支払不能であるにもかかわらず，一部の債権者に弁済をしていて支払停止とはいえない状態でした行為も否認の対象とする必要があるため，なされた改正である（BR-Drucks. 1/92 S.157 f.）。

倒産法133条2項は，債務者が「親密な者」との間でした行為を対象とする否認を，証明責任の点で強化している。135条は，破産法旧32a条と異なり，有限会社法を引用せずに，端的に「社員の資本代替的な貸付」と規定することで，合名会社や合資会社，さらには株式会社の場合にも適用されうるものであることを明らかにした（BR-Drucks. 1/92 S.161）。136条は，従来の商法237条を倒産法に取り込んだものである。

138条は，旧破産法31条が証明責任の転換をして否認権を強化する際の要件としていた「近親者」の概念を拡張している。同条1項3号は，とくに婚姻をしていない同棲関係にある者を「親密な者」に含める趣旨であり，さらに同条2項は，自然人以外の債務者の場合にその役員や被用者を「親密な者」に含めることで，さらに否認権を強化するものである。

142条は，債務者が危機時期にした現金取引（債務者がした給付と等価値の反対給付が同時履行かそれと同視できる近接した時点でなされた場合）を危機否認の対象外とするものであり，旧破産法には規定がなかったが，判例・学説で認められてきた理論を明文化する趣旨である。

▲フランス法
【コメント】　フランス法には，「否認権」という考え方はないが，これに相当する，いわゆる「疑わしき期間（période suspecte）」内にされた行為の効力に関する規定がある。

「疑わしき期間」は，判決で確定された「支払停止日」（手続開始判決から最大18カ月前までの範囲で，裁判所が確定する）から「手続開始判決」までの期間でぁる。

第632-1条に限定列挙されている行為は，当然無効（nullité de droit）とされる。

列挙された行為には，財団財産を減少させる行為と，債権者の平等を害する行為が含まれている。旧第621-108条（第632-2条）は，裁判所の専権的な評価（裁判）に委ねられるもの，すなわち裁量無効（nullité facultative）とされるものである。

なお，当然無効とされる無償行為には，他人の債務の保証を含む。

▲第641-14条第1段（前掲・第149条参照）

▲第632-1条

Ⅰ．以下に掲げる行為は，支払停止の日以後に行われた場合には，無効である：

1°　動産または不動産の所有権を無償で移転するすべての行為；

2°　債務者の義務が相手方当事者の義務を著しく超過するあらゆる契約；

3°　（略）；

4°　（略）；

5°　既判力（force de chose jugée）を有する裁判がない場合に，民法典第2075条の1の適用の下でされた金銭のあらゆる寄託または供託；

6°　（略）；

7°　その登記または差押行為が支払停止の日以前であるものを除く，あらゆる保全処分。

Ⅱ．裁判所は，また，《第Ⅰ項第1号》に規定する無償行為で，支払停止の日に先行する6月内にされたものを無効とすることができる。

第161条（相当の対価を得てした財産の処分行為の否認）
破産者が，その有する財産を処分する行為をした場合において，その行為の相手方から相当の対価を取得しているときは，その行為は，次に掲げる要件のいずれにも該当する場合に限り，破産手続開始後，破産財団のために否認することができる。

一　当該行為が，不動産の金銭への換価その他の当該処分による財産の種類の変更により，破産者において隠匿，無償の供与その他の破産債権者を害する処分（以下この条並びに第168条第2項及び第3項において「隠匿等の処分」という。）をするおそれを現に生じさせるものであること。

二　破産者が，当該行為の当時，対価として取得した金銭その他の財産について，隠匿等の処分をする意思を有していたこと。

三　相手方が，当該行為の当時，破産者が前号の隠匿等の処分をする意思を有していたことを知っていたこと。

2　前項の規定の適用については，当該行為の相手方が次に掲げる者のいずれかであるときは，その相手方は，当該行為の当時，破産者が同項第2号の隠匿等の処分をする意思を有していたことを知っていたものと推定する。

一　破産者が法人である場合のその理事，取締役，執行役，監事，監査役，清算人又はこれらに準ずる者

二　破産者が法人である場合にその破産者について次のイからハまでに掲げる者のいずれかに該当する者

　イ　破産者である株式会社の総株主の議決権の過半数を有する者

　ロ　破産者である株式会社の総株主の議決権の過半数を子株式会社又は親法人及び子株式会社が有する場合における当該親法人

　ハ　株式会社以外の法人が破産者である場合におけるイ又はロに掲げる者に準ずる者

三　破産者の親族又は同居者

▌民事再生法第127条の2（相当の対価を得てした財産の処分行為の否認）
▌会社更生法第86条の2（相当の対価を得てした財産の処分行為の否認）

◆アメリカ法
⇒日本法第160条の項における◆第548条及び第549条参照。

■イギリス法（該当規定なし）

●ドイツ法（該当規定なし）

▲フランス法（該当規定なし）

日・◆米・■英・●独・▲仏　　　　　破産法第162条（特定の債権者に対する担保の供与等の否認）

<u>第162条（特定の債権者に対する担保の供与等の否認）</u>　次に掲げる行為（既存の債務についてされた担保の供与又は債務の消滅に関する行為に限る。）は，破産手続開始後，破産財団のために否認することができる。
　一　破産者が支払不能になった後又は破産手続開始の申立てがあった後にした行為。ただし，債権者が，その行為の当時，次のイ又はロに掲げる区分に応じ，それぞれ当該イ又はロに定める事実を知っていた場合に限る。
　　イ　当該行為が支払不能になった後にされたものである場合　支払不能であったこと又は支払の停止があったこと。
　　ロ　当該行為が破産手続開始の申立てがあった後にされたものである場合　破産手続開始の申立てがあったこと。
　二　破産者の義務に属せず，又はその時期が破産者の義務に属しない行為であって，支払不能になる前30日以内にされたもの。ただし，債権者がその行為の当時他の破産債権者を害する事実を知らなかったときは，この限りでない。
2　前項第1号の規定の適用については，次に掲げる場合には，債権者は，同号に掲げる行為の当時，同号イ又はロに掲げる場合の区分に応じ，それぞれ当該イ又はロに定める事実（同号イに掲げる場合にあっては，支払不能であったこと及び支払の停止があったこと）を知っていたものと推定する。
　一　債権者が前条第2項各号に掲げる者のいずれかである場合
　二　前項第1号に掲げる行為が破産者の義務に属せず，又はその方法若しくは時期が破産者の義務に属しないものである場合
3　第1項各号の規定の適用については，支払の停止（破産手続開始の申立て前1年以内のものに限る。）があった後は，支払不能であったものと推定する。

▮民事再生法第127条の3（特定の債権者に対する担保の供与等の否認）
▮会社更生法第86条の3（特定の債権者に対する担保の供与等の否認）

◆アメリカ法
◆第547条（偏頗行為）
(a)　本条において，
(1)　「棚卸資産」とは，賃貸され又は賃貸物件に備えられている財産，売却又は賃貸のために保有される財産，又は，役務，原材料，仕掛品又は穀物若しくは家畜のような売却又は賃貸のために保有される農産物を含む，事業において使用又は消費される物品に関する契約により提供されることになっている人的財産をいう。
(2)　「新たな価値（new value）」とは，適用される法に基づき，債務者又は管財人によって否認されておらず若しくは否認できるともされていない取引における譲受人に対して従前に譲渡された財産の譲渡人が提供した金銭又は物品，役務若しくは新たな与信における金銭的価値をいい，それらの財物の換価物を含むものをいう。ただし，既存の債務に代替された債務を含まない。
(3)　「受取勘定（receivable）」とは，支払を受ける権利をいい，その権利が履行に

よって得られたものであると否とを問わない。
　(4)　租税債務とは，延滞金を付加することなく最終の納付をなすべき日現在に負担しているものをいい，猶予期間内のものも含むものをいう。
(b)　本条(c)及び(i)に規定されるところを除き，管財人は，債務者の次の財産上の権利の譲渡を否認することができる。
　(1)　債権者に対し，又は債権者の利益のためになされたものであるとき，
　(2)　その譲渡がなされる前に債務者が負担していた従前の債務のために又はそれを理由としてなされたとき，
　(3)　その譲渡が，債務者が債務超過となっている間になされたものであるとき，
　(4)　(A)　手続開始の申立書が提出された日の前90日内に，又は，
　　　(B)　その譲渡を受けた債権者が譲渡を受けた当時に内部者であった場合には，手続開始の申立書が提出された日の前90日から1年内になされたものであるとき，及び，
　(5)　その債権者が次の場合において受領しうるであろう以上のものを取得することを債権者に可能とするものであったとき。
　　　(A)　事件が本法第7章の下での事件であるとして，
　　　(B)　もし，その譲渡がなされなかったならば，
　　　(C)　その債権者が，本法の規定によって定められた限度において，その債務の弁済を受領するであろう額。
(c)　管財人は，次の限度において財産の譲渡を，本条により否認することができない。
　(1)　財産の譲渡が，(A)債務者及び債権者の利益のために債務者に与えられる新たな価値と交換に同時になされることが債務者と債権者との間で意図され，かつ，(B)現実にも実質的に同時交換（contemporaneous exchange）としてなされたものであるときは，その限度において。
　(2)　その譲渡が，債務者とその相手方との間の取引又は金融取引の通常の過程において債務者によって負担された債務の弁済としてなされ，かつ，その譲渡が(A)債務者とその相手方との間の取引又は金融取引の通常の過程においてなされ，又は(B)通常の取引条件に従ってなされた限度において。
　(3)　その譲渡が，債務者が取得した財産上に担保権を設定するものであるときは，(A)その担保権が(i)担保としての記載を含むその担保権設定契約の締結時又はその後に付与され，(ii)その担保権設定契約の担保権者によって又はその担保権者のために付与され，かつ，(iii)債務者がその担保目的物を取得することを可能にさせ，(iv)その担保目的物を取得するために債務者によって利用され，かつ，(B)債務者がその担保目的物の占有を取得した後30日内に対抗要件を備えた，新たな価値を担保する限度において。
　(4)　債権者に対して又は債権者の利益のために，財産の譲渡があった後に債権者

が債務者に対して又は債務者の利益のために，(A)否認され得ないその他の担保権によって担保されておらず，かつ，(B)債務者がその債権者に対して又はその債権者の利益ために否認され得ないその他の財産の譲渡を新たな価値のために行わなかったことを理由とする，新たな価値の限度において．

(5) 棚卸資産若しくは受取勘定又はそれらいずれかの換価金につき対抗要件を具備した担保権を設定する財産の譲渡であって，受益者に対して譲渡された財産の総額が，手続開始の申立書を提出した日現在でかつ無担保の請求権を有するその他の債権者を害する限度で，その担保権によって担保される債務が，次のいずれか遅いほうの時点で，その債務のためのすべての担保権の価値を超える額の減少をもたらした限度を除いて．

　(A) (i)本条(b)(4)(A)が適用される財産の譲渡について，手続開始の申立書が提出された日の前90日，又は (ii) 本条(b)(4)(B)が適用される譲渡について，手続開始の申立書が提出された日の前1年，又は，

　(B) 新たな価値がその担保権を設定する担保権設定契約に従い最初に付与された日

(6) 本法第545条に基づき否認されない制定法上のリエンの設定による財産の譲渡．

(7) その財産譲渡が，家族扶養債務のために善意による債務の支払いであった限度において．

(8) 債務が主として消費者債務で占められている個人である債務者の申立てによる事件において，財産の譲渡を構成する又は財産の譲渡によって影響を受けるすべての財産の総価額が600ドルを下回るとき，又は

(9) 主要な債務が消費者債務ではない個人である債務者の申立てによる事件において，財産の譲渡を構成し又は財産の譲渡によって影響を受けるすべての財産の総価額が5,850ドルを下回るとき．

(d) 管財人は，本条(b)により管財人によって否認されえたであろう司法上のリエンを消滅させるために担保又はその他の保証を提供した保証人の有する求償権を担保する目的で，保証人に対して又は保証人の利益のために譲渡された債務者の財産上の権利の移転を，否認することができる．これらの保証又は債務の提供による保証人の責任は，管財人が回復した財産の価額又は管財人に償還された価額を限度として，免責される．

(e) (1) 本条との関係では，(A)不動産売買契約による売主又は買主の権利を含む定着物以外の不動産の譲渡は，適用ある法律がそのような財産の移転が債務者との関係で対抗要件を具備したと認めるその債務者からその財産を善意で買い受けた者が譲受人の権利に優先する権利を取得できない場合には，対抗要件を具備しているものとされ，及び，(B)不動産以外の定着物又はその他の財産の譲渡は，単純契約による債権者が譲受人の権利に優先する司法上のリエンを取得できない場合

には，対抗要件を具備したものとされる。

(2) 本条との関係では，本項(3)に規定するところを除き，財産の譲渡は，(A)(c)(3)(B)に規定するところを除き，その譲渡が譲渡時に対抗要件を具備し又は譲渡された後30日内に対抗要件が具備されたときは，財産の譲渡が譲渡人及び譲受人の間において効力を生じた時に，(B)財産の譲渡が30日を経過した後に対抗要件を具備したときは，その財産の譲渡が対抗要件を具備した時に，又は，(C)財産の譲渡が(i)手続開始の申立書が提出された日の前直近に，又は，(ii)譲渡人及び譲受人との間において効力を生じた後30日のいずれか後の時点で対抗要件が具備されていないときは，手続開始申立書が提出された日の直前に，なされたものとする。

(3) 本条との関係では，債務者が譲渡された財産上の権利を取得してはじめて財産の譲渡があったものとする。

(f) 本条との関係では，手続開始申立書が提出された日及びその日の直前90日間は，債務者は債務超過であったものと推定される。

(g) 本条との関係では，管財人は，本条(b)による財産の譲渡についての否認の成立に係る事実を証明する責任を負い，財産の回復若しくは否認を求められている債権者又は利害関係人は，本条(c)による否認の不成立に係る事実を証明する責任を負う。

(h) 財産の譲渡が，公認されている非営利の家計予算信用相談機関によって作成された債務者及び債権者との間の選択的な返済計画の一部としてなされたときは，管財人はその財産の譲渡を否認することはできない。

(i) 手続開始の申立書が提出された日の前90日から1年の間になされた財産の譲渡であって，内部者である債権者の利益のために内部者ではない者に対してなされた財産の譲渡を，管財人が(b)により否認するときは，その財産の譲渡は，内部者である債権者に関してのみ本条により否認されるものとする。

◆第545条（制定法上のリエン）

管財人は，次の限度において，債務者の財産上の制定法上のリエンの発生を否認することができる。

(1) 債務者との関係において，次の場合において初めて効力を生じたリエン
  (A) 本法の下での債務者についての事件が開始される場合
  (B) 本法の下での事件以外の倒産手続が開始される場合
  (C) 管理人が選任され，又は管理人が占有する権限を授権される場合
  (D) 債務者が債務超過となる場合
  (E) 債務者の財務状況が，所定の基準に適合しない場合，又は
  (F) 制定法上のリエンを有する者以外の主体の場合にあって，差し押さえられている債務者の財産に対して強制執行が行われる場合

(2) 買主が存在すると否とを問わず，事件開始の時に財産を購入した善意の買主との関係において，事件開始の時に対抗要件が具備されていない，又は実行することができないリエン。ただし，買主が1986年内国歳入法第6323条又は州法

若しくは地方法のその他類する規定において定められている買主である事件を除く。
(3) 賃料債権についてのリエン，又は，
(4) 賃料債権取立てのための自救的動産差押（distress for rent）によるリエン

◆第 724 条（一定のリエンの取扱い）
(a) 管財人は，本法第 726 条(a)(4)に規定される種類の請求権を担保するリエンを否認することができる。
(b)〜(f) ……

■イギリス法
（会　社）
■第 239 条（偏頗行為）
1　本条は，前条と同様に適用される。
2　会社が（次条で規定された）問題の時期にある者に優先的地位を与えたときは，権限を有する者は，本条の規定に基づく命令を裁判所に申し立てることができる。
3　次項以下に定めるところに従い，裁判所は，前項の申立てに基づいて，会社が優先的地位を与えなかったならば得られたであろう地位を回復するために適切と考える命令を発しなければならない。
4　本条及び第 241 条に関して，会社がある者に優先的地位を与えたとは，以下に掲げる場合をいう。
　(a) その者が会社の債権者であるか，又は会社の債務その他の責任に関する保証人であり，かつ，
　(b) 会社が支払不能による清算手続にはいったときにその者に与えられる地位よりも有利な地位にその者を浮上させる効果をもつ事柄を会社が行うか，又はかかる事柄がなされるのを会社が黙認したとき
5　裁判所は，ある者に優先的地位を与えた会社がそれを与える決定を行うに際して，その者に対して前項(b)号に掲げる効果をもたらす意欲に影響されていた［コメント１参照］場合を除き，その者に与えられた優先的地位に関して本条の規定に基づく命令を発することができない。
6　会社によって優先的地位を与えられた者が優先的地位を与えられた時点で会社と関連のある者［コメント２参照］（会社の被用者であるという関連しかない者を除く）であったときは，反対の事実が証明されない限り，会社は優先的地位を与える決定を行うに際して前項に掲げる意欲に影響されていたものと推定する。
7　ある事柄が裁判所の命令に従ってなされたという事実は，その事柄を行うこと又はその事柄がなされるのを黙認することが優先的地位の付与に該当することを妨げない。
■第 240 条（第 238 条又は第 239 条における「問題の時期」）

（日本法第 160 条の箇所を参照）
■第 249 条（会社と「関連している」）
（日本法第 160 条の箇所を参照）
（自然人）
■第 340 条（偏頗行為）
　1　本条の次項以下及び第 341 条，第 342 条に定めるところに従い，自然人が破産者と宣告され，（次条で規定された）問題の時期にある者に優先的地位を与えたときは，破産管財人は，本条の規定に基づく命令を裁判所に申し立てることができる。
　2　裁判所は，前項の申立てに基づいて，当該自然人が優先的地位を与えなかったならば得られたであろう地位を回復するために適切と考える命令を発しなければならない。
　3　本条および第 341 条，第 342 条に関して，自然人がある者に優先的地位を与えたとは，以下に掲げる場合をいう。
　　(a)　その者が当該自然人の債権者であるか，又は当該自然人の債務その他の責任に関する保証人であり，かつ，
　　(b)　当該自然人が破産手続にはいったときにその者に与えられる地位よりも有利な地位にその者を浮上させる効果をもつ事柄を当該自然人が行うか，又はかかる事柄がなされるのを当該自然人が黙認したとき
　4　裁判所は，ある者に優先的地位を与えた自然人がそれを与える決定を行うに際して，その者に対して前項(b)号に掲げる効果をもたらす意欲に影響されていた［コメント 1 参照］場合を除き，その者に与えられた優先的地位に関して本条の規定に基づく命令を発することができない。
　5　自然人によって優先的地位を与えられた者が優先的地位を与えられた時点で当該自然人の関係者［コメント 2 参照］（当該自然人の被用者であるという関連しかない者を除く）であったときは，反対の事実が証明されない限り，当該自然人は優先的地位を与える決定を行うに際して前項に掲げる意欲に影響されていたものと推定する。
　6　ある事柄が裁判所の命令に従ってなされたという事実は，その事柄を行うこと又はその事柄がなされるのを黙認することが優先的地位の付与に該当することを妨げない。
■第 341 条（第 339 条又は第 340 条における「問題の時期」）
（日本法第 160 条の箇所を参照）
（会社・自然人に共通）
■第 435 条（「関係者」の意味）
（日本法第 160 条の箇所を参照）
【コメント】
　1　1986 年倒産法が施行されるまでは，会社についても自然人についても，偏頗弁済等の優

日・◆米・■英・●独・▲仏　　　破産法第162条（特定の債権者に対する担保の供与等の否認）

先的地位の付与（偏頗行為）について否認が認められるためには，偏頗行為が当該債権者を優遇する顕著な意図（dominant intention of preferring the creditor）をもってなされたことが必要であった。現行法はこれを若干修正し，優遇する意欲（desire）に「影響されて」（influenced）会社又は自然人が偏頗行為を行ったことを要求している。

　なお，この要件は，会社と関連のある者又は自然人の関係者（次注参照）については推定されている（第239条第6項，第340条第5項）。

　2　会社と関連のある者（person connected with the company）については第249条に，会社又は自然人の関係者（associate）については第435条に，それぞれ定義がある。

　これらの者については，1で述べたように，偏頗行為の主観的要件が推定されるほか，否認の対象となる偏頗行為の時的範囲が広くなっている（第240条第1項(a)号・第341条第1項(b)号）。さらに，偏頗行為と支払不能の関連性が推定されている（第240条第2項，第341条第2項）。

●ドイツ法
●第131条（非本旨弁済）

倒産債権者に担保または弁済を与えまたは可能にする法的な行為であって，債権者が，要求し得なかったもの，またはその態様においてはもしくはその時期においては要求し得なかったものは，以下の場合においては，否認することができる。
- 一　倒産手続の開始申立ての前の最後の1月以内または開始申立て後になされたとき。
- 二　倒産手続の開始申立ての3カ月前からの2カ月間になされたものであって，行為の当時，債務者が支払不能であったとき。
- 三　倒産手続の開始申立ての3カ月前から2カ月間になされたものであって，行為の当時，債権者が，その行為が倒産債権者を害するものであることを知っていたとき。

2　第1項第3項の適用にあたっては，必然的に倒産債権者を害する結果を招来するような事情を知っていたときは，倒産債権者を害することを知っていたものと同視される。行為の当時債務者と親密であった者（第138条）は，倒産債権者を害することを知っていたものと推定する。

●第138条（債務者と親密な者）

債務者が自然人であるときは，以下に掲げる者を債務者と親密な者とする。
- 一　債務者の配偶者（婚姻が，法的な行為の後に成立したときおよび行為の前1年以内に解消されたときを含む）
- 一a　債務者の同棲者（同棲が，法的な行為の後に成立したときおよび行為の前1年以内に解消されたときを含む）
- 二　債務者，債務者の第1号に掲げる配偶者または第1a号に掲げる同棲者の属および卑属，債務者，債務者の第1号に掲げる配偶者または第1a号に掲げる同棲者の同父母若しくは異父母の兄弟姉妹，ならびにこれらの者の配偶者
- 三　債務者の同居人，行為前1年以内に債務者と同居していた者および債務者の

雇用契約関係に基づき債務者の経済状態を知り得た者
四　法人または法人格なき社団で，債務者または第1号から第3号までに該当する者がその代表機関もしくは監査機関の構成員であるか，無限責任社員であるか，その資本の4分の1以上を有しているか，もしくは以上に相当する会社上もしくは雇用契約上の関係基づき債務者の経済状態を知り得たもの

2　債務者が法人または法人格なき組合・会社であるときは，以下に掲げる者債務者と親密な者とする。
一　債務者の代表機関または監査機関の構成員，債務者の無限責任社員および債務者の資本につき4分の1以上の持分を有する者。
二　これに類する債務者との間の会社法上または雇用契約上の関係に基づいて債務者の財務状態について知る機会を有する者。
三　第1号および前号に掲げる者との間に第1項に掲げる人間関係を有する者，ただし，第1号及び前号に掲げる者が，法律の規定に基づいて，債務者の@務について黙秘の義務を負っているときは，この限りではない。

▲フランス法
▲第641-14条第1段（前掲・第149条参照）
▲第632-1条
Ⅰ．以下に掲げる行為は，支払停止の日以後に行われた場合には，無効である：
1°　(略)；
2°　(略)；
3°　その態様がどのようなものであるかを問わず，弁済の日に期限の到来していなかった債務についてのあらゆる弁済；
4°　弁済期の到来した債務について，現金，有価証券，為替，企業に対する信用供与を容易にする1981年1月2日法律81-1号による譲渡明細書以外でされたあらゆる弁済，その他取引関係において一般に認められている弁済方法以外の方法でされたあらゆる弁済；
5°　(略)；
6°　以前に約定された債務のために債務者の財産に設定されたあらゆる約定の抵当権，裁判上の抵当権および配偶者の法定抵当権ならびに質権；
7°　(略)
Ⅱ．(略)

▲第632-2条
弁済期の到来した債務について支払停止の日以後にされた弁済および支払停止の日以後にされた有償行為は，債務者とこれを行った者（相手方）が支払停止を知っていた場合には，これを無効とすることができる。
第三取得者に対する通知，［金銭債権の］帰属差押えまたは故障申立ては，債権

者が支払停止日以後，これを知って行った場合には，同様に，無効とすることができる。

<u>第 163 条（手形債務支払の場合等の例外）</u>　前条第1項第1号の規定は，破産者から手形の支払を受けた者がその支払を受けなければ手形上の債務者の一人又は数人に対する手形上の権利を失う場合には，適用しない。
2　前項の場合において，最終の償還義務者又は手形の振出しを委託した者が振出しの当時支払の停止等があったことを知り，又は過失によって知らなかったときは，破産管財人は，これらの者に破産者が支払った金額を償還させることができる。
3　前条第1項の規定は，破産者が租税等の請求権（共助対象外国租税の請求権を除く。）又は罰金等の請求権につき，その徴収の権限を有する者に対してした担保の供与又は債務の消滅に関する行為には，適用しない。

▌民事再生法第128条（手形債務支払の場合等の例外）
▌会社更生法第87条（手形債務支払の場合等の例外）

◆アメリカ法（該当規定なし）

■イギリス法（該当規定なし）

●ドイツ法
●第137条（手形または小切手の支払）
　債務者による手形金の支払は，手形法によればもし受領者が支払金の受取りを拒絶すれば他の手形義務者に対する手形債権を喪失したであろう場合には，第130条を根拠として，受領者から取り戻すことができない。
　2　最終の償還義務者が手形を譲渡した時において，または，第三者がその計算において最終の償還義務者をして手形を譲渡せしめた時において，債務者の支払不能を知っていたときには，最終の償還義務者または第三者に対して，支払われた手形金の償還を請求することができる。第130条第2項および第3項の規定は，本条の規定による償還につき準用する。
　3　第1項および前項の規定は，債務者による小切手金の支払につき準用する。

▲フランス法
▲第641-14条第1段（前掲・第149条参照）
▲第632-3条
　第632-1条および第632-2条の規定は，為替手形，約束手形または小切手による弁済の効力を毀損しない。
　ただし，管理人または裁判上の受任者は，為替手形の振出人またはその振出が他人の計算による場合には依頼者に対して，ならびに小切手の受取人および約束手形の第一裏書人に対して，これらの者が支払停止を知っていたことを証明した場合に

は，その償還を求める訴権を行使することができる。

> 第164条（権利変動の対抗要件の否認）　支払の停止等があった後権利の設定，移転又は変更をもって第三者に対抗するために必要な行為（仮登記又は仮登録を含む。）をした場合において，その行為が権利の設定，移転又は変更があった日から15日を経過した後支払の停止等のあったことを知ってしたものであるときは，破産手続開始後，破産財団のためにこれを否認することができる。ただし，当該仮登記又は仮登録以外の仮登記又は仮登録があった後にこれらに基づいて本登記又は本登録をした場合は，この限りでない。
> 2　前項の規定は，権利取得の効力を生ずる登録について準用する。

▌民事再生法第129条（権利変動の対抗要件の否認）
▌会社更生法第88条（権利変動の対抗要件の否認）

◆アメリカ法
〔権利変動の対抗要件の否認〕

《関連規定》
⇒日本法第160条の項における◆第544条(d)及び第547条(e)参照。

■イギリス法（該当規定なし）

●ドイツ法
●第147条（倒産手続開始後の法的行為）

　倒産手続の開始後に行われた法的行為であって，民法第81条3項2文，第892条および第893条，船舶および建造中の船舶に対する権利の登記に関する法律第16条および第17条，ならびに航空機に対する権利に関する法律第16条および第17条の規定により効力を有するものであっても，手続の開始前に行われた法的行為につき適用される否認の規定により，否認することができる。第1文の規定は，96条2項に規定された請求権および給付の基礎にある法的行為について，準用する。ただし，否認によって，残高決済を含む清算の結果が元に戻されることはなく，当該の振込委託契約，支払サービスの提供者もしくは媒介期間との間の委託契約または有価証券の振替委託契約が無効とされることはない。
　2　第146条第1項の定める時効期間は，当該行為の法的効力が発生したときから，起算するものとする。

▲フランス法（該当規定なし）

> 第165条（執行行為の否認）　否認権は，否認しようとする行為について執行力のある債務名義があるとき，又はその行為が執行行為に基づくものであるときでも，行使することを妨げない。

日・◆米・■英・●独・▲仏　　　　破産法第166条（支払の停止を要件とする否認の制限）

📕 民事再生法第130条（執行行為の否認）
📕 会社更生法第89条（執行行為の否認）

◆アメリカ法
〔執行行為の否認〕

《関連規定》
⇒日本法第160条の項における◆第544条，第547条及び第548条参照。

■イギリス法（該当規定なし）

●ドイツ法
●第141条（執行力ある債務名義）
　法的行為について執行力ある債務名義を得たことにより，または，行為が強制執行を介して惹起されたものであることにより，否認は排除されない。

▲フランス法（該当規定なし）

第166条（支払の停止を要件とする否認の制限）　破産手続開始の申立ての日から1年以上前にした行為（第160条第3項に規定する行為を除く。）は，支払の停止があった後にされたものであること又は支払の停止の事実を知っていたことを理由として否認することができない。

📕 民事再生法第131条（支払の停止を要件とする否認の制限）
📕 会社更生法第90条（支払の停止を要件とする否認の制限）

◆アメリカ法
〔支払の停止を要件とする否認の制限〕

◆第546条（否認権についての制限）
(a)　本法第544条，第545条，第547条，第548条若しくは第553条による訴訟又は手続は，次のいずれか早く到来した日の後は開始することができない。
　(1)　次のいずれか後に到来する時期
　　(A)　救済命令が発せられた後2年
　　(B)　(A)に定める期間が満了する前に管財人が選任又は選出された場合には，本法第702条，第1104条，第1163条，第1202条若しくは第1302条により管財人が選任され又は選出されてから1年，又は，
　(2)　手続が終結又は棄却された時
(b)　(1)　本法第544条，第545条又は第549条に基づく管財人の権利及び権限は，一般に適用される法の次の規定に従う。
　　(A)　対抗要件を具備する日より以前に，その財産上の権利を取得した者との関係では，その財産上の権利の対抗要件が有効であることを許容する規定，又は

(B)　対抗要件の具備の維持又は継続を有効にするための訴訟が提起される日より以前に，その財産上の権利を取得した者との関係では，その財産上の権利の対抗要件の具備の維持又は継続が有効であるとする規定。
(2)　(A)(1)に定める法が，財産上の権利の対抗要件を具備し又は対抗要件の具備の維持若しくは継続を実現するために，その財産の差押え又は訴訟の開始を必要としている場合，及び(B)その財産が差し押さえられ，又はそのような訴訟が手続開始の申立書が提出された日より前に開始されなかった場合には，その財産上の権利は，その差押え又は訴訟の開始につき法が定める期間内に通知をすることによって，対抗要件が具備されなければならないし，対抗要件の具備は維持又は継続されなければならない。
(c)〜(h)　……

■**イギリス法**（該当規定なし）

●**ドイツ法**
●**第 130 条（本旨弁済）**
倒産債権者に担保または弁済を与えまたは可能にする法的な行為は，以下に掲げる場合においては，否認することができる。
　一　倒産手続の開始申立て前 3 カ月以内になされたものであって，行為の当時，債務者が支払不能でありかつ債権者が支払不能を知っていたとき。
　……

●**第 132 条（直接的な侵害行為）**
倒産債権者を直接に害する債務者の法律行為は，以下に掲げる場合においては，否認することができる。
　一　倒産手続の開始申立て前 3 カ月以内になされたものであって，法律行為の当時，債務者が支払不能であって，かつ相手方が支払不能を知っていたとき。
　……

【コメント】　ドイツ倒産法は，危機否認の可能性を相当に制限する働きをしていた旧破産法 33 条の規律を削除し，これに代えて，否認の対象行為を倒産申立て前 3 カ月内になされた行為に限定することで（130 条 1 項 1 号，132 条 1 項 1 号）取引の安全を考慮している。

▲**フランス法**（該当規定なし）

<u>第 167 条（否認権行使の効果）</u>　否認権の行使は，破産財団を原状に復させる。
2　第 160 条第 3 項に規定する行為が否認された場合において，相手方は，当該行為の当時，支払の停止等があったこと及び破産債権者を害する事実を知らなかったときは，その現に受けている利益を償還すれば足りる。

民事再生法第 132 条（否認権行使の効果）

日・◆米・■英・●独・▲仏　　　　　　　　　　　破産法第167条（否認権行使の効果）

▮会社更生法第91条（否認権行使の効果）

◆アメリカ法
〔否認権行使の効果〕
◆第551条（否認された財産譲渡の自動的現状保全）

　本法第522条，第544条，第545条，第547条，第548条，第549条，若しくは第724条(a)により否認された財産譲渡，又は本法第506条(d)により無効とされたリエンは，倒産財団の利益のために現状が維持される。ただし，それは倒産財団に帰属する財産に関してのみとする。
⇒日本法第168条の項における◆第550条参照。

■イギリス法
（会　社）
■第238条（不当安価取引）（再掲）

　3　次項以下に定めるところに従い，裁判所は，前項の申立てに基づいて，会社が当該取引を行わなかったならば得られたであろう地位を回復するために適切と考える命令を発しなければならない。

　5　裁判所は，以下に掲げる事由を確信した場合には，不当安価取引について本条の規定に基づく命令を発することができない。
　　(a)　会社が善意かつ事業を継続する目的で当該取引を行い，
　　(b)　当該取引がなされた時点で，それが会社の利益になると信ずるに足りる合理的な理由が存在したこと

■第239条（偏頗行為）（再掲）

　3　次項以下に定めるところに従い，裁判所は，前項の申立てに基づいて，会社が優先的地位を与えなかったならば得られたであろう地位を回復するために適切と考える命令を発しなければならない。

　5　裁判所は，ある者に優先的地位を与えた会社がそれを与える決定を行うに際して，その者に対して前項(b)号に掲げる効果をもたらす意欲に影響されていた場合を除き，その者に与えられた優先的地位に関して本条の規定に基づく命令を発することができない。

（自然人）
■第339条（不当安価取引）（再掲）

　2　裁判所は，前項の申立てに基づいて，当該自然人が当該取引を行わなかったならば得られたであろう地位を回復するために適切と考える命令を発しなければならない。

■第340条（偏頗行為）（再掲）

　2　裁判所は，前項の申立てに基づいて，当該自然人が優先的地位を与えなかったならば得られたであろう地位を回復するために適切と考える命令を発しなければ

ならない。

●ドイツ法
●第143条（否認の法的効果）
　否認されうる行為によって債務者の財産から譲渡され，奪取され，または放棄されたものは，倒産財団に返還しなければならない。この場合には，利得者が法律上の原因の欠缺を知っていたときの不当利得の法的効果に関する規定を準用する。

　2　無償給付を受領した者は，それによって利得している限りにおいてのみ，これを返還しなければならない。ただし，この者が，無償給付が債権者を害することを知っていたか，または知るべきであった事情があるときは，この限りでない。

　3　第135条2項による否認の場合には，担保を設定し又は保証人として責任を負った社員は，第三者に対してなされた給付を倒産財団に返還しなければならない。返還義務は，社員が保証人として責任を負った金額又は社員が設定した担保が貸付けの返還又はそれに相当する債権の弁済の時点で有していた価額の限度で認められる。債権者に担保として設定された目的物が倒産財団に返還された場合は，社員は返還義務を負わない。

　【コメント】　受益者が否認される行為によって取得したものを現物で返還することができない場合の償還義務について，ドイツ倒産法143条1項は，利得者が悪意の場合の不当利得の規定を適用すべきことを明らかにした。旧破産法上は規定がなく，通説・判例によれば，受益者が返還の不能または目的物の毀滅につき過失がない場合でも，その価額の全額を返還しなければならないと解されていた。しかし，これでは悪意の利得者や権限なき占有者の責任と比べて重すぎるので，改正がなされた（BR-Drucks.. 1/92 S. 167f.）。

▲フランス法
▲第641-14条第1段（前掲・第149条参照）
▲第632-4条第2文
　無効の訴権は，債務者の資産を復元する効果を有する。

　【コメント】　この規定は，無効訴訟の目的が，債権者への弁済ではなく，企業の救済（再建への奉仕）にあることを明らかにするといわれる。もっとも，清算手続においては，債権者の満足が目的となる。

日・◆米・■英・●独・▲仏　破産法第168条（破産者の受けた反対給付に関する相手方の権利等）

<u>第 168 条（破産者の受けた反対給付に関する相手方の権利等）</u>　第160条第1項若しくは第3項又は第161条第1項に規定する行為が否認されたときは，相手方は，次の各号に掲げる区分に応じ，それぞれ当該各号に定める権利を行使することができる。
　一　破産者の受けた反対給付が破産財団中に現存する場合　当該反対給付の返還を請求する権利
　二　破産者の受けた反対給付が破産財団中に現存しない場合　財団債権者として反対給付の価額の償還を請求する権利
2　前項第2号の規定にかかわらず，同号に掲げる場合において，当該行為の当時，破産者が対価として取得した財産について隠匿等の処分をする意思を有し，かつ，相手方が破産者がその意思を有していたことを知っていたときは，相手方は，次の各号に掲げる区分に応じ，それぞれ当該各号に定める権利を行使することができる。
　一　破産者の受けた反対給付によって生じた利益の全部が破産財団中に現存する場合　財団債権者としてその現存利益の返還を請求する権利
　二　破産者の受けた反対給付によって生じた利益が破産財団中に現存しない場合　破産債権者として反対給付の価額の償還を請求する権利
　三　破産者の受けた反対給付によって生じた利益の一部が破産財団中に現存する場合　財団債権者としてその現存利益の返還を請求する権利及び破産債権者として反対給付と現存利益との差額の償還を請求する権利
3　前項の規定の適用については，当該行為の相手方が第161条第2項各号に掲げる者のいずれかであるときは，その相手方は，当該行為の当時，破産者が前項の隠匿等の処分をする意思を有していたことを知っていたものと推定する。
4　破産管財人は，第160条第1項若しくは第3項又は第161条第1項に規定する行為を否認しようとするときは，前条第1項の規定により破産財団に復すべき財産の返還に代えて，相手方に対し，当該財産の価額から前3項の規定により財団債権となる額（第1項第1号に掲げる場合にあっては，破産者の受けた反対給付の価額）を控除した額の償還を請求することができる。

▍民事再生法第132条の2（再生債務者の受けた反対給付に関する相手方の権利等）
▍会社更生法第91条の2（更生会社の受けた反対給付に関する相手方の権利等）

◆アメリカ法
〔破産者の受けた反対給付に関する相手方の権利等〕
第98条12号関連（②）
◆第550条（否認された財産譲渡の譲受人の責任）
(a)　本条において別段に規定するところを除き，財産譲渡行為が第544条，第545条，第547条，第548条，第549条，第553条(b)又は第724条(a)により否認される限度において，管財人は，倒産財団の利益のために，譲渡された財産を回復することができ，又は，裁判所が命ずるときは，次の者に対して，その財産の価額の償還を求めることができる。
　(1)　財産の譲渡を受けた最初の譲受人又は財産譲渡による受益者，又は
　(2)　最初の譲受人から財産の譲渡を受けた転得者又は中間転得者（mediate trans-

feree）

(b) 管財人は，次の者に対しては，本条(a)(2)により財産の回復又は価額の償還を求めることができない。
　(1) 現存する債務若しくは過去に存在した債務の満足又は履行の保証を含んで，善意で，かつ，否認される行為の否認可能性を知らないで，対価を支払った譲受人，又は
　(2) かかる譲受人の善意の転得者又は中間転得者

(c) 手続開始の申立書が提出された日の前90日から1年内になされた財産譲渡行為は，(1)本法第547条(b)により否認され，かつ，(2)譲渡行為がなされた当時内部者であった債権者の利益のために譲渡行為がなされたときは，管財人は，内部者ではない譲受人に対して(a)に基づく財産の回復又は価額の償還を求めることはできない。

(d) 管財人は，本条(a)により，1回に限り満足（a only single satisfaction）を受けることができる。

(e) (1) 管財人が本条(a)により財産の回復を求めることができる善意の譲受人は，次のいずれか少ない額を担保するために，回復された財産にリエンを有する。
　　(A) 財産の譲渡後に加えられた改良のために要した費用で，譲受人が負担した費用から，譲受人によって実現された利益又はその財産から譲受人に生じた利益の総額を差し引いた残額，又は，
　　(B) 譲渡された財産の改良の結果としてその財産の価値の増加分
　(2) 本条において，「改良（improvement）」とは，(A)譲渡された財産に加えられた物的付加又は変更，(B)その財産に対する修理，(C)その財産に関する租税の納付，(D)管財人の権利に優先する又はこれと同順位の財産上のリエンによって担保される債務の弁済，及び(E)その財産の維持をいう。

(f) 本条による訴訟又は手続は，次のいずれか早く到来する日の後は開始することができない。
　(1) 本条による財産の回復を求める理由となった財産譲渡が否認された後1年，又は，
　(2) 事件が終結又は棄却された時

■**イギリス法**（該当規定なし）

●**ドイツ法**
●**第144条（否認の相手方の請求権）**
　……
　2 相手方の反対給付は，それがなお倒産財団の中に分別しうる状態で存在するか，それにより財団がその価値の分だけ利得をしているときに限り，倒産財団から返還しなければならない。この限度を超えては，否認されうる給付の受領者は，反対給付の返還を求める債権について，倒産債権者としてしか行使することができな

日・◆米・■英・●独・▲仏　　　　　　　　　破産法第170条（転得者に対する否認権）

い。

▲**フランス法**（該当規定なし）

第169条（相手方の債権の回復）　第162条第1項に規定する行為が否認された場合において，相手方がその受けた給付を返還し，又はその価額を償還したときは，相手方の債権は，これによって原状に復する。

📗民事再生法第133条（相手方の債権の回復）
📗会社更生法第92条（相手方の債権の回復）

◆**アメリカ法**（該当規定なし）

■**イギリス法**（該当規定なし）

●**ドイツ法**
●第144条（否認の相手方の請求権）
　否認されうる給付の受領者が受領したものを返還したときは，その者の債権は復活する。
　……

▲**フランス法**（該当規定なし）

第170条（転得者に対する否認権）　次に掲げる場合には，否認権は，転得者に対しても，行使することができる。
　一　転得者が転得の当時，それぞれその前者に対する否認の原因のあることを知っていたとき。
　二　転得者が第161条第2項各号に掲げる者のいずれかであるとき。ただし，転得の当時，それぞれその前者に対する否認の原因のあることを知らなかったときは，この限りでない。
　三　転得者が無償行為又はこれと同視すべき有償行為によって転得した場合において，それぞれその前者に対して否認の原因があるとき。
2　第167条第2項の規定は，前項第3号の規定により否認権の行使があった場合について準用する。

📗民事再生法第134条（転得者に対する否認権）
📗会社更生法第93条（転得者に対する否認権）

◆**アメリカ法**
⇒日本法第168条の◆第550条(a)・(b)参照。

■イギリス法（該当規定なし）

●ドイツ法
●第 145 条（権利承継人に対する否認）
　否認権は，否認の相手方の相続人またはその他の包括承継人に対しても，行使することができる。
　2　その他の権利承継人に対しては，以下に掲げる場合に限り，否認権を行使することができる。
　　一　権利承継人が，その権利取得の時において，前主の権利取得を否認すべき原因となる事情を知っていたとき。
　　二　権利承継人が，その権利取得の時において，債務者と親密な者（第 138 条）に該当したとき。ただし，この者がその時点で，前主の権利取得を否認すべき原因となる事情を知らなかったときは，この限りでない。
　　三　権利承継人が，給付を無償で取得したとき。
●第 138 条（債務者と親密な者）
　1　債務者が自然人であるときは，以下に掲げる者を債務者と親密な者とする。
　　一　債務者の配偶者（婚姻が，法的な行為の後に成立したときおよび行為の前一年以内に解消されたときを含む）。
　　一a　債務者の同棲者（同棲が，法的な行為の後に成立したときおよび行為の前一年以内に解消されたときを含む）
　　二　債務者，債務者の第 1 号に掲げる配偶者または第 1 a 号に掲げる同棲者の尊属および卑属，債務者，債務者の第 1 号に掲げる配偶者または第 1 a 号に掲げる同棲者の同父母若しくは異父母の兄弟姉妹，ならびにこれらの者の配偶者。
　　三　債務者の同居人および倒産手続の開始前 1 年以内に債務者と同居していた者。
　2　債務者が法人または法人格なき組合・会社であるときは，以下に掲げる者を債務者と親密な者とする。
　　一　債務者の代表機関または監査機関の構成員，債務者の無限責任社員および債務者の資本につき 4 分の 1 以上の持分を有する者。
　　二　これに類する債務者との間の会社法上または雇用契約上の関係に基づいて，債務者の財務状態について知る機会を有する者。
　　三　第 1 号および前号に掲げる者との間に第 1 項に掲げる人間関係を有する者。ただし，第 1 号および前号に掲げる者が，法律の規定に基づいて，債務者の業務について黙秘の義務を負っているときは，この限りでない。

▲フランス法（該当規定なし）

日・◆米・■英・●独・▲仏　　　　　　　　　　破産法第171条(否認権のための保全処分)

> **第171条（否認権のための保全処分）**　裁判所は，破産手続開始の申立てがあった時から当該申立てについての決定があるまでの間において，否認権を保全するため必要があると認めるときは，利害関係人（保全管理人が選任されている場合にあっては，保全管理人）の申立てにより又は職権で，仮差押え，仮処分その他の必要な保全処分を命ずることができる。
> 2　前項の規定による保全処分は，担保を立てさせて，又は立てさせないで命ずることができる。
> 3　裁判所は，申立てにより又は職権で，第1項の規定による保全処分を変更し，又は取り消すことができる。
> 4　第1項の規定による保全処分及び前項の申立てについての裁判に対しては，即時抗告をすることができる。
> 5　前項の即時抗告は，執行停止の効力を有しない。
> 6　第4項に規定する裁判及び同項の即時抗告についての裁判があった場合には，その裁判書を当事者に送達しなければならない。この場合においては，第10条第3項本文の規定は，適用しない。
> 7　前各項の規定は，破産手続開始の申立てを棄却する決定に対して第33条第1項の即時抗告があった場合について準用する。

▎民事再生法第134条の2（否認権のための保全処分）
▎会社更生法第39条の2（否認権のための保全処分）

◆アメリカ法

《関連規定》
⇒日本法第167条の項における◆第551条参照。

◆R 第7065条（差止命令）

　連邦民事訴訟手続規則R第65条は，一時的差止命令又は暫定的差止命令が同規則R第65条(c)に適合することなく債務者，管財人又は占有を継続する債務者の申立てに基づき発せられる場合を除き，対審手続に適用される。

　【コメント】　否認権の行使による金銭又は財産の回復は対審手続によることとされている（日本法第173条におけるR第7001条(1)参照）。対審手続一般につき，R第7065条は，連邦民事訴訟手続規則R第65条を準用して，そこに規定される一時的差止命令又は暫定的差止命令の活用を認めている。

■イギリス法（該当規定なし）

●ドイツ法（該当規定なし）

▲フランス法（該当規定なし）

> **第172条（保全処分に係る手続の続行と担保の取扱い）**　前条第1項（同条第7項において準用する場合を含む。）の規定による保全処分が命じられた場合において，破産手続開始の決定があったときは，破産管財人は，当該保全処分に係る手続を続行することができる。
> 2　破産管財人が破産手続開始の決定後1月以内に前項の規定により同項の保全処分に係る手続を続行しないときは，当該保全処分は，その効力を失う。
> 3　破産管財人は，第1項の規定により同項の保全処分に係る手続を続行しようとする場合において，前条第2項（同条第7項において準用する場合を含む。）に規定する担保の全部又は一部が破産財団に属する財産でないときは，その担保の全部又は一部を破産財団に属する財産による担保に変換しなければならない。
> 4　民事保全法（平成元年法律第91号）第18条並びに第2章第4節（第37条第5項から第7項までを除く。）及び第五節の規定は，第1項の規定により破産管財人が続行する手続に係る保全処分について準用する。

> 規第55条（否認権のための保全処分に係る手続の続行の方式等・法第172条）　破産管財人は，法第172条第1項の規定により法第171条第1項（同条第7項において準用する場合を含む。）の規定による保全処分に係る手続を続行するときは，その旨を裁判所に届け出なければならない。
> 2　裁判所書記官は，前項の届出があったときは，遅滞なく，その旨を当該保全処分の申立人及びその相手方に通知しなければならない。
> 3　裁判所書記官は，前項の規定により同項の相手方に対する通知をする場合において，法第172条第3項の規定による担保の変換がされているときは，当該変換された担保の内容をも通知しなければならない。
> 4　裁判所書記官は，第1項の届出があった場合において，当該保全処分について法第171条第4項（同条第7項において準用する場合を含む。）の即時抗告に係る手続が係属しているときは，当該届出があった旨を抗告裁判所に通知しなければならない。
> 5　第4条の規定は，法第172条第4項において準用する民事保全法（平成元年法律第91号）第37条第3項，第38条第1項又は第39条第1項の規定による保全取消しの申立て及び同法第41条第1項の規定による保全抗告についての手続における審尋の調書については，適用しない。
> 6　民事保全規則（平成2年最高裁判所規則第3号）第4条第1項及び第2項の規定は法第172条第4項において準用する民事保全法第18条に規定する保全命令の申立ての取下げについて，同規則第28条の規定は法第172条第4項において準用する民事保全法第37条第1項の申立てについて，同規則第4条第1項及び第3項，第7条，第8条第2項及び第3項，第9条，第10条並びに第29条の規定は前項に規定する保全取消しの申立てについての手続について，同規則第4条第1項及び第3項，第7条，第8条第2項及び第3項，第9条，第10条並びに第30条の規定は前項に規定する保全抗告についての手続について準用する。

▌ 民事再生法第134条の3（保全処分に係る手続の続行と担保の取扱い）
▌ 会社更生法第94条（保全処分に係る手続の続行と担保の取扱い）

◆アメリカ法 (該当規定なし)

日・◆米・■英・●独・▲仏　　　　　　　　　　　　　　　　　　破産法第173条（否認権の行使）

■**イギリス法**（該当規定なし）

●**ドイツ法**（該当規定なし）

▲**フランス法**（該当規定なし）

> <u>第173条（否認権の行使）</u>　否認権は，訴え，否認の請求又は抗弁によって，破産管財人が行使する。
> 2　前項の訴え及び否認の請求事件は，破産裁判所が管轄する。

📄 民事再生法第135条（否認権の行使）
📄 会社更生法第95条（否認権の行使）

◆**アメリカ法**
〔否認権の行使〕
◆**第323条（管財人の役割及び資格）**
(a)　本法の下での事件における管財人は，倒産財団の代表者（representative）である。
(b)　本法の下での事件における管財人は，その名において訴え，又は訴えられる適格を有する。
◆**第544条（リエン債権者としての管財人並びに特定の債権者及び買主（purchasers）の承継人（successor）としての管財人）**
(a)　管財人は，事件開始の時において，管財人又は債権者が知っていると否とを問わず，次の者の権利及び権限を有し，又は，次の者によって取り消されうる債務者の財産譲渡行為及び債務負担行為を否認することができる。
　(1)　事件開始の時点で，債務者に対して信用を供与している債権者であって，かつ，現実に存在すると否とを問わず単純契約に基づく債権者が司法上のリエン取得することができたであろうすべての財産の上に司法上のリエンを，その時点で及びその信用供与につき取得する債権者，
　(2)　事件開始の時点で，債務者に対して信用を供与している債権者であって，かつ，その時点で及びその信用供与につき，現実に存在すると否とを問わず，その時点で債務者に対する強制執行令状を取得して執行したが満足を得られない債権者，又は
　(3)　定着物を除き，譲渡がなされ対抗要件が具備されることが適用される法により許された，債務者から不動産を買い受けた善意の買主であって，そのような買受人が現実に存在すると否とを問わず，事件が開始された時点で，善意の買受人の地位を取得し，かつ，その譲渡の対抗要件を具備していた者。
(b)　……
⇒日本法第168条の項◆第550条参照。

495

◆R第7001条（連邦倒産手続規則第7編の適用範囲）
対審手続は，本第7編手続規則により規律される。次の手続は，対審手続である。
(1) 債務者に対して財産を管財人に引き渡させるための手続を除いて，金銭又は財産を回復する手続，又は，本法第554条(b)若しくは第725条，R第2017条，又はR第6002条による手続；
(2)〜(10) ……。

◆R第7002条（連邦民事訴訟手続規則の準用）
対審手続に適用される連邦民事訴訟手続規則の一が他の連邦民事訴訟手続規則の規定を準用しているときは，その準用は，本第7編において修正されたところに従い連邦民事訴訟手続規則の準用として読み替えられるものとする。

◆R第7003条（対審手続の開始）
連邦民事訴訟手続規則R第3条は，対審手続に適用される。

◆連邦民事訴訟手続規則R第3条（訴訟の開始）
民事訴訟は，裁判所へ訴えを提起することにより開始される。

【コメント】 連邦倒産法第544条をはじめとして連邦倒産法が規定する否認権（日本法第条160条の項参照）は，第7章清算手続では管財人が行使する。この否認権行使の内容は，金銭又は財産の回復である。連邦倒産手続規則によれば，これらは対審手続によることとされ，連邦民事訴訟手続規則が広く準用されている。

■イギリス法

（会　社）

■第238条（不当安価取引）（再掲）
1　本条は，以下に掲げる場合に適用される。
　(a)　会社が会社管理の手続にはいったとき
　(b)　会社が清算手続にはいったとき
　「権限を有する者」とは，管理人又は清算人をいう。
2　会社が（第240条で規定された）問題の時期においてある者と不当に安価な取引を行ったときは，権限を有する者は，本条の規定に基づく命令を裁判所に申し立てることができる。

■第239条（偏頗行為）（再掲）
1　本条は，前条と同様に適用される。
2　会社が（次条で規定された）問題の時期にある者に優先的地位を与えたときは，権限を有する者は，本条の規定に基づく命令を裁判所に申し立てることができる。

（自然人）

■第339条（不当安価取引）（再掲）
1　本条の次項以下及び第341条，第342条に定めるところに従い，自然人が破産者と宣告され，（第341条で規定された）問題の時期にある者と不当に安価な取引を行ったときは，破産管財人は，本条の規定に基づく命令を裁判所に申し立てるこ

日・◆米・■英・●独・▲仏　　　　　　　　　　　　　　　　破産法第174条（否認の請求）

とができる。
■第340条（偏頗行為）（再掲）
　1　本条の次項以下及び第341条，第342条に定めるところに従い，自然人が破産者と宣告され，（次条で規定された）問題の時期にある者に優先的地位を与えたときは，破産管財人は，本条の規定に基づく命令を裁判所に申し立てることができる。

●ドイツ法（該当規定なし）

▲フランス法
▲第641-14条第1段（前掲・第149条参照）
▲第632-4条第1文
　無効の訴権は，管理人，裁判上の受任者，計画履行監査人，清算人または検察官が，これを行使する。
　　【コメント】　当然無効と裁量無効に共通の規定である。
　　　2005年の改正で，検察官が提訴権者に加えられた。
　　　なお，無効訴訟は，手続開始を宣告した裁判所の専属管轄に属する。

第174条（否認の請求）　否認の請求をするときは，その原因となる事実を疎明しなければならない。
　2　否認の請求を認容し，又はこれを棄却する裁判は，理由を付した決定でしなければならない。
　3　裁判所は，前項の決定をする場合には，相手方又は転得者を審尋しなければならない。
　4　否認の請求を認容する決定があった場合には，その裁判書を当事者に送達しなければならない。この場合においては，第10条第3項本文の規定は，適用しない。
　5　否認の請求の手続は，破産手続が終了したときは，終了する。

▮民事再生法第136条（否認の請求）
▮会社更生法第96条（否認の請求及びこれについての決定）

◆アメリカ法（該当規定なし）

■イギリス法（該当規定なし）

●ドイツ法（該当規定なし）

▲フランス法（該当規定なし）

> 第175条（否認の請求を認容する決定に対する異議の訴え）　否認の請求を認容する決定に不服がある者は，その送達を受けた日から一月の不変期間内に，異議の訴えを提起することができる。
> 2　前項の訴えは，破産裁判所が管轄する。
> 3　第1項の訴えについての判決においては，訴えを不適法として却下する場合を除き，同項の決定を認可し，変更し，又は取り消す。
> 4　第1項の決定を認可する判決が確定したときは，その決定は，確定判決と同一の効力を有する。同項の訴えが，同項に規定する期間内に提起されなかったとき，又は却下されたときも，同様とする。
> 5　第1項の決定を認可し，又は変更する判決については，受訴裁判所は，民事訴訟法第259条第1項の定めるところにより，仮執行の宣言をすることができる。
> 6　第1項の訴えに係る訴訟手続は，破産手続が終了したときは，第44条第4項の規定にかかわらず，終了する。

📑 民事再生法第137条（否認の請求を認容する決定に対する異議の訴え）
📑 会社更生法第97条（否認の請求を認容する決定に対する異議の訴え）

◆アメリカ法（該当規定なし）

■イギリス法（該当規定なし）

●ドイツ法（該当規定なし）

▲フランス法（該当規定なし）

> 第176条（否認権行使の期間）　否認権は，破産手続開始の日から2年を経過したときは，行使することができない。否認しようとする行為の日から20年を経過したときも，同様とする。

📑 民事再生法第139条（否認権行使の期間）
📑 会社更生法第98条（否認権行使の期間）

◆アメリカ法
⇒日本法第166条の連邦倒産法第546条参照。

■イギリス法（該当規定なし）

●ドイツ法
●第146条（否認請求権の時効）
　否認請求権の時効は，民法の通常時効についての規律による。
　2　否認請求権が時効により消滅したときであっても，倒産管財人は，否認しうる法的行為に基づいて生ずる給付義務の履行を拒絶することができる。
【コメント】　ドイツ倒産法146条1項は，否認権の行使期間について，旧破産法41条1項が1

日・◆米・■英・●独・▲仏　　　　　　　　　　　　　破産法第176条(否認権行使の期間)

年の除斥期間を定めていたのとは異なり，民法の通常時効の規定によるものとした。また，旧破産法にあった行為の時から30年という除斥期間の定めは削除されたが，133条1項1文および135条1号で，否認の対象となる行為を倒産申立て前10年間になされた行為に限定することとされている（日本法160条に対応するドイツ法の条文を参照）。

▲フランス法

▲第641-14条第1段（前掲・第149条参照）

▲第632-4条（前掲・第167条及び第173条参照）

【コメント】　第632-4条は，無効訴権を行使すべき期間について規定していない。一般には，管理人（清算人）がその任務を行うことができる期間中は，この訴権を行使することができると解されている。これに対して，破毀院は，債権確定後はこの訴権を行使することができないとする。その理由は，主任裁判官の裁判には既判力が与えられるからであるという点にある。

第3節　法人の役員の責任の追及等

> **第177条（役員の財産に対する保全処分）**　裁判所は，法人である債務者について破産手続開始の決定があった場合において，必要があると認めるときは，破産管財人の申立てにより又は職権で，当該法人の理事，取締役，執行役，監事，監査役，清算人又はこれらに準ずる者（以下この節において「役員」という。）の責任に基づく損害賠償請求権につき，当該役員の財産に対する保全処分をすることができる。
> 2　裁判所は，破産手続開始の申立てがあった時から当該申立てについての決定があるまでの間においても，緊急の必要があると認めるときは，債務者（保全管理人が選任されている場合にあっては，保全管理人）の申立てにより又は職権で，前項の規定による保全処分をすることができる。
> 3　裁判所は，前2項の規定による保全処分を変更し，又は取り消すことができる。
> 4　第1項若しくは第2項の規定による保全処分又は前項の規定による決定に対しては，即時抗告をすることができる。
> 5　前項の即時抗告は，執行停止の効力を有しない。
> 6　第4項に規定する裁判及び同項の即時抗告についての裁判があった場合には，その裁判書を当事者に送達しなければならない。この場合においては，第10条第3項本文の規定は，適用しない。
> 7　第2項から前項までの規定は，破産手続開始の申立てを棄却する決定に対して第33条第1項の即時抗告があった場合について準用する。

　民事再生法第142条（法人の役員の財産に対する保全処分）
　会社更生法第99条（役員の財産に対する保全処分）
　会社法第542条（役員等の財産に対する保全処分）

◆**アメリカ法**（該当規定なし）

■**イギリス法**（該当規定なし）

●**ドイツ法**（該当規定なし）

▲**フランス法**
　【コメント】　以下の各規定に個別かつ直接に対応する条文はないが，本節全体に相当する規定として，法人の代表者には，資産不足についての責任に関する以下のような規定がある。
▲**第651-1条**
　本章の規定は，集団的（倒産処理）手続に服する私法上の法人の自然人である経営者およびこれらの法人である経営者の常置代理人である自然人に適用される。
▲**第651-2条**
　法人の裁判上の清算が資産の不足を明らかにした場合に，経営の過失がこの資産不足をもたらしたときは，裁判所は，この資産の不十分な額の全部または一部が，経営の過失をもたらした，法律上または事実上のすべての経営者またはその一部に，

日・◆米・■英・●独・▲仏　　　　　　　　　　　破産法第177条（役員の財産に対する保全処分）

負担されることを決定することができる。経営者が複数の場合には，裁判所は，理由を付した裁判で，連帯して責任があると宣言することができる。

訴権は，裁判上の清算を言い渡す判決から起算して3年で時効にかかる。

経営者が支払った金額は，債務者の財産（財団）に組み入れられる。これらの金額は，すべての債権者に按分比例で配分される。経営者は，有責とされた支払額について競合して分配に参加することはできない。

▲第651-3条

第651-2条に定める場合において，裁判所は，清算人または検察官によって事件を受理する。

債権者全体の利益において，裁判所は，また，清算人が，コンセイユ・デ・タのデクレで定める期間と条件に従って催告し，履行されなかった後に，同条に定める訴えを提起しなかったときは，監査委員に任命された債権者の多数によっても，事件を受理することができる。

主任裁判官は，判決の合議体を構成せず，評議にも加わらない。

経営者に命じられた裁判費用は，負債の補填のために支払われる額に対して優先して支払われる。

▲第651-4条

第651-2条の規定の適用のために，職権で，または第651-3条に定める者の一人の申立てで，裁判所所長は，主任裁判官に，またはこれがないときはその指名する裁判所構成員に，反対の法律上の規定に関わらず，官庁，公共機関，社会保険機関，社会保障機関，支払機関および金融機関から，自然人もしくは法人である経営者，および第651-1条に定める法人である経営者の常置代理人である自然人の財産状況についてあらゆる文書または情報の伝達を得るよう付託することができる。

裁判所所長は，同様の条件で，経営者または前項に規定するその代理人の財産に対して，有用な保全処分を命じることができる。

本条の規定は，また，救済，裁判上の構成または裁判上の清算手続に付された法人の構成員または社員が，その債務について無限かつ連帯して責任を負う場合にも，これらの者に適用される。

> 第 178 条（役員の責任の査定の申立て等）　裁判所は，法人である債務者について破産手続開始の決定があった場合において，必要があると認めるときは，破産管財人の申立てにより又は職権で，決定で，役員の責任に基づく損害賠償請求権の査定の裁判（以下この節において「役員責任査定決定」という。）をすることができる。
> 2　前項の申立てをするときは，その原因となる事実を疎明しなければならない。
> 3　裁判所は，職権で役員責任査定決定の手続を開始する場合には，その旨の決定をしなければならない。
> 4　第1項の申立て又は前項の決定があったときは，時効の中断に関しては，裁判上の請求があったものとみなす。
> 5　役員責任査定決定の手続（役員責任査定決定があった後のものを除く。）は，破産手続が終了したときは，終了する。

▌民事再生法第143条（損害賠償請求権の査定の申立て等）
▌会社更生法第100条（役員等の責任の査定の申立て等）
▌会社法第545条（役員等責任査定決定）

◆**アメリカ法**（該当規定なし）

■**イギリス法**
■第212条（職務怠慢の取締役・清算人等を相手方とする簡易な救済）
1　本条は，以下に掲げる者が会社の金銭その他の財産を横領したこと若しくはその使途に責任を負うにいたったこと，又は職権を濫用したか若しくは会社に対する信認義務その他の義務に違反したことが，会社の清算手続の間に疑われている場合に適用される。
　(a)　会社の役員である者又は役員であった者
　(b)　会社の清算人又は管理レシーバーであった者
　(c)　前2号のいずれにも該当しない者であって，会社の設立若しくは経営に関与したか，又は参加した者
2　（清算人に関する規定）
3　裁判所は，管財官，清算人，債権者又は清算出資者の申立てに基づき，第1項に掲げた者の行動について審理し，その者に対し，以下に掲げることを要求することができる。
　(a)　当該金銭若しくは財産又はその一部を返済若しくは返却し，又はそれらの使途について説明し，裁判所が正当と考える利率の利息を払うこと。
　(b)　職権濫用又は信認義務その他の義務違反についての損害賠償として，裁判所が正当と考える金額を会社の資産に対して出資すること。

●**ドイツ法**（該当規定なし）

▲**フランス法**（該当規定なし。前掲・第177条参照）

日・◆米・■英・●独・▲仏　　　　　破産法第180条(役員責任査定決定に対する異議の訴え)

> <u>第179条（役員責任査定決定等）</u>　役員責任査定決定及び前条第1項の申立てを棄却する決定には，理由を付さなければならない。
> 2　裁判所は，前項に規定する裁判をする場合には，役員を審尋しなければならない。
> 3　役員責任査定決定があった場合には，その裁判書を当事者に送達しなければならない。この場合において，第10条第3項本文の規定は，適用しない。

📕民事再生法第144条（損害賠償請求権の査定に関する裁判）
📕会社更生法第101条（役員等責任査定決定等）
📕会社法第899条（役員等責任査定決定）

◆**アメリカ法**（該当規定なし）

■**イギリス法**（該当規定なし）

●**ドイツ法**（該当規定なし）

▲**フランス法**⇒177条コメント

> <u>第180条（役員責任査定決定に対する異議の訴え）</u>　役員責任査定決定に不服がある者は，その送達を受けた日から一月の不変期間内に，異議の訴えを提起することができる。
> 2　前項の訴えは，破産裁判所が管轄する。
> 3　第1項の訴えは，これを提起する者が，役員であるときは破産管財人を，破産管財人であるときは役員を，それぞれ被告としなければならない。
> 4　第1項の訴えについての判決においては，訴えを不適法として却下する場合を除き，役員責任査定決定を認可し，変更し，又は取り消す。
> 5　役員責任査定決定を認可し，又は変更した判決は，強制執行に関しては，給付を命ずる判決と同一の効力を有する。
> 6　役員責任査定決定を認可し，又は変更した判決については，受訴裁判所は，民事訴訟法第259条第1項の定めるところにより，仮執行の宣言をすることができる。

📕民事再生法第145条（査定の裁判に対する異議の訴え），第146条
📕会社更生法第102条（役員等責任査定決定に対する異議の訴え）
📕会社法第858条（役員等責任査定決定に対する異議の訴え）

◆**アメリカ法**（該当規定なし）

■**イギリス法**（該当規定なし）

●**ドイツ法**（該当規定なし）

▲**フランス法**⇒177条コメント

> 第181条（役員責任査定決定の効力）　前条第1項の訴えが，同項の期間内に提起されなかったとき，又は却下されたときは，役員責任査定決定は，給付を命ずる確定判決と同一の効力を有する。

- 民事再生法第147条（査定の裁判の効力）
- 会社更生法第103条（役員等責任査定決定の効力）
- 会社法第899条5項（役員等責任査定決定）

◆**アメリカ法**（該当規定なし）

■**イギリス法**（該当規定なし）

●**ドイツ法**（該当規定なし）

▲**フランス法**⇒177条コメント

> 第182条（社員の出資責任）　会社法第663条の規定は，法人である債務者につき破産手続開始の決定があった場合について準用する。この場合において，同条中「当該清算持分会社」とあるのは，「破産管財人」と読み替えるものとする。

◆**アメリカ法**（該当規定なし）

■**イギリス法**
■第74条（現在及び過去の社員の清算出資者としての責任）
1　会社が清算されたときは，現在及び過去の社員は，会社の債務及び責任並びに清算の費用の支払と清算出資者の間の権利の調整のために十分な額を，会社の資産に対して出資する責任を負う。

●**ドイツ法**
●第92条（間接損害）
　倒産手続の開始の前後において倒産財団に属する財産が減少したことから倒産債権者に共通に生じた損害（間接損害）の賠償を求める倒産債権者の請求権は，倒産手続の係属中は，倒産管財人のみがこれを行使することができる。当該請求権が管財人に対して生じたときは，新たに選任される倒産管財人のみが，これを行使することができる。
●第93条（社員の人的責任）
　法人格なき社団または株式合資会社の財産につき倒産手続が開始されたときは，会社の債務を履行すべき社員の人的責任は，倒産手続の係属中は，倒産管財人のみがこれを追及することができる。

日・◆米・■英・●独・▲仏　　　　　　　　　　　　　破産法第183条(匿名組合員の出資責任)

▲**フランス法**⇒177条コメント

> **第183条（匿名組合員の出資責任）** 匿名組合契約が営業者が破産手続開始の決定を受けたことによって終了したときは，破産管財人は，匿名組合員に，その負担すべき損失の額を限度として，出資をさせることができる。

◆**アメリカ法**（該当規定なし）

■**イギリス法**（該当規定なし）

●**ドイツ法**（該当規定なし）

▲**フランス法**⇒177条コメント

日・◆米・■英・●独・▲仏　　　　　　　　　　　　　　　　破産法第184条（換価の方法）

第7章　破産財産の換価

　第1節　通　　則

> 第184条（換価の方法）　第78条第2項第1号及び第2号に掲げる財産の換価は，これらの規定により任意売却をする場合を除き，民事執行法その他強制執行の手続に関する法令の規定によってする。
> 2　破産管財人は，民事執行法その他強制執行の手続に関する法令の規定により，別除権の目的である財産の換価をすることができる。この場合においては，別除権者は，その換価を拒むことができない。
> 3　前2項の場合には，民事執行法第63条及び第129条（これらの規定を同法その他強制執行の手続に関する法令において準用する場合を含む。）の規定は，適用しない。
> 4　第2項の場合において，別除権者が受けるべき金額がまだ確定していないときは，破産管財人は，代金を別に寄託しなければならない。この場合においては，別除権は，寄託された代金につき存する。

> 規第56条（任意売却等に関する担保権者への通知）　破産管財人は，法第65条第2項に規定する担保権であって登記がされたものの目的である不動産の任意売却をしようとするときは，任意売却の2週間前までに，当該担保権を有する者に対し，任意売却をする旨及び任意売却の相手方の氏名又は名称を通知しなければならない。破産者が法人である場合において，破産管財人が当該不動産につき権利の放棄をしようとするときも，同様とする。

　会社法第538条（換価の方法）

◆アメリカ法
〔換価の方法〕

◆ R第6004条（財産の使用，売却，賃貸）

(a)　提案されている財産の使用，売却，又は賃貸の通知　現金担保を除く，提案されている財産の使用，売却，又は賃貸の通知は，その使用，売却，又は賃貸が事業の通常の過程のものでないときは，R第2002条(a)(2)，(c)(1)，(i)及び(k)，並びに適用あるときは本法第363条(b)(2)によりなされなければならない。

(b)　提案に対する異議　本ルール(c)及び(d)に規定されるところを除き，提案されている財産の使用，売却，又は賃貸に対する異議申立書は，提案されているそれらの行為の設定された日より7日以上前に，又は裁判所が指定する期間内に作成され提出されなければならない。提案されている財産の使用，売却，又は賃貸は，R第9014条により規律される。

(c)　リエン及びその他の権利の負担のない売却　リエン及びその他の権利の負担の

ない売却の許可を求める申立ては、R第9014条によりなされなければならず、売却される財産にリエン又はその他の権利を有する関係人にその申立書は送達されなければならない。本ルール(a)により必要とされる通知は、その申立てに基づく審問の期日及び異議申立書が作成され占有を継続する債務者又は管財人に送達されうる期間の記載を含まなければならない。

(d) 2500ドル未満の財産の売却　本ルール(a)にもかかわらず、非倒産財団除外財産のすべてが総額2500ドル未満であるときは、事業の通常の過程によることなくそれらの財産を売却する企図についての包括的な通知を、すべての債権者、歯型証書受託者、本法により選任又は選出された委員会、連邦管財官、及び裁判所が指定するその他の者に対してすることをもって足りるものとする。そのようないかなる売却に対する異議申立書も、その通知が郵送されてから14日内に又は裁判所が定める期間内に利害関係人により作成され、送達されなければならない。

(e) 審問　本ルール(b)又は(d)により異議申立てが所定の期間内になされたときは、それに関する審問の期日は、本ルール(a)によりなされる通知において記載されていなければならない。

(f) 事業の通常の過程によらない売却の方法　(1) 公売又は私的売却　事業の通常の過程によらないすべての売却は、私的売却又は公売による。不可能でない限りにおいて、売却される財産の種類、各買受人の氏名、及びそれらの財産の種類ごと若しくは量ごとに受領した価額、又は一括売却であるときは一括での財産につき受領された価額を項目化して記載した書面は、売却が完了した時点で提出されなければならない。その財産が競売人によりなされたきは、競売人は上記の書面を作成し、その写しを連邦管財官に対して送付し、かつ、管財人、占有を継続する債務者、又は第13章の債務者に対して提供しなければならない。それらの財産が競売人によって売却されないときは、管財人、占有を継続する債務者、又は第13章の債務者は、以上の書面を作成し、かつ、その写しを連邦管財官に対して送付しなければならない。

(2) 文書の作成　本ルールにより売却があった後に、債務者、管財人、又は占有を継続する債務者は、通例そうであるように、売却による財産移転の効力を生じさせるために必要な又は裁判所によって命じられた文書を作成しなければならない。

(g) 個人情報の売却　(1) 申立て　第363条(b)(1)(B)により個人情報を売却し又は賃貸することの許可を求める申立てには、第332条による消費者個人保護監察官の選任を連邦管財官に指示する命令を求める申立てを含まなければならない。R第9014条は、その申立てを規律し、その申立書は、本法第705条により選出され又は第1102条により選任される委員会、又は、事件が第11章の更生事件であり、無担保債権者のいかなる委員会も第1102条により選任されなかったときは、R第1007条(d)により提出された債権者一覧表に記載されている債権者、及

日・◆米・■英・●独・▲仏　　　　　　　　　　　　破産法第184条（換価の方法）

び，裁判所が指定することができるその他のそのような者に対して，送達されるものとする。異議申立書は，連邦管財官に対して送付されなければならない。

(2)　選任　消費者個人保護監察官が第332条により選任されたときは，第363条(b)(1)(B)による申立てに基づく審問の7日以上前に，連邦管財官は，選任された者の氏名及び住所を含む選任の通知を作成しなければならない。連邦管財官のこの通知には，債務者，債権者，その他の利害関係人，それらの個々の代理人弁護士及び個々の会計士，連邦管財官，又は連邦管財官の事務所において雇用された者との関係を明らかにした選任された者に関する認証された書面を添付しなければならない。

(h)　財産の使用，売却，又は賃貸を許可する決定の執行停止　現金担保を除く財産の使用，売却，又は賃貸を許可する決定の執行は，裁判所が別段に命じない限り，その決定の発令から14日を経過するまで停止される。

◆R第6005条（評価人及び競売人）

評価人又は競売人の雇用を承認する裁判所の命令は，報酬の額又は率を定めなければならない。合衆国司法部局又は合衆国司法省のいかなる職員又は従業員も評価人又は競売人として職務を遂行する資格を有しない。いかなる居住要件又は免許要件も評価人又は競売人を雇用する資格を付与しないものとはしない。

第184条2項・4項

《関連規定》

◆第725条（一定の財産の処分）

本章の下での事件が開始された後，本法第726条により倒産財団の財産の最終の配当が実施される前までに，管財人は，通知をなし審問を経た上で，倒産財団以外の者がリエンのような権利を有する財産であって，本法の他の規定により処分されなかった財産を処分しなければならない。

◆R第6007条（財産の放棄又は処分）

(a)　提案されている放棄又は処分；異議，審問　裁判所が別段に命じるところを除き，管財人又は占有を継続する債務者は，提案されている財産の放棄又は処分の通知を，連邦管財官，すべての債権者，歯型証書受託者，及び本法第705条により選出され又は第1102条により選任された委員会に対してしなければならない。利害関係人は，その通知の郵送を受けてから14日内に又は裁判所が定める期間内に異議申立書を作成し提出することができる。所定の期間内に異議の申立てがなされたときは，裁判所は，連邦管財官，及び裁判所が指定するその他の者に対する通知に基づき審問を実施しなければならない。

(b)　利害関係人による申立て　利害関係人は，管財人又は占有を継続する債務者に対して倒産財団の財産の放棄を求める申立書を作成し提出することができる。

(c)　削除

◆R第6008条（リエンの目的財産の買戻し又はリエンの実行としての売却の目的財産の買戻し）

債務者，管財人，又は占有を継続する債務者の申立てにより，かつ，裁判所が指示する

通知に基づき審問を経た後に，裁判所は，リエンの目的財産の買戻し，又は適用ある法によるリエンの実行としての売却の目的財産の買戻しを許可することができる。
　【コメント】　アメリカ法では，倒産財団の財産の換価に関する具体的な方法を定めた規定は存在しない。倒産財団の財産の特に売却を定めた規定は連邦倒産法第363条である。

■イギリス法（該当規定なし）

●ドイツ法
●第 165 条（不動産の換価）
　倒産管財人は，別除権の対象である不動産であっても，管轄裁判所において，その強制競売または強制管理を行うことができる。
●第 166 条（動産の換価）
　倒産管財人は，別除権の存在する動産を占有するときは，任意の方法により換価することができる。
　2　倒産管財人は，債務者が請求権を担保するために譲渡した債権を，取立てまたはその他の方法により，換価することができる。
　3　第1項および第2項の規定は，以下のものには適用しない。
　一　金融機関法1項16号により決済システムの参加者のために決済システムから生じた請求権を担保するための担保が設定されている目的物。
　二　EUの加盟国もしくは欧州経済領域の加盟国の中央銀行のためにまたは欧州中央銀行のために担保権が設定されている目的物。
　三　金融機関法1項17号に規定する金融担保。
●第 167 条（債権者に対する通知）
　倒産管財人は，166条第1項の規定により動産を換価する権限を有する場合において，別除権を有する債権者が要求するときは，目的物の現状について情報を与えなければならない。倒産管財人は，情報の提供に替え，債権者に対し目的物の検査を許すことができる。
　2　倒産管財人は，166条第2項の規定により債権を取り立てる権限を有する場合において，別除権を有する債権者が要求するときは，債権についての情報を与えなければならない。倒産管財人は，情報の提供に替え，債権者に対し債務者の商業帳簿および業務書類の閲覧を許すことができる。
●第 168 条（譲渡の意思の通知）
　倒産管財人は，第166条の規定により換価権限を有する目的物を第三者に譲渡する前に，別除権者に対し，いかなる方法により目的物を譲渡しようとするかを，通知しなければならない。倒産管財人は，別除者がより有利な別の換価方法を提案するため，別除権者に1週間の機会を与えなければならない。
　2　前項の規定による指示が1週間以内にまたは譲渡の前に適時に，あったときは，倒産管財人は，提案された換価方法を実施するか，または，それが実施された

場合と同等の地位を債権者に付与しなければならない。

3　債権者が自ら目的物を取得することもまた，他の換価方法に含まれる。換価の費用が節約されるときも，その換価方法はより有利なものとする。

●第169条（換価が遅延するときの別除権者の保護）
　第166条の規定により倒産管財人が換価権限を有する目的物が換価されないときは，別除権者に対し負っている利息は，報告期日の日から継続して倒産財団から支払うことを要する。別除権者が第21条の規定による命令により手続開始の前からすでに目的物を換価を妨げられていたときは，別除権者に対し負っている利息は，遅くとも命令後3カ月を経過した時点から，支払うことを要する。第1文および第2文の規定は，債権の額および目的物の価格およびその上に存在するその他の負担に照らし，換価金からの別除権者への弁済が期待できないときは，適用しない。

●第170条（換価金の配当）
　倒産管財人が動産または債権を換価したときは，目的物の確認および換価の費用を，倒産財団のために換価金から前もって控除することができる。残額は遅滞なく別除権者に弁済しなければならない。

2　倒産管財人が，第166条の規定により換価権限を有する目的物を別除権者に換価させるため引き渡したときは，別除権者は，換価により得た金銭から，確認の費用および付加価値税（第171条第2項第3文）の税額に相当する金額を，前もって財団に対し支払わなければならない。

●第171条（費用額の計算）
　確認の費用は，目的物を現実に検分し，その上に存する権利を確認するための費用を含む。それは概算して換価金の100分の4と評価することができる。

2　換価の費用は，概算して換価金の100分の5と評価することができる。実際に生じた換価のために要する費用が，この見積りより著しく低いかまたは著しく高いときは，現実の費用を評価することを要する。換価により財団に付加価値税の負担が生じたときは，第1文の規定による概算の費用，または，第2文の規定による現実の費用に上乗せして，付加価値税額を見積もることを要する。

●第172条（動産の使用）
　倒産管財人は，その換価権限に服する動産の使用によるその価値の減少を，倒産手続の開始の日から継続的な支払により補償する限りにおいて，それを倒産財団のために使用することができる。補償金を支払う義務は，使用により生ずる価値の減少によって，別除権を有する債権者の担保価値を侵害する限りにおいてのみ，発生する。

2　倒産管財人は，それにより別除権権を有する債権者の担保価値の侵害が生じない限り，別除権の存する動産を他の物と付加もしくは混合し，または加工することができる。債権者の権利が他の物の上に存続する場合において，債権者は，新しい担保物が従来の担保物の価額を超えるときは，その限度において新しい担保権を

放棄することを要する。

【コメント】　ドイツ倒産法の立法に際して，担保権の取扱いについては多くの議論がなされた。

　①倒産法は，担保権の手続法的規制として，譲渡担保，所有権留保など，占有が債務者（＝倒産管財人）にとどまっている形の動産担保権（無占有動産担保権）の目的物について，任意売却の方法による換価を含めて，倒産管財人に換価権を認めた（166条——旧破産法127条では，管財人は強制執行の方法による換価しかできなかった）。これに対して担保権者は，目的物を自ら買い受けることを含めて，管財人が意図しているよりも有利な換価方法を提案する機会を与えられる（167条，168条）。このような管財人の換価権を前提として，倒産手続開始の申立てがされた段階で，保全処分によって担保権の実行を禁止または仮に停止することができる（21条2項3号）。

　②担保権者の優先弁済請求権の範囲をめぐる実体的な規制について，当初（倒産法委員会の改正要綱）は，無占有動産担保権の目的物の売得金から一定の割合（たとえば25％）を控除して財団に拠出させ，手続費用および一般債権者への配当に回す「手続分担金」の構想が出された。この構想をめぐって激しい議論がなされたが，結局，倒産法は，担保権の確定（担保権の存否や競合する担保権の優劣の調査）および管財人がする目的物の換価のためにかかる費用として，一定割合（原則として，確定の費用として4％，換価の費用として5％，合計9％。費用分担金）を財団のために控除するものとした（170条，171条）。換価に伴う付加価値税が財団債権となって一般債権者を圧迫することも従来から問題とされていたが，費用分担金と共に売得金から控除する（担保権者は控除後の額しか受け取れない）ことが明らかにされた（170条2項，171条2項）。

▲フランス法
▲第642-18条

　不動産の売却は，第2206条および第2211条を除く民法典第2204条から2212条に従ってこれを行う。ただし，これらの規定が本法典の規定に反する場合を除く。主任裁判官は，最低売却価格および売却の重要な条件を確定する。

　救済，裁判上の更生または裁判上の清算手続の開始前に着手された不動産執行手続が，これらの手続の効果によって中断しているときは，清算人は，差押債権者が行い，不動産の売却を行う清算人の計算で行われると看徹される行為について，差押債権者の権利に代位することができる。不動産執行は，開始判決によって中断した段階で，続行される。

　主任裁判官は，財産の状況，その所在または受理した申込みがより良い条件で任意の譲渡を可能にする性質のものであるときは，その定めた最低売却価格での任意競売を命じ，またはその定めた価格と条件での合意に基づいて売却することを許可することができる。任意競売の場合には，第1項の留保の下で民法典第2205条，第2207条から第2209条および第2212条が適用され，つねに増し競売をすることができる。

　前項を適用して行われる競売のために，清算人に対する代価の支払および売却費用の支払いは，債務者からの権利委譲により，抵当権およびあらゆる先取特権を滌除する。買受人は，これらの支払を行う前には，この財産の取得のための借入れに

附随する抵当権の設定を除いて，財産の処分行為を行うことができない。

清算人は，執行裁判官に係属する争訟を留保して，売却代金を分配し，債権者間の順位を整理する。

農業者の裁判上の清算の場合においては，裁判所は，債務者本人および家族の状況を考慮して，その主たる住居を立退くための期間として，裁判所の定める期間の猶予を与えることができる。

▲第642-19条

主任裁判官は，債務者のその他の財産の公の競売による売却を命じ，またはその定める価格と条件での合意による売却を許可する。売却が公の競売で行われる場合には，[その手続は]，場合に応じて，第322-2条第2段または第322-4条もしくは第322-7条に定める条件で行われる。

主任裁判官は，その定めた条件が遵守されているか否かを確定するために，合意による売却の計画を提出するよう求めることができる。

▲第642-19-1条

第642-18条および第642-19条を適用してされた主任裁判官の裁判（決定）に対する不服申立ての要件および形式は，コンセイユ・デ・タのデクレで定める。

▲第642-20条

第642-3条の規定は，第642-18条および第642-19条を適用して行われた資産の譲渡に適用される。この場合には，裁判所の権限は，主任裁判官が行使する。

ただし，動産が現在の生活の重要に必要であり，価値が僅少である場合には，主任裁判官は，とくに理由を付した命令によって，監査人を除く第642-3条第1項に定める者のひとりに，その取得者となることを許可することができる。

▲第642-20-1条

質物または第641-3条第2段に定める条件で適法に留置された物の受戻しがないときは，清算人は，裁判上の清算判決から6月以内に，主任裁判官に対して，[その]換価を行う許可を求めなければならない。清算人は，その許可を換価の15日前［まで］に債権者に送達する。

質権者は，未だ承認されていなくとも，主任裁判官に対して，換価前に，裁判上の分配を請求することができる。債権の全部または一部が棄却されたときは，承認された債権額を留保して，その財産または価額が清算人に返還される。

清算人による売却の場合には，留置権は，当然にその価格に転嫁される。質物の保全のためにされた登記がある場合には，清算人の責任で抹消される。

▲第642-22条

すべての企業譲渡および資産の換価は，売却すべき企業の規模および資産の性質を考慮して，コンセイユ・デ・タのデクレで定める方式で公示される。

▲第642-23条

売却または債務者の記録（archives）の破棄の前に，清算人は，当該記録の保存

について管轄権を有する行政機関に，その通知をする。当該行政機関は，先買権（droit de préemption）を有する。

職業上の秘密に服する債務者の記録の宛先は，清算人が，職業団体または権限を有する当局の合意を得て定める。

▲第642-24条

清算人は，主任裁判官の許可を得て，また債務者を聴聞しまたは適法に呼び出して，集団的に債権者の利害にかかわるすべての争訟について，たとえそれが不動産上の権利および訴権に関するものであっても，仲裁契約を結び，また和解することができる。

仲裁契約または和解の目的物が，価値の確定しないものまたは（第一審）裁判所の終審としての管轄を超えるものであるときには，当該仲裁契約または和解は，裁判所の認可に服する。

【コメント】 以上の法律部の規定に加えて，命令部には，不動産の売却に関して，裁判上の競売と任意競売に共通のものとして，以下の規定が置かれている。

▲R第642-22条

［法律部］第642-18条を適用して，裁判上の競売または任意競売の方法で不動産の売却を命ずる主任裁判官は，次の事項を決定する：

1° 売却すべきそれぞれの財産の最低売却価格および売却の重要な条件；

2° 財産の価値，性質および状況を考慮した公告の要項。

売却が，同法典第L.643-2条を適用して，債権者によって行われるときには，最低売却価格は，売却を行う債権者の同意を得て決定される；

3° 財産の点検（visite）の方式

売却が，［法律部］第643-2条を適用して，債権者によって行われる場合には，最低売却価格は，［これを］行う債権者との合意で定められる。

主任裁判官は，この価格に達する買受申込み（enchères）がないときは，定められた価格を下回る価格で売却を行うことができる旨を定めることができる。財産の価値と状況から理由があるときは，主任裁判官は，その全部または一部の評価を行わせることができる。

▲R第642-23条

命令は，書記の責任において，配達証明付書留郵便で，債務者，およびその氏名が命令に表示され，選定された住所地で登録された債権者に送達される。裁判所書記は，［これを］監査人に通知する。

命令は，不動産執行および不動産［売却］代金の配当手続に関する2006年7月27日のデクレ第2006-936号第13条に定める差押前支払催告状（commandement）の効力を生じる； 命令は，清算人または手続を行う債権者の責任において，前記差押前支払催告状について定める条件で，財産所在地の抵当権保存所（bureau des hypothèques）において公示される。

514

日・◆米・■英・●独・▲仏　　　　　　　　　　　　　　破産法第184条（換価の方法）

抵当権保存吏（conservateur des hypothèques）は，差押前支払催告状がすでに公示されていた場合であっても，命令を公示する手続を行う。これらの差押前支払催告状は，命令の公示の時から，その効力を停止する。

▲R第642-24条

　主任裁判官は，［法律部］第642-18条第2段を適用して，清算人に対して，裁判上の清算手続を開始する判決によって中断した不動産執行手続を再開することを許可する場合には，最低売却価格，公示の方式および財産の点検の方式を定める。主任裁判官は，R第642-36-1条に定める条件で，裁定する。

　主任裁判官の命令は，清算人の申請に基づいて，抵当権の保全命令の写しの余白にこれを記載する。

　不動産執行の手続に着手していた債権者は，清算人に対して，受領証と引換えに［手続］進行書類を引き渡す。手続費用は，順位配当によって返還される。

▲R第642-25条

　手続を行う［債権］者または公証人は，売却条件の目録（cahier des conditions de vente）を作成する。

　不動産執行および不動産［売却］代金の配当手続に関する2006年7月27日のデクレ第2006-936号第44条を除いて，売却条件の目録には，［以下の事項を］含む：

　1°　売却の公示を記載して売却を命じた命令の表示；

　2°　売却すべき不動産，所有権の原因，不動産の負担する地役権，不動産上に合意された賃貸借および明細目録作成の調書の表示；

　3°　R第643-3条第2段に定める規定に従った，最低売却価格，売却条件および代金支払方法の記載。

▲R第642-26条

　清算人は，受託者の資格においても，これを債務者の不動産の競落人と宣言することはできない。

　　【コメント】　これらの共通規定を承けて，裁判上の競売に関する特則（R第642-27条からR第642-29-2条），任意競売に関する特則（R第642-30条からR第642-35条），合意による売却に関する特則（R第642-36条）が置かれた後，すべての売却に共通の規定として，以下の規定がある。

▲R第642-36-1条

　主任裁判官は，監査委員の意見を聴き，債務者およびその配偶者がR第641-30条に定める状況にある場合にはこれを，ならびに清算人を聴聞しまたは適法に呼び出した後に，売却について裁定する。

▲R第642-37条

　裁判上の清算を言い渡す判決において，またはその後に［法律部］第642-18条最終段の前段（第6段）に定める期間を与える裁判は，債務者が支払うべき占有賠

515

償金を定める。
▲ R 第 642-37-1 条
　［法律部］第 642-18 条を適用してされた主任裁判官の命令に対する不服申立ては，控訴院に対してされる。
　　【コメント】　この後に，不動産以外の財産の売却に関する規定（R 第 642-37-2 条から R 第 642-39 条）が置かれた後，全体の共通規定として，以下の 2 条が置かれる。
▲ R 第 642-40 条
　［法律部］第 642-22 条を適用して，企業の譲渡および資産の換価の公示は，インターネットでアクセスすることができる情報サービスの方法で，裁判上の受任者によってされる。
　すべての企業譲渡は，新聞の方法による公示の対象となる。その範囲は，主任裁判官が定める。主任裁判官は，僅少な価値の資産について新聞の方法による公告を行う必要があるか否かを定める。
　清算人，またはそれが任命されている場合には管理人は，企業または譲渡することができる活動の一つまたは複数の部門の重要な特徴を書記課に通知する。すべての利害関係人は，書記課においてこれらの情報を閲覧することができる。
▲ R 第 642-41 条
　［法律部］第 642-24 条を適用して，主任裁判官のために，清算人が仲裁契約を締結しまたは和解することを許可する必要がある場合には，裁判所書記は，清算人の申請の写しを添えて，債務者を 15 日前までに聴聞に呼び出す。
　仲裁または和解が裁判所の認可に服すべきときは，債務者は，同じ条件で呼び出される。

第 185 条（別除権者が処分をすべき期間の指定）　別除権者が法律に定められた方法によらないで別除権の目的である財産の処分をする権利を有するときは，裁判所は，破産管財人の申立てにより，別除権者がその処分をすべき期間を定めることができる。
2　別除権者は，前項の期間内に処分をしないときは，同項の権利を失う。
3　第 1 項の申立てについての裁判に対しては，即時抗告をすることができる。
4　第 1 項の申立てについての裁判及び前項の即時抗告についての裁判があった場合には，その裁判書を当事者に送達しなければならない。この場合においては，第 10 条第 3 項本文の規定は，適用しない。

◆アメリカ法（該当規定なし）

■イギリス法（該当規定なし）

●ドイツ法
●第 173 条（債権者による換価）

日・◆米・■英・●独・▲仏　　　　　　　破産法第185条（別除権者が処分をすべき期間の指定）

　倒産管財人が，別除権の存する動産または債権につき，換価権限を有しない限りにおいて，別除権者の換価権は影響を受けることなく存続する。

　2　倒産裁判所は，倒産管財人の申立てにより，別除権者を審尋して，別除権者が目的物を換価すべき期間を定めることができる。この期間が経過した後は，倒産管財人が換価権限を有する。

▲フランス法（該当規定なし）

第 2 節　担保権の消滅

第 186 条（担保権消滅の許可の申立て）　破産手続開始の時において破産財団に属する財産につき担保権（特別の先取特権，質権，抵当権又は商法若しくは会社法の規定による留置権をいう。以下この節において同じ。）が存する場合において，当該財産を任意に売却して当該担保権を消滅させることが破産債権者の一般の利益に適合するときは，破産管財人は，裁判所に対し，当該財産を任意に売却し，次の各号に掲げる区分に応じてそれぞれ当該各号に定める額に相当する金銭が裁判所に納付されることにより当該財産につき存するすべての担保権を消滅させることについての許可の申立てをすることができる。ただし，当該担保権を有する者の利益を不当に害することとなると認められるときは，この限りでない。
　一　破産管財人が，売却によってその相手方から取得することができる金銭（売買契約の締結及び履行のために要する費用のうち破産財団から現に支出し又は将来支出すべき実費の額並びに当該財産の譲渡に課されるべき消費税額等（当該消費税額及びこれを課税標準として課されるべき地方消費税額をいう。以下この節において同じ。）に相当する額であって，当該売買契約において相手方の負担とされるものに相当する金銭を除く。以下この節において「売得金」という。）の一部を破産財団に組み入れようとする場合　売得金の額から破産財団に組み入れようとする金銭（以下この節において「組入金」という。）の額を控除した額
　二　前号に掲げる場合以外の場合　売得金の額
2　前項第 1 号に掲げる場合には，同項の申立てをしようとする破産管財人は，組入金の額について，あらかじめ，当該担保権を有する者と協議しなければならない。
3　第 1 項の申立ては，次に掲げる事項を記載した書面（以下この節において「申立書」という。）でしなければならない。
　一　担保権の目的である財産の表示
　二　売得金の額（前号の財産が複数あるときは，売得金の額及びその各財産ごとの内訳の額）
　三　第 1 号の財産の売却の相手方の氏名又は名称
　四　消滅すべき担保権の表示
　五　前号の担保権によって担保される債権の額
　六　第 1 項第 1 号に掲げる場合には，組入金の額（第 1 号の財産が複数あるときは，組入金の額及びその各財産ごとの内訳の額）
　七　前項の規定による協議の内容及びその経過
4　申立書には，前項第 1 号の財産の売却に係る売買契約の内容（売買契約の締結及び履行のために要する費用のうち破産財団から現に支出し又は将来支出すべき実費の額並びに当該財産の譲渡に課されるべき消費税額等に相当する額であって，当該売買契約において相手方の負担とされるものを含む。）を記載した書面を添付しなければならない。
5　第 1 項の申立てがあった場合には，申立書及び前項の書面を，当該申立書に記載された第 3 項第 4 号の担保権を有する者（以下この節において「被申立担保権者」という。）に送達しなければならない。この場合においては，第 10 条第 3 項本文の規定は，適用しない。

規第57条（担保権消滅の許可の申立ての方式・法第186条）　法第186条第3項に規定する申立書には，同項各号に掲げる事項のほか，財産の任意売却に関する交渉の経過を記載するものとする。

2　前項の申立書には，法第186条第4項に規定する書面のほか，同条第3項第3号の売却の相手方が個人であるときはその住民票の写しを，法人であるときはその登記事項証明書を添付しなければならない。

3　裁判所は，必要があると認めるときは，法第186条第1項の申立てをした破産管財人に対し，同条第3項第1号の財産の価額に関する資料の提出を命ずることができる。

規第58条（担保権消滅の許可の申立書の送達等・法第186条）　すべての被申立担保権者（法第186条第5項に規定する被申立担保権者をいう。以下この節において同じ。）に対し同項の規定による送達がされたときは，裁判所書記官は，その旨及びすべての被申立担保権者に対する送達が終了した日を破産管財人に通知しなければならない。

2　法第186条第1項の申立てをした破産管財人は，前項に規定する日までに移転その他の事由により同条第3項に規定する申立書に記載された同項第4号の担保権を新たに有することとなった者があることを知ったときは，直ちに，その旨を裁判所に届け出なければならない。

3　法第186条第1項の申立てが取り下げられたときは，裁判所書記官は，同条第5項の規定による送達を受けた被申立担保権者に対し，その旨を通知しなければならない。

民事再生法第148条（担保権消滅の許可等）
会社更生法第104条（担保権消滅許可の決定）

◆アメリカ法（該当規定なし）

【コメント】　アメリカ法では，担保権者は担保目的の価値によりカバーされない債権部分は無担保の請求権とされるが（連邦倒産法§506(a)，R第3002条参照），担保目的の価値が被担保債権の額より大きい場合には，担保権設定契約又は州法に定める請求権の利息，合理的な範囲での手数料，費用又は負担をも被担保債権として認容される（同§506(b)参照）。

もっとも担保権者は第7章の手続では優先的な満足を受けられるが，日本法のような別除権としての扱いはなく，担保権の実行は自働停止により停止される（連邦倒産法§362）。しかし，被担保債権の額が担保目的物の価額を上回る場合には，管財人は倒産財団から担保目的物を放棄して担保権者に権利実行を許すのが（同§554），多くの清算事件における実務である。このような場合には，担保権者は，自働停止からの救済を得て，権利実行の手続を進めることができる。他方，担保目的物の価額が被担保債権の額を大きく上回る場合には，管財人が当該目的物を売却し，その売得金をまず担保権者の満足に充て，その剰余を優先的無担保債権者，一般債権者の配当に充てる（以上の方式につき，Jeffrey T. Ferriell & Edward J. Janger, Bankruptcy 356 (2 d. ed. 2007)。

■イギリス法

［前注］

1　担保権消滅許可と同様に，破産管財人又は清算人のイニシアティブで担保権の目的物を売却し，売却代金の一部を配当財源に組み入れる制度は，イングランド

及びウェールズの倒産法にも存在する。自然人の破産に関しては，規則第6.115条から第6.119条までが，会社の清算に関しては，規則第4.95条から第4.99条までが，そうした制度について規定している。以下では，破産に関する規定に即して制度の概要を説明し，条文も，破産に関するものを掲げる。

2　破産管財人は，担保権を有する債権者に対して通知をすることにより，担保権の目的である財産を買い戻して担保権を消滅させることができる。その場合の買戻しの価額は，担保権者が債権届出書に記載した，担保権の目的の評価額である（規則第6.117条第1項。なお，担保権を有する債権者は，債権届出書において担保権の目的である財産の詳細とその評価額を記載しなければならない。規則6.98条第1項(e)号。日本法111条の箇所を参照）。担保権者は，担保権の目的の実際の価額が債権届出書に記載した額を上回ると考えれば，管財人の同意又は裁判所の許可を得て，債権届出書に記載した担保権の目的の価額を変更するか，又は管財人が買戻しの申出をしたときから原則として21日以内に，当該財産の再評価をして，管財人による買戻しの価額を引き上げることができる（規則第6.115条，6.117条第2項）。

3　管財人が，債権届出書に記載された担保権の目的の価額又は再評価後の担保権の目的の価額に不服がある場合には，担保権者による再評価を裁判所が承認したときを除き，当該財産の買戻しに代えて，売却を行うことができる。売却の方法は，担保権者と管財人の間の合意で，又は裁判所の指示により決定される。競売（auction）の方法が採られたときは，管財人及び担保権者も入札に参加することができる（規則第6.118条）。

売却によって得られた純益は，それ以後，当該財産の価額に代わるものとなり，これを基準として，担保権者の無担保債権の額及びそれに対応する配当額が決定される（規則6.119条）。

■ R第6.115条（担保権の目的の価額）
1　担保権者は，管財人の同意又は裁判所の許可を得て，いつにても，債権届出書において担保権の目的である財産に付した価額を変更することができる。

2　しかしながら，担保権者が以下に掲げる者であるときは，裁判所の許可を得なければ担保権の目的である財産の再評価をすることができない。
　(a)　破産申立てをした者であって，担保権の目的である財産の価額を申立書に記載した者
　(b)　無担保の債権額に関して債権者集会で議決権を行使した者

■ R第6.116条（不開示の場合の引渡し）
1　担保権者が債権届出書において担保権の目的である財産に関する情報を開示しなかったときは，債権者の一般的利益のために，当該財産を引き渡さなければならない。ただし，担保権者の申立てに基づいて，裁判所が，不開示が不注意によるものであるか，又は単純な誤りの結果であるという理由で，当該担保権者について本条の効果を免除することとした場合には，この限りでない。

2 裁判所は，前項の免除を与えた場合には，担保権者に，債権届出書を適正な条件で修正することを求めるか，又は修正を許すことができる。

3 本条又は第6.117条及び第6.118条は，EC規則第5条（第三者の対物的権利）の規定に基づいて保護されている債権者又は第三者の対物的権利には影響しない。

■R第6.117条（管財人による担保物の買戻し）

1 管財人は，いつにても担保権を有する債権者に対し通知を発して，通知の日から28日が経過したときに，債権届出書において［債権者により］担保権の目的である財産に付された価額をもって当該財産を買い戻す旨を申し出ることができる。

2 前項の場合に，債権者は21日以内に（又は管財人の認めたそれより長い期間内に）担保権の目的である財産の再評価を行う権利を行使することができる（第6.115条第2項が適用されるときは，裁判所の許可を得ることを要する）。

債権者が担保権の目的である財産の再評価を行ったときは，管財人は新たな価額をもって当該財産を買い戻しうるにすぎない。

3 管財人が担保権の目的である財産を買い戻したときは，当該財産の移転の費用は，破産財団の負担とする。

4 担保権者は，いつにても書面による通知を発して，担保権の目的である財産に付された価額で当該財産を買い戻す権限を行使するか否かの選択を管財人に求めることができる。その場合には，管財人は，3カ月以内に権限を行使するか行使しないかを決定するものとする。

■R第6.118条（担保権の目的の価額の検査）

1 次項以下に定めるところに従い，管財人は，担保権者が担保権の目的である財産に付けた価額（債権届出書におけると，前条の規定に基づく再評価の方法によるとを問わない）に不服があるときは，担保権の目的を構成する財産を売却のため提示するように要求することができる。

2 売却の条件は，合意されたものか，又は裁判所が指示したものとする。売却が競売の方法によるときは，破産財団のためには管財人が，債権者は自らが出席し，入札することができる。

3 本条は，担保権の目的である財産について再評価が行われ，再評価が裁判所によって承認された場合には適用しない。

■R第6.119条（債権者による担保権の目的の換価）

担保権の目的である財産の価額を評価した債権者が後に当該財産を換価したときは（それが管財人の提案に基づくか否かを問わず），

(a) 換価によって得られた純益の額が，以前に債権者が担保権の目的である財産に付けた価額に代わるものとし，

(b) その額は，すべての点において債権者によって変更された価額として扱われるものとする。

●ドイツ法（該当規定なし）

▲フランス法
【コメント】 本節の規定に直接該当する規定はないが，以下のような規定がある。
▲第641-3条第2段
主任裁判官は，清算人，またはそれが任命されている場合には管理人に，担保物または適法に留置されている物を取り戻すために，または行おうとする弁済が契約の目的財産の相場を下回る場合に，リース契約について購入の選択を排除するために，判決前の債権を弁済することを許可することができる。

<u>第187条（担保権の実行の申立て）</u>　被申立担保権者は，前条第1項の申立てにつき異議があるときは，同条第5項の規定によりすべての被申立担保権者に申立書及び同条第4項の書面の送達がされた日から一月以内に，担保権の実行の申立てをしたことを証する書面を裁判所に提出することができる。
2　裁判所は，被申立担保権者につきやむを得ない事由がある場合に限り，当該被申立担保権者の申立てにより，前項の期間を伸長することができる。
3　破産管財人と被申立担保権者との間に売得金及び組入金の額（前条第1項第2号に掲げる場合にあっては，売得金の額）について合意がある場合には，当該被申立担保権者は，担保権の実行の申立てをすることができない。
4　被申立担保権者は，第1項の期間（第2項の規定により伸長されたときは，その伸長された期間。以下この節において同じ。）が経過した後は，第190条第6項の規定により第189条第1項の許可の決定が取り消され，又は同項の不許可の決定が確定した場合を除き，担保権の実行の申立てをすることができない。
5　第1項の担保権の実行の申立てをしたことを証する書面が提出された後に，当該担保権の実行の申立てが取り下げられ，又は却下された場合には，当該書面は提出されなかったものとみなす。民事執行法第188条において準用する同法第63条又は同法第192条において準用する同法第129条（これらの規定を同法その他強制執行の手続に関する法令において準用する場合を含む。）の規定により同項の担保権の実行の手続が取り消された場合も，同様とする。
6　第189条第1項の不許可の決定が確定した後に，第1項の担保権の実行の申立てが取り下げられ，又は却下された場合において，破産管財人が前条第1項の申立てをしたときは，当該担保権の実行の申立てをした被申立担保権者は，第1項の規定にかかわらず，同項の担保権の実行の申立てをしたことを証する書面を提出することができない。

▎民事再生法第149条（価額決定の請求）
▎会社更生法第105条（価額決定の請求）

◆アメリカ法（該当規定なし）

■イギリス法（該当規定なし）

●ドイツ法（該当規定なし）

日・◆米・■英・●独・▲仏　　　　　　　　　　　　　　　　　破産法第188条（買受けの申出）

▲**フランス法**（該当規定なし。なお，前掲第186条参照）

第188条（買受けの申出）　被申立担保権者は，第186条第1項の申立てにつき異議があるときは，前条第1項の期間内に，破産管財人に対し，当該被申立担保権者又は他の者が第186条第3項第1号の財産を買い受ける旨の申出（以下この節において「買受けの申出」という。）をすることができる。
2　買受けの申出は，次に掲げる事項を記載した書面でしなければならない。
　一　第186条第3項第1号の財産を買い受けようとする者（以下この節において「買受希望者」という。）の氏名又は名称
　二　破産管財人が第186条第3項第1号の財産の売却によって買受希望者から取得することができる金銭の額（売買契約の締結及び履行のために要する費用のうち破産財団から現に支出し又は将来支出すべき実費の額並びに当該財産の譲渡に課されるべき消費税額等に相当する額であって，当該売買契約において買受希望者の負担とされるものに相当する金銭を除く。以下この節において「買受けの申出の額」という。）
　三　第186条第3項第1号の財産が複数あるときは，買受けの申出の額の各財産ごとの内訳の額
3　買受けの申出の額は，申立書に記載された第186条第3項第2号の売得金の額にその20分の1に相当する額を加えた額以上でなければならない。
4　第186条第3項第1号の財産が複数あるときは，第2項第3号の買受けの申出の額の各財産ごとの内訳の額は，当該各財産につき，同条第3項第2号の売得金の額の各財産ごとの内訳の額を下回ってはならない。
5　買受希望者は，買受けの申出に際し，最高裁判所規則で定める額及び方法による保証を破産管財人に提供しなければならない。
6　前条第3項の規定は，買受けの申出について準用する。
7　買受けの申出をした者（その者以外の者が買受希望者である場合にあっては，当該買受希望者）は，前条第1項の期間内は，当該買受けの申出を撤回することができる。
8　破産管財人は，買受けの申出があったときは，前条第1項の期間が経過した後，裁判所に対し，第186条第3項第1号の財産を買受希望者に売却する旨の届出をしなければならない。この場合において，買受けの申出が複数あったときは，最高の買受けの申出の額に係る買受希望者（最高の買受けの申出の額に係る買受けの申出が複数あった場合にあっては，そのうち最も先にされたものに係る買受希望者）に売却する旨の届出をしなければならない。
9　前項の場合においては，破産管財人は，前条第1項の期間内にされた買受けの申出に係る第2項の書面を裁判所に提出しなければならない。
10　買受けの申出があったときは，破産管財人は，第186条第1項の申立てを取り下げるには，買受希望者（次条第1項の許可の決定が確定した後にあっては，同条第2項に規定する買受人）の同意を得なければならない。

規第59条（買受けの申出の方式等・法第188条等）　法第188条第2項の書面には，同項各号に掲げる事項のほか，次に掲げる事項を記載しなければならない。
　一　買受けの申出（法第188条第1項に規定する買受けの申出をいう。以下この節において同じ。）をした者の氏名又は名称及び住所並びに代理人の氏名及び住所

二　買受希望者（法第188条第2項第1号に規定する買受希望者をいう。以下この節において同じ。）の住所並びに法定代理人の氏名及び住所
三　前2号に規定する者の郵便番号及び電話番号（ファクシミリの番号を含む。）
2　前項の書面には，次に掲げる書面を添付しなければならない。
　一　買受希望者が個人であるときは，その住民票の写し
　二　買受希望者が法人であるときは，その登記事項証明書
　三　前項の書面に記載された買受けの申出の額（法第188条第2項第2号に規定する買受けの申出の額をいう。次条第1項において同じ。）で法第186条第3項第1号の財産を買い受ける旨を記載した買受希望者の作成に係る書面
3　買受けの申出をする者が代理人をもって買受けの申出をする場合には，第1項の書面に，代理権を証する書面を添付しなければならない。
4　法第188条第7項又は第189条第3項の規定による買受けの申出の撤回は，書面でしなければならない。

規第60条（買受けの申出の保証の額及び提供方法等・法第188条）　法第188条第5項の最高裁判所規則で定める額は，買受けの申出の額の10分の2に相当する額（その額に一円に満たない端数があるときは，これを切り捨てるものとする。）とする。
2　法第188条第5項の最高裁判所規則で定める方法は，同条第2項の書面に次の各号に掲げる書面のいずれかを添付する方法とする。
　一　買受希望者が破産管財人の預金口座又は貯金口座に一定の額の金銭を振り込んだ旨の金融機関の証明書
　二　買受希望者が銀行，保険会社，株式会社商工組合中央金庫，農林中央金庫，全国を地区とする信用金庫連合会，信用金庫又は労働金庫（以下この項において「銀行等」という。）との間において次に掲げる要件を満たす支払保証委託契約を締結したことを証する文書
　　イ　銀行等は，買受希望者のために，法第190条第1項第2号の規定による金銭の納付又は同条第6項の規定による法第189条第1項の許可の決定を取り消す決定があったときは一定の額の金銭を破産管財人に支払うものであること。
　　ロ　法第186条第1項の申立てについての裁判（当該買受希望者を当該許可に係る売却の相手方とする法第159条第1項の許可の決定を除く。）が確定した時に契約の効力が消滅するものであること。
　　ハ　法第188条第10項の規定による法第186条第1項の申立ての取下げがあった場合，法第188条第7項若しくは第189条第3項の規定による買受けの申出の撤回があった場合又は次項の規定により保証の変換がされた場合を除き，契約の変更又は解除をすることができないものであること。
3　買受希望者は，破産管財人との契約により，前項各号のいずれかに掲げる書面を添付する方法により提供した保証を，同項各号に掲げる他の書面を添付する方法により提供する保証に変換することができる。
4　破産管財人は，法第188条第9項の規定により法第187条第1項の期間（同条第2項の規定により伸長されたときは，その伸長された期間）内にされた買受けの申出に係る法第188条第2項の書面を裁判所に提出するときは，第2項の規定により添付された同項各号に掲げる書面の写しを裁判所に提出しなければならない。

日・◆米・■英・●独・▲仏　　　　　　　　　　破産法第189条(担保権消滅の許可の決定等)

◆アメリカ法（該当規定なし）

■イギリス法（該当規定なし）

●ドイツ法（該当規定なし）

▲フランス法（該当規定なし。なお，第186条参照）

第189条（担保権消滅の許可の決定等）　裁判所は，被申立担保権者が第187条第1項の期間内に同項の担保権の実行の申立てをしたことを証する書面を提出したことにより不許可の決定をする場合を除き，次の各号に掲げる区分に応じてそれぞれ当該各号に定める者を当該許可に係る売却の相手方とする第186条第1項の許可の決定をしなければならない。

一　前条第8項に規定する届出がされなかった場合　第186条第3項第3号の売却の相手方

二　前条第8項に規定する届出がされた場合　同項に規定する買受希望者

2　前項第2号に掲げる場合において，同項の許可の決定が確定したときは，破産管財人と当該許可に係る同号に定める買受希望者（以下この節において「買受人」という。）との間で，第186条第4項の書面に記載された内容と同一の内容（売却の相手方を除く。）の売買契約が締結されたものとみなす。この場合においては，買受けの申出の額を売買契約の売得金の額とみなす。

3　第186条第1項の申立てについての裁判があった場合には，その裁判が確定するまでの間，買受希望者（第1項第2号に定める買受希望者を除く。）は，当該買受希望者に係る買受けの申出を撤回することができる。

4　第186条第1項の申立てについての裁判に対しては，即時抗告をすることができる。

5　第186条第1項の申立てについての裁判又は前項の即時抗告についての裁判があった場合には，その裁判書を当事者に送達しなければならない。この場合においては，第10条第3項本文の規定は，適用しない。

◆アメリカ法（該当規定なし）

■イギリス法（該当規定なし）

●ドイツ法（該当規定なし）

▲フランス法（該当規定なし。なお，前掲第186条参照）

> <u>第 190 条（金銭の納付等）</u>　前条第 1 項の許可の決定が確定したときは，当該許可に係る売却の相手方は，次の各号に掲げる区分に応じ，それぞれ当該各号に定める額に相当する金銭を裁判所の定める期限までに裁判所に納付しなければならない。
> 　一　前条第 1 項第 1 号に掲げる場合　第 186 条第 1 項各号に掲げる区分に応じてそれぞれ当該各号に定める額
> 　二　前条第 1 項第 2 号に掲げる場合　同条第 2 項後段に規定する売得金の額から第 188 条第 5 項の規定により買受人が提供した保証の額を控除した額
> 2　前項第 2 号の規定による金銭の納付があったときは，第 188 条第 5 項の規定により買受人が提供した保証の額に相当する金銭は，売得金に充てる。
> 3　前項の場合には，破産管財人は，同項の保証の額に相当する金銭を直ちに裁判所に納付しなければならない。
> 4　被申立担保権者の有する担保権は，第 1 項第 1 号の場合にあっては同号の規定による金銭の納付があった時に，同項第 2 号の場合にあっては同号の規定による金銭の納付及び前項の規定による金銭の納付があった時に，それぞれ消滅する。
> 5　前項に規定する金銭の納付があったときは，裁判所書記官は，消滅した担保権に係る登記又は登録の抹消を嘱託しなければならない。
> 6　第 1 項の規定による金銭の納付がなかったときは，裁判所は，前条第 1 項の許可の決定を取り消さなければならない。
> 7　前項の場合には，買受人は，第 2 項の保証の返還を請求することができない。

> 規第 61 条（金銭の納付に関する通知等・法第 190 条）　裁判所書記官は，法第 190 条第 1 項の期限が定められたときは，これを同項の売却の相手方に通知しなければならない。
> 2　裁判所書記官は，法第 190 条第 1 項第 2 号の規定による金銭の納付があったときは，その旨を破産管財人に通知しなければならない。
> 3　法第 190 条第 5 項の規定による消滅した担保権に係る登記又は登録の抹消の嘱託書には，法第 189 条第 1 項の許可の決定の裁判書の謄本を添付しなければならない。この場合においては，当該裁判書の謄本以外の不動産登記法（平成 16 年法律第 123 号）第 61 条に規定する登記原因を証する情報を記載した書面を添付することを要しない。

▌民事再生法第 152 条（価額に相当する金銭の納付等）
▌会社更生法第 108 条（価額に相当する金銭の納付等）

◆アメリカ法（該当規定なし）

■イギリス法（該当規定なし）

●ドイツ法（該当規定なし）

▲フランス法（該当規定なし。なお，前掲第 186 条参照）

日・◆米・■英・●独・▲仏　　　　　　　　　　　　　　　　　破産法第191条（配当等の実施）

> **第191条（配当等の実施）**　裁判所は，前条第4項に規定する金銭の納付があった場合には，次項に規定する場合を除き，当該金銭の被申立担保権者に対する配当に係る配当表に基づいて，その配当を実施しなければならない。
> 2　被申立担保権者が1人である場合又は被申立担保権者が2人以上であって前条第4項に規定する金銭で各被申立担保権者の有する担保権によって担保される債権を弁済することができる場合には，裁判所は，当該金銭の交付計算書を作成して，被申立担保権者に弁済金を交付し，剰余金を破産管財人に交付する。
> 3　民事執行法第85条及び第88条から第92条までの規定は第1項の配当の手続について，同法第88条，第91条及び第92条の規定は前項の規定による弁済金の交付の手続について準用する。

> 規第62条（配当等の手続・法第191条）　民事執行規則（昭和54年最高裁判所規則第5号）第12条，第59条（第1項後段を除く。），第60条及び第61条の規定は，法第191条第1項の配当の手続及び同条第2項の規定による弁済金の交付の手続について準用する。この場合において，同規則第12条第1項，第59条第1項及び第60条中「執行裁判所」とあるのは「裁判所」と，同規則第59条第1項中「不動産の代金」とあり，同条第2項中「代金」とあり，及び同規則第61条中「売却代金」とあるのは「破産法第186条第1項第1号に規定する売得金の額（同法第188条第8項に規定する届出がされなかった場合であって同号に掲げる場合にあっては，その売得金の額から同号に規定する組入金の額を控除した額）に相当する金銭」と，同規則第59条第3項及び第61条中「各債権者及び債務者」とあるのは「被申立担保権者及び破産管財人」と，同規則第60条中「各債権者」とあるのは「被申立担保権者」と，「附帯の債権の額並びに執行費用」とあるのは「附帯の債権」と読み替えるものとする。
> 2　第12条の規定にかかわらず，民事訴訟規則第4条第5項の規定は，前項において準用する民事執行規則第59条第3項の規定による通知については，準用しない。

▎民事再生法第153条（配当等の実施）
▎会社更生法第110条（更生計画認可前に更生手続が終了した場合の納付された金銭の取扱い）

◆**アメリカ法**（該当規定なし）

■**イギリス法**（該当規定なし）

●**ドイツ法**（該当規定なし）

▲**フランス法**（該当規定なし。なお，前掲第186条参照）

第3節　商事留置権の消滅

> <u>第192条</u>　破産手続開始の時において破産財団に属する財産につき商法又は会社法の規定による留置権がある場合において，当該財産が第36条の規定により継続されている事業に必要なものであるとき，その他当該財産の回復が破産財団の価値の維持又は増加に資するときは，破産管財人は，留置権者に対して，当該留置権の消滅を請求することができる。
> 2　前項の規定による請求をするには，同項の財産の価額に相当する金銭を，同項の留置権者に弁済しなければならない。
> 3　第1項の規定による請求及び前項に規定する弁済をするには，裁判所の許可を得なければならない。
> 4　前項の許可があった場合における第2項に規定する弁済の額が第1項の財産の価額を満たすときは，当該弁済の時又は同項の規定による請求の時のいずれか遅い時に，同項の留置権は消滅する。
> 5　前項の規定により第1項の留置権が消滅したことを原因とする同項の財産の返還を求める訴訟においては，第2項に規定する弁済の額が当該財産の価額を満たさない場合においても，原告の申立てがあり，当該訴訟の受訴裁判所が相当と認めるときは，当該受訴裁判所は，相当の期間内に不足額を弁済することを条件として，第1項の留置権者に対して，当該財産を返還することを命ずることができる。

▌会社更生法第29条（更生手続開始前における商事留置権の消滅請求）

◆アメリカ法（該当規定なし）

■イギリス法（該当規定なし）

●ドイツ法（該当規定なし）

▲フランス法（該当規定なし。なお，前掲第186条参照）

日・◆米・■英・●独・▲仏

第8章 配　当

第1節　通　説

> <u>第193条（配当の方法等）</u>　破産債権者は，この章の定めるところに従い，破産財団から，配当を受けることができる。
> 2　破産債権者は，破産管財人がその職務を行う場所において配当を受けなければならない。ただし，破産管財人と破産債権者との合意により別段の定めをすることを妨げない。
> 3　破産管財人は，配当をしたときは，その配当をした金額を破産債権者表に記載しなければならない。

> 規第63条（配当実施の報告）　破産管財人は，配当をしたときは，遅滞なく，その旨を裁判所に書面で報告しなければならない。
> 2　前項の規定による報告書には，各届出をした破産債権者に対する配当額の支払を証する書面の写しを添付しなければならない。

◆アメリカ法
〔配当の方法等〕
◆ R第3009条（第7章の清算事件における配当金の公表及び支払い）

　第7章の清算事件において，債権者に対する配当金は可能な限り速やかに支払われなければならない。配当支払のための小切手は，請求権が認容された各債権者を受取人として，郵送されなければならない。ただし，第三者に配当を受領する権限を付与する代理人の権限が行使され，R第9010条によりその届出があったときには，この限りではない。この場合，配当支払のための小切手は，債権者及びその第三者を受取人として，その第三者に郵送されなければならない。

　【コメント】　R第3009条は，配当をできる限り早期に行うこと，その支払いの方法を規定するが，配当金額の支払時期は裁判所の裁量にまかされている（Norton Bankruptcy Law And Practice 2d, Bankruptcy Rules 195（1999-2000 Ed.））。

■イギリス法
〔前　注〕
配当について
　清算人又は管財人は，配当を実施するときには配当を宣言する（declare a dividend）義務を負っている（規則第4.180条，倒産法第324条）。
　1　配当を宣言するに先立ち，清算人又は管財人は，配当を宣言する意思（inten-

tion）を，債権届出をしていないすべての債権者に通知しなければならない（規則第 11.2 条第 1 項。日本法第 197 条の箇所参照）。以前に官報公告によって債権届出を促していた場合を除き，配当の意思を公告しなければならない（規則第 11.2 条第 1A 項第 1B 項。日本法第 197 条の箇所参照）。

2　配当の意思の通知及び公告においては，通知から 21 日以上を経た日を債権届出の終期に指定しなければならない（規則第 11.2 条第 2 項。日本法第 197 条の箇所参照）。債権届出の終期から 5 日以内にすべての債権届出の処理（承認又は拒絶）を行い（規則第 11.3 条第 1 項），2 か月以内に配当を宣言する（規則第 11.5 条第 1 項）。

ただし，届出債権の承認・拒絶の決定に対して取消し・変更の申立てがなされたときは，配当宣言を延期又は撤回することができる（規則第 11.4 条。日本法第 198 条の箇所参照）。また，債権届出の終期の後になされた債権届出については，これを処理するか否かは清算人又は管財人の裁量に委ねられている（規則第 11.3 条第 2 項）。

3　清算人又は管財人は，債権届出を行った債権者全員に配当を通知し，資産の売却によって得られた資金の総額等の詳細を知らせなければならない（規則第 11.6 条第 1 項，第 2 項。日本法第 197 条の箇所参照）。配当の通知と同時に，配当を支払うことができる（同条第 3 項。日本法第 197 条の箇所参照）。

4　配当宣言の後に債権届出をした債権者，及び配当の実施後に債権額が増加した債権者は，既に実施された配当に変更を加えることはできない。しかし，追加配当が行われる前に，受領できなかった配当の支払を受けることはできる（規則第 11.8 条第 1 項，第 2 項。日本法第 213 条の箇所参照）。配当宣言の後に担保を再評価した結果，無担保債権の額が増加した担保権者についても，同様の原則が適用される（規則第 11.9 条。日本法第 210 条の箇所参照）。

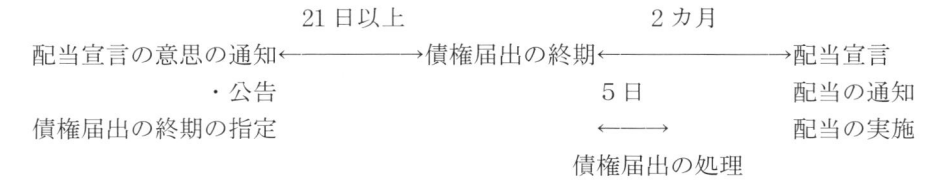

```
                     21 日以上              2 カ月
配当宣言の意思の通知 ←─────→ 債権届出の終期 ←─────→ 配当宣言
・公告                                   5 日         配当の通知
債権届出の終期の指定                    ←──→         配当の実施
                                    債権届出の処理
```

（会　社）

■ R 第 4.180 条（資産を分配する方法）

1　十分な資金が清算人の管理下にあるときは，清算人は，清算の費用［の支払］に必要な金額を残して，届出がなされた債権について債権者に配当を行うことを宣言し，実施しなければならない。

2　清算人は，配当を宣言し実施する意思を通知しなければならない。

（自然人）

■ 第 324 条（配当による分配）

1　十分な資金が管財人の管理下にあるときは，管財人は，破産の費用［の支払］

に必要な金額を残して，届出がなされた破産債権について債権者に配当を行うことを宣言し，実施しなければならない。
　2　管財人は，配当を宣言し実施する意思を通知しなければならない。
　3　配当は，配当を宣言する通知と同時に実施することができる。
（会社・自然人に共通）
■R第11.6条（配当の宣言の通知）
　4　配当の支払は，郵便によって行うことができる。他の方法によって債権者に支払われるべき旨の取決めを行うか，又は債権者が回収するまで保管しておくこともできる。
　5　配当が為替手形その他の流通証券によって支払われるときは，配当の額を証券に裏書きしなければならない。証券の保持者に提出を求めることができるときは，支払を保証された写しに配当の額を裏書きしなければならない。

●ドイツ法（該当規定なし）

▲フランス法（該当規定なし）
　【コメント】　フランス法には，破産法第193条以下に規定する様々な「配当」の方法に関するまとまった規定はない。
　　配当は，基本的に「順位配当（ordre）」の手続による。まず，雇傭契約に基づく債権，次いで，手続費用，特別の優先権を有する債権，第622-17条の債権，その後に，無担保債権者という順序になる。
　　負債の履行ないし債権の決済に関する規定としては，以下のようなものがある。
▲第643-1条
　裁判上の清算を開始または言い渡す判決は，履行期の到来していない債権を履行可能とする。ただし，裁判所が，企業の全部または一部の譲渡が予測できるという理由で，活動の継続を許可する場合には，履行期の到来していない債権は，譲渡についてい裁定する判決の日，またはこれがないときは，活動の維持を終了させる日に履行可能である。
　これらの債権が裁判上の清算が言い渡された地の通貨と異なる通貨で表示されている場合には，これらは，判決の日の為替相場によって言渡し地の通貨に変換される。
▲第643-2条
　特別の先取特権，動産質権，［占有移転を伴わない］質権または抵当権の名義人である債権者および国庫は，清算人が，裁判上の清算を開始または言い渡す判決から3か月の期間内に［担保の］目的財産の清算に着手しなかったときは，その優先権ある債権のために，その債権を届け出た時から，未だ確定されていなくとも，その個別の追求権を行使することができる。
　裁判所が，第642-2条を適用して期間を定めたときは，これらの債権者は，こ

の財産を含むいかなる提案も提示されなかった場合には，この期間の満了時にその個別の追求権を行使することができる。

　不動産の売却の場合には，第642-18条第1，第3，第5段の規定が適用される。不動産執行の手続が開始判決前に開始されたときは，抵当権の名義人である債権者は，個別追求の再開の時に，この判決前に行われた行為および手続を免除される。

▲第643-3条

　主任裁判官は，職権で，または清算人もしくは債権者の請求により，確定的に認められた債権の割当分の仮払いを命ずることができる。

　この仮払いは，受益者が，金融機関による保証を提出することを条件とする。

　仮払いの請求が，財務行政機関，社会保障機関，労働法典L第351-3条以下に定める失業保険制度を運営する機関および社会保障法典第9巻に定める機関の優先権ある債権に関わる場合には，前項に定める保証の必要はない。

▲第643-4条

　1回ないし複数回の配当が不動産の代価の分配に先立つ場合には，認められた先取特権者および抵当権者は，その債権全額をもって分配に参加する。

　不動産の売却ならびに抵当権および先取特権を有する債権者の間での順位の最終的整理の後に，それらの者の中で，その債権全額について不動産の代価［の分配］を受けるべき順位となった者は，すでに受領した額を控除した額についてのみ，その抵当権の順位弁済額を受領することができる。

　こうして控除された額は，無担保債権者に与えられる。

▲第643-5条

　不動産の代価の分配において一部について順位による弁済を受けた抵当権者の権利は，不動産の順位弁済後になお弁済されるべき額で規律される。その者が，順位弁済後に計算される配分額との関係で，従前の分配において受領した配分額の超過分は，抵当権の順位弁済の額から控除され，無担保債権者に配分されるべき額に含まれる。

▲第643-6条

　不動産の代価で満足を得なかった先取特権者または抵当権者は，なお弁済を受けるべき額について，無担保債権者とともに参加する。

▲第643-7条

　第642-20-1条第2項の留保の下で，第643-4条から第643-6条までの規定は，特別の動産担保権を有する債権者に適用される。

▲第643-8条

　資産の額は，裁判上の清算の費用および経費，自然人である債務者もしくは経営者またはその家族に与えられる扶助料，および優先権のある債権者に支払われる額を控除して，認められた債権に按分して，全債権者に配分される。

　その承認が終局的に裁定されていない債権に相当する部分，とりわけ，会社経営

者の報酬は，それが裁定されていない限り，留保される。

▲R第643-1条

　売却が，[法律部]第643-2条を適用して債権者によって行われる場合には，最低売却価格は，これを行う債権者と合意して主任裁判官が定める。

▲R第643-6条

　競売の場合には売却代金の振込み後，合意による売却の場合には，滌除の方式の完了後，清算人は，登録，承認された債権および[法律部]第641-13条に定める債権の[一覧]表に基づいて，[債権の]弁済順位表を作成する。清算人は，有用と認める場合には，登録された債権者，競落人または買受人を呼び出すことができる。[弁済順位]表は，清算人によって，手続が行われた裁判所の書記課に寄託される。何人も，この表を閲覧することができる。

　書記は，弁済順位表を寄託した旨を，債権者および競落人または買受人に対して，一つまたは複数の法定公告新聞への掲載または最初の掲載をした法定公告新聞の表示およびR第643-11条に定める不服申立期間の記載を含む民商事公告公報への掲載によって告知する。

　書記は，また，主任裁判官による免除がある場合を除いて，順位弁済を浮ける各債権者および不動産について登記された各債権者に対して，その選定住所に，弁済順位表の写しを送付し，R第643-11条に定める不服申立期間および条件を指示する。

　いずれの場合にも，弁済順位表は，あらかじめの請求がある場合には，労働法典L第143-11-4条に定める機関に送達する。

▲R第643-7条

　異議がないときは，清算人は，R第643-11条第1項に定める期間の満了後15日内に，順位配当手続を終結させる義務を負う。清算人は，裁判上の更生手続が行われた裁判所の書記課に，順位配当手続終結調書を寄託する。

　順位配当手続終結調書の寄託の時から，債権者の順位弁済は，元本および利息について，確定的に停止される。ただし，これによって清算された利息は，預託供託金庫によって供される額で，債権者のために引続き進行する。

▲R第643-11条

　異議は，順位弁済表の寄託を告知する民商事公告広報への掲載から30日の期間内にする。異議は，裁判上の清算手続が行われた，またはその管轄区域内で手続が行われた大審裁判所の書記課への申立てによってする。

　異議は，その書記課への寄託から10日以内に，執行士証書によって，関係する債権者および清算人に通知され，これを怠ると受理されない。この証書には，債権者および清算人は，その通知から15日以内に弁護士を選任すべきことを指示する。

　異議に対しては，執行裁判官に適用される手続に従って裁定される。不動産執行および不動産[売却]代金の配当手続に関する2006年7月27日のデクレ第2006-

936号第5条，第7条第1段および第8条が適用される。
▲ R 第 643-12 条

異議がある場合でも，清算人は，順位を整理すること，および異議ある債権に先行［優先］する債権に弁済証書を交付することができる。清算人は，また，異議ある債権のために十分な額を留保して，後行［劣後］する債権の順位を整理することができる。

▲ R 第 643-13 条

控訴期間の満了から8日以内，また控訴があった場合には控訴審判決の送達から8日以内に，清算人は，R 第 643-7 条から R 第 643-10 条の定めるところにより，異議のある債権および後行［劣後］する債権の順位を確定的に整理する。

▲ R 第 643-14 条

順位配当手続中に，および確定的な整理の後においても，無謀な入札による競売があったときは，清算人は，競売の結果に従い，順位弁済表，順位配当手続調書に記載された債権者に支払われるべき金額を修正し，これに相当する支払を行う。

第194条（配当の順位等）　配当の順位は，破産債権間においては次に掲げる順位に，第1号の優先的破産債権間においては第98条第2項に規定する優先順位による。
　一　優先的破産債権
　二　前号，次号及び第4号に掲げるもの以外の破産債権
　三　劣後的破産債権
　四　約定劣後破産債権
2　同一順位において配当をすべき破産債権については，それぞれその債権の額の割合に応じて，配当をする。

▌民事再生法第155条（再生計画による権利の変更）
▌会社更生法第168条（更生計画による権利の変更）
▌会社法第537条（債務の弁済の制限），第565条（協定による権利の変更）

◆アメリカ法
〔配当の順位等〕
◆第726条　倒産財団の財産の配当

(a) 本法第510条に定めるところを除き，倒産財団の財産は，次の順位で配当されるものとする。

(1) 第1順位　本法第507条において規定される種類の請求権であって，同条において定める順位の請求権で，その証拠が第501条により定められた期間内に届け出られたもの，又は，(A)管財人が作成した最終報告書の概要が債権者に郵送されてから10日を経過した日，若しくは(B)管財人が本条により最終の配当を開始した日のいずれか早い日の前に遅れて証拠の届出があったものについての支払い，

⑵　第2順位　本項⑴，⑶又は⑷に定める種類の請求権を除く，認容された請求権であって，その証拠が，(A)本法第501条(a)により所定の期間内に届出のあったもの，(B)本法第501条(b)又は第501条(c)により所定の期間内に届出のあったもの，又は，(C)(i)請求権を有する債権者が本法第501条(a)による所定の期間内における証拠の届出に間に合うように事件の通知を受けておらず，又は事件を知らなかった場合において，かつ，(ii)そのような請求権が支払いを受けるときまでにそのような請求権の証拠の届出がなされているときは，本法第501条(a)により遅れて届出がなされたもの，

⑶　第3順位　本項⑵(C)に定める種類の請求権を除く，本法第501条(a)により遅れて証拠の届出があった認容された無担保の請求権の支払い，

⑷　第4順位　救済命令又は管財人の選任のいずれか早い時期の以前に生じた請求権であって，担保付であると無担保であるとを問わず，罰金，科料若しくは没収を原因とし，又は3倍賠償，懲罰賠償若しくは懲罰的賠償金を原因とするもの。ただし，そのような罰金，科料，没収，又は賠償は，その請求権を有する者が受けた現実の金銭的損害の補償ではない限度においてとする。

⑸　第5順位　本項⑴，⑵，⑶又は⑷により支払われる請求権に関して，手続開始の申立書が提出された日以降の法定利率による利息の支払い。

⑹　第6順位　債務者に対する支払い。

(b)　本法第507条(a)⑴，⑵，⑶，⑷，⑸，⑹，⑺，⑻，⑼，若しくは⑽，又は本条(a)⑵，⑶，⑷，又は⑸に定める種類の請求権の支払いは，それら各規定に定める種類の請求権の間で案分比例によってなされるものとする。ただし，本法第1112条，第1208条，又は第1307条により本章に移行された事件において，その移行後に本章の下で負担された本法第503条(b)により認容された請求権が移行前に本法の他の章の下で又は本章の下で負担された本法第503条(b)により認容された請求権に優先し，かつ，本法第543条により管財人にその地位を交代した財産管理人の経費に優先する場合を除く。

(c)　本条(a)及び(b)にもかかわらず，本法第541条(a)⑵に定める種類の財産又はその財産の売得金があるときは，そのような財産又は売得金は，倒産財団の他の財産と分離されなければならず，そのような財産又は売得金及び倒産財団の他の財産は，次のように分配されなければならない。

⑴　本法第503条により認容された請求権は，正義が求めるところに従い，本法第541条(a)⑵に定める種類の財産又は倒産財団のその他の財産のいずれかから支払われなければならない。

⑵　本法第503条により認容された請求権を除く，認容された請求権は，本条(a)に定める順位で支払われなければならず，かつ，本法第507条の各項又は本条(a)に定める種類の請求権については，次の順位及び方式による。

　(A)　第1順位　債務者又は債務者の配偶者に対する夫婦共有財産の負担にかか

る請求権は，本法第541条(a)(2)に定める種類の財産から支払われなければならない。ただし，そのような財産が債務者の債務の唯一責任財産になっている限度を除く。
(B) 第2順位　債務者に対する夫婦共有財産の負担にかかる請求権が本項(A)により支払われない限度において，そのような夫婦共有財産の負担にかかる請求権は，債務者の債務の唯一責任財産になっている本法第541条(a)(2)に定める種類の財産から支払われなければならない。
(C) 第3順位　債務者に対する夫婦共有財産の負担にかかる請求権を含む債務者に対するすべての請求権は，本項(A)又は(B)により支払われない限度において，そのような請求権は，本法第541条(a)(2)に定める種類の財産を除く倒産財団の財産から支払われなければならない。
(D) 第4順位　債務者又は債務者の配偶者に対する夫婦共有財産の負担にかかる請求権が本項(A), (B)，又は(C)により支払われない限度において，そのような請求権は倒産財団の残余のすべての財産から支払われなければならない。

《関連規定》
◆第101条（諸定義）
(1)〜(6)　……
(7) "夫婦共有財産の負担にかかる請求権"とは，債務者に関する事件の開始前に生じた請求権であって，本法第541条(a)(2)に定める種類の財産を，事件が開始された時にそのような財産があると否とを問わず，責任財産としている請求権をいう。

【コメント】　連邦倒産法第726条は倒産財団からの配当の順位を規律している。まず同法第507条に規定されている届出のあった請求権の優先順位（⇒日本法第98条の項参照）に従って配当を実施し，その次にそれら以外の請求権について配当が実施されることが明らかにされている。

■イギリス法
（会　社）
■第175条（優先債務（一般規定））
1　会社の清算において，（第XII編第386条によって定められた意味の）優先債務は，他のすべての債務に優先して弁済される。
2　優先債務は，以下の各号に定めるところに従う。
(a) 優先債務は，清算の費用の後に，優先債務の間では平等に，全額について弁済を受ける。ただし，会社の資産が優先債務を弁済するに不足するときは，平等の割合で減額される。
(b) 一般債権者への弁済に充てられる会社の資産が一般債務を弁済するに不足する限りにおいて，優先債務は，会社が設定した浮動担保によって担保された社債の所持者又は会社が設定した浮動担保の所持者の権利に優先し，当該担保に

日・◆米・■英・●独・▲仏　　　　　　　　　　　　　　　破産法第194条（配当の順位等）

包含されるか又は当該担保に服する財産から優先的に弁済される。

■R第4.181条（倒産した会社の債務は平等に扱われる）

1　清算手続において，優先債務以外の債務はその間では平等に扱われ，優先債務を弁済した後に，債務の全額について弁済を受ける。ただし，会社の資産がその債務を弁済するに不足するときは，平等の割合で減額される。

2　前項の規定は，会社が債務を弁済することができるか否かにかかわらず，適用される。

（自然人）

■第328条（債務の優先順位）

1　破産財団の分配において，（第XII編第386条によって定められた意味の）優先債務は，他の債務に優先して弁済される。

2　優先債務は，破産の費用の後に，優先債務の間では平等に，全額について弁済を受ける。ただし，破産財団が優先債務を弁済するに不足するときは，平等の割合で減額される。

3　優先債務ではなく，次項が適用される債務でもない債務も，その間では平等に，優先債務の後に全額について弁済を受ける。ただし，破産財団がその債務を弁済するに不足するときは，平等の割合で減額される。

【コメント】　倒産法第328条第3項にいう債務は，わが国の一般破産債権に相当する。

倒産法第175条及び第328条1項2項は，日本法第98条の箇所に掲げたものの再掲である。

清算手続及び破産手続における債権の優先順位については，日本法第98条・第99条の箇所の【コメント】も参照。

●ドイツ法（該当規定なし）

▲フランス法（該当規定なし。なお，前掲第193条参照）

第2節　最後配当

> 第195条（最後配当）　破産管財人は，一般調査期間の経過後又は一般調査期日の終了後であって破産財団に属する財産の換価の終了後においては，第217条第1項に規定する場合を除き，遅滞なく，届出をした破産債権者に対し，この節の規定による配当（以下この章及び次章において「最後配当」という。）をしなければならない。
> 2　破産管財人は，最後配当をするには，裁判所書記官の許可を得なければならない。
> 3　裁判所は，破産管財人の意見を聴いて，あらかじめ，最後配当をすべき時期を定めることができる。

◆アメリカ法
⇒日本法第193条の項参照
《関連規定》
◆ R 第3010条（第7章清算事件，第12章家族農業従事者の債務調整事件及び第13章個人債務者の債務調整事件における少額の配当及び支払い）
(a)　第7章事件　第7章事件において，5ドル未満の額のいかなる配当も，地方規則又は裁判所の命令によって許可されていない限り，いかなる債権者に対しても管財人は実施してはならない。債権者に対して配当が実施されないそのような配当金は，本法第347条に規定される請求のない資金と同様の方法で処理されなければならない。
(b)　第12章事件及び第13章事件　第12章事件又は第13章事件において，15ドル未満の額のいかなる配当も，地方規則又は裁判所の命令によって許可されていない限り，いかなる債権者に対しても管財人は実施してはならない。本項を理由として配当されなかった資金は累積され，その総額が15ドルに達したときはいつでも支払われなければならない。残余の資金は，最終の配当により配当されなければならない。
◆ R 第3011条（第7章清算事件，第12章家族農業従事者の債務調整事件及び第13章個人債務の債務調整事件における請求されないままの財産）
　管財人は，本法第347条(a)により裁判所に引き渡されることになっている倒産財団の残余財産から支払いを受ける権利を有するすべての者の知れたる氏名及び住所並びに支払われるべき額の一覧表を作成しなければならない。

■イギリス法
（会　社）
■ R 第4.186条（最後配当）
1　清算人は，会社のすべての資産を換価した場合，又は清算人の意見によれば，清算手続を不必要に長引かせることなく換価することのできる資産を換価した場合には，本規則第11編の規定に基づいて，以下のいずれかを通知しなければならない。
(a)　最後配当を宣言する意思
(b)　配当又は追加の配当はないことの宣言
……

日・◆米・■英・●独・▲仏　　　　　　　　　　　　　　　　破産法第196条（配当表）

（自然人）
■第330条（最後配当）
1　破産管財人は，破産財団のすべてを換価した場合，又は破産管財人の意見によれば，破産管財人の業務を不必要に長引かせることなく換価することのできる破産財団を換価した場合には，規則で定められた方法で，以下のいずれかを通知しなければならない。
　(a)　最後配当を宣言する意思
　(b)　配当又は追加の配当はないことの宣言
　……

●ドイツ法
●第196条（最後の配当）
継続的収入を除き倒産財団の換価が終わり次第，ただちに，最後の配当を行う。
2　最後の配当は，倒産裁判所の許可がなければすることができない。

▲フランス法（該当規定なし。なお，前掲第193条参照）

<u>第196条（配当表）</u>　破産管財人は，前条第2項の規定による許可があったときは，遅滞なく，次に掲げる事項を記載した配当表を作成し，これを裁判所に提出しなければならない。
　一　最後配当の手続に参加することができる破産債権者の氏名又は名称及び住所
　二　最後配当の手続に参加することができる債権の額
　三　最後配当をすることができる金額
2　前項第2号に掲げる事項は，優先的破産債権，劣後的破産債権及び約定劣後破産債権をそれぞれ他の破産債権と区分し，優先的破産債権については第98条第2項に規定する優先順位に従い，これを記載しなければならない。
3　破産管財人は，別除権に係る根抵当権によって担保される破産債権については，当該破産債権を有する破産債権者が，破産管財人に対し，当該根抵当権の行使によって弁済を受けることができない債権の額を証明しない場合においても，これを配当表に記載しなければならない。この場合においては，前条第2項の規定による許可があった日における当該破産債権のうち極度額を超える部分の額を最後配当の手続に参加することができる債権の額とする。
4　前項の規定は，第108条第2項に規定する抵当権（根抵当権であるものに限る。）を有する者について準用する。

◆アメリカ法（該当規定なし）
【コメント】　本条をはじめとして，配当表の作成，提出，内容などについて日本法のように子細に定めた規定は，連邦倒産法および破産手続規則には存在しない。

539

第8章 配　当

■**イギリス法**（該当規定なし）

●**ドイツ法**
●**第188条（配当表）**
　倒産管財人は，配当を行う前に，その配当に加えるべき債権を記載した表を作成しなければならない。この表は，関係人の閲覧に供するため，裁判所の書記課に備え置くことを要する。倒産管財人は，倒産裁判所に対して，倒産財団から配当に充てることができる金額を報告しなければならない。倒産裁判所は，債権の総額および倒産財団から配当のために充てられる金額を公告しなければならない。

▲**フランス法**（該当規定なし。なお，前掲第193条参照）

> **第197条（配当の公告等）**　破産管財人は，前条第1項の規定により配当表を裁判所に提出した後，遅滞なく，最後配当の手続に参加することができる債権の総額及び最後配当をすることができる金額を公告し，又は届出をした破産債権者に通知しなければならない。
> 2　前項の規定による通知は，その通知が通常到達すべきであった時に，到達したものとみなす。
> 3　第1項の規定による通知が届出をした各破産債権者に通常到達すべきであった時を経過したときは，破産管財人は，遅滞なく，その旨を裁判所に届け出なければならない。

> 規第64条（配当の通知の到達に係る届出の方式・法第197条）　法第197条第3項の規定による届出をする場合の届出書には，同条第1項の規定による通知の方法及びその通知を発した日をも記載しなければならない。

◆**アメリカ法**
⇒日本法第195条の項参照

■**イギリス法**
　（会社・自然人に共通）
■**R第11.2条（配当の意思の通知）**
　1　配当を宣言する前に，権限を有する者は，配当を宣言する意思を，以下の者に通知しなければならない。
　(a)　住所の知れた，債権届出を行っていないすべての債権者
　(b)　支払不能者に関して加盟国の清算人が選任されているときは，その者
　1A　最初の配当を宣言する前に，権限を有する者は，配当を意図していることを通知しなければならない。合理的に実行可能な限りすみやかに，当該通知は，
　(a)　官報で公告されなければならず，
　(b)　権限を有する者が適切と考えるその他の方法で広告することができる。

1B　前項の規定は，権限を有する者が以前に官報公告の方法で債権者に債権届出を促していたときは，これを適用しない。
1C　第1A項の規定に基づく通知には，通常の内容に加えて，
(a)　権限を有する者が最初の配当を宣言する意思があることを記載し，
(b)　債権届出書が提出されなければならない期限の日及び場所を特定しなければならない。
2　第1項の規定に基づく通知及び第1A項の規定に基づく最初の配当の通知においては，債権届出書を提出することのできる期限（「債権届出の終期」）を指定しなければならない。その期限は，すべての債権者について同一でなければならず，通知の日から21日以上を経た日でなければならない。
3　権限を有する者は，通知において，債権届出の終期から2カ月の期間内に配当を（暫定又は最終と指定して）宣言する意思を述べなければならない。

■R第11.6条（配当の宣言の通知）
1　権限を有する者は，以下の者に配当を通知しなければならない。
(a)　債権届出をした債権者全員
(b)　支払不能者に関して加盟国の清算人が選任されているときは，その者
2　通知には，倒産及び倒産財団の管理に関する以下の詳細を記載しなければならない。
(a)　資産の売却によって得られた金額。特定の資産の売却によって得られた金額を（実行可能な限りにおいて）表示する。
(b)　倒産財団の管理に際して，権限を有する者が行った支払
(c)　未確定の請求権のためになされた準備，及特定の目的のために確保された資金（これらがある場合に限る）。
(d)　分配されるべき金額の総計及び配当率
(e)　追加の配当の宣言が見込まれるか，見込まれるとしてそれはいつか。
2A　社員による任意清算の場合を除き，清算において清算人が無担保債権者に対する配当の宣言を提案したときは，規則によって定められた部分の価額も通知に記載しなければならない。ただし，裁判所が第176A条第5項の規定に基づく命令を発した場合はこの限りでない。

●ドイツ法
●第188条（配当表）
　倒産管財人は，配当を行う前に，その配当に加えるべき債権を記載した表を作成しなければならない。この表は，関係人の閲覧に供するため，裁判所の書記課に備え置くことを要する。倒産管財人は，倒産裁判所に対して，倒産財団から配当に充てることができる金額を報告しなければならない。倒産裁判所は，債権の総額および倒産財団から配当のために充てられる金額を公告しなければならない。

▲**フランス法**（該当規定なし。なお，前掲第193条参照）

> 第198条（破産債権の除斥等）　異議等のある破産債権（第129条第1項に規定するものを除く。）について最後配当の手続に参加するには，当該異議等のある破産債権を有する破産債権者が，前条第1項の規定による公告が効力を生じた日又は同条第3項の規定による届出があった日から起算して2週間以内に，破産管財人に対し，当該異議等のある破産債権の確定に関する破産債権査定申立てに係る査定の手続，破産債権査定異議の訴えに係る訴訟手続又は第127条第1項の規定による受継があった訴訟手続が係属していることを証明しなければならない。
> 2　停止条件付債権又は将来の請求権である破産債権について最後配当の手続に参加するには，前項に規定する期間（以下この節及び第5節において「最後配当に関する除斥期間」という。）内にこれを行使することができるに至っていなければならない。
> 3　別除権者は，最後配当の手続に参加するには，次項の場合を除き，最後配当に関する除斥期間内に，破産管財人に対し，当該別除権に係る第65条第2項に規定する担保権によって担保される債権の全部若しくは一部が破産手続開始後に担保されないこととなったことを証明し，又は当該担保権の行使によって弁済を受けることができない債権の額を証明しなければならない。
> 4　第196条第3項前段（同条第4項において準用する場合を含む。）の規定により配当表に記載された根抵当権によって担保される破産債権については，最後配当に関する除斥期間内に当該担保権の行使によって弁済を受けることができない債権の額の証明がされた場合を除き，同条第3項後段（同条第4項において準用する場合を含む。）の規定により配当表に記載された最後配当の手続に参加することができる債権の額を当該弁済を受けることができない債権の額とみなす。
> 5　第3項の規定は，準別除権者について準用する。

◆**アメリカ法**
〔破産債権の除斥等〕（該当規定なし）

　【コメント】　連邦倒産法における"請求権"は，その額が確定しているか否とを問わないし，それが条件付であると否とを問わないし，争いがあると否とを問わないし，担保されていると無担保であるとを問わない（第101条(5)(A)参照）。これらの請求権についてその証拠の届出があったときは，これらの請求権に対して異議を述べた者が申立て（motion）に基づき債権確定手続を開始するシステムになっている。その決着を待って管財人が配当を実施する。

〔停止条件付債権の除斥〕（該当規定なし）

〔別除権者の除斥〕（該当規定なし）

■**イギリス法**（該当規定なし）
　《関連規定》
　（会社・自然人に共通）
■ R第11.4条（配当の延期又は撤回）
　規則第11.2条第3項における2カ月の期間内に以下に掲げることが生じたとき

は，権限を有する者は，配当を延期又は撤回することができる。
　(a)　権限を有する者が債権届出書を全部又は一部について拒絶し，その決定の取消し又は変更を求める申立てが裁判所に対してなされたこと
　(b)　権限を有する者の債権届出書に関する決定の取消し若しくは変更を求める申立て，又は債権届出書の削除若しくは請求金額の減額を求める申立てが裁判所に対してなされたこと

■ R 第11.5条（配当を宣言する決定）
　2　裁判所が許可した場合を除き，権限を有する者は，債権届出書に関する権限を有する者の決定の取消し若しくは変更，又は債権届出書の削除若しくは請求金額の減額を求める申立てが裁判所に係属している間は，配当を宣言してはならない。
　本項に基づいて裁判所が許可を与えたときは，権限を有する者は，問題の債権届出書について裁判所の指示する準備をしなければならない。

● ドイツ法
● 第189条（異議ある債権の除斥）
　その債権が未確定であって，それについて執行力ある債務名義または終局判決を有していない倒産債権者は，倒産管財人に対し，公告から2週間の除斥期間内に，いくらの額につき債権確定の訴えが提起されまたは以前から係属していた訴訟が受継されたかを，証明しなければならない。
　2　証明が期間内になされたときは，訴訟が係属している限りにおいて，配当にあたり当該債権に割り当てられる分を留保しなければならない。
　3　証明が期間内になされないときは，その債権は配当から除斥される。

● 第190条（別除権者の除斥）
　別除的な満足を受ける権利を有する債権者は，倒産管財人に対し，遅くとも前条第1項に掲げる除斥期間内に，別除的満足を受ける権利を放棄した事実および別除的満足を受ける権利を放棄した額，または，別除的満足における不足額を，証明しなければならない。証明が期間内になされないときは，その債権は配当にあたり除斥される。
　……
　3　別除権の存する目的物を換価する権限が倒産管財人に専属するときは，第1項および前条の規定は適用しない。倒産管財人は，いまだ目的物を換価していないときは，中間配当にあたり，債権者の不足額を評価し，その債権に割り当てられる分を留保しなければならない。

● 第191条（停止条件付債権の除斥）
　停止条件付債権はその全額につき中間配当に加えられる。この債権に割り当てられる分は配当にあたり留保しなければならない。
　2　最後配当の時点において，停止条件付債権は，停止条件が成就する可能性が

乏しいためその債権が財産的価値を有しないときは，除斥される。この場合においては，前項第3文の規定により留保された金額は最終配当に用いられる。

▲フランス法（該当規定なし。なお，前掲第193条参照）

第199条（配当表の更正）　次に掲げる場合には，破産管財人は，直ちに，配当表を更正しなければならない。
一　破産債権者表を更正すべき事由が最後配当に関する除斥期間内に生じたとき。
二　前条第1項に規定する事項につき最後配当に関する除斥期間内に証明があったとき。
三　前条第3項に規定する事項につき最後配当に関する除斥期間内に証明があったとき。
2　前項第3号の規定は，準別除権者について準用する。

◆アメリカ法（該当規定なし）

■イギリス法（該当規定なし）

●ドイツ法
●第193条（配当表の更正）
　倒産管財人は，第189条から第192条までの規定を原因として必要とされる配当表の更正を，第189条の定める除斥期間の経過後3日以内にしなければならない。

▲フランス法（該当規定なし。なお，前掲第193条参照）

第200条（配当表に対する異議）　届出をした破産債権者で配当表の記載に不服があるものは，最後配当に関する除斥期間が経過した後1週間以内に限り，裁判所に対し，異議を申し立てることができる。
2　裁判所は，前項の規定による異議の申立てを理由があると認めるときは，破産管財人に対し，配当表の更正を命じなければならない。
3　第1項の規定による異議の申立てについての裁判に対しては，即時抗告をすることができる。この場合においては，配当表の更正を命ずる決定に対する即時抗告の期間は，第11条第1項の規定により利害関係人がその裁判書の閲覧を請求することができることとなった日から起算する。
4　第1項の規定による異議の申立てを却下する裁判及び前項前段の即時抗告についての裁判（配当表の更正を命ずる決定を除く。）があった場合には，その裁判書を当事者に送達しなければならない。

規第65条（配当表に対する異議に関する通知・法第200条）　裁判所書記官は，法第200条第1項の規定による異議の申立てがあったときは，遅滞なく，その旨を破産管財人に通知しなければならない。

日・◆米・■英・●独・▲仏　　　　　　　　　　　破産法第200条（配当表に対する異議）

◆アメリカ法（該当規定なし）

■イギリス法（該当規定なし）

●ドイツ法
●第194条（配当表に対する異議申立て）
　中間配当においては，配当表に対する債権者の異議申立ては，第189条第1項の定める除斥期間の経過後1週間以内に，提起しなければならない。
　2　異議を却下する裁判所の決定は，債権者および倒産管財人に送達しなければならない。債権者はこの決定に対し即時抗告をすることができる。
　3　配当表の訂正を命ずる裁判所の決定は，債権者および倒産管財人に送達し，かつ，関係人の閲覧に供するため，裁判所書記課に備え置かなければならない。倒産管財人および倒産債権者は，決定に対して，即時抗告をすることができる。抗告期間は，決定が下された日から起算する。

●第197条（最後の期日）
　倒産裁判所は，最後の配当を許可するにあたり，最後の債権者集会のための期日を指定するものとする。この期日は，左に掲げることを目的とする。
　一　倒産管財人による最終決算を討議すること。
　二　最後の配当表に対する異議を申し立てること。
　三　換価できない倒産財団の目的物について決議すること。
　2　最後の期日の公告と期日との間には，3週間以上1カ月以内の期間を置かなければならない。
　3　債権者の異議についての裁判所の決定については，第194条第2項および第3項の規定を準用する。

▲フランス法（該当規定なし。なお，前掲第193条参照）

545

> 第201条（配当額の定め及び通知）　破産管財人は，前条第1項に規定する期間が経過した後（同項の規定による異議の申立てがあったときは，当該異議の申立てに係る手続が終了した後），遅滞なく，最後配当の手続に参加することができる破産債権者に対する配当額を定めなければならない。
> 2　破産管財人は，第70条の規定により寄託した金額で第198条第2項の規定に適合しなかったことにより最後配当の手続に参加することができなかった破産債権者のために寄託したものの配当を，最後配当の一部として他の破産債権者に対してしなければならない。
> 3　解除条件付債権である破産債権について，その条件が最後配当に関する除斥期間内に成就しないときは，第69条の規定により供した担保はその効力を失い，同条の規定により寄託した金額は当該破産債権を有する破産債権者に支払わなければならない。
> 4　第101条第1項の規定により弁済を受けた破産債権者又は第百九条に規定する弁済を受けた破産債権者は，他の同順位の破産債権者が自己の受けた弁済と同一の割合の配当を受けるまでは，最後配当を受けることができない。
> 5　第1項の規定により破産債権者に対する配当額を定めた場合において，第111条第1項第4号及び第113条第2項の規定による届出をしなかった破産債権者について，その定めた配当額が同号に規定する最高裁判所規則で定める額に満たないときは，破産管財人は，当該破産債権者以外の他の破産債権者に対して当該配当額の最後配当をしなければならない。この場合においては，当該配当額について，当該他の破産債権者に対する配当額を定めなければならない。
> 6　次項の規定による配当額の通知を発する前に，新たに最後配当に充てることができる財産があるに至ったときは，破産管財人は，遅滞なく，配当表を更正しなければならない。
> 7　破産管財人は，第1項から前項までの規定により定めた配当額を，最後配当の手続に参加することができる破産債権者（第5項の規定により最後配当を受けることができない破産債権者を除く。）に通知しなければならない。

◆アメリカ法
〔配当額の定め及び通知〕

⇒日本法第193条の項参照。
〔寄託金の配当〕（該当規定なし）

第201条3項・第212条2項，第24条4項関連（該当規定なし）
〔配当表の更正〕（該当規定なし）

■イギリス法
（会　社）
■R第4.180条（資産を分配する方法）
　3　清算人が配当を宣言したときは，配当を，それをいかに分配するかに関する提案を述べて，債権者に通知しなければならない。通知は，配当額の計算及び分配の方法を債権者が理解できるようにするために，会社並びに会社の資産及び業務に関する詳細を含んでいなければならない。

日・◆米・■英・●独・▲仏　　　　　　　　　　　破産法第201条（配当額の定め及び通知）

（自然人）
■第324条（配当による分配）
　3　管財人が配当を宣言したときは，配当及びそれをいかに分配するかに関する提案を通知しなければならない。本項に基づく通知は，規則で定められた破産財団の詳細を含んでいなければならない。
■R第11.6条（配当の宣言の通知）（再掲）
　2　通知には，倒産及び倒産財団の管理に関する以下の詳細を記載しなければならない。
　(a)　資産の売却によって得られた金額。特定の資産の売却によって得られた金額を（実行可能な限りにおいて）表示する。
　(b)　倒産財団の管理に際して，権限を有する者が行った支払
　(c)　未確定の請求権のためになされた準備，及特定の目的のために確保された資金（これらがある場合に限る）。
　(d)　分配されるべき金額の総計及び配当率
　(e)　追加の配当の宣言が見込まれるか，見込まれるとしてそれはいつか。
　2A　社員による任意清算の場合を除き，清算において清算人が無担保債権者に対する配当の宣言を提案したときは，規則によって定められた部分の価額も通知に記載しなければならない。ただし，裁判所が第176A条第5項の規定に基づく命令を発した場合はこの限りでない。
　3　配当は，配当を宣言する通知と同時に実施することができる。
　4　配当の支払は，郵便によって行うことができる。他の方法によって債権者に支払われるべき旨の取決めを行うか，又は債権者が回収するまで保管しておくこともできる。
　5　配当が為替手形その他の流通証券によって支払われるときは，配当の額を証券に裏書きしなければならない。証券の保持者に提出を求めることができるときは，支払を保証された写しに配当の額を裏書きしなければならない。

●ドイツ法
●第188条（配当表）
　倒産管財人は，配当を行う前に，その配当に加えるべき債権を記載した表を作成しなければならない。この表は，関係人の閲覧に供するため，裁判所の書記課に備え置くことを要する。倒産管財人は，倒産裁判所に対して，倒産財団から配当に充てることができる金額を報告しなければならない。倒産裁判所は，債権の総額および倒産財団から配当のために充てられる金額を公告しなければならない。
●第193条（配当表の更正）
　倒産管財人は，第189条から第192条までの規定を原因として必要とされる配当表の更正を，第189条の定める除斥期間の経過後3日以内にしなければならない。

第 8 章　配　　当

▲フランス法（該当規定なし。なお，前掲第 193 条参照）

> 第 202 条（配当額の供託）　破産管財人は，次に掲げる配当額を，これを受けるべき破産債権者のために供託しなければならない。
> 　一　異議等のある破産債権であって前条第 7 項の規定による配当額の通知を発した時にその確定に関する破産債権査定申立てに係る査定の手続，破産債権査定異議の訴えに係る訴訟手続，第 127 条第 1 項若しくは第 129 条第 2 項の規定による受継があった訴訟手続又は同条第 1 項の規定による異議の主張に係る訴訟手続が係属しているものに対する配当額
> 　二　租税等の請求権又は罰金等の請求権であって前条第 7 項の規定による配当額の通知を発した時に審査請求，訴訟（刑事訴訟を除く。）その他の不服の申立ての手続が終了していないものに対する配当額
> 　三　破産債権者が受け取らない配当額

◆アメリカ法（該当規定なし）

■イギリス法（該当規定なし）

●ドイツ法
●第 198 条（留保された金額の供託）
　倒産管財人は，倒産裁判所の許可を得て，最後の配当において留保された金額を，関係人の負担において，適切な機関に供託しなければならない。

▲フランス法（該当規定なし。なお，前掲第 193 条参照）

> 第 203 条（破産管財人に知れていない財団債権者の取扱い）　第 201 条第 7 項の規定による配当額の通知を発した時に破産管財人に知れていない財団債権者は，最後配当をすることができる金額をもって弁済を受けることができない。

◆アメリカ法（該当規定なし）

■イギリス法（該当規定なし）

●ドイツ法
●第 206 条（財団債権者の除斥）
　その請求権が以下に掲げるとき以後に初めて倒産管財人に知るところとなった財団債権者は，配当の後に倒産財団に残存する財産からしか，弁済を請求することができない。
　一　中間配当においては，配当率の決定のとき。
　二　最後の配当においては，最後の期日が終結したとき。
　三　追加配当においては，公告のとき。

▲フランス法（該当規定なし。なお，前掲第 193 条参照）

第3節　簡易配当・第4節　同意配当

第204条（簡易配当）　裁判所書記官は，第百九十五条第１項の規定により最後配当をすることができる場合において，次に掲げるときは，破産管財人の申立てにより，最後配当に代えてこの節の規定による配当（以下この章及び次章において「簡易配当」という。）をすることを許可することができる。
一　配当をすることができる金額が千万円に満たないと認められるとき。
二　裁判所が，第32条第１項の規定により同項第５号に掲げる事項を公告し，かつ，その旨を知れている破産債権者に対し同条第３項第１号の規定により通知した場合において，届出をした破産債権者が同条第１項第５号に規定する時までに異議を述べなかったとき。
三　前２号に掲げるもののほか，相当と認められるとき。
2　破産管財人は，前項の規定による許可があった場合には，次条において読み替えて準用する第196条第１項の規定により配当表を裁判所に提出した後，遅滞なく，届出をした破産債権者に対する配当見込額を定めて，簡易配当の手続に参加することができる債権の総額，簡易配当をすることができる金額及び当該配当見込額を届出をした破産債権者に通知しなければならない。
3　前項の規定による通知は，その通知が通常到達すべきであった時に，到達したものとみなす。
4　第２項の規定による通知が届出をした各破産債権者に通常到達すべきであった時を経過したときは，破産管財人は，遅滞なく，その旨を裁判所に届け出なければならない。

第205条（準用）　簡易配当については，前節（第195条，第197条，第200条第３項及び第４項並びに第201条第７項を除く。）の規定を準用する。この場合において，第196条第１項及び第３項中「前条第２項の規定による許可」とあるのは「第204条第１項の規定による許可」と，第198条第１項中「前条第１項の規定による公告が効力を生じた日又は同条第３項」とあるのは「第204条第４項」と，「二週間以内に」とあるのは「一週間以内に」と，第201条第１項中「当該異議の申立てに係る手続が終了した後」とあるのは「当該異議の申立てについての決定があった後」と，同条第６項中「次項の規定による配当額の通知を発する前に」とあるのは「前条第１項に規定する期間内に」と，第202条第１号及び第２号中「前条第７項の規定による配当額の通知を発した時に」とあり，並びに第203条中「第201条第７項の規定による配当額の通知を発した時に」とあるのは「第200条第１項に規定する期間を経過した時に」と読み替えるものとする。

第206条（簡易配当の許可の取消し）　破産管財人は，第204条第１項第３号の規定による許可があった場合において，同条第２項の規定による通知をするときは，同時に，簡易配当をすることにつき異議のある破産債権者は裁判所に対し同条第４項の規定による届出の日から起算して一週間以内に異議を述べるべき旨をも通知しなければならない。この場合において，届出をした破産債権者が同項の規定による届出の日から起算して一週間以内に異議を述べたときは，裁判所書記官は，当該許可を取り消さなければならない。

第207条（適用除外）　第204条第１項の規定による簡易配当の許可は，第209条第１項に規定する中間配当をした場合は，することができない。

第208条　裁判所書記官は，第195条第１項の規定により最後配当をすることができる場合において，破産管財人の申立てがあったときは，最後配当に代えてこの条の規定による配当（以下この章及び次章において「同意配当」という。）をすることを許可することがで

きる。この場合において，破産管財人の申立ては，届出をした破産債権者の全員が，破産管財人が定めた配当表，配当額並びに配当の時期及び方法について同意している場合に限り，することができる。
2 前項の規定による許可があった場合には，破産管財人は，同項後段の配当表，配当額並びに配当の時期及び方法に従い，同項後段の届出をした破産債権者に対して同意配当をすることができる。
3 同意配当については，第196条第1項及び第2項並びに第203条の規定を準用する。この場合において，第196条第1項中「前条第2項の規定による許可があったときは，遅滞なく」とあるのは「あらかじめ」と，第203条中「第201条第7項の規定による配当額の通知を発した時に」とあるのは「第208条第1項の規定による許可があった時に」と読み替えるものとする。

規第66条（簡易配当についての異議の方式等・法第204条等）　法第204条第1項第2号に規定する異議の申述は，書面でしなければならない。
2 前項の異議の申述があったことにより法第204条第1項第2号の規定による許可をすることができないこととなったときは，裁判所書記官は，遅滞なく，その旨を破産管財人に通知しなければならない。
3 第1項の規定は，法第206条後段に規定する異議の申述について準用する。

規第67条（最後配当に関する規定の準用）　簡易配当（法第204条第1項に規定する簡易配当をいう。）については，前節の規定を準用する。この場合において，第64条中「法第197条第3項」とあるのは「法第204条第4項」と，「同条第1項」とあるのは「同条第2項」と読み替えるものとする。

▌民事再生法第211条（簡易再生の決定），第217条（同意再生の決定）

◆アメリカ法（該当規定なし）
⇒《関連規定》として，日本法第195条の《関連規定》◆R第3010条参照。

■イギリス法（該当規定なし）

●ドイツ法（該当規定なし）

▲フランス法（該当規定なし。なお，前掲第193条参照）

日・◆米・■英・●独・▲仏　　　　　　　　　　　　　　　　　　破産法第209条（中間配当）

第5節　中間配当

> 第209条（中間配当）　破産管財人は，一般調査期間の経過後又は一般調査期日の終了後であって破産財団に属する財産の換価の終了前において，配当をするのに適当な破産財団に属する金銭があると認めるときは，最後配当に先立って，届出をした破産債権者に対し，この節の規定による配当（以下この節において「中間配当」という。）をすることができる。
> 2　破産管財人は，中間配当をするには，裁判所の許可を得なければならない。
> 3　中間配当については，第196条第1項及び第2項，第197条，第198条第1項，第199条第1項第1号及び第2号，第200条，第201条第4項並びに第203条の規定を準用する。この場合において，第196条第1項中「前条第2項の規定による許可」とあるのは「第209条第2項の規定による許可」と，第199条第1項各号及び第200条第1項中「最後配当に関する除斥期間」とあるのは「第210条第1項に規定する中間配当に関する除斥期間」と，第203条中「第201条第7項の規定による配当額」とあるのは「第211条の規定による配当率」と読み替えるものとする。

◆アメリカ法

〔中間配当〕

《関連規定》

◆第726条（倒産財団の財産の配当）

(a)　本法第510条に定めるところを除き，倒産財団の財産は，次の順位により配当されるものとする。

　(1)　第1順位　本法第507条において定める種類の請求権であって，同条において定める順位の請求権で，その証拠が第501条により定められた期間内に届け出られたもの，又は，(A)管財人が作成した最終報告書の概要が債権者に郵送されてから10日を経過した日，若しくは(B)管財人が本条により最終の配当を開始した日のいずれか早い日の前に遅れて証拠の届出があったものについての支払い，

　(2)　第2順位　本項(1)，(3)又は(4)に定める種類の請求権を除く，認容された無担保の請求権であって，その証拠が，(A)本法第501条(a)により所定の期間内に届出のあったもの，(B)本法第501条(b)又は第501条(c)により所定の期間内に届出のあったもの，又は，(C)(i)請求権を有する債権者が本法第501条(a)による所定の期間内における証拠の届出に間に合うように事件の通知を受けておらず，又は事件を知らなかった場合において，かつ，(ii)そのような請求権が支払いを受けるときまでにそのような請求権の証拠の届出がなされているときは，本法第501条(a)により遅れて届出がなされたもの，

　(3)　第3順位　本項(2)(C)に定められる請求権以外の請求権であって，本法第501条(a)に基づき証拠が所定の期間に遅れて提出された認容された無担保の請求権

◆R第3010条（第7章清算事件，第12章農業従事者の債務調整事件，及び第13章個人の債務調整事件における少額の配当及びその支払）

(a) 第7章事件　第7章事件において，5ドル未満の額のいかなる配当も，地方規則又は裁判所の命令により許可されていない限り，いかなる債権者に対しても管財人は実施してはならない。債権者に対して配当が実施されないそのような配当金は，本法第347条に規定される請求のない資金と同様の方法で処理されなければならない。

(b) 第12章事件及び第13章事件　第12章事件又は第13章事件において，15ドル未満の額のいかなる配当も，地方規則又は裁判所の命令により許可されていない限り，いかなる債権者に対しても管財人は実施してはならない。本項を理由として配当されなかった資金は累積され，その総額が15ドルに達したときはいつでも支払われなければならない。残余の資金は，最終の配当により配当されなければならない。

◆第347条（支払いの請求がなかったための残余財産）

(a) 本法第7章事件，第12章事件又は第13章事件において，第726条，第1226条又は第1326条による最終の配当がなされた日から90日が経過した後には，通常そうであるように，管財人は，未だ支払われていない小切手の支払いを停止し，倒産財団の残余財産は裁判所に引き渡さなければならず，その残余財産は法第28号第129条により処理される。

(b) 本法第943条(b)，1129条，第1173条，又は第1225条により認可された計画による配当への参加の条件である担保の提示又はその他の行為をなすこととの関係で，本法第9章，第11章，又は第12章の事件において認められている期間が満了した時点で請求されないままで残っている証券，金銭又はその他の財産は，通常そうであるように，債務者又は計画により債務者の資産を取得することになっている者の財産になる。

◆R 第3011条（第7章清算事件，第12章家族農業従事者の債務調整事件及び第13章個人債務の債務調整事件における請求されないままの財産）

管財人は，本法第347条(a)により裁判所に引き渡されることになっている倒産財団の残余財産から支払いを受けるすべての者の知れたる氏名及び住所並びに支払われるべき額の一覧表を作成しなければならない。

【コメント】　配当の時期については，アメリカ法には特段の規定はない。手続の過程で順次，事業の通常の過程によらないで売却により換価を行い（第363条(b)），あるいは事業の通常の過程において売却により換価を行い（第363条(c)(1)），すべての財産につき換価が終わった段階でその結果として，日本法でいう最後の配当を統一的に行う方式を採っているように考えられる。これは，第725条により，第726条の配当が最終の配当（final distribution）と位置づけられているからである。しかし，第726条の配当順位との関わりから考えると，無資産事件を除いて，第1順位の所定の期間内に届出のあったもので認容された債権については，一定の配当財源が確保できれば（十分な財産が存在しない状況を考えれば，かかる第1順位の配当が第7章事件のすべてであるように考えられる），順次に配当を行うことができると考えられる。その意味では，異議の述べられた債権につきそれが排除された時点以降，配当の実施が可能となろう。

なお，条件付債権，将来の請求権なども配当や免責の対象とされていると指摘されているが，それは手続の遅延を防止する点にあるといわれている（高木新二郎『アメリカ連邦倒産法』194頁（1996年））。

〔中間配当の裁判所の許可〕（該当規定なし）

【コメント】　配当にあたって，債権者委員会あるいは裁判所の許可を必要とする旨の規定は存在しない。

■**イギリス法**（該当規定なし）
《関連規定》
（会　社）
■R 第 4.180 条（資産を分配する方法）（再掲）
　1　十分な資金が清算人の管理下にあるときは，清算人は，清算の費用〔の支払〕に必要な金額を残して，届出がなされた債権について債権者に配当を行うことを宣言し，実施しなければならない。
　2　清算人は，配当を宣言し実施する意思を通知しなければならない。
（自然人）
■第 324 条（配当による分配）（再掲）
　1　十分な資金が管財人の管理下にあるときは，管財人は，破産の費用〔の支払〕に必要な金額を残して，届出がなされた破産債権について債権者に配当を行うことを宣言し，実施しなければならない。
　2　管財人は，配当を宣言し実施する意思を通知しなければならない。

●**ドイツ法**
●第 187 条（倒産債権者への弁済）
　倒産債権者への弁済は，一般の債権調査期日が終了した後でなければ，することができない。
　2　倒産債権者への配当は，十分な現金が倒産財団中に生ずるたびに，行うことができる。中間配当においては，劣後的倒産債権は配当に加えない。
　3　配当は倒産管財人が行う。債権者委員会が置かれているときは，倒産管財人は，各回の配当を行う前に，その同意を得ることを要する。

▲**フランス法**（該当規定なし。なお，前掲第 193 条コメント参照）

<u>第 210 条（別除権者の除斥等）</u>　別除権者は，中間配当の手続に参加するには，前条第 3 項において準用する第 198 条第 1 項に規定する期間（以下この節において「中間配当に関する除斥期間」という。）に，破産管財人に対し，当該別除権の目的である財産の処分に着手したことを証明し，かつ，当該処分によって弁済を受けることができない債権の額を疎明しなければならない。
2　前項の規定は，準別除権者について準用する。
3　破産管財人は，第 1 項（前項において準用する場合を含む。）に規定する事項につき中間配当に関する除斥期間内に証明及び疎明があったときは，直ちに，配当表を更正しなければならない。

◆**アメリカ法**
〔別除権者の除斥等〕
◆第 506 条（担保されている地位の確定）

(a)(1)　倒産財団が権利を有する財産上のリエンによって担保され，又は本法第553条により相殺に服する債権者の認容された請求権は，その財産上の倒産財団の権利におけるその債権者の権利の評価額，又は，相殺に服する限度において，担保権付請求権であり，かつ，その債権者の権利の評価額又は相殺に服する額が認容された請求権の額を下回るときは，その下回る範囲で無担保の請求権とする。その評価額は，評価の目的，及び提案されている処分又は使用に照らして，かつ，その債権者の権利に影響するその処分若しくは使用，又は，提案に関する審問をふまえて，確定されなければならない。

(2)　債務者が第7章又は第13章の下での事件において個人であるときは，認容された請求権を担保する動産に関する評価額は，売却又は販売に要する費用を控除することなく，手続開始の申立書が提出された日のその財産の再取得価格に基づいて確定されなければならない。個人，家族，又は生計のために取得された財産について，再取得価格とは，評価額が確定される時点でのその財産の使用年数及び状態を考慮して，小売業者がその種の財産に付すであろう価格をいう。

(b)　認容された担保権付請求権が，本条(c)により回復された後にその請求権の額を超える評価額の財産によって担保される限度では，その請求権に係る利息及びその請求権が生じた担保権設定契約若しくは州法により規定されている相当の範囲での手数料，手続費用又は負担について，その請求権を有する者に対して認容される。

(c)　管財人は，認容された担保権付請求権を担保する財産から，当該財産についてのあらゆる付加的物価安定財産税の納税を含んで，そのような請求権を有する者の利益になる限度におけるその財産の維持又は処分に要した相当でかつ不可欠な費用及び支出の回復を求めることができる。

(d)　認容された担保権付請求権ではない，債務者に対する請求権をリエンが担保する限度において，(1)その請求権が，本法第502条(b)(5)又は第502条(e)によってのみ認容されない場合でない限り，又は(2)その請求権が，本法第501条によりその請求権の証拠を提出しないことのみを理由として，認容された担保権付請求権とならない場合でない限り，当該リエンは無効となる。

◆ R 第3012条（担保の評価）

裁判所は，利害関係人の申立てにより，倒産財団に帰属する財産上のリエンによって担保される請求権の額を，その担保権付請求権を有する者及び裁判所が指定した第三者に対して通知をなし審問を行った後に，決定することができる。

【コメント】　1　日本法第228条2項，第262条，第271条3号，第277条は連動しており，別除権者の予定不足額の確定，さらに不足額についての配当のプロセスを規定する。これに対して，アメリカ法では，担保目的の財産とても倒産財団に組み込まれ，管財人がかかる財産の売却権限を有しており，その売却代金（換価金）から担保権者に弁済が行われる。この場合，担保権者として弁済を受けられるのは目的物の価額を限度とするから，目的物の価額を超える部分については無担保権として扱われ，当然にそれを届け出なければならないのは，通常の債権と同様である。このことは，以上の第506条(a)により明らかである。

日・◆米・■英・●独・▲仏　　　　　　　　破産法第210条(別除権者の除斥等)

2　担保権者にとっては，担保される債権の範囲あるいは担保目的の評価額は倒産財団から弁済を受けられる範囲が決まる点で重要な意味をもつ。そこで，第506条は，担保目的の価値の評価を規定しており，これを受けて倒産手続規則が，その評価手続を具体的に規定する。

　R第3012条は，利害関係人の申立てによるとしている。担保権者又は管財人が評価の申立てを行うのが通例であろうが，当該財産の後順位担保権者も申立てを行うことがある。この評価は倒産財団の財産との関係における債権者の担保されている債権の額を決定するものであり，裁判所は，当該財産上の倒産財団の権利の範囲及びその権利との関係におけるリエンの範囲のみを確定すれば足りる。これを超えて，リエンの有効性，優先性などの確定は，対審手続によらなければならない（9 Collier on Bankruptcy 3012-4（15th rev.ed.1996））。

　なお，以上の担保目的の評価は，配当との関係で無担保債権の範囲を決定するのみならず，自動停止の取消，適切な保護の決定などにも関係する。それらの評価は別個の申立てによる必要はない（9 Collier on Bankruptcy 3012-5（15th rev.ed.1996））。

■イギリス法
（会社・自然人に共通）
■R第11.9条（担保権者）
1　次項以下は，配当が宣言されたときに担保権者が担保を再評価した場合に適用する。

2　再評価の結果，配当を受ける無担保債権が減額されたときは，債権者は，合理的に実行可能な限りすみやかに，担保の再評価を考慮すれば配当として過剰に受領した額を，倒産財団のために権限を有する者に返還しなければならない。

3　再評価の結果，無担保債権が増額されたときは，債権者は，追加配当が支払われる前に，当分の間，追加配当の支払のために使用することのできる金銭から，担保の再評価を考慮すれば受領していない配当を，権限を有する者を通じて受領することができる。

　しかしながら，再評価の日よりも前に宣言された配当は，（すでに実施されているか否かを問わず）変更することができない。

■R第11.10条（配当からの除斥）
債権者が倒産法又は本規則の担保の評価に関する規定に違反したときは，裁判所は，権限を有する者の申立てに基づいて，当該債権者は［無担保債権の］全部又は一部につき配当から除斥される旨を命ずることができる。

●ドイツ法
●第190条（別除権者の除斥）
　……

2　中間配当に加えられるためには，債権者は，倒産管財人に対し，遅くとも除斥期間内に，別除権の存する目的物の換価が行われていることを証明し，かつ，予想される不足額を疎明すれば足りる。この証明が期間内になされないときは，その債権は配当から除斥される。

第 8 章 配　　当　　　　　　　　　　　　　　　　　　　　　各国破産法の条文

……

▲フランス法（該当規定なし。なお，前掲第 193 条参照）

> 第 211 条（配当率の定め及び通知）　破産管財人は，第 209 条第 3 項において準用する第 200 条第 1 項に規定する期間が経過した後（同項の規定による異議の申立てがあったときは，当該異議の申立てについての決定があった後），遅滞なく，配当率を定めて，その配当率を中間配当の手続に参加することができる破産債権者に通知しなければならない。

> 規第 68 条（配当率の報告・法第 211 条）　破産管財人は，法第 211 条の規定により配当率を定めたときは，遅滞なく，その旨を裁判所に書面で報告しなければならない。
> 2　前項の規定による報告書には，優先的破産債権，劣後的破産債権及び約定劣後破産債権をそれぞれ他の破産債権と区分し，優先的破産債権については法第 98 条第 2 項に規定する優先順位に従い，配当率を記載しなければならない。
>
> 規第 69 条（最後配当に関する規定の準用）　中間配当（法第 209 条第 1 項に規定する中間配当をいう。）については，第 2 節の規定を準用する。

◆アメリカ法（該当規定なし）

■イギリス法
（会社・自然人に共通）
■ R 第 11.6 条（配当の宣言の通知）（再掲）
　2　通知には，倒産及び倒産財団の管理に関する以下の詳細を記載しなければならない。
　　……
　　(d)　分配されるべき金額の総計及び配当率
　　……

●ドイツ法
●第 195 条（配当率の決定）
　中間配当のために，債権者委員会は倒産管財人の提案に基づいて，支払われるべき配当率を定める。債権者委員会が置かれていないときは，倒産管財人が配当率を定める。
　2　倒産管財人は，配当に加えられる債権者に配当率を通知しなければならない。

▲フランス法（該当規定なし。なお，前掲第 193 条参照）

日・◆米・■英・●独・▲仏　　　破産法第213条（除斥された破産債権等の後の配当における取扱い）

> 第212条（解除条件付債権の取扱い）　解除条件付債権である破産債権については，相当の担保を供しなければ，中間配当を受けることができない。
> 2　前項の破産債権について，その条件が最後配当に関する除斥期間内に成就しないときは，同項の規定により供した担保は，その効力を失う。

◆アメリカ法（該当規定なし）。

■イギリス法（該当規定なし）

●ドイツ法（該当規定なし）

▲フランス法（該当規定なし。なお，前掲第193条参照）

> 第213条（除斥された破産債権等の後の配当における取扱い）　第209条第3項において準用する第198条第1項に規定する事項につき証明をしなかったことにより中間配当の手続に参加することができなかった破産債権について，当該破産債権を有する破産債権者が最後配当に関する除斥期間又はその中間配当の後に行われることがある中間配当に関する除斥期間内に当該事項につき証明をしたときは，その中間配当において受けることができた額について，当該最後配当又はその中間配当の後に行われることがある中間配当において，他の同順位の破産債権者に先立って配当を受けることができる。第210条第1項（同条第2項において準用する場合を含む。）に規定する事項につき証明又は疎明をしなかったことにより中間配当の手続に参加することができなかった別除権者（準別除権者を含む。）がその中間配当の後に行われることがある中間配当に関する除斥期間内に当該事項につき証明及び疎明をしたときも，同様とする。

◆アメリカ法（該当規定なし）

■イギリス法
（会　社）
■R第4.182条（配当に関する補充的規定）
　2　配当の宣言がされる前に債権届出をしていなかった債権者は，配当にあずからなかったという理由で，債権届出前の配当又はその他の宣言された配当の効力を争うことができない。ただし，以下に掲げる場合については，この限りでない。
　(a)　当該債権者が債権届出をした時点において，当分の間，追加配当の支払のために使用することのできる金銭から，当該債権者が受けられなかった配当の支払を受けることができる場合であって，
　(b)　前号の規定に基づいて支払われるべき配当が，同号の金銭が追加配当の支払にあてられるよりも前に支払われなければならないとき
（会社・自然人に共通）

■ R 第 11.8 条（配当の支払の後になされた届出書の変更）
1　配当を支払った後に，債権者が届出書において請求した金額が増額されたときといえども，当該債権者は，実施された配当を変更する権限を有しない。ただし，当分の間，追加配当の支払のために使用することのできる金銭から，受領することができなかった配当の支払を受けることができる。
2　前項の規定に基づいて支払われるべき配当は，前項の金銭が追加配当の支払にあてられる前に支払われなければならない。
3　債権者の届出書が承認された後に，当該届出書が取り下げられるか，削除されるか，又は請求金額が減額されたときは，当該債権者は，配当として過剰に支払われた金額を，倒産財団のために権限を有する者に返還しなければならない。

● ドイツ法
● 第 192 条（事後的斟酌）
　中間配当に加えられず，かつ，第 189 条および第 190 条の定める要件を後から充たした債権者は，以後の配当において，この債権者が他の債権者と同じ地位に達するまでの金額を，残余の倒産財団から優先して受領する。

▲ フランス法（該当規定なし。なお，前掲第 193 条参照）

日・◆米・■英・●独・▲仏　　　　　　　　　　　　　　　　破産法第214条（配当額の寄託）

第214条（配当額の寄託）　中間配当を行おうとする破産管財人は，次に掲げる破産債権に対する配当額を寄託しなければならない。
　一　異議等のある破産債権であって，第202条第1号に規定する手続が係属しているもの
　二　租税等の請求権又は罰金等の請求権であって，第211条の規定による配当率の通知を発した時に第202条第2号に規定する手続が終了していないもの
　三　中間配当に関する除斥期間内に第210条第1項（同条第2項において準用する場合を含む。）の規定による証明及び疎明があった債権のうち，当該疎明があった額に係る部分
　四　停止条件付債権又は将来の請求権である破産債権
　五　解除条件付債権である破産債権であって，第212条第1項の規定による担保が供されていないもの
　六　第111条第1項第4号及び第113条第2項の規定による届出をしなかった破産債権者が有する破産債権
2　前項第1号又は第2号の規定により当該各号に掲げる破産債権に対する配当額を寄託した場合において，第202条第1号又は第2号の規定により当該破産債権に対する配当額を供託するときは，破産管財人は，その寄託した配当額をこれを受けるべき破産債権者のために供託しなければならない。
3　第1項第3号又は第4号の規定により当該各号に掲げる破産債権に対する配当額を寄託した場合において，当該破産債権を有する破産債権者又は別除権者（準別除権者を含む。）が第198条第2項の規定に適合しなかったこと又は同条第3項（同条第5項において準用する場合を含む。）に規定する事項につき証明をしなかったことにより最後配当の手続に参加することができなかったときは，破産管財人は，その寄託した配当額の最後配当を他の破産債権者に対してしなければならない。
4　第1項第5号の規定により同号に掲げる破産債権に対する配当額を寄託した場合において，当該破産債権の条件が最後配当に関する除斥期間内に成就しないときは，破産管財人は，その寄託した配当額を当該破産債権を有する破産債権者に支払わなければならない。
5　第1項第6号の規定により同号に掲げる破産債権に対する配当額を寄託した場合における第201条第5項の規定の適用については，同項中「その定めた配当額が同号に」とあるのは「その定めた配当額及び破産管財人が第214条第1項第6号の規定により寄託した同号に掲げる破産債権に対する配当額の合計額が第111条第1項第4号に」と，「当該配当額」とあるのは「当該合計額」とする。

◆アメリカ法（該当規定なし）

■イギリス法（該当規定なし）
　《関連規定》
　（会　社）
■R第4.182条（配当に関する補充的規定）
　1　配当の計算及び実施に際して，清算人は，以下に掲げる債務について準備をしなければならない。
　（a）　遠隔地に居住するために債権届出を行う十分な時間がなかったかもしれない者に対して負担されていると思われる債務

559

(b)　いまだ確定されていない請求権に服する債務
(c)　争いのある届出書及び請求権

（自然人）
■第324条（配当による分配）
　4　配当の計算及び実施に際して，管財人は，以下に掲げる債務について準備をしなければならない。
(a)　遠隔地に居住するために債権届出を行う十分な時間がなかったかもしれない者に対して負担されていると思われる破産債務
(b)　いまだ確定されていない請求権に服する破産債務
(c)　争いのある届出書及び請求権

●ドイツ法
●第189条（異議ある債権の除斥）
……
　2　証明が期間内になされたときは，訴訟が係属している限りにおいて，配当にあたり当該債権に割り当てられる分を留保しなければならない。……
●第190条（別除権者の除斥）
……
　3　別除権の存する目的物を換価する権限が倒産管財人に専属するときは，第1項および前条の規定は適用しない。倒産管財人は，いまだ目的物を換価していないときは，中間配当にあたり，債権者の不足額を評価し，その債権に割り当てられる分を留保しなければならない。
●第191条（停止条件付債権の除斥）
　停止条件付債権はその全額につき中間配当に加えられる。この債権に割り当てられる分は配当にあたり留保しなければならない。……

▲フランス法（該当規定なし。なお，前掲・第193条参照）

第6節　追加配当

> 第215条　第201条第7項の規定による配当額の通知を発した後（簡易配当にあっては第205条において準用する第200条第1項に規定する期間を経過した後，同意配当にあっては第208条第1項の規定による許可があった後），新たに配当に充てることができる相当の財産があることが確認されたときは，破産管財人は，裁判所の許可を得て，最後配当，簡易配当又は同意配当とは別に，届出をした破産債権者に対し，この条の規定による配当（以下この条において「追加配当」という。）をしなければならない。破産手続終結の決定があった後であっても，同様とする。
> 2　追加配当については，第201条第4項及び第5項，第202条並びに第203条の規定を準用する。この場合において，第201条第5項中「第1項の規定」とあるのは「第215条第4項の規定」と，第202条第1号及び第2号中「前条第7項」とあり，並びに第203条中「第201条第7項」とあるのは「第215条第5項」と読み替えるものとする。
> 3　追加配当は，最後配当，簡易配当又は同意配当について作成した配当表によってする。
> 4　破産管財人は，第1項の規定による許可があったときは，遅滞なく，追加配当の手続に参加することができる破産債権者に対する配当額を定めなければならない。
> 5　破産管財人は，前項の規定により定めた配当額を，追加配当の手続に参加することができる破産債権者（第2項において読み替えて準用する第201条第5項の規定により追加配当を受けることができない破産債権者を除く。）に通知しなければならない。
> 6　追加配当をした場合には，破産管財人は，遅滞なく，裁判所に書面による計算の報告をしなければならない。
> 7　前項の場合において，破産管財人が欠けたときは，当該計算の報告は，同項の規定にかかわらず，後任の破産管財人がしなければならない。

◆アメリカ法

◆第350条　事件の終結及び事件の再開

(a)　倒産財団が完全に管理，運用され，裁判所が任務終了により管財人の職を解いたときは，裁判所は，事件を終結する。

(b)　財産が管理，運用され，債務者に救済を付与し，又はその他の理由により事件が終了した裁判所において，事件は再開することができる。

◆R第5010条（事件の再開）

本法第350条(b)に基づいて，債務者又は利害関係人の申立てにより，事件は再開することができる。第7章，第12章，又は第13章の事件において，裁判所が，債権者及び債務者の利益を保護するために，又は，事件の有効な管理，運用を保障するために，管財人を必要とするとの決定をしない限り，管財人は，連邦管財官によっては選任されない。

> 【コメント】　アメリカ法ではいったん終了した事件が再開される事由が広範に規定されている。事件再開の主たる事由は，事件終了段階ではその存在が知られていなかった財産が発見された場合，さらには事件の終結が免責決定よりも早期になされ，債権者が免責債権につき取立てを行ったような状況で，かかる権利行使の差止めを必要とする場合などである。

〔追加配当の基準〕（該当規定なし）

〔追加配当と計算報告書〕（該当規定なし）

■イギリス法（該当規定なし）

《関連規定》
（会社・自然人に共通）
■R 第11.7条（配当又は追加配当はない旨の通知）

　権限を有する者が，配当又は追加配当を宣言することができない旨を債権者に通知するときは，当該通知には，以下のいずれかの効果をもつ記載がなければならない。

　(a)　換価による資金が得られていないこと
　(b)　換価によって得られた資金はすでに分配，使用，又は管理費用の支払に充当されたこと

●ドイツ法

●第203条（追加配当の命令）

　倒産裁判所は，最後の期日の後に，以下に掲げる事由が生じたときは，倒産管財人若しくは倒産債権者の申立てまたは職権により，追加配当を命じるものとする。

　一　留保されていた金額が配当に利用できるようになったとき。
　二　倒産財団から支払われた金銭が返還されたとき。
　三　財団の目的物か発見されたとき。

　2　終結決定は追加配当の命令を妨げない。

　3　倒産裁判所は，配当に用いることのできる金銭または発見された目的物の価値が僅少または低廉であることおよび追加配当の費用を考慮して，適切と認めるときは，追加配当を見送って，この金銭または目的物を債務者に引き渡すことができる。倒産裁判所は，追加配当の費用を賄うに足りる金銭が予納されることを条件として，追加配当を命ずることができる。

●第204条（不服申立て）

　追加配当の申立てを棄却する決定は，申立人に送達しなければならない。申立人は，この決定に対し即時抗告することができる。

　2　追加配当を命ずる決定は，倒産管財人，債務者および債権者が追加配当を申し立てたときはその債権者に，送達しなければならない。債務者は，この決定に対し即時抗告することができる。

●第205条（追加配当の実施）

　倒産管財人は，追加配当の命令の後，配当に用いることのできる金銭または発見された目的物の換価から得られた金銭を配当しなければならない。倒産管財人は，計算書を倒産裁判所に提出しなければならない。

▲フランス法（該当規定なし。なお，前掲第193条参照）

日・◆米・■英・●独・▲仏　　破産法第216条（破産手続開始の決定と同時にする破産手続廃止の決定）

第9章　破産手続の終了

> 第216条（破産手続開始の決定と同時にする破産手続廃止の決定）　裁判所は，破産財団をもって破産手続の費用を支弁するのに不足すると認めるときは，破産手続開始の決定と同時に，破産手続廃止の決定をしなければならない。
> 2　前項の規定は，破産手続の費用を支弁するのに足りる金額の予納があった場合には，適用しない。
> 3　裁判所は，第1項の規定により破産手続開始の決定と同時に破産手続廃止の決定をしたときは，直ちに，次に掲げる事項を公告し，かつ，これを破産者に通知しなければならない。
>   一　破産手続開始の決定の主文
>   二　破産手続廃止の決定の主文及び理由の要旨
> 4　第1項の規定による破産手続廃止の決定に対しては，即時抗告をすることができる。
> 5　前項の即時抗告は，執行停止の効力を有しない。
> 6　第31条及び第32条の規定は，第1項の規定による破産手続廃止の決定を取り消す決定が確定した場合について準用する。

> 規第70条（同時廃止決定の取消決定が確定した場合に定めるべき事項等・法第216条）　第20条の規定は，法第216条第1項の規定による破産手続廃止の決定を取り消す決定が確定した場合について準用する。この場合において，第20条第1項第1号及び第2号並びに第2項中「破産手続開始の決定の日」とあるのは，「法第216条第1項の規定による破産手続廃止の決定を取り消す決定が確定した日」と読み替えるものとする。

◆アメリカ法
〔破産手続開始の決定と同時にする破産手続廃止の決定〕

《関連規定》
◆ R第2002条（債権者，持分証券保有者，合衆国，外国倒産処理手続における管財人，補助事件及びその他の国際倒産事件において仮の処分が必要とされる者，合衆国，及び連邦管財官への通知）
(a)～(d)　……
(e)　無配当の通知　第7章清算事件においては，資産がなく配当金を支払うことができないことが財産一覧表から明らかであるときは，債権者集会の通知には，請求権の届出は不要であること，及び，十分な資産が配当金の支払いに充てられるようになったときは，請求権の届出についてあらためて通知される旨の記載を含むことができる。
(f)～(q)　……
◆ R第3002条（請求権又は持分権の証拠の届出）
(a)～(b)　……
(c)　届出期間
　　第7章の清算事件，第12章の家族農業従事者の債務調整事件，又は第13章の個人債務

563

の債務調整事件においては，請求権の届出は，次の場合を除いて，本法第341条(a)により招集された債権者集会の最初の期日の後90日内になされるとされたときは，その期間内に適時にされなければならない

(1)〜(4)……

(5) 配当金を支払うに足る十分な資産がないとの通知が，R第2002条(e)にcにより債権者に対してなされ，その後に，管財人が，配当金の支払いが可能であるとの通知を裁判所に対してしたときは，裁判所書記官は，債権者に対して，その事実，及び，請求権の証拠が届け出られなければならない期限について，少なくとも90日の猶予をもった通知を郵送でしなければならない。

(6)……

【コメント】 日本法における同時破産廃止の方式は，アメリカ法ではとられていない。アメリカ法では，債務者の申立てがあれば手続は開始されるから，むしろ手続開始後に新たに財産が発見される場合が想定されている。財産の発見に関する情報は，管財人の中間報告書（interim reports）や財産が発見されたときにおいて，適宜，裁判所に通知される。なお，ここにいう「請求権」には救済命令後に生じた債権（postpetition claims）は含まれないから，上記の手続規則はあくまでも日本法にいう破産債権者との関係での処理を規定する。もっとも資産がない場合には，免責自体が破産手続の目的ということになろう。

なお，アメリカでは，無資産事件（no-asset case）と名目的資産事件（nominal asset case; これは債権額に対して僅少な財産しか存在しない事件を意味する）がある。通常の清算事件では，とりわけ消費者破産事件では債権者に配当が行われるのは，皆無ではないにしても，稀有であるといわれる。78年法以前においても，このような事件にあっては，債権者に請求権の届出をさせるのは無意味であるとの指摘があり，旧法においても上記のような通知の方式がとられていた（旧R第303条参照）。

■イギリス法（該当規定なし）

●ドイツ法

●第26条（財団不足による棄却）

倒産裁判所は，債務者の財産が手続の費用を償うに足りない見込まれるときは，倒産手続の開始申立てを棄却する。ただし，十分な金額が予納されているときは，この限りでない。申立てを棄却する決定は，遅滞なく公告しなければならない。

2 債務者につき開始申立てが財団不足により棄却されたときには，裁判所はその債務者を名簿に登録しなければならない（債務者名簿）。債務者名簿に関する民事訴訟法の規定はこの名簿について準用する。ただし，名簿からの抹消に要する期間は5年とする。

3 第1項の規定により予納金を納付した者は，故意または過失により倒産法または会社法が定める義務に違反して倒産手続の開始申立てを怠った者に対し，予納した金額の償還を請求することができる。その者が故意または過失により申立義務に違反したか否かに争いがあるときは，その者が証明責任を負う。

【コメント】 ドイツ倒産法26条1項にいう手続の費用とは，54条により，倒産手続のための裁判所費用ならびに仮倒産管財人，倒産管財人および監査委員の報酬および立替金とされてい

日・◆米・■英・●独・▲仏　　　　破産法第217条(破産手続開始の決定後の破産手続廃止の決定)

る（日本法第148条に対応するドイツ法参照）。したがって，財団不足の判断にあたって，旧破産法とは異なり，倒産財団の換価や配当の費用は考慮されない。なお，旧破産法下では，財団不足による破産申立ての棄却の事例がきわめて多く，破産法が機能していなかったので，政府草案では，このような事態をできる限り避ける目的で，手続の最初の段階（報告期日まで）にかかる費用を支払うに足りる財産があれば手続を開始できるものとされた。しかし，裁判所の負担が大きすぎるとの理由で，国会で修正された。

▲フランス法（該当規定なし）

第217条（破産手続開始の決定後の破産手続廃止の決定） 裁判所は，破産手続開始の決定があった後，破産財団をもって破産手続の費用を支弁するのに不足すると認めるときは，破産管財人の申立てにより又は職権で，破産手続廃止の決定をしなければならない。この場合においては，裁判所は，債権者集会の期日において破産債権者の意見を聴かなければならない。

2　前項後段の規定にかかわらず，裁判所は，相当と認めるときは，同項後段に規定する債権者集会の期日における破産債権者の意見の聴取に代えて，書面によって破産債権者の意見を聴くことができる。この場合においては，当該意見の聴取を目的とする第135条第1項第2号又は第3号に掲げる者による同項の規定による債権者集会の招集の申立ては，することができない。

3　前2項の規定は，破産手続の費用を支弁するのに足りる金額の予納があった場合には，適用しない。

4　裁判所は，第1項の規定による破産手続廃止の決定をしたときは，直ちに，その主文及び理由の要旨を公告し，かつ，その裁判書を破産者及び破産管財人に送達しなければならない。

5　裁判所は，第1項の申立てを棄却する決定をしたときは，その裁判書を破産管財人に送達しなければならない。この場合においては，第10条第3項本文の規定は，適用しない。

6　第1項の規定による破産手続廃止の決定及び同項の申立てを棄却する決定に対しては，即時抗告をすることができる。

7　第1項の規定による破産手続廃止の決定を取り消す決定が確定したときは，当該破産手続廃止の決定をした裁判所は，直ちに，その旨を公告しなければならない。

8　第1項の規定による破産手続廃止の決定は，確定しなければその効力を生じない。

規第71条（破産手続廃止についての意見申述の方式・法第217条等）　法第218条第4項の規定により届出をした破産債権者が意見を述べるときは，当該意見の申述は，書面でしなければならない。

2　法第217条第1項後段又は第2項前段の規定により破産債権者が意見を述べるときは，意見の理由をも述べなければならない。法第218条第4項の規定により届出をした破産債権者が意見を述べるときも，同様とする。

▮ 民事再生法第191条・第192条（再生計画認可前の手続廃止），第195条（再生手続廃止の公告等）

▮ 会社更生法第236条（更生が困難な場合の更生手続廃止），第237条（更生手続開始原因が消滅した場合の更生手続廃止），第238条（更生手続廃止の公告等）

第9章　破産手続の終了　　　　　　　　　　　　　　　　　　　　　　　　各国破産法の条文

◆アメリカ法
〔破産手続開始の決定後の破産手続廃止の決定〕（該当規定なし）
《関連規定》
⇒日本法第216条の項参照
〔廃止決定の公告〕（該当規定なし）

■イギリス法（該当規定なし）
《関連規定》
（会　社）
■ R 第 7.47 条（裁判所の命令に対する上訴及び再考（強制清算））
　1　倒産法第1編から第4編まで及び本規則第1編から第4編までに関して管轄権を有するすべての裁判所は、当該管轄権の行使に際して自らが発した命令を再考し、取消し、又は変更することができる。
　4　清算命令の取消しを求める申立ては、当該命令がなされた日から5日以内になされなければならない。
（自然人）
■第375条（裁判所による倒産の管轄権の行使に対する上訴）
　1　この群の各編に関して管轄権を有するすべての裁判所は、当該管轄権の行使に際して自らが発した命令を再考し、取消し、又は変更することができる。
　【コメント】　関連規定中の取消し（rescission）は、清算命令又は破産命令が有効に発せられた後に、裁判所が、申立てに基づいて命令の効力を将来に向かって否定するものである。類似した概念として、破産命令の annulment というものがあるが、これが行われるのは、(1)破産命令の要件が存在しなかった場合、(2)破産手続においてすべての債務が弁済された場合、(3)債権者集会が任意整理を承認した場合に限定されている（倒産法282条1項、261条2項）。日本法の下では、(1)があれば、破産手続開始の決定が取り消され、(2)があれば、破産手続終結の決定が行われ、(3)に類似する民事再生手続開始の決定があれば、破産手続が中止される（民再39条1項）。英国法の取消しは、日本法の破産手続の廃止に対応すると思われるが、どのような事由があれば取消しが行われるかを定めた明文の規定はない。

●ドイツ法
●第207条（財団不足による廃止）
　倒産手続が開始した後に、倒産財団が手続費用を償うに足りないことが明らかとなったときは、倒産裁判所は手続を廃止する。十分な金額が予納されたとき、または費用の支払が4a条により猶予されたときは、廃止は見送られる。第26条第3項の規定は、本条の規定による予納金について準用する。
　2　倒産裁判所は、廃止を決定する前に、債権者集会、倒産管財人および財団債権者を審尋しなければならない。
　3　財団内に現金が存するときは、倒産管財人は、廃止の前に、手続費用のうちまず立替金をまず優先して支払った後、その金額に比例して手続費用を弁済しなければならない。この場合において倒産管財人は、財団の財産を換価する義務を負わ

日・◆米・■英・●独・▲仏　　破産法第217条（破産手続開始の決定後の破産手続廃止の決定）

ない。

●第208条（財団不足の通知）

　倒産手続の費用が賄われても、倒産財団が、その他の履行期の到来した財団債務を履行するに不足するときは、倒産管財人は、倒産裁判所に対し、財団不足が生じていることを通知しなければならない。倒産財団が、発生済のその他の財団債務をその履行期において履行するに不足することが予測されるときも、同様とする。

　2　倒産裁判所は、財団不足の通知があった旨を公告しなければならない。申述は財団債権者に対しては各別に送達しなければならない。

　3　財団を管理し換価すべき倒産管財人の義務は、財団不足を通知した後においても存続する。

●第215条（廃止の公告および効力）

　第207条、第211条、第212条または第213条の規定により倒産手続を廃止する決定および廃止の理由は、公告しなければならない。債務者、倒産管財人および債権者委員に対しては、廃止の効力発生の時期（第9条第1項第3文）について、前もって通知しなければならない。第200条第2項第2文の規定は、倒産手続の廃止について準用する。

　2　倒産手続の廃止によって、債務者は、倒産財団を自由に処分する権限を回復する。第201条および第202条の規定は、倒産手続の廃止後の強制執行について準用する。

　【コメント】　財団不足の判断にあたって、旧法とは異なり、倒産財団の換価や配当の費用は考慮されない。日本法216条に対応するドイツ法の条文およびコメント参照。

●第4a条（倒産手続の費用の支払猶予）

　自然人である債務者が残債務免除を申し立てた場合において、倒産手続の費用を支払うに足りる財産がないときは、その申立てにより、残債務免除がされるまで、倒産手続の費用の支払を猶予される。第1文による猶予は、債務調整計画の手続及び残債務免除の手続の費用にも及ぶものとする。債務者は、猶予の申立てに、第290条1項1号及び3号の免除不許可事由があるか否かの説明を添付しなければならない。そのような事由がある場合は、猶予は与えられない。

　2　債務者が手続費用の支払を猶予された場合において、裁判所に義務づけられる助力にもかかわらず弁護士による代理が必要と思われる場合は、債務者の申立てに基づき、その選任する弁護士の代理を命じなければならない。この場合においては、民事訴訟法121条3項から5項までの規定を準用する。

　3　猶予は、以下に定める効力を有する。

　　一　連邦又は州の歳入庁は、裁判所に適用される規定に基づいてのみ、次の権利を行使することができる。

　　　a）未払いの及び今後発生する裁判所費用

　　　b）連邦又は州の歳入庁に移転された、代理を許可された弁護士の報酬請求権

567

二　代理を許可された弁護士は，債務者に対する報酬請求権を行使することができない。

猶予は手続の各段階ごとに個別に行う。猶予についての裁判があるまでの間，第1文に定める効力が仮に発生する。4b条2項を準用する。

●第4b条（猶予された金額の支払い及び調整）
　債務者が残債務免除の後，猶予された金額を自己の収入及び財産から支払うことができない場合は，裁判所は猶予を延長し，かつ支払うべき月額を定めることができる。民事訴訟法115条1項及び2項並びに120条2項を準用する。

　2　基準となる人的又は経済的関係が著しく変動したときは，何時でも，裁判所は，猶予及び支払うべき月額についての決定を変更することができる。債務者は，裁判所に，これらの著しい変動を遅滞なく通知しなければならない。民事訴訟法120条4項1文及び2文を準用する。手続終結後4年間を経過したときは，債務者の不利に決定を変更することはできない。

▲フランス法（該当規定なし）
　【コメント】　フランス法では「破産（清算）廃止」という制度が存在しない。

第218条（破産債権者の同意による破産手続廃止の決定）　裁判所は，次の各号に掲げる要件のいずれかに該当する破産者の申立てがあったときは，破産手続廃止の決定をしなければならない。
一　破産手続を廃止することについて，債権届出期間内に届出をした破産債権者の全員の同意を得ているとき。
二　前号の同意をしない破産債権者がある場合において，当該破産債権者に対して裁判所が相当と認める担保を供しているとき。ただし，破産財団から当該担保を供した場合には，破産財団から当該担保を供したことについて，他の届出をした破産債権者の同意を得ているときに限る。
2　前項の規定にかかわらず，裁判所は，まだ確定していない破産債権を有する破産債権者について同項第1号及び第2号ただし書の同意を得ることを要しない旨の決定をすることができる。この場合における同項第1号及び第2号ただし書の規定の適用については，これらの規定中「届出をした破産債権者」とあるのは，「届出をした破産債権者（まだ確定していない破産債権を有する破産債権者であって，裁判所の決定によりその同意を得ることを要しないとされたものを除く。）」とする。
3　裁判所は，第1項の申立てがあったときは，その旨を公告しなければならない。
4　届出をした破産債権者は，前項に規定する公告が効力を生じた日から起算して2週間以内に，裁判所に対し，第1項の申立てについて意見を述べることができる。
5　前条第4項から第8項までの規定は，第1項の規定による破産手続廃止の決定について準用する。この場合において，同条第5項中「破産管財人」とあるのは，「破産者」と読み替えるものとする。

民事再生法第195条（再生手続廃止の広告等）

日・◆米・■英・●独・▲仏　　　　　破産法第218条（破産債権者の同意による破産手続廃止の決定）

　会社更生法第238条（更生手続廃止の広告等）

◆アメリカ法
〔破産債権者の同意による破産手続廃止の決定〕（該当規定なし）
　【コメント】　日本法と異なり，アメリカ法では破産廃止の概念が存在しない。破産手続が後述する自動免責の制度を採用していることに対応する。
〔廃止申立の公告等〕（該当規定なし）
〔債権者の異議申立〕（該当規定なし）

■イギリス法（該当規定なし）

●ドイツ法
●第212条（開始原因の消滅による廃止）
　廃止後の債務者について，支払不能，支払不能の恐れ，または，債務超過が倒産手続の開始原因となるときは債務超過が，いずれも存在しないことが保障されるときは，債務者の申立てにより，倒産裁判所は，倒産手続を廃止しなければならない。この申立ては，開始原因の欠缺を疎明しなければ，することができない。
●第213条（債権者の同意による廃止）
　債務者が，債権を届け出た債権者の全員の同意を債権届出期間の経過後に得たときは，倒産裁判所は，債務者の申立てにより，倒産手続を廃止しなければならない。その債権が債務者または倒産管財人により争われた債権者および別除権を有する債権者については，倒産裁判所は，その債権者の同意およびその債権者に対する担保提供の要否について，自由な裁量により決定する。
　2　債務者がその同意を得た債権者を除き，その他の債権者が知れていないときは，債権届出期間の経過前においても，倒産裁判所は，債務者の申立てにより，手続を廃止することができる。
●第214条（廃止に際しての手続）
　倒産裁判所は，第212条および前条の規定による廃止の申立てがあったことを，公告しなければならない。申立書は，関係人の閲覧のため，裁判所の書記課に備え置くことを要し，前条の規定による申立ての場合には，債権者の同意書をそれに添付しなければならない。倒産債権者は，公告から1週間以内に，書面によりまたは書記課において陳述を調書に録取してもらうことにより，廃止申立てに対し異議を申立てることができる。
　2　倒産裁判所は，申立人，倒産管財人および債権者委員会が置かれているときは債権者委員会を審尋した後，廃止について決定する。異議があったときは，異議を申立てた債権者もまた審尋しなければならない。
　3　倒産管財人は，廃止の前に，争いのない財団債権を弁済し，争いのある財団債権のために担保を提供しなければならない。

●第216条（不服申立て）
　倒産手続が，第207条，第212条または第213条の規定により廃止されたときは各倒産管財人が，第207条の規定により廃止されたときは債務者が，即時抗告することができる。
　2　第212条または第213三条の規定による申立てが斥けられたときは，債務者は即時抗告することができる。

> 【コメント】　ドイツ倒産法212条は，倒産手続開始後に開始原因が消滅した場合の破産廃止を定める規定であり，旧破産法にはなかった規定である――旧法下ではこの場合も同意廃止によるしかなかった。これは，すでに旧東ドイツ地域で施行されていた総括執行法（Gesamtvollstreckungsordnung）19条1項4号の規定を引き継ぐものである。

▲フランス法（該当規定なし）

第219条（破産者が法人である場合の破産債権者の同意による破産手続廃止の決定）　法人である破産者が前条第1項の申立てをするには，定款その他の基本約款の変更に関する規定に従い，あらかじめ，当該法人を継続する手続をしなければならない。

◆アメリカ法（該当規定なし）

■イギリス法（該当規定なし）

●ドイツ法（該当規定なし）

▲フランス法（該当規定なし）

第220条（破産手続終結の決定）　裁判所は，最後配当，簡易配当又は同意配当が終了した後，第88条第4項の債権者集会が終結したとき，又は第89条第2項に規定する期間が経過したときは，破産手続終結の決定をしなければならない。
2　裁判所は，前項の規定により破産手続終結の決定をしたときは，直ちに，その主文及び理由の要旨を公告し，かつ，これを破産者に通知しなければならない。

　民事再生法第188条（再生手続の終結）
　会社更生法第239条（更生手続終結の決定）
　会社法第573条（特別清算終結の決定）

◆アメリカ法
〔破産手続終結の決定〕
◆第350条（事件の終結と再開）
(a)　倒産財団が完全に管理，運用され，裁判所が任務終了により管財人の職を解いたときは，裁判所は，事件を終結する。

日・◆米・■英・●独・▲仏　　　　　　　　　　　破産法第220条（破産手続終結の決定）

(b) 財産が管理，運用され，債務者に救済を付与し，又はその他の理由により事件が終了した裁判所において，事件を再開することができる。

◆ R 第5009条（第7章清算事件，第12章農業従事者の債務調整事件及び第13章個人の債務調整事件並びに第15章補助事件及び国際倒産事件の終結）

(a) 第7章，第12章及び第13章の下での事件　第7章事件，第12章事件又は第13章事件において，管財人が最終報告書及び最終計算書を提出し，倒産財団が完全に管理・運用されたことを確認したときで，30日内に連邦管財官又は利害関係人による異議の申立てがないときは，倒産財団は完全に管理・運用されたものと推定する。

(b)〜(c)　……

【コメント】　管財人の作成した最終報告書及び計算書は，倒産裁判所及び連邦管財官に提出されなければならない（第704条(9)）。連邦管財官に対するこれらの報告書などの提出は，連邦管財官が管財人を監督する機関であること，第7章事件を管理する機関であることによる（Norton Bankruptcy Law And Practice 2d, Bankruptcy Rules 309（1999-2000 Ed.））。なお，1991年の改正で，第7章事件では日本法におけるような終結決定（final decree）は行われなくなり，本文のように連邦管財官や利害関係人から管財人の提出した報告書などに対する異議がない限り，当然に事件は終了したものとの扱いがなされている。これに対して，第11章事件では，裁判所は終結決定を行わなければならない。R第3022条によれば，「第11章の更生事件において倒産財団が完全に管理・運用された後に，裁判所は，職権により又は利害関係人の申立てにより，事件を終結する終局の決定をしなければならない」と規定されている。第11章事件での職権による手続の終結は，利害関係人が否認訴訟を恐れて早期の終結を申し立てる事例があるといわれ，これを排除するところに意味があるように考えられる。

■イギリス法
■第282条（破産命令を取り消す裁判所の権限）

1　裁判所は，以下に掲げる事由があると思われるときは，いつにても破産命令を取り消すことができる。

(a)　……

(b)　規則によって要求されている範囲で，破産債務及び破産の費用が破産命令の発令以降にすべて弁済されたか，又は担保されたことを裁判所が確信したこと

●ドイツ法
●第197条（最後の期日）

倒産裁判所は，最後の配当を許可するにあたり，最後の債権者集会のための期日を指定するものとする。この期日は，以下に掲げることを目的とする。

一　倒産管財人による最終決算を討議すること。
二　最後の配当表に対する異議を申し立てること。
三　換価できない倒産財団の目的物について決議すること。

2　最後の期日の公告と期日との間には，1カ月以上2カ月以内の期間を置かな

けらばならない。
　3　債権者の異議についての裁判所の決定については，第194条第2項および第3項の規定を準用する。
●**第200条（倒産手続の終結）**
　最後の配当が終わり次第，倒産裁判所は倒産手続を終結する。
　2　終結決定およびその理由は，公告しなければならない。第31条から第33条までの規定は，倒産手続の終結の場合に準用する。
　【コメント】　ドイツ倒産法200条1項は，旧破産法163条1項とは異なり，最後の配当が終わってはじめて倒産手続を終結するものとした。最後の期日が終了後も最後の配当の手続中は倒産管財人の任務および倒産裁判所の監督義務はなお続いていることを考慮した結果である（BR-Drucks. 1/92 S.187）。

▲フランス法
▲第643-9条
　裁判上の清算を開始しまたは言い渡す判決において，裁判所は，手続の終結が審理される期間を定める。この期間内に終結を言い渡すことができないときは，裁判所は，理由を付した裁判で期間を延長することができる。
　履行期の到来した負債がもはや存在しないか，もしくは清算人が債権者の満足に十分な額を準備した場合，または裁判上の清算の実行継続が資産の不足を理由に不可能となったときは，裁判所によって，裁判上の清算の終結が，債務者を審尋しまたは適法に呼び出して，言い渡される。
　裁判所は，いつでも，清算人，債務者または検察官によって［事件を］受理する。裁判所は，職権で開始することもできる。裁判上の清算判決から2年間の期間が満了したときは，債権者も，同様に，手続の終結のために裁判所に［事件を］受理させることができる。
　譲渡計画の場合には，裁判所は，譲受人がその義務を遵守していることを確認した後でなければ，手続の終結を言い渡すことができない。

▲第643-11条
　Ⅰ　資産の不足を理由として裁判上の清算を終結する判決は，債権者の債務者に対する訴権の個別行使を回復させない。ただし，債権が以下の原因に基づく場合を除く：
　1°　債務者に対する刑事有罪判決
　2°　債権者の一身に専属する権利。
　Ⅱ　ただし，債務者に代わって支払いをした保証人または共同義務者は，これに求償することができる。
　Ⅲ　債権者は，以下の場合には，その個別訴求の権利を回復する：
　1°　債務者について人的破産（faillite personnelle）が言い渡されたとき；
　2°　債務者が破産犯罪について有罪であると認められたとき；

日・◆米・■英・●独・▲仏　　　　　　　　　　破産法第220条（破産手続終結の決定）

　3°　債務者またはその経営者であった私法人が，その服した裁判上の清算手続の開始の少なくとも5年前に，資産の不足を理由とする終結に先立つ裁判上の清算手続に服していたとき；
　4°　手続が，倒産処理に関する2000年5月29日の（ヨーロッパ）評議会規則第1346／2000号第3条第2パラグラフの意味での属地的手続として開始されたとき。
　Ⅳ　このほか，一人または複数の債権者に対する詐害の場合には，裁判所は，あらゆる債権者に対して，債務者に対する個別の訴権行使を許可する。裁判所は，この場合，債務者，清算人および監査人を審尋しまたは適法に呼び出した後に，手続の終結を決定する。裁判所は，終結後に，あらゆる利害関係人の申立てにより，同様の条件で，同様の決定をすることができる。
　Ⅴ　個別訴求の権利を回復し，その債権が承認された債権者は，執行名義を得ることなく，またはすでにこの名義を得た場合には本条に定める条件を満たすことを証明することなく，この権利を行使することはできない。裁判所所長は，このために事件を受理し，命令（ordonnance）の形式で裁定する。
　その訴権の個別行使を回復し，その債権がまだ調査されなかった債権者は，普通法の［定める］条件でこれを求めることができる。

▲第643-13条
　裁判上の清算の終結が，資産の不足を理由として言い渡され，かつ，資産が換価できなかったことまたは手続中に債権者のために訴えが提起されなかった場合には，手続を再開することができる。
　裁判所は，あらかじめ選任された清算人，検察官または利害関係あるすべての債権者の申立てによって（事件を）受理する。裁判所は，また，職権で開始することもできる。債権者によって受理した場合には，債権者は，実行の費用に必要な資金を裁判所書記課に供託したことを証明しなければならない。供託された費用の額は，手続の再開に続いて回収された額の優先順位に従って債権者に償還される。
　債務者の資産が金銭であるときは，本編第4章に定める手続が適用される。

▲R第643-16条
　資産の不足は，債務者の資産の換価ならびに企業または債権者のために提起された訴えおよび手続によって得られたものが，部分的にではあっても債権者を満足させることができない場合をいう。

▲R第643-20条
　その債権が認められ，［法律部］第643-11条に従って個別訴求の権利を回復した債権者は，申請によってされた裁判所所長の命令によって，同条第Ⅴ項に定める名義を得ることができる。同条第Ⅱ項にいう保証人または共同義務者は，同様の条件で，実行した弁済の証明に基づいて，執行名義を得ることができる。民事訴訟法典第1405条以下に定める支払命令の手続は，適用されない。

債権が手続の際に認められた場合には，手続を開始した裁判所所長が権限を有する。債権が調査されなかったときは，裁判所の管轄は普通法の規定によって定められる。

命令は，債権者の終局的な承認と資産の不足を理由とする終結の判決を目的とする。この命令には，支払命令を含み，書記官が執行文を付与する。

［法律部］第643-11条第Ⅰ，ⅡおよびⅢ項に定める場合には，命令は，債務者を審尋しまたは呼び出して行う。

▲R第643-24条

裁判所は，債務者を審尋しまたは適法に呼び出した後に，［法律部］第643-13条に定める裁判上の清算手続の再開を決定する。手続を再開する裁判は，R第621-7条およびR第621-8条に定める告知および公告の対象となる。裁判は，債務者に通知され，必要な場合には，債権者に送達される。

第221条（破産手続廃止後又は破産手続終結後の破産債権者表の記載の効力）
　第217条第1項若しくは第218条第1項の規定による破産手続廃止の決定が確定したとき，又は前条第1項の規定による破産手続終結の決定があったときは，確定した破産債権については，破産債権者表の記載は，破産者に対し，確定判決と同一の効力を有する。この場合において，破産債権者は，確定した破産債権について，当該破産者に対し，破産債権者表の記載により強制執行をすることができる。
2　前項の規定は，破産者（第121条第3項ただし書の代理人を含む。）が第118条第2項，第119条第5項，第121条第4項（同条第6項（同条第7項又は第122条第2項において準用する場合を含む。）若しくは第7項又は第122条第2項において準用する場合を含む。）又は第123条第1項の規定による異議を述べた場合には，適用しない。

▌民事再生法第180条（再生計画の条項の再生債権者表への記載等），第185条（不認可の決定が確定した場合の再生債権者表の記載の効力），第195条第7項（再生手続廃止の公告等）

▌会社更生法第206条（更生計画の条項の更生債権者表等への記載等），第235条（不認可の決定が確定した場合の更生債権者表等の記載の効力），第238条第6項（更生手続廃止の公告等），第240条（更生手続終結後の更生債権者表等の記載の効力）

◆**アメリカ法**（該当規定なし）

■**イギリス法**（該当規定なし）

●**ドイツ法**
●**第201条**（手続終結後の倒産債権者の権利）
　倒産債権者は，倒産手続の終結後，その残余の債権を債務者に対して制約なく行使することができる。
2　倒産債権者は，その債権が確定しかつ債務者が債権調査期日においてそれに対し異議を述べなかったときは，債務者に対して，債権表の記載に基づき，執行力

ある判決に基づくのと同じように，強制執行をすることができる。述べられた異議か取り下げられた債権は，異議なき債権と同等に扱われる。

3　残債務免除についての規定は，影響を受けないものとする。

●第202条（強制執行の管轄）

前条の場合においては，以下に掲げる訴えは，倒産手続が現に係属しまたは過去に係属した区裁判所の管轄に専属する。

　一　執行文付与の訴え。
　二　執行文付与の後に，付与の要件か充たされていることを争う訴え。
　三　請求権自体に関わる異議を主張する訴え。

2　訴訟物が区裁判所の事物管轄に属しないときは，前項の訴えは，区裁判所の所在地を管轄するラント裁判所の管轄に専属する。

▲フランス法（該当規定なし）

日・◆米・■英・●独・▲仏　　　　　　　破産法第222条（相続財産に関する破産事件の管轄）

第10章　相続財産の破産等に関する特則

第1節　相続財産の破産

<u>第222条（相続財産に関する破産事件の管轄）</u>　相続財産についてのこの法律の規定による破産手続開始の申立ては，被相続人の相続開始の時の住所又は相続財産に属する財産が日本国内にあるときに限り，することができる。
2　相続財産に関する破産事件は，被相続人の相続開始の時の住所地を管轄する地方裁判所が管轄する。
3　前項の規定による管轄裁判所がないときは，相続財産に関する破産事件は，相続財産に属する財産の所在地（債権については，裁判上の請求をすることができる地）を管轄する地方裁判所が管轄する。
4　相続財産に関する破産事件に対する第5条第8項及び第9項並びに第7条第5号の規定の適用については，第5条第8項及び第9項中「第1項及び第2項」とあるのは「第222条第2項及び第3項」と，第7条第5号中「同条第1項又は第2項」とあるのは「第222条第2項又は第3項」とする。
5　前3項の規定により2以上の地方裁判所が管轄権を有するときは，相続財産に関する破産事件は，先に破産手続開始の申立てがあった地方裁判所が管轄する。

◆アメリカ法
◆R第1016条　債務者の死亡又は適格の喪失

　債務者の死亡又は適格の喪失は，本法第7章の下での清算事件を中断しない。そのような場合においては，可能な限り，あたかも死亡又は適格の喪失が生じなかったのと同様な方式で，倒産財団は管理，運用されるものとし，事件は終局に至るものとする。更生事件，家族農業従事者の債務調整事件，又は個人の債務調整事件が，第11章，第12章，又は第13章の下で係属している場合には，事件は棄却されるか，又は，さらなる管理及び運用が可能であり，かつ，関係人の利益にもっとも適合するときは，可能な限り，あたかも死亡又は適格の喪失が生じなかったと同様な方式で，事件は続行し，終局に至ることができる。

　【コメント】　定義規定である第101条，及び，連邦倒産法における債務者の適格を規定する第109条には相続財産に関する規定は存在しないため，死者の財産自体は債務者とはならない。債務者が死亡しても清算手続はそのまま続行されるが，第11章などの手続は裁判所の裁量により事件を棄却するか，事件は続行される余地はある。

■イギリス法
■第421条（死亡した者の破産財団）
1　大法官は，主務大臣及び首席裁判官の同意を得て発する命令により，死亡し

た者の破産財団の管理（administration of the insolvent estates of deceased persons）に関しては，当該命令で特定された本法の規定が，当該命令で特定された修正を伴って適用されることを，規定することができる。

> 【コメント】 本条に基づいて，死亡した者の破産財団の管理に関する命令（Administration of Insolvent Estates of Deceased Persons Order 1986, SI 1986/1999）が制定された。本命令によれば，債務者について破産の申立てがされるための要件としてのイングランド及びウェールズにドミサイル有すること等々を定めた破産法第265条は，死亡した者の破産財団の管理には適用されない。同命令附則第1第Ⅱ編参照。

●ドイツ法
●第315条（〔相続財産破産の〕土地管轄）
相続財産についての倒産手続は，相続開始の時における被相続人の普通裁判籍所在地を管轄する倒産裁判所の管轄に専属する。被相続人の独立した経済活動の拠点が別の地に存するときは，その地を管轄する倒産裁判所の管轄に専属する。

▲フランス法
> 【コメント】 フランス法には，日本法のような，相続財産の破産に関する特別が存在しない。
> なお，債務者が死亡した場合について，以下のような規定がある。

▲第640-3条第2段
商人，手工業者名簿に登録された者もしくは農業者，または，法令の定めにより従事するかもしくはその名義が保護されている専門的自由職を含むその他の独立した専門的活動を行う自然人が，支払停止の状態で死亡したときは，裁判所は，債権の性質に関わらず，債権者による呼出しまたは検察官の申請に基づいて，死亡の日から1年以内の期間において，事件を受理する。裁判所は，また，同様の期間に，職権でも（手続を）開始することができる。裁判所は，期間の条件なしに，債務者のすべての相続人によって（事件を）受理することができる。

▲R第631-5条
［法律部］第631-3条第2段に定める場合に，裁判所が職権で［手続を］開始しまたは検察官の申請に基づいて受理したときは，R第631-3条およびR第631-4条が，住所の知れた相続人に適用される。住所の知れない相続人があるときは，職権で［手続を］開始し，または検察官，管理人もしくは裁判上の受託者の申請により［事件を］受理した大審裁判所所長は，相続人を代理する任務を負った受託者を選任する。

第223条（相続財産の破産手続開始の原因） 相続財産に対する第30条第1項の規定の適用については，同項中「破産手続開始の原因となる事実があると認めるとき」とあるのは，「相続財産をもって相続債権者及び受遺者に対する債務を完済することができないと認めるとき」とする。

日・◆米・■英・●独・▲仏　　　　　　　　破産法第 223 条（相続財産の破産手続開始の原因）

◆アメリカ法（該当規定なし）

■イギリス法（該当規定なし）

【コメント】　死亡した者の破産財団の管理に関する命令附則第 1 第 II 編第 5 項により，破産申立ての要件についての倒産法第 271 条，第 272 条第 1 項（日本法第 15 条の箇所参照）が，「破産命令」を「破産管理命令」に読み替えるなどの修正を加えて適用される。

●ドイツ法

●第 316 条（開始の適法要件）

相続人が未だ相続を承認していないこと，または，相続人が相続債務につき無限責任を負っていることは，倒産手続の開始を妨げない。

2　相続人が複数いるときには，遺産分割の後であっても，倒産手続を開始することができる。

3　相続分について倒産手続を開始することはできない。

●第 320 条（開始原因）

相続財産についての倒産手続の開始原因は，支払不能および債務超過とする。相続人，相続財産管理人，その他の相続財産補佐人または遺言執行者が手続開始を申し立てるときは，支払不能の虞れがあることも開始原因とする。

●第 332 条（相続財産破産の規定の準用）

継続的夫婦財産共有制においては，共有財産についての破産手続につき，第 315 条から第 331 条の規定を準用する。

2　倒産債権者は，継続的夫婦財産共有制の開始の時において共有財産債権として成立していた債権を有する者に限る。

3　相続分を有する卑属は，手続の開始を申し立てることができない。ただし，倒産裁判所は，開始申立ての審理にあたり，この者を審尋しなければならない。

●第 333 条（申立権・開始原因）

夫婦財産共有制において共同管理に服する共有財産について倒産手続は，共有財産からの債務の履行を請求することができる各債権者が，開始を申し立てることができる。

2　各配偶者もまた申立権を有する。配偶者の双方が開始を申し立てていないときは，申立ては，共有財産の支払不能を疎明したときに限り，適法とする。この場合においては，倒産裁判所は他の配偶者を審尋しなければならない。配偶者の双方が開始を申し立てるときには，支払不能の虞れがあることも，開始原因とする。

●第 334 条（配偶者の人的責任）

共有財産からの履行を請求することができる債務に対する配偶者の人的責任は，倒産手続の係属中は，倒産管財人または管理人によってのみ行使することができる。

2　倒産処理計画が成立する場合には，第 227 条第 1 項の規定は配偶者の人的責任について準用する。

【コメント】　ドイツ倒産法320条は，旧破産法215条とは異なり，相続財産の倒産開始原因を，債務超過だけでなく，支払不能及びその虞れに拡大している。相続財産は，相続開始後も，被相続人に対して係属していた民事訴訟の結果や有価証券の相場の変動によって増減し，相続財産がその後も継続される企業に属する場合にも増減の可能性が多いことを考慮したものである。債務超過の認定には時間がかかり，その間に相続債権者の個別執行がなされてしまう可能性があるが，支払不能を開始原因とすることによって，そのような事態の多くが避けられるものと期待できる（BR-Drucks.. 1/92 S.230f.）。

▲**フランス法**（該当規定なし。なお，前掲・第222条参照）

> **第224条（破産手続開始の申立て）**　相続財産については，相続債権者又は受遺者のほか，相続人，相続財産の管理人又は遺言執行者（相続財産の管理に必要な行為をする権利を有する遺言執行者に限る。以下この節において同じ。）も，破産手続開始の申立てをすることができる。
> 2　次の各号に掲げる者が相続財産について破産手続開始の申立てをするときは，それぞれ当該各号に定める事実を疎明しなければならない。
> 　一　相続債権者又は受遺者　その有する債権の存在及び当該相続財産の破産手続開始の原因となる事実
> 　二　相続人，相続財産の管理人又は遺言執行者　当該相続財産の破産手続開始の原因となる事実

◆**アメリカ法**（該当規定なし）

■**イギリス法**（該当規定なし）

●**ドイツ法**
●第317条（申立権者）
　相続財産についての倒産手続の開始は，各相続人，相続財産管理人，その他の相続財産補佐人，相続財産の管理権を有する遺言執行者および各相続債権者が，申し立てることができる。
　2　申立てが相続人の全員によってなされていないときは，申立ては開始原因を疎明したときに限り，適法とする。この場合において，倒産裁判所は残りの相続人を審尋しなければならない。
　3　遺言執行者が相続財産の管理権を有するときは，裁判所は，相続人が開始を申し立てたときは遺言執行者を，遺言執行者が開始を申し立てたときは相続人を，審尋しなければならない。
●第318条（共有財産の場合の申立権）
　相続財産が夫婦共有財産制における共有財産に属するときは，相続人である配偶者のみならず，相続人ではないが共有財産を単独でまたは他方配偶者と共同して管理している配偶者もまた，相続財産についての倒産手続の開始を申し立てることが

日・◆米・■英・●独・▲仏　　　　　　破産法第 226 条（破産手続開始の決定前の相続の開始）

できる。この場合においては他方配偶者の同意を要しない。夫婦共有財産制が終了したときは、両配偶者は申立権を保持する。
　2　配偶者の一方のみが開始を申し立てたときは、申立ては開始原因を疎明したときに限り、適法とする。倒産裁判所は、他方配偶者を審尋しなければならない。

▲**フランス法**（該当規定なし。なお、前掲・第 222 条参照）

第 225 条（破産手続開始の申立期間）　相続財産については、民法第 941 条第 1 項の規定により財産分離の請求をすることができる間に限り、破産手続開始の申立てをすることができる。ただし、限定承認又は財産分離があったときは、相続債権者及び受遺者に対する弁済が完了するまでの間も、破産手続開始の申立てをすることができる。

◆**アメリカ法**（該当規定なし）

■**イギリス法**（該当規定なし）

●**ドイツ法**
●第 316 条（開始の適法要件）
　相続人が未だ相続を承認していないこと、または、相続人が相続債務につき無限責任を負っていることは、倒産手続の開始を妨げない。
　2　相続人が複数あるときは、遺産分割の後であっても、倒産手続開始することができる。
　3　相続分については倒産手続を開始することができない。
●第 319 条（申立期間）
　相続の承認から 2 年を経過したときは、相続債権者は倒産手続の開始を申し立てることができない。

▲**フランス法**（該当規定なし。なお、前掲・第 222 条参照）

第 226 条（破産手続開始の決定前の相続の開始）　裁判所は、破産手続開始の申立て後破産手続開始の決定前に債務者について相続が開始したときは、相続債権者、受遺者、相続人、相続財産の管理人又は遺言執行者の申立てにより、当該相続財産についてその破産手続を続行する旨の決定をすることができる。
　2　前項に規定する続行の申立ては、相続が開始した後 1 月以内にしなければならない。
　3　第 1 項に規定する破産手続は、前項の期間内に第 1 項に規定する続行の申立てがなかった場合はその期間が経過した時に、前項の期間内に第 1 項に規定する続行の申立てがあった場合で当該申立てを却下する裁判が確定したときはその時に、それぞれ終了する。
　4　第 1 項に規定する続行の申立てを却下する裁判に対しては、即時抗告をすることができる。

◆アメリカ法（該当規定なし）

■イギリス法（該当規定なし）

●ドイツ法（該当規定なし）

▲フランス法（該当規定なし。なお，前掲・第222条参照）

第227条（破産手続開始の決定後の相続の開始） 裁判所は，破産手続開始の決定後に破産者について相続が開始したときは，当該相続財産についてその破産手続を続行する。

◆アメリカ法（該当規定なし）

■イギリス法（該当規定なし）

●ドイツ法（該当規定なし）

▲フランス法（該当規定なし。なお，前掲・第222条参照）

第228条（限定承認又は財産分離の手続との関係） 相続財産についての破産手続開始の決定は，限定承認又は財産分離を妨げない。ただし，破産手続開始の決定の取消し若しくは破産手続廃止の決定が確定し，又は破産手続終結の決定があるまでの間は，限定承認又は財産分離の手続は，中止する。

◆アメリカ法（該当規定なし）

■イギリス法（該当規定なし）

●ドイツ法（該当規定なし）

▲フランス法（該当規定なし。なお，前掲・第222条参照）

日・◆米・■英・●独・▲仏　　　　　　　　　　　　破産法第230条（相続人等の説明義務等）

第229条（破産財団の範囲）　相続財産について破産手続開始の決定があった場合には，相続財産に属する一切の財産（日本国内にあるかどうかを問わない。）は，破産財団とする。この場合においては，被相続人が相続人に対して有していた権利は，消滅しなかったものとみなす。
2　相続人が相続財産の全部又は一部を処分した後に相続財産について破産手続開始の決定があったときは，相続人が反対給付について有する権利は，破産財団に属する。
3　前項に規定する場合において，相続人が既に同額の反対給付を受けているときは，相続人は，当該反対給付を破産財団に返還しなければならない。ただし，相続人が当該反対給付を受けた当時，破産手続開始の原因となる事実又は破産手続開始の申立てがあったことを知らなかったときは，その現に受けている利益を返還すれば足りる。

◆**アメリカ法**（該当規定なし）

■**イギリス法**（該当規定なし）
【コメント】　死亡した者の破産財団の範囲については，倒産法第283条（自然人破産における破産財団の範囲に関する規定。日本法第34条の箇所を参照）が必要な修正を加えて適用される。死亡した者の破産財団の管理に関する命令附則第1第Ⅱ編第12項。

●**ドイツ法**（該当規定なし）

▲**フランス法**（該当規定なし。なお，前掲・第222条参照）

第230条（相続人等の説明義務等）　相続財産について破産手続開始の決定があった場合には，次に掲げる者は，破産管財人若しくは債権者委員会の請求又は債権者集会の決議に基づく請求があったときは，破産に関し必要な説明をしなければならない。
　一　被相続人の代理人であった者
　二　相続人及びその代理人
　三　相続財産の管理人及び遺言執行者
2　前項の規定は，同項第2号又は第3号に掲げる者であった者について準用する。
3　第37条及び第38条の規定は，相続財産について破産手続開始の決定があった場合における相続人並びにその法定代理人及び支配人について準用する。

◆**アメリカ法**（該当規定なし）

■**イギリス法**（該当規定なし）

●**ドイツ法**（該当規定なし）

▲**フランス法**（該当規定なし。なお，前掲・第222条参照）

> 第231条（相続債権者及び受遺者の地位）　相続財産について破産手続開始の決定があった場合には，相続債権者及び受遺者は，相続人について破産手続開始の決定があったときでも，その債権の全額について破産手続に参加することができる。
> 　2　相続財産について破産手続開始の決定があったときは，相続債権者の債権は，受遺者の債権に優先する。
> 第232条（相続人の地位）　相続財産について破産手続開始の決定があった場合には，相続人が被相続人に対して有していた権利は，消滅しなかったものとみなす。この場合においては，相続人は，被相続人に対して有していた債権について，相続債権者と同一の権利を有する。
> 　2　前項に規定する場合において，相続人が相続債権者に対して自己の固有財産をもって弁済その他の債務を消滅させる行為をしたときは，相続人は，その出えんの額の範囲内において，当該相続債権者が被相続人に対して有していた権利を行使することができる。
> 第233条（相続人の債権者の地位）　相続財産について破産手続開始の決定があったときは，相続人の債権者は，破産債権者としてその権利を行使することができない。

◆アメリカ法（該当規定なし）

■イギリス法（該当規定なし）

●ドイツ法
●第325条（相続債務）
　相続財産についての倒産手続においては，相続債務にかかる請求権だけが行使できる。
●第326条（相続人の請求権）
　1　相続人は，被相続人に対して有した請求権を行使することができる。
　2　相続人が相続債務を履行したときは，履行が民法1979条により相続財産の計算においてなされたものでない限り，相続人は債権者に代位する。ただし，相続人が相続債務につき無限責任を負う場合はこの限りでない。
　3　相続人が個々の債権者に対して無限責任を負う場合は，債権者が権利を行使しない場合に限り，その権利を行使することができる。

▲フランス法（該当規定なし。なお，前掲・第222条参照）

> 第234条（否認権に関する規定の適用関係）　相続財産について破産手続開始の決定があった場合における第6章第2節の規定の適用については，被相続人，相続人，相続財産の管理人又は遺言執行者が相続財産に関してした行為は，破産者がした行為とみなす。

◆アメリカ法（該当規定なし）

■イギリス法（該当規定なし）
　【コメント】　倒産法第339条（日本法第160条の箇所参照）及び第340条（日本法第161条の箇所参照）がそのまま適用される。死亡した者の破産財団の管理に関する命令附則第1第Ⅱ編第26項。

●ドイツ法
●第322条（相続人の法的行為の否認）
　相続人が倒産手続の開始前に相続財産から遺留分請求権，遺贈または公課を履行していたときには，これらの法的行為は，相続人による無償給付と同じ方法により，否認することができる。

▲フランス法（該当規定なし。なお，前掲・第222条参照）

第235条（受遺者に対する担保の供与等の否認）　相続財産について破産手続開始の決定があった場合において，受遺者に対する担保の供与又は債務の消滅に関する行為がその債権に優先する債権を有する破産債権者を害するときは，当該行為を否認することができる。
2　第167条第2項の規定は，前項の行為が同項の規定により否認された場合について準用する。この場合において，同条第2項中「破産債権者を害する事実」とあるのは，「第235条第1項の破産債権者を害する事実」と読み替えるものとする。

◆アメリカ法（該当規定なし）

■イギリス法（該当規定なし）

●ドイツ法
●第322条（相続人の法的行為の否認）
　相続人が倒産手続の開始前に相続財産から遺留分請求権，遺贈または公課を履行していたときには，これらの法的行為は，相続人による無償給付と同じ方法により，否認することができる。

▲フランス法（該当規定なし。なお，前掲・第222条参照）

第236条（否認後の残余財産の分配等）　相続財産について破産手続開始の決定があった場合において，被相続人，相続人，相続財産の管理人又は遺言執行者が相続財産に関してした行為が否認されたときは，破産管財人は，相続債権者に弁済をした後，否認された行為の相手方にその権利の価額に応じて残余財産を分配しなければならない。

◆アメリカ法（該当規定なし）

■**イギリス法**（該当規定なし）

●**ドイツ法**
●**第328条（取り戻された財産）**
　被相続人によりまたは被相続人に対して行われた法的行為が否認された結果倒産財団に返還されたものは，第327条第1項に掲げる債務を履行するためにこれを使用してはならない。
　2　公示催告により除斥された債権者および民法第1974条の規定により除斥された債権者と同等の地位に置かれる債権者は，相続人が不当利得の返還に関する規定により償還義務を負うべき限りにおいてのみ，民法第1978条から第1980条までの規定により相続人が財団に償還する義務を負うものを，請求することができる。

▲**フランス法**（該当規定なし。なお，前掲・第222条参照）

第237条（破産債権者の同意による破産手続廃止の申立て）　相続財産の破産についての第218条第1項の申立ては，相続人がする。
　2　相続人が数人あるときは，前項の申立ては，各相続人がすることができる。

◆**アメリカ法**（該当規定なし）

■**イギリス法**（該当規定なし）

●**ドイツ法**（該当規定なし）

▲**フランス法**（該当規定なし。なお，前掲・第222条参照）

第2節　相続人の破産

> 第238条（破産者の単純承認又は相続放棄の効力等）　破産手続開始の決定前に破産者のために相続の開始があった場合において，破産者が破産手続開始の決定後にした単純承認は，破産財団に対しては，限定承認の効力を有する。破産者が破産手続開始の決定後にした相続の放棄も，同様とする。
> 2　破産管財人は，前項後段の規定にかかわらず，相続の放棄の効力を認めることができる。この場合においては，相続の放棄があったことを知った時から3月以内に，その旨を家庭裁判所に申述しなければならない。

◆アメリカ法（該当規定なし）

■イギリス法（該当規定なし）

●ドイツ法
●第83条（相続・継続的夫婦財産共有制）
　債務者につき手続の開始前もしくは手続の係属中に生じた相続もしくは遺贈を承認または放棄することは，債務者に専属する。継続的夫婦財産共有制の拒絶も，また同じとする。
　2　債務者が先順位相続人である場合において，相続目的物の処分行為が後順位相続の効果が発生したときに民法2115条の規定により後順位相続人に対して効力を生じないときには，破産管財人は相続目的物について処分することができない。

▲フランス法（該当規定なし）

> 第239条（限定承認又は財産分離の手続との関係）　相続人についての破産手続開始の決定は，限定承認又は財産分離を妨げない。ただし，当該相続人のみが相続財産につき債務の弁済に必要な行為をする権限を有するときは，破産手続開始の決定の取消し若しくは破産手続廃止の決定が確定し，又は破産手続終結の決定があるまでの間は，限定承認又は財産分離の手続は，中止する。

◆アメリカ法（該当規定なし）

■イギリス法（該当規定なし）

●ドイツ法（該当規定なし）

▲フランス法（該当規定なし）

> <u>第 240 条（相続債権者，受遺者及び相続人の債権者の地位）</u>　相続人について破産手続開始の決定があった場合には，相続債権者及び受遺者は，財産分離があったとき，又は相続財産について破産手続開始の決定があったときでも，その債権の全額について破産手続に参加することができる。
> 2　相続人について破産手続開始の決定があり，かつ，相続財産について破産手続開始の決定があったときは，相続人の債権者の債権は，相続人の破産財団については，相続債権者及び受遺者の債権に優先する。
> 3　第225条に規定する期間内にされた破産手続開始の申立てにより相続人について破産手続開始の決定があったときは，相続人の固有財産については相続人の債権者の債権が相続債権者及び受遺者の債権に優先し，相続財産については相続債権者及び受遺者の債権が相続人の債権者の債権に優先する。
> 4　相続人について破産手続開始の決定があり，かつ，当該相続人が限定承認をしたときは，相続債権者及び受遺者は，相続人の固有財産について，破産債権者としてその権利を行使することができない。第238条第1項の規定により限定承認の効力を有するときも，同様とする。

◆アメリカ法（該当規定なし）

■イギリス法（該当規定なし）

●ドイツ法
●第331条（相続人が同時に倒産した場合）
　1　相続財産についても倒産手続が開始したとき，または相続財産管理の手続が命ぜられたときは，相続人の財産についての倒産手続においては，相続人が無限責任を負う相続債権者について，第52条，第190条，第198条および第237条第1項第2文の規定を準用する。
　2　配偶者の一方が相続人であり，かつ相続財産が他の配偶者のみによって管理されている共有財産である場合には，他の配偶者の財産についての倒産手続においても，第1項と同様とする。共有財産が双方の配偶者によって共同して管理されている場合には，共有財産についての倒産手続および相続人でない配偶者についての倒産手続においても，第1項と同様とする。

▲フランス法（該当規定なし）

日・◆米・■英・●独・▲仏　破産法第242条（限定承認又は財産分離等の後の相続財産の管理及び処分等）

> 第241条（限定承認又は財産分離の手続において相続債権者等が受けた弁済）
> 　相続債権者又は受遺者は，相続人について破産手続開始の決定があった後に，限定承認又は財産分離の手続において権利を行使したことにより，破産債権について弁済を受けた場合であっても，その弁済を受ける前の債権の額について破産手続に参加することができる。相続人の債権者が，相続人について破産手続開始の決定があった後に，財産分離の手続において権利を行使したことにより，破産債権について弁済を受けた場合も，同様とする。
> ２　前項の相続債権者若しくは受遺者又は相続人の債権者は，他の同順位の破産債権者が自己の受けた弁済（相続人が数人ある場合には，当該破産手続開始の決定を受けた相続人の相続分に応じた部分に限る。次項において同じ。）と同一の割合の配当を受けるまでは，破産手続により，配当を受けることができない。
> ３　第１項の相続債権者若しくは受遺者又は相続人の債権者は，前項の弁済を受けた債権の額については，議決権を行使することができない。

◆**アメリカ法**（該当規定なし）

■**イギリス法**（該当規定なし）

●**ドイツ法**（該当規定なし）

▲**フランス法**（該当規定なし）

> 第242条（限定承認又は財産分離等の後の相続財産の管理及び処分等）　相続人について破産手続開始の決定があった後，当該相続人が限定承認をしたとき，又は当該相続人について財産分離があったときは，破産管財人は，当該相続人の固有財産と分別して相続財産の管理及び処分をしなければならない。限定承認又は財産分離があった後に相続人について破産手続開始の決定があったときも，同様とする。
> ２　破産管財人が前項の規定による相続財産の管理及び処分を終えた場合において，残余財産があるときは，その残余財産のうち当該相続人に帰属すべき部分は，当該相続人の固有財産とみなす。この場合において，破産管財人は，その残余財産について，破産財団の財産目録及び貸借対照表を補充しなければならない。
> ３　第１項前段及び前項の規定は，第238条第１項の規定により限定承認の効力を有する場合及び第240条第３項の場合について準用する。

◆**アメリカ法**（該当規定なし）

■**イギリス法**（該当規定なし）

●**ドイツ法**
　●第83条（相続および継続的夫婦共有財産）
　１　債務者につき，倒産手続の開始前または手続の係属中に相続が開始しまたは遺贈の効力が生じたときは，その承認または放棄をする権利は債務者に専属する。

継続的夫婦共有財産の拒絶についても，同様とする。
　2　債務者が先順位相続人である場合において，民法2115条の規定によれば後順位相続の効果が発生すると処分行為が後順位相続人に対して効力を生じないときは，破産管財人は相続目的物について処分をすることができない。

▲フランス法（該当規定なし）

日・◆米・■英・●独・▲仏

第3節　受遺者の破産

> <u>第243条（包括受遺者の破産）</u>　前節の規定は，包括受遺者について破産手続開始の決定があった場合について準用する。

◆**アメリカ法**（該当規定なし）

■**イギリス法**（該当規定なし）

●**ドイツ法**（該当規定なし）

▲**フランス法**（該当規定なし）

> <u>第244条（特定遺贈の承認又は放棄）</u>　破産手続開始の決定前に破産者のために特定遺贈があった場合において，破産者が当該決定の時においてその承認又は放棄をしていなかったときは，破産管財人は，破産者に代わって，その承認又は放棄をすることができる。
> 2　民法第987条の規定は，前項の場合について準用する。

◆**アメリカ法**（該当規定なし）

■**イギリス法**（該当規定なし）

●**ドイツ法**（該当規定なし）

▲**フランス法**（該当規定なし）

第 10 章の 2　信託財産の破産に関する特則

<u>第 244 条の 2（信託財産に関する破産事件の管轄）</u>　信託財産についてのこの法律の規定による破産手続開始の申立ては，信託財産に属する財産又は受託者の住所が日本国内にあるときに限り，することができる。
2　信託財産に関する破産事件は，受託者の住所地（受託者が数人ある場合にあっては，そのいずれかの住所地）を管轄する地方裁判所が管轄する。
3　前項の規定による管轄裁判所がないときは，信託財産に関する破産事件は，信託財産に属する財産の所在地（債権については，裁判上の請求をすることができる地）を管轄する地方裁判所が管轄する。
4　信託財産に関する破産事件に対する第 5 条第 8 項及び第 9 項並びに第 7 条第 5 号の規定の適用については，第 5 条第 8 項及び第 9 項中「第 1 項及び第 2 項」とあるのは「第 244 条の 2 第 2 項及び第 3 項」と，第 7 条第 5 号中「同条第 1 項又は第 2 項」とあるのは「第 244 条の 2 第 2 項又は第 3 項」とする。
5　前 3 項の規定により 2 以上の地方裁判所が管轄権を有するときは，信託財産に関する破産事件は，先に破産手続開始の申立てがあった地方裁判所が管轄する。
<u>第 244 条の 3（信託財産の破産手続開始の原因）</u>　信託財産に対する第 15 条第 1 項の規定の適用については，同項中「支払不能」とあるのは，「支払不能又は債務超過（受託者が，信託財産責任負担債務につき，信託財産に属する財産をもって完済することができない状態をいう。）」とする。
<u>第 244 条の 4（破産手続開始の申立て）</u>　信託財産については，信託債権（信託法第 21 条第 2 項第 2 号に規定する信託債権をいう。次項第 1 号及び第 244 条の 7 において同じ。）を有する者又は受益者のほか，受託者又は信託財産管理者，信託財産法人管理人若しくは同法第 170 条第 1 項の管理人（以下「受託者等」と総称する。）も，破産手続開始の申立てをすることができる。
2　次の各号に掲げる者が信託財産について破産手続開始の申立てをするときは，それぞれ当該各号に定める事実を疎明しなければならない。
　一　信託債権を有する者又は受益者　その有する信託債権又は受益債権の存在及び当該信託財産の破産手続開始の原因となる事実
　二　受託者等　当該信託財産の破産手続開始の原因となる事実
3　前項第 2 号の規定は，受託者等が一人であるとき，又は受託者等が数人ある場合において受託者等の全員が破産手続開始の申立てをしたときは，適用しない。
4　信託財産については，信託が終了した後であっても，残余財産の給付が終了するまでの間は，破産手続開始の申立てをすることができる。
<u>第 244 条の 5（破産財団の範囲）</u>　信託財産について破産手続開始の決定があった場合には，破産手続開始の時において信託財産に属する一切の財産（日本国内にあるかどうかを問わない。）は，破産財団とする。
<u>第 244 条の 6（受託者等の説明義務等）</u>　信託財産について破産手続開始の決定があった場合には，次に掲げる者は，破産管財人若しくは債権者委員会の請求又は債権者集会の決議に基づく請求があったときは，破産に関し必要な説明をしなければならない。

一　受託者等
　二　会計監査人（信託法第248条第1項又は第2項の会計監査人をいう。以下この章において同じ。）
2　前項の規定は，同項各号に掲げる者であった者について準用する。
3　第37条及び第38条の規定は，信託財産について破産手続開始の決定があった場合における受託者等（個人である受託者等に限る。）について準用する。
4　第41条の規定は，信託財産について破産手続開始の決定があった場合における受託者等について準用する。

第244条の7（信託債権者及び受益者の地位）　信託財産について破産手続開始の決定があった場合には，信託債権を有する者及び受益者は，受託者について破産手続開始の決定があったときでも，破産手続開始の時において有する債権の全額について破産手続に参加することができる。
2　信託財産について破産手続開始の決定があったときは，信託債権は，受益債権に優先する。
3　受益債権と約定劣後破産債権は，同順位とする。ただし，信託行為の定めにより，約定劣後破産債権が受益債権に優先するものとすることができる。

第244条の8（受託者の地位）　信託法第49条第1項（同法第53条第2項及び第54条第4項において準用する場合を含む。）の規定により受託者が有する権利は，信託財産についての破産手続との関係においては，金銭債権とみなす。

第244条の9（固有財産等責任負担債務に係る債権者の地位）　信託財産について破産手続開始の決定があったときは，固有財産等責任負担債務（信託法第22条第1項に規定する固有財産等責任負担債務をいう。）に係る債権を有する者は，破産債権者としてその権利を行使することができない。

第244条の10（否認権に関する規定の適用関係等）　信託財産について破産手続開始の決定があった場合における第6章第2節の規定の適用については，受託者等が信託財産に関してした行為は，破産者がした行為とみなす。
2　前項に規定する場合における第161条第1項の規定の適用については，当該行為の相手方が受託者等又は会計監査人であるときは，その相手方は，当該行為の当時，受託者等が同項第2号の隠匿等の処分をする意思を有していたことを知っていたものと推定する。
3　第1項に規定する場合における第162条第1項第1号の規定の適用については，債権者が受託者等又は会計監査人であるときは，その債権者は，同号に掲げる行為の当時，同号イ又はロに掲げる場合の区分に応じ，それぞれ当該イ又はロに定める事実（同号イに掲げる場合にあっては，支払不能であったこと及び支払の停止があったこと）を知っていたものと推定する。
4　第1項に規定する場合における第168条第2項の規定の適用については，当該行為の相手方が受託者等又は会計監査人であるときは，その相手方は，当該行為の当時，受託者等が同項の隠匿等の処分をする意思を有していたことを知っていたものと推定する。

第244条の11（破産管財人の権限）　信託財産について破産手続開始の決定があった場合には，次に掲げるものは，破産管財人がする。
　一　信託法第27条第1項又は第2項の規定による取消権の行使
　二　信託法第31条第5項の規定による追認
　三　信託法第31条第6項又は第7項の規定による取消権の行使
　四　信託法第32条第4項の規定による権利の行使

五　信託法第40条又は第41条の規定による責任の追及
　　六　信託法第42条（同法第254条第3項において準用する場合を含む。）の規定による責任の免除
　　七　信託法第226条第1項，第228条第1項又は第254条第1項の規定による責任の追及
2　前項の規定は，保全管理人について準用する。
3　第177条の規定は信託財産について破産手続開始の決定があった場合における受託者等又は会計監査人の財産に対する保全処分について，第178条から第181条までの規定は信託財産についての破産手続における受託者等又は会計監査人の責任に基づく損失のてん補又は原状の回復の請求権の査定について，それぞれ準用する。

第244条の12（保全管理命令）　信託財産について破産手続開始の申立てがあった場合における第3章第2節の規定の適用については，第91条第1項中「債務者（法人である場合に限る。以下この節，第148条第4項及び第152条第2項において同じ。）の財産」とあり，並びに同項，第93条第1項及び第96条第2項中「債務者の財産」とあるのは，「信託財産に属する財産」とする。

第244条の13（破産債権者の同意による破産手続廃止の申立て）　信託財産の破産についての第218条第1項の申立ては，受託者等がする。
2　受託者等が数人あるときは，前項の申立ては，各受託者等がすることができる。
3　信託財産の破産について第1項の申立てをするには，信託の変更に関する規定に従い，あらかじめ，当該信託を継続する手続をしなければならない。

◆**アメリカ法**（該当規定なし）

■**イギリス法**（該当規定なし）

●**ドイツ法**（該当規定なし）

▲**フランス法**（該当規定なし）

日・◆米・■英・●独・▲仏　　　　　　　　　　破産法第245条（外国管財人との協力）

第11章　外国倒産処理手続がある場合の特則

> **第245条（外国管財人との協力）**　破産管財人は，破産者についての外国倒産処理手続（外国で開始された手続で，破産手続又は再生手続に相当するものをいう。以下この章において同じ。）がある場合には，外国管財人（当該外国倒産処理手続において破産者の財産の管理及び処分をする権利を有する者をいう。以下この章において同じ。）に対し，破産手続の適正な実施のために必要な協力及び情報の提供を求めることができる。
> 2　前項に規定する場合には，破産管財人は，外国管財人に対し，外国倒産処理手続の適正な実施のために必要な協力及び情報の提供をするよう努めるものとする。

📖 民事再生法第207条（外国管財人との協力）
📖 会社更生法第242条（外国管財人との協力）

◆アメリカ法
〔外国管財人との協力〕
◆第1501条（適用の目的及び範囲）
(a)　本章の目的は，次の目的をもった，国際倒産事件を処理するための有効な仕組みを提供するように「国際倒産に関する模範法」を設定することにある。
　(1)　(A)合衆国裁判所，連邦管財官，管財人，調査委員，債務者，及び，占有を継続する債務者と，(B)国際倒産事件に関係している外国の裁判所及びその他の適格を有する機関との間の協力，
　(2)　取引及び投資のためのより多くの法的安定性，
　(3)　すべての債権者，及び債務者を含むその他の利害関係人の利益を保護するような国際倒産事件の公正かつ効率的な運用，
　(4)　債務者の資産の価値の保全及びその最大化，及び
　(5)　財務上破綻した事業の救済の促進，それに伴う投資の保護と雇用の維持
(b)　本章は，(1)外国手続に関連して，外国裁判所又は外国管財人によって合衆国における補助が求められている場合，(2)本法の下での事件に関連して，外国において補助が求められている場合，(3)同一の債務者に関連して外国手続と本法の下での事件が並行して係属している場合，又は，(4)外国における債権者又はその他の利害関係人が本法の下での事件若しくは手続の開始，又はそれらへの参加を求める利益を有している場合において，適用される。
(c)　本章は，(1)第109条(b)における適用除外によって規定されている，外国保険会社以外の主体に関する手続，(2)第109条(e)により定められている制限の範囲における債務を負担している者で，かつ，合衆国国籍を有する市民又は合衆国において永住を法律上許可された外国籍を有する，個人及びその配偶者，又は(3)1970年証券投資家保護法の下での手続に服している主体，本法第7章第3節の対象に

595

なっている株式仲買人，又は本法第7章第4節の対象になっている商品取引仲買人には，適用されない。

(d) 裁判所は，預金，第3者預託財産，信託基金，又は合衆国の債権者の利益のために適用される州保険法又は規則により必要とされ又は認められているその他の保証について，本章の下での救済を付与することはできない。

◆第1525条（合衆国裁判所と外国裁判所又は外国管財人との協力）

(a) 第1501条に照らして，裁判所は，外国裁判所又は外国管財人と直接に又は管財人を通じてのいずれかの方法で，可能な限り最大限に協力しなければならない。

(b) 裁判所は，利害関係人の通知を受け手続に参加する権利に服しつつ，外国裁判所又は外国管財人と直接に連絡をとり，又はそれらのものに対して直接に情報若しくは補助を求めることができる。

◆第1526条（合衆国の管財人と外国裁判所又は外国管財人との間の協力及び直接の連絡）

(a) 第1501条に照らして，管財人，又は，調査委員を含む裁判所によって授権されたその他の者は，裁判所の監督を受けつつ，外国裁判所又は外国管財人と，可能な限り最大限の範囲で協力しなければならない。

(b) 管財人，又は，調査委員を含む裁判所によって授権されたその他の者は，裁判所の監督を受けつつ，外国裁判所又は外国管財人に直接に連絡を取ることができる。

◆第1527条（協力の方式）

第1525条及び第1526条に定める協力は，次のことを含む適切な方法によって実施される。

(1) 調査委員を含んで，裁判所の指示に基づいて行為をする者又は機関の選任，
(2) 裁判所が適切と判断する方法による情報の交換，
(3) 債務者の資産及び事業の管理，運営及び監督の協働，
(4) 手続の調整に関する合意の承認又は実施，及び，
(5) 同一の債務者に関する併行して行われている手続の調整。

《関連規定》

◆第1502条（定義）

本章との関係において，その用語の定義は次のとおりとする。

(1) 「債務者」とは，外国手続の主体であるものをいう。
(2) 「事業拠点」とは，債務者が常時の経済活動を行う事業地をいう。
(3) 「外国裁判所」とは，外国手続を規律又は監督する権限を有する司法機関又はその他の機関をいう。
(4) 「外国主手続」とは，債務者がその主たる利益の中心を有する国において係属している外国手続をいう。
(5) 「外国従手続」とは，外国主手続以外のものであって，債務者が事業拠点を有する国において係属する外国手続をいう。
(6) 「管財人」とは，本法のいずれかの章の下での事件における管財人，又は占有を継続する債務者，又は本法第9章の下での債務者をいう。

日・◆米・■英・●独・▲仏　　　　　　　　　　　破産法第245条（外国管財人との協力）

(7)　「承認」とは，本章の下で外国主手続又は外国従手続の承認を与える決定の発令をいう。

(8)　「合衆国の領域的管轄権内」とは，債務者の財産に関して用いられる場合には，合衆国の領土内にある有形財産及び適用される非破産法により領土内にあるとみなされる無形財産であって，合衆国の連邦裁判所又は州裁判所における手続によって適正に占有され又は差し押さえられる，差押え又は仮差押えの対象となる財産を含むものをいう。

◆第1503条（合衆国の国際的な義務）

合衆国が1又は複数の他の国とともに当事国になっている条約又はその他の締約形式により生じる合衆国の義務に本章が相反する範囲においては，その条約又は締約の要件が優先する。

◆第1504条（補助的事件の開始）

本章の下での事件は，第1515条による外国手続の承認を求める申立ての提起によって開始される。

◆第1505条（外国において行為をなすことの授権）

管財人又は（調査委員を含む）その他の主体は，第541条により成立する倒産財団のために，外国において行為を行うことを，裁判所によって授権されることができる。本条により行為することを授権された主体は，適用される外国法により許された方法において，行為をすることができる。

◆第1506条（公序良俗による例外）

本章における何ものも，本章により規定される行為をすることが合衆国の公序に明確に反するときは，その行為をすることを裁判所が拒絶することを妨げない。

　【コメント】　現行のアメリカ連邦倒産法では，その第15章として国際倒産事件における補助手続等が規定されている。第15章は，1997年5月に国際取引法に関する国際連合委員会（UNCITRAL）が制定した「国際倒産事件に関する模範法」をほぼそのまま導入したものである。なお，日本法もこれに準拠している。

■イギリス法

〔外国倒産処理手続がある場合の特則〕

［前　注］

イギリス（イングランド及びウェールズ）の国際倒産に関する規律は，判例法によって形成されているほか，制定法として，1986年倒産法第426条，倒産手続に関するEC規則（EC Regulation on Insolvency Proceedings（Council Regulation（1346/2000/EC) of 29 May 2000），およびUNCITRALの国際倒産に関するモデル法を国内法化した2006年国際倒産規則（Cross-Border Insolvency Regulations 2006（SI 2006/1030））がある。

EC規則は，国内法化を必要とせずに，ECの加盟国において効力を有するものとされている。

2006年国際倒産規則は，UNCITRALの国際倒産に関するモデル法のすべてについて，必要な修正をくわえて国内法化したものである。

以下，これらについて，日本法第245条に対応する規定を掲げる。

■第 426 条（倒産に関して管轄権を行使する裁判所との協力）
　1 項から 3 項　［連合王国内に関する規定］
　4　連合王国内の地域において倒産法に関して管轄権を行使する裁判所は，連合王国内の他の地域又は関連する国若しくは地域において対応する管轄権を行使する裁判所を援助しなければならない。
　11　本条における「関連する国又は地域」とは，以下のものをいう。
　(a)　チャネル諸島又はマン島
　(b)　本条に関して主務大臣が命令により指定した国又は地域

倒産裁判所間の協力に関する（関連する国及び地域を指定する）1986 年の命令
　第 2 条　1986 年倒産法第 426 条に関しては，本命令の附則において特定された国及び地域をもって，関連する国及び地域と指定する。
附則　関連する国及び地域
アングイラ
オーストラリア
バハマ
バーミューダ
ボツワナ
カナダ
ケイマン諸島
フォークランド諸島
ジブラルタル
香港
アイルランド共和国
モントセラト
ニュージーランド
セントヘレナ
タークスアンドケーコス諸島
ツバル
バージン諸島

倒産裁判所間の協力に関する（関連する国を指定する）1996 年の命令
第 2 条〔1986 年の命令と同旨〕
附則　関連する国
マレーシア
南アフリカ共和国
倒産裁判所間の協力に関する（関連する国を指定する）1998 年の命令

日・◆米・■英・●独・▲仏　　　　　　　　破産法第245条（外国管財人との協力）

第2条　ブルネイ・ダルッサラーム国を倒産法第426条に関する関連国と指定する。

倒産手続に関するEC規則
第18条（清算人の権限）
　1　第3条第1項に従って管轄権を有する裁判所［注1］によって選任された清算人は，手続開始国の法によって授与されたすべての権限を他の加盟国において行使することができる。ただし，当該加盟国において他の倒産手続が開始されておらず，倒産手続の開始を求めるための保全措置もとられていない場合に限る。清算人は特に，第5条及び第7条に従って，債務者の資産をそれが存在する加盟国の領土内から持ち去ることができる。

　2　第3条第2項に従って管轄権を有する裁判所［注2］によって選任された清算人は，倒産手続の開始後は，他の加盟国において，裁判所を通じて又は裁判所外で，手続開始国の領土内から当該加盟国の領土内へ動産を移動することを請求することができる。清算人は，債権者の利益のために取消しの訴えを提起することもできる。

　3　清算人は，その権限を行使するにあたり，行為をしようとする地，特に資産の換価の手続に関する行為をしようとする地を領土とする加盟国の法に従わなければならない。清算人の権限には，強制的な措置又は訴訟手続若しくは紛争について規律する権利を含めないことができる。

　　［注1］　債務者の主たる利益の中心地（the centre of a debtor's main interests）が存する加盟国の裁判所を指す。この裁判所によって開始された倒産手続は，主たる手続となる（第3条第1項第3項）。

　　［注2］　債務者の主たる利益の中心地がある加盟国に存在する場合において，他の加盟国の裁判所を指す。この裁判所は，他の加盟国の領土内に債務者が取引地（establishment）を有する場合に限り，倒産手続を開始することができ，その倒産手続の効力が及ぶ範囲は，その加盟国の領土内に存する資産に限定される。すでに主たる手続が開始されていた場合には，この倒産手続は従たる手続となり，清算手続のみが許される（第3条第2項第3項）。以上については，日本法4条・5条に関するコメントも参照。

第31条（協力し情報を伝達する義務）
　1　情報の伝達を制限する準則に従い，主たる手続の清算人及び従たる手続の清算人は，その間で互いに情報を伝達する義務を負わなければならない。これらの者は，他の手続にとって重要でありうる情報，特に債権届出及び債権確定の進行並びに手続の終了に向けたすべての措置についての情報を直接，伝達しなければならない。

　2　それぞれの手続に適用される準則に従い，主たる手続の清算人及び従たる手続の清算人は，互いに協力する義務を負わなければならない。

　3　従たる手続の清算人は，主たる手続の清算人に対して，従たる手続における清算又は資産の利用に関する提案をする機会を早い段階で与えなければならない。

2006年国際倒産規則
第2条（法としての効力を有するUNCITRALモデル法）
1 UNCITRALモデル法は，（連合王国において適用するためにUNCITRALモデル法に修正をくわえたものを含む）本規則の附則第1に掲げられた形式で，連合王国において効力を有する。

附則第1
第7条（他の法律に基づく追加的な援助）
本法律は，裁判所又は英国の倒産の職務権限を有する者［注1］が他の英国法に基づいて外国代表者［注2］に追加的な援助を提供する権限を制限するものではない。

第25条（英国の裁判所と外国裁判所又は外国代表者の間の協力及び直接の連絡）
1 第1条第1項所定の問題［注3］について，裁判所は，外国裁判所又は外国代表者と，直接又は英国の倒産の職務権限を有する者を介して，最大限可能な範囲で協力することができる。

2 裁判所は，外国裁判所又は外国代表者と直接，連絡し，又は情報若しくは援助を要求することができる。

第26条（英国の倒産の職務権限を有する者と外国裁判所又は外国代表者の間の協力及び直接の連絡）
1 第1条第1項所定の問題について，英国の倒産の職務権限を有する者は，英国法に基づく他の義務と整合する範囲で，その職務権限の行使にあたり裁判所の監督に服したうえで，外国裁判所又は外国代表者と最大限可能な範囲で協力しなければならない。

2 英国の倒産の職務権限を有する者は，その職務権限の行使にあたり裁判所の監督に服したうえで，外国裁判所又は外国代表者と直接，連絡することができる。

第27条（協力の方式）
第25条及び前条所定の協力は，以下の措置を含む適切な方法で実行することができる。

(a) 裁判所の指示に従って行動する者の選任
(b) 裁判所が適切と考える方法による情報の伝達
(c) 債務者の資産及び業務の管理並びに監督の調整
(d) 手続の調整に関する合意の裁判所による承認又は実行
(e) 同一の債務者に関する並行する手続の調整

［注1］「英国の倒産の職務権限を有する者（British insolvency officeholder）」とは，以下の者を指す。(1) 1986年倒産法第399条の意味の管財官であって，清算人，仮清算人，管財人，仮管財人，又は任意整理の整理委員若しくは監督委員として行動する者，(2)同法第388条の意味の倒産実務家（insolvency practitioner）として行動する者であって，レシーバー

(administrative receiver) 以外の者，(3) 1985 年（スコットランド）破産法第 1 条の意味の破産会計士（Accountant in Bankruptcy）であって，仮管財人又は永久管財人として行動する者（附則第 1 に掲げられた第 2 条(b)）。
[注 2] 「外国代表者（foreign representative）」とは，外国手続において，債務者の資産若しくは業務の再建又は清算を管理すること，又は当該外国手続の代表者として行動することを認められた人又は機関であって，仮に選任された者を含む（附則第 1 に掲げられた第 2 条(j)）。
[注 3] 「第 1 条第 1 項所定の問題」とは，UNCITRAL 国際倒産モデル法が適用される場合であって，以下の場合がそれにあたる。(1)連合王国において，外国手続に関連して外国裁判所又は外国代表者により援助が求められた場合，(2)外国国家において，英国倒産法に基づく手続に関連して援助が求められた場合，(3)同一の債務者について外国手続と英国倒産法に基づく手続が並行して行われている場合，(4)外国の債権者その他の利害関係人が，英国倒産法に基づく手続の開始の申立て，又は当該手続への参加に利益を有している場合。

●ドイツ法
●第 357 条（倒産管財人の協力）
1　従倒産手続の倒産管財人は，外国倒産手続の遂行にとって意味をもつことがありうるすべての事情を遅滞なく外国倒産管財人に通知しなければならない。従倒産手続の倒産管財人は，外国倒産管財人に対して，内国財産の換価または使用についての提案をする機会を与えなければならない。

2　外国倒産管財人は，債権者集会に参加することができる。

3　倒産処理計画は，外国倒産管財人に知らされその意見を聴かなければならない。外国倒産管財人は，自ら倒産処理計画を提出することができる。第 218 条第 1 項第 2 文および第 3 文を準用する。

▲フランス法
【コメント】　本研究で対象としている商法典による倒産処理手続は，国内の倒産処理手続を前提とするものであって，外国倒産処理手続がある場合の特則は存在しない。外国倒産処理手続がある場合の国際倒産処理は，伝統的に国際私法領域の問題として扱われ，19 世紀から膨大な裁判例の積み重ねと，いくつかの条約によって処理されている。

なお，1997 年 5 月にまとめられた，国連国際商取引法委員会（UNCITRAL）の「国際倒産に関するモデル法（loi-type sur l'insolvabilité internationale）」に対応する国内規定はまだ整備されていない。

第11章　外国倒産処理手続がある場合の特則　　　　各国破産法の条文

> **第246条（外国管財人の権限等）**　外国管財人は，債務者について破産手続開始の申立てをすることができる。
> 2　外国管財人は，前項の申立てをするときは，破産手続開始の原因となる事実を疎明しなければならない。
> 3　外国管財人は，破産者の破産手続において，債権者集会の期日に出席し，意見を述べることができる。
> 4　第1項の規定により外国管財人が破産手続開始の申立てをした場合において，包括的禁止命令又はこれを変更し，若しくは取り消す旨の決定があったときはその主文を，破産手続開始の決定があったときは第32条第1項の規定により公告すべき事項を，同項第2号又は第3号に掲げる事項に変更を生じたときはその旨を，破産手続開始の決定を取り消す決定が確定したときはその主文を，それぞれ外国管財人に通知しなければならない。

> **規第72条（外国管財人の資格等の証明・法第246条等）**　外国管財人（法第245条第1項に規定する外国管財人をいう。）の資格は，債務者若しくは破産者についての外国倒産処理手続が係属する裁判所又は認証の権限を有する者の認証を受けた書面で証明しなければならない。
> 2　法第247条第1項ただし書の権限は，書面で証明しなければならない。
> 3　前2項の書面には，その訳文を添付しなければならない。

▍民事再生法第209条（外国管財人の権限等）
▍会社更生法第244条（外国管財人の権限等）

◆アメリカ法
〔外国管財人等の権限〕
◆**第1509条（直接にアクセスする権限）**
(a)　外国管財人は，裁判所に対して直接に第1515条による外国手続の承認を求める申立てをすることにより，第1504条による事件を開始することができる。
(b)　裁判所が第1517条による外国手続を承認したときは，裁判所が課すことができる本章の立法趣旨に適合した制限に服しつつ，(1)外国管財人は，合衆国の裁判所において訴えを提起し，又は訴えられる適格を有し，(2)外国管財人は，合衆国の裁判所に対して直接に，その裁判所における適切な救済を求める申立てをすることができ，及び(3)合衆国の裁判所は，外国管財人に対して礼譲又は協力をしなければならない。
(c)　外国手続の承認を行った裁判所を除く合衆国の裁判所において外国管財人がなした礼譲又は協力を求める申立てには，第1517条による外国手続を承認する決定書の認証された謄本を添付しなければならない。
(d)　裁判所が本章による承認を拒絶するときは，裁判所は，外国管財人が合衆国の裁判所の礼譲又は協力を得ることを妨止するために必要な，適切な命令を発することができる。

(e) 裁判所が外国手続を承認したと否とを問わず，第306条及び第1510条に従って，外国管財人は，適用される非破産法に服する。
(f) 本条のその他の規定にかかわらず，外国管財人が本章による事件を開始しないこと又は本章による外国手続の承認を得ることをしないことは，債務者の財産である請求権を取り立て又はその履行を求めるために合衆国の裁判所において外国管財人が訴えを提起しなければならない権利に影響を及ぼさない。

◆第1510条（制限されている裁判権）
　外国管財人が第1515条による申立てをしたという唯一の事実は，その他の目的で合衆国の裁判所の管轄権に外国管財人を服させるものではない。

◆第1511条（第301条，第302条又は第303条による事件の開始）
(a) 外国手続の承認により，外国管財人は，(1)第303条による債務者以外の者による手続開始の申立てによる事件，又は(2)外国手続が主たる外国手続であるときは，第301条又は第302条に基づく債務者による手続開始の申立てによる事件を，開始することができる。
(b) (a)により事件を開始する申立てには，外国手続を承認した決定書の謄本を添付しなければならない。外国手続の承認を求める申立てがあった裁判所は，(a)により事件を開始しようとする外国管財人の意図について，その事件を開始する前に報告を受けなければならない。

■イギリス法

倒産手続に関するEC規則
第29条（手続の開始を求める権利）
　従たる手続の開始は，以下の者の求めによってなされる。
(a) 主たる手続の清算人
(b) 従たる手続の開始が求められた地を領土とする加盟国の法に基づいて倒産手続の開始を求める権限を有する他の者又は機関

2006年国際倒産規則附則第1
第9条（直接のアクセス権）
　外国代表者は，連合王国の裁判所に直接，申立てをすることができる。
第11条（英国倒産法に基づく手続の開始を求める外国代表者の申立て）
　外国の主たる手続又は外国の従たる手続において選任された外国代表者は，英国倒産法に基づく手続を開始する他の要件が満たされているときは，かかる手続の開始を申し立てることができる。
第12条（英国倒産法に基づく手続への外国代表者の参加）
　外国手続が承認されたときは，外国代表者は，英国倒産法に基づく債務者に関する手続に参加することができる。
第24条（外国代表者の英国における手続への参加）

外国手続が承認されたときは，外国代表者は，英国法の要件を満たしている限りにおいて，債務者が当事者となっている手続に参加することができる。

● ドイツ法
● 第 356 条（従倒産手続）
……
2　外国倒産管財人も，従倒産手続の開始を申し立てることができる。
● 第 357 条（倒産管財人の協力）
……
2　外国倒産管財人は，債権者集会に参加することができる。

▲ フランス法（該当規定なし。なお，前掲・第 245 条参照）

第 247 条（相互の手続参加）　外国管財人は，届出をしていない破産債権者であって，破産者についての外国倒産処理手続に参加しているものを代理して，破産者の破産手続に参加することができる。ただし，当該外国の法令によりその権限を有する場合に限る。
2　破産管財人は，届出をした破産債権者であって，破産者についての外国倒産処理手続に参加していないものを代理して，当該外国倒産処理手続に参加することができる。
3　破産管財人は，前項の規定による参加をした場合には，同項の規定により代理した破産債権者のために，外国倒産処理手続に属する一切の行為をすることができる。ただし，届出の取下げ，和解その他の破産債権者の権利を害するおそれがある行為をするには，当該破産債権者の授権がなければならない。

規第 73 条（外国倒産処理手続への参加・法第 247 条）　破産管財人は，法第 247 条第 2 項の規定により，同項に規定する届出をした破産債権者を代理して破産者についての外国倒産処理手続に参加したときは，その旨を当該届出をした破産債権者に通知しなければならない。
2　法第 247 条第 2 項に規定する届出をした破産債権者は，破産者についての外国倒産処理手続に参加したときは，その旨を破産管財人に通知しなければならない。

▎民事再生法第 210 条（相互の手続参加）
▎会社更生法第 245 条（相互の手続参加）

◆ アメリカ法
◆ 第 1512 条（本法の下での事件への外国管財人の参加）
外国手続の承認に基づき，承認された手続における外国管財人は，本法の下での債務者に関する事件において利害関係人として参加する適格を有する。
◆ 第 1524 条（外国管財人による手続参加）
外国手続の承認に基づき，外国管財人は，債務者が当事者になっている合衆国における州裁判所又は連邦裁判所における手続に参加することができる。

日・◆米・■英・●独・▲仏　　　　　　　　　　破産法第247条（相互の手続参加）

《関連規定》
◆第1513条（本法の下での事件への外国債権者のアクセス）
(a)　外国債権者は，本法の下での事件の開始及びその参加に関する権利について内国債権者と同一の権利を有する。
(b)　(1)　(a)は，第507条又は第726条による請求権の優先性についての現行法を変更し又は法典化しない。ただし，外国債権者のそれらの規定による請求権が，それらの請求権を有する債権者が外国債権者であることを唯一の理由として，優先権のない一般無担保の請求権よりも劣後する地位を与えられるものではない。
　　(2)　(A)　(a)及び本項(1)は，本法の下での手続における外国の租税債権又はその他の外国の公的請求権の認容可能性に関して，現行法を変更し又は法典化しない。
　　　　(B)　外国の租税債権又はその他の外国の公法上の請求権に関する認容及び優先性は，適用される合衆国租税条約に定める条件及び状況に従い，その条約により規律される。
◆第1514条（本法の下での事件に関する外国債権者に対する通知）
(a)　本法の下での事件において，債権者に対して一般に，又は特定の組若しくは種類の債権者に対して通知がなされるときはいつでも，その通知は，合衆国内に住所を有しない債権者に対するものであるときは，知れている債権者一般に，又は届出のあった組若しくは種類の債権者に対してされなければならない。裁判所は，住所が未だ知られていない債権者にも知らせるとの意図をもって，適切な方法がとられることを命じることができる。
(b)　(a)に定める外国に住所を有する債権者に対する通知は，裁判所がその状況に応じて他の方法によることがより適切であろうと判断しない限りにおいて，個別になされなければならない。書状又はその他の形式によることは必要とされない。
(c)　事件の開始の通知が外国債権者に対してなされるときは，その通知は，(1)請求権の証拠を提出すべき期間を明記しなければならず，それらの請求権の証拠を提出すべき場所を指定しなければならず，(2)担保権付債権者が請求権の証拠を提出する必要があるか否かを明記しなければならず，及び，(3)本法による債権者に対する通知及び裁判所の決定に含まれることが必要とされているその他の情報を含まなければならない。
(d)　通知に関する裁判所の手続若しくは決定の規則又は請求権の証拠の届出に関する規則は，外国に住所を有する債権者のために，状況に応じて相当に伸長された期間を与えなければならない。

■イギリス法
倒産手続に関するEC規則
第32条（債権者の権利の行使）
　1　債権者は，その債権を主たる手続及び従たる手続において届け出ることができる。
　2　主たる手続及び従たる手続における清算人は，その選任された手続にすでに

605

届け出られた債権を他の手続に届け出なければならない。ただし，そうすることがその選任された手続における債権者の利益にかなうことを条件とし，そうすることに債権者が反対する権利又は債権届出を取り下げる権利を準拠法が規定している場合には，それを認めたうえでなければならない。

3　主たる手続又は従たる手続の清算人は，債権者と同様の資格で他の手続に参加する権限を認められなければならない。特に，債権者集会に参加する権限を認められなければならない。

● ドイツ法
● 第341条（債権者の権利の行使）
1　すべての債権者は，主手続およびすべての従倒産手続において，その債権を届け出ることができる。
2　倒産管財人は，任命された倒産手続において届け出られた債権を，債務者に対する他の倒産手続において届け出ることができる。債権者が届け出を拒否しまたは届け出を取り下げる権利は，これにより影響を受けない。
3　倒産管財人は，任命された倒産手続において届け出られた債権に基づく議決権を，債権者が別に議決権を行使しない限り，債務者に対する他の倒産手続において行使する権限を与えられているものとみなす。

▲フランス法（該当規定なし。なお，前掲・第245条参照）

日・◆米・■英・●独・▲仏

第12章　免責手続及び復権

第1節　免責手続

<u>第248条（免責許可の申立て）</u>　個人である債務者（破産手続開始の決定後にあっては，破産者。第4項を除き，以下この節において同じ。）は，破産手続開始の申立てがあった日から破産手続開始の決定が確定した日以後1月を経過する日までの間に，破産裁判所に対し，免責許可の申立てをすることができる。

2　前項の債務者（以下この節において「債務者」という。）は，その責めに帰することができない事由により同項に規定する期間内に免責許可の申立てをすることができなかった場合には，その事由が消滅した後1月以内に限り，当該申立てをすることができる。

3　免責許可の申立てをするには，最高裁判所規則で定める事項を記載した債権者名簿を提出しなければならない。ただし，当該申立てと同時に債権者名簿を提出することができないときは，当該申立ての後遅滞なくこれを提出すれば足りる。

4　債務者が破産手続開始の申立てをした場合には，当該申立てと同時に免責許可の申立てをしたものとみなす。ただし，当該債務者が破産手続開始の申立ての際に反対の意思を表示しているときは，この限りでない。

5　前項本文の規定により免責許可の申立てをしたものとみなされたときは，第20条第2項の債権者一覧表を第3項本文の債権者名簿とみなす。

6　債務者は，免責許可の申立てをしたときは，第218条第1項の申立て又は再生手続開始の申立てをすることができない。

7　債務者は，次の各号に掲げる申立てをしたときは，第1項及び第2項の規定にかかわらず，当該各号に定める決定が確定した後でなければ，免責許可の申立てをすることができない。
　一　第218条第1項の申立て　当該申立ての棄却の決定
　二　再生手続開始の申立て　当該申立ての棄却，再生手続廃止又は再生計画不認可の決定

<u>第249条（強制執行の禁止等）</u>　免責許可の申立てがあり，かつ，第216条第1項の規定による破産手続廃止の決定，第217条第1項の規定による破産手続廃止の決定の確定又は第220条第1項の規定による破産手続終結の決定があったときは，当該申立てについての裁判が確定するまでの間は，破産者の財産に対する破産債権に基づく強制執行，仮差押え，仮処分若しくは外国租税滞納処分若しくは破産債権を被担保債権とする一般の先取特権の実行若しくは留置権（商法又は会社法の規定によるものを除く。）による競売（以下この条において「破産債権に基づく強制執行等」という。），破産債権に基づく財産開示手続の申立て又は破産者の財産に対する破産債権に基づく国税滞納処分（外国租税滞納処分を除く。）はすることができず，破産債権に基づく強制執行等の手続又は処分で破産者の財産に対して既にされているもの及び破産者について既にされている破産債権に基づく財産開示手続は中止する。

2　免責許可の決定が確定したときは，前項の規定により中止した破産債権に基づく強制執行等の手続又は処分及び破産債権に基づく財産開示手続は，その効力を失う。

3　第1項の場合において，次の各号に掲げる破産債権については，それぞれ当該各号に定める決定が確定した日の翌日から二月を経過する日までの間は，時効は，完成しない。

一 第253条第1項各号に掲げる請求権　免責許可の申立てについての決定
二 前号に掲げる請求権以外の破産債権　免責許可の申立てを却下した決定又は免責不許可の決定

第250条（免責についての調査及び報告）
裁判所は，破産管財人に，第252条第1項各号に掲げる事由の有無又は同条第2項の規定による免責許可の決定をするかどうかの判断に当たって考慮すべき事情についての調査をさせ，その結果を書面で報告させることができる。

2　破産者は，前項に規定する事項について裁判所が行う調査又は同項の規定により破産管財人が行う調査に協力しなければならない。

第251条（免責についての意見申述）
裁判所は，免責許可の申立てがあったときは，破産手続開始の決定があった時以後，破産者につき免責許可の決定をすることの当否について，破産管財人及び破産債権者（第253条第1項各号に掲げる請求権を有する者を除く。次項，次条第3項及び第254条において同じ。）が裁判所に対し意見を述べることができる期間を定めなければならない。

2　裁判所は，前項の期間を定める決定をしたときは，その期間を公告し，かつ，破産管財人及び知れている破産債権者にその期間を通知しなければならない。

3　第1項の期間は，前項の規定による公告が効力を生じた日から起算して一月以上でなければならない。

第252条（免責許可の決定の要件等）
裁判所は，破産者について，次の各号に掲げる事由のいずれにも該当しない場合には，免責許可の決定をする。

一 債権者を害する目的で，破産財団に属し，又は属すべき財産の隠匿，損壊，債権者に不利益な処分その他の破産財団の価値を不当に減少させる行為をしたこと。
二 破産手続の開始を遅延させる目的で，著しく不利益な条件で債務を負担し，又は信用取引により商品を買い入れてこれを著しく不利益な条件で処分したこと。
三 特定の債権者に対する債務について，当該債権者に特別の利益を与える目的又は他の債権者を害する目的で，担保の供与又は債務の消滅に関する行為であって，債務者の義務に属せず，又はその方法若しくは時期が債務者の義務に属しないものをしたこと。
四 浪費又は賭博その他の射幸行為をしたことによって著しく財産を減少させ，又は過大な債務を負担したこと。
五 破産手続開始の申立てがあった日の一年前の日から破産手続開始の決定があった日までの間に，破産手続開始の原因となる事実があることを知りながら，当該事実がないと信じさせるため，詐術を用いて信用取引により財産を取得したこと。
六 業務及び財産の状況に関する帳簿，書類その他の物件を隠滅し，偽造し，又は変造したこと。
七 虚偽の債権者名簿（第248条第5項の規定により債権者名簿とみなされる債権者一覧表を含む。次条第1項第6号において同じ。）を提出したこと。
八 破産手続において裁判所が行う調査において，説明を拒み，又は虚偽の説明をしたこと。
九 不正の手段により，破産管財人，保全管理人，破産管財人代理又は保全管理人代理の職務を妨害したこと。
十 次のイからハまでに掲げる事由のいずれかがある場合において，それぞれイからハまでに定める日から7年以内に免責許可の申立てがあったこと。
　イ 免責許可の決定が確定したこと　当該免責許可の決定の確定の日
　ロ 民事再生法（平成11年法律第225号）第239条第1項に規定する給与所得者等再生に

における再生計画が遂行されたこと　当該再生計画認可の決定の確定の日
　　ハ　民事再生法第235条第1項（同法第244条において準用する場合を含む。）に規定する免責の決定が確定したこと　当該免責の決定に係る再生計画認可の決定の確定の日
　十一　第40条第1項第1号，第41条又は第250条第2項に規定する義務その他この法律に定める義務に違反したこと。
2　前項の規定にかかわらず，同項各号に掲げる事由のいずれかに該当する場合であっても，裁判所は，破産手続開始の決定に至った経緯その他一切の事情を考慮して免責を許可することが相当であると認めるときは，免責許可の決定をすることができる。
3　裁判所は，免責許可の決定をしたときは，直ちに，その裁判書を破産者及び破産管財人に，その決定の主文を記載した書面を破産債権者に，それぞれ送達しなければならない。この場合において，裁判書の送達については，第10条第3項本文の規定は，適用しない。
4　裁判所は，免責不許可の決定をしたときは，直ちに，その裁判書を破産者に送達しなければならない。この場合においては，第10条第3項本文の規定は，適用しない。
5　免責許可の申立てについての裁判に対しては，即時抗告をすることができる。
6　前項の即時抗告についての裁判があった場合には，その裁判書を当事者に送達しなければならない。この場合においては，第10条第3項本文の規定は，適用しない。
7　免責許可の決定は，確定しなければその効力を生じない。

<u>第253条（免責許可の決定の効力等）</u>　免責許可の決定が確定したときは，破産者は，破産手続による配当を除き，破産債権について，その責任を免れる。ただし，次に掲げる請求権（共助対象外国租税の請求権を除く。）については，この限りでない。
　一　租税等の請求権
　二　破産者が悪意で加えた不法行為に基づく損害賠償請求権
　三　破産者が故意又は重大な過失により加えた人の生命又は身体を害する不法行為に基づく損害賠償請求権（前号に掲げる請求権を除く。）
　四　次に掲げる義務に係る請求権
　　イ　民法第752条の規定による夫婦間の協力及び扶助の義務
　　ロ　民法第760条の規定による婚姻から生ずる費用の分担の義務
　　ハ　民法第766条（同法第749条，第771条及び第788条において準用する場合を含む。）の規定による子の監護に関する義務
　　ニ　民法第877条から第880条までの規定による扶養の義務
　　ホ　イからニまでに掲げる義務に類する義務であって，契約に基づくもの
　五　雇用関係に基づいて生じた使用人の請求権及び使用人の預り金の返還請求権
　六　破産者が知りながら債権者名簿に記載しなかった請求権（当該破産者について破産手続開始の決定があったことを知っていた者の有する請求権を除く。）
　七　罰金等の請求権
2　免責許可の決定は，破産債権者が破産者の保証人その他破産者と共に債務を負担する者に対して有する権利及び破産者以外の者が破産債権者のために供した担保に影響を及ぼさない。
3　免責許可の決定が確定した場合において，破産債権者表があるときは，裁判所書記官は，これに免責許可の決定が確定した旨を記載しなければならない。
4　第1項の規定にかかわらず，共助対象外国租税の請求権についての同項の規定による免責の効力は，租税条約等実施特例法第11条第1項の規定による共助との関係においてのみ主張することができる。

第254条（免責取消しの決定）　第265条の罪について破産者に対する有罪の判決が確定したときは，裁判所は，破産債権者の申立てにより又は職権で，免責取消しの決定をすることができる。破産者の不正の方法によって免責許可の決定がされた場合において，破産債権者が当該免責許可の決定があった後1年以内に免責取消しの申立てをしたときも，同様とする。
2　裁判所は，免責取消しの決定をしたときは，直ちに，その裁判書を破産者及び申立人に，その決定の主文を記載した書面を破産債権者に，それぞれ送達しなければならない。この場合において，裁判書の送達については，第10条第3項本文の規定は，適用しない。
3　第1項の申立てについての裁判及び職権による免責取消しの決定に対しては，即時抗告をすることができる。
4　前項の即時抗告についての裁判があった場合には，その裁判書を当事者に送達しなければならない。この場合においては，第10条第3項本文の規定は，適用しない。
5　免責取消しの決定が確定したときは，免責許可の決定は，その効力を失う。
6　免責取消しの決定が確定した場合において，免責許可の決定の確定後免責取消しの決定が確定するまでの間に生じた原因に基づいて破産者に対する債権を有するに至った者があるときは，その者は，新たな破産手続において，他の債権者に先立って自己の債権の弁済を受ける権利を有する。
7　前条第3項の規定は，免責取消しの決定が確定した場合について準用する。

規第74条（免責手続において提出すべき書面の記載事項等・法第248条等）　免責許可の申立書（破産手続開始の申立ての後に免責許可の申立てをする場合の申立書に限る。）その他の免責手続において当事者又は利害関係人が裁判所に提出すべき書面には，破産事件の表示を記載しなければならない。
2　法第248条第2項の規定による申立てをするときは，免責許可の申立書には，同項の事由及びその事由が消滅した日をも記載しなければならない。
3　法第248条第3項の最高裁判所規則で定める事項は，破産手続開始の決定がされたとすれば破産債権となるべき債権（破産手続開始の決定後に免責許可の申立てをする場合にあっては，破産債権）であって第14条第1項第2号又は第3号に掲げる請求権に該当しないものを有する者の氏名又は名称及び住所並びにその有する債権及び担保権の内容とする。
規第75条（免責についての調査・法第250条）　裁判所は，免責許可の申立てをした者に対し，法第252条第1項各号に掲げる事由の有無又は同条第2項の規定による免責許可の決定をするかどうかの判断に当たって考慮すべき事情についての調査のために必要な資料の提出を求めることができる。
2　裁判所は，相当と認めるときは，前項に規定する事由又は事情に係る事実の調査を裁判所書記官に命じて行わせることができる。
規第76条（免責についての意見申述の方式・法第231条）　法第251条第1項に規定する意見の申述は，期日においてする場合を除き，書面でしなければならない。
2　前項の意見の申述は，法第252条第1項各号に掲げる事由に該当する具体的な事実を明らかにしてしなければならない。

◆アメリカ法
〔免責許可の申立て〕

日・◆米・■英・●独・▲仏　　　　　　　　　　　　破産法第254条（免責取消しの決定）

《関連規定》
◆第727条（免責）
(a) 裁判所は，次の場合を除き，債務者に対し免責を許可しなければならない。
　(1) 債務者が個人ではないとき。
　(2) 債務者が，債権者又は本法の下で財産管理の職責を有する倒産財団の担当者（officer）を妨害し，手続を遅滞させ，又は欺罔する意図をもって，(A)手続開始の申立書が提出された日の前1年以内に債務者の財産につき，又は，(b)手続開始の申立書が提出された日以降に倒産財団の財産につき，これを移転し，除去し，破壊し，毀損し，若しくは隠匿し，又は，これが除去され，破壊され，毀損され，若しくは隠匿されることを許容したとき。
　(3) 債務者が，帳簿，文書，記録及び書類を含み，債務者の財務状況又は営業取引が確認される記録された情報を隠匿し，破壊し，毀損し，変造し，又はそれらを保存若しくは維持することを怠ったとき。ただし，そのような行為又はそれらの行為を怠ったことが，事件のすべての状況の下で正当化されるときは，この限りでない。
　(4) 債務者が，当該事件において又は当該事件に関連して，故意に又は詐欺的に，(A)虚偽の宣誓又は計算報告をなしたこと，(B)虚偽の請求権を提出し又は用いたこと，(C)ある行為をさせ又はさせないために，金銭，財物，若しくは財産上の利益を与え，提供し，受領し，又はそうしようとし，又は，その約束を取り付けようとしたこと，又は，(D)本法の下で倒産財団を占有する職責を有する担当者に対し，帳簿，文書，記録，及び書類を含み，債務者の財産又は財務状況に関連する記録された情報を引き渡さないこと。
　(5) 債務者が，本項による免責不許可の決定がなされる前に，債務者の負債の引き当てとなるべき資産の喪失又は不足について，十分な説明を行うことを怠ったこと。
　(6) 債務者が，当該事件において，次のことを拒絶したこと。
　　(A) 重要な質問に答えること又は証言をすることの命令以外の裁判所の合法な命令に従うことを拒絶したこと，
　　(B) 債務者が，自己帰罪の特権（privilege against self-incrimination）が援用された事項につき責任免除を認められた後に，裁判所によって認定された重要な質問について答えること又は証言することを，自己帰罪の特権を理由として拒絶したこと，又は
　　(C) 自己帰罪の特権の適正な行使以外の理由により，裁判所によって認定された重要な質問について答えること又は証言することを拒絶したこと。
　(7) 債務者が，手続開始の申立書が提出された日若しくはその前1年以内に，又は事件係属中に，本法又は旧連邦倒産法の下での内部者についての他の手続に関連して，本項(2)，(3)，(4)，(5)又は(6)に定める行為をなしたこと。
　(8) 債務者が，手続開始の申立書が提出された日の前8年以内に開始された事件において，本条若しくは本法第1141条，又は旧連邦倒産法第14条，第371条若しくは第476条により，免責を許可されたことがあること。
　(9) 債務者が，手続開始の申立書が提出された日の前6年以内に開始された事件において，本法第1228条若しくは第1328条，又は旧連邦倒産法第660条若しくは第661条により，免責を許可されたことがあること。ただし，その事件における計画により弁済された額の総額が少なくとも，(A)その事件における認容された無担保の請求権につき100パーセントである場合，又は(B)(i)そのような請求権につき70パーセントであり，

かつ，(ii)その計画が，債務者によって善意で提出されたものであり，債務者の最善の努力を尽くしたものである場合には，この限りでない。
(10) 本章の下で救済命令があった後に，裁判所が，債務者が書面でなした免責の放棄を許可したこと。
(11) 手続開始の申立書が提出された後に，債務者が第 111 条に定める個人の家計管理に関する教育課程を修了していなかったこと。ただし，第 109 条(h)(4)に定める債務者，又は，連邦管財官（又は破産審査官）が認可された教育課程がさもなければ本条によるその教育課程を修了することがさらに必要とされる者に提供することが適切ではないと決定した裁判区に居住する債務者については，本項は適用されない（本項に定める決定をする連邦管財官（又は破産審査官）は，その決定の日から 1 年内にその決定を再審査しなければならず，その後においては毎年というよりは頻度を高めて審査しなければならない）。
(12) 裁判所が，通知をなし，かつ，免責の許可決定があった日の前 10 日以内に開催される審問を経た上で，次の事由を確信する相当の理由があると認定するとき。
　(A) 第 522 条(q)(1)が債務者に適用されること，及び
　(B) 債務者が，第 522 条(q)(1)(A)において定める種類の重罪の認定を受け，又は第 522 条(q)(1)(B)において定める種類の債務につき責任があると認定されうる手続が係属していること。
(b) 本法第 523 条に規定するところを除き，本条(a)による免責は，債務者に対して，本章の下での救済命令のあった日より前に生じたすべての債務，及び，あたかも事件の開始前に生じたように本法第 502 条により確定される請求権の責任を，その債務又は責任に基づく請求権の証拠が本法第 501 条により提出されたと否とを問わず，かつ，その債務又は責任に基づく請求権が本法第 502 条により認容されたと否とを問わず，免れさせる。
(c) (1)管財人，債権者，又は連邦管財官は，本条(a)による免責の許可に対して異議を申し立てることができる。
　(2) 利害関係人の申立てにより，裁判所は，管財人に対して，免責の許可を拒絶する事由の有無を決定する債務者の行為及び行状を調査することを命じることができる。
(d) 管財人，債権者，又は連邦管財官の申立てにより，かつ，通知をなし審問を経た上で，裁判所は，次の事由があると認めるときは，本条(a)により許可された免責を取り消すことができる。
　(1) その免責が債務者の詐欺により得られ，異議の申立てをなした者が免責許可決定があったときまでその詐欺を知らなかったとき，
　(2) 債務者が倒産財団の財産を取得し，又は，倒産財団の財産になるであろう財産を取得する権利を有するようになった場合で，その財産の取得若しくは財産の権利の取得を報告すること又はその財産を管財人に引き渡し若しくは譲渡することを，故意に又は詐欺的にしなかったとき，
　(3) 債務者が，本条(a)(6)に定める行為をしたとき，又は
　(4) 債務者が，(A)法第 28 号第 586 条(f)に定める会計監査報告書の重要な誤記載，又は(B)法第 28 号第 586 条(f)に定める会計監査報告書について必要とされている債務者に帰属する会計書類，書類，書面，財務記録，冊子，その他の書類，物又は財産ですべて必要なものを検査のために使用させることをしなかったことについて，十分に説明をしな

日・◆米・■英・●独・▲仏　　　　　　　　　　破産法第254条（免責取消しの決定）

かったとき。
(e) 管財人，債権者，又は連邦管財官は，(1)免責許可の決定があった後1年以内には本条(d)(1)により，又は，(2)(A)免責許可の決定があった後1年，(B)事件が終結した日のいずれか後の日より前であれば，本条(d)(2)又は(d)(3)により，免責許可の取消しを申し立てることができる。

◆ R 第4004条（免責の許可又は不許可）
(a) 免責に対する異議申立てをすることができる期間；所定の期間の通知　第7章の清算事件においては，本法第727条(a)(8)又は(a)(9)による免責に対する異議申立ては，第341条(a)により開催される債権者集会の最初の期日から60日を超えない期間内になされなければならない。第11章の更生事件においては，その異議の申立ては，計画案認可の審問のための最初の期日より以前になされなければならない。第13章の事件においては，第1328条(f)による債務者の免責に対する異議申立ては，第341条(a)により開催される債権者集会のための最初の期日から60日を超えない期間内になされなければならない。その所定の期間の通知は，少なくとも28日の期間をあけて，R第2002条(f)及び(k)に定めるところに従い連邦管財官及びすべての債権者になされなければならず，かつ管財人及び管財人代理に対してなされなければならない。
(b) 期間の伸長　(1) 裁判所は，利害関係人の申立てにより，通知をなし審問を経た上で，理由があると認めるときは，免責に対する異議を申し立てる期間を伸長することができる。その申立ては，所定の期間が満了する前になされなければならない。
(2) 免責に対する異議を申し立てる期間の伸長を求める申立ては，(A)異議申立てが，免責後に知悉すれば本法第727条(d)による免責の取消しの事由になるであろう事実に基づいており，かつ，(B)申立人が異議申立期間にこれらの事実を知らなかった場合において，異議申立期間が経過した後で，免責が許可される前においてすることができる。
(c) 免責許可　(1) 第7章事件においては，免責に対する異議申立てをすることができる所定の期間が経過し，かつ，R第1017条(e)による事件の棄却申立てをすることのできる所定の期間が経過したときは，裁判所は，次の場合を除いて，速やかに免責を許可する決定をしなければならない。
　(A) 債務者が個人ではないとき，
　(B) 免責に対する異議を申し立てる第727条(a)(8)又は(a)(9)による訴えの提起又は申立てがなされ，債務者に有利に判断されなかったとき，
　(C) 債務者が第727条(a)(10)による免責放棄の申立てをしたとき，
　(D) 第707条(e)による事件の棄却を求める申立てが係属しているとき，
　(E) 免責に対する異議申立ての期間の伸長を求める申立てが係属しているとき，
　(F) R第1017条(e)(1)による事件の棄却を求める申立てをする期間の伸長を求める申立てが係属しているとき，
　(G) 裁判所が法第28号第1930条(f)により手数料の徴収を放棄していない限り，債務者が，本法の下での事件の開始に伴い納付すべき法第28号第1930条(a)に定める申立手数料及び法第28号第1930条(b)により合衆国司法会同が定めるその他の手数料を納付しなかったとき，
　(H) 債務者が，R第1007条(b)(7)により必要とされている個人の家計管理に関する教育課程の修了証を裁判所に提出しなかったとき，

613

(I) 第 717 条(a)(12)による免責を遅らせ又は延期する申立てが係属しているとき，

(J) R 第 4008 条(a)により債務承認の合意を申し立てる期間を伸長する申立てが係属しているとき，

(K) 債務承認の合意が不当な困難になっているとの推定が第 524 条(m)により働くとき，又は

(L) 債務者が第 521 条(f)により提出することが必要とされているすべての租税関係の書類を裁判所に提出しなかったとの理由により，免責を遅らせるための申立てが係属しているとき。

(2) R 第 4004 条(c)(1)にもかかわらず，債務者の申立てにより，裁判所は，免責を許可する決定をすることを 30 日延期することができ，さらにその期間内に申立てがあるときは，裁判所は，その後の期日まで免責を許可する決定をすることを延期することができる。

(3) 債務者が R 第 1007 条(b)(8)により書面を提出することが必要とされているときは，裁判所は，その書面が提出された後 30 日が経過する前には免責を許可しない。

(4) 債務者が個人である第 11 章事件，又は第 13 章事件において，裁判所は，債務者がR 第 1007 条(b)(7)により必要とされる書面を提出しなかったときは，免責を許可しない。

(d) 第 7 編及び R 第 9014 条の適用　免責に対する異議は，本規則第 7 編による。ただし，第 727 条(a)(8)，(a)(9)，又は第 1328 条(f)による免責に対する異議が申立てにより開始され，R 第 9014 条により規律されるときは，この限りではない。

(e) 免責許可決定　免責許可決定は，適用される公定様式によらなければならない。

(f) 他の裁判区における登録　確定した免責許可決定は，他の裁判区の裁判所書記官の執務場所に免責許可決定書の謄本を提出することによって，登録することができる。登録されたときは，免責許可決定は，登録された裁判区の裁判所のなした免責許可決定と同一の効力を有する。

(g) 免責許可の通知　裁判所書記官は，本ルール(a)において定める者に確定した免責許可決定書の謄本を速やかに郵送しなければならない。

【コメント】　アメリカ法では，周知のように，免責は破産者の申立てを必要とせず，破産手続内での免責の許可決定・不許可決定による。なお，免責を受けられるのは破産者が個人（individual）の場合に限られることが明記されている。

アメリカ法の免責の仕組みは，免責許可決定が必要とされる点では日本法と同様ではあるが，免責申立てが必要とされていないこととの関係で，第 341 条(a)により開催される債権者集会の最初の期日から 60 日以内に異議申立てがなければ（R 第 4004 条(a)），免責許可決定（grant of discharge）がなされることになる（R 第 4004 条(c)(1)）。これに対して，管財人，債権者，又は連邦管財官から異議の申立てがあるときは，裁判所は，対審手続により，第 727 条(2)以下に規定する免責不許可事由の有無について審理を行い，免責許可又は不許可の決定を行う（R 第 4004 条(d)）。

〔債権者名簿の提出〕

◆第 521 条（債務者の義務）

(a) 債務者は，次の義務を負う。

(1) (A)債権者一覧表，並びに，(B)裁判所が別段命じない限り，(i)財産・負債一覧表，(ii)現在の収入・家計支出一覧表，及び(iii)債務者の財務状況を明らかにする書

日・◆米・■英・●独・▲仏　　　　　　　　　　　　破産法第254条（免責取消しの決定）

面，……を提出しなければならない。
(b)～(j)　……
〔破産者の審尋〕
◆第524条（免責の効果）
(a)～(c)　……
(d)　個人に関する事件において，裁判所が本法第727条，第1141条，第1228条，又は第1328条により免責許可決定又は免責不許可決定をなすにあたって，裁判所は，債務者自身が出頭しなければならない審問期日を開くことができる。その審問期日において，裁判所は，免責が許可されたこと，又は免責が許可されなかった理由を，債務者に告知しなければならない。免責が許可されたときであって，債務者が本条(c)に定める合意を締結することを望み，かつ，その合意に至る交渉過程において代理人弁護士を選任していなかった場合には，裁判所は，債務者自身が出頭する審問期日を開き，その期日において，(1)　債務者に対し，(A)その合意は，本法，非破産法，又は本条(c)の規定に照らして締結されたのではない合意よっても，その締結が要求されているものではないこと，並びに，(B)(i)本条(c)に定める種類の合意の法的効果及び(ii)その合意の不履行の法的効果を告知しなければならず，かつ，(2)　債務者が締結することを望んでいる合意について，その合意における約因の全部又は一部が債務者の不動産によって担保されていない消費者債務に因るものであるときは，その合意が本条(c)(6)の要件を充たしているかどうかを決定しなければならない。
(e)～(m)　……

◆R第4008条（債務再承認の合意の提出；債務再承認を裏付ける書面）
(a)　債務再承認の合意の提出　債務再承認の合意は，本法第341条(a)により債権者集会のために指定された最初の期日から60日を超えない期間内に提出されなければならない。債務再承認の合意には，当該公定様式に定められているところに従い作成し，表紙を付さなければならない。裁判所は，いつでもかつ裁量により，債務再承認の合意を提出する期間を伸長することができる。
(b)　債務再承認を裏付ける書面　本法第524条(k)(6)(A)により必要とされる債務者の書面には，明細書Ｉ及びＪに基づき記載される全収支の書面を添付しなければならない。この明細書に基づき記載された全収支と第524条(k)(6)(A)により必要とされる書面に記載された全収支が異なっているときは，本項により必要とされる書面には，その差額の説明を含まなければならない。

【コメント】
　1　第524条(d)は，免責の許可あるいは不許可の決定をなすにあたって，裁判所は審問期日を開くことができ，その期日に債務者は出頭しなければならないと規定している。免責に関する審尋は必ず開催されなければならないものではなく，殆どの事件ではこの審問期日は開かれていないといわれる（4 Collier on Bankruptcy 524-34（15th rev.ed.1997））。

615

2 アメリカ法では，免責が許可された場合であっても，債権者との間の債務再承認の合意の適法性が承認されている。しかし，かかる合意が債務者の利益を不当に害することを防止するために，債務再承認の合意を締結する過程で弁護士によって代理されていない事件では，かかる合意に関する審問が行われなければならないこととされている。他方，債務再承認がある場合であって，弁護士によって代理されている事件においては，このような審問期日は開催する必要はないが，弁護士によって代理されている事件であっても，現実には賢明ではない合意がなされることが多く，裁判所としては，そのような債務者についても審問期日を設け，債務者を出頭させる必要があるとの考え方が根強い。

R第4004条(c)によれば，債務者の申立てにより，30日間免責を許可する決定を延期することができ，さらにこれを再延期することも可能である。これは，債務者に対して，債務の再承認をすべきか否かを考慮する時間的余裕を与えるためである。すなわち，免責に対する異議申立期間が満了した後に許可決定がなされると，債務の免責・非免責を確定する訴訟で和解をなし，その和解の一部として債務再承認の合意を締結することが困難になる（Norton Bankruptcy Law and Practice 2d, Bankruptcy Rules 256（1999-2000 Ed.）といった理由からである。なお，債務の再承認が債務者の利益に適合する場合とは，債務者が担保の受戻しを必要とする場合，非免責債務であるかどうかの争いを解決する必要がある場合，保証人などの負担を軽減する場合（高木新二郎『アメリカ連邦倒産法』245頁（商事法務研究会・1996年））などである。

〔管財人の調査・報告〕

◆第704条（管財人の義務）

(a) 管財人は，

(1)～(3) ……，

(4) 債務者の財務状況を調査しなければならず，

(5) ……，

(6) 適切であるときは，債務者の免責に対し異議を申し立てなければならず，

(7)～(12) ……。

◆第727条（免責）

(a)～(b) ……

(c) (1)管財人，債権者，又は連邦管財官は，本条(a)による免責の許可に対して異議を申し立てることができる。

(2) 利害関係人の申立てにより，裁判所は，管財人に対して，免責の許可を拒絶する事由の有無を決定する債務者の行為及び行状を調査することを命じることができる。

(d)～(e) ……

◆R第4005条（免責に対する異議申立てにおける証明責任）

免責に対する異議申立てによる審理においては，原告は，異議の事由に当たる事実を証明する責任を負う。

◆R第4006条（免責がなかったことの通知）

免責不許可の決定，免責を取り消す決定，免責放棄を認可する決定，又は，個人の事件において免責許可の決定をすることなく事件を終結する決定があったときは，

日・◆米・■英・●独・▲仏　　　　　　　　　　　破産法第254条（免責取消しの決定）

裁判所書記官は，R第2002条に定める方法により，すべての利害関係人に対して，速やかにその旨を通知しなければならない。
◆ R第7001条（連邦倒産手続規則第7編の適用範囲）
　対審手続は，本第7編手続規則により規律される。次の手続は，対審手続である。
　⑴〜⑶　……
　⑷　第727条(a)(8)，(a)(9)，又は第1328条(f)による免責に対する異議を除いて，免責に対する異議又は取消しの手続
　⑸〜⑽　……

〔免責の効力〕
◆第727条（免責）
(a)　……
(b)　本法第523条に規定するところを除き，本条(a)による免責は，債務者に対して，本章の下での救済命令のあった日より前に生じたすべての債務，及び，あたかも事件の開始前に生じたように本法第502条により確定される請求権の責任を，その債務又は責任に基づく請求権の証拠が本法第501条により提出されたと否とを問わず，かつ，その債務又は責任に基づく請求権が本法第502条により認容されたと否とを問わず，免れさせる。
(c)〜(e)　……

◆第524条（免責の効果）
(a)　本法の下での事件における免責は，
　⑴　債務の免責が放棄されたと否とを問わず，本法第727条，第944条，第1141条，第1228条又は第1328条により免責された債務について，判決が債務者の人的責任を確定した範囲において，その取得された判決を取得の時期にかかわらず無効にし，
　⑵　債務の免責が放棄されたと否とを問わず，債務者の人的責任である債務を取り立て，回収し，又は相殺するための訴訟，令状の使用，その他の行為の開始又は継続を差し止める効力を有し，
　⑶　認容されうる共同体に対する請求権に基づく債務の免責が放棄されたと否とを問わず，その共同体に対する請求権であることを理由として，事件の開始後に取得された本法第541条(a)(2)に定める種類の債務者の財産から取り立て若しくは回収し，又はその財産と相殺するための訴訟，令状の使用，その他の行為の開始又は継続を差し止める効力を有する。ただし，本法第523条，第1228条(a)(1)若しくは第1328条(c)(1)により免責の対象から除外された共同体に対する請求権，又は，債務者に関する事件において手続開始の申立書が提出された日に開始された債務者の配偶者に関する事件において，本法第523条(c)及び第523条(d)の規定に照らして確定され免責の対象から除外されるであろうとされる共同体に対する請求権を除く。

617

(b) 本条(a)(3)は, 次の場合には適用されない。
　(1)　(A)債務者に関する事件の手続開始の申立書が提出された日の前6年以内に開始された事件において, 債務者の配偶者が本法の下での債務者又は旧連邦破産法の下での破産者若しくは債務者であったときで, かつ, (B)裁判所が, 債務者の配偶者についてのその事件において, その配偶者に対して免責不許可決定をなしたとき, 又は,
　(2)　(A)裁判所が, 債務者についての事件の手続開始の申立書が提出された日に開始された債務者の配偶者についての本法第7章の清算事件においてその配偶者に対して免責を許可せず, かつ, (B)債務者の配偶者に対して免責を許可しないとの決定が, 債務者に対する免責の許可又は不許可についての本法第727条による決定に関する所定の期間内に, かつ所定の方法で倒産裁判所によってなされたとき。
(c) 本法の下での事件において免責の対象となる債務の全部又は一部が約因になっている請求権を有する者と債務者との間の合意は, その債務の免責が放棄されたと否とを問わず, 適用ある非破産法により有効とされる限りで, 次の場合においてのみ有効とする。
　(1)　その合意が本法第727条, 第1141条, 第1228条, 又は第1328条による免責を許可する決定の前になされたものであり,
　(2)　債務者がその合意書面に署名した時期に又はそれより前に, (k)に定める情報の開示を受け,
　(3)　その合意の書面が裁判所に提出されていたとともに, 適用があるならば, (A)その合意が債務者による十分な情報に基づく自己の意思によるものであること, (B)その合意が債務者又はその被扶養者に不当な困難を課すものではないこと, 及び(C)代理人弁護士が債務者に対して(i)本項に定める種類の合意及び(ii)その合意の不履行の法的効果を十分に説明したことを記載した, 本項による合意を交渉する過程で債務者を代理した弁護士の供述書又は宣誓供述書が添付され,
　(4)　免責を受ける前又はその合意の書面が裁判所に提出された日の後60日以内のいずれか遅く到来する日に,
　　その請求権を有する者に対して合意解除を通知して債務者がその合意を解除せず,
　(5)　本条(d)の規定が遵守されており, かつ,
　(6)　(A)　本項による合意を交渉する過程において弁護士によって代理されなかった個人に関する事件において, 裁判所が, その合意を, (i)債務者又はその被扶養者に不当な困難を課すものではないこと, 及び(ii)債務者の利益に最も適合することを認定していること。
　　(B)　(A)は, その債務が不動産によって担保される消費者債務である範囲においては, 適用されない。
(d) 個人に関する事件において, 裁判所が本法第727条, 第1141条, 第1228条,

又は第1328条により免責許可決定又は免責不許可決定をなすにあたって，裁判所は，債務者自身が出頭しなければならない審問期日を開くことができる。その審問期日において，裁判所は，免責が許可されたこと，又は免責が許可されなかった理由を，債務者に告知しなければならない。免責が許可されたときであって，債務者が本条(c)に定める合意を締結することを望み，かつ，その合意に至る交渉過程において代理人弁護士を選任していなかった場合には，裁判所は，債務者自身が出頭する審問期日を開き，その期日において，(1) 債務者に対し，(A)その合意は，本法，非破産法，又は本条(c)の規定に照らして締結されたのではない合意よっても，その締結が要求されているものではないこと，並びに，(B)(i)本条(c)に定める種類の合意の法的効果及び(ii)その合意の不履行の法的効果を，告知しなければならず，かつ，(2) 債務者が締結することを望んでいる合意について，その合意における約因の全部又は一部が債務者の不動産によって担保されていない消費者債務に因るものであるときは，その合意が本条(c)(6)の要件を充たしているかどうかを決定しなければならない。

(e) 本条(a)(3)に規定するところを除き，債務者の債務の免責は，その債務についての他の者の責任又は他の者の財産に影響を及ぼさない。

(f) 本条(c)又は(d)に規定されていないところのものは，債務者が任意に債務を弁済することを妨げない。

(g)〜(k) ……

◆**第523条（免責の対象とならない債務）**

(a) 本法第727条，第1141条，第1228条(a)，第1228条(b)又は第1328条(b)による免責は，個人である債務者について，次の債務の責任を免れさせない。

(1) 租税又は関税についての債務であって，(A)その租税の請求権の届出の有無を問わず，又は認容されていると否とを問わず，本法第507条(a)(3)又は第507条(a)(8)に定められている種類及び所定の期間中のもの，(B)申告又はこの種の報告が必要とされているならば，(i)その申告がされておらず，若しくはその報告がなされておらず，又は，(ii)適用される法令により定められた申告期限若しくは伸長が認められているときは伸長された期限を徒過し，手続開始の申立書が提出された日の前2年以内に申告されたもの，又は，(C)債務者が虚偽の申告をなし，又は，故意にある方法でその納税を回避し若しくは脱税しようとしたもの。

(2) 次の事由によって得られた金員，財物，役務，又は，信用の獲得，更新若しくは再取得を内容とする債務であって，その得られた範囲におけるもの，

(A) 債務者又は内部者の財務内容に関する書面以外の方法による，偽装，虚偽説明，又は明示の詐欺によるものであり，

(B) (i)重大な虚偽の内容を含み，(ii)債務者又は内部者の財務内容に関して，(iii)それに基づき，金員，財物，役務，又は信用の獲得につき債務者が責任を負うものと債権者が合理的に信ずるに足るものであり，かつ，(iv)欺罔する意図を

もって債務者が作成し，又は公表されるようにした書面を用いたもの，又は

(C) (i)(A)との関係において，(I)本法の下での救済命令の前 90 日以内に単一債権者に対して負担した消費者債務であって，個人である債務者が負担した贅沢品又は贅沢な役務（luxury goods or services）のための合計 600 ドルを超える債務，及び，(II)本法の下での救済命令の前 70 日以内に負担したオープン・エンド融資による合計 875 ドルを超える現金での借入れによるもの。(iii)本項との関係において，(I)「消費者」，「信用」，及び「オープン・エンド・クレジット・プラン」の用語は，貸付における真実に関する法律第 103 条におけると同一の意味を有し，(II)「贅沢品又は贅沢な役務」の用語は，債務者若しくは債務者の被扶養者の生計支援又は生計維持のために合理的な範囲での必要な物品又は役務を含まない。

(3) 債務者がその債務を負担している相手である債権者の氏名を知っているとして，本法第 521 条(a)(1)により提出すべき書面に記載されなかった債務で，(A)その債権者が所定の期間内に届け出ることのできた事件について通知を受けておらず，又は事件を現実に知らなかった限りにおいて，所定の期間内に請求権の証拠を届け出るべき，本項(2)，(4)又は(6)に定める種類の債務とはならないときで，債権者が所定の期間内に請求権の証拠を提出できなかった債務，又は，(B)その債権者が所定の期間内に届け出て，その請求権の免責対象性の判断を受けることの申立てを所定の期間内にすることができた事件について通知を受けておらず，又は事件を現実に知らなかった限りにおいて，所定の期間内に請求権の証拠を届け出て，本項(2)，(4)又は(6)のいずれかにより免責対象性の判断を求める申立てを所定の期間内にすることができる，本項(2)，(4)又は(6)に定める種類の債務とはならないときで，債権者が所定の期間内に請求権の証拠を提出することができず，所定の期間内に免責対象性を確定する決定の申立てをすることができなかった債務，

(4) 受託者の資格で活動している間における詐欺若しくは金銭の不正流用，背任又は窃盗を原因として負担した債務，

(5) 家族扶養義務を原因とする債務，

(6) 債務者による他者又は他者の財産に対する故意で悪意による侵害を原因とする債務，

(7) その債務が政府機関に対して及び政府機関のために納付されるべき罰金，制裁金，又は没収を原因とする債務であって，現実の金銭的損害を填補するものでないもの。ただし，(A)本項(1)に規定されていない種類の租税に関する加算税，又は(B)手続開始の申立書が提出された日の 3 年以前に生じた取引若しくは事件に関連して課せられた加算税以外のものに限られる。

(8) 本項により以下の債務を免責の対象から除外することが債務者及び債務者の被扶養者に不当な困難を課すことがない限り，(A)(i)政府機関によって設置され，又は保証されている教育援助立替基金又は奨学金，又は，政府機関若しくは非営

利法人によって全部又は一部が拠出されているプログラムにより設置されている教育援助立替基金又は貸付奨学金を原因とする債務，又は(ii)教育援助，学位取得，又は奨学資金として受け取った資金の返済のための債務，又は，(B) 1986年内国歳入法第221条(d)(1)に規定され，個人である債務者によって負担された適格の認められた教育ローンであるその他の教育ローンを原因とする債務，

(9)　アルコール，薬物，又はその他の物質による影響を受けていたことを理由として債務者による運転又は運航が違法であるとされたときは，債務者による自動車の運転，又は，船舶若しくは航空機の運航によって引き起こされた死亡又は人身損害により発生した債務，

(10)　本法又は旧連邦破産法の下での同一債務者に対する前の事件において，債務者が免責を放棄し，又は，本法第727条(a)(2)，(3)，(4)，(5)，(6)若しくは(7)，又は旧連邦破産法第14条(c)(1)，(2)，(3)，(4)，(5)，(6)，若しくは(7)により免責を否定された債務であって，その事件において債権者一覧表若しくは債務明細書に記載されていたか，又は記載され得たであろう債務，

(11)　債務者が受託者としての職務にある間に，預金受入機関又は預金保険に加入した信用組合に関して犯した，詐欺又は背任横領の行為を原因として負担した債務であって，連邦若しくは州の裁判所又は連邦預金受入機関監督局が発した終局判決，上訴によって覆されない決定，同意決定，若しくは命令に記載されている債務，又は，債務者が締結した和解契約に定められている債務，

(12)　預金保険に加入した預金受入機関の所定の資本を維持するための債務者が連邦預金受入機関監督局に対して約束した行為を，債務者が故意に又は無謀に履行しなかったことによる債務。ただし，本号は，その監督局の行為を原因としてさもなければ終了するであろう約束には適用されない。

(13)　法第18号の下で発せられた賠償命令による支払債務，

(14)　本項(1)により非免責債務とされている連邦税の納付のために負担した債務，

(14A)　本項(1)の下で非免責債務とされている，連邦税以外の政府機関に対する租税の納付のために負担した債務，

(14B)　連邦選挙法により課せられる罰金又は制裁金の支払いのために負担した債務，

(15)　債務者の配偶者，元配偶者又は債務者の子供に対する債務であって，離婚若しくは別居の過程において，又は，別居合意，正式記録裁判所の離婚判決（decree）その他の決定（order）又は州法若しくは地方自治体の条例によってなされた政府機関の決定に関連して，債務者が負担した債務であって，(5)に定められている種類のものでない債務，

(16)　コンドミニアムの所有権を内容とする区画単位における債務者の権利，又は協同建物団体の持分若しくは建物所有団体の区画における債務者の権利に関して，救済命令後にその会員組織団体に対して弁済期が到来し，支払うべき会費又は賦

課金による債務であって，債務者又は管財人が，その区画単位，その団体，又はその区画につき，コモンロー上の権利，衡平法上の権利，又は占有による所有権を有する限りにおいてこのことを原因とする債務。ただし，本号は，係属中の倒産事件又は後行の倒産事件における救済命令のあった以前の期間における債務者の会費又は賦課金の支払債務を免責するものではない。

(17) 事件の申立て，異議の申立て，訴えの提起，若しくは上訴の提起について裁判所が服役している者に課した費用についての債務，又は，それらの行為につき定められたその他の費用及び支出についての債務。これらの債務は，法第28号1915条(h)（又は同様の非連邦法）において規定されているところにより，法第28号第1915条(b)又は(f)(2)（又は同様の非連邦法）により債務者によって困窮の主張があったと否とを問わず，又は服役している者としての債務者の地位の主張があると否とを問わない。

(18) 1986年内国歳入法第401条，第403条，第408条，第408A条，第414条，第457条，又は第501条(c)により設定される年金，利益参加，無償株又はその他の計画による債務であって，(A) 1974年従業員退職所得保障法第408条(b)(1)により認められている借入債務又は1986年内国歳入法第72条(P)の対象になっている借入債務，又は，(B)法5号・第84章第3節［加藤補注・5 USC Chapter 84 Subchapter 3 であり，Chapter 84 は「政府機関及び政府職員の退職制度」を規律する規定を置き，Subchapter 3 は「節約貯蓄計画」を規定している］により認められている節約貯蓄計画による借入債務であって，同法第8433条(g)の要件に適合する債務。

ただし，1986年内国歳入法第414条(d)による政府機関の計画によりなされた借入債務，又は第403条(b)による契約若しくは勘定によりなされた借入債務が以上の法の下での請求権又は債務を構成すると規定しているよう，本号は解釈されてはならない。

(19) (A)(i)（1934年連邦証券取引法第3条(a)(47)に定義される）連邦証券法の規定若しくは州証券法の規定又はそれらの連邦証券法若しくは州証券法により発せられた規則又は命令に違反したこと，又は，(ii)証券の買入れ又は売却に関連してコモンロー上の詐欺，欺罔，又は操作，を原因とする債務，及び

(B) 手続開始の申立書が提出される前に，その日に，又はその日の後に，(i)連邦若しくは州の司法手続又は行政手続において発せられた判決，決定，同意決定，又は命令によって生じた債務，(ii)債務者によって締結された和解契約によって生じた債務，又は(iii)損害，罰金，制裁金，召喚状，原状回復の費用の支払い，不当な利得の返還，弁護士費用，費用若しくは債務者が支払うべきその他の債務についての裁判所の決定又は行政命令に起因する債務。

本項との関係では，「確定申告書」は，（適用される提出要件を含む）適用される非破産法の要件に適合する確定申告書をいう。その確定申告書には，1986年内国歳入法第6020条(a)，同様の州法若しくは地方条例，又は非倒産裁判所により発せ

られた判決若しくは終局決定に書面で明記された条件に従い作成された確定申告書を含むものとするが，1986年内国歳入法第6020条(b)又は同様の州法若しくは地方条例に従い作成された確定申告書は含まないものとする。

(b) 本条(a)にもかかわらず，本法又は旧連邦破産法の下での同一の債務者に対する従前の事件において，本条(a)(1)，(a)(3)若しくは(a)(8)，旧連邦破産法第17条a(1)，第17条a(3)，若しくは第17条a(5)，1965年高等教育法第439A条，又は，公共衛生法第733条(g)により免責の対象から除外された債務は，本条(a)の規定により本法の下での事件において免責の対象とされる限りにおいて，本法の事件において免責される。

(c) (1) 本条(a)(3)(B)に定める場合を除き，裁判所が，その債務を負担させている債権者の申立てにより，通知をなし審問を経た上で，本条(a)(2)，(4)又は(6)において定める種類の債務を免責の対象としない旨の決定をしない限り，債務者は，本条(a)(2)，(4)又は(6)に定める種類の債務を免責される。

(2) (1)は，預金保険に加入している預金受入機関の金融管理人，収益管理人，又は清算機関としての資格において，預金受入機関に関係を有する者がその連邦預金受入機関に対して負わせた(a)(2)，(a)(4)，(a)(6)，又は(a)(11)において定める債務を回復しようとする連邦預金受入機関規制機関の事件においては適用しない。ただし，収益管理人，金融管理人，又は清算機関が，その債務について預金受入機関に関係する者の債権者として(a)(3)(B)の要件に相当に適合するよう適切な時期に選任されたとき，又は，その債務について預金受入機関に関係する者の債権者として(a)(3)(B)の要件に相当に適合するよう収益管理人，金融管理人，又は清算機関の承継人であるその法人の資格における連邦預金受入機関規制機関のために，収益管理人，金融管理人，又は清算機関が適切な時期に選任されたときは，この限りではない。

(d) 債権者が本条(a)(2)により消費者債務の免責対象性の決定を求める申立てをなし，その債務が免責された場合において，債権者の立場が実質的に正当化されないと判断するときは，裁判所は，その免責対象性の決定を求めた手続の費用及び相当の弁護士費用を債務者に対して支払うよう債権者に命ずることができる。ただし，特別の事情からみてその負担が不当であるとされ，裁判所が費用及び手数料の負担を命じないときは，この限りではない。

(e) 預金保険に加入している預金受入機関と関係を有する者は，(a)(4)又は(11)との関係において，受託者としての資格において行動しているものとみなされる。

◆ R 第4007条（債務の免責対象の確定）

(a) 訴えを提起する適格を有する者　債務者又は債権者は，債務の免責対象の確定を求める訴えを提起することができる。

(b) 本法第523条(c)によるもの以外の手続を開始する期間　本法第523条(c)によるもの以外の訴えは，いつでも提起することができる。本ルールにより確定を求め

る訴えを提起することとの関係では，手数料を追加して納付することなく，事件は再開される。

(c) 第7章の清算事件，第11章の更生事件，及び第12章の家族農業従事者の債務調整事件における第523条(c)による訴え提起の期間；所定の期間の通知　(d)に定めるところを除き，本法第523条(c)による債務の免責対象の確定を求める訴えは，第341条(a)により開催される債権者集会の最初の期日から60日以内に提起されなければならない。裁判所は，すべての債権者に対して，R第2002条に定める方法で，その期間につき，30日以上の猶予をもって通知をしなければならない。裁判所は，利害関係人の申立てにより，通知をなし審問を経た上で，理由があると認めるときは，本項の定める期間を伸長することができる。その申立ては，その期間が満了するまでになされなければならない。

(d) 第13章の個人債務者の債務調整事件における第523条(c)による訴え提起の期間；所定の期間の通知　本法第1328条(b)による免責についての債務者の申立てにより，裁判所は，本法第523条(a)(6)による債務の免責対象の確定を求める申立てをすることができる期間を定める決定をしなければならず，すべての債権者に対して，R第2002条に定める方法で，その期間につき，30日以上の猶予をもって通知をしなければならない。裁判所は，利害関係人の申立てにより，通知をなし審問を経た上で，理由があると認めるときは，本項の定める期間を伸長することができる。その申立ては，その期間が満了するまでになされなければならない。

(e) 第7編の手続規則の適用　本ルールにより提起された訴えにより開始された手続は，本手続規則第7編により規律される。

◆ R第7001条（連邦倒産手続規則第7編の適用範囲）

対審手続は，本第7編手続規則により規律される。次の手続は，対審手続である。

(1)～(5)　……

(6)　債務の免責対象を確定する手続

(7)～(10)　……

【コメント】

　1　免責許可決定によって，債務者は，非免責債権を除いて，事件開始前の原因によって生じたすべての債権（債務者以外の者による申立てによるときは，申立てから救済命令の時までに生じた請求権を含む）につき，免責される。免責の対象となる請求権は，請求権の届出があったと否とを問わないし，それが認容されたかどうかも問わない。

　2　アメリカ法の免責の効果の特徴としては第1に，免責された債務についての判決を，判決取得の時期を問わず，無効とする点をあげることができる。判決の取得時期を問わないとは，免責決定の前後を問わないという意味である。免責決定後に債権者が取得した判決をも無効とした理由として，次のように説明されている。免責後に債権者が給付請求訴訟を提起したが，債務者は免責決定を受けたことをもってかかる訴訟に欠席したため欠席判決を受けることがある，かかる訴訟で債務者が免責決定のあったことを抗弁として主張すると債権者は当該債務が非免責債務であることを主張することによって債務者を煩わせることがあった（高木新二郎

『アメリカ連邦倒産法』242頁1996年）といわれる。そこで，一律に免責債務に関わる判決を無効としている（第524条(a)(1)参照）。

特徴の第2は，免責許可決定が債権者の取立行為を広範に差し止める効力を有する点にある。すなわち，取立行為あるいはこれに類するすべての行為の開始又は継続を差し止める効力を有する（第524条(a)(2)参照）。その効力は，自動停止と同様，これに反する行為につき裁判所侮辱罪を構成する。

3　アメリカ法は，日本法と同様に非免責債務を列挙する（第523条(a)(1)～(16)）。

これらの債務のうち，第523条(a)(2)，(4)，(6)又は(15)に定める債務については，裁判所が非免責債務としての確定を行わなければ（債権者がその申立てにより非免責債務であることを主張しなければ），免責される債務となる。これは，清算事件内で債権者に積極的に非免責債務である旨を主張させることによって，事件終結後における紛争を防止し，もって債務者の免責を実効あるものにしようとする趣旨（高木・前掲書240頁）である。しかし，このシステムの趣旨につき，次のように解する見解もある。これら非免責とされる債務につき，事件開始前に州裁判所に訴訟が係属していた場合，あるいは事件開始前に債権者が州裁判所でかかる債務につき判決を取得していた場合に，いずれも自動停止によってその手続は停止されている。そこで，訴訟，あるいは判決の執行につき，倒産裁判所がその債務の免責対象を確定することによって，債権者の便宜を図るとともに，そのイニシアチブを債権者がとらない限り，争われている債務を自動的に免責することとしている（4 Collier on Bankruptcy 523-58（15th rev.ed.1997））。

〔保証人などに対する効果〕

◆第524条（免責の効果）

(a)～(d)　……

(e)　本条(a)(3)に定めるところを除き，債務者の債務の免責は，その債務についての他の者の責任又は他の者の財産に影響を及ぼさない。

(f)～(m)　……

【コメント】　第524条(e)は，免責の効果は保証人など当該債務についての他の者の責任あるいは他の者の財産に対して影響しない旨規定している。したがって，債権者は保証人などから債権の回収を図ることができる。この場合の保証人などの求償債権は，債権者が所定の期間内に届出をしない場合に清算手続で届け出ることができ，その権利行使が認められている。この点につき，日本法第104条の項参照。

〔免責の取消し〕

◆第727条（免責）

(a)～(c)　……

(d)　管財人，債権者，又は連邦管財官の申立てにより，かつ，通知をなし審問を経た上で，裁判所は，次の事由があると認めるときは，本条(a)により許可された免責を取り消すことができる。

(1)　その免責が債務者の詐欺により得られ，異議の申立てをなした者が免責許可決定があったときまでその詐欺を知らなかったとき，

(2)　債務者が倒産財団の財産を取得し，又は，倒産財団の財産になるであろう財産を取得する権利を有するようになった場合で，その財産の取得若しくは財産の権利の取得を報告すること又はその財産を管財人に引き渡し若しくは譲渡するこ

とを，故意に又は詐欺的にしなかったとき，

(3) 債務者が，本条(a)(6)に定める行為をしたとき，又は

(4) 債務者が，(A)法第28号第586条(f)に定める会計監査報告書の重要な誤記載，又は(B)法第28号第586条(f)に定める会計監査報告書について必要とされている債務者に帰属する会計書類，書類，書面，財務記録，冊子，その他の書類，物又は財産ですべて必要なものを検査のために使用させることをしなかったことについて，十分に説明をしなかったとき。

(e) 管財人，債権者，又は連邦管財官は，(1)免責許可の決定があった後1年以内には本条第(d)(1)により，又は，(2)(A)免責許可の決定があった後1年，(B)事件が終結した日のいずれか後の日より前であれば，本条(d)(2)又は(d)(3)により，免責許可の取消しを申し立てることができる。

■イギリス法
[前 注]

　イギリス（イングランド及びウェールズ）における免責は，破産の取消し（annulment）とならんで破産を終了させる事由であり，破産者に対して破産債権の責任を免除する効果をもつ。

　2002年企業法による改正後の1986年倒産法の下では，免責は，原則として破産が開始された日（破産命令が発せられた日。第278条(a)号参照）から一定の期間が経過したときに自動的に与えられる（第279条第1項第2項）。破産者の申立てに基づく裁判所の命令によって免責が与えられる場合もあるが，これは，1989年4月3日以降は廃止された刑事破産命令（criminal bankruptcy order）が発せられていた事案に関するものであり（第280条），適用範囲はきわめて限定されている（第279条のコメントを参照）。

　自動免責（automatic discharge）を最初に導入したのは，1976年倒産法（Insolvency Act 1976）である。同法の下では，自動免責は，破産開始から5年後に与えられることとされていた（同法第7条）。1986年倒産法は，免責が与えられるまでの期間を3年に短縮した（2002年企業法による改正前の同法第279条第2項参照）。その趣旨は，「打算的な債務者」が，社会には相当な損害をもたらしながら自らの被るコストは比較的少なくてすむ場合が増加することを覚悟のうえで，「誠実だが不運な」債務者の窮状の緩和をめざすことにあったと考えられている（Fletcher, Law of Insolvency, 4th ed., 2009, p.363）。

　免責が与えられるまでの期間は，2002年企業法によりさらに短縮され，1年となった（改正後の1986年倒産法第279条第1項）。不運であったために破産にいたったと管財官が判断した債務者については，1年よりも前に免責が与えられる（同条第2項）。他方で，破産に関して法定された義務に従わない債務者については，裁判所は，管財官又は管財人の申立てに基づいて，特定の期間又は特定の条件が成就

日・◆米・■英・●独・▲仏　　　　　　　　　　　破産法第254条（免責取消しの決定）

するまでの期間は，免責までの1年の期間の経過が停止されることを命じることができる（同条第3項第4項）。

■第278条（［破産の］開始及び継続）
　破産命令が発せられた個人の破産は，
　(a)　当該命令が発せられた日に開始し
　(b)　本章の次条以下の規定に基づいて当該個人が免責されるまで継続する。

■第279条（破産の効力の存続期間）
　1　破産者は，破産が開始された日から起算して1年が経過した時に破産から免責される。
　2　前項の期間が経過する前に，管財官が裁判所に，第289条に基づく破産者の行動及び事情の調査が不要であるか又は終了した旨の通知を提出したときは，破産者は，当該通知が提出された時に免責される。
　3　管財官又は破産管財人の申立てに基づき，裁判所は，第1項所定の期間が以下に掲げる時まで進行を停止することを命ずることができる。
　(a)　特定の期間の終期
　(b)　特定の条件の成就
　4　裁判所は，破産者が本編［第Ⅸ編　破産］の規定に基づく義務を遵守しなかったか，又は遵守しないであろうことを確信した場合に限り，前項の規定に基づく命令を発することができる。
　5　第3項(b)号の「条件」とは，裁判所に特定の事項について確信を抱かせるという条件を含む。
　6　第264条第1項(d)号の規定に基づく申立てにより破産者の宣告を受けた自然人については，
　(a)　第1項から第5項までは適用しない。
　(b)　第280条の規定に基づく裁判所の命令により，当該破産者は破産から免責される。
　7　本条は，破産命令を取り消す裁判所の権限を妨げるものではない。
　【コメント】　第279条第6項の「第264条第1項(d)号の規定に基づく申立てにより破産者の宣告を受けた自然人」とは，刑事裁判所によって破産命令（刑事破産命令（criminal bankruptcy order））を受けた自然人をいう。刑事破産命令は，刑事裁判所が被告人について破産命令を発する制度であり，1972年から1989年まで存在した。その数が少なくなったために，1989年4月3日以降は廃止されている。そのため，第6項(b)号にいう「第280条の規定に基づく裁判所の命令により破産から免責される」場合は，実務上はないといわれている。Fletcher, Law of Insolvency, 4th ed., 2009, p.364.

■第280条（裁判所の命令による免責）
　1　前条第6項に該当する場合に破産者を破産から免責する裁判所の命令の申立ては，破産が開始した日から5年が経過したのちであればいつでも，破産者がこれをすることができる。

2　本条の規定に基づく申立てにより，裁判所は，以下のいずれかの処分を行うことができる。
　(a)　破産者を破産から免責することの拒否
　(b)　破産者を無条件で免責する命令の発令
　(c)　爾後，破産者に支払われるべき収入又は破産者が免責されたのちに破産者に承継されるか若しくは破産者によって獲得された財産に関して，命令において定められた条件に従って，破産者を免責する命令の発令
　3　裁判所は，前項(b)号又は(c)号に該当する命令を，直ちに効力を生ずるものとして，又は当該命令において定められた期間中若しくは条件（特定の事項について裁判所が確信を抱くという条件を含む）が成就するまでの間，効力が停止されるものとして発することができる。
　【コメント】　第280条は，日本法第248条（免責許可の申立て）にほぼ対応する。

■第289条（管財官の調査義務）
　1　管財官は，
(a)　各破産者の行動及び事情（破産命令発令前の破産者の行動及び事情を含む）を調査しなければならず，
(b)　裁判所に対して管財官が適切と考える報告（があるならばそれ）をしなければならない。
　2　前項の規定は，管財官が同項の規定に基づく調査を不要であると考えたときは，これを適用しない。
　3　破産者が第280条の規定に基づく免責の申立てをしたときは，
(a)　管財官は，規則で定められた事項についての報告書を裁判所に提出しなければならず，
(b)　裁判所は，当該申立てについての決定を行う前に管財官の報告書を考慮しなければならない。
　4　本条の規定に基づく管財官の報告書は，いかなる手続においても，報告書に記載された事実の一応の証拠（prima facie evidence）となる。
　【コメント】　本条は，2002年企業法によって改正され，不運な破産者については，管財官はその行動及び事情についての調査を行わなくてもよいことが明らかにされた（第2項。免責に関する前注も参照）。

■第281条（免責の効力）
　1　次項以下に定めるところに従い，破産者が免責されたときは，免責によりすべての破産債務の責任を免れる。ただし免責は，以下の各号に定める事項には効力を及ぼさない。とりわけ，破産者が責任を免れる債務について破産者の債権者が破産手続において債権届出をする権利には影響を及ぼさない。
　(a)　破産管財人の権能（ただし，引き続き遂行されるべきものに限る）。
　(b)　前号の権能の遂行を目的とした本編［第Ⅸ編　破産］の規定の適用

628

2　免責は，破産者が責任を免れた債務の弁済のために破産者の担保債権者が担保権を実行する権利には影響を及ぼさない。

3　免責によっても，破産者は，詐欺若しくは破産者が当事者であった信託の詐欺的な違反に関して破産者が負担した破産債務，又は詐欺若しくは破産者が当事者であった信託の詐欺的な違反によって債権者が権利行使を差し控えた破産債務については，責任を免れない。

4　免責によっても，破産者は，犯罪に対して科された罰金に関する責任又は正式誓約［注］に基づく責任を免れない。ただし，公的な収入に関する制定法に基づく犯罪に対して科された制裁金又は正式誓約について，財務省の同意を得たときはこの限りでない。

4A　前項において，罰金には，2002年犯罪収益法第2編から第4編までの規定に基づく没収が含まれる。

5　裁判所が命じた範囲で命じた条件に基づいて免責される場合を除き，免責によっても，破産者は，以下に掲げる破産債務の責任を免れない。
　(a)　過失による不法行為，ニューサンス，又は法令上，契約上，若しくはその他の義務の違反による損害賠償金を支払う責任，又は1987年消費者保護法第1編によって損害賠償金を支払う責任。いずれの場合にも，損害賠償金は，人に対する人身被害に関するものとする。
　(b)　家事手続において発せられた命令又は1991年児童扶養法の下で行われた扶養料の査定に基づいて発生した破産債務

6　免責によっても，破産者は，規則で定められたその他の破産債務であって，破産手続において届け出ることのできない債務については，責任を免れない。

7　免責によっても，破産者以外の者は，（破産者のパートナとしての責任であると共同受託者としての責任であると，その他の責任であるとを問わず）破産者が免責によって責任を免れた債務，又は破産者の保証人若しくは保証人の性質を有する者としての債務についての責任を免れない。

8　本条において，
「家事手続」とは，以下に掲げるものをいう。
　(a)　1980年治安判事裁判所法の意味の家事手続及び同法第65条第1項(ii)号（定期払の命令を変更する手続）がなければかかる手続とされる手続
　(b)　1984年婚姻手続及び家事手続に関する法律第V編の意味の家事手続
「罰金」とは，1980年治安判事裁判所法におけるのと同じものをいう。
「人身被害」とは，死亡，疾病その他の人の身体的又は精神的状態の障害を含む。
［注］正式誓約（recognisance）とは，裁判所の面前である行為をすること，またはしないことを正式に誓約し，記録に留めることをいう。田中英夫編集代表・英米法辞典（東京大学出版会・1991））。

●ドイツ法
〔1 残債務免除〕
●第286条（原則）
　債務者が自然人であるときは，第287条から第303条までに定めるところにより，倒産手続において履行されなかった倒産債権者に対する債務を免除される。
●第287条（債務者の申立て）
　残債務免除は，債務者が倒産手続開始の申立てと共にすべき申立てを要件とする。債務者が手続開始の申立てと共に残債務免除の申立てをしなかったときは，20条2項による教示の後2週間以内に，申立てをすることを要する。
　2　申立ては，債務者が，雇用関係から生ずる賃金支払請求権または賃金に替わる継続的収入の支払を求める請求権で，差押え可能なものを，倒産手続の終結から6年の間，裁判所が指定する受託者に譲渡する意思表示を添えて，しなければならない。債務者が既にかかる請求権を第三者に譲渡しまたは質入れしているときは，意思表示においてそのことを指摘しなければならない。
　3　雇用関係から生ずる賃金の支払請求権または賃金に替わる継続的収入の支払を求める請求権の譲渡を禁止し，一定の条件に係らしめ，または制約する合意は，前項第1文による譲渡の意思表示を不可能としまたは阻害する限りにおいて，無効とする。
●第288条（提案権）
　債務者および債権者は，各々の個別事案において適任な自然人を，受託者候補として，提案することができる。
●第289条（倒産裁判所の決定）
　最後の期日において，債務者の申立てについて，倒産債権者および倒産管財人を審尋しなければならない。倒産裁判所は，債務者の申立てについて決定で裁判する。
　2　倒産裁判所の決定に対しては，債務者および最後の期日において残債務免除を不許可とすべき旨を申し立てた各倒産債権者は，即時抗告することができる。倒産手続は，この決定が確定しなければ，終結しない。確定した決定は，倒産手続の終結についての決定と併せて，公告しなければならない。
　3　倒産手続を廃止する場合においては，残債務免除は，財団不足の申述の後に倒産財団が第209条の規定により配当され，かつ，第211条の規定により廃止が行われたときでなければ，与えることができない。前項の規定は，手続の終結を廃止と読み替えた上で，準用する。
●第290条（残債務免除の不許可）
　残債務免除は，最後の期日において倒産債権者が不許可とすべき旨を申し立てた場合において，以下に掲げる事由が存在するときは，決定においてこれを不許可としなければならない。
　一　債務者につき，刑法第283条から第283c条に規定する犯罪を理由として有

日・◆米・■英・●独・▲仏　　　　　　　　　　破産法第254条（免責取消しの決定）

罪の宣告が確定したとき。
二　債務者が，倒産手続の開始申立て前3年以内または開始申立て後に，故意または重過失により，借財をするため，公的資金による給付を受けるため，または国庫に対する給付を回避するため，自らの経済状態について，書面により虚偽または不完全な記述をしたとき。
三　倒産手続の開始申立て前10年以内または開始申立て後に，債務者に対し，残債務免除が与えられ，または，残債務免除が第296条または297条の規定により不許可とされたとき。
四　債務者が，倒産手続の開始申立て前1年以内または開始申立て後に，故意または重過失により，過剰に債務を負担し，その財産を浪費し，または経済状態が好転する見込みがないにもかかわらず倒産手続の開始申立てを遅滞した結果，債権者に対する弁済を困難にしたとき。
五　債務者が，倒産手続の間，故意または重過失により，本法の定める情報提供義務または協力義務に違反したとき。
六　債務者が，故意または重過失により，第305条第1項第3号の規定により提出すべき財産および収入の目録，債権者および自らに対する債権の一覧表に，虚偽または不完全な記述をしたとき。
2　債権者の不許可申立ては，不許可の原因を疎明したときに限り，適法とする。

●第291条（残債務免除の告知）
　倒産裁判所は，前条の定める事由が存在しないときは，債務者が第295条の定める義務を遵守し，かつ，第297条または第298条に定める事由が存在しないときは，債務者は残債務免除を得る旨を，決定において確認しなければならない。
2　倒産裁判所は，同じ決定の中で，債権譲渡の意思表示（第287条第2項）に従い債務者の差押え可能な収入が移転すべき受託者を指定する。

●第292条（受託者の法的地位）
　受託者は，収入の支払義務を負う者に対して，債権譲渡を通知しなければならない。受託者は，譲渡により取得した収入およびその他の債務者若しくは第三者による給付と自己の財産とを分別して保有し，4a条により猶予された手続費用を弁護士の付き添いの費用を除き支払った上で，年に1回最後の配当表に基づいて倒産債権者に対し配当しなければならない。36条1項2文，同条4項の規定を準用する。受託者は，譲渡により取得した収入およびその他の給付のうち，倒産手続の終結から4年を経過した後はその10パーセント，終結から5年を経過した後はその15パーセントを債務者に返還しなければならない。4a条により猶予された手続費用がなお未払である場合は，債務者の収入が民事訴訟法115条1項にしたがい計算される額を超えない場合に限り，債務者に金銭の返還がなされる。
2　債権者集会は，債務者の義務の履行を監視する任務を，受託者に追加して委託することができる。この場合においては，受託者は，義務違反の事実を確認した

631

ときには，遅滞なく債権者に報告しなければならない。受託者は，その対価として帰属すべき追加的な報酬が支払われるかまたは予納されたときに限り，監視の義務を負う。

　3　受託者は，その任務終了の際，倒産裁判所に計算書を提出しなければならない。第58条および第59条の規定は，受託者について準用する。ただし，第59条の定める解任の申立権および即時抗告権は，倒産債権者の各自に帰属する。

● 第293条（受託者の報酬）

　受託者は，その活動に対する報酬の支払および適切と認められる立替金の償還を求める請求権を有する。その際には，受託者が費やした時間およびその活動の内容を斟酌しなければならない。

　2　第63条2項，第64条および第65条の規定は，受託者の報酬について準用する。

● 第294条（債権者の平等取扱い）

　債権譲渡の意思表示の有効期間中においては，債務者の財産に対する個々の倒産債権者の強制執行は，許されない。

　2　債務者もしくはその他の者と個々の倒産債権者との間における，その債権者に特別の利益を与える旨の合意は，無効とする。

　3　債権譲渡の意思表示の対象となる収入の支払義務を負う者は，倒産手続の係続中であれば第114条第2項の規定により相殺することができた限りでのみ，債務者に対する債権をもって相殺することができる。

● 第295条（債務者の義務）

　債権譲渡の意思表示の有効期間中において，債務者は，左に掲げる義務を負う。

　一　適切な収入を稼ぐ仕事を行い，失業したときは求職に努力し，債務者に期待できる職種を忌避しないこと。

　二　死亡を原因として取得した財産または将来の相続権を考慮することにより得られた財産の価値の2分の1を受託者に引き渡すこと。

　三　住所または就業場所を変更したときは，遅滞なく倒産裁判所および受託者に通知し，債権譲渡の意思表示の対象である収入または前号の規定による財産を隠匿することなく，その就業行為または求職活動の現状ならびに収入および財産について倒産裁判所および受託者に報告すること。

　四　倒産債権者に弁済するための支払は専ら受託者に対して行い，どの倒産債権者に対しても特別利益を与えないこと。

　2　自営業を営む債務者は，受託者に対する支払を通じて，倒産債権者を，債務者が適切な雇用関係に入った場合におけると同じ地位に置く義務を負う。

● 第296条（義務違反）

　倒産裁判所は，債務者が，債権譲渡の意思表示の有効期間内にその義務に違反した結果，債権者に対する弁済を困難にした場合には，倒産債権者の申立てにより，

残債務免除を不許可とする。ただし，債務者に過失がないときはこの限りでない。債権者は，義務違反の事実を知ったときから1年以内に限り，この申立てをすることができる。申立ては，本条第1文および第2文の要件が疎明されたときに限り，適法とする。

2 倒産裁判所は，申立てについて裁判する前に，受託者，債務者および倒産債権者を審尋しなければならない。債務者は，その義務の履行に関して情報を提供しなければならず，かつ，債権者が申し立てたときは，この情報が正確であることを宣誓に代えて保証しなければならない。債務者が，適切な理由を説明することなくして，情報の提供または宣誓に代わる保証のために指定された期間を懈怠したとき，または，情報の提供または宣誓に代わる保証をするために倒産裁判所が指定した期日に，適切な理由を説明することなくして，適式な呼出しがあったにもかかわらず欠席したときは，倒産裁判所は，残債務免除は不許可としなければならない。

3 本条の規定による裁判に対しては，申立人および債務者は即時抗告することができる。残債務免除の不許可は公告しなければならない。

●第297条（倒産犯罪）
　倒産裁判所は，債務者につき，最後の期日から倒産手続の終結までの間または債権譲渡の意思表示の有効期間内に，刑法第283条から第283c条の規定する犯罪を理由として有罪の宣告が確定したときは，倒産債権者の申立てにより，残債務免除を不許可とする。

2 第296条第1項第2文，第3文および第3項の規定は，本条の規定による不許可について準用する。

●第298条（受託者に対する最低報酬の支払）
　倒産裁判所は，受託者に支払われた金額がその過去1年間の活動に対する報酬の最低額を賄うに足りず，かつ，受託者が債務者に対し少なくとも2週間の期間内に支払を書面により督促し，その督促書において残債務免除が不許可とされる可能性があることを債務者に教示していたときには，受託者の申立てにより，残債務免除を不許可とする。ただし，倒産手続の費用が4a条の規定により猶予された場合は，この限りでない。

2 倒産裁判所は，前項の決定をするに先立ち，債務者を審尋しなければならない。債務者が，裁判所が督促してから2週間以内に不足額を支払ったとき，またはその支払が4a条の規定により猶予された場合は，不許可をしないものとする。

3 第296条第3項の規定は，本条の規定による裁判に準用する。

●第299条（早期終了）
　第296条から前条までの規定により残債務免除が不許可とされたときは，債権譲渡の意思表示の有効期間，受託者の任務および債権者の権利に対する制約は，決定の確定により終了する。

●第300条（残債務免除に関する裁判）

債権譲渡の意思表示の有効期間が途中で終了することなく経過したときは，倒産裁判所は，倒産債権者，受託者および債務者を審尋して，決定により残債務免除の許可について裁判する。

2　倒産裁判所は，第296条第1項，第2項第3文または第297条に定める事由が存在するときは倒産債権者の申立てにより，第298条に定める事由が存在するときは受託者の申立てにより，残債務免除を不許可とする。

3　第1項の規定による決定は公告しなければならない。決定に対しては，債務者および第1項の規定による審尋において残債務免除の不許可を申述した各倒産債権者が，即時抗告をすることができる。

● 第301条（残債務免除の効果）

残債務免除が許可されたときは，倒産債権者の全員に対して効力を生ずる。その債権を届け出なかった債権者についても同様とする。

2　債務者の連帯債務者および保証人に対する倒産債権者の権利，または，その権利を担保するためにされた仮登記または倒産手続において別除的弁済を可能にする権利から生ずる倒産債権者の権利は，残債務免除により影響を受けない。ただし，債務者は，連帯債務者，保証人その他の求償権者に対して，倒産債権者に対すると同様に免責される。

3　倒産債権者が，残債務免除により弁済を請求することができないにもかかわらず，弁済を受けたときは，受領したものを返還する義務を負わない。

● 第302条（免除されない債権）

左に掲げる債権は残債務免除の影響を受けない。

一　故意によりなされた不法行為から生ずる債権。ただし，債権者がこのような法的根拠を示して174条2項2より届け出た場合に限る。

二　罰金および第39条第1項第3号においてこれと同様の地位を与えられる債務者の債務。

三　債務者に倒産手続の費用を償うために与えられた無利息の貸付から生じた債務。

● 第303条（残債務免除の取消し）

倒産裁判所は，債務者が故意によりその義務に違反したことにより，倒産債権者への弁済を著しく困難にしたことが，後から明らかになったときは，倒産債権者の申立てにより，残債務免除の許可を取り消すものとする。

2　取消しの申立ては，残債務免除についての裁判が確定した後1年以内になされたときであって，前項に定める事由が存在することを疎明し，かつ，当該債権者が裁判が確定するまでその事実を知らなかったときに限り，適法とする。

3　倒産裁判所は，取消しについて裁判する前に，債務者および受託者を審尋しなければならない。この裁判に対しては，申立人および債務者は即時抗告をすることができる。残債務免除を取り消す裁判は，公告することを要する。

日・◆米・■英・●独・▲仏　　　　　　　　　　　　　　破産法第254条（免責取消しの決定）

〔2　消費者の倒産手続およびその他の小規模手続（債務調整計画）〕
●第304条（原則）
　自然人である債務者が，独立した経済活動を営んでいないとき，または，独立した経済活動ではあるが零細なものを営むに過ぎないときは，本節に別段の定めがない限り，その倒産手続について一般規定を適用する。
　2　独立した経済活動は，とりわけその種類および規模に照らし商業的な手法により設立された事業所を必要としないものであるときは，前項にいう零細であるものとする。

●第305条（債務者による申立て）
　債務者は，倒産手続の開始申立て（第311条）と共に，または申立ての後遅滞なく，以下に定めるものを提出しなければならない。
　一　倒産手続の開始前の最後の6カ月以内に，債務者が債権者との間で計画に基づく債務の調整につき裁判外の和解を試みたが，奏功しなかったことを証する文書で，資格のある者または機関の作成にかかるもの。文書には，検討された計画を添付し，かつ奏功しなかった原因の大要を説明することを要する。各州は，資格があると認められる者または機関を指定することができる。
　二　残債務免除の許可を求める申立て（第287条）または残債務免除を申し立てる意思がない旨の陳述。
　三　現存する財産および収入の一覧表（財産目録），債権者名簿および自己に対する債権の一覧表。これらの表には，そこに記載された内容が正確かつ完全である旨の陳述を添付しなければならない。
　四　債務調整計画。この計画は，債権者の利益並びに債務者の財産，収入，家族構成を考慮して，適切な債務の整理を可能にするすべての規律を定めることができる。計画には，保証，質権その他の債権者の担保に対する影響の有無および程度を記すことを要する。
　2　前項第3号の定める債権の一覧表においては，そこに添付された債権者作成にかかる債権目録を援用することも許される。債権者は，債務者の催告があれば，債務者が債権表を準備するため，債権者の費用において，債務者に対する債権の目録を書面にして債務者に交付することを要する。とりわけ，債権者は債務者に対し，その債権の額およびその元本債権，利息または費用の区別を通告しなければならない。債務者は，催告において，すでに裁判所に倒産手続の開始を申し立てた旨または近い将来申し立てをする意思がある旨を通知しなければならない。
　3　債務者が第1項に定める陳述および必要書類を完全に提出していないときは，倒産裁判所は，遅滞なく欠けているものを補充するよう債務者に催告しなければならない。債務者が，この1カ月以内にこの催告に応じないときは，倒産裁判所は，倒産手続の開始申立てを却下しなければならない。第306条3項3文の場合は，この期間は3カ月とする。

4　債務者は，この章に定める倒産裁判所での手続において，第1項1号の規定に従い認められた資格のある者または機関の職員に，代理をしてもらうことができる。民事訴訟法157条1項は適用しない。

……

● 第305a条（裁判外の和解の不奏功）

　債務調整についての債権者との裁判外の和解の試みは，裁判外の債務調整についての交渉がなされた後に債権者の一人が強制執行をしたときは，不奏功とみなす。

● 第306条（手続の中止）

　倒産手続の開始申立てについての手続は，債務調整計画について裁判されるまで，中止する。中止の期間は3カ月を超えてはならない。裁判所は，債務者を審尋した上で，その自由心証により債務調整計画が承認される見込がないものと判断する場合は，倒産手続の開始申立てについての手続の続行を命ずる。

2　前項の規定は，保全処分を命ずることを妨げない。手続が中止された場合は，債務者は，送達のため必要な数の債務調整計画および財産目録の写しを，倒産裁判所の催告後2週間以内に，倒産裁判所に提出しなければならない。305条3項2文の規定を準用する。

3　債権者が倒産手続の開始を申し立てたときは，倒産裁判所は，開始につき裁判する前に，債務者に対し，同じく開始申立てをする機会を与えなければならない。債務者が開始を申し立てたときは，第1項の規定は債権者による申立てについても適用する。この場合においては，債務者は，まず，305条1項1号に従い，裁判外の和解を試みなければならない。

● 第307条（債権者に対する送達）

　倒産裁判所は，債務者が掲げる債権者に対し，財産目録，債権者名簿および債権の一覧表および債務調整計画を送達し，同時に，1カ月の不変期間内にこれらの目録等および債務調整計画に対し意見を表明するよう催告しなければならない。債権者には，これらの文書が閲覧のため倒産裁判所に備え置かれることを教示することを要する。倒産裁判所は，同時に，各債権者に対し，第308条第3項第2文の規定による法律効果について明示的に教示した上で，本項第1文の定める不変期間内に閲覧のため備え置かれている債権の一覧表におけるその債権の記載を調査し，必要な場合にはそれを補正するための機会を与えなければならない。本項第1文の規定による送達には，第8条第1項第2文，第3文，第2項および第3項の規定は適用しない。

2　債権者が，前項第1文の定める期間内に意見を表明しないときは，その債権者は債務調整計画に同意したものとみなす。前条の規定による催告においてはこの旨を教示しなければならない。

3　倒産裁判所は，第1項第1文の規定による期間が経過した後，債権者による意見表明の結果必要であると思われるとき，または，合意による債務調整を促進す

る上で有益であると思われるときには，債務者に対し，裁判所の定める期間内に，債務調整計画を修正または補充する機会を与えなければならない。修正または補充は，必要とされる限りにおいて，債権者に送達しなければならない。第1項第1文，第3文および前項の規定は，この送達について準用する。

● 第308条（債務調整計画の承認）

債権者が債務調整計画に対し異議を申し立てないとき，または第309条の規定により同意が代替されるときは，債務調整計画は承認されたものとみなし，倒産裁判所はこの旨を決定により確認しなければならない。債務調整計画は，民事訴訟法第794条第1項第1号の意味における和解と同一の効力を有する。債務調整計画および本項第1文の規定よる決定の正本は，債権者および債務者に対し送達しなければならない。

2　倒産手続の開始申立ておよび残債務免除の許可申立ては，取り下げられたものとみなす。

3　債権が債務者の作成した一覧表に記載されておらず，債務調整計画の成立に際して事後的にも斟酌されなかった限りにおいては，その債権者は債務者に対し弁済を請求することができる。ただし，債権者が債務調整計画の送付を受け，かつ法定の期間の経過前に債権が生じていたにもかかわらず，債権者がその期間内に閲覧のため備え置かれた債権の一覧表におけるその債権の記載にを補充しなかったときは，この限りでない。この場合おいて，その債権は消滅する。

● 第309条（同意の代替）

債務調整計画に記載された債権者の過半数が債務調整計画に同意し，かつ同意した債権者の請求権の総額が債務調整計画に記載された債権者の請求権の総額の半数を超えるときは，倒産裁判所は，債権者または債務者の申立てにより，債務調整計画に対する債権者の異議を同意に代替することができる。ただし，次に掲げる事由のいずれかが存在するときは，この限りでない。

　一　異議を申し立てた債権者が，他の債権者と比べ，適切な配当を受けないとき。
　二　異議を申し立てた債権者が，債務調整計画によると，倒産手続の開始申立てに基づき手続が実施され，かつ残債務免除が許可された場合に比べて，経済的に不利に処遇されると見込まれるとき。この場合において，疑問が生ずるときは，本項の規定による申立ての時点における債務者の収入および資産の状況ならびに家族構成が，手続の全期間を通じて基準として変わらないことを，判断の基礎としなければならない。

2　倒産裁判所は，代替について決定する前に，異議を申し立てた債権者を審尋しなければならない。債権者は，前項各号の規定により，その異議を同意に代替することを妨げる理由を，疎明しなければならない。決定に対しては，代替を申立てた者およびその異議が同意に代替される債権者は，即時抗告することができる。

3　債権者が，債務者が記載した債権が存在するか否か，または，債権の額が債

務者の記載より多いかもしくは少ないのではないかについて，深刻な疑いを生ぜしめる事実を疎明し，かつ，当該債権者が他の債権者に比べ適切な配当を受けるか否か（第1項第2文第2号）が，右争いの帰趨に係るときは，この債権者の異議を同意に代置することができない。

● 第310条（費用）

債権者は，債務調整計画との関係で生じた費用について，債務者から償還を求める請求権を有しない。

【コメント】 ドイツ倒産法は，個人の債務者につき残債務の免除制度を設けた（286条以下）。ドイツ法として初めて免責に相当する制度を導入したわけであるが，その要件および効果は，わが国と比べると，債務者に対してかなり厳しいものとなっている。その制度的前提としては，債務者が倒産手続開始後に取得する財産，とくに将来の給料その他の収入も倒産財団に含める膨張主義が新たに採用されている点が重要である（35条）。固定主義の下で無条件で免責を認めるわが国において，制度の運用をめぐって種々の問題が生じているが，ドイツの新しい制度はわが国にとって大いに参考になる。

債務者は，今後6年間にわたって，給料等の定期収入で差押えが禁止されていない部分を裁判所の定めた受託者（Treuhänder. 292条）に譲渡し，受託者を通じて倒産債権者に弁済を続けた場合に，初めてその時点で残存する債務を免除される。また，債務者は上記の期間，相応の生業に従事すること，職がない場合には就職に努力すること，相続などで取得した財産の半分を受託者に差し出すこと，住所や仕事場を変更したときは裁判所および受託者に届け出ること，債務者が自営業の場合は相応の雇用関係で勤務していたならば得られたであろう金額を受託者に支払うこと，などの義務が課せられる。債務者がこれらの条件ないし義務を遵守しないときは，残債務は免除されない。

ドイツにおいては，わが国と異なり，債務者が将来の給料債権を担保のために譲渡したり，買入れすることは禁じられておらず，給料債権の担保化が進展している。また，優先主義のため，給料債権を差し押さえた債権者は，執行債権全額について将来の給料債権にも差押質権を取得することになる。そのような担保権者・差押債権者の優先的地位を無制限に認めるのでは，上述のような残債務免除の要件としての一般の倒産債権者への弁済は不可能になってしまう。そこで，倒産手続開始前に債務者がした将来の給料等の譲渡・質入れの効力は，手続開始後2年間分（当初は3年間分とされていたが，その後の改正で2年間分に短縮された）に限って有効とされ，また，手続開始前になされた給料等の差押えは，手続が開始された月までの分に限って有効とされている（114条）。

ドイツ倒産法304条以下の消費者倒産（債務調整手続）の規定は，政府の草案にはなかったものである。残債務免除手続の新設により，裁判所に多数の消費者倒産事件が殺到し裁判所の機能が麻痺してしまうことが危惧されたため，議会で法案が修正され，裁判所外のしかるべき機関でまず和解的解決を試み，それが奏功しなかった場合にはじめて裁判所での倒産手続および残債務免除手続を開始するとの仕組を導入することとなったのである。

▲フランス法

【コメント】 フランスには，「免責」に相当する制度・手続は存在しない。しかし，清算手続が「資産不足」によって終結した場合には，債務者に対しては，免責されたのと同様の効果を生じる。

実際のところ，清算手続の大半は，資産不足によって終結しているとされ，この場合，無担

保の一般債権者の受ける配当は，3～5％とされている（Saint-Alary-Houin, p. 834.）。

　資産不足による手続終結判決がされると，債務者は，清算手続の開始によって受けた，財産管理処分権の制限から解放される。しかし，この判決は，債権者に対して，一部の債権を除いて，債務者に対する個別訴求権を回復させるものではないので（第643-11条），債務者はその負債からも解放され，これによって免責を受けたのと同様の効果を受けることになる。

　なお，第220条の引用条文参照。

第 2 節　復　　権

<u>第 255 条（復　権）</u>　破産者は，次に掲げる事由のいずれかに該当する場合には，復権する。次条第 1 項の復権の決定が確定したときも，同様とする。
　一　免責許可の決定が確定したとき。
　二　第 218 条第 1 項の規定による破産手続廃止の決定が確定したとき。
　三　再生計画認可の決定が確定したとき。
　四　破産者が，破産手続開始の決定後，第 265 条の罪について有罪の確定判決を受けることなく 10 年を経過したとき。
2　前項の規定による復権の効果は，人の資格に関する法令の定めるところによる。
3　免責取消しの決定又は再生計画取消しの決定が確定したときは，第 1 項第 1 号又は第 3 号の規定による復権は，将来に向かってその効力を失う。

<u>第 256 条（復権の決定）</u>　破産者が弁済その他の方法により破産債権者に対する債務の全部についてその責任を免れたときは，破産裁判所は，破産者の申立てにより，復権の決定をしなければならない。
2　裁判所は，前項の申立てがあったときは，その旨を公告しなければならない。
3　破産債権者は，前項の規定による公告が効力を生じた日から起算して 3 月以内に，裁判所に対し，第 1 項の申立てについて意見を述べることができる。
4　裁判所は，第 1 項の申立てについての裁判をしたときは，その裁判書を破産者に，その主文を記載した書面を破産債権者に，それぞれ送達しなければならない。この場合において，裁判書の送達については，第 10 条第 3 項本文の規定は，適用しない。
5　第 1 項の申立てについての裁判に対しては，即時抗告をすることができる。
6　前項の即時抗告についての裁判があった場合には，その裁判書を当事者に送達しなければならない。この場合においては，第 10 条第 3 項本文の規定は，適用しない。

規第 77 条（復権の申立てについての意見申述の方式・法第 256 条）　法第 256 条第 3 項の規定による意見の申述は，書面でしなければならない。
2　第 71 条第 2 項前段の規定は，前項の意見の申述について準用する。

◆アメリカ法
〔当然復権〕（該当規定なし）
《関連規定》
◆第 525 条（差別的処遇に対する保護）
(a)　1930 年生鮮農産物法（Perishable Agricultural Commodities Act），1921 年精肉出荷・家畜仮置場法（Packers and Stockyards Act），及び 1943 年 7 月 12 日に裁可された「1944 年 6 月 30 日を期末とする予算の農務省に対する割当等に関する法律」第 1 条に定める場合を除き，政府機関は，本法による債務者若しくは旧破産法による破産者であった者，又は，債務者若しくは破産者と関係を有していた者について，それらの者が債務者若しくは破産者であること又はあったこと，本法による事件の開始前又は免責許可若しくは不許

可の決定がなされるまでの事件係属中に債務超過であったこと，又は，本法により免責の対象とされ又は旧連邦破産法により免責された債務の支払をしなかったことだけを理由として，免許，許可，認可，特許，又はその他の授権を否定し，取り消し，停止し，その更新を拒絶すること，それらの許認可等を与えることにつき条件を付すこと，差別的な待遇をすること，その雇用を拒否し，解雇すること，又は雇用にあたり差別的な待遇をすることは，してはならない。

(b) 民間の使用者は，本法の下での債務者である者若しくは債務者であった者，旧連邦破産法の下での債務者若しくは破産者であった者，又は，それらの債務者若しくは破産者と関連を有していた者につき，その債務者又は破産者が次の事項に該当することだけを理由として，その者の雇用を終了させ，又はその雇用に関し差別することはできない。

(1) 本法による債務者若しくは旧連邦破産法による破産者であること，又はあったこと，

(2) 本法による事件の開始前又は免責許可若しくは不許可の決定がなされる以前の事件係属中に債務超過であったこと，又は，

(3) 本法の下での事件において免責の対象とされている債務，又は旧連邦破産法の下で免責された債務を支払わなかったこと。

(c) (1) 学生のための支援又は融資プログラムを運営する政府機関，及び，学生融資プログラムに基づいて保証された貸付の実行を含む事業を営む者は，本法の下において債務者又は旧連邦破産法による破産者である者若しくはあった者，又は，債務者若しくは破産者と関係を有していた者に対して，それらの者が債務者又は破産者であったこと，本法の下での事件の開始前又は免責許可若しくは不許可の決定がなされるまでの事件係属中に債務超過であったこと，又は，本法により免責の対象とされ，若しくは旧連邦破産法により免責された債務の支払をしなかったことを理由として，支援，貸付，又はローン保証を拒否することはできない。

(2) 本条において，「学生融資プログラム」とは，1965年高等教育法第Ⅳ編により実施されるプログラム，又は州法若しくは地方条例により実施される同様なプログラムをいう。

【コメント】 アメリカ法では，「破産」による差別的な処遇を禁止する規定が設けられており，したがって，日本法のような復権の制度は存在しない。第525条(a)は，政府機関が「破産者」に差別的な処遇をしてはならない旨規定するが，その趣旨は，いかなる方法によっても，フレッシュ・スタート・ポリシーを妨げる差別することができないことを意味する（4 Collier on Bankruptcy 525-5（15th rev.ed.1997））。

第525条(a)は，交通事故による損害賠償債務が破産により免責された事件において，これを弁済しないことを理由として，州の陸運局が自動車運転免許の更新を認めなかった処分を違憲とし，このような処分は破産法が実現しようとする経済的更生を妨げるものであるとしたPerez v.Cambell,462 U.S.637,91 S.Ct.1704,29 L.Ed.233（1971）を法文化したものといわれている。この規定は，免許あるいは許認可事業を執り行う準政府機関にも適用されると考えられており，一般には債務者の生活に影響を与える可能性のあるその他の組織にも適用される（4 Collier on Bankruptcy 525-12（15th rev.ed.1997）．なお，高木新二郎『アメリカ連邦倒産法』247頁（1996年）は，これらの組織として，州法律家協会，医師会の例をあげる）。また，これにとどまらず，立法の過程ではここにいう「免許（lisence）」等の事業はかなり広範なものとして理解されており，判例によれば，公営住宅における居住の継続（In re Curry,148 B.R.966（S.

D.Fla.1992))，中小企業庁の補助プログラムにおける調達契約の更新（Exquisitp Servs.,Inc. v.U.S.A.,823 F.2d 151,154（5th Cir.1987））などにも及んでいる。なお，第525条(b)は，民間における破産を理由とする雇用上の差別的処遇を禁じている。破産免責を受けた者の新規採用については，本項は規定していない。

第525条(c)は，それまで議論のあった破産と奨学金受給の関係につき，破産あるいは免責がその後の奨学金受給などに影響を及ぼさないことを明確にしており，1994年の改正で追加されたものである。

■イギリス法（該当規定なし）

●ドイツ法（該当規定なし）

▲フランス法

【コメント】 フランス法は，1967年法以来，「人と企業の分離」という考え方を採用しており，倒産処理手続（更生手続）が開始されることによって，債務者に当然に一定の人的制裁（資格停止等）が加えられることはない。

しかし，裁判上の清算は，倒産について一定の責任のある債務者（または経営者）に対して，当然に資格喪失等，一定の人的制裁を課す。これが，「人的破産（faillite personelle）」の制度である。

この制裁（処分）が終了した場合には，債務者は「復権」する。

「人的破産」に関する規定は，以下のとおりである。

▲第653-1条

Ⅰ 裁判上の更生または裁判上の清算の手続が開始されたときは，［以下の者に］本章の以下の規定が適用される：

1° 商業または手工業活動を行う自然人，農業者，および法令上の資格に服し，またはその資格が保護される自由職を含む独立した職業活動を営むすべての自然人；

2° 法人の法律上または事実上の経営者である自然人；

3° 法人の常置の代表者であって，第2号で定義される法人の理事である自然人。

これらの規定は，独立した職業活動を行い，この名義で懲戒規定に服する自然人または法人の理事には適用されない。

Ⅱ 本章に規定する訴権は，第Ⅰ項にいう手続の開始を言い渡す判決から起算して3年間で時効にかかる。

▲第653-2条

人的破産によって，あらゆる商事もしくは手工業者の企業，農業（農場），またはその他の独立の活動を行う企業および法人を，直接もしくは間接に指導し，経営し，管理し，または監査することが禁じられる。

▲第653-3条

裁判所は，第653-1条第Ⅰ項第1号に定めるあらゆる者で，以下の行為のひとつが認められるものについて，同条第Ⅰ項最終項に定める例外を留保して，人的破

産を言い渡すことができる：

1°　みだりに支払停止に至らざるを得ない赤字の事業経営を行ったこと；

2°　（削除）；

3°　資産の全部または一部を横領しもしくは隠匿し，または負債を不正に増加させたこと。

▲第653-4条

裁判所は，法人の法律上または事実上の経営者で，以下の行為の一つが認められるものについて，人的破産を言い渡すことができる：

1°　法人の財産をその固有財産として処分したこと；

2°　その策謀を隠蔽する［ために］法人を仮装して，個人的な利益のために商行為を行ったこと；

3°　法人の財産または信用を，個人的な目的のため，または直接もしくは間接に利害関係のある他の法人または企業のために，その法人の利益に反して使用したこと；

4°　個人的な利益のために，みだりに法人の支払停止に至らざるを得ない赤字の事業経営を行ったこと；

5°　法人の資産の全部もしくは一部を横領しもしくは隠匿し，または負債を詐害的に増加させたこと。

▲第653-5条

裁判所は，第653-1条に定める法人で，以下の事実の一つが認められるものに対して，人的破産を言い渡すことができる：

1°　法律の定める禁止に違反して商業，手工業，もしくは農業活動を行ったこと，または法人の経営もしくは管理の職務を行ったこと；

2°　裁判上の更生もしくは裁判上の清算の手続の開始を回避し，または遅らせる意図をもって，相場を下回る［価格での］転売を目的として購入し，または財産を入手するために破滅的な手段を用いたこと；

3°　他人の計算で，反対給付を受けることなく，その締結の時点では企業または法人の状況に照らして重大すぎると判断される約務を申し込んだこと；

4°　支払停止およびその原因を知った後に，他の債権者を害して，ある債権者に弁済をしまたはさせたこと；

5°　意図的に手続の機関と協同することをしないで，その進行を妨げさせたこと；

6°　会計書類を隠滅させ，適用される条文が義務としている場合に会計帳簿をつけず，または適用される規定から見て明らかに不完全もしくは不適正な虚偽の会計帳簿をつけた場合。

▲第653-6条

裁判所は，その負担とされた負債を履行しなかった法人の理事に対して人的破産

を言い渡すことができる。

▲第 653-7 条

　第 653-3 条から第 653-6 条および第 653-8 条に定める場合において，裁判所は，裁判上の受任者，清算人または検察官によって，提訴を受ける。

　債権者全体の利益において，コンセイユ・デ・タのデクレが定める期間と条件でされた付遅滞［の催告］が奏功しなかった後に，提訴をする資格を有する裁判上の受任者が同条に定める訴えを提起しなかった場合には，裁判所は，手続のあらゆる段階において，監査人に指名された債権者の多数によって，同様に提訴を受けることができる。

▲第 653-8 条

　第 653-3 条から第 653-6 条に定める場合において，裁判所は，人的破産に代えて，あらゆる商業もしくは手工業の企業，あらゆる農業（農場）および法人，またはそのひとつもしくは複数を，直接または間接に指導し，経営し，管理し，または監査することの禁止を言い渡すことができる。

　第 1 項に定める禁止は，同様に，第 653-1 条に定める者で，開始判決に続く月内に，第 622-6 条を適用して伝達する義務を負う情報を，悪意で，裁判上の受任者，管理人または清算人に提出しなかったものに対しても，言い渡すことができる。

　同様の禁止は，同様に，第 653-1 条に定める者で，和解の手続の開始を申し立てることなく，45 日の期間内に，支払停止の申告をすることを怠るものに対しても，言い渡すことができる。

▲第 653-9 条

　人的破産または第 653-8 条に定める禁止を課せられた理事の投票権は，裁判上の更生または裁判上の清算手続に服する法人の［社員］総会においては，管理人，清算人または計画履行監査人の申請に基づいて，そのために裁判所が指名した受任者が行使する。

　裁判所は，これらの理事またはその中のある者に対して，その訴権または当該法人の社員持分を譲渡することを命じ，または鑑定の後に，裁判上の受任者の手でその強制譲渡を命ずることができる。売却代金は，会社（法人）の負債が理事の責任で負担されたものである場合には，その弁済に充てられる。

▲第 653-10 条

　人的破産を言い渡す裁判所は，選挙による公的職務を行う能力の喪失を言い渡すことができる。無能力は，5 年の期間を限度として，人的破産の期間と同じ期間で言い渡される。裁判が確定したときは，検察官は，利害関係人に無能力を送達し，その効果は，この送達の日から生じる。

▲R 第 653-1 条

　［法律部］第 653-7 条に定める裁判上の受任者が，［法律部］第 653-3 条から第 653-6 条に定める事実を知ったときは，これを共和国検事および主任裁判官に通

知する。

　［法律部］第653-8条の適用のために，支払停止について考慮された日付は，［法律部］第631-8条の適用のために考慮された日付と異なることはできない。

▲R第653-2条

　［法律部］第653-7条の適用のために，裁判所は，場合に応じて，［執行士送達による］呼出の方法またはR第631-4条に定める形式と手続によって，提訴される。制裁の訴えを提起するよう裁判上の受任者にされる付遅滞［の催告］は，少なくとも2名の監査委員によって交付される。その提訴は，配達証明付書留郵便で裁判上の受任者に送付されたこの付遅滞［の催告］がその受領後2か月の間に奏功しなかった場合にのみ受理される。

▲R第653-3条

　刑事訴訟法典第768条第5号による犯罪記録に予定されている記述とは別に，人的破産または［法律部］第653-8条に定める禁止を言い渡す判決は，R第621-8条に定める公示の対象となり，裁判所書記によってR第621-7条に定める者に送付される。

　これらの裁判は，場合に応じて，第一審裁判所または控訴院の裁判所書記の責任で，その日付から15日以内に，制裁を受ける者に送達される。

▲R第653-4条

　権限剝奪，禁止および無能力の解除は，申請によってそれを言い渡した裁判所に送付される。申請には，負債の弁済に貢献したことを証明する書類，または利害関係人が［法律部］第653-8条に定める禁止の対象となったときは，一つまたは複数の企業を管理しもしくは監督する能力を示す保証を添付する。これらの保証は，職業訓練からなるものでよい。

　裁判所は，申立人を聴聞し，検察官の意見を徴した後に裁判する。

　「復権」そのものに関する規定は，以下のとおりである。

▲第653-11条

　裁判所が人的破産または第653-8条に定める禁止を言い渡したときは，15年を超えることができない期間で，その措置の期間を定める。裁判所は，その裁判の仮の執行を命ずることができる。権限剝奪，禁止および選挙による公的職務を行う能力の喪失は，判決の言渡しによらず，定められた期間で当然に停止する。

　第651-2条を適用して意思に反して言い渡された有責［判決］を履行した場合を含む，負債の消滅による終結の判決は，自然人である債務者または法人の理事について，そのすべての権利を回復させる。判決は，すべての権限剝奪，禁止および選挙による公的職務を行う能力の喪失を免除または解除する。

　利害関係人は，負債の履行に十分な貢献をした場合には，裁判所に対して，権限剝奪，禁止および選挙による公的職務を行う能力の喪失の全部または一部を解除す

ることを求めることができる。

　利害関係人が第653-8条に定める禁止の対象となったときは，同条の定める一つもしくは複数の企業または法人を管理しもしくは監督する能力を示す保証を提出した場合には，解除されることができる。

　権限剥奪，禁止および無能力のすべてが解除されたときは，裁判所の決定によって復権する。

第13章　雑　則

第257条（法人の破産手続に関する登記の嘱託等）　法人である債務者について破産手続開始の決定があったときは，裁判所書記官は，職権で，遅滞なく，破産手続開始の登記を当該破産者の本店又は主たる事務所の所在地を管轄する登記所に嘱託しなければならない。ただし，破産者が外国法人であるときは，外国会社にあっては日本における各代表者（日本に住所を有するものに限る。）の住所地（日本に営業所を設けた外国会社にあっては，当該各営業所の所在地），その他の外国法人にあっては各事務所の所在地を管轄する登記所に嘱託しなければならない。

2　前項の登記には，破産管財人の氏名又は名称及び住所，破産管財人がそれぞれ単独にその職務を行うことについて第76条第1項ただし書の許可があったときはその旨並びに破産管財人が職務を分掌することについて同項ただし書の許可があったときはその旨及び各破産管財人が分掌する職務の内容をも登記しなければならない。

3　第1項の規定は，前項に規定する事項に変更が生じた場合について準用する。

4　第1項の債務者について保全管理命令が発せられたときは，裁判所書記官は，職権で，遅滞なく，保全管理命令の登記を同項に規定する登記所に嘱託しなければならない。

5　前項の登記には，保全管理人の氏名又は名称及び住所，保全管理人がそれぞれ単独にその職務を行うことについて第96条第1項において準用する第76条第1項ただし書の許可があったときはその旨並びに保全管理人が職務を分掌することについて第96条第1項において準用する第76条第1項ただし書の許可があったときはその旨及び各保全管理人が分掌する職務の内容をも登記しなければならない。

6　第4項の規定は，同項に規定する裁判の変更若しくは取消しがあった場合又は前項に規定する事項に変更が生じた場合について準用する。

7　第1項の規定は，同項の破産者につき，破産手続開始の決定の取消し若しくは破産手続廃止の決定が確定した場合又は破産手続終結の決定があった場合について準用する。

8　前各項の規定は，限定責任信託に係る信託財産について破産手続開始の決定があった場合について準用する。この場合において，第1項中「当該破産者の本店又は主たる事務所の所在地」とあるのは，「当該限定責任信託の事務処理地（信託法第216条第2項第4号に規定する事務処理地をいう。）」と読み替えるものとする。

規第78条（法人の破産手続に関する登記の嘱託書の添付書面・法第257条）　次の表の上欄に掲げる登記の嘱託書には，それぞれ同表の下欄に掲げる書面を添付しなければならない。

項	上　欄	下　欄
一	法第257条第1項（同条第8項において準用する場合を含む。）の破産手続開始の登記の嘱託書	イ　破産手続開始の決定の裁判書の謄本 ロ　破産管財人がそれぞれ単独にその職務を行い，又は職務を分掌することについて法第76条第1項ただし書の許可があったときは，当該許可の決定の裁判書の謄本

二	法第257条第3項（同条第8項において準用する場合を含む。）において準用する同条第1項の規定による登記（特定の破産管財人について，その氏名若しくは名称又は住所の変更があった場合の登記を除く。）の嘱託書	法第257条第2項（同条第8項において準用する場合を含む。）に規定する事項を変更する旨の決定の裁判書の謄本
三	法第257条第4項（同条第8項において準用する場合を含む。）の保全管理命令の登記の嘱託書	イ 保全管理命令の裁判書の謄本 ロ 保全管理人がそれぞれ単独にその職務を行い，又は職務を分掌することについて法第96条第1項において準用する法第76条第1項ただし書の許可があったときは，当該許可の決定の裁判書の謄本
四	法第257条第6項（同条第8項において準用する場合を含む。）において準用する同条第4項の規定による登記（特定の保全管理人について，その氏名若しくは名称又は住所の変更があった場合の登記を除く。）の嘱託書	イ 保全管理命令を変更し，又は取り消す旨の決定があったときは，当該決定の裁判書の謄本 ロ 保全管理人がそれぞれ単独にその職務を行い，又は職務を分掌することについて法第96条第1項において準用する法第76条第1項ただし書の許可があったときは，当該許可の決定の裁判書の謄本 ハ ロの許可を変更し，又は取り消す旨の決定があったときは，当該決定の裁判書の謄本
五	法第257条第7項（同条第8項において準用する場合を含む。）において準用する同条第1項の規定による登記の嘱託書	破産手続開始の決定を取り消す決定，破産手続廃止の決定又は破産手続終結の決定の裁判書の謄本

▌民事再生法第11条（法人の再生手続に関する登記の嘱託等）
▌会社更生法第258条（更生会社についての登記の嘱託等）
▌会社法第938条（特別清算に関する裁判による登記の嘱託）

◆アメリカ法（該当規定なし）

■イギリス法
■第130条（清算命令の効果）
1 清算命令が発せられたときは，当該命令の謄本は，会社によって（又は規則で定められたところに従って）直ちに会社登記官（registrar of companies）に送付されなければならない。会社登記官は，それを会社に関する記録簿に登録しなければならない。

■R第4.21条（清算命令の送付及び公告）
1 清算命令が発せられたときは，裁判所は，当該命令の謄本3通を，裁判所の

印章を付したうえで，合理的に実行可能な限りすみやかに管財官に送付しなければならない。

3　管財官は，法第130条第1項により会社によって送付されるよう指示されている清算命令の謄本を，会社登記官に送付しなければならない。

● ドイツ法
● 第31条（商業登記簿・協同組合登記簿・社団登記簿）
　債務者が，商業登記簿，協同組合登記簿または社団登記簿に登記されているときは，倒産裁判所の書記課は，以下に掲げるものを登記裁判所に送付しなければならない。
　一　倒産手続が開始されたときは，開始決定の正本。
　二　倒産手続が財団不足により棄却された場合において，債務者たる法人または法人格なき会社もしくは組合が財団不足による棄却を理由に解散するときは，棄却決定の正本。

▲フランス法（該当規定なし）

第258条（個人の破産手続に関する登記の嘱託等）　個人である債務者について破産手続開始の決定があった場合において，次に掲げるときは，裁判所書記官は，職権で，遅滞なく，破産手続開始の登記を登記所に嘱託しなければならない。
　一　当該破産者に関する登記があることを知ったとき。
　二　破産財団に属する権利で登記がされたものがあることを知ったとき。
2　前項の規定は，当該破産者につき，破産手続開始の決定の取消し若しくは破産手続廃止の決定が確定した場合又は破産手続終結の決定があった場合について準用する。
3　裁判所書記官は，第1項第2号の規定により破産手続開始の登記がされた権利について，第34条第4項の決定により破産財団に属しないこととされたときは，職権で，遅滞なく，その登記の抹消を嘱託しなければならない。破産管財人がその登記がされた権利を放棄し，その登記の抹消の嘱託の申立てをしたときも，同様とする。
4　第1項第2号（第2項において準用する場合を含む。）及び前項後段の規定は，相続財産又は信託財産について破産手続開始の決定があった場合について準用する。
5　第1項第2号の規定は，信託財産について保全管理命令があった場合又は当該保全管理命令の変更若しくは取消しがあった場合について準用する。

規第79条（個人の破産手続に関する登記等の嘱託書の添付書面・法第258条）　次の表の上欄に掲げる登記又は登記の抹消の嘱託書には，それぞれ同表の下欄に掲げる書面を添付しなければならない。この場合においては，第61条第3項後段の規定を準用する。

項	上　欄	下　欄
一	法第258条第1項の破産手続開始の登記の嘱託書	破産手続開始の決定の裁判書の謄本
二	法第258条第2項において準用する同条第一項の規定による登記の嘱託書	破産手続開始の決定を取り消す決定，破産手続廃止の決定又は破産手続終結の決定の裁判書の謄本
三	法第258条第3項前段の規定による破産手続開始の登記の抹消の嘱託書	法第34条第4項の決定の裁判書の謄本
四	法第258条第3項後段の規定による破産手続開始の登記の抹消の嘱託書	法第258条第3項後段の申立てがされたことを証する書面
五	法第258条第4項において準用する同条第1項第2号の規定による登記の嘱託書	破産手続開始の決定の裁判書の謄本
六	法第258条第4項において準用する同条第2項において準用する同条第1項第2号の規定による登記の嘱託書	破産手続開始の決定を取り消す決定，破産手続廃止の決定又は破産手続終結の決定の裁判書の謄本
七	法第258条第4項において準用する同条第3項後段の規定による破産手続開始の登記の抹消の嘱託書	法第258条第4項において準用する同条第3項後段の申立てがされたことを証する書面
八	法第258条第5項において準用する同条第1項第2号の規定による登記の嘱託書	保全管理命令，保全管理命令を変更する決定又は保全管理命令を取り消す決定の裁判書の謄本

◆アメリカ法（該当規定なし）

■イギリス法
■R第6.34条（破産命令に伴う措置（債権者申立ての場合））
　1　裁判所は，少なくとも2通の押印された破産命令の謄本を，合理的に実行可能な限りすみやかに管財官に送付しなければならない。管財官は，1通を，合理的に実行可能な限りすみやかに破産者に送付しなければならない。
　2　次項に定めるところに従い，管財官は，押印された破産命令の謄本を受領後，
　(a)　合理的に実行可能な限りすみやかに，
　(i)　不動産に影響を及ぼす令状（writs）及び命令を登記簿に登録するため，主任不動産登記官（Chief Land Registrar）に破産命令の発令の通知を送らなければならない。
■R第6.46条（破産命令に伴う措置（債務者申立ての場合））

（倒産規則第 6.34 条と同旨）

■ R 第 6.13 条（主任不動産登記官への通知（債権者申立ての場合））

破産申立書が提出されたときは，裁判所は，破産申立ての通知を，係属中の訴訟の登記簿への登録の請求とともに，合理的に実行可能な限りすみやかに主任不動産登記官に送付しなければならない。

■ R 第 6.43 条（主任不動産登記官への通知（債務者申立ての場合））

（倒産規則第 6.13 条と同旨）

【コメント】 自然人の破産に伴って必要になる登記の嘱託も，管財官を通じて行われる（倒産規則第 6.34 条 1 項，2 項(a)号，6.46 条 1 項，2 項(a)号）。なお，日本法にはないが，破産の申立てがなされると，そのことも合理的に実行可能な限りすみやかに，裁判所から主任不動産登記官に通知され，登記される（倒産規則第 6.13 条，6.43 条）。

なお，「合理的に実行可能な限りすみやかに」（as soon as reasonably practicable）という表現は，2009 年の倒産規則改正により，従前の「直ちに」（forthwith）という表現から変更されたものである。

●ドイツ法

● 第 32 条（土地登記簿）

以下に掲げるものについては，倒産手続の開始を土地登記簿に登記しなければならない。

一 債務者が所有者として登記されている土地。
二 土地または登記された権利につき債務者のため登記された権利で，その権利の性質および事情により，倒産手続の開始を登記しないと倒産債権者を害する虞があるもの

2 倒産裁判所は，前項の定める土地または権利で知れているものにつき，職権により土地登記官に対し登記を嘱託しなければならない。登記は，倒産管財人もまた土地登記所に申立てることができる。

3 倒産管財人が，倒産手続の開始が登記された土地または権利を放棄しまたは譲渡したときは，倒産裁判所は，申立てにより，土地登記所に対し登記の抹消を嘱託しなければならない。登記の抹消は，倒産管財人もまた土地登記所に申し立てることができる。

▲フランス法 （該当規定なし）

第13章　雑　　則　　　　　　　　　　　　　　　　　　　　　各国破産法の条文

> <u>第 259 条（保全処分に関する登記の嘱託）</u>　次に掲げる場合には，裁判所書記官は，職権で，遅滞なく，当該保全処分の登記を嘱託しなければならない。
> 　一　債務者の財産に属する権利で登記されたものに関し第 28 条第 1 項（第 33 条第 2 項において準用する場合を含む。）の規定による保全処分があったとき。
> 　二　登記のある権利に関し第 171 条第 1 項（同条第 7 項において準用する場合を含む。）又は第 177 条第 1 項若しくは第 2 項（同条第 7 項において準用する場合を含む。）の規定による保全処分があったとき。
> 2　前項の規定は，同項に規定する保全処分の変更若しくは取消しがあった場合又は当該保全処分が効力を失った場合について準用する。

> 規第 80 条（保全処分に関する登記の嘱託書の添付書面・法第 259 条）　法第 259 条第 1 項の保全処分の登記の嘱託書には，同項各号に規定する保全処分の裁判書の謄本を添付しなければならない。
> 2　法第 259 条第 2 項において準用する同条第 1 項の規定による登記の嘱託書には，同項に規定する保全処分を変更し，若しくは取り消す旨の決定の裁判書の謄本又は当該保全処分が効力を失ったことを証する書面を添付しなければならない。

▌民事再生法第 12 条（登記のある権利についての登記等の嘱託）
▌会社更生法第 260 条（登記のある権利についての登記の嘱託等）
▌会社法第 938 条（特別清算に関する裁判による登記の嘱託）

◆**アメリカ法**（該当規定なし）

■**イギリス法**（該当規定なし。なお，日本法第 258 条に掲げた条文を参照）

●**ドイツ法**
●**第 23 条（処分行為の制限の公告）**

　仮倒産管財人を選任し，第 21 条第 2 項第 2 号の定める処分行為の制限を命じる決定は，公告しなければならない。この決定は，債務者，債務者に対し義務を負う者および仮倒産管財人に対しては，別に送達しなければならない。債務者に対し債務を負う者に対しては，これと同時に，この決定を遵守した上でのみ履行するよう求めることを要する。
　2　債務者が商業登記簿，協同組合登記簿または社団登記簿に登記されているときは，倒産裁判所の書記課はこの決定の正本を登記裁判所に送付しなければならない。
　3　第 32 条および第 33 条の規定は，処分制限を船舶登記簿，建造中船舶登記簿または航空機抵当権登記簿に登記するにつき，準用する。

▲**フランス法**（該当規定なし）

652

日・◆米・■英・●独・▲仏　　　　　　　　　　　　　　　　破産法第260条（否認の登記）

> **第260条（否認の登記）**　登記の原因である行為が否認されたときは，破産管財人は，否認の登記を申請しなければならない。登記が否認されたときも，同様とする。
> 2　登記官は，前項の否認の登記に係る権利に関する登記をするときは，職権で，次に掲げる登記を抹消しなければならない。
> 　一　当該否認の登記
> 　二　否認された行為を登記原因とする登記又は否認された登記
> 　三　前号の登記に後れる登記があるときは，当該登記
> 3　前項に規定する場合において，否認された行為の後否認の登記がされるまでの間に，同項第2号に掲げる登記に係る権利を目的とする第三者の権利に関する登記（破産手続の関係において，その効力を主張することができるものに限る。）がされているときは，同項の規定にかかわらず，登記官は，職権で，当該否認の登記の抹消及び同号に掲げる登記に係る権利の破産者への移転の登記をしなければならない。
> 4　裁判所書記官は，第1項の否認の登記がされている場合において，破産者について，破産手続開始の決定の取消し若しくは破産手続廃止の決定が確定したとき，又は破産手続終結の決定があったときは，職権で，遅滞なく，当該否認の登記の抹消を嘱託しなければならない。破産管財人が，第2項第2号に掲げる登記に係る権利を放棄し，否認の登記の抹消の嘱託の申立てをしたときも，同様とする。

> 規第81条（否認の登記の抹消の嘱託書の添付書面等・法第260条）　法第260条第4項前段の否認の登記の抹消の嘱託書には，破産手続開始の決定を取り消す決定，破産手続廃止の決定又は破産手続終結の決定の裁判書の謄本を添付しなければならない。この場合においては，第61条第3項後段の規定を準用する。
> 2　法第260条第4項前段に規定する場合には，破産管財人は，速やかに，同条第1項の規定による否認の登記に関する登記事項証明書を裁判所に提出しなければならない。
> 3　法第260条第4項後段の否認の登記の抹消の嘱託書には，同項後段の申立てがされたことを証する書面を添付しなければならない。この場合においては，第60条第3項後段の規定を準用する。
> 4　前項の申立てに係る申立書には，第2項に規定する登記事項証明書を添付しなければならない。

▌民事再生法第13条（否認の登記）
▌会社更生法第262条（否認の登記）

◆**アメリカ法**（該当規定なし）

■**イギリス法**（該当規定なし）

●**ドイツ法**（該当規定なし）

▲**フランス法**（該当規定なし）

> 第 261 条（非課税）　第 257 条から前条までの規定による登記については，登録免許税を課さない。

📕 民事再生法第 14 条（非課税）
📕 会社更生法第 264 条（登録免許税の特例）

◆アメリカ法（該当規定なし）

■イギリス法（該当規定なし）

●ドイツ法（該当規定なし）

▲フランス法（該当規定なし）

> 第 262 条（登録のある権利への準用）　第 258 条第 1 項第 2 号及び同条第 2 項において準用する同号（これらの規定を同条第 4 項において準用する場合を含む。），同条第 3 項（同条第 4 項において同条第 3 項後段の規定を準用する場合を含む。）並びに前 3 条の規定は，登録のある権利について準用する。

> 規第 82 条（登録のある権利への準用・法第 262 条）　前 3 条の規定は，登録のある権利について準用する。

📕 民事再生法第 15 条（登録への準用）
📕 会社更生法第 265 条（準用）

◆アメリカ法（該当規定なし）

■イギリス法（該当規定なし）

●ドイツ法
●第 33 条（船舶登記簿および航空機登記簿）

　第 32 条の規定は，倒産手続の開始を船舶登記簿，建造中船舶登記簿，航空機抵当権登記簿に登記することにつき，準用する。この場合において，「土地」は「これらの登記簿に登記された船舶，建造中船舶また航空機」と，「土地登記所」は「登記裁判所」と，読み替えるものとする。

▲フランス法（該当規定なし）

<u>第263条（責任制限手続の廃止による破産手続の中止）</u>　破産者のために開始した責任制限手続について責任制限手続廃止の決定があったときは，破産手続は，その決定が確定するまで中止する。

◆**アメリカ法**（該当規定なし）

■**イギリス法**（該当規定なし）

●**ドイツ法**（該当規定なし）

▲**フランス法**（該当規定なし）

<u>第264条（責任制限手続の廃止の場合の措置）</u>　破産者のために開始した責任制限手続について責任制限手続廃止の決定が確定した場合には，裁判所は，制限債権者のために，債権の届出をすべき期間及び債権の調査をするための期間又は期日を定めなければならない。
2　裁判所は，前項の規定により定めた期間又は期日を公告しなければならない。
3　知れている制限債権者には，第32条第1項第1号及び第2号並びに前項の規定により公告すべき事項を通知しなければならない。
4　破産管財人，破産者及び届出をした破産債権者には，第2項の規定により公告すべき事項を通知しなければならない。ただし，第1項の規定により定めた債権の調査をするための期間又は期日（当該期間又は期日に変更があった場合にあっては，変更後の期間又は期日）が第31条第1項第3号の規定により定めた期間又は期日と同一であるときは，届出をした破産債権者に対しては，当該通知をすることを要しない。
5　前3項の規定は第1項の規定により定めた債権の届出をすべき期間に変更を生じた場合について，第108条第3項から第5項までの規定は第1項の規定により定めた債権の調査をするための期間を変更する決定があった場合について，第121条第9項から第11項までの規定は第1項の規定により定めた債権の調査をするための期日を変更する決定があった場合又は当該期日における債権の調査の延期若しくは続行の決定があった場合について準用する。この場合において，第118条第3項及び第121条第9項中「破産管財人」とあるのは「届出をした制限債権者（第264条第1項の規定により定められた債権の届出をすべき期間の経過前にあっては，知れている制限債権者），破産管財人」と，同条第10項中「破産管財人」とあるのは「届出をした制限債権者，破産管財人」と読み替えるものとする。
6　第31条第2項及び第3項の規定は，第1項に規定する期間及び期日について準用する。

第13章　雑　則　　　　　　　　　　　　　　　　　　　　　各国破産法の条文

規第83条（責任制限手続の廃止の場合の措置・法第264条）　法第264条第1項の規定により同項に規定する期間又は期日を定める場合には，特別の事情がある場合を除き，第1号及び第2号に掲げる期間はそれぞれ当該各号に定める範囲内で定め，第3号に掲げる期日は同号に定める日とするものとする。
　一　債権の届出をすべき期間　責任制限手続（法第24条第1項第5号に規定する責任制限手続をいう。）について責任制限手続廃止の決定が確定した日から1週間以上2月以下（知れている制限債権者で日本国内に住所，居所，営業所又は事務所がないものがある場合には，3週間以上2月以下）
　二　債権の調査をするための期間　その期間の初日と前号の期間の末日との間には1週間以上2月以下の期間を置き，1週間以上3週間以下
　三　債権の調査をするための期日　第1号の期間の末日から1週間以上2月以内の日
2　前項の規定は，法第264条第6項において準用する法第31条第三項の規定により法第264条第1項に規定する期間及び期日を定める場合について準用する。
　この場合において，前項第1号中「責任制限手続（法第24条第1項第5号に規定する責任制限手続をいう。）について責任制限手続廃止の決定が確定した日」とあるのは，「法第264条第6項において準用する法第31条第3項の規定による定めをした日」と読み替えるものとする。

◆アメリカ法（該当規定なし）

■イギリス法（該当規定なし）

●ドイツ法（該当規定なし）

▲フランス法（該当規定なし）

日・◆米・■英・●独・▲仏　　　　　　破産法第265条〜第268条（説明及び検査の拒絶等の罪）

第14章　罰　　則

<u>第265条（詐欺破産罪）</u>　破産手続開始の前後を問わず，債権者を害する目的で，次の各号のいずれかに該当する行為をした者は，債務者（相続財産の破産にあっては相続財産，信託財産の破産にあっては信託財産。次項において同じ。）について破産手続開始の決定が確定したときは，10年以下の懲役若しくは1000万円以下の罰金に処し，又はこれを併科する。情を知って，第4号に掲げる行為の相手方となった者も，破産手続開始の決定が確定したときは，同様とする。
　一　債務者の財産（相続財産の破産にあっては相続財産に属する財産，信託財産の破産にあっては信託財産に属する財産。以下この条において同じ。）を隠匿し，又は損壊する行為
　二　債務者の財産の譲渡又は債務の負担を仮装する行為
　三　債務者の財産の現状を改変して，その価格を減損する行為
　四　債務者の財産を債権者の不利益に処分し，又は債権者に不利益な債務を債務者が負担する行為
2　前項に規定するもののほか，債務者について破産手続開始の決定がされ，又は保全管理命令が発せられたことを認識しながら，債権者を害する目的で，破産管財人の承諾その他の正当な理由がなく，その債務者の財産を取得し，又は第三者に取得させた者も，同項と同様とする。

<u>第266条（特定の債権者に対する担保の供与等の罪）</u>　債務者（相続財産の破産にあっては相続人，相続財産の管理人又は遺言執行者を，信託財産の破産にあっては受託者等を含む。以下この条において同じ。）が，破産手続開始の前後を問わず，特定の債権者に対する債務について，他の債権者を害する目的で，担保の供与又は債務の消滅に関する行為であって債務者の義務に属せず又はその方法若しくは時期が債務者の義務に属しないものをし，破産手続開始の決定が確定したときは，5年以下の懲役若しくは500万円以下の罰金に処し，又はこれを併科する。

<u>第267条（破産管財人等の特別背任罪）</u>　破産管財人，保全管理人，破産管財人代理又は保全管理人代理が，自己若しくは第三者の利益を図り又は債権者に損害を加える目的で，その任務に背く行為をし，債権者に財産上の損害を加えたときは，10年以下の懲役若しくは1000万円以下の罰金に処し，又はこれを併科する。
2　破産管財人又は保全管理人が法人であるときは，前項の規定は，破産管財人又は保全管理人の職務を行う役員又は職員に適用する。

<u>第268条（説明及び検査の拒絶等の罪）</u>　第40条第1項（同条第2項において準用する場合を含む。），第230条第1項（同条第2項において準用する場合を含む。）又は第244条の六第1項（同条第2項において準用する場合を含む。）の規定に違反して，説明を拒み，又は虚偽の説明をした者は，3年以下の懲役若しくは300万円以下の罰金に処し，又はこれを併科する。第96条第1項において準用する第40条第1項（同条第2項において準用する場合を含む。）の規定に違反して，説明を拒み，又は虚偽の説明をした者も，同様とする。
2　第40条第1項第2号から第5号までに掲げる者若しくは当該各号に掲げる者であった者，第230条第1項各号に掲げる者（相続人を除く。）若しくは同項第2号若しくは第3号に掲

げる者（相続人を除く。）であった者又は第244条の六第1項各号に掲げる者若しくは同項各号に掲げる者であった者（以下この項において「説明義務者」という。）の代表者，代理人，使用人その他の従業者（以下この項及び第4項において「代表者等」という。）が，その説明義務者の業務に関し，第40条第1項（同条第2項において準用する場合を含む。），第230条第1項（同条第2項において準用する場合を含む。）又は第244条の6第1項（同条第2項において準用する場合を含む。）の規定に違反して，説明を拒み，又は虚偽の説明をしたときも，前項前段と同様とする。説明義務者の代表者等が，その説明義務者の業務に関し，第96条第1項において準用する第40条第1項（同条第2項において準用する場合を含む。）の規定に違反して，説明を拒み，又は虚偽の説明をしたときも，同様とする。

3　破産者が第83条第1項（第96条第1項において準用する場合を含む。）の規定による検査を拒んだとき，相続財産について破産手続開始の決定があった場合において第230条第1項第2号若しくは第3号に掲げる者が第83条第1項の規定による検査を拒んだとき又は信託財産について破産手続開始の決定があった場合において受託者等が同項（第96条第1項において準用する場合を含む。）の規定による検査を拒んだときも，第1項前段と同様とする。

4　第83条第2項に規定する破産者の子会社等（同条第3項において破産者の子会社等とみなされるものを含む。以下この項において同じ。）の代表者等が，その破産者の子会社等の業務に関し，同条第2項（第96条第1項において準用する場合を含む。以下この項において同じ。）の規定による説明を拒み，若しくは虚偽の説明をし，又は第83条第2項の規定による検査を拒んだときも，第1項前段と同様とする。

<u>第269条（重要財産開示拒絶等の罪）</u>　破産者（信託財産の破産にあっては，受託者等）が第41条（第244条の6第4項において準用する場合を含む。）の規定による書面の提出を拒み，又は虚偽の書面を裁判所に提出したときは，3年以下の懲役若しくは300万円以下の罰金に処し，又はこれを併科する。

<u>第270条（業務及び財産の状況に関する物件の隠滅等の罪）</u>　破産手続開始の前後を問わず，債権者を害する目的で，債務者の業務及び財産（相続財産の破産にあっては相続財産に属する財産，信託財産の破産にあっては信託財産に属する財産）の状況に関する帳簿，書類その他の物件を隠滅し，偽造し，又は変造した者は，債務者（相続財産の破産にあっては相続財産，信託財産の破産にあっては信託財産）について破産手続開始の決定が確定したときは，3年以下の懲役若しくは300万円以下の罰金に処し，又はこれを併科する。第155条第2項の規定により閉鎖された破産財団に関する帳簿を隠滅し，偽造し，又は変造した者も，同様とする。

<u>第271条（審尋における説明拒絶等の罪）</u>　債務者が，破産手続開始の申立て（債務者以外の者がしたものを除く。）又は免責許可の申立てについての審尋において，裁判所が説明を求めた事項について説明を拒み，又は虚偽の説明をしたときは，3年以下の懲役若しくは300万円以下の罰金に処し，又はこれを併科する。

<u>第272条（破産管財人等に対する職務妨害の罪）</u>　偽計又は威力を用いて，破産管財人，保全管理人，破産管財人代理又は保全管理人代理の職務を妨害した者は，3年以下の懲役若しくは300万円以下の罰金に処し，又はこれを併科する。

<u>第273条（収賄罪）</u>　破産管財人，保全管理人，破産管財人代理又は保全管理人代理（次項において「破産管財人等」という。）が，その職務に関し，賄賂を収受し，又はその要求若しくは約束をしたときは，3年以下の懲役若しくは300万円以下の罰金に処し，又はこれを併科する。

2　前項の場合において，その破産管財人等が不正の請託を受けたときは，5年以下の懲役若しくは500万円以下の罰金に処し，又はこれを併科する。

3　破産管財人又は保全管理人が法人である場合において，破産管財人又は保全管理人の職務を行うその役員又は職員が，その破産管財人又は保全管理人の職務に関し，賄賂を収受し，又はその要求若しくは約束をしたときは，3年以下の懲役若しくは300万円以下の罰金に処し，又はこれを併科する。破産管財人又は保全管理人が法人である場合において，その役員又は職員が，その破産管財人又は保全管理人の職務に関し，破産管財人又は保全管理人に賄賂を収受させ，又はその供与の要求若しくは約束をしたときも，同様とする。

4　前項の場合において，その役員又は職員が不正の請託を受けたときは，5年以下の懲役若しくは500万円以下の罰金に処し，又はこれを併科する。

5　破産債権者若しくは代理委員又はこれらの者の代理人，役員若しくは職員が，債権者集会の期日における議決権の行使又は第139条第2項第2号に規定する書面等投票による議決権の行使に関し，不正の請託を受けて，賄賂を収受し，又はその要求若しくは約束をしたときは，5年以下の懲役若しくは500万円以下の罰金に処し，又はこれを併科する。

6　前各項の場合において，犯人又は法人である破産管財人若しくは保全管理人が収受した賄賂は，没収する。その全部又は一部を没収することができないときは，その価額を追徴する。

第274条（贈賄罪）　前条第1項又は第3項に規定する賄賂を供与し，又はその申込み若しくは約束をした者は，3年以下の懲役若しくは300万円以下の罰金に処し，又はこれを併科する。

2　前条第2項，第4項又は第5項に規定する賄賂を供与し，又はその申込み若しくは約束をした者は，5年以下の懲役若しくは500万円以下の罰金に処し，又はこれを併科する。

第275条（破産者等に対する面会強請等の罪）　破産者（個人である破産者に限り，相続財産の破産にあっては，相続人。以下この条において同じ。）又はその親族その他の者に破産債権（免責手続の終了後にあっては，免責されたものに限る。以下この条において同じ。）を弁済させ，又は破産債権につき破産者の親族その他の者に保証をさせる目的で，破産者又はその親族その他の者に対し，面会を強請し，又は強談威迫の行為をした者は，3年以下の懲役若しくは300万円以下の罰金に処し，又はこれを併科する。

第276条（国外犯）　第265条，第266条，第270条，第272条及び第274条の罪は，刑法（明治40年法律第45号）第2条の例に従う。

2　第267条及び第273条（第5項を除く。）の罪は，刑法第4条の例に従う。

3　第273条第5項の罪は，日本国外において同項の罪を犯した者にも適用する。

第277条（両罰規定）　法人の代表者又は法人若しくは人の代理人，使用人その他の従業者が，その法人又は人の業務又は財産に関し，第265条，第266条，第268条（第1項を除く。），第269条から第272条まで，第274条又は第275条の違反行為をしたときは，行為者を罰するほか，その法人又は人に対しても，各本条の罰金刑を科する。

▮民事再生法第255条（詐欺再生罪）　第256条（特定の債権者に対する担保の供与等の罪），第257条（監督委員等の特別背任罪），第258条（報告及び検査の拒絶等の罪），第259条（業務及び財産の状況に関する物件の隠滅等の罪），第260条（監督委員等に対する職務妨害の罪），第261条（収賄罪），第262条（贈賄罪），第263条（再生債務者等に対する面会強請等の罪），第264条（国外犯），第265条（両罰規定），第266条（過料）

▮会社更生法第266条（詐欺更生罪）　第267条（特定の債権者等に対する担保の供与等の罪），

第 268 条（管財人等の特別背任罪），第 269 条（報告及び検査の拒絶等の罪），第 270 条（業務及び財産の状況に関する物件の隠滅等の罪），第 271 条（管財人等に対する職務妨害の罪），第 272 条（収賄罪），第 273 条（贈賄罪），第 274 条（国外犯），第 275 条（両罰規定），第 276 条（過料）

■ 会社法第 960 条（取締役等の特別背任罪）　第 967 条（取締役等の贈収賄罪），第 969 条（没収及び追徴），第 971 条（国外犯），第 975 条（両罰規定），第 976 条（過料に処すべき行為）

◆ **アメリカ法**（該当規定なし）
《関連規定》
◆ **第 727 条（免責）**
(a) 裁判所は，次の場合を除き，債務者に対し免責を許可しなければならない。
　(1)　……
　(2)　債務者が，債権者又は本法の下で財産管理の職責を有する倒産財団の担当者（officer）を妨害し，手続を遅滞させ，又は欺罔する意図をもって，(A)手続開始の申立書が提出された日の前 1 年以内に債務者の財産につき，又は，(B)手続開始の申立書が提出された日以降に倒産財団の財産につき，これを移転し，除去し，破壊し，毀損し，若しくは隠匿し，又は，これが除去され，破壊され，毀損され，若しくは隠匿されることを許容したとき。
　(3)　債務者が，帳簿，文書，記録及び書類を含み，債務者の財務状況又は営業取引が確認される記録された情報を隠匿し，破壊し，毀損し，変造し，又はそれらを保存若しくは維持することを怠ったとき。ただし，そのような行為又はそれらの行為を怠ったことが，事件のすべての状況の下で正当化されるときは，この限りでない。
　(4)　債務者が，当該事件において又は当該事件に関連して，故意に又は詐欺的に，(A)虚偽の宣誓又は計算報告をなしたこと，(B)虚偽の請求権を提出し又は用いたこと，(C)ある行為をさせ又はさせないために，金銭，財物，若しくは財産上の利益を与え，提供し，受領し，又はそうしようとし，若しくはその約束を取り付けようとしたこと，又は，(D)本法の下で倒産財団を占有する職責を有する担当者に対し，帳簿，文書，記録，及び書類を含み，債務者の財産又は財務状況に関連する記録された情報を引き渡さないこと。
　(5)～(6)　……
　(7)　債務者が，手続開始の申立書が提出された日若しくはその前 1 年以内に，又は事件係属中に，本法又は旧破産法の下での内部者についての他の手続に関連して，本項(2)，(3)，(4)，(5)又は(6)に定める行為をなしたこと。
　(8)～(12)　……

◆ **法第 18 号第 151 条（定義）**
　本章で用いられているように，「債務者」とは，法第 11 号の下で手続開始の申立てがあった債務者をいう。

◆ **法第 18 号第 152 条（財産隠匿；偽証及び虚偽債権；賄賂）**
　次の行為をなした者は，本法により罰金若しくは 5 年以下の拘禁に処せられ，又はその両方を併科される。
　(1)　財産の支配又は管理の職責を担っている管理人，管財人，執行官若しくはそ

の他の裁判所職員に対し，又は，法第11号の下での事件に関連して債権者若しくは連邦管財官に対し，債務者の倒産財団に属する財産を故意に又は詐欺的に隠匿した者

(2) 法第11号の下での事件において又は法第11号の下での事件に関連して，故意にかつ詐欺的に偽証し，又は，虚偽の報告をなした者

(3) 法第11号の下での事件において又は法第11号の下での事件に関連して，故意にかつ詐欺的に，法第28号第1746条により許容されている偽証の罪による不実供述（false declarations），不実証明（false certificate），不実確認（false verification），又は不実説明（false statement）をなした者

(4) 法第11号の下での事件において，故意にかつ詐欺的に，債務者の倒産財団に対して，虚偽の請求権の届出をなし，又は，自らの資格において若しくは代理人，使者又は弁護士として，又は代理人，使者若しくは弁護士を通じて，その虚偽の請求権を使用した者

(5) 法第11号の規定に反する意図をもって，法第11号の下での事件開始の申立て後に，故意にかつ詐欺的に，債務者の財産の主要な額を受領した者

(6)～(7) ……

(8) 法第11号の下での事件開始の申立て後に，又は，法第11号の下での事件を企図して，故意にかつ詐欺的に，（帳簿，書類，記録，及び文書を含む）債務者の財産又は財務状況に関する情報を隠匿し，毀棄し，削除し，変造し，又は，それに虚偽の事項を記入した者

(9) 法第11号の下での事件開始の申立て後に，故意にかつ詐欺的に，占有する権限を有する管理人，管財人，執行官，若しくはその他の裁判所職員，又は連邦管財官に対して，（帳簿，書類，記録，及び文書を含む）債務者の財産又は財務状況に関する記録された情報を引き渡さなかった者。

◆法第18号第3284条（破産者の資産隠匿）

法第11号による事件における債務者の資産の隠匿は，債務者が終局的に免責を許可され，又は許可されなかったときまで係属している犯罪とみなされ，時効は，その終局の免責許可又は免責不許可のときまで進行し始めることはない。

【コメント】 上記のように，破産者の財産隠匿などの行為は免責不許可事由になっており，これに対応して，法第18号（18 U.S.C.）が破産犯罪（bankruptcy crime）を規定する。なお，法18号第152条は，処罰される者を債務者とは特定してはいないが，債務者は当然にそこに含まれる。

〔準債務者の破産犯罪〕

◆法18号第152条（財産隠匿；偽証及び虚偽債権；賄賂）

次の行為をなした者は，本法により罰金若しくは5年以下の拘禁に処せられ，又はその両方を併科される。

(1)～(6) ……

(7) 個人としての資格において，又は，他の個人若しくは法人の代理人又は役職担当者として，その個人若しくは他の個人又は法人による法第11号の下での事件を考慮に入れて，又は，それらの者に対する法第11号による事件を考慮に入れて，又は，法第11号の規定に反する意図をもって，故意にかつ詐欺的に，自己の財産若しくは他の個人又は法人の財産を移転し，又は隠匿した者

〔収賄罪・贈賄罪〕
◆法第18号第152条（財産隠匿；偽証及び虚偽債権；賄賂）
次の行為をなした者は，本法により罰金若しくは5年以下の拘禁に処せられ，又はその両方を併科される。
(1)～(5) ……
(6) 法第11号の下での事件において，行為をなし又は行為をしないことのために，故意にかつ詐欺的に，金銭若しくは財物，報酬，報奨，見返りを提供し，供与し，受領し，又はそれらを取得することを企図し，又は，それらの約束をした者
(7)～(9) ……

《関連規定》
◆法第18号第153条（倒産財団に対する横領）
(a) 犯罪　故意にかつ詐欺的に，債務者の倒産財団に属する財産を自己使用に供し，領得し，費消し若しくは移転した(b)に規定される者，又は債務者の倒産財団に属する書類を隠匿し，若しくは破棄した(b)に規定される者は，本法により罰金若しくは5年以下の拘禁に処せられ，又はその両方を併科される。
(b) 本条が適用される者　本項に定められる者とは，管財人，管理人，執行官，弁護士，若しくはその他の裁判所職員として，又は，それらの者によって倒産財団に関し職務を行うよう従事させられたそれらの者の代理人，職員，若しくはその他の者として，倒産財団の管理にあたって，手続に関与して倒産財団に属する財産又は書類を掌握する者をいう。

◆法第18号第154条（手続関与者の利益相反及びその行為）
管理人，管財人，執行官，又はその他の裁判所職員であって，次の行為をなした者は，本法により罰金に処せられ，かつ，その職が空位となるようその職を解かれる。
(1) 法第11号の下での事件において，それらの者がその職にある倒産財団の財産を，直接的又は間接的な方法で，故意に買い取ったこと，
(2) 裁判所の指示があるにもかかわらず，利害関係人の職責において倒産財団の状況に関する書類及び会計帳簿につき利害関係人が調査を行う合理的な機会を認めることを故意に拒絶したこと，又は，
(3) その職責において連邦管財官が倒産財団の状況に関する書類及び会計帳簿を調査する合理的機会を認めることを故意に拒絶したこと。

◆法第18号第155条（法第11号の下での事件及び収益管理事件における費用の合意）
連邦裁判所における若しくはその監督の下にある収益管理事件又は法第11号による事件において，利害関係人になった者は，債務者，債権者，又は管財人であると，それらの者の代理人，代表者，又は利害関係人の弁護士であるとを問わず，他の利害関係人又は弁

護士との間で，倒産財団に提供した役務に関して，倒産財団からその利害関係人又は弁護士に対して支払われるべき報酬その他の費用を定める目的で，故意にかつ詐欺的に明示又は黙示の契約を締結したときは，本法により罰金若しくは1年以下の拘禁に処せられ，又はその両方を併科される。

◆法第18号第156条（倒産法又は倒産手続規則の故意による無視）
(a) 定義 (1) 本条において，「破産申立準備者（bankruptcy petition preparer）」とは，債務者の代理人弁護士又はその被用者以外の者であって，報酬を得て申立書類を準備する者をいう。
(2) 「申立書類（document of filing）」とは，本法による事件に関連して，連邦倒産裁判所又は連邦地方裁判所に対して，債務者が提出するために準備された申立書又はその他の書類をいう。
(b) 犯罪 破産申立準備者が，法第11号又は倒産手続規則の要件を故意に無視したことによって，倒産事件又はそれに関連する手続が棄却されたときは，破産申立準備者は，本法により罰金若しくは1年以下の拘禁に処せられ，又はその両方を併科される。

〔説明義務違反罪〕
◆第727条（免責）
(a) 裁判所は，次の場合を除き，債務者に対し免責を許可しなければならない。
 (1)〜(4) ……
 (5) 債務者が，本項による免責不許可の決定がなされる前に，債務者の負債の引き当てとなるべき資産の喪失又は不足について，十分に説明を行うことを怠ったこと。
 (6) 債務者が，当該事件において，次のことを拒絶したこと。
  (A) 重要な質問に答えること又は証言をすることの命令以外の裁判所の合法な命令に従うことを拒絶したこと，
  (B) 債務者が，自己帰罪の特権（privilege against self-incrimination）が援用された事項につき責任免除を認められた後に，裁判所によって認定された重要な質問について答えること又は証言することを，自己帰罪の特権を理由として拒絶したこと，又は
  (C) 自己帰罪の特権の適正な行使以外の理由により，裁判所によって認定された重要な質問について答えること又は証言することを拒絶したこと。
 (7)〜(12) ……

◆法第18号第157条（倒産詐欺）
詐欺の計略若しくは策略を策謀し又は企図し，かつ，その計略若しくは策略を実行し又は隠蔽し，又は，そのように企図して，次の行為をした者は，本法により罰金若しくは5年以上の拘禁に処せられ，又はその両方を併科される。
(1) 本法第303条による債務者以外の者による詐欺的な手続開始の申立てを含む，

法第11号による申立て,

(2) 法第11号の下での手続における書類の提出, 又は,

(3) 法第11号の下での手続について又はこれに関連して, 手続開始の申立書の提出の前後を問わず, 又は, 虚偽により法第11号の事件が係属していると主張されている手続に関連して, 虚偽の若しくは詐欺的な説明, 主張又は約束をする行為。

■イギリス法
[前 注]

わが国の破産犯罪の規定と厳密な意味で対応する規定はない。

以下では, 自然人の破産において適用される破産犯罪 (bankruptcy offences) に関する規定を挙げる。

なお, 法人の清算に関しても, 第206条 (清算を予想した詐欺的行為等), 第207条 (債権者を欺く取引行為), 第208条 (清算の間の違法行為 [自然人の破産における第353条から第355条及び第356条第2項の犯罪に対応。以下, 同じ]), 第209条 (会社の帳簿の虚偽記載 [第355条第2項(b)号(c)号の犯罪に対応]), 第210条 (会社の経済状態に関する説明書の重要な記載の省略 [第356条第1項の犯罪に対応]), 第211条 (債権者に対する虚偽の陳述 [第356条第2項(d)号の犯罪に対応]) が, 法人の役員の犯罪について規定している。

■第350条 (本章の概要)

1　第360条第3項の規定に従い, 本章は, 裁判所が破産申立てに基づいて破産命令を発した場合に適用する。

2　本章は, 破産命令が取り消されたか否かにかかわらず, 適用する。ただし, 破産命令が取り消された後は, 本章の規定に基づく犯罪に関する手続を開始することができない。

3　手続終了後の破産に関する破産者の責任については別として, 破産者は, 免責後に行われたことに関しては, 本章の規定に基づく犯罪について有罪とされない。ただし, 本群 [自然人の倒産に関する第2群] の規定は, 免責を受けた破産者が免責前に犯した犯罪について, その者に対する手続が開始されることを妨げるものではない。

3A　前項の規定は, 破産制限命令が有効である者について適用される本章の規定の効力を妨げるものではない。

4　犯罪を構成する事実の全部又は一部がイングランド及びウェールズ以外の地で行われたことは, 本章の規定に基づく犯罪に関する手続において抗弁とはならない。

5　本章の規定又は規則に基づく犯罪に関する手続は, 主務大臣若しくは公訴局長官によって開始される場合, 又は公訴局長官の同意を得て開始される場合を除き,

開始することができない。

　6　本章の規定に基づく犯罪について有罪とされた者は，拘禁若しくは罰金に処し，又はこれを併科する。

■第351条（定義）

本章の次条以下の規定に関しては，

(a)　破産財団を構成する財産，又はその占有を管財官又は破産管財人に移転することを要求されている財産とは，第307条（新得財産），第308条（破産者の動産・家財であって，代替品の価額を超える価値を有するもの）又は第308A条（一定の賃借権の管財人への移転）の規定に基づく通知がされたならば，それぞれの財産に該当することになる財産を含む。

(b)　「最初の期間」とは，破産申立書の提出から破産手続の開始までの期間をいう。

(c)　申立前の何カ月間又は何年間とは，破産申立書の提出までの期間をいう。

■第352条（善意の抗弁）

本章の規定に基づく犯罪について本条を適用すると規定されている場合においては，犯罪を構成する行為の時に経済状態の欺罔又は秘匿の意思を有していなかったことを証明した者は，当該犯罪について有罪とされない。

■第353条（財産の不開示）

　1　破産者は，以下の場合に有罪とする。

(a)　破産者が知り，かつ信じる限りにおいて破産財団を構成するすべての財産を，管財官又は管財人に開示しなかったとき

(b)　ある処分行為がなかったならば破産財団を構成したであろう財産について，当該財産がどのようにして，いつ，だれに，いかなる対価で処分されたかを明らかにして，管財官又は管財人に当該処分行為の存在を知らせなかったとき

　2　前項(b)号は，破産者が行う営業の通常の過程で行われた処分行為，又は破産者若しくは破産者の家族の通常の経費の支払には，適用しない。

　3　第352条は，本犯罪に適用する。

■第354条（財産の隠匿）

　1　破産者は，以下の場合に有罪とする。

(a)　破産財団を構成する財産であって，破産者が占有又は保管し，管財官又は管財人にその占有を移転することが法によって要求されているものについて，その占有を管財官又は管財人に移転しないとき

(b)　破産者の債権若しくは債務を隠匿し，又はその価額が定められた額以上の財産であって，破産者がその占有を管財官又は管財人に移転することを要求されているものを隠匿したとき

(c)　申立前の12カ月間又は最初の期間内において，破産命令が発せられた直後であれば(b)号に基づいて犯罪とされる行為をしていたとき

第352条は，本犯罪に適用する。

2　破産者は，その価額が定められた額以上の財産であって，破産者がその占有を管財官又は管財人に移転することを要求されていたものを持ち去ったとき，又は最初の期間内に持ち去っていたときは，有罪とする。

第352条は，本犯罪に適用する。

3　破産者は，管財官，管財人又は裁判所によって要求されたにもかかわらず，合理的な理由なく以下の各号に定める行為をしなかったときは，有罪とする。
(a)　申立前の12カ月間又は最初の期間内に生じた，破産者の財産の相当な部分の喪失について説明すること
(b)　前号の喪失がいかにして生じたかについて，納得のいく説明をすること

■第355条（帳簿及び書類の隠滅：虚偽記載）

1　破産者は，その占有又は保管するすべての帳簿，書類その他の記録であって，破産財団又は破産者の業務に関連するものについて，その占有を管財官又は管財人に移転しないときは有罪とする。

第352条は，本犯罪に適用する。

2　破産者は，以下の場合に有罪とする。
(a)　破産財団又は破産者の業務に関連する帳簿，書類若しくは記録の提出を妨げたとき，又は最初の期間内に妨げていたとき
(b)　破産財団又は破産者の業務に関連する帳簿，書類若しくは記録を隠匿，損壊，毀損又は偽造したとき。隠匿，損壊，毀損若しくは偽造を生ぜしめ，又は容認したときも同様とする。
(c)　破産財団又は破産者の業務に関連する帳簿，書類若しくは記録に虚偽の記載をし，又は虚偽の記載を生ぜしめ若しくは容認したとき
(d)　申立前の12カ月間又は最初の期間内において，破産命令が発せられた後であれば(b)号又は(c)号に基づいて犯罪とされる行為をしていたとき

第352条は，本犯罪に適用する。

3　破産者は，以下の場合に有罪とする。
(a)　破産財団又は破産者の業務に関連する帳簿，書類若しくは記録を処分し，又は記載を変更若しくは省略するとき。処分又は記載の変更若しくは省略を生ぜしめ，又は容認したときも同様とする。
(b)　申立前の12カ月間又は最初の期間内において，破産命令が発せられた後であれば(a)号に基づいて犯罪とされる行為をしていたとき

第352条は，本犯罪に適用する。

4　第2項(d)号及び前項(b)号を取引記録に適用する場合には，12カ月は2年と読み替えるものとする。

5　前項の「取引記録」とは，取引行為若しくは個人の営業の経済的状態を示し，又は説明する帳簿，書類若しくは記録であって，以下のものを含む。

(a)　支払われた現金及び受領された現金の定期的な記録
　(b)　定期的な在庫調査書
　(c)　小売りの方法で売却された物品の場合を除き，買主及び売主を特定し，又は特定を可能にする物品の販売及び購入の記録

■第 356 条（虚偽記載）
　1　破産者は，本群の規定に基づいて作成される説明書であって破産者の業務に関連するものについて，重要な記載をしないとき又はしなかったときは，有罪とする。
　第 352 条は，本犯罪に適用する。
　2　破産者は，以下の場合に有罪とする。
　(a)　破産手続において虚偽の債権を届け出る者があったことを知り，又は信じていたにもかかわらず，実行可能な限りすみやかにそれを管財人に知らせなかったとき
　(b)　損失又は出費を偽って，破産者の財産の説明をしようと試みたとき
　(c)　申立前の 12 カ月間に行われた債権者集会において，又は（そうした集会においてであると否とを問わず）最初の期間内において，破産命令が発せられた後であれば(b)号に基づいて犯罪とされる行為をしていたとき
　(d)　破産者の業務又は破産に関する合意について債権者又は一部の債権者の同意を得る目的で，虚偽の陳述又はその他の詐欺的行為をしたとき

■第 357 条（詐害的な財産の処分）
　1　破産者は，破産者の財産の贈与，移転若しくは財産に対する負担の設定を行い，又は行わしめたときは，有罪とする。破産手続の開始までの 5 年間にこれらの行為を行い，又は行わしめたときも同様とする。
　第 352 条は，本犯罪に適用する。
　2　財産の移転又は財産に対する負担の設定を行うとは，当該財産に対する強制執行の開始を生じさせること又はこれを黙認することを含む。
　3　破産者は，破産者に対して金銭の支払を命ずる判決又は命令であって破産手続開始前に実行されていなかったものが得られた日の後又はその前の 2 カ月間に，破産者の財産を隠匿若しくは移転したとき，又は破産手続開始前に隠匿若しくは移転していたときは，有罪とする。
　第 352 条は，本犯罪に適用する。

■第 358 条（逃亡）
　破産者は，以下の場合に有罪とする。
　(a)　その価額が定められた額以上の財産であって，その占有を管財官又は管財人に移転することが要求されているものとともに，イングランド及びウェールズを離れるか，又は離れることを試み若しくは離れる準備をしたとき
　(b)　申立前の 6 カ月間又は最初の期間内において，破産命令が発せられた直後

であれば(a)号に基づいて犯罪とされる行為をしたとき

第 352 条は，本犯罪に適用する。

■第 359 条（クレジットで取得した財産の詐害的な取引）

1 破産者は，申立前の 12 カ月間又は最初の期間内において，クレジットで取得した財産を処分し，処分の時点で当該財産の代金を支払っていなかったときは，有罪とする。

第 352 条は，本犯罪に適用する。

2 申立前の 12 カ月間又は最初の期間内において，以下の各号に定める事実を知り又は信じていたにもかかわらず，破産者から財産を取得又は受領した者は，有罪とする。

(a) 当該財産について破産者が金銭を支払う義務を負っていること

(b) 破産者がその支払うべき金銭を支払う意思がないか，又は支払うことができる見込みがないこと

3 財産の処分，取得又は受領が行われたときに破産者が営業を行っており，その通常の過程で当該処分，取得又は受領が行われた場合には，第 1 項又は前項の犯罪について有罪とされない。

4 本条の適用に際して，財産が破産者が行う営業の通常の過程で処分，取得又は受領されたか否かを決するにあたっては，当該財産のために支払われた代価をとくに考慮することができる。

5 本条において，財産を処分するとは，質又は担保に入れることを含む。財産を取得又は受領するについても，同様に解釈されるものとする。

■第 360 条（信用の獲得・別の氏名での営業）

1 破産者は，以下の場合に有罪とする。

(a) 単独で又は他の者と合同で，定められた額までの又はそれ以上の範囲の信用を得ながら，信用を供与した者に対して自らの状態についての関連性のある情報を提供しなかったとき

(b) 破産宣告を受けた氏名とは異なる氏名を用いて営業に（直接であれ間接であれ）従事しながら，取引行為の相手方全員に破産宣告を受けた氏名を開示しなかったとき

2 破産者が信用を得るとは，以下の各場合を含む。

(a) 物品が買取選択権付賃貸借契約に基づいて破産者に引き渡されたか，又は条件付売買契約に基づいて破産者に売却する合意がされたとき

(b) 物品又はサービスの供給に対して（金銭によるとその他のものによるとを問わず）前もって支払を受けていたとき

3 全財産がスコットランドにおいて強制管理に服している者又は北アイルランドにおいて破産宣告を受けた者は，かりにその者が免責を受けていない破産者であって，その全財産の強制管理又は北アイルランドにおける破産宣告が本編におけ

る破産宣告であったとすれば，第１項に基づいて犯罪とされる行為を，免責の前にイングランド及びウェールズにおいてしたときは，有罪とする。

4　第１項(a)号に関しては，問題となった者の状態についての関連性のある情報とは，その者が免責を受けていない破産者であること，又はその者の全財産がスコットランドにおいて強制管理に服しており，まだ免責を受けていないことをいう。

5　本条は，破産者に関して破産制限命令が有効である間は，免責後の破産者にも適用する。

6　前項の規定によって第１項(a)号が適用されるときは，問題となった者の状態についての関連性のある情報とは，破産者に関して破産制限命令が有効であることをいう。

■**第 361 条（適正な商業帳簿を作成しなかったこと）**

［破産申立前の２年間に営業に従事していた者が適正な商業帳簿を作成しなかったことを処罰する規定］

2002 年企業法により廃止

■**第 362 条（賭博）**

［破産申立前の２年間又は最初の期間内に賭博又は軽率かつ投機的な行為をして資産状態を悪化させたことを処罰する規定］

2002 年企業法により廃止

●ドイツ法

破産犯罪については，ドイツ倒産法および旧破産法には，対応する条文はなく，ドイツ刑法に規定が置かれている。

●**刑法 283 条（詐欺破産罪）**

1　債務超過，支払停止の虞または支払停止に際して以下のいずれかに該当する者は，５年以下の自由刑または罰金に処する。

一　自己の財産で倒産手続が開始した場合には倒産財団に属するものを横領し，隠匿または正当な経済原則に反するやり方で破壊し，毀損しもしくは使用不能にした者。

二　正当な経済原則に反するやり方で，商品または有価証券について，浪費，投機取引もしくは清算取引をし，または不経済な支出，遊戯もくしは賭博によって過剰な金額を費消しもしくは債務を負担した者。

三　借り入れをして購入した商品もしくは有価証券またはそれらのものから製作した物を，その価額を相当に下回る正当な経済原則に反するやり方で譲渡またはその他により処分した者。

四　他人の権利を仮装しまたは虚偽の権利を承認した者。

五　法律により作成が義務づけられた商業帳簿を作成せず，またはその作成もしくは変造によって財産の現状の把握を困難にした者。

六　商法により商人に対して保管が義務づけられている商業帳簿またはその他の書類を法定の保管期間の経過前に隠匿，破壊もしくは毀損し，それにより財産の現状の把握を困難にした者。

七　商法に違反して，
　　ａ）財産の現状の把握を困難にするような貸借対照表等を作成した者，または
　　ｂ）自己の財産の貸借対照表または財産目録の作成を怠った者。

八　その他，正当な経済原則に重大に反するやり方で，自己の財産状態を悪化させまたは真実の取引関係を隠匿もしくは粉飾した者。

2　第1項に定める行為のいずれかによって自己の債務超過または支払不能をもたらした者も，同様に罰する。

3　前項の罪の未遂はこれを罰する。

4　以下の者は，2年以下の自由刑または罰金に処する。

一　第1項に定める場合において，債務超過，支払停止の虞または支払停止を過失により知らなかった者，または

二　第2項に定める場合において，不注意により債務超過または支払不能をもたらした者。

5　以下の者は，2年以下の自由刑または罰金に処する。

一　第1項第2号，第5号または第7号に定める場合において，過失によりその行為を犯し，かつ，債務超過，支払停止の虞または支払停止を知らなかったことにつき，少なくとも過失がある者，または

二　第2項および第1項第2号，第5号または第7号に定める場合において，過失によりその行為を犯し，かつ，少なくとも不注意により，債務超過，支払停止の虞または支払停止を知らなかった者。

6　本条に定める行為は，行為をした者が支払いを停止し，その財産につき倒産手続が開始し，または倒産手続開始申立てが財団不足を理由に棄却された場合に限り，これを罰する。

●刑法283a条（重詐欺破産罪）

第283条第1項から第3項までの行為を犯した者で犯情が特に重いものは，6月以上10年以下の自由刑に処する。以下の場合は，原則として，とくに犯情が重いものとする。

一　利得を目的として行為をした場合，または

二　多数人がその他人に託した財産価値を喪失し，または多数人が経済的に困窮する危険があることを行為者が知っていた場合。

●刑法283b条（帳簿作成義務違反罪）

1　以下のいずれかに該当する者は，2年以下の自由刑または罰金に処する。

一　法律により作成が義務づけられた商業帳簿を作成せず，またはその作成もし

日・◆米・■英・●独・▲仏

くは変造によって財産の現状の把握を困難にした者。
二　商法により保管が義務づけられている商業帳簿またはその他の書類を，法定の保管期間の経過前に隠匿，破壊もしくは毀損し，それにより財産の現状の把握を困難にした者。
三　商法に違反して，
　a）財産の現状の把握を困難にするような貸借対照表等を作成した者，または
　b）自己の財産の貸借対照表または財産目録の作成を怠った者。
2　過失により第1項第1号または第3号に定める行為を犯した者は，1年以下の自由刑または罰金に処する。
3　第283条第6項を準用する。

●**刑法283c条（債権者の利益を図る罪）**
1　支払不能であることを知りながら，債権者に対して，自己の義務に属せずまたはその方法もしくは時期が債務者の義務に属さない担保の提供または支払をし，意図してまたはそれを知って，その債権者を他の債権者に比べて有利に扱った債務者は，2年以下の自由刑または罰金に処する。
2　前項の罪の未遂はこれを罰する。
3　第283条第6項を準用する。

●**刑法283d条（債務者の利益を図る罪）**
1　以下の者は，5年以下の自由刑または罰金に処する。
一　他人に支払不能の虞があることを知って，または
二　他人の支払停止後に，倒産手続係属中にまたは倒産手続開始についての裁判のための手続係属中に，他人の財産で倒産手続が開始した場合には倒産財団に属するものを，他人の同意を得てまたは他人の利益のために，横領し，隠匿しまたは正当な経済原則に反するやり方で破壊し，毀損しもしくは使用不能にした者。
2　前項の罪の未遂はこれを罰する。
3　とくに犯情が重い場合は，6月以上10年以下の自由刑に処する。以下の場合は，原則として，とくに犯情が重いものとする。
一　利得を目的として行為をした場合，または
二　多数人がその他人に託した財産価値を喪失し，または多数人が経済的に困窮する危険があることを行為者が知っていた場合。
4　第1項の行為は，他人が支払いを停止し，他人の財産につき倒産手続が開始し，または倒産手続開始申立てが財団不足を理由に棄却された場合に限り，これを罰する。

▲**フランス法**
【コメント】　直接該当する規定はない。なお，破産犯罪に関しては，以下のような規定がある。

▲第 654-1 条
本節の規定は，以下の者に適用される：
1° 商業または手工業活動を行うあらゆる者，あらゆる農業者，および法令の定めにより従事するかもしくはその名義が保護されている専門的自由職を含むその他の独立した専門的活動を行う自然人；
2° 私法人を，直接もしくは間接に，また，法律上もしくは事実上，経営または清算した，あらゆる者；
3° 第2号に定める法人の理事である法人の正規の（常置の）代表者である自然人。

▲第 654-2 条
裁判上の更生または裁判上の清算の手続が開始されたときは，第 654-1 条に定める者であって，その者について以下の行為のひとつが認められるものは，破産犯罪について有罪である：
1° 裁判上の更生もしくは裁判上の清算の手続開始を回避し，または遅らせる意図をもって，相場を下回る［価格での］転売を目的として購入をし，または財産を入手するために破滅的な手段を用いたこと；
2° 債務者の資産の全部または一部を横領し，または隠匿したこと；
3° 債務者の負債を詐害的に増加させたこと；
4° 虚偽の経理を行い，企業もしくは法人の会計資料を消滅させたこと，または法律が義務づけている場合にもかかわらず，経理を全く行わなかったこと；
5° 法律の規定に照らして，明らかに不完全または不適正な経理を行ったこと。

▲第 654-3 条
破産犯罪［で有罪な者］は，5年の拘禁刑および 75,000 ユーロの罰金に処する。

▲第 654-4 条
破産犯罪を行った者またはその共犯者が，投資事業の役務を提供する企業の経営者である場合には，7年の拘禁刑および 100,000 ユーロの罰金に処する。

▲第 654-5 条
第 654-3 条および第 654-4 条に定める違法行為で有罪である自然人には，以下の附加刑を科する：
1° 刑法典第 131-26 条の条項に従った公民権，市民権および親族権の禁止；
2° 刑法典第 131-27 条の条項に従った，公的な職務を行うことまたはそれを行うことが違法行為となったもしくはそれを行うに当たって違法行為が行われた職業活動もしくは会社の活動を行うこと，または商業もしくは工業の職業を行うこと，その名義のいかんを問わず直接もしくは間接に，自らのもしくは他人の計算において，商業もしくは工業の企業，もしくは商事会社を経営し，管理し，運用しもしくは監査することの禁止。これらの禁止は，重畳的に言い渡すことができる；

3°　公共事業からの最大5年間の排除；
4°　受取人または証明された者宛に，振出人が元本を引き出すことができるものを除く小切手の振出しの，最大5年間の禁止；
5°　刑法典第131-35条の条項に従って言い渡される裁判の公示または周知。

▲第654-6条
　第654-1条に定める者のひとりを破産犯罪で有罪と認める刑事裁判所は，さらに，第653-11条第1段に定める条件で，この者に対して，人的破産または第653-8条に定める禁止を言い渡すことができる。ただし，民事または商事の裁判所が，同一の事実について，すでに終局裁判によって同様な措置を言い渡している場合はこの限りでない。

▲第654-7条
　第654-3条および第654-4条に定める違反行為について，刑事上責任があると宣言された法人は，以下の刑罰を科せられる：
1°　刑法典第131-38条の条項に従った罰金；
2°　刑法典第131-39条に定める刑。
　刑法典第131-39条第2号に定める禁止は，違法行為がその活動に伴って，またはその活動の機会に行われた活動に及ぶ。

▲第654-8条
　　以下の事実があった場合には，2年の拘禁刑および30,000ユーロの罰金に処せられる：
1°　第654-1条に定める者が，第622-7条の規定に違反して，行為をしまたは弁済を行ったとき；
2°　第654-1条に定める者が，救済計画もしくは更生計画に定める負債の整理の条項に違反して弁済を行い，または第626-14条に定める許可を得ないで処分行為をしたとき；
3°　何人も，観察期間中または救済計画もしくは更生計画の履行中に，債務者の状況を知りつつ，これと第1号および第2号に定める行為のひとつを行い，または不正な弁済を受けたとき；
4°　何人も，第642-10条を適用して譲渡することができないとされた財産の譲渡をしたとき。

▲第654-9条
以下の事実があった場合には，第654-3条から第654-5条に定める刑罰に処せられる：
1°　第654-1条に定める者の［利益の］ために，動産であると不動産であるとを問わず，その財産の全部または一部を詐取，隠匿もしくは蔵匿した者，なお，刑法典第127-7条の適用を妨げない；
2°　救済，裁判上の更生または裁判上の清算の手続において，自己の名で，また

673

は他人を介在させて，仮想の債権を詐害的に届け出た者；

3°　他人の名で，または仮名で商業，手工業，農業活動もしくはその他の独立した活動を行い，第654-14条に定める行為のひとつについて有罪であるとされた者。

▲第654-10条

第654-1条に定める者の配偶者，卑属もしくは尊属，傍系親族または姻族で，裁判上の更生または裁判上の清算の手続に服する債務者の資産に属する財産を流用，横領もしくは隠匿した者は，刑法典第314-1条に定める刑で処罰される。

▲第654-11条

前条に定める場合においては，提訴を受けた裁判所は，釈放決定がある場合でも，以下について裁判する：

1°　詐害的に奪われたすべての財産，権利または訴権を，職権で債務者の財団に返還すること；

2°　請求された損害賠償。

▲第654-12条

I　あらゆる管理人，裁判上の受任者，清算人または計画履行監査人が，以下の［行為を行った］ときは，刑法典第314-2条に定める刑で処罰される：

1°　その任務の遂行において受領した金銭をその利益のために利用し，または支払われるべきものでないことを知っている給付を帰属させることによって，債権者もしくは債務者の利益を意図的に侵害したこと；

2°　処分できる権限を，その利益のために，債権者または債務者の利益に反することを知っている用法で処分したこと；

II　被傭者代表を除くあらゆる管理人，裁判上の受任者，清算人，計画履行監査人その他の者が，何らかの資格で手続に参加し，その計算で，直接もしくは間接に債務者の財産を取得し，またはこれをその利益のために利用したときも，同様の刑でこれを処罰する。提訴を受けた裁判所は，その取得の無効を言い渡し，請求された損害賠償について裁判する。

▲第654-13条

救済，裁判上の更生または裁判上の清算手続を開始する判決の後，債務者の負担において特別の利益をもたらす約定をした債権者は，刑法典第314-1条に定める刑で処罰される。

提訴を受けた裁判所は，この合意の無効を言い渡す。

▲第654-14条

第654-1条第2号および第3号に定める者が，救済，裁判上の更生もしくは裁判上の清算を開始する判決の目的となった法人の追及，社員もしくは法人の債権者の追及からその財団の全部もしくは一部を免れさせるために，悪意で，その財産の全部もしくは一部を流用または隠匿し，または流用もしくは隠匿しようとしたとき，

または負担していない金額について詐害的に負債であると認めたときは，第654-3条から第654-5条に定める刑で処罰される。

▲第654-15条

何人も，第653-2条および第653-8条に定める禁止，権限剝奪または無能力に違反して営業活動または職務を行ったときは，2年の拘禁および375,000ユーロの罰金の刑に処する。

▲第654-16条

本章第1節および第2節の規定の適用については，罪となるべき事実が，救済，裁判上の更生または裁判上の清算の手続の開始を言い渡す判決の日より前に現れた場合には，公訴権の時効は，その日から［でなければ］進行しない。

▲第654-17条

刑事裁判所は，検察官の訴追に基づいて，または管理人，裁判上の受任者，被傭者代表，計画履行監査人もしくは清算人，もしくはコンセイユ・デ・タのデクレが定める期間と条件でされた付遅滞［の催告］が奏功しなかった後に，提訴をする資格を有する裁判上の受任者が提訴しなかった場合に，債権者全体の利益において提訴する監査人に指名された債権者の多数が，［刑事訴訟の附帯］私訴原告人となることによって，審理を開始する。

▲第654-18条

検察官は，管理人または清算人に対して，その所持するすべての証書および資料の提出（交付）を求めることができる。

▲第654-19条

管理人，裁判上の受任者，被傭者代表，計画履行監査人または清算人が提起した訴追の費用は，釈放決定の場合には，国庫が負担する。

有罪の場合には，裁判上の清算手続の終結後でなければ，国庫は，債務者に対する求償を行うことができない。

▲第654-20条

本章を適用して下された有罪の［第1審］判決または法院判決は，有罪とされた者の費用で，これを公示する。

監修・執筆者紹介（分担）◎

竹下　守夫（たけした　もりお）
　一橋大学名誉教授。監修、民事再生法・会社更生法・会社法（特別清算関係）の対応規定の摘記

加藤　哲夫（かとう　てつお）
　早稲田大学教授。アメリカ法

長谷部　由起子（はせべ　ゆきこ）
　学習院大学教授。イギリス法

上原　敏夫（うえはら　としお）
　明治大学教授。ドイツ法

西澤　宗英（にしざわ　むねひで）
　青山学院大学教授。フランス法

学術選書プラス
10
倒産法

❦ ※ ❦

破産法比較条文の研究

2014（平成26）年8月30日　第1版第1刷発行
1260-0：P696　￥16,800E：012-050-005

監修者　竹下　守夫
発行者　今井貴　稲葉文子
発行所　株式会社 信山社
編集第2部

〒113-0033 東京都文京区本郷6-2-9-102
Tel 03-3818-1019　Fax 03-3818-0344
info@shinzansha.co.jp
笠間才木支店　〒309-1611 茨城県笠間市笠間515-3
Tel 0296-71-9081　Fax 0296-71-9082
笠間来栖支店　〒309-1625 茨城県笠間市来栖2345-1
Tel 0296-71-0215　Fax 0296-72-5410
出版契約2014-1260-0-01011 Printed in Japan

Ⓒ監修者・著者, 2014　印刷・製本／東洋印刷・牧製本
ISBN978-4-7972-1260-0 C3332 分類327.355-b010

JCOPY　〈(社)出版者著作権管理機構 委託出版物〉
本書の無断複写は著作権法上での例外を除き禁じられています。複写される場合は、そのつど事前に、(社)出版者著作権管理機構（電話03-3513-6969、FAX 03-3513-6979、e-mail: info@jcopy.or.jp）の許諾を得てください。

◇ 小山昇著作集　第1〜13巻　小山 昇 著

◇ 民事訴訟法概史　アルトゥール・エンゲルマン 著／小野木常・中野貞一郎 編訳

◇ 近代民事訴訟法史・ドイツ　鈴木正裕 著

◇ 民事手続の実践と理論　井上治典 著

◇ 証明責任の分配〔新版〕　松本博之 著

◇ 複雑訴訟の基礎理論　徳田和幸 著

◇ 実効的権利保護　ディーター・ライポルド 著／松本博之 編訳

◇ 民事紛争解決手続論(新装版)　太田勝造 著

◇ イギリス法入門(第2版)　田島 裕 著

――― 信山社 ―――

◇ フランス民事訴訟法の基礎理論　　徳田和幸 著

◇ フランス倒産法　　小梁吉章 著

◇ ブリッジブック民事訴訟法入門　　山本和彦 著

◇ フランス民法 ― 日本における研究状況　　大村敦志 著

◇ 憲法研究　〈近日創刊〉　樋口陽一 責任編集

◇ フランスの憲法判例Ⅰ・Ⅱ　辻村みよ子 編集代表／フランス憲法判例研究会 編

◇ 現代フランス憲法理論　　山元 一 著

◇ フランス社会保障法の権利構造　　伊奈川秀和 著

◇ 社会保障法研究 1号〜〈続刊〉　岩村正彦・菊池馨実 責任編集

――― 信山社 ―――

◇ 吉村德重著作集　民事手続法研究 第1〜4巻　　吉村德重 著

◇ ブリッジブック民事訴訟法(第2版)　　井上治典 編

◇ 企業法の現在―青竹正一先生古稀記念
　　　　　　　出口正義・吉本健一・中島弘雅・田邊宏康 編

◇ リバタリアンはこう考える　　森村 進 著

◇ 結社の自由の法理　　井上武史 著

◇ ヨーロッパ人権裁判所の判例
　　　　戸波江二・北村泰三・建石真公子・小畑郁・江島晶子 編集代表

◇ 新ＥＵ論　　植田隆子・小川英治・柏倉康夫 編

信山社

◇ 競売の法と経済学　鈴木禄弥・山本和彦・福井秀夫・久米良昭　編

◇ 破産と会計　野村秀敏 著

◇ 教材倒産法　I〔解説篇・問題篇〕／ II〔記録篇〕
　　―実務と理論の架橋　野村秀敏＝若田順 編

◇ 法学民事訴訟法〔逐条解説〕（信山社双書 法学編）　野村秀敏 著

◇ 最新EU民事訴訟法 判例研究 I　野村秀敏＝安達栄司 編著

◇ 新民事訴訟論考　高橋宏志 著

◇ 民事訴訟審理構造論　山本和彦 著

信山社

◇ 各国民事訴訟法参照条文　三ケ月章・柳田幸三 編

◇ 民事訴訟法旧新対照条文・新民事訴訟規則対応
　　日本立法資料全集編集所 編

◇ 〔日本立法資料全集〕民事訴訟法：明治編1-3 (テヒョー草案1-3)
　　松本博之・徳田和幸 編著

◇ 民事裁判小論集　中野貞一郎 著

◇ 民事手続法評論集　石川 明 著

◇ 和解技術論(第2版)　草野芳郎 著

◇ 〔日本立法資料全集〕行政手続法制定資料　塩野 宏・小早川光郎 編著

◇ 〔日本立法資料全集〕刑事訴訟法制定資料　井上正仁・渡辺咲子・田中 開 編著

◇ 増補刑法沿革綜覧
　　松尾浩也 増補解題 /倉富勇三郎・平沼騏一郎・花井卓蔵 監修 /高橋治俊・小谷二郎 共編

信山社